Menco Stern, Sigmon Martin Stern

Studien und Plaudereien im Vaterland

Menco Stern, Sigmon Martin Stern

Studien und Plaudereien im Vaterland

ISBN/EAN: 9783337199227

Hergestellt in Europa, USA, Kanada, Australien, Japan

Cover: Foto ©Thomas Meinert / pixelio.de

Weitere Bücher finden Sie auf **www.hansebooks.com**

PREFACE.

How times have changed!

Formerly it was thought that a nation existed only for the sake of its ruler; to-day the belief is that the man at the head of a people is only a first servant.

The schoolmaster of olden time was the ruler of the school; to-day every good teacher considers himself in the service of the students intrusted to his care, and concedes that each of them possesses individuality and has rights that he must respect; he deems it his duty to consider above all things the true interest of those under his charge, and consequently will carefully prepare their way, so as to make it as easy and pleasant as possible, and assist them in attaining their ends with the least loss of strength and time.

It is because of such ideas as those just mentioned that our best teachers have been moved to consider the methods and textbooks in common use, and the mode of improving upon them. The result is that great improvements have been made in all branches of study.

In order to study a language years ago, the student went directly to the works of the best writers, but found that learning in this way was impracticable: those great authors had written for such as knew their language and understood it well—not for those who were to study it for the first time; hence, teachers came to write textbooks containing rules of grammar in connection with sentences to illustrate such rules, and afterward used and applied extracts from the writings of standard authors.

This was a step forward and a better way, because of its greater system; but, though the method proved useful, it was not found easier or more agreeable than the old one.

Famous men have studied and learned languages in both of these ways; but they were men who, on account of their great abilities, would have acquired the knowledge in any other way: many less gifted have also learned languages in these ways; but with what sacrifice of time and strength; what labors they had to endure, and how many of them have had to give up the study!

Must these hardships necessarily be connected with the study of languages? Is there no way to reach the same or even better results, with less difficulty;—are there no means to open education to a still greater circle, indeed to open it to all, to make a common road smooth, easy and agreeable?

The cordial reception given by educators of the best class to my "Studien und Plaudereien," (first series), has led me, in connection with my brother Mr. Menco Stern, to write a second series "Studien und Plaudereien" (im Vaterland).

I earnestly hope this second series may prove as practically useful as the first.

In response to the many inquiries I have received concerning the method of conducting my classes, I will say that

1) I prepare every lesson with the utmost care, taking "Studien und Plaudereien" as basis and guide, at the same time endeavoring to make them as interesting as possible.

2) I have arranged all the important rules of the German grammar so as to teach them from the very first in a certain number of lessons, orally, and give the students a printed German grammar afterward, to review and to perfect their

grammatical knowledge; they are thus made to understand, value and even enjoy the study of grammar.

3) In teaching, I make my students understand, speak, read and write, but do not exercise any one faculty or function at the expense of any other.

4) My teaching is always full of life and animation; we do not confine ourselves to books; all there is in this world worth being thought of or spoken about, all that is great, good and beautiful, we draw into the circle of our studies.

5) We speak only German in our German classes.

I wish to repeat here what I have said on many other occasions, that the progress made of late years in teaching of languages is due to a great extent to the powerful impulse given by Prof. Gottlieb Heness, through his valuable observations upon linguistic study, and more especially through his ingenious and admirable rule of teaching a language in its own words, that is: German in German and French in French, and further by showing us clearly how to apply the rules of teaching languages as given principally by Pestalozzi and Diesterweg.

Now a few words about "Studien und Plaudereien" (im Vaterland), second series.

This book will serve a double purpose:—it will be used by the teacher as a basis and guide for instruction, as well as a reader for his students of the second grade, "Studien und Plaudereien," first series, having been used for the first grade.

The present new orthography has been adopted according to "Regeln und Wörterverzeichnis für deutsche Rechtschreibung zum Gebrauche in den preussischen Schulen. Herausgegeben im Auftrage des Königlichen

Ministeriums der geistlichen, Unterrichts- und Medizinal-Angelegenheiten."

A list of those substantives which have not been divided in the text, will be found on pages 379 and 380.

The few rules of grammar in the third section I have given in the present form, because they have served me best so arranged. Every teacher may, however, vary them according to his own pleasure and will be right in doing so.

The few rules of elocution in the eighth section which I have selected to be printed, may and should be enlarged orally by the teacher.

The notes will not be found necessary for pupils having teachers, who surely will give them full and exact explanations and derivations of words they do not understand. The plan of this book permits me to give only in the shortest possible way the meaning of some of the new words used in this particular connection. Those students, however, who desire to have the full value of the new words, I refer to Sander's Wörterbuch.—To those who use this book as a means of instruction without a teacher, I recommend also, as I do to my own pupils, any good German grammar they can obtain.

SIGMON M. STERN.

STERN'S SCHOOL OF LANGUAGES,

New York, August 31st, 1881.

Inhalt.

Sektion I.

Seite 1

Wiedersehen. — Neuigkeiten. — Louis spricht über Dr. Albert. — Frau Dr. Stellen's Brief. — Vom Rhein. — Ihre Familie. — Anna's Brief. — Der deutsche Verein. — Ein Ritt. — Der Frühling. — Reineke Fuchs: Der Löwe hält Hof. Des Wolfes Klage. Des Panthers Klage. Der Dachs, ein Advokat. Eine Verteidigung. Hennings Unglück. Des Königs Mitleid. Sein Beschluß. Braun geht zu Reineke. Sein Empfang. Reineke und Braun. Des Bären Unglück. Rückkehr. Hinze geht zu Reineke. Wie es Hinzen erging. Grimbart als Bote. Reineke und Grimbart reisen zusammen. Reineke's Furcht und Reue. Reineke kommt zum König. Wie sich Reineke verteidigt. Reineke wird zum Tode verurteilt. Reineke unter dem Galgen. Reineken's List. Er wird gerettet. Bei Weib und Kindern. — Ein Kompliment für Louis.

Sektion II.

Seite 32

Neue Bekanntschaften. — Das alte und das neue Deutschland. — Barbarossa. — Der Mann von Blut und Eisen. — Deutschlands Größe. — Die alten deutschen Kaiser. — Friedrich, Burg-Graf von Nürnberg, und die faule Grete. — Kaiser Wilhelm. — Deutschlands Größen erscheinen in Paaren. — Das Land der Zukunft. — Die alte und die neue Welt. — Kultur-Völker. — Das Vater-Land. — Fiesko, Washington und Napoleon. — Schiller, ein Prophet. — Bismarck, als er jung war. — Noch mehr von Bismarck. — Noch etwas von Bismarck.

Sektion III.

Seite 62

Martha Parks eine Schülerin. — Die sieben Raben. — Die »Natürliche Methode«. — Grammatikalische Winke: Gut und wohl. Ich wünsche, ich will, ich möchte. — Louis' grammatische Fehler. — Konjunktion »daß«. — »Ich bin« und »ich habe«. — Das Verb. — »Ich bin« und »ich werde«. — Der Artikel. — Femininum, neutrum, masculinum. — Die Gesellschaft trennt sich. — Dr. Alberts Bibliothek. — Seine besten Bücher. — Das Reisen und das Lesen. — Wem wir danken sollen. — Ein Plan zu einer Bibliothek. — Rückkehr. — Der Sänger-Krieg auf der Wartburg. — Ende des Wartburg-Krieges. — Die heilige Elisabeth. Braut und Bräutigam. Die Hochzeit. Elisabeth als Land-Gräfin. Das Rosen-Wunder. Trennung. Allein. Verlassen. Vertrieben. Arm. Das Ende der Leiden. — Ein Geheimnis. — Das Signal. — Ein Ritter-Mahl. — Die Speise-Karte. — Bei Tafel. — Engländer, Franzosen, Deutsche und Amerikaner bei Tische. — Fritz Beckmann. — Die Gabel. — Ein Rätsel. — Noch eins. — Toast und Anstoßen.

Sektion IV.

Seite 114

Ein Morgen im Blumen-Hause: Die Rose. Das Vergiß-mein-nicht. Die Narzisse. Die Myrthe. Der Jasmin. Epheu. — Ein interessanter Abend: Frau Meister spricht. Das echte Weib.

— Die Nibelungen: Worms — Krimhilde. Xanten — Siegfried. Siegfried kommt nach Worms. Die Insel Island. Brunhilde. Gunther und Siegfried gehen auf Brunhildens Burg. Brunhilde wird besiegt und kommt nach Worms. Zwei Hochzeiten. Zehn glückliche Jahre in Xanten. Besuch in Worms: Ritter-Kämpfe und Kirch-Gang. Hagen. Die Jagd. — Das Weib in der alten Zeit, in der Ritter-Zeit und in der modernen Zeit. — Goethes[P-1] Iphigenie. — Rätsel.

Sektion V.

Seite 180

Annas Brief: Heimweh. Sonnen-Aufgang in Nürnberg. Albrecht Dürer. Hans Sachs. Adam Kraft. Frankfurt am Main. Der Palmen-Garten. Ein Sonnen-Untergang. Goethes Geburts-Haus. Weimar und die Fürsten-Gruft. Deutsche Eisen-Bahnen. Deutsche Felder. Eine Kirmes. Bauern-Tanz. Der Nacht-Wächter. Spinn-Stuben-Lieder. — Münchhausen auf der Jagd. — Münchhausen in Rußland. — Eine Entdeckung. — Aus Schillers Leben: Im Eltern-Hause. Der Herzog Karl von Württemberg[P-2]. Schiller in der Schule. Goethe. Lavater. Schillers erstes Drama. Seine Flucht. »Fiesko.« »Kabale und Liebe.« Seine Not. Körner. Schiller ist Professor der Geschichte. Goethe[P-3] und Schiller werden Freunde. Blüte-Zeit der modernen deutschen Literatur[P-4] in Weimar. Auf der Höhe des Ruhmes. »Wilhelm Tell.« — Pfänder-Spiel: Thorwaldsen, Napoleon I., Raphael, Voltaire, Columbus, Alexander von Humboldt.

Sektion VI.

Seite 225

Falten auf der Stirne. — Auf der Jagd. — Das Unendliche

und Erhabene in der Natur. — Das graue Auge, das braune, das blaue und das schwarze. — Eine Begegnung nach Mitternacht. — Eine Geschichte. — Ein schweres Unternehmen. — Herder. — Parabeln. — Kalif. — Storch. — »Die Teilung der Erde.«

Sektion VII.

Seite 257

Eine Überraschung. — Die Vorlesung: Turm von Babel. Die Mutter-Sprache. Eine traurige Periode in der deutschen Kultur und Sprache. — Lessing: Seine Bedeutung für die deutsche Sprache, für die deutsche Litteratur und für die Kunst: Laokoon. Winckelmann. Lessings Entdeckung und ihre Bedeutung. — Musik. — »Wenn die Schwalben heimwärts ziehn.«

Sektion VIII.

Seite 280[P-5]

Land-Partie: Die Grotte. — Enthüllung. — Ackerbau. — Aussprache: Form der Lippen. — Vokale. — Das lange und das kurze »a«. — Das lange und das kurze »e«, »i«, »o«, »u«, u.s.w. — über das Trennen der Silben. — Betonung im Satze. — Ton auf zusammengesetzten Wörtern: a) Verben mit Präpositionen. b) Zwei Substantive. — Konsonanten: »g«, »r«, »s«, »st«,[P-6] »v«, »w«, »z«. — über das »ch«. — Trennung der Wörter. — Eine Komödie. — Beifall. — Auf Wiedersehen.

Anhang.

Seite 305

Studien und Plaudereien.

I.

Herr Meister: Willkommen! Willkommen! Louis und Otto! Wie ich mich freue, Sie wieder zu sehen! Recht herzlich willkommen! Und wie groß Sie geworden sind! Waren Sie immer recht wohl?

Otto: Ich danke Ihnen, Herr Meister; wir sind wohl und glücklich, und ich freue mich, auch Sie so kräftig zu finden.

Herr Meister: Ja, ja; ich bin recht kräftig; — das macht die Arbeit, meine Freunde. — Die Arbeit, die wir lieben, stärkt uns, nicht wahr? — Aber kommen Sie; nehmen Sie Platz. — So. — Erzählen Sie mir. Wir haben uns lange nicht gesehen. — Aber, Louis, was ist denn das? Ich höre ja kein Wort von Ihnen!

Otto: Bruder Louis fürchtet sich.

Herr Meister: Fürchtet sich?

Otto: Ja, — fürchtet sich, deutsch zu sprechen.

Herr Meister: Aha, — ich verstehe. Freund Louis denkt: Nun habe ich so lange kein Deutsch gesprochen und gelesen, und alles ist vergessen. Wie? — denkt Louis nicht so?

Louis: Ja, Herr Meister.

Herr Meister: Bravo, Louis, bravo! Das war ein Anfang. Sprechen Sie zu.

Louis: Aber — ich kann nicht.

Herr Meister: Nur Muth, mein Freund! Sie haben so viel

gelernt, — und alles so gut, daß Sie es in vielen Jahren nicht vergessen werden. Sie schütteln den Kopf, — Sie glauben es nicht? So tat auch ich einmal, da ich fremde Sprachen studierte. Das aber weiß ich nun: Eine Sprache, gut studiert, wird in uns ein lebender Organismus und faßt tiefe Wurzeln, wie ein Baum in Mutter Erde. — Im Stillen wächst er; der Stamm wird stark, er grünt; und eines schönen Morgens steht er da in Blüten. Ganz so ist es mit einer Sprache.

Louis: So?

Otto: Ihre Worte machen Louis glücklich; nicht wahr, mein Bruder?

Louis: Ja, — ich habe wieder Mut. Ich muß wieder lernen und schnell und perfekt lernen; denn — Wissen Sie nicht, Herr Meister, daß Bruder Albert hier ist?

Herr Meister: Wirklich?

Louis: Ja, er ist letzten Donnerstag angekommen.

Herr Meister: Nun, das freut mich. Ihre Eltern sind wohl recht glücklich?

Louis: Ja, — und wir alle. Otto, Schwester Martha und ich.

Herr Meister: Das will ich glauben. Auch wir halten hier einen lieben Gast. — Wollen Sie einen Augenblick entschuldigen? — Ich will nur jene Thüre öffnen. — Meine Damen, haben Sie doch die Güte, hereinzukommen in mein Studier-Zimmer.

Otto: Ah — Fräulein Bella!

Louis: Guten Tag, Fräulein Martha und Fräulein Bella! Wie befinden Sie sich, meine Damen?

Martha Meister: Meine Herren, ich wünsche Ihnen guten Tag!

Bella: Ach — ich bin so froh, Sie wieder zu sehen, Herr Otto und Herr Louis!

Otto: Ich wußte nicht, daß Sie hier waren, Fräulein Bella. Das ist ein unerwartetes Glück, Sie hier zu finden.

Herr Meister: Fräulein Bella, ich habe eine Neuigkeit für Sie. Raten Sie einmal, — was mag das sein?

Bella: Herr Louis hat wieder ein neues Pferd.

Louis: O nein, Fräulein Bella, das ist es nicht.

Herr Meister: Ich wußte, daß Sie es nicht erraten würden. Herr Albert Parks, der junge Doktor, ist wieder hier.

Martha Meister: Wirklich?

Bella: Das ist schön!

Louis: O Fräulein Martha, Sie müssen meinen Bruder Albert sehen. — Er ist ein Doktor — o ja, — und versteht alles, glaube ich. Kisten und Kasten voll Bücher hat er mitgebracht, Instrumente und Rapiere. Sie sollten einmal sehen, wie er fechten kann. Das hat er auf der deutschen Universität gelernt; und heute Morgen hat er mich gelehrt, das Rapier zu führen; sehen Sie — so —. O, er kann gut fechten und er ist so stark, nicht wahr, Otto? —

Otto: Ja wohl.

Bella: Hat er auch einen Bart?

Louis: O ja, sehen Sie, hier.

Otto: Einen Schnurrbart, Louis.

Louis: Ja, einen Schnurrbart hat er; einen langen Schnurrbart.

Martha Meister: Ich weiß sehr viel von Ihrem Herrn Bruder.

Louis: Wie so, mein Fräulein?

Martha Meister: Durch Fräulein Bella.

Louis: Wo haben Sie meinen Bruder denn gesehen, Fräulein Bella?

Bella: Ich habe ihn noch nicht gesehen, aber meine Freundin, Frau Dr. Stellen aus Cöln, hat mir von ihm geschrieben. Auch Anna hat geschrieben.

Louis: Wirklich? Hat Anna geschrieben? Auch an mich?

Bella: An Sie? Das können Sie doch wohl nicht gut erwarten, Sie böser Mensch! In dieser langen Zeit haben Sie uns ganz vergessen. O, ich weiß alles. Ihre Pferde haben Sie dressiert, sie tanzen gelehrt und recht graziös zu gehen im spanischen Schritt; oder Sie waren in Ihrem Boote auf dem Wasser. Aber haben Sie auch nur einmal an Ihre alten Freunde gedacht?

Louis: Ich weiß es wohl: Otto hat Ihnen geschrieben, was ich getan habe; — was ich gedacht habe, konnte er Ihnen natürlich nicht schreiben. Aber glauben Sie nur: Ich habe oft an Sie gedacht und habe oft den Augenblick herbeigewünscht, wann ich Sie wiedersehen sollte.

Bella: An mich gedacht, aber nicht an mich geschrieben.

Otto: Fräulein Bella, Sie sind zu hart gegen meinen Bruder.

Martha Meister: Ja, Bella, Du bist recht grausam. Sieh' einmal, wie traurig Louis ist!

Bella: Soll ich ihm vergeben, dem leichten Herrn Louis? Was sagen Sie, Herr Meister? — Ja? — Nun, ich reiche Ihnen meine Hand und verzeihe Ihnen dieses Mal.

Louis: Sie sind so gut.

Bella: Nun wollen Sie auch den Brief hören; — ist es nicht so? — Ja, ja. — Nun gut! Hören Sie zu, ich lese zuerst Frau Dr. Stellen's Brief:

»Meine lieben Freunde in Amerika!

Euch allen wünsche ich Gesundheit und ein Leben, so glücklich, wie wir es hier führen. Euer letztes Schreiben hat mir viel Freude gemacht und ich schreibe heute deutsch, weil Ihr es wünscht. Wir hatten vor kurzem einen Besuch. Herr Doktor Albert Parks, ein Bruder Eurer Freunde Otto und Louis, war bei uns. Anna war, — wie Ihr Euch leicht denken könnt, — sehr glücklich, einen Amerikaner zu sehen und englisch zu sprechen. Mit uns spricht Anna nur deutsch. Der Herr Doktor hörte es und rief: »Ist es möglich? So kurze Zeit haben Sie deutsch studiert und verstehen so viel und sprechen so gut! Da muß ich mich schämen! Denn ich habe mehr Zeit gebraucht. Ich kann Sie versichern, ich kenne Landsleute hier, die ein Jahr und länger in Berlin und in Leipzig waren und weniger sprechen und verstehen als Sie.«

Ja, ja! Der Herr Doktor ist ein liebenswürdiger Mann. — Nachmittags waren wir auf dem Rhein; und wie der junge Doktor da stand, vorne am Schiff, hoch auf dem Deck, voll jugendlicher Kraft; und wie der Wind seine Locken und seinen Mantel bewegte, da kam er mir vor wie ein Kapitän, der im Sturm mit sicherer Hand das Schiff regiert und festen Auges den Männern gebietet. Er sah unsern Rhein: Auf grünlichen Fluten gleiten wir dahin; links und rechts erhebt sich die Erde. Darauf schattige Bäume und freundliche Häuser. Darüber hinaus ragen die Türme, und über diesen die Berge; — und über allem — der weite Himmel; und herunter strahlt die Sonne, warm und mild.

Das Auge sieht hinauf zu diesem Himmel. Welch' ein süßes Blau! Das Auge sieht hin zu den weißen Wolken, die dahin fliegen leicht und rein und in tausend verschiedenen, phantastischen Formen. — Und wieder herab senkt sich das Auge zur Flut, die so kühl und klar dahin wallet und so friedlich. Nichts trübt, so weit das Auge reicht, die klare Flut; nichts stört den Frieden der spiegelglatten Fläche. Die Sonne taucht ihre Strahlen in die Fluten, und es blinkt in den wunderbarsten Farben. — Und die würzig Luft sauge ich ein und fühle mich erquickt. — Ich schließe die Augen. Ich will nichts mehr sehen; hören nur will ich das Säuseln des Windes, das Rauschen des Wassers. O, welche Musik! Ich vergesse die Erde, vergesse alles um mich und höre — und höre — — — den Ton einer Glocke. »Zu Tisch, meine Damen und Herren,« ruft der Stewart.

Schnellen Schrittes eile ich hinab zur reichen Tafel, wo Freunde warten. Das Beste der Erde bietet man mir zur Speise und einen Wein von unserm Rhein zum Trinken, der ist, wie der Nektar der Götter — und ich labe mich. Aufblickend sehe ich zur Rechten und zur Linken freundliche Dörfer und grünende Felder und blühende Gärten, Berge mit Weinlaub bedeckt. Graue Burgen stehen auf Felsen und erzählen von alten Rittern und ihren Taten. — Und die mächtigen Felsen, die stolz und hoch da stehen, sprechen von alten Zeiten, da wilde Elemente darin brausten, als wollten sie alles mit sich reißen; aber sie, die Felsen, waren da und hatten sich dagegen gestemmt mit fester Brust.

Unter allen Felsen aber raget einer hervor. Stolz erhebt er das Haupt; denn gezwungen hat er bis heute die Wogen des großen Stromes, die zu ihm kommen und dann ihren Weg verlassen und gehen, wie er ihnen vorschreibt. Alles hält er in respektvoller Ferne — und wehe dem Boote, das ihm übermütig zu nahe kommt!

Frohes Lachen und melodisches Singen tönet herab vom Deck des Dampfers. Neben mir links und neben mir rechts sitzen glückliche Menschen, die sich mit mir freuen, und in allen Augen könnt Ihr eines nur sehen: die Zufriedenheit.

Himmel und Erde, Wasser und Luft, Tiere und Menschen sind hier in Harmonie. Ist mein Brief zu lang geworden? Ich fürchte fast. Das Beste habe ich aber vergessen! Ich muß doch über unsere kleine Tochter schreiben. Jeden Tag wird sie größer und klüger und schöner und sie ist so lieb und so süß, daß wir keinen Namen finden können, gut genug für sie. Mein Gemahl nennt sie immer: »Du kleiner, süßer Engel,« und wenn ich sie so rufe, hört sie. Mein einziges Gebet ist früh und spät, daß der liebe Gott sie uns erhalten möge. Nun will ich aber meinen Brief beenden. Herzliche Grüße von meinem Gatten und mir an Euch und alle Freunde, und viele, viele Grüße an das schöne Land Amerika.

Eure treue Freundin
Clara Stellen.«

Louis: Dieser Brief ist aber poetisch, mein Fräulein!

Bella: Hören Sie nur weiter, jetzt kommt noch ein kleiner Brief von Anna:

»Teure Schwester und teure Freundinnen! Wenige Worte will ich heute an Euch schreiben. Es ist bald acht Uhr und wir gehen in das Konzert. Ich wünsche nur, Ihr könntet alles hören und sehen, wie ich. Tausend Küsse und tausend

Grüße von Eurer   Anna.

Nachschrift: Schreibet mir bald, bitte! bitte!«

Louis: Ich will wieder Deutsch studieren, — ich will!

Otto: Aber, Louis, was ist dir denn? So sprich doch nicht so laut!

Louis: Ach, Herr Meister, warum können wir denn nicht studieren, wie früher? Das war ja so schön!

Martha Meister: Lieber Papa, könnten wir nicht einen deutschen Verein bilden? Was meinst du, Papa?

Herr Meister: Wohl, meine Tochter. Ich lege alles in deine Hände. Mache den Plan; ordne, was nötig[1-1] ist, ganz, wie du meinst. Ich bin mit allem zufrieden, was du tust.

Louis: Ich auch, Fräulein Martha.

Bella: Das war ein guter Gedanke von Dir, Martha. Ich wurde immer traurig, wenn ich an den langen Winter dachte. — Anna nicht bei mir, — und ich so allein. — Nun aber beginnt die Sonne mir wieder zu scheinen. —

Martha Meister: Wer zur deutschen Gesellschaft gehören will, rufe: »Ich!«

Louis: Ich!

Bella: Und ich!

Otto: Ich!

Herr Meister: Und ich!

Martha Meister: Und ich! — So wären wir fünf; und unsere teure Mama wird auch kommen; ich werde sie bitten,
— — —

Bella: Und Gretchen auch.

Martha Meister: Gewiß, Gretchen kommt. Aber, — wo ist Schwester Gretchen?

Bella: Sie ist da, — in ihrem Zimmer. Pst! Hören Sie! Sie liest ihrer Mutter vor! Hören Sie:

> Wenn der Frühling auf die Berge steigt
> Und im Sonnenstrahl der Schnee zerfließt,
> Wenn das erste Grün am Baum sich zeigt
> Und im Gras das erste Blümlein sprießt —
> Wenn vorbei im Tal
> Nun mit einemmal
> Alle Regenzeit und Winterqual,
> schallt es von den Höh'n
> Bis zum Tale[I-2] weit:
> O, wie wunderschön
> Ist die Frühlingszeit!
>
> Wenn am Gletscher heiß die Sonne leckt,
> Wenn die Quelle von den Bergen springt,
> Alles rings mit jungem Grün sich deckt
> Und das Luftgetön der Wälder klingt —
> Lüfte lind und lau
> Würzt die grüne Au,
>
> Und der Himmel lacht so rein und blau,
> Schallt es von den Höh'n
> Bis zum Tale[I-3] weit:
> O, wie wunderschön
> Ist die Frühlingszeit!

Bella: Sie deklamiert schön, nicht wahr, Otto?

Otto: Sehr schön, in der Tat. — Ich glaube, das war ein Gedicht von Friedrich von Bodenstedt.

Bella: Gretchen kommt auch, das weiß ich. Aber wie ist es mit Ihrem Bruder, dem Herrn Doktor? Wollen Sie nicht mit ihm darüber sprechen?

Louis: O, Albert kommt, wenn ich ihn darum bitte; und der kann die Gesellschaft unterhalten. — O, der weiß Geschichten. Hören Sie nur! Gestern, vor Abend, sah er meine Pferde, und mein Nero ist, wie Sie wissen, mein bestes Pferd. — Albert, sagte ich, Albert, was denkst Du über meinen Nero? — Hat Feuer, nicht wahr? — Ja, ja, den kann Niemand reiten, außer mir. So? sagt Albert und lächelt und nimmt mir die Zügel aus der Hand. Ich wollte ihn warnen; aber denkt nur, — er sitzt schon auf. Nero bäumt sich, schlägt aus; — aber mein Bruder drückt die Sporen fest in die Seiten, lenkt es und fliegt in wildem Galopp dahin. Nimm Dich in Acht, rufe ich ihm nach; nimm dich in Acht! Aber lächelnd winkt er mir mit seiner Rechten, reitet meinen Nero nach rechts und nach links, ganz wie ich selbst. Dann steigt er ruhig ab und sagt zu mir, der ich verwundert dastehe: Ja, ja, mein Lieber; man muß die Tiere verstehen und studieren, so gut wie die Menschen.

Und hast Du die Tiere denn auch studiert? frage ich ihn, — und er nimmt mich am Arme und sagt: Komm mit mir dorthin, in jenen Busch; da können wir ruhen. Da will ich Dir etwas erzählen, das wird dir gefallen. — Wir taten so und Albert begann:

Du weißt, mein lieber Louis, der Löwe ist König unter den Tieren, und es war im Monat Mai, es grünten die Felder, die Wiesen und Wälder, und überall in Bäumen, Büschen und Hecken war Leben. Da gab Nobel, der König, ein Fest. Alle waren gekommen von weiter Ferne: Isegrimm, der Wolf, Braun, der Bär, auch die anderen alle, und die Vögel, groß und klein. Einer war nicht da: Reineke Fuchs.

Und Isegrimm trat vor den Thron des Königs und sprach also: Wir alle haben dein Wort, o König, gehört und sind gekommen; es fehlt allein Reineke Fuchs. Niemals tut er deinen Willen. Mich hat der Böse übel behandelt, mein Weib hat er verhöhnt, und meine Kinder hat er geblendet mit bitterem Wasser. Da sind die armen Kindlein vor dir, o König, und fordern Recht.

Und Hündchen Wackerlos sprang vor den König und begann zu klagen; es sprach in feinen Worten; es sprach nur französisch. Und die Katze kam da auch mit neuen Klagen, und dann kam der Panther und sprach also:

Was Katze und Hund da sagen, will wenig bedeuten. Aber höret mich an; ich habe zu sprechen wider Reineke Fuchs. Da ich harmlos den Weg wanderte durch den Wald, hörte ich ein Weinen und Wimmern links im Gebüsch. Verwundert trete ich zur Seite und sehe: Reineke hält Lampe, den Hasen, an den Ohren und zauset ihn fürchterlich; und wäre ich nicht gekommen, — Lampe wäre nun tot. Solches aber ist doch nicht recht in diesen Tagen des Friedens.

Reineke's Neffe aber, der Dachs, trat vor den König, gedankenvoll und lächelnd; denn er war ein Advokat, sehr gelehrt und schlau, und begann seine Rede also:

Mein König, es ist ein altes Sprichwort: »Ein Feind wird niemals Gutes von dir sagen.« Kein Wunder also, daß diese Herren Schlechtes reden wollen von Reineke, meinem teuern Onkel. Er selbst ist nicht hier; sonst würden sie wahrlich solches nicht wagen. Aber wer ist es, der hier auftritt zu klagen. Isegrimm, der Wolf? Hat der ein Recht dazu? Er, der so übel gehandelt an Reineke? — Ich bitte, o König, höret, was ich jetzt sage:

Einmal war Freundschaft zwischen dem Wolfe und dem Fuchse; alle Beute wollten sie teilen nach Recht. Da kam eines Tages der Wolf und war sehr hungrig, — und hungrig ist er ja immer — zu meinem Oheim und verlangte zu essen. Ah, sagte freundlich mein Oheim, hier habe ich nichts. Aber da weiß ich ein fettes Schwein; das hängt nicht weit von hier beim Bauern; wenn ihr warten wollt vor dem Hause, so will ich es durch's Fenster werfen, aber gebt mir auch die Hälfte. Gewiß, sagte der Wolf, und beide gingen. Mein Oheim tat, wie er gesprochen, und warf die fette Beute hinunter durch das Fenster; doch, da er selbst zu essen verlangte, lachte der Wolf — es war dieser Wolf, — und sagte hämisch: Hier, mein Freund, wünsche guten Appetit — und gab meinem Oheim das breite Stück Holz, woran das Schwein gehangen hatte. So teilt der Wolf. — Aber das ist noch nicht alles.

Ein anderes Mal hatte er wieder großes Verlangen nach Fischen. Da kam er zum Fuchse. Und gut, — wie Reineke ist, — sprach er: Auf jener Straße kommt heute Nachmittag ein Mann von dem Strome; der bringt Fische in dem Wagen. Da können wir essen, — und beide gingen zusammen.

Der Fuchs aber legte sich auf die Straße und lag ganz still, als wäre er tot. Der Fuhrmann kam und sah den toten Fuchs und freute sich nicht wenig. Er nahm ihn, warf ihn auf den Wagen und fuhr die Straße entlang. Mein Oheim aber, der Fuchs, warf die Fische vom Wagen herab auf die Straße. Es folgte der Wolf und fraß. Endlich sprang der Fuchs vom Wagen, ging zum Wolfe und wollte auch von den Fischen essen. Da sagte der Wolf: Nehmet, Reineke, nehmet; hier ist für euch, — und gab ihm von den Fischen — die Gräten. — So handelt der Wolf. — Soll ich noch mehr von ihm sagen? Nichts Gutes, o König, würdest du hören. —

Und wegen des Hasen! Es ist wahrlich zum Lachen, wie falsch der Panther gesehn hat. Wohl hatte mein Oheim den

Hasen beim Ohre. Der Hase ist ja meines Oheims Schüler. Er war zu ihm gekommen und wollte lernen, die Psalmen zu singen. Nun aber hat der Hase kein feines Gehör und kann die Töne nicht lernen. Da verlor mein Oheim die Geduld und zauste den Hasen an den Ohren. — Aber das ist doch wohl das Recht des Lehrers! — Wo soll denn Ordnung sein, wenn nicht der Lehrer das Recht hat, die Ohren des Schülers zu zausen?

Nein, das muß ich hier sagen, hier vor dem König, daß mein Oheim ein frommes, gutes Leben führt und betet und fastet und seit Wochen kein Fleisch ißt, sondern Gras und Kräuter. Laßt ihn kommen, o König, vor euch selbst und sehet, ob es nicht also sei.

Reineke's Neffe hatte gesprochen, und der König hatte gehört. — Da kam Henning daher, der Hahn; — und hinter ihm trug man eine Henne ohne Kopf und Hals. Er selbst war traurig und er begann zu sprechen vor Nobel, dem König: Höret mich an, o König! — Vor wenigen Tagen noch lebte ich still und glücklich inmitten meiner Familie. Da kam der Fuchs daher, als Mönch gekleidet. Die Hände gefaltet, mit den Lippen betend, blickte er aufwärts zum Himmel und sagte zu mir: Wisse, Freund Henning, der König hat befohlen, daß alle Tiere im Walde und auf dem Felde in Frieden leben und nicht wieder streiten oder einander töten in böser Feindschaft. Du siehst, ich selbst bin nun ein Mönch geworden und nichts hast du von mir zu fürchten, auch nicht deine Söhne und deine Töchter. So sprach der Fuchs und zeigte einen Brief mit großen Siegeln vom König. Mit Freude hörte ich alles und sagte es den anderen. Die sprangen hinaus vom sichern Hofe in das Feld, das Beste zu suchen in Busch und Wald. Doch kurz war das Glück, und traurig das Ende.

Der falsche Fuchs hatte sich hinter einer dichten Hecke versteckt und sprang hervor und mordete fürchterlich. Von allen meinen stolzen Söhnen und lieblichen Töchtern ist niemand geblieben. Die letzte hat er heute erwürgt, sie, die Unglückliche, die letzte meines Stammes. Also sprach Herr Henning und weinte bitterlich.

Nobel schüttelte unmutig sein königliches Haupt und sprach: Guter Henning, mit Trauer höre ich das Unglück, welches dich befallen hat. Mit allen Ehren wollen wir deine Tochter zu Grabe bestatten. Ich selber will dem Sarge folgen. Einen Marmorstein lasse ich auf ihr Grab setzen, und darauf soll man diese Worte lesen: »Hier ruht in Frieden: Kratzefuß, Hennings Tochter, die beste der Hennen. Legte viele Eier in's Nest und verstand gut zu scharren. Ach! hier liegt sie, durch Reinekens Mord den Ihren genommen.« — Euch aber, ihr Herren, die hier versammelt sind, bitte ich: Beratet, wie fördern wir Recht und Frieden im Lande? — so kam man denn überein, daß Braun, der Bär, auf Reinekens Schloß Malepartus gehen und ihn auffordern sollte im Namen des Königs, vor dessen Thron zu erscheinen, auf daß der König die Klage höre und Recht spreche und ihn strafe, wenn er ihn schuldig befände.

Und Braun ging und wanderte durch eine lange Heide und kam zuletzt nach Malepartus. Da hatte Reineke eine stattliche Burg gebaut, fest und stark gegen Feinde, mit vielen heimlichen Gängen, durch die er entschlüpfen könnte, wenn es nötig wäre. In den weiten und schönen Hallen aber lebte Reineke mit seiner Gemahlin und den beiden Söhnchen und sie aßen und tranken vom Besten und waren sorglos.

Da hörte er die rauhe Stimme des Bären, der also rief: Du sollst zum Könige kommen, Reineke, daß der König die Klage höre und Antwort gebe und Recht spreche; und daß er dich strafe, wenn er dich schuldig befindet. — So du aber nicht kommst, wird er dich hängen lassen.

Der Fuchs hörte die Worte des Bären und sprach lächelnd zu sich selbst: Diesen rohen Gesellen will ich heimsenden, daß er noch lange an Reineke denke. — Und alsbald ging er hinaus vor das breite Thor und sprach mit freundlicher Stimme zu Braun, dem Bären: Guten Tag, mein teuerster Oheim! Welche Ehre für mich, daß ihr selbst mich besuchet! Aber, was sehe ich? Wie seid ihr so erhitzt und voll Staub! — Konnte der König niemand anders senden? — Mußtet ihr gerade diese beschwerliche Reise machen? — Seid ihr hungrig? — Was giebt man euch doch! Ihr wisset, wir leben hier ärmlich und haben wenig Gutes. — Honig können wir euch geben. Doch, ich weiß wohl, ihr esset niemals Honig.

Honig? rief der Bär erfreut. — Nichts ist mir lieber, als Honig. O, gebet mir Honig!

Ist es wirklich wahr, sprach der Fuchs mit falscher Freude, esset ihr Honig so gern? Ei, davon kann ich euch geben. — Wisset, nicht weit von hier wohnt Rüsteviel, der Bauer; der hat Honig, — mehr, als ihr je gesehen.

So laß uns gehen, schrie der glückliche Bär und trabte voran, so schnell, wie er konnte.

Sie kamen auf Rüsteviels Hof. Das aber wußte der schlaue Fuchs, daß Rüsteviel auf seinem Hofe einen Baum spalten wollte und einen Keil hineingetrieben hatte. — An dem einen Ende war der Baum offen und in dem andern

Ende steckte der Keil. — Den hungrigen Bären führte der Fuchs hierher und sagte gar freundlich zu ihm: Hier, teurer Oheim, möget ihr Honig essen. — Doch esset nicht zu viel! Das rate ich euch, — er ist gar süß.

Mit beiden Vorderfüßen zugleich sprang der Bär in die Spalte. Den Kopf steckte er bis über die Ohren hinein, nach Honig suchend.

Reineke aber war an dem andern Ende, zog mit aller Kraft an dem Keile; und es gelang ihm nach vieler Mühe, den Keil zu entfernen. — Zusammen klappte der Baum, und Braun war gefangen.

Er schrie vor Schmerzen laut auf, bat den Fuchs um Hilfe. Der Fuchs aber lief und lachte und rief aus der Ferne: Wünsche guten Appetit, Herr Braun, guten Appetit!

Rüsteviel aber, geweckt durch das Geschrei des Bären, sprang aus dem Bette und nahm seine Axt und eilte auf den Hof. Da sah er den Bären und weckte alle Nachbarn.

Sie kamen eilends herbei; die Männer mit Stöcken und die Frauen mit Besen und alle schlugen auf den gefangenen Bären.

In der Verzweiflung aber reißt er sich los, läßt beide Klauen stecken von den Vorderfüßen und vom Gesichte die Haut. Laut schreiend vor Schmerz, rannte er unter die Bauern. Sie alle fliehen, die Weiber zumal; und eine von ihnen, eine Köchin, fiel in das Wasser des Baches. Das war des Bären Glück; denn, als man zum Bache rannte wegen der Köchin, konnte der Bär entkommen. — Sein Elend aber war so groß, daß er sich ins Wasser stürzte, um zu sterben, denn zu groß waren die Schmerzen. — Aber er schwamm den Bach hinunter und kam nach vielen Tagen zurück an den Hof des Königs.

Als Nobel, der König, ihn sah, rief er entsetzt: Großer Gott! Bist du das, Braun? Kaum kenn' ich dich wieder! Wer hat das getan?

Und als der König die Geschichte gehört hatte, sagte er zu den Herren um ihn: Ihr alle habt den unglücklichen Braun gehört. Höret nun auch meinen Willen: Ich bestimme, daß Hinze, der Kater, jetzt gehe zu Reineke. Du bist ein höflicher Mann, Hinze, und verstehst, in feinen Worten zu sprechen. Zu Reineke gehe und kehre bald wieder mit ihm.

Traurig ging der Kater, Reineke fürchtend. Und als er nach Malepartus kam, trat Reineke zu ihm heraus und sprach: Ah, sieh' einmal, Hinze! Kommst du zu mir? Das freut mich. Mit dir? Ja, mit dir will ich gehen; denn du bist ein feiner Mann; aber ich möchte [1-4] nicht gehen mit dem rohen Bären; — auch hatte ich Furcht vor ihm. — Mit dir gehe ich gerne. Was aber kann ich dir geben zum Essen? Ach ja, — Ich habe Honig, süß und gut, möchtest du wohl davon speisen?

Nein, sagte Hinze, ich mache mir nicht viel aus Honig; wenn du mir aber eine Maus geben wolltest, würde ich dir danken.

Issest du Mäuse so gern? rief verwundert der Fuchs. Mäuse kann ich dir geben in großer Menge in meines Nachbarn Scheune. Laß uns dahin gehen.

Und sie kamen in die Scheune des Nachbarn, des Predigers.

An der Seite der Scheune aber hatte Reineke gestern ein Loch gegraben und hatte dadurch des Predigers beste

Henne gestohlen. — Erzürnt darüber, hatte Martin, des Predigers Söhnchen, eine Schlinge gelegt an die innere Seite der Öffnung.

Alles das wußte der Schlaue und sprach mit falscher Freundlichkeit: Hinze, höret nur die Mäuse, wie sie pfeifen! So viele sind darin; man könnte sie nicht in zwei Wagen von dannen fahren. Hier ist das Loch, springt nur hinein!

Hinze aber fürchtete sich und fragte ängstlich: Meint ihr, Reineke, daß es sicher wäre, hinein zu gehn? —

Sicher, ganz sicher, mein lieber Hinze; spring nur zu. Während du mausest, will ich hier wachen für dich.

Und der Kater glaubte dem Falschen, sprang durch die Öffnung — und schrie, schrie jämmerlich! — denn er fühlte die Schlinge um den Hals, und sie preßte ihn arg.

Martinchen hörte das Schreien und jubelnd kam er gelaufen und rief: Ah, so hab' ich endlich den Dieb gefangen, der uns die Hühner stiehlt; und dann mißhandelte er den armen Hinze. Reineke freute sich dessen und glaubte, der Kater wäre nun tot. — Aber er war noch entsprungen; blutig und einäugig zwar, — doch hatte er das Leben behalten.

Jammernd kam er zurück zum Könige und klagte sein Leid.

Des Königs Herz entbrannte in gewaltigem Zorne, und er sprach mit Donner-Stimme: Ich sehe, dieser Reineke ist ein Frevler und verdient den Tod.

Aber Grimbart, der Dachs, kam wieder und sprach: Wollt ihr Reineke verdammen, bevor ihr ihn gesehen oder gehört? — Lasset mich zu ihm gehen und, wahrlich, ich werde ihn bringen.

Und Nobel, der König, sprach: Thue nach deinem Worte.

Grimbart, der Dachs, machte sich nun auf den Weg und kam mit vieler Mühe zu seines Oheims Burg. Da klopfte er an die Pforte und rief mit lauter Stimme: Öffnet, Reineke; denn Grimbart ist es, Euer Neffe. Öffnet! Ich habe mit Euch zu reden.

Und Reineke öffnete willig die Thüre und führte den Neffen in das Innere der Burg zu seinem Weibe und seinen zwei Söhnen. Beide waren noch jung und sahen dem Vater sehr ähnlich, und der eine besonders war schlau.

Reineke aber sagte zu Grimbart: Ich weiß, warum du zu mir kommst.

Und denkst du nicht selbst, fragte wohlwollend der Neffe, daß es nun Zeit wäre, des Königs Willen zu tun und vor ihn zu kommen?

Wohl, versetzte Reineke. Heute bist du mein Gast. Ruhe von deiner beschwerlichen Reise; morgen aber gehe ich mit dir zum König.

Dann speisten sie alle zusammen; und dem Dachse gefiel es sehr gut in Reinekens Haus; denn Reineke war liebevoll mit seinem Weibe und zärtlich mit den Kindern. Und als es Nacht war, gingen alle zu Bette.

Am nächsten Morgen früh nahm Reineke Abschied und sagte zu seinem Weibe: Achte wohl auf die Kinder; lasse keines aus dem Hause; — denn ich muß fort in Geschäften zum König und hoffe, recht bald wieder bei euch zu sein. Ihr aber, meine lieben Kinder, seid recht artig und höret auf eure Mutter. Dann bringe ich euch etwas Gutes mit von dem

Könige; und dann ging er mit dem Neffen.

Auf dem Wege aber begann Reineke ernstlich zu denken und sprach zu seinem Neffen: Weißt du, Grimbart, daß ich beginne, des Königs gerechten Zorn zu fürchten? — Denn ich bin schuldig, und vieles ist wahr, was die Feinde sagen von mir. Ich habe den plumpen Bären mißhandelt, des Königs Boten, und auch Hinze, den Kater. Ich habe dieses getan und noch viel mehr, was schlecht ist.

Ist es also? fragte traurig Grimbart. Dann bekenne mir offen deine Sünden und gelobe Besserung.

Und Reineke tat also. Dann sprach er: Nun ist mir das Herz viel leichter, und freier gehe ich zum Könige.

Es geschah aber, so oft sie an einen Bauernhof kamen, daß Reineke die Hühner haschen wollte. — Und er hätte sie wahrlich getötet, wäre nicht Grimbart gewesen, der ihn immer warnte, sagend: Oheim, ich dachte, du wolltest dich bessern?

Ja, so ist es, rief dann der Fuchs. Ja, ja! Ich bin doch ein arger Sünder.

Endlich kamen sie an des Königs Hof; und schnell wurde es bekannt: Reineke, der Fuchs, ist angekommen.

Er aber ging leicht und frei durch die Straßen daher, als wäre er selber des Königs Sohn; grüßte, lächelte freundlich, und niemand sah die Furcht in seinem Herzen.

Dann trat er zum König. Majestätisch saß er auf seinem Throne, von den Großen und Nobeln umringt. Die meisten von diesen waren bittere Feinde des Fuchses. — Dieser aber begann also zu reden:

Groß seid ihr, o König, und gerecht. Ihr höret alle, die Schuldigen und auch die Unschuldigen. Ihr könnt tun mit uns nach eurem Willen; denn unser Leben ist in eurer Hand. Nun aber wisset, o König, daß viele hier am Hofe sind, die mich hassen, weil ich euch treu bin.

Schweig, rief der König! Du schwätzest zu viel und ehrtest nicht die Boten, die ich dir sandte.

O König, da ist wahrlich niemand, der des Königs Wort höher hält, als ich, dein treuester Diener. Was aber kann ich dafür, wenn der Bär von den Bauern mißhandelt wird? Gefräßig ist der Bär, und ich habe ihn ernstlich gewarnt; er aber wollte nicht hören; — und so war es auch mit Hinze, dem Kater.

Und so sprach Reineke immer. Wie viele der Feinde auch kamen und gegen ihn auftraten, — er wählte die Worte so wohl, er sprach so frei, daß man glauben mußte, er wäre ganz schuldlos und jene wären die Schuldigen.

Zuletzt aber kamen ehrbare Männer, wohlbekannt; und ihr Wort galt viel — gegen diese konnte Reineke nicht sprechen, und der König fällte das Urteil: Reineke Fuchs soll sterben. Bindet ihn und führet ihn hinaus zu dem Galgen.

Als Reinekens Freunde dieses hörten, waren alle von Herzen betrübt und verließen unwillig den Hof des Königs. Nobel aber sah es nicht gern, daß so viele edle Männer seinen Hof verließen.

Reineke aber hatte nur wenig Mut; und als er gebunden unter dem Galgen stand, dachte er: Wenn der König mir nur noch einmal erlauben wollte zu sprechen, so hätte ich noch Hoffnung, mein Leben zu erhalten.

Und er drehte sich nun zu dem Volke, das gekommen war, sein Ende zu sehen. Und er sprach zum König, der finster da saß neben seiner Gemahlin. Auf diese besonders blickte der Schlaue, denn er kannte ihr weiches Herz, und sprach:

Nur noch einmal, o König, gebet mir das Wort, bevor ich diese schöne Erde verlasse. Meine Sünden will ich offen bekennen, daß alle es hören zur Warnung.

Als die Königin diese kläglichen Worte vernahm, sah sie mit bittenden Augen den König an, und dieser sagte: Wohlan denn, so sprich!

Da wurde Reinekens Seele viel leichter und er begann:

Vor euch allen hier bekenne ich es offen: Ich habe viel und schwer gesündigt im Leben. Jung hatte ich begonnen zu stehlen und zu rauben unter den Hühnern und Gänsen und Lämmern und Ziegen. Aber da ich später ein Freund des Wolfes wurde und er mich lehrte, so wurde ich viel schlimmer. Wenn wir zusammen ausgingen auf Raub und Mord, nahm er immer das Größte für sich und oft alles; und ich hätte hungern müssen, wenn ich nicht einen Schatz für mich vergraben hätte.

Einen Schatz? unterbrach ihn der König. Sprachst du von einem Schatz?

Ich sprach von einem Schatz. So viel rotes, scheinendes Gold saht ihr nie zuvor. In vielen Wagen kann man es nicht bringen. Und Edelsteine und Ringe und Ketten so schön, wie sie die Königin wohl noch nie gesehen. Aber was nützt mir nun alles, da ich den Tod vor Augen sehe? — Mit dem Schatze aber war es so: —

Mein Vater war, wie ihr alle wohl wisset, sehr schlau. —

Auf einer langen Reise hatte er den Schatz des Königs Emmrich entdeckt. Aber er hatte wenig Freude daran, denn er hielt ihn vergraben am heimlichen Orte. So aber habe ich selbst ihn gefunden. Einst, in einer stürmischen Nacht, — der Regen fiel in Strömen, der Donner rollte und Blitz auf Blitz zuckte, — da sah ich meinen Vater spät aus seinem Hause kommen und scheu sich umsehen nach allen Seiten. — Mich aber hatte er nicht gesehen; denn ich war versteckt. Ich wunderte mich, ihn so spät und in solchem Wetter ausgehen zu sehen und folgte ihm.

Der Weg war lang; bergauf und bergab. — Endlich machte mein Vater Halt, sah sich noch einmal um; und da er niemand bemerkte, scharrte er eine Öffnung in die Erde mit den Pfoten und starrte lange hinein und freute sich sehr.

Da war ich sehr neugierig. Doch lag ich stille und rührte mich nicht. Lange nachdem mein Vater wieder fort war, ging ich zum Baume und tat, wie mein Vater zuvor. — O, Herrlicheres hatte ich niemals gesehen an Reichtum! — Dieselbe Nacht und die folgenden arbeitete ich schwer, das Gold zu entfernen.

Und wohl hatte ich daran getan, — das fand ich später; denn ich rettete so euer Leben, o König.

Du lügst! schrie der König.

Wie könnte ich, sagte der Fuchs, wie könnte ich jetzt lügen vor meinem Tode? Was würde es mir helfen? — und dabei richtete der Arge die Augen zum Himmel.

Die Königin aber war ängstlich geworden, als sie das hörte vom Leben ihres Königlichen Gemahls, und sie sagte zum König: O, lasset ihn hierher kommen, daß wir näheres hören und euch vielleicht vor Unglück bewahren.

Dessen freute sich der Fuchs von Herzen und auf den

Wink des Königs trat er herab vom Galgen und gerade vor den König und die Königin und sprach weiter also:

Ja, ich folgte nun öfters dem Vater und sah ihn einmal in eine geheime Versammlung gehen. Da waren Isegrimm, der Wolf, Braun, der Bär, und viele andere Herren, die ich nicht kannte. Sie alle sprachen sehr leise und mit vieler Mühe verstand ich dieses: Eine Revolution wollten sie machen und den Bären wollten sie zum Könige haben. Nach allen Landen sandten sie Boten, Truppen zu sammeln; mit dem Gelde meines Vaters wollte man sie bezahlen und er sollte der erste Minister im Staate werden. —

Ich aber freute mich um meines guten Königs willen, daß ich den Schatz entfernt hatte, denn die Soldaten wollten den Gold im Voraus haben und wollten nicht kommen ohne das Geld.

So konnten sie den bösen Plan in jener Zeit nicht ausführen. Ich aber habe den Schatz noch heute und will ihn gern in eure Hände, mein König, legen, daß ihr sehet, daß ihr an mir einen treuen Diener hattet.

Die Königin, dieses hörend, war sehr gerührt. Sie sah auf zu ihrem Gemahl, und dieser sagte mit ernstem Auge: Es scheint, du sprichst jetzt die Wahrheit; ich glaube dir. Bindet Braun, den Bären, und Isegrimm, den Wolf, und führt sie in das Gefängnis. Reineke aber, den Fuchs, machet frei; denn ich erkenne ihn als meinen treuesten Diener.

Darüber freuten sich viele; und viele waren gar traurig.

Isegrimm aber sagte zu Braun: Sieh', dieses Mal hat er wieder gewonnen, der Falsche.

Der König aber rief Reineke zu sich und fragte ihn leise: Wo, sagtest du, wäre der Schatz vergraben?

Und so antwortete Reineke: Höret, ich bitte, o König, genau die Worte, die ich jetzt spreche, so daß ihr und eure Gemahlin den Platz nicht vermisset, wo Gold und Juwelen begraben liegen.

In Flandern ist eine <u>Wüste</u>. Dort ist ein Brunnen, Krekelborn heißt er. An dem Brunnen gehet vorbei. Dann kommt ihr an einen Busch. Auch an dem Busche gehet vorbei. Dann aber kommt ihr an einen <u>einsamen</u> Ort. Weder Menschen noch Tiere leben daselbst, nur die Eule allein <u>haust</u>[1-5] hier. Da stehen zwei <u>Birken</u>. Da bleibet stehen; denn ihr habt den rechten Ort gefunden. Unter den Wurzeln der Bäume findet ihr, was euch erfreut. Ich selbst wollte mit euch gehen. Doch, wißt ihr wohl, der Papst hat mich in den <u>Bann</u> getan. Nun aber habe ich im Herzen <u>gelobt</u>, nach Rom zu gehen als Pilger. Ich will nun ein besseres Leben beginnen. Doch hier ist der Hase. Der kennt den Platz. Wenn ihr befehlet, so rufe ich ihn.

Und der König sprach: Thue so. Und der Fuchs rief den Hasen.

Zu Reineke selbst aber sagte der König: So gehe nach Rom und komme befreit vom Banne zurück.

Reineke <u>jauchzte</u> von Herzen; denn er war frei, seine Feinde aber lagen in Ketten.

Nach Rom ging er aber nicht, sondern eilte nach Malepartus und preßte Weib und Kinder freudig ans Herz.

Herr Meister: Bravo, mein Freund! Bravo!

Martha Meister: Das erzählten Sie sehr gut, Herr Louis.

Bella: Das war sehr schön, nicht wahr, Otto?

Otto: Ja, Louis; ich freue mich auch über Dich. Du solltest Goethes[I-6] Reineke Fuchs lesen. Da findest Du noch mehr.

Louis: So? — Ist es von Goethe?[I-7]

Otto: Gewiß, Bruder.

Louis: Von Goethe[I-8]. — Hm, — Goethe[I-9] gefällt mir.

Bella: Mir gefällt er auch.

Herr Meister: Wirklich?

Bella: Ich bin ganz erstaunt über Louis.

Louis: Aber warum denn?

Bella: Sie sprechen ja ein prachtvolles Deutsch!

Louis: O, Fräulein Bella; ist das Ihr Ernst?

Bella: Ja, ganz gewiß.

Louis: Das freut mich sehr.

Otto: Siehst Du, Louis? Herr Meister hat Recht.

Louis: Ja, das ist wahr! Ihre Hand, Herr Meister. Fräulein Bella, wollen Sie das auch an Anna nach Cöln schreiben?

Bella: Das will ich sicherlich tun, und wollen Sie auch oft zu uns kommen, ja?

Louis: Ja wohl, mein Fräulein.

Bella: Und Ihren Bruder mitbringen?

Louis: Ja, aber — Otto, da habe ich ganz vergessen, daß Albert auf mich wartet. Wir müssen nun gehen. Meine Damen, auf Wiedersehen! Adieu, Herr Meister!

Martha Meister: Kommen Sie recht bald wieder, meine

Herren. Sie sind immer angenehm.

Otto: Danke Ihnen. Adieu, Fräulein Bella.

Bella: Auf Wiedersehen!

Herr Meister: Adieu!

II.

Martha: Darf ich Papa? — Störe ich nicht?

Herr Meister: Komm', meine Tochter, setze Dich!

Martha: Hast Du heute viel geschrieben, Pa....?

Gretchen: Sie kommen!

Bella: — — sie kommen!

Martha: Aber — wie Ihr stürmt! Sie kommen! Sie kommen! Wer kommt?

Bella: Jetzt sind sie auf der Treppe; jetzt — jetzt klopfen sie an.

Herr Meister: Herein!

Louis: Hier ist mein Bruder Albert, der Doktor!

Otto: Erlauben Sie mir, Herr Meister, Ihnen meinen Bruder vorzustellen: Herr Doktor Albert. — Herr Meister, unser verehrter Freund! — Fräulein Gretchen und Fräulein Martha, Herrn Meisters Töchter. — Unsere Freundin, Fräulein Bella!

Dr. Albert: Meine Herrschaften, ich bringe Ihnen Grüße aus Deutschland; — so oft und so viel hat man mir von Ihnen erzählt, daß Sie mir wie alte Bekannte erscheinen.

Martha: So dürfen wir hoffen, daß Sie bald wieder heimisch bei uns werden?

Dr. Albert: Heimisch fühle ich mich schon jetzt, mein Fräulein. — Martha, Schwesterchen, willst Du nicht bei mir sitzen?

Martha Parks: Ach ja!

Gretchen: Bist Du froh, daß Dein Bruder wieder bei Dir ist?

Martha Parks: O ja!

Bella: Herr Doktor, hatten Sie eine gute Fahrt?

Dr. Albert: Ja, mein Fräulein ... Das war eine prachtvolle Reise! Wir hatten klares Wetter, guten Wind, aber auch ein wenig Sturm; und dann und wann einen herrlichen Sonnen-Untergang; — vom Sonnen-Aufgang kann ich Ihnen wenig sagen.

Bella: Ah, Reisen ist doch schön!

Dr. Albert: Das ist es, mein Fräulein.

Herr Meister: Und hat es Ihnen gut gefallen in meinem Deutschland, Herr Doktor?

Dr. Albert: Sehr gut, mein Herr. Glückliche Jahre habe ich dort verlebt. Deutschland ist mir teuer geworden.

Martha Meister: Wie lange ist es jetzt, Papa, daß Du nicht in Deutschland gewesen bist?

Herr Meister: Viele Jahre sind verflossen, meine Tochter, seitdem ich mein Vaterland zum letzten Male gesehen habe.

Dr. Albert: Dann, mein Herr, sollten Sie einmal gehen und es wieder sehen. — Das alte Deutschland, das Sie einst verließen, werden Sie nicht mehr finden; — ein neues ist erstanden. Schön war Deutschland ja immer und schön ist es noch heute. Aber zur Schönheit ist nun auch die Macht gekommen, die Macht, welche Barbarossa den deutschen Landen einst gewünscht.

Herr Meister: So lese ich, und so sagt man mir. Doch scheint es mir selbst wie ein Wunder!

Dr. Albert: Das glaube ich Ihnen gerne, mein Herr. Sie denken noch immer an die schöne Sage, die Deutschland einst gedichtet hatte in seinem Unglück und in seiner Hoffnung: Tief unter der Kyffhäuser-Burg sitzt Kaiser Barbarossa. — Er sitzt sorgenvoll und schlummernd vor einem Marmortische, den Kopf gestützt mit seiner Hand. — Sein Bart wallt nieder bis zur Erde und schlingt sich um den Tisch. — So sitzt er schlummernd hundert Jahre. — Dann erhebt er traurig das Haupt und spricht zum Zwerg: Fliegen die Raben noch um den Berg? — Und der Zwerg geht und kommt zurück und spricht: Die Raben fliegen noch um den Berg! — Dann seufzt[II-1] der Kaiser und schlummert wieder ein und schlummert noch hundert Jahre. —

Aber heute, mein Herr, sitzt der Kaiser nicht mehr am Marmortische; — er ist erwacht und emporgestiegen aus dem unterirdischen Schlosse.

Ich sah ihn selbst, den alten Kaiser mit schneeweißem Haare; ich sah das Reich, das nun wirklich einig und mächtig ist durch einen Mann — durch Bismarck.

Herr Meister: Ja, ja, so ist's!

Dr. Albert: Ja, Herr Meister, das einige Deutschland ist sein Werk. — Welch' ein Genius ist dieser Bismarck! — Ich halte ihn für einen der größten Männer, die jemals lebten; — denn enorm ist es, was er vollbracht hat und staunenswert ist es, wie er's getan!

Mitten unter Feinden steht er, — gigantisch an Körper und groß an Geist. — Die Herren der Länder ringsum sind bereit zum Vernichten, sie lauern nur auf den rechten Moment. — Und die, für welche er kämpft, stehen mürrisch zu Seite, geben keine hilfreiche Hand, nicht einen freundlichen Blick, rufen kein liebes Wort. — Finster schauen sie ihn an und zeigen Haß, da er Liebe bringt.

Bittend steht er unter ihnen, reicht ihnen einen Oliven-Zweig und sagt: Meine Herren, diesen Zweig habe ich im Auslande gebrochen, Ihnen denselben zu reichen als Zeichen des Friedens und der Freundschaft, auf daß wir gemeinschaftlich das große Werk beginnen und beenden.

Aber sie wollen nicht auf ihn hören und lassen ihn stehen. Unverstanden und verkannt muß er den steilen Weg aufwärts klimmen, ganz allein planend und übermenschlich schaffend. Wie groß, wie wahrhaft groß er da unter den Menschen erscheint. — Im Herzen aber hatte er Gott, der ihn kennt, und vor sich seinen König, der ihm traut; er selbst aber glaubte an den Sieg des Guten und in diesem Glauben fühlte er sich stark und groß. Fest und sicher und schnell geht er vorwärts und unternahm jene gewaltige Operation — nun, Sie kennen sie ja.

Herr Meister: Ja, ja, wir kennen sie! Aus jenem Deutschland, das einst zerstückt und bald den Nachbarn zugefallen wäre als willkommene Beute; aus dem Deutschland, das kraftlos und ein Spott der Welt geworden war, aus diesem unglücklichen Deutschland hat er ein einiges Reich geschaffen, das wieder stark ist, wie ehemals; den Deutschen gab er wieder ein großes Vaterland und pflanzte in sie einen höhern Sinn.

Dr. Albert: Und das konnte Bismarck nur tun, weil er groß ist. — Weil er selbst groß ist und gut, zieht er Tausende mit sich auf eine bessere Höhe.

Aber, mein Herr, ich sage noch mehr: Deutschland ist ein

deutsches Land geworden zuerst durch Bismarck. — Er hat vollendet, was Arminius einst begonnen hatte: — Das Werk der Einheit und Freiheit. — Aber dieses Werk hatte geruht viele hundert Jahre, hatte geruht im ganzen Mittelalter, denn was war das Deutschland des Mittelalters, das sich so gern das heilige römische Reich nannte? — Es war kein deutsches Land mit deutschem Geiste, — es war eine schwache Nachahmung des alten römischen Reiches, nichts mehr.

Aber solche wunderbare Macht besaß einst Rom, daß noch der große Kaiser Karl und alle Kaiser nach ihm nichts Höheres kannten, als den Titel »Kaiser von Rom.«

Wie der liebliche Schmetterling in die glänzende Flamme und ins Verderben flattert, so zogen die deutschen Kaiser zu ihrem eignen Unglück nach Rom. Mancher starke Mann fand den Tod in Roms Gefilden.

Während England durch die schirmenden Wogen des deutschen Oceans geschützt war und frei und groß und stark wurde, — und während Frankreich lieblich und eins wurde, richteten die deutschen Kaiser ihre Augen auf fremde Länder, auf Böhmen, Italien, Sicilien, Spanien. — Darum hatten Deutschlands Söhne fremde Kriege zu kämpfen auf ihrem eignen Boden. Deutschlands blühende Fluren wurden zerstampft von den Hufen der Kriegsrosse; und Deutschlands Dörfer und Städte wurden niedergebrannt von wilden, fremdländischen Horden, und die Wohlfahrt wurde vernichtet.

Das Unglück war groß. — Da erbarmte sich Gott des geliebten Landes und sandte ihm die Männer vom Hause Hohenzollern.

Herr Meister: Es sind Männer voll Kraft und Tugend, die von Hohenzollern.

Dr. Albert: So ist es, mein Herr. Klug und stark waren die meisten von ihnen — und sie erkannten ihre Mission. — Mit Energie, mit Kraft und gutem Willen zog der erste Hohenzoller, Burggraf Friedrich von Nürnberg, in Brandenburg ein.

Wie die Raubvögel aus ihren Nestern aufflattern, so verschwanden die Raubritter aus den Burgen, als sie den Donner seiner ersten Kanone hörten.

Sie raubten und plünderten nicht mehr und störten nicht mehr friedliche Leute bei ihrer Arbeit. Eine neue Ära begann, und in jener unfruchtbaren, sandigen Fläche im Norden Deutschlands, wo jener erste Friedrich klein begonnen hatte, da erhebt sich heute eine Stadt mit einer Million fleißiger Einwohner, ein Centrum für Kunst und Wissenschaft, — das Haupt des deutschen Reiches, — Berlin.

Was jener Burg-Graf einst begonnen, was der große Kurfürst und Friedrich der Große fortgesetzt hatten, das hat Kaiser Wilhelm vollendet — durch Bismarck.

Martha Meister: Ich denke es mir so schön, Kaiser Wilhelm und Bismarck, — den ehrwürdigen Monarchen und den mächtigen Denker und Schöpfer zu sehen.

Gretchen: Und ich denke: Es ist merkwürdig, daß Deutschlands Größen immer in Paaren erscheinen; in Wissenschaft und Politik, in Poesie und Musik. — Goethe[II-2] und Schiller; Alexander und Wilhelm von Humboldt; Haydn und Mozart; Jakob und Wilhelm Grimm; Kaiser Wilhelm und Bismarck.

Bella: Du hast ganz Recht, Gretchen; es ist wirklich wahr.

Dr. Albert: Deutschland hat Glück darin; und da es unter den Ländern Europas wieder begonnen hat mit neuer Jugend, so will ich ihm aus vollem Herzen eine glückliche Zukunft wünschen.

Bella: Herr Doktor, Sie sind wohl ganz ein Deutscher geworden?

Martha Parks: Was? — Albert, bist Du nicht mehr Amerikaner?

Dr. Albert: Ha, ha! — Sehen Sie doch, Herr Meister, das ist Eifersucht! — Habe ich Deutschland zu viel gepriesen? — Was sehen Sie mich alle so an, als wäre ich ein Verräter? — Welchem Lande ich angehöre mit meinem Herzen? — Sie können es wissen; ich bin furchtlos und offen.

Alle: Nun?

Dr. Albert: Dem Lande gehöre ich an, das am größten ist und am schönsten unter allen Ländern der Erde; das die größten, mächtigsten Ströme hat und Seen; — dessen Berge sich himmelhoch türmen; das die fruchtbarsten Äcker, die fruchtbarsten Bäume, die goldreichsten Minen hat und Menschen, wie sie besser und größer auf Erden nicht sind und niemals waren; — dem Lande, das die Unglücklichen empfängt aus allen Teilen der Erde Gottes und mit freundlichem Auge sie anschaut und mit gütiger Hand ihnen winkt und dann fröhlich zuruft: Kommet alle und seid willkommen und genießet die Freiheit; — wir wollen mit Euch teilen dieses Land und alles, was Gott uns selbst gegeben hat; So ihr lebet und seid, wie wir selbst, und werden wollet, wie wir: freie, gute Menschen; — das ist mein Land; dem gehöre ich an.

Alle: Das ist Amerika!

Dr. Albert: Da ist mein Vaterland!

Louis: Hurrah!

Dr. Albert: Wo das Sternenbanner weht!

Louis: Hurrah! Hurrah!

Dr. Albert: Unser Amerika ist heute schon das Land der Freiheit; und bald wird es das Land der Kunst und Wissenschaft, — die Heimat alles Guten sein.

Louis: Ist das Dein Ernst, Albert?

Dr. Albert: Würde ich so sagen, wenn es nicht mein Ernst wäre?

Wo ist ein Land auf der weiten Erde, das besser zum Größten geeignet wäre, als Amerika?

Sieh' einmal hinüber in den Kontinent, den wir den Kontinent der Kultur zu nennen pflegen! Wirf nur einmal einen Blick nach Europa!

Viele Völker, mit verschiedenen Sitten, verschiedenen Charakteren, verschiedenen Sprachen haben sich geteilt in die Länder; — und jedes Land hat seine eigenen Interessen und ist darum der natürliche Feind des Nachbarn.

Und nun sieh' Dich um in unserm Lande, das größer ist, als alle Länder Europas zusammen; — das sich streckt zwischen zwei großen Meeren.

Vom Atlantischen Ocean bis zum Stillen Ocean wohnt nur ein Volk, das nur eine Sprache spricht, das nur ein Interesse hat, — den Wunsch, die Bürger des Landes zu beglücken! — Kannst Du ein anderes Land der Erde nennen, das geeigneter ist, eine Heimat des Guten und Schönen zu sein?

Auch Länder werden alt, mein lieber Louis, so gut, wie die Menschen, und eben so gut, wie ein Mensch dem andern seinen Reichtum vererbt und seine Kenntnisse, so muß ein Land dem andern, — so muß Europa uns seine besten Errungenschaften überlassen.

Otto: Damit werden aber die Europäer nicht zufrieden sein, Albert!

Dr. Albert: Das, mein Lieber, wird die Sache nicht ändern. Die Völker haben selbst keinen Willen in der Geschichte; — sie folgen der Leitung eines höheren, weisen Willens.

Hast Du nie das Werk eines Gärtners beobachtet? — In seinem Treibhause erzieht der Gärtner den Samen und die zarten Pflänzchen. — Aber diese pflanzt er später in den großen Garten, wo sie kräftiger werden und nützlicher, wo sie Früchte tragen.

Europa ist das Treibhaus Amerikas. — Alles, was Europa gesäet und gezogen zu allen Zeiten, das wird nun nach Amerika verpflanzt zum Heile aller.

Es ist Plan in der Geschichte. — Die Geschichte ist philosophisch; — aber man muß sie auch mit einem philosophischen Auge studieren.

Alles, was Ägypter, Griechen, Römer und Juden getan, taten sie für uns. — Diese Völker sind untergegangen, wir leben.

Die Griechen verehrten die Schönheit. Aber was ist die Schönheit allein ohne die Wahrheit? —

Die ewigen Wahrheiten aber des alten Testamentes, — die Existenz eines unsichtbaren Gottes wurde von den Juden gelehrt, und dann endlich war die Zeit gekommen, — und es erschien den Menschen der Heiland, ein Erlöser vom Übel, ein Verkünder der unendlichen Liebe. — Und viele Völker hatten es gehört mit Staunen. — Neues Leben war überall erstanden. — Die Lehre des Christentums wurde überall verbreitet, die Lehre der ewigen Liebe.

Jahrhunderte vergingen. — Da zogen Tausende und Tausende zum heiligen Grabe und opferten den Tribut der Dankbarkeit.

Und sie kamen zurück aus dem Morgenlande nach Europa. — Da genügte ihnen Europa nicht mehr. — Und die Völker waren nun reif; — und es war nun Zeit, der Menschheit das Schönste zu geben.

Und Gott gab der Menschheit das Schönste an jenem Morgen, da die Sonne vor Columbus' Augen auf ein goldenes Eiland schien; als die wilden Matrosen mit Thränen in den Augen riefen: Land! Land!

Martha Parks: Unser Land!

Otto: Ja, Martha, unser Land! Das Land der Zukunft.

Dr. Albert: Glaubst du nun an die Mission Amerikas, Freund Louis?

Louis: Ich muß wohl!

Dr. Albert: Und weißt du auch, wer mich zuerst das gelehrt hat? — Ein Mann, der es selbst nicht einmal wußte, der es aber fühlte, — der Komponist Rubinstein.

Ich hörte »Der Turm von Babel,« kurz bevor ich Deutschland verließ. — Der Herr hatte den Turm zerstört und die Sprachen der Menschen verwirrt. — Da ziehen die verschiedenen Nationen nach den verschiedenen Erdteilen: Die Semiten nach Asien, die Hamiten nach Afrika, die Jafetiten nach Europa.

Auf ihrem Marsche singen sie Lieder. — Die Semiten singen eine ernste, tiefe, melancholische Melodie; — die Hamiten singen ein Lied, wobei man an nichts anderes denken kann, als an den Trab der Kamele in Ägypten, — die Jafetiten aber sangen eine wunderbar süße, schöne Melodie. — Und nachdem die drei Märsche verklungen waren, da fuhr mir urplötzlich der Gedanke durch den Kopf: Nun sollte ein vierter Zug kommen und singen: Hail Columbia! —

Martha Meister: Oftmals habe ich daran gedacht: Was Columbus wohl fühlte, da er zum ersten Male den Fuß auf diesen Boden setzte?

Dr. **Albert**: Ich glaube, mein Fräulein, ich hatte von einem solchen Gefühl vor wenigen Tagen eine Ahnung, da ich selbst an's Land kam. Die Erde hätte ich küssen mögen. — Der Himmel erschien mir viel höher, als anderswo, und die Luft viel kräftiger, und die Menschen viel lebendiger, energischer; — sie gingen einher, wie anderswo die Könige tun, und sprechen und blicken frei und tragen den Kopf so stolz.

O, rief ich einmal über das andere Mal aus: Das ist ein großes, großes Land, — mein Vaterland — ah, lächeln Sie nicht! — Es könnte Ihnen gehen, wie mir: Ich stand mit Freunden in Neapel am Hafen, und, da es Sonntag war, so hatten die Schiffe geflaggt. — Da kam ein Herr daher, und jeder konnte es sehen, daß er ein Amerikaner war. — Er erblickte am Maste unser Sternenbanner und nahm den Hut von dem Kopfe und beugte sich ehrfurchtsvoll. Alle lächelten, ich mit, — heute thäte ich's nicht. Hören Sie auch dieses:

Es war meine erste Seefahrt, — meine Reise nach

Deutschland. — Viele Tage hatten wir nichts gesehen, als Himmel und Wasser, und wir verlangten alle nach Land.

Morgen vielleicht, hatte der Kapitän abends bei Tische gesagt, — morgen vielleicht sehen wir Land. — Süße Hoffnung! — Sie ließ mich keine Ruhe finden in der Nacht, und frühe am Morgen war ich bereits auf dem Verdecke.

Sie sind frühe auf, junger Mann, — sprach einer der Offiziere zu mir.

Bin ich der erste? fragte ich.

Von den Passagieren — ja.

Kein Land in Sicht? fragte ich wieder.

Noch nicht, mein Herr. Sehen Sie dort, wie die Sonne herauf aus dem Wasser steigt? — Ah, — sehen Sie jenen Streifen am fernen Horizont? — Das ist Irland!

Und ich stürmte die Treppe hinab und rief in die Kajüte: Land! Land!

In wenigen Minuten war es belebt auf dem Verdecke; — und alle fragten durch einander: Wo ist das Land? — und sahen mit müden Augen über das Meer und sagten: Ich kann nichts sehen! — und andere riefen: o ja, wirklich, da ist es! Sehen Sie nicht, dort? Land! Land!

Da hörte ich hinter mir ein Schluchzen; ich drehte mich um. Eine Frau stand da. — Sie betete und Thränen rollten ihr die Wangen herab, — es waren Freudenthränen.

O, Irland! Altes, teures Irland, sehe ich dich wieder? — und dann sprach sie lauter:

Seht doch, wie schön es ist! Wie lieblich die Sonne seine grünen Berge bescheint! — Armes, altes Irland! Viel Gutes hat es getan für England in der alten Zeit der Römer. —

Aber England hat heut alles vergessen und ist undankbar.

Manche lächelten, als sie dieses hörten. Ich vermochte es nicht.

Jahre waren vergangen, und ich hatte die Frau vergessen. — Und wieder war ich zur See und segelte heimwärts; — und kürzer und kürzer wurde der Raum, der mich trennte von meinem Vaterlande.

Da gedachte ich wieder der Frau und ihrer Liebe zu ihrem Vaterlande; — und als ich den ersten Streifen amerikanischen Landes sah, als ich den herrlichen Hafen von New York sah, da fühlte ich tief, wie jene Frau: — es war die Liebe zum Vaterlande:

> Ich soll das Glück in meiner Heimat finden,
> Hier, wo der Knabe fröhlich aufgeblüht,
> Wo tausend Freudespuren mich umgeben,
> Wo alle Quellen mir und Bäume leben —
> Ach, wohl hab' ich es stets geliebt. Ich fühlte:
> Es fehlte mir zu jedem Glück der Erde.

Martha Meister: Herr Doktor, Sie denken in vielen Dingen, wie Papa.

Dr. Albert: Das ist mir lieb, von Ihnen, mein Fräulein, zu hören.

Gretchen: Ja, das ist auch wahr, Martha. — Papa äußerte kürzlich ähnliche Gedanken, als wir über Fiesko sprachen.

Otto: Fiesko von Schiller?

Gretchen: Ja wohl, Herr Otto. — Ach, Papa, sprich ein paar Worte über Fiesko. — Die jungen Herren hören so etwas gerne; — und wir auch, nicht wahr, Martha?

Martha Meister: Bitte, lieber Papa.

Herr Meister: Mit Vergnügen, meine Freunde:

Genua war einst eine Republik und Andreas Doria war Doge.

Er war gerecht gegen alle; daher liebte man ihn. — Aber anders war es mit seinem Neffen. — Er war tyrannisch und man begann ihn zu fürchten.

Aber im Stillen war bereits eine Verschwörung gegen Doria und sein Haus entstanden; und das Haupt der Verschwörung war Graf Fiesko.

In der Nacht vor dem Ausbruche der Verschwörung aber konnte Fiesko keinen Schlaf finden; — und unruhig ging er auf dem Balkon seines Palastes auf und ab, mit sich redend:

Da liegt es vor mir, Genua, die Königin des Meeres, vom Monde beschienen. — Sein Schicksal liegt in meiner Hand. — Noch kann ich's wenden, wie ich will. Genua eine Republik oder Monarchie; Republikaner Fiesko oder König Fiesko.

Und die beiden Engel, der böse und der gute, ringen gewaltig in ihm.

Der gute Engel siegte — einen Moment nur; dann aber ward der böse Engel Herr.

Mehr, meine Freunde, will ich nicht erzählen vom Drama. — Aber das genügt für Sie, eine wunderbare Gabe dieses großen Poeten zu erkennen.

Mit seinem Seherblick schaute er wie ein Prophet in die Zukunft und schilderte Jahre voraus, was später in Wirklichkeit kam:

In zwei Republiken waren zwei Helden,: Washington und Napoleon. — An beide Helden traten die beiden Engel heran: der böse und der gute. In Napoleon siegte der böse Engel, in Washington der gute.

Napoleon machte sich zum Monarchen und wurde zum Tyrannen. — Washington aber rief: Freiheit für alle! Unter freien Bürgern will ich der erste sein, nichts mehr!

Wo finden Sie die Größe eines Washington wieder? Ist es nicht groß, eine Krone zu <u>verschmähen</u> und einen Thron?

Otto: Ja, wahrlich, das ist es. — Napoleon muß ich bewundern und <u>achten</u>; Bismarck muß ich bewundern und achten; — aber unsern Washington muß ich bewundern, verehren und lieben.

Martha Parks: Ja, das thue ich auch, Otto!

Dr. Albert: Und daran thust Du auch ganz recht, mein Schwesterchen.

Otto: In Europa denkt und dichtet man viel über die Freiheit; wir aber denken und dichten und halten die Freiheit.

Bella: Aber Schiller ist doch wohl ein großer Poet, nicht wahr? —

Dr. Albert: Ja, mein Fräulein, der Sänger der Freiheit.

Bella: Sein Drama »Wilhelm Tell« ist sehr schön. Ich habe es zweimal gelesen.

Otto: Und haben Sie »Die Räuber« auch gelesen?

Bella: Die Räuber? — Nein.

Dr. Albert: Das ist ein Stück für Dich, Louis.

Louis: Ich möchte es hören, Albert.

Dr. Albert: Otto, Du hast es gelesen. Willst Du es nicht erzählen? — Das heißt, wenn es den Herrschaften angenehm ist.

Herr Meister: O, sicherlich. Wir hören mit Vergnügen zu. Beginnen Sie, Otto.

―――――

Der alte Graf von Moor hatte zwei Söhne, Karl und Franz von Moor. Am meisten liebte er Karl, den ältesten, und ihm gedachte er auch seinen ganzen Reichtum zu geben, — Schloß und Land und alles. Daher kam es, daß der jüngere neidisch wurde und lange hin und her dachte, wie er alles aus den Händen des Bruders an sich reißen könnte, und so ging er eines Tages mit einem Briefe, welchen er selbst geschrieben hatte, zum Vater und begann: Mein Vater, ich habe wieder einen Brief erhalten aus Leipzig, ein Freund schreibt mir über Karl, es ist gar Übles; wollt ihr es hören?

Und der alte Vater sprach: Über meinen geliebten Sohn schreibt er? Lies es; was es auch sei, ich will es hören.

Nun las Franz dem unglücklichen Vater vor, was er Schlechtes ersonnen hatte. Des Vaters Auge füllte sich mit Thränen, und einmal nach dem andern rief er aus: O mein Sohn, warum kommst du nicht zurück zu mir an mein väterliches Herz und wirst wie ehemals ein guter, braver Mensch. Schreibe ihm das, Franz, schreibe es ihm.

Karl von Moor studierte auf der Universität zu Leipzig. Eines Tages, da er in seinem liebsten Buche, in Plutarch, gelesen und voll Begeisterung ausgerufen hatte: Ja, das waren Männer und große Zeiten! da sprach Spiegelberg, ein Kamerad, zu ihm: Was hindert uns denn, Großes zu tun? Komm, Moor, laß uns Räuber werden! — Karl aber sprach: Findest du Freude an dem Galgen, Mensch, so gehe nur.

Mehrere Studenten kamen jetzt lärmend und singend zu ihm, und einer von ihnen brachte für Karl von Moor einen Brief. Wie aber waren alle erstaunt, da sie sahen, daß Karl den Brief, den er mit Freude empfangen und geöffnet hatte, voll Zorn zur Erde warf und dann selbst hinaus zur Thüre rannte. Man fürchtete Unglück und nahm den Brief vom Boden und las das Folgende:

»Unglücklicher Bruder! Der Vater sagt, daß ich dir schreibe, er fluche dir und enterbe dich und befehle dir, niemals wieder vor sein Angesicht zu kommen, denn er mag den Sohn nicht sehen, der seinem Namen und seiner Familie Schande bringt.

Dein trauriger
Bruder Franz.«

Bald kam Karl zurück. Er trat in ihre Mitte und sprach dann mit lauter Stimme: Freunde, Kameraden, was für eine Welt ist das, in der wir leben, das Gute und das Große ist nirgends mehr, nur das Schlechte und das Gemeine ist überall. Seht: ich hatte einen Vater, den ich liebte und der mir teuer war, und noch vor wenigen Tagen schrieb ich ihm und bat ihn, mir mein Unrecht zu vergeben; ah, ich hatte ihn gebeten mit Worten, die einen Stein erweicht hätten, — aber des Vaters Herz blieb hart. Seht, Freunde, so ist mein eigner Vater, so und noch schlimmer sind die Menschen alle in diesen Tagen. Die Menschheit ist zu tief gesunken, wir wollen sie heben und das Schlechte und die Tyrannei wollen wir vernichten. Wer von euch steht mir bei? wer von euch hat den Mut, Tod und Untergang zu schwören aller Tyrannei?

Wir alle stehn dir bei und schwören! riefen sie.

Wohlan, so laßt uns Räuber werden!

Und alle schrien: So laßt uns Räuber werden, und Karl

von Moor sei Hauptmann!

Franz aber verfolgte seinen teuflischen Plan. Ein Mann, den er selbst geschickt hatte, kam eines Tages zum alten Grafen Moor und sagte, daß er ein Kamerad seines Sohnes Karl gewesen sei und daß er nun komme, um dem Vater seines Sohnes Tod mitzuteilen. Der alte Vater hörte und glaubte es und wurde so unglücklich und so krank, daß man sein nahes Ende befürchtete. Seine Nichte Amalie war bei ihm und trauerte mit ihm; denn sie liebte Karl und sie las laut aus der Bibel die Geschichte Jakobs und Josephs vor, und als sie an Jakobs Worte kam: Mein graues Haupt wird mit Kummer in die Grube fahren — da fiel der unglückliche Mann wie leblos zurück und Amalie[II-3] schrie auf: Er stirbt, er stirbt! und alle dachten der Graf von Moor sei tot und jetzt wäre Franz Herr im Schlosse.

Karl von Moor befand sich jetzt an der Spitze einer großen Räuber-Bande in den böhmischen Wäldern. Er war zum Schrecken aller Tyrannen, aller Reichen und aller großen Herren geworden, welche Übles taten, — den Armen, den Schwachen und den Bedrückten aber gab und half er. Eine neue Ordnung der Dinge wollte er schaffen und allen Menschen wollte er gleiche Rechte geben. Seine Ideen erfüllten seine Leute mit Begeisterung, und sie kämpften so mutig, daß sie immer siegten gegen des Königs Soldaten.

Es war am Abend nach einer solchen Schlacht, als Karl von Moor allein im Walde unter den Bäumen ruhte, daß er recht traurig wurde, da er über sein Leben nachdachte. Er hatte Glück verbreiten wollen — und bis heute hatte er es nur vernichtet. Städte hatte er durch Feuer zerstört, Saaten und Felder hatte er in den Schlachten zerstampft und dann — o, wie das Wimmern und Klagen der Witwen und Waisen in seinen Ohren ertönte! Ah, zu spät mußte er lernen, daß er einst zu schnell gehandelt hatte; zu spät mußte er sehen, daß es nicht eines Menschen Werk sei, für alle zu sorgen, daß Gott allein in seiner Allweisheit, in seiner Allmacht und in seiner Allgüte dieses vermag. O, wie wünschte er seine Jugend-Jahre zurück; o, wie wünschte er sein Leben noch einmal beginnen zu können, — aber es war zu spät. — Er wurde unterbrochen in seinen Gedanken, denn die Räuber führten einen Jüngling zu ihm. Karl betrachtete ihn lange, dann sprach er: Freund, mir scheint, daß ihr nobel seid. Ihr gefallt mir, darum sage ich euch: Haltet euch fern von uns, kehrt zurück zu den Menschen, da eure Hände noch rein sind vom Blute.

Der Jüngling aber sprach: Ich bin ein böhmischer Edelmann und hatte reiche Ländereien und schöne Schlösser und, um mein Glück voll zu machen, ein Mädchen, das mich liebte, und in wenigen Tagen sollte sie mein Weib sein. Da ließ mich der Fürst des Landes in das Gefängnis werfen — ich hatte kein Unrecht begangen — und endlich, da man mich nach Monaten wieder frei machte, fand ich meine Braut nicht mehr. Der Fürst hatte ihr gedroht, daß ich sterben müsse, wenn sie nicht sein werden wolle; und sie, die Unglückliche, hatte sich selbst geopfert, um mein Leben zu retten. Auch meine Güter hat man mir geraubt. Nun sagt, Herr Graf von Moor, was bleibt mir, als der Kampf um mein Recht? Laßt mich bei euch, einen Unglücklichen bei den Unglücklichen, denn auch ihr seid nicht glücklich, wie ich sehe. Und Moor sprach: Du magst bleiben.

Durch diese Erzählung aber war in Moor wieder der Wunsch erwacht, seine Heimat und seine Geliebte zu sehen, und er befahl: Auf, auf nach Franken!

Franz hatte nun alles erreicht, er hatte Reichtum und Herrschaft — aber er war unglücklich, denn ihm fehlte die Ruhe im Innern. Mit bösen Gedanken hatte er begonnen und zu bösen Taten war er gekommen und tiefer und tiefer war er gesunken, so daß die Menschen ihn haßten und fürchteten, gleich wie er sie. Ein fremder Graf war in das Schloß gekommen. Niemand kannte ihn, aber Franz von Moor fürchtete ihn mehr als einen andern Menschen. Amalie aber mußte immer an Karl denken, sie wußte nicht warum; und da sie in dem Garten saß und zu ihrer Laute das Lied sang, welches Karl einst so liebte, hörte sie vom andern Ende des Gartens dieselben Worte und dieselbe Melodie. Sie wußte nun, wer der fremde Graf war.

Es war Nacht geworden, und Karl von Moor war wieder zurückgegangen in den Wald. Da sah er beim Mondenschein einen Mann an einen alten Turm gehen und er hörte auch Töne aus dem Innern des Turmes. — In diesem Umstande vermutete[II-4] er ein Geheimnis. — Leise trat Moor hinzu, packte den Mann und sprach: Wer bist du und was thust du hier? Erbarmen, rief jener, Erbarmen, ich bringe Brot für einen Unglücklichen, der hier im Turme hungert. Mit seinem Schwerte öffnete Karl die Thüre, und aus der Tiefe des Turmes kam langsam und scheu, die Hände ringend und Erbarmen, Erbarmen! rufend, eine Figur. War es ein lebender Mensch, war es ein Skelett? Karl von Moor erkannte in dem alten Manne mit den langen, schneeweißen Haaren seinen eignen Vater!

Jetzt verstand Karl alles, sein Feind war auch seines Vaters Feind, des Vaters Unglück und sein eignes kam von einem allein. Und er rief seine Räuber und sprach:

Freunde, noch eins tut für mich, und dann will ich nichts mehr von euch bitten: Bringet hierher vor mich Franz von Moor!

Diese Nacht aber war wieder eine der schrecklichsten gewesen, wie sie Franz von Moor so oft erlebt hatte: er konnte nicht schlafen, denn er mußte an seine Sünden denken, und wenn er endlich eingeschlafen war, so hatte er die fürchterlichsten Träume, und so groß war seine <u>Angst</u>, daß er nicht allein sein wollte, daß seine Diener an seinem Bette wachen mußten. Nach langer Zeit zum ersten Male sandte er wieder in dieser Nacht zum Pastor; nach langer Zeit zum ersten Mal wollte er wieder beten und er begann:

Höre mich beten, Gott im Himmel, es ist das erste Mal, soll auch gewiß nimmer geschehen. Erhöre mich, Gott im Himmel! — Franz hatte das Beten verlernt, und seine Angst und seine Verzweiflung war endlos. Als die Räuber in das Schloß stürmten, fanden sie Franz leblos auf der Erde — er erwachte nie mehr.

Amalie hatte überall im Garten ihren Geliebten gesucht. Er war <u>geflohen</u>, sie folgte ihm in den Wald, sie sah ihn und das waren nach langer, langer Zeit die ersten und letzten Momente des Glückes.

Louis: Und wie war das Ende?

Otto: Das möchte ich Dir nicht sagen.

Louis: Aber das ist recht schlecht von Dir, Otto!

Dr. Albert: Dafür werde ich Dir ein Lied vorsingen aus den »Räubern«. — Fräulein Martha Meister, wollen Sie mich nicht <u>begleiten</u>?

Martha Meister: Sehr gerne, Herr Doktor.

Dr. Albert (singt):

> Ein freies Leben führen wir,
> Ein Leben voller <u>Wonne</u>;
> Der Wald ist unser <u>Nachtquartier</u>,
> Bei Sturm und Wind hantieren wir;
> Der Mond ist unsre Sonne.

Louis: Das gefällt mir, Albert. Nun erzähle mir noch ein wenig von Bismarck.

Dr. Albert: Auf der Universität in Berlin studierte ein junger Schwede. Dieser erhielt eines Tages einen Brief von seinem Onkel. Der Onkel schrieb: Mein lieber Neffe! — Deine Cousine, meine Tochter, reist nach Ems in's Bad. In Berlin möchte sie einige Tage rasten und zugleich Berlin sehen. Willst du nicht die Güte haben, deine Cousine an der Post <u>abzuholen</u> und ihr Berlin zu zeigen u.s.w.

Die junge Dame kam an. Da stand der junge Mann mit einer Rose im <u>Knopfloch</u>. <u>Er begleitete sie</u> in das Hotel.

Am nächsten Morgen kam er mit einer feinen Equipage und zeigte der Dame Berlin und so tat er am zweiten und am dritten Tage.

Die Dame war glücklich über ihren galanten und aufmerksamen Vetter.

Am vierten Morgen begleitete er sie zurück zum <u>Postwagen</u>. Und die Dame saß schon, da sagte der junge Mann:

Cousine, ich kann Sie nicht abreisen lassen, <u>ohne Ihnen ein Geständnis zu machen</u>.

Die junge Dame <u>errötete</u> und <u>schlug die Augen nieder</u>.

Ich muß Ihnen sagen, sprach der junge Mann weiter, daß ich — nicht ihr Cousin bin. Ihr Cousin ist mein Freund. Er hatte keine Zeit mit Ihnen zu gehen, weil er ein Examen zu machen hat; darum bat er mich, es zu tun.

Aber, mein Gott, wer sind Sie denn? rief die Dame.

Der junge Mann gab ihr seine Karte. Der Postillon blies

seine Trompete, der Postwagen rollte fort, und die junge Dame las auf der Karte — Otto von Bismarck.

Seitdem waren Jahre verflossen. — Aus dem jungen Bismarck wurde der alte, weltberühmte Bismarck, der in der Wilhelmsstraße in Berlin wohnt.

Da hielt eines Tages eine Equipage vor Bismarcks Palast, und eine alte, elegante Dame stieg aus, sandte ihre Karte zu dem mächtigen Kanzler des deutschen Reiches und bald stand sie vor ihm und sprach:

Als Eure Excellenz mich zuletzt sahen, war ich noch jung. Eure Excellenz sind seitdem groß und berühmt geworden und haben mich sicherlich vergessen. Ich hatte einst die Ehre, an ihrem Arme Berlin zu besichtigen.

Ah, rief Bismarck, ich erinnere mich dessen sehr wohl und bin Ihnen, Madame, zu großem Danke verpflichtet. Mein Leben war immer so voll Arbeit, daß ich nur einmal das Museum in Berlin sehen konnte, und das war mit Ihnen zu jener Zeit. — Aber nun erlauben Sie mir, Sie einzuführen in meine Familie. —

Glückliche Stunden folgten darauf.

Martha Meister: Was mir an Bismarck so wohl gefällt, das ist ein Dreifaches: Seine warme Liebe zur Familie, zur Religion und zur Natur.

Dr. Albert: Da haben Sie auch ganz Recht, mein Fräulein. — Ah, ich sehe, Louis ist noch nicht zufrieden.

Bismarck war Offizier geworden und mit seinen Kameraden stand er einst vor einem Wasser. Da hörten sie: Hilfe! Hilfe! aus dem Wasser. — Zuerst von allen sprang Bismarck in die Tiefe, tauchte unter und rettete mit Not das Leben seines Dieners.

Dafür gab ihm der König eine Rettungs-Medaille, und das war Bismarcks erster Orden.

Und einst war Bismarck in Wien auf einem Diner der Diplomaten. — Ah, wie da alles glitzerte und glänzte von Orden und Sternen in Gold und Silber — und Bismarck hatte nichts, als jene Rettungs-Medaille.

Bismarck vis-à-vis saß ein gewaltiger Politiker Österreichs, dessen Brust nicht breit genug war für alle Orden, die er hatte.

Ei, Herr von Bismarck, was für einen Orden haben Sie denn da? fragte er sarkastisch.

Das ist eine Rettungs-Medaille, sagte Bismarck gleichgültig; — es ist meine Gewohnheit, zuweilen einem Menschen das Leben zu retten.

Jahre vergingen, und auch Bismarck wurde groß; auch Bismarck erhielt Orden, mehr, als er tragen konnte, und er war schon viel größer, als der sarkastische Diplomat von Österreich.

Und wieder war er mit ihm auf einem Diner, und saß ihm gegenüber. Und wieder glitzerte des andern Brust von den vielen Sternen und wieder hatte Bismarck nichts als die Rettungs-Medaille; alle andern hatte er zu Hause gelassen.

Ei, sagte dieses Mal Bismarck, — ei, Excellenz, welche Orden haben Sie denn da?

Und die Excellenz zählte die Orden an den Fingern; — sie hatte nicht Finger genug!

Oh, sagte Bismarck, alle diese Orden habe ich auch. Aber haben Sie auch eine Rettungs-Medaille?

Die Excellenz errötete und antwortete nicht.

Louis: Siehst Du, Albert, das ist das beste, was ich von Bismarck gehört habe; sage mir doch, Albert, wie war Bismarck in der Schule?

Dr. Albert: Ich glaube, gut und fleißig.

Louis: So? — Hm.

Dr. Albert: Besonders gern studierte er Geschichte.

Louis: Dann will ich auch Geschichte studieren. Erzähle mir noch eine; dann will ich dich nicht mehr bemühen, Albert.

Dr. Albert: Als Bismarck noch ein junger Diplomat war, mußte er einst dem Minister-Präsidenten von Österreich einen Besuch machen.

Es war ein sehr heißer Sommertag. Der Herr Minister-Präsident saß vor einem offenen Fenster in den Hemdärmeln und rauchte seine Cigarre.

Er ließ Bismarck lange in der Halle stehen, ohne Notiz von ihm zu nehmen. — Bismarck hustete; — aber der Herr Minister-Präsident wollte den jungen Mann immer noch nicht hören.

Da zog Bismarck seinen Rock ebenfalls aus, stellte einen Stuhl neben den des Minister-Präsidenten, nahm auch eine Cigarre aus der Tasche und sprach: Herr Minister-Präsident, darf ich Sie um etwas Feuer bitten? —

Der Minister-Präsident war starr vor Erstaunen.

Er warf seine Cigarre aus dem Fenster; Bismarck auch. Er stand auf; Bismarck auch. Er zog seinen Rock an; Bismarck auch — und nun begann die Audienz.

Louis: Diese Anekdote ist noch besser, Albert!

Dr. Albert: So, Schwesterchen Martha, nun wollen wir gehen.

Herr Meister: Wenn Sie noch einen Augenblick verzögern wollten, so möchte ich Ihnen etwas erzählen, was mir soeben einfiel bei Ihrer letzten Anekdote.

Der Baron von Rothschild saß auch einmal in seinem Arbeits-Zimmer, als ein Herr hereintrat. — Vertieft in seine Kalkulation, sagte der Baron zu dem Fremden:

Nehmen Sie einen Stuhl, bitte!

Aber ich bin der Graf von....

So? — Dann nehmen Sie zwei!

Louis: Das war eine gute Antwort, Herr Meister. — Nun müssen wir gehen.

Dr. Albert: Meine Herrschaften, es war mir sehr angenehm!

Martha Meister: Mama wird bedauern, verhindert gewesen zu sein.

Dr. Albert: Empfehlen Sie mich Ihrer Frau Mama.

Martha Meister: Danke. — Adieu, Martha; komm bald wieder zu uns.

Otto: Adieu, meine Damen! Herr Meister, Adieu!

Louis: Nun, Fräulein Bella, sind Sie zufrieden mit mir?

Bella: Ja, Sie sind ein Mann von Wort.

Louis: Adieu, meine Herrschaften!

Alle: Adieu!

III.

Martha Parks: Das ist ein schönes Märchen! Aber das Ende, Albert?

Dr. Albert: Es ist zu Ende. Hat es Dir gefallen, Martha?

Martha Parks: Sehr gut, Albert.

Dr. Albert: Das war eine liebe, gute Schwester, nicht wahr, Martha?

Martha Parks: Glaubst Du, Albert, daß es heute solche Schwestern giebt?

Dr. Albert: O ja. — Schwestern sind heute so gut, wie früher. — Nun aber möchte ich von Dir das Märchen hören. Willst Du es erzählen?

Martha Parks: O ja, das will ich: Da war eine Mutter, die hatte sieben Söhne und eine Tochter. — Wenn die Knaben gespielt hatten im Garten oder im Walde, dann kamen sie immer hungrig nach Hause; — und eines Tages standen sie wieder um ihre Mutter, welche ein Brot in der einen Hand hatte und ein Messer in der andern.

Gieb mir zuerst, Mutter! — Gieb mir zuerst! — riefen die Knaben wild durch einander. —

Wenn ihr doch alle Raben wäret! sagte unwillig die Mutter. — Da waren die Knaben plötzlich verschwunden, und über dem Hause flatterten sieben Raben hin und her und kreischten: Rab! Rab! Rab!

O, meine Brüder! rief da die Schwester, — und die arme Mutter weinte und jammerte. Aber das half nun nichts mehr. Die Raben flogen in den Wald.

Die Mutter hatte nun keine frohe Stunde mehr. Sie weinte Tag und Nacht — und starb bald vor großem Schmerz, und da war das Mädchen ganz allein.

Tag für Tag aber ging sie in den Wald, sah nach allen Bäumen, sah nach allen Raben und rief ihre Brüder mit Namen, — aber sie kamen nicht. Und wenn sie dann oftmals ohne alle Hoffnung war, dann setzte sie sich auf einen Baumstamm, bedeckte ihr Gesicht mit ihren weißen Händchen und weinte bitterlich.

So saß sie auch eines Tages da; und ihr Jammer war so groß, daß sie dachte, ihr Herz müsse brechen. Da hörte sie eine Stimme: Stille deine Thränen, gutes Mädchen! Wenn du sieben Jahre schweigen, — nicht ein Wort sprechen und sieben Hemden, spinnen willst, so sollst du deine Brüder wieder finden. — Das Mädchen sah auf; — und vor ihr stand ein Zwerg mit langem Silberbarte; der winkte ihr freundlich zu und — verschwand.

Das Mädchen aber merkte seine Worte. Sie blieb im Walde, wohnte in einem hohlen Baume, sprach kein Wort und spann Flachs für die Hemden. — So waren sechs Jahre vergangen, aber das siebente Jahr war noch nicht zu Ende.

Da kam einmal ein Prinz in den Wald. Er sah das liebliche Mädchen und dachte zuerst, sie wäre ein wirklicher Engel. — Er sprach mit ihr; sie aber antwortete nicht; sie schüttelte nur mit dem Kopfe.

Armes Kind, sagte der Prinz zu seinen Dienern, — sie ist stumm; aber sie ist schön. Keine Prinzessin der Welt kann schöner sein; — und nahm sie mit sich in seinen Palast.

Der Prinz aber hatte eine Schwester, die war hart und grausam. — Was willst du mit dem fremden Mädchen? fragte sie ihren Bruder. — Ich werde sie mir zur Gemahlin nehmen, antwortete der Prinz. — Diese Hexe deine Gemahlin? rief die Prinzessin. — Ja, sie ist eine Hexe! Sie kann wohl sprechen; aber sie darf nicht und sie will nicht! — Sage das nicht, Schwester, sprach der Prinz; — sie ist gut, aber sie ist stumm. Armes Mädchen!

Die Prinzessin aber sprach zu allen Leuten, daß alle mit ihr dachten und sprachen: Ja, sie ist eine Hexe, und sie muß verbrannt werden; — und ein Scheiterhaufen wurde errichtet und sie wurde dahin geführt.

Der Prinz küßte sie tausendmal und wollte sie nicht lassen. Er weinte, daß alle mitweinen mußten, die es hörten. Auch sie weinte und blickte hinauf zum Himmel; aber sie sprach kein Wort.

So ging sie und trug die sieben Hemden unter dem Arme und kam an den Scheiterhaufen und mußte hinauf steigen. — Und da sie oben stand, wollte man das Feuer anzünden, — und betend sah sie hinauf zum Himmel, — — da kamen sieben Raben und flogen und flogen um den Holzhaufen; denn in diesem Augenblicke waren die sieben Jahre zu Ende.

Sie warf einem jeden von den Raben ein Hemd zu, und da standen vor ihr sieben schöne Ritter.

Schwester! Treue, liebe Schwester! riefen alle. — Da sind sie wieder, meine Brüder! rief sie. O, meine Brüder!

Alle erstaunten. Das Feuer wurde nicht angezündet. — Sie erzählte ihre Geschichte, und der Prinz stieg auf den Scheiterhaufen. Engel! o mein Engel! rief er, — und trug sie hinunter und führte sie in seinen Palast; und bald war sie sein Weib.

Albert, höre einmal! Was war das?

Dr. Albert: Bravo, — Bravo?

Martha Parks: Wer ruft da Bravo? — Ich werde die Thüre öffnen. — Herr Meister!

Herr Meister: Verzeihung, meine kleine Freundin! Vergebung, Herr Doktor! Gegen unsern Willen sind wir <u>Lauscher</u> geworden.

Martha Meister: Nicht Lauscher, Papa, — Zuhörer, — Bewunderer. — Ein kleines Auditorium für Martha.

Martha Parks: So habt Ihr alles gehört?

Gretchen: Das meiste, liebe Martha. — Herr Otto wollte uns einführen, aber wir wollten Dich nicht unterbrechen. — Wie schön Du das erzählt hast!

Martha Parks: Das kommt, weil ich dieses Märchen so liebe.

Bella: Ist dieses Ihre Bibliothek, Herr Doktor?

Dr. Albert: Hier ist meine Bibliothek, Fräulein, und Schwester Marthas Schule. Nicht wahr?

Martha Parks: Und Du bist mein Lehrer. O, ist das nicht komisch? Albert ist ein Lehrer!

Dr. Albert: Wissen Sie, meine Herrschaften, es macht mir unendliche Freude, meine kleine Schwester zu lehren. Sie ist so intelligent, und dabei ist diese Art zu lehren so höchst interessant für mich selbst.

Louis: Ja, ich habe Albert gesagt, daß er es machen sollte wie Sie, Herr Meister. Das ist die beste Methode in der Welt!

Herr Meister: Gemach, mein Freund Louis. Jeder Weg ist gut, wenn er uns zum Ziele führt, und der Weg, den wir gewählt haben, ist gewiß einer der angenehmsten. Was meinen Sie, Herr Otto?

Otto: Sicherlich, angenehm, interessant — und vor allem gediegen; und auch Bruder Albert meint, das Halbe, das Einseitige und das Oberflächliche wäre unmöglich in Ihrer Methode.

Dr. Albert: Das sehe ich am Resultate. — Allein über einen Punkt habe ich nun schon viel gedacht und bin jetzt noch nicht im Klaren?

Herr Meister: Und das wäre, Herr Doktor?

Dr. Albert: Die Grammatik.

Herr Meister: Ah, — das dachte ich!

Dr. Albert: Wie haben Sie selbst es mit der Grammatik gehalten?

Herr Meister: In der folgenden Weise: Wenn meine Freunde Fehler im Sprechen oder Schreiben gemacht haben, so habe ich sie verbessert.

Dr. Albert: So sagte mir Louis. Allein ich sollte denken, das würde nicht genügen.

Herr Meister: Bei manchen Schülern genügt es, bei anderen nicht.

Dr. Albert: So machen Sie einen Unterschied bei den Schülern, wie ich sehe?

Herr Meister: In der Tat, das thue ich. — Bei Kindern schlage ich den Weg ein, den die Mütter einschlagen bei ihren Lieblingen und den die Natur selbst sie gelehrt. — Wenn das Kind fehlerhaft spricht, so sagt die Mutter: Nicht so, mein Kind. Das war nicht recht. So mußt du sprechen. — Das genügt meistens für Kinder. Oft kann man bei ihnen keinen andern Weg einschlagen. — Und warum sollte man den Kindern mehr sagen, als das? Sie haben ja Zeit genug, haben nichts zu versäumen.

Anders aber ist es bei älteren Personen, die denken und immer nach dem Warum? fragen. Bei diesen und besonders bei solchen, welche die Grammatik ihrer Muttersprache studiert hatten, gehe ich ebenfalls den Weg, von dem ich sagte, daß die Natur ihn vorgeschrieben habe; — allein ich füge noch etwas Neues hinzu: Ich gebe ihnen auch die Regeln der Grammatik, nachdem ich die Fehler verbessert habe, und so dringen sie auch ein in den Geist der Sprache.

Doch habe ich mich stets gehütet, darin zu viel zu tun, und niemals habe ich meine Schüler ermüdet mit Regeln der Grammatik. Stets war es Vergnügen für beide Teile, für Schüler und Lehrer.

Auch bin ich nicht immer denselben Weg gegangen; oft tat ich es so und oft anders, je nach dem Alter, je nach der Individualität des Studierenden; — und darin liegt die hohe Schönheit und die Größe dieses Systems: Es ist ein System der Freiheit, der wahren Freiheit, — das nur entstehen konnte in einem freien Lande. Jeder Lehrer kann darin seine Individualität geben, um so das Höchste und Beste zu erreichen.

Otto: Sehr wahr!

Herr Meister: Worüber ich aber noch täglich erstaunen muß, ist eine Beobachtung, die ich neulich gemacht habe: Daß nur wenig Grammatik, daß nur wenige Regeln genügen, um recht zu sprechen und recht zu schreiben. — Dazu freilich ist es nötig, daß der Lehrer klar denkt und sieht.

Ich habe meinen Freunden hier gewisse, kurze Regeln gegeben, — und, Sie sehen, sie sprechen korrekt.

Dr. Albert: Das ist wahr. — Und welche Regeln halten Sie für die notwendigsten?

Herr Meister: Ah, — für die notwendigsten! Mein lieber Herr Doktor, ich will Ihnen einige von solchen Sätzen geben, die meinen Freunden gute Dienste geleistet haben. — Aber nehmen Sie die Sätze für nichts mehr, als für was ich sie ausgebe: Praktische Winke, die unendlich viel Gutes tun. Sie mißverstehen mich nicht, nicht wahr? — Ich gebe sie Ihnen nicht als Regeln.

Meine Freunde haben sich gewöhnt, ihre Gedanken sofort mit deutschen Worten auszudrücken.

Dr. Albert: Und das erkenne ich als den größten Vorteil Ihrer Methode.

Herr Meister: Ganz recht. — Dennoch kommt es vor, daß sie englische Idiome und Konstruktionen gebrauchen.

Dr. Albert: Das ist ganz natürlich.

Herr Meister: Ja. — Zum Beispiel: Unsere Freunde würden nie im Englischen sagen: "My brother Louis rides good"; das wäre nicht grammatikalisch; — sie würden sagen: "My brother Louis rides well;" denn "good" ist ein Adjektiv im Englischen, "well" aber wird als Adverb gebraucht. So kam es denn, daß Herr Otto auch im Deutschen sagte »Mein Bruder Louis reitet wohl«. Im Deutschen aber ist das nicht recht. — »Wohl« wird sehr oft gebraucht als Synonym von »nicht krank«. — Z.B. »Wie geht es Ihnen? — Danke, ich bin wohl«. Wir gebrauchen es auch oft in dieser

Verbindung: »Bringen Sie mir gefälligst ein Glas Wasser!« »Sehr wohl, mein Herr«, — wie das Englische "all right", "very well" und so weiter. "My brother Louis rides well" würde im Deutschen sein: »Mein Bruder Louis reitet gut«; denn »gut« ist im Deutschen Adjektiv und Adverb. Also nicht: "He speaks well" »Er spricht wohl«, sondern: »Er spricht gut«.

Otto: Den Fehler habe ich sehr oft gemacht, nicht wahr, Herr Meister?

Herr Meister: O ja, recht oft. Aber bin ich jemals müde geworden, Sie zu verbessern?

Otto: Nein, wahrlich nicht. Sie hatten Ausdauer wie unser U.S. Grant.

Bella: Beharrlichkeit führt zum Ziele.

Herr Meister: Und hier z.B. ist unsere liebe Freundin Bella. — Sie würde im Englischen sagen: "I wish to write a letter"; — und so sprach sie dann auch im Deutschen: »Ich wünsche einen Brief zu schreiben«; — aber wir sprechen im Deutschen gewöhnlich nicht so: "I wish to buy essence of the white rose", »Ich wünsche, Essenz der weißen Rose zu kaufen«; das ist nicht recht, meine Freundin, nicht wahr? Heute aber wissen wir es besser.

Bella: Heute sage ich: »Ich will einen Brief schreiben«, »Ich will Essenz der weißen Rose kaufen«, oder noch besser: »Ich möchte Essenz der weißen Rose kaufen.«

Herr Meister: Ganz recht.

Louis: Du mußt nicht denken, mein lieber Doktor, daß ich ohne Fehler bin. O, ich kann auch Fehler machen, so gut wie Fräulein Bella.

Bella: Und das kann ich bezeugen.

Louis: Und ich kann Dir auch einige aufzählen, denn ich kenne meine Fehler auswendig. — Sieh' einmal hierher, Albert. In unserer englischen Sprache sagt man z.B. "To-day we are here. To-morrow we shall go to Mr. Meister's house". Und so habe ich auch im Deutschen gesprochen: »Heute wir sind hier. Morgen wir werden gehen in Herrn Meisters Haus.« Dieses Deutsch ist nicht gut, Albert. Nicht wahr? Das ist schlechtes Deutsch. "To-day" ist hier ein Adverb. Das Adverb muß im Deutschen beim Verb stehen oder auch beim Auxiliar, wenn ein solches vorhanden ist. Du mußt also sprechen: »Heute sind wir hier. Morgen werden wir in Herrn Meisters Haus gehen«. »Heute« muß bei »sind« stehen und »morgen« bei »werden«. Du mußt nicht das Adverb von dem Verb oder dem Auxiliar trennen. Hast Du mich verstanden, Albert?

Dr. **Albert**: Sehr gut, Louis.

Louis: Nun, dann höre weiter: Im Englischen sagen wir z.B. "I have written this page". »I shall go to the concert". Wenn Du nun nicht den Unterschied zwischen der deutschen und englischen Konstruktion studiert hättest, so würdest Du im Deutschen sagen: »Ich habe geschrieben diese Seite«, »Ich werde gehen in das Konzert«. — Aber ist das recht, Albert?

Dr. **Albert**: Nein.

Louis: Du mußt sagen: »Ich habe diese Seite geschrieben«; denn im Deutschen mußt Du das Auxiliar von dem Verb trennen, wenn es geht. — Ist das klar?

Dr. **Albert**: O, sehr klar! Ich muß nicht sagen: »Ich werde gehen in das Konzert«, sondern: »Ich werde in das Konzert gehen«.

Louis: O, Du bist ein vorzüglicher Schüler. Ich will Dir noch mehr sagen: "I am glad that you are here", »Ich bin froh, daß du bist hier«. Dieses Deutsch ist nicht gut. — Ich habe hier zwei Sätze, und der erste Satz ist: »Ich bin froh«. Dieser Satz ist recht. Der zweite Satz beginnt nach dem Komma mit dem Worte »daß«, und dieser Satz ist falsch; — denn ein jeder Satz, welcher mit der Konjunktion »daß« beginnt, hat das Verb am Ende oder auch das Auxiliar, wenn ein solches vorhanden ist. — Also muß ich sagen: »daß du hier bist« und nicht »daß du bist hier«. Noch andere Konjunktionen gehen wie »daß«, doch nicht alle, und es wird gut sein, wenn Du an diese Worte denkst: »Konjunktion am Beginne, Verb oder Auxiliar am Ende.« "I hear that he will come", »Ich höre, daß er kommen wird« und nicht: »Ich höre, daß er wird kommen«. "He says that he has done his work", »Er sagt, daß er seine Arbeit getan hat« und nicht: »Er sagt, daß er hat getan seine Arbeit«. Du siehst auch hier, daß in den Sätzen, die mit Konjunktionen beginnen, das Verb oder das Auxiliar am Ende steht.

Dr. Albert: Ja, ja. Das sehe ich. O, wie sehr ich Dir danke!

Louis: O, bitte, bitte! Wenn Grammatik Dir so sehr gefällt, dann werde ich Dir noch mehr geben. Vielleicht würdest Du sagen für: "I am going" »Ich bin gehend«, "I am writing a letter" »Ich bin schreibend einend Brief«. Das wäre aber kein gutes Deutsch. — Wo wir im Englischen ein Partizip des Präsens sagen, sagt man im Deutschen das Präsens: »Ich gehe«, »Ich schreibe einen Brief«. "He is talking" = »Er spricht«; nicht: »Er ist sprechend«. — "He was walking" nicht: »Er war gehend«, sondern, [III-1]»Er ist gegangen«. — "He was working" = »Er hat gearbeitet« u.s.w.

Dr. Albert: Sehr gut, Louis. Du verstehst Grammatik.

Louis: Nicht wahr?

Dr. Albert: Aber Du sagtest mir, Du hättest keine Grammatik studiert.

Louis: Nun ja, ich meinte, nicht so, wie Du.

Herr Meister: Aber Louis, Sie hätten noch sprechen sollen über: »Ich bin, du bist, Sie sind, er ist, sie ist, es ist; Wir sind, ihr seid, Sie sind, sie sind« &c.; und über: »Ich habe, du hast, Sie haben, er hat, sie hat, es hat; Wir haben, ihr habt, Sie haben, sie haben« &c.

Louis: Das kann ich noch tun, Herr Meister, wenn Sie erlauben. Ich war nicht bei Dir in Berlin, Albert, als Du Deutsch studiert hast, aber ich weiß doch, Du hast immer gesagt für "He has gone" »Er hat gegangen«, für "He has run" »Er hat gelaufen«. Wir haben das hier immer so gesagt und ich am meisten; nicht wahr, Otto? Aber es war nicht recht. Es sollte heißen für "He has gone" »Er ist gegangen«; für "I have run" »Ich bin gelaufen«. Ich habe lange Zeit gebraucht, um das zu begreifen; und noch längere Zeit, um es zu sprechen, bis endlich Herr Meister so zu mir sprach: Louis, hören Sie einmal: »Ich gehe«, »ich schwimme«, »ich renne«, »ich reite«, »ich fahre«, »ich stehe auf«, — das sind Wörter, die eine Bewegung, andeuten, nicht wahr? — eine Bewegung des Subjektes von einem Platze zum andern oder von einer Position in eine andere. — Nun gut. Solche Wörter aber stehen im Perfectum oder Plusquamperfectum nicht mit dem Auxiliar »haben«, sondern mit dem Auxiliar »sein«. Also nicht: Perfectum »Ich habe nach Hause gegangen«, Plusquamperfectum »Ich hatte nach Hause gegangen«; sondern Perf. »Ich bin nach Hause gegangen«, Plusq. »Ich war nach Hause gegangen«, und nicht: Perf. »Ich habe schnell gelaufen«, Plusq. »Ich hatte schnell gelaufen«, sondern Perf. »Ich bin schnell gelaufen«, Plusq. »Ich war schnell gelaufen«. Im Englischen haben wir für das Perfectum im Activum stets das eine Auxiliar "I have" &c. — Im[III-2] Deutschen aber haben wir zwei: »Ich habe« zc. und »ich bin« zc. Also: Alle Wörter im Deutschen, die eine Bewegung des Subjektes angeben von einer Stelle zur andern oder aus einer Stellung in die andere, stehen mit dem

Auxiliar »sein«; z.B.: Präs. Ich schwimme &c.; Imperf. Ich schwamm &c.; Perf. Ich bin geschwommen, du bist geschwommen, Sie sind geschwommen, er ist geschwommen, sie ist geschwommen, es ist geschwommen, wir sind geschwommen, Ihr seid geschwommen, Sie sind geschwommen, sie sind geschwommen; Plusq. Ich war geschwommen, du warst geschwommen, Sie waren geschwommen, er war geschwommen, sie war geschwommen, es war geschwommen, wir waren geschwommen, Ihr waret geschwommen, Sie waren geschwommen, sie waren geschwommen.

So auch: Präs. Ich reise &c.; Imperf. Ich reiste &c.; Perf. Ich bin gereist &c.; Plusq. Ich war gereist &c. — Präs. Ich reite &c.; Imperf. Ich ritt &c.; Perf. Ich bin geritten &c.; Plusq. Ich war geritten &c. — Präs. Ich fahre &c.; Imperf. Ich fuhr &c.; Perf. Ich bin gefahren &c.; Plusq. Ich war gefahren &c. — Präs. Ich falle &c.; Imperf. Ich fiel &c.; Perf. Ich bin gefallen &c.; Plusq. Ich war gefallen &c.

Dr. Albert: Das verstehe ich sehr gut, mein lieber Louis. Nun danke ich Dir.

Louis: Bitte, bitte.

Dr. Albert: Das Verb oder, wie wir es in Berlin nannten, das Zeitwort, hat mir im Deutschen nie viel Mühe gemacht.

Bella: Auch mir nicht. — Da giebt es nicht so viele unregelmäßigen Zeitwörter wie im Französischen.

Otto: Das deutsche Verb ist so leicht, wie das englische, meine ich.

Dr. Albert: Ganz gewiß; und dazu hat das Englische das Verb leichter, als eine andere Sprache, die ich kenne. Denken Sie nicht auch so, Herr Meister?

Herr Meister: <u>Ich stimme Ihnen bei</u>.

Bella: Herr Meister, Sie hatten mir das deutsche Verb so klar gemacht, daß ich es in wenigen Minuten für immer verstanden habe.

Otto: Ich wünsche, Herr Meister, Sie würden meinem Bruder Ihre Methode erklären.

Herr Meister: Mit Vergnügen. Ich habe das Folgende für das Beste befunden, andere mögen anders <u>verfahren</u>. Meine Freunde haben von Anfang an das Präsens, das Imperfectum und das Perfectum aller Zeitwörter gelernt. Sie wissen »ich schreibe, ich schrieb, ich habe geschrieben«; »ich höre, ich hörte, ich habe gehört«. Sie wissen auch »ich höre« ist ein <u>regelmäßiges</u> Verb; denn »höre« behält »ö« in allen Zeiten: Präsens, Imperfectum &c.; — auch wissen Sie »ich schreibe« ist ein unregelmäßiges Zeitwort, weil es nicht denselben Vokal behält in allen Zeiten; — im Präsens hat es »ei« (schreibe); im Imperfectum »ie« (schrieb) und auch im Perfectum (geschrieben).

Nun wollen wir das Verb »ich höre« betrachten. Präsens: ich höre. Ich werde ein »n« an das Wort »höre« hängen, dann ist es »hören«. Das ist der Infinitiv. Dieser Infinitiv aber wird auch als Substantiv gebraucht z.B.: »Das Hören wird mir schwer«.

Otto: Ist das nicht dasselbe wie das englische Particip Präsentis "hearing, walking, writing" u.s.w.?

Herr Meister: Ganz recht. — Im Deutschen können wir von jedem Worte auf diese Weise ein Substantiv bilden. Und alle diese Substantive haben den Artikel »das« z.B. »das Sprechen wird mir leicht«, [III-3]<u>»das Reiten</u> ist heute angenehm« u.s.w.

Dr. Albert: Das ist ein sehr guter Wink für den

Studierenden und erleichtert ihm vieles.

Herr Meister: Nicht wahr? Aber weiter! »Ich höre«. Ich komme zurück zum Präsens, bilde daraus den Infinitiv »hören« und aus diesem Infinitiv[III-4] bilde ich wieder das Futurum, indem ich damit verbinde das Auxiliar »ich werde, du wirst, Sie werden, er wird, sie wird, es wird, wir werden, Ihr werdet, Sie werden, sie werden«. »Ich werde hören« ist also das Futurum. Meistens können wir von diesem Infinitiv auch den Imperativ bilden, aber nicht immer.

Das Activum wollen wir nun verlassen und ein wenig über das Passivum sprechen. »Ich höre, ich hörte, ich habe gehört«. Wir nehmen »gehört« vom Perfectum und verbinden es mit dem Auxiliar »ich werde, ich wurde, ich bin geworden«, so finden wir das Passivum. Also Präs. Ich werde gehört &c.; Imperf. Ich wurde gehört &c.; Perf. Ich bin gehört worden &c.

Mehr als ich soeben gesagt, gab ich meinen Freunden nicht für den Anfang; — das andere gab ich ihnen nach und nach, und alles wurde ihnen leicht.

Dr. Albert: Das ist sehr klar, in der Tat; und ich möchte wohl eine kleine Probe mit meiner kleinen, klugen Schwester Martha machen. Sie hat das Verb im Deutschen noch nicht studiert.

Martha Parks: Ich habe alles verstanden, Albert, was Herr Meister gesagt hat. Frage nur zu!

Dr. Albert: Nun, wir wollen einmal sehen. Ich gebe Dir das Wort »ich fange, ich fing, ich habe gefangen«.

Martha Parks: »Ich fange« ist Präsens; »Fangen« ist Infinitiv; »das Fangen« ist Substantiv; »ich werde fangen« ist Futurum. Ist das recht?

Louis: Recht, Schwester Martha. Weiter! Das Passiv!

Martha Parks: Das Passiv ist: »Ich werde gefangen« — Präsens; »Ich wurde gefangen« — Imperfectum; »Ich[III-5] bin gefangen worden« — Perfectum; »Ich werde gefangen werden« — Futurum.

Dr. Albert: Das hast Du gut gemacht, Martha.

Martha Meister: Ihre Schwester ist sehr intelligent, Herr Doktor.

Otto: Erinnern Sie sich, Herr Meister, wie viele Mühe Sie einmal mit uns hatten, als Sie das Passiv erklärten?

Herr Meister: Es geht vielen so, wie es Ihnen erging. — Und oft höre ich von Amerikanern, die wirklich gut Deutsch sprechen und die Grammatik gut studiert haben, Ausdrücke wie »Othello ist heute im Theater gespielt«, anstatt »Othello wird heute im Theater gespielt«. Sie sagen »Othello war gestern Abend im Theater gespielt« anstatt »Othello wurde gestern im Theater gespielt«. Das kommt aber daher: Im Englischen gebrauchen wir "I am, thou art, he is, she is, it is, we are, you are, they are" mit dem Adjectiv, mit dem Substantiv und mit dem Verb z.B. "He was good", »He was an American", »He was caught". Im Deutschen aber sagen wir »Er war gut«, »Er war ein Amerikaner«, »Er wurde gefangen«. Im Deutschen sagen wir »ich bin, du bist, Sie sind, er ist, sie ist, es ist, wir sind, ihr seid, sie sind« mit dem Adjektiv und mit dem Substantiv. Mit dem Verbum aber gebrauchen wir »ich werde, du wirst, Sie werden, er wird, sie wird, es wird, wir werden, Ihr werdet, Sie werden, sie werden«.

Dr. Albert: Auch das, Herr Meister, ist sehr klar. Nun aber sagen Sie mir: Was tun Sie, daß Ihre Schüler den Artikel lernen?

Herr Meister: Nichts. — Da ist nichts zu tun, Herr

Doktor. Den Artikel müssen wir der Zeit überlassen. — Die Zeit ist mächtig. Sie tut es für uns; — langsam zwar, aber sicher. — Sprechen unsere Freunde hier den Artikel nicht korrekt?

Dr. Albert: Ganz korrekt.

Herr Meister: Nun wohl, die Zeit allein hat es getan.

Gretchen: Ist Ihnen der Artikel auch recht schwer geworden, Herr Doktor?

Dr. Albert: Ja wohl, mein Fräulein. Oft habe ich mich gefragt: Werde ich den Artikel wohl jemals lernen?

Gretchen: Aber Sie sprechen den Artikel so perfekt wie ein Deutscher.

Dr. Albert: Ja, mein Fräulein — heute!

Herr Meister: Ihnen ging es mit dem Artikel, wie mir einst mit der Aussprache. Oft war ich in der größten Verzweiflung und rief: Wann, o wann werde ich die Aussprache des Englischen inne haben! — Ich habe sie heute. — Zeit und Geduld! — Zwar habe ich meinen Freunden einige Regeln gegeben über den Artikel; so z.B. sagte ich oft ....

Louis: »e« am Ende, »die« am Beginne.

Herr Meister: Ganz recht, Louis. Das heißt: Wenn ein Wort »e« am Ende hat, so hat es meistens den Artikel »die«, z.B.: »Rose«, »die Rose«; »Flamme«, »die Flamme«; »Schule«, »die Schule«. — Auch alle Wörter, die am Ende »heit«, »keit«, »ung«, »schaft« &c. haben, haben den Artikel »die«; z.B.: »die Schönheit«, »die Fröhlichkeit«, »die Wohnung«, »die Freundschaft«.[III-6] — Wörter mit »chen« und »lein« am Ende, haben immer »das«; z.B.: »das Bäumchen«, »das Röslein«. Auch Wörter, welche von Adjektiven kommen, haben »das«; z.B.: »schön«, »das Schöne«; »groß«, »das Große«; »grün«, »das Grüne«. Ferner Wörter, die von Verben kommen und die Form des Infinitivs behalten; z.B.: »schreiben«, »das Schreiben«; »lesen«, »das Lesen«.

Nun wohl; das sind einzelne, gute Winke über den Artikel; aber sie helfen nicht sehr viel. In Deutschland verstehen kleine Kinder eben so korrekt zu sprechen, wie hier bei uns die kleinen Kinder die rechte Aussprache haben; das heißt: wenn sie dieselbe korrekt hören. Aber, aber, — wir vergessen, daß uns Herr Louis nicht eingeladen hat, heute über Grammatik zu sprechen.

Dr. Albert: Ganz recht, Herr Meister. Ich danke Ihnen, daß Sie mich daran erinnern. — Es kam durch mich; und ich bitte um Entschuldigung, Louis, daß Du durch mich gehindert bist, Dein Programm auszuführen.

Louis: Bitte, Albert, das tut nichts. Wenn wir von jetzt an unsere Zeit ökonomisch gebrauchen, so können wir sehr gut unsern Plan ausführen.

Darf ich Sie bitten, meine Herrschaften, mir zu folgen? Ich bitte um Ihren Arm, Fräulein Gretchen.

Martha Parks: Ich werde mit Ihnen gehen, Herr Meister.

Herr Meister: Es wird mir ein großes Vergnügen sein, mein Fräulein.

Otto: Darf ich um die Ehre bitten, Fräulein Bella?

Dr. Albert: Fräulein Martha, Sie können wohl erraten, wohin Bruder Louis uns zuerst führen wird.

Martha Meister: Zu Nero?

Dr. Albert: Ganz recht.

Martha Meister: Ich dachte es. Ich sah seinem Auge die

größte Ungeduld an.

Dr. Albert: Vielleicht ziehen Sie es vor, mein Fräulein, hier zu bleiben und meine Bibliothek zu besichtigen. — Der größere Teil meiner Bücher ist allerdings noch in Kisten verpackt. Was Sie hier sehen, nenne ich meine Reise-Bibliothek; dieselbe enthält solche Werke, die ich stets gerne bei mir habe.

Hier sind die spanischen Werke.

Martha Meister: Calderon: La vida es sueño. — Cervantes: Don Quixote.

Dr. Albert: Dieses hier sind die italienischen.

Martha Meister: Dante: Divina Comedia. — Torquato Tasso: Gerusalemme liberata. — Ariosto: Orlando Furioso.

Dr. Albert: Und nun kommen wir zu den französischen.

Martha Meister: Corneille: Le Cid. — Racine: Athalie. — Molière: Tartuffe.

Dr. Albert: Die deutschen stehen hier.

Martha Meister: Goethe[III-7]: Wilhelm Meister, Faust. — Schiller: Wilhelm Tell. — Heine: Buch der Lieder.

Dr. Albert: Von den englischen halte ich nur ein Werk bei mir.

Martha Meister: Und das ist?

Dr. Albert: Sehen Sie hier?

Martha Meister: Shakespeare. — Aber warum, Herr Doktor, halten Sie aus unserer kostbaren Litteratur, die doch wahrlich so reich ist, nur ein Werk?

Dr. Albert: Wenn ich Shakespeare habe, brauche ich kein

anderes Buch mehr. — Sehen Sie hier? — Das ist alles, was ich bei mir habe in der griechischen Sprache.

Martha Meister: Homer's »Ilias«.

Dr. Albert: Geben Sie mir Homer und Shakespeare und ich will es schon eine Weile aushalten, allein auf einer Insel. — Hier stehen einzelne Werke der lateinischen Sprache.

Martha Meister: Virgil's »Aeneis«.

Dr. Albert: Und die »Oden« von Horaz.

Martha Meister: Es muß herrlich sein, diese Werke in den Original-Sprachen lesen zu können, wie Sie es tun.

Dr. Albert: Das ist es allerdings; und ich denke, Jeder sollte sich bemühen, dasselbe zu tun. Glauben Sie mir, mein Fräulein: Das Reisen ist das vorzüglichste Mittel, die Menschen zu veredeln. Mit offnen Ohren und Augen zu reisen, mit den Menschen fremder Länder sprechen und arbeiten, — die Sitten fremder Völker beobachten und vergleichen, — das, mein Fräulein, mehrt unsere Kenntnisse und formt unsern Charakter —

Nächst dem Reisen aber ist das Lesen wohl das beste Mittel zur Bildung. Oder wissen Sie etwas Anderes, mein Fräulein, welches interessanter ist und belehrender, als das Reisen und das Lesen?

Martha Meister: Nein, gewiß nicht. Aber eins sollten wir nie vergessen, Herr Doktor, — die Dankbarkeit und die Bewunderung für diejenigen Männer, welche uns die Mittel geben, uns zu veredeln. Wir sollten über die Geschöpfe niemals den Schöpfer vergessen.

Täglich danken wir ja dem himmlischen Schöpfer für die himmlischen Gaben; — warum sollten wir nicht auch den irdischen Schöpfern danken für die irdischen Gaben?

Die idealen Werke eines Shakespeare sollten uns immer an den hohen Genius erinnern, der sie geschaffen, und andere Werke, wie Eisenbahnen und Telegraphen, sollten uns an die Dankbarkeit erinnern, die wir den praktischen Männern, den Männern der Wissenschaft, schulden.

Dr. Albert: Und sagen Sie auch das noch, mein Fräulein. — Wenn wir mit Menschen fremder Nationen in ihrer Muttersprache reden, so sollen wir in Dankbarkeit der Männer gedenken, die uns den angenehmsten und kürzesten Weg gezeigt haben, das zu erreichen. — Und darum bewundere ich Ihren Vater, mein Fräulein. — Seine Methode ist für die Sprachen, was die Eisenbahn für das Reisen ist: sie macht den Weg kürzer und angenehmer.

Martha Meister: Ich danke Ihnen. — Wissen Sie, Herr Doktor, daß ich noch keine Bibliothek gesehen habe, die so schön gebaut und eingerichtet war, wie die Ihrige?

Dr. Albert: Es macht mich glücklich, daß meine Bibliothek Ihren vollen Beifall hat, besonders, weil sie ganz mein Werk ist, das heißt, nach meinem Plane gebaut wurde.

Martha Meister: Aber ich dachte, dieser Teil Ihres Hauses wäre erst vor einem Monate beendet worden und vor Ihrer Rückkehr.

Dr. Albert: So ist es. Ich werde Ihnen das erklären: Vor etwa einem Jahre schrieb mein Vater nach Berlin unter anderm: .... »und nun habe ich Dir auch zu schreiben, daß wir, sobald das Wetter besser wird, die Seite unseres Hauses niederreißen werden, die nach dem Garten zu liegt, um sie schöner und größer aufzubauen.

Du hast auf Deiner Reise durch Europa gewiß schöne Privat-Bibliotheken gesehen; — und ich würde Dir dankbar sein, wenn Du mir helfen wolltest. Du könntest mir nämlich den Plan zu einer Bibliothek schicken, die nicht zu groß und auch nicht zu klein ist.

Du weißt, ich liebe den Komfort; und finde ich dann etwas in Deinem Plane, was ich gebrauchen kann, so werde ich es gewiß nehmen u.s.w., u.s.w.«

Darauf antwortete ich meinem Vater: Wenn ich eine Bibliothek bauen dürfte nach meinem Willen, dann müßte sie lang sein, wie ein Saal; denn ich selbst gehe gern während der Arbeit auf und ab; — dazu aber brauche ich Raum; — und ich höre dann gerne meinen eigenen Schritt; — daher wäre es am besten, wenn der Fußboden mit weißen Marmor-Platten bedeckt würde. — Die Halle dürfte nur ein Stockwerk hoch sein, denn ich höre nicht gern den Tritt von Anderen über mir, wenn ich denke.

Die Decke sei gewölbt und von Glas, um das Licht von oben fallen zu lassen. — Das Ende der Halle, dem Eingange gegenüber, sei ein Halbrund; auch hier sei die Decke gewölbt, — aber nicht von Glas, — blau gemalt mit goldenen Sternen.

Rechts und links an beiden Seiten seien Fenster von buntem Glas. — Auch eine Nische würde ich haben zu meiner Rechten; — dahin würde ich eine Marmor-Statue, z.B. eine Kopie der Venus von Medici stellen, zu meiner Linken sollte der Stahlstich einer Madonna von Raphael sein.

Durch einen Vorhang von schwerem Damast würde ich dann diese Rotunde trennen von dem Haupt-Teile der Halle. — Eine Doppel-Thüre aber würde ich haben am anderen Ende der Rotunde, dem Vorhang gegenüber. — Diese Thüre müßte in ein kleines Blumen-Haus führen, das gefüllt wäre mit tropischen Gewächsen; von hier aus könnte man dann in den Garten gehen.

In der Rotunde selbst sei ein Tisch zum Schreiben und

ein Pult, um auch stehend studieren zu können.

So wären also drei Abteilungen da, wenn man den Vorhang vorziehen und die Thüre nach dem Blumen-Haus schließen wollte; — nämlich: Die Haupt-Halle der Bibliothek, dann die Rotunde und zuletzt das Blumen-Haus.

In der Halle aber würde ich weite und bequeme Stühle haben zum Empfang von Gästen und Freunden.

Ein großer Leuchter, in der Mitte hängend, müßte das Ganze mit Gas beleuchten, während in der Rotunde nur ein Arm-Leuchter mit Öl sein dürfte.

In einem großen Kamin könnte man durch große Holz-Scheite Wärme durch den ganzen Raum verbreiten.

Im Blumen-Hause aber würde ich einen Spring-Brunnen haben; denn wie Musik so gerne höre ich das Plätschern und Rauschen des Wassers.

So etwa schrieb ich, nicht ahnend, was mein Vater wollte. — Ich hatte den Plan völlig vergessen; denn in keinem der folgenden Briefe erwähnte mein Vater meinen Plan. — Das war eine völlige Verschwörung gegen mich, denn auch meine Mutter und meine Geschwister schwiegen darüber.

Martha Meister: Und ich sehe, alles ist genau so gebaut, wie Sie es gewünscht.

Dr. Albert: Genau so, mein Fräulein.

Martha Meister: Ich hätte Ihre überraschung sehen mögen!

Dr. Albert: Meine Überraschung, meine Freude, meine Dankbarkeit über dieses alles und über den feinen Takt meiner Teuern war groß.

Martha Meister: Sie müssen sehr glücklich sein, Herr

Doktor!

Dr. Albert: Glücklich? Ja, das bin ich. — Aber das höchste Glück, — das, — mein Fräulein — ah, die Herrschaften kommen zurück.

Bella: Martha, warum bist Du nicht mit uns gegangen? O, wie viel Schönes haben wir gesehen; und nun, Herr Doktor, wollen Sie mir eine Bitte erfüllen?

Dr. Albert: Mit Vergnügen, mein Fräulein; aber erst müssen Sie mir sagen, was ich tun soll.

Bella: Nein, mein Herr Doktor. Erst müssen Sie mir versprechen, es zu tun; — es ist gar nicht schwer für Sie.

Dr. Albert: Nun wohl; ich verspreche Ihnen, zu tun, was Sie wünschen.

Bella: Ihre Schwester Martha hat mir draußen gesagt, daß Sie ihr so vieles erzählt haben über Thüringen. Bitte, lieber Herr Doktor, erzählen Sie uns auch etwas. — Ich habe heute noch gar nichts Schönes gehört. Ich weiß nicht, was ich denken soll von Otto und von Louis. Wo ist denn Louis jetzt? Sie sind heute nicht so offen, wie sonst. Einer sieht den andern an und dann lächeln sie; und so oft ich sie frage: Aber was ist denn? — so sagen sie beide: O nichts, gar nichts. — Ich bin ganz böse mit Ihnen, Otto.

Otto: O, das tut mir aber leid.

Dr. Albert: Also von Thüringen soll ich Ihnen erzählen. Setzen wir uns.

Herr Meister: Ich meine, der Sängerkrieg auf der Wartburg hätte großes Interesse für uns alle, Herr Doktor.

Dr. Albert: Sehr wohl.

Bella: Entschuldigen Sie, Herr Doktor. Ist das dieselbe Wartburg, über welche Sie einmal an Louis geschrieben haben? —

Dr. Albert: Es ist dieselbe, mein Fräulein. Das Schönste, was Sie sehen können in dieser alten Burg, das ist der Saal.

Vor mehr als sechshundert Jahren, im Jahre 1207, waren hier sechs der größten Sänger und Poeten Deutschlands versammelt, um vor dem <u>Landgrafen</u> und der <u>Landgräfin</u>, vor den Rittern und den schönen <u>Ritterfrauen</u> und Fräulein um den höchsten Preis zu ringen durch ihre Kunst in Poesie und Gesang.

Mit den schönsten Worten, mit den lieblichsten Tönen, mit der höchsten Begeisterung sang einer nach dem andern zum Preise der Religion, der Frauen und der Fürsten.

Heinrich von Ofterdingen, der <u>geschickteste</u> von allen, sang aber allein gegen die übrigen fünf; er <u>pries</u> den Herzog Leopold von Österreich; — und die fünf anderen: Heinrich der tugendsame Schreiber, Walther von der Vogelweide, Reinmar der Alte, Bitterolf und Wolfram von Eschenbach lobten den <u>Landgrafen</u>.

Und da sie alle vollendet hatten, wußte man nicht, welcher Partei man den Preis zukommen lassen sollte, ob den fünf Sängern, ob Heinrich von Ofterdingen.

<u>Man konnte zu keiner Entscheidung kommen</u>, und die Erbitterung war so groß geworden, daß man zuletzt beschloß, das Loos sollte entscheiden, wer Sieger sei; der Besiegte aber sollte sterben, und dieses Loos traf Heinrich von Ofterdingen; und als die erbitterten Sänger ihn <u>ergreifen</u> wollten, <u>floh</u> er aus ihrer Mitte zum Ende der Halle zur Landgräfin und fiel ihr zu Füßen und bat um ihren

Schutz.

Und er hatte nicht umsonst gefleht. — Sie sah seine angstvollen Augen und hörte seine klagenden Worte und hatte Erbarmen mit seinem jungen Leben. — Sie breitete die Falten ihres weiten Mantels über ihn zum Zeichen, daß sie ihn schütze, daß niemand ihn berühren, niemand ihn beschädigen dürfte.

Und man einigte sich, daß man nach einem Jahre den Kampf wieder beginnen und entscheiden wollte.

Nach einem Jahre waren sie alle wieder versammelt. Heinrich von Ofterdingen war in diesem Jahre bei dem großen Meister Klingesor im Ungarnlande gewesen. Der Meister selbst war mit ihm gekommen.

Der Kampf des Gesanges aber endete heute fröhlicher, als im Jahre zuvor, und der Preis wurde zuerkannt — dem Sänger Wolfram von Eschenbach.

Nun ging man zur Tafel, und edle Knappen und schöne Mägdelein brachten die besten Speisen in silbernen Schalen und den feurigsten Wein in goldenen Bechern.

Heute waren alle freudig. Da stand der Meister Klingesor aus dem Ungarlande auf und alle hörten mit großer Ehrfurcht die Worte, welche er sprach: In dieser Stunde wird dem Könige vom Ungarlande eine Tochter geboren; und sie wird einst in das schöne Thüringen kommen und Herrin sein in diesen Hallen. Heil der Tochter meines Herrn! Heil ihr, die man nennen wird Elisabeth. — So endete der Sängerkrieg auf der Wartburg, — und Fräulein Bella, ich hoffe, daß meine Erzählung Ihnen gefallen hat.

Bella: Sehr gut. Ich danke Ihnen sehr, Herr Doktor.

Gretchen: Das ist die heilige Elisabeth; weißt Du das, Bella?

Bella: Ich habe es bis jetzt nicht gewußt.

Martha Meister: Die heilige Elisabeth war meine Heldin; und als ich in Deinem Alter war, Martha, habe ich immer von ihr gelesen. Nicht wahr, Papa?

Herr Meister: Ich erinnere mich dessen sehr genau, meine Tochter.

Martha Parks: War sie wirklich so gut, daß man ihr den Namen die heilige Elisabeth gegeben hat?

Martha Meister: Sie war sehr gut.

Martha Parks: Aber was hat sie denn getan?

Martha Meister: Das will ich Dir wohl sagen:

Vier Jahre war Elisabeth alt, — da empfing ihr Vater, der König von Ungarn, eines Tages die Boten des Landgrafen von Thüringen; — sie baten um die Hand seiner Tochter für den Sohn des Landgrafen.

Der König von Ungarn hörte dieses gerne, denn er wußte, daß das Thüringer-Land reich und schön war und seine Landgrafen edel.

In einem goldenen Wagen verließ Elisabeth das Ungarnland, begleitet von ihrer Amme, von vielen edlen Jungfrauen und Rittern; und da sie nach Thüringen vor die Wartburg kamen, wurden sie mit großer Freude empfangen.

Der junge Prinz öffnete selbst die Thüre zum Wagen und hob seine Braut aus der silbernen Wiege, in welcher sie lag, und alle erstaunten über ihre große Schönheit und über die große Anzahl der Wagen, die ihr folgten, gefüllt mit Gold und anderen kostbaren Dingen.

Der Prinz und die Prinzessin aber liebten sich und waren wie Bruder und Schwester und spielten mit einander; denn beide waren noch jung; der Prinz war erst zehn und die Prinzessin nur vier Jahre alt.

Und da Elisabeth älter und größer wurde, vermißte sie nie die Kirche; und sie betete immer zu Gott, daß er sie gut machen möchte, und daß sie den Menschen gutes tun könnte.

Den Armen gab sie, so viel sie nur konnte, und die Kranken besuchte sie und tat ihnen viel Gutes und sie war gegen alle Menschen so freundlich, besonders aber mit den Traurigen.

Die Landgräfin aber, des Prinzen Mutter, war darüber oft hart mit ihr, denn sie sagte, sie wäre eine Prinzessin und würde einst die Gemahlin ihres Sohnes werden, und es wäre nicht recht, sich so gemein zu machen. — Und einst sagte die Landgräfin sogar: Wir wollen sie zurückschicken nach Ungarn!

Da aber zeigte der junge Prinz auf einen großen Berg und sprach: Siehst du den Berg vor uns? Wäre er auch vom feinsten Golde, so wollte ich doch eher ihn vermissen, als meine Elisabeth. Ich habe nichts lieber auf dieser Welt, als sie.

Da Elisabeth fünfzehn Jahre alt war, wurde eine große Hochzeit gefeiert. Es war ein schönes, glückliches Paar. — Sie war schön und liebreich und fromm; und er war reich an allen Tugenden eines Ritters.

Nach wenigen Jahren wurde er nun selbst Landgraf im Thüringer-Lande. Darüber aber war niemand glücklicher, als Elisabeth. Denn nun konnte sie Gutes[III-8] tun[III-9], soviel sie wollte, und niemand konnte sie mehr hindern.

Häufiger, als früher, ging sie nun zu den Unglücklichen, und wenn sie die Hütten verlassen hatte, war es den Armen, als wäre ihnen ein Engel erschienen, so reich waren ihre Gaben, so beglückend ihre Worte und so freundlich war ihr Auge; und überall im Lande sprach man von der Landgräfin Elisabeth und überall hatte sie Freunde.

Aber da waren auch einige, die böses von ihr sprachen zu ihrem Gemahl, dem Landgrafen. — Es war Hungers-Not im Lande, und das Brot war wenig und teuer; und sie sagten, es wäre wahrlich nicht recht, daß die Landgräfin so oft zu den Armen gehe und so reichlich Brot verschenke.

Der Landgraf aber wollte nicht hören auf ihre Worte und sagte nichts zu seiner Gemahlin.

Aber einmal war er aus der Wartburg geritten; und da er wieder auf dem Wege heimwärts war, sah er aus dem Wald-Pfade die Landgräfin kommen, welcher eine Dienerin folgte. — Und der Landgraf dachte: Unter dem weiten Mantel trägt sie wieder Brot für die Armen, und wir selbst haben doch so wenig in dieser teuern Zeit, — und er rief ihr zu: Laß doch sehen, was du unter dem Mantel trägst! — O, rief sie, stotternd vor Angst, — o — es sind — Rosen!

In dieser Jahres-Zeit Rosen, Elisabeth? — Unmöglich! — Komm', laß doch sehen! — Und da sie zitternd ihren Mantel zurückschlug, war sie selbst erstaunt, denn wahrlich — es waren Rosen.

Und der Landgraf und Elisabeth lebten manche Jahre glücklich zusammen und hatten schöne und gute Kinder. Da kam er eines Tages ernst nach Hause und sprach: Elisabeth, ich habe einst gelobt nach dem Grabe des Heilands zu wallfahren mit meinen Mannen, und nun ist die Zeit gekommen, daß ich mein Wort erfülle.

Mußt du, sprach sie mit wehmütigem Herzen, so gehe. Aber da sie allein war, mußte sie bitterlich weinen; und da der Tag des Abschiedes kam, konnte sie nicht von ihm lassen; und viele Meilen wanderte sie mit ihm, auf seinen Arm gestützt.

Da endlich sprach er zu ihr: Nun, mein teures, liebes Weib, gehe zurück zur Burg.

So schwer war es ihr noch niemals geworden, zu tun, was ihr Gemahl ihr gebot und ihr Weh war so tief, daß die härtesten Ritter mit ihr weinten.

Sie kam zur Burg zurück. Es war ein harter Tag für sie. — Aber ein Tag folgte, der noch härter war; das war der Tag, da man ihr die traurige Botschaft brachte, daß ihr Gemahl im Kampfe gefallen war.

Da war das Licht der Sonne ihr nicht mehr golden; und der zarten Blümchen Schönheit sah sie nicht mehr und hörte nicht mehr auf den lieblichen Sang der Vögel, und die Landschaft und die ganze Welt schien ihr schwarz. Da war keine Freude mehr für sie auf dieser Erde.

Und der Bruder ihres Gemahls kam auf die Burg und machte sich zum Herrn des Landes und vertrieb die Witwe seines Bruders.

Es war finstere Mitternacht, da er sie hinausstieß vor das Burg-Thor. Der Regen fiel in Strömen; aus schwarzen Wolken zuckte der Blitz; der Donner rollte fürchterlich durch die Berge und greulich heulte der Sturm.

Elisabeth ging den schmalen Pfad den Berg hinab. Auf schwachem Arme trug sie das jüngste Kind, an der linken Hand führte sie das zweite, und ihr ältestes Söhnlein mußte die Fackel tragen, um den schlüpfrigen Weg zu beleuchten.

Und zuletzt kam sie an den Fuß des Berges und nach Eisenach. In der Stadt, wo sie einst Gaben gespendet, mußte sie nun selbst um milde Gaben bitten; doch niemand wollte der Unglücklichen ein Obdach gewähren; und still ertrug sie die Not um ihres Heilands willen, der so viel mehr gelitten hatte für die Menschheit; — und sie ertrug alles mit Geduld, bis sich der Landgraf ihrer wieder erbarmte und sie zurückrief; aber sie wollte nicht mehr zurück in die Burg.

Deutschlands großer Kaiser, Friedrich II., flehte sie an, daß sie seine Gemahlin würde; — aber ihr Herz gehörte dem einen, der nicht mehr bei ihr war; ihm wollte sie treu bleiben.

Eines nur hatte sie erbeten für sich: Das Gnaden-Brot bis an ihr Ende, und da gab man ihr die Stadt Marburg. Hier lebte sie im Kloster als Nonne, überall Segen verbreitend bis eines Tages ihr Wunsch erfüllt war.

Ihr Geist war zu ihm hinüber gegangen in jene selige Welt.

Vierundzwanzig Jahre war sie alt, da lag sie im Sarge, wie ein Engel zu schauen.

Der Kaiser selbst und die Edelsten des Reiches trugen den Sarg zu Grabe.

Wie damals, so spricht man noch heute im Thüringer-Lande von der heiligen Elisabeth.

Martha Parks: Ich höre Dir so gerne zu, Martha; Du auch, Albert?

Dr. **Albert**: Ja, Schwester, mir geht es wie Dir.

Herr Meister: Es ist schade, daß Louis es nicht gehört hat. Er hat großes Interesse für solche Erzählungen.

Bella: Ja, das ist auch wahr; wo ist Louis? Ist er noch nicht zurück? — Sie lächeln, Herr Doktor! — Ah — da ist ein Komplott im Werke gegen uns. — Gretchen, merke, was ich Dir sage, und der Herr Doktor weiß auch darum. Was ist es, Herr Doktor? Sagen Sie es mir, ich bitte. Sie sind immer so gut.

Dr. Albert: Mein verehrtes Fräulein, ich danke Ihnen für Ihre gute Meinung, und ich versichere Sie, daß ich mich bemühen werde, mir dieselbe zu erhalten. Aber ich bitte Sie, mich für einige Momente zu entschuldigen, da ich Ihnen von Tannhäuser erzählen möchte; und wenn ich das jetzt nicht thue, dann werde ich es vergessen.

Gretchen: Ist das derselbe Tannhäuser, der in Richard Wagners Oper vorkommt?

Dr. Albert: Es ist derselbe. Wenn Sie auf der Wartburg stehen und hinaus sehen in die Landschaft, dann sehen Sie den Venus-Berg, als den schönsten unter allen anderen. In diesem Berge ist die Frau Venus, die schönste Frau auf Erden, und Tannhäuser, der tapfere Ritter, wohnte im schönen, weiten Palaste bei ihr. Was sein Herz begehrte, wurde ihm erfüllt; und dennoch war er nicht glücklich, und sprach zu Frau Venus:

Hohe Frau, nun laßt mich gehen! Ich will nach Rom zum Papste und ihn bitten, daß er meine vielen Sünden mir vergebe.

Sie bat ihn: Bleibet hier, mein Ritter, bleibet bei mir. Hier ist es wahrlich schön, tausendmal schöner, als unter den Menschen da oben. Tannhäuser schüttelte traurig sein Haupt und sagte: Ich kann nicht, ich kann nicht, beste Frau. Und sie kniete nieder vor ihm und blickte ihn an mit ihren schönen Augen und flehte.

Nein, o nein, sagte er; ich kann nicht.

Sie hing sich an seinen Hals und weinte. Da riß er sich los und eilte hinaus; — und im Pilger-Kleide und mit dem

Stabe in der Hand, wanderte er barfuß und barhaupt manchen Tag und kam nach Rom.

An demselben Tage aber war eine große Prozession; und Tannhäuser, der Ritter, fiel auf die Kniee vor dem Papste und rief:

Vergebet mir, o Vater, meine vielen Sünden!

Und es sprach der Papst: Dein Blick ist scheu, mein Sohn, und deine Wangen sind so hohl, sag an: Was hast du böses getan?

Und der Ritter sagte: O Vater, vergebt mir; ich wohnte im Berge bei Frau Venus.

Der Papst aber sprach darauf: Wohntest du da? — Wahrlich, so wie dieser Stab in meiner Hand nie blühen kann, so kann ich dir solche Sünde nicht vergeben; — du bist verdammt hier und im Jenseits.

Und Tannhäuser ging traurig und mit gesenktem Kopfe aus der heiligen Stadt.

Am nächsten Tage aber brachte man den Stab vor den Papst. Zu seinem großen Erstaunen sah er Blüten am trocknen Holze.

Eilig sandte der Papst Männer aus, den Ritter zu suchen; aber keiner konnte ihn finden, denn er war schon wieder zurück gegangen zum Berge.

Da stand Frau Venus wartend. Freudig rief sie aus, ihn mit offnen Armen empfangend: Mein Ritter, mein Ritter! ich wußte, ihr kämet zurück!

Martha Parks: Nun Albert, weiter!

Dr. Albert: Mehr, meine kleine Martha —

Bella: O, Herr Doktor; was ist das?

Otto: Das ist Trompeten-Schall.

Herr Meister: Gretchen, höre! Ist das nicht wirklich ein Signal der Ritter?

Gretchen: Wirklich, Papa.

Martha Parks: O Albert, kommt jetzt der Tannhäuser?

Louis: Nein, aber sein Page.

Bella: Das ist Louis! Das ist Louis im Ritter-Harnisch.

Gretchen: Ich glaube, Bella, jetzt wird Dir alles klar werden.

Louis: Ludwig, der Page, bittet die hohen Herrschaften, Ritter sowie Ritter-Damen, zur Tafel zu kommen. — Ritter Meister wird das Burg-Fräulein Martha Parks zu Tische führen; der Ritter Albert das Ritter-Fräulein Martha Meister; Ritter Otto das Ritter-Fräulein Bella, und der Page Ludwig selbst des edlen Ritters Meister schöne Tochter Margaretha; und folgende Speisen werden sie laben:

    1) Eine gute Fleischbrühe.

    2) Reis.

    3) Fische, Aal und Salat.

    4) Wilder Schweinskopf mit saurer Sauce.

    5) Ochsen-Fleisch, nach anglo-sächsischer Weise mit Pickeln.

    6) Schinken vom jungen Schwein, in Burgunder-Wein gekocht.

    7) Allerlei Geflügel.

8) [Braten von Wildbret](#) mit sauern Kirschen.

9) Kuchen: [Turmkuchen](#) und [Baumkuchen](#).

10) Nürnberger Pfeffer- und [Honigkuchen](#) in der Form von Frauen und Rittern.

11) Waffeln und Eisen-Kuchen.

12) Und Wein, viel Wein.

Dr. Albert: Halt, Page, blase noch nicht zum Marsche! Ich sehe, die Herrschaften stehen verwundert und neugierig.

Bella: O nein, Herr Doktor; wir sind nicht neugierig, wir sind niemals neugierig. Nicht wahr, Gretchen?

Gretchen: O nein, niemals!

Dr. Albert: Aber Sie möchten wohl gerne wissen, was alles dieses zu bedeuten habe; nun, ich werde es Ihnen sagen. — Sie wissen ja, Louis studiert jetzt deutsche Geschichte — und bei den Rittern hat er begonnen.

Otto: Und bei einem sehr praktischen Teile, glaube ich.

Dr. Albert: Beim Essen und Trinken! Nun sind unsere Eltern nach dem Westen gereist, und Louis spielt den Herrn der Burg, wie er sagt.

Otto: Das bedauert aber keiner mehr, als der Koch.

Martha Meister: Unser armer Koch!

Dr. Albert: Der ist in Verzweiflung und meint, solch' ein Mahl habe er noch nie [zubereitet](#), und er habe doch schon manchen Tag gekocht.

Gretchen: Das will ich gerne glauben.

Dr. Albert: Aber Louis hat seinen Willen und — sein Ritter-Mahl.

Louis: Und die Herrschaften werden ein feines Mahl haben.

Martha Meister: Jedenfalls ein originelles.

Dr. Albert: Und nun in den Speise-Saal. Vorwärts! — Page, blase zum Marsch!

Louis: Sehr wohl. —

Dr. Albert: Setzen wir uns zur Tafel.

Martha Meister: Aber hier ist es wirklich, wie in einem Ritter-Saale: Helme, Panzer, Schilde, Lanzen. Gehört das alles dem Ritter Louis?

Bella: Du mußt nicht Ritter sagen, Martha. Louis ist noch kein Ritter; er ist noch Page.

Martha Meister: In meinen Augen ist er bereits ein Ritter.

Louis: Ich danke Ihnen, mein Fräulein; und ich werde für Sie kämpfen gegen Drachen und wilde Tiere und böse Feinde; und werde Ihr Leben verteidigen mit meinem Blute.

Martha Meister: Und ich werde Sie bewundern.

Louis: Alles, was Sie hier sehen an Waffen, hat mein Bruder für mich in Europa gesammelt. Das ist eine kostbare Sammlung: Gefällt sie Ihnen, Herr Meister?

Gretchen: Und wie schön diese Tafel geordnet und mit Blumen geschmückt ist!

Otto: Das ist Schwester Marthas Werk.

Bella: Du hast auch davon gewußt, Martha; — o, Du

kleine Heuchlerin!

Martha Parks: Siehst Du nun, Louis, daß ich schweigen kann?

Louis: O ja, das hast Du von mir gelernt, Martha.

Dr. Albert: Louis, Deine Suppe wird kalt!

Louis: Hm, hm; ich spreche wieder zu viel. Nicht wahr?

Bella: Ich meine, Herr Doktor, es sei ganz schön, bei Tische zu sprechen. Die Franzosen wissen gewiß sehr gut, wie man speisen soll, und sie sprechen sehr viel, wenn Sie essen.

Martha Meister: Die Franzosen plaudern mir zu viel bei Tische. — Ich halte es mit den Engländern; die sind ernst bei Tafel und beginnen mit Gebet; und so machen wir es auch zu Hause. — Was denken Sie, Herr Doktor?

Dr. Albert: Ich halte es mit den Deutschen. Viele von ihnen beginnen das Mahl mit Gebet und plaudern während des Essens ganz angenehm. Bruder Otto aber macht es, wie der Engländer: Er speist, er hört und bedient seine Dame.

Otto: Nicht so, Albert; ich speise weder wie ein Engländer, noch wie ein Deutscher, noch wie ein Franzose; sondern wie ein wahrer Amerikaner; das heißt: Ich nehme das Beste von allen, und bin ich, wie jetzt, im Kreise guter Freunde und an der Seite einer Dame, wie Fräulein Bella, und habe ich vor mir gute Speisen und feine Weine und höre ich eine leichte und angenehme Unterhaltung, — dann befinde ich mich recht komfortabel, recht behaglich.

Herr Meister: Sie erinnern mich an den großen deutschen Schauspieler Beckmann.

Fritz Beckmann war einer der besten Schauspieler in

Berlin und war sehr witzig und sehr komisch. — Wegen seines guten Humors hatte er viele Freunde.

Einer von ihnen war Herr Hagen. Eines Abends gab Herr Hagen eine große Gesellschaft. Bei Tische hatte Herr Beckmann seinen Sitz zwischen den beiden Töchtern des Hauses: Anna Hagen und Carolina Hagen.

Herr Beckmann sprach lange Zeit kein Wort, sondern lächelte immer. Darüber wunderte man sich, und Fräulein Carolina fragte ihn: Warum so still, heute Abend, Herr Beckmann? Sind Sie nicht wohl?

O nein, mein Fräulein. Mir ist sehr wohl zu Mut in der Tat. Denn zwischen A. Hagen und C. Hagen sitze ich mit B. Hagen (Behagen = Komfort).

Louis: Bravo, Herr Meister, bravo!

Bella: Aber, Louis, ich habe keine Gabel.

Martha Parks: Ich auch nicht, der Diener hat die Gabeln vergessen.

Louis: O nein, liebe Martha, das hat der Diener nicht. Aber Ritter und Ritter-Fräulein haben keine Gabeln zum Essen nötig.

Bella: So? Aber womit haben sie denn das Fleisch gegessen? Nicht mit den bloßen Fingern, will ich hoffen.

Louis: Nein, mein Fräulein; nicht mit den bloßen Fingern, sondern mit kleinen Hölzern, so wie diese sind, die neben Ihren Tellern liegen.

Gretchen: Ja, ich habe mich im Stillen über diese Hölzchen gewundert.

Martha Meister: Aber damit, Herr Louis, können wir nicht essen.

Louis: Aber die Ritter-Fräulein konnten es früher. Gabeln kamen erst vor drei hundert Jahren aus Italien nach Deutschland, und erst später, im Jahre 1608, brachte Thomas Congate die ersten Gabeln nach England. — Und in einem französischen Kloster zankten sich die Mönche über die Einführung der Gabel. Die älteren Mönche hielten den Gebrauch der Gabel für sündhaft, während die jüngern die Gabeln für erlaubt hielten.

Gretchen: O, wie gelehrt Sie sind, Herr Louis!

Martha Meister: Sie studieren wohl recht viel, Herr Louis?

Louis: Hm, ja.

Bella: Das muß ich aber auch an Anna nach Cöln [III-10] schreiben.

Louis: Ja, tun Sie das. So. — Jetzt sollen Sie auch moderne Gabeln haben. Johann, bring' Gabeln!

Gretchen: Ich möchte Ihnen ein Rätsel geben. Wer ist der größte Tyrann?

Bella: Louis?

Gretchen: O nein, Bella!

Martha Parks: Napoleon?

Gretchen: Nein.

Otto: Cäsar?

Gretchen: Nein!

Dr. Albert: Wallenstein?

Gretchen: Nein!

Herr Meister: Nero?

Gretchen: Nein!

Louis: Aber wer denn, Fräulein Gretchen?

Gretchen: Der Magen.

Martha Parks: Der Magen?

Louis: Das innere Organ hier im Centrum meines Körpers?

Gretchen: Ganz recht; — denn der Magen herrscht mit bitterer Strenge über alle Menschen zu Wasser und zu Lande.

Dr. Albert: Und zu Wasser tyrannisiert er oft fürchterlich.

Gretchen: Und er herrschte zu allen Zeiten.

Louis: Das ist wahr.

Gretchen: Und nimmt keine Kultur an und ist gegen Damen ebenso grausam, wie gegen Männer; und alle erkennen seine Herrschaft an.

Otto: Sie haben recht, Fräulein, der Magen ist der größte Tyrann.

Martha Parks: Ich will Euch auch ein Rätsel geben; soll ich?

Dr. Albert: Nun, Schwesterchen, laß hören!

Martha Parks: Welcher Ring ist nicht rund?

Louis: Aber alle Ringe sind rund!

Martha Parks: O, ich wußte, daß niemand es raten würde.

Otto: Nun, Martha?

Martha Parks: Der He — ring.

Alle: Bravo, Martha, bravo!

Louis: Das war wirklich gut, teuerstes Schwesterchen. — Johann, bring' Champagner: — Albert, kennst Du Papas Anekdote? Einmal sagte Papa im Hotel zum Kellner: Bringen Sie mir eine Flasche Wein! Oui. — Sie sprechen französisch? — Yes. — Auch englisch? — Ja.

Otto: Meine Herrschaften, hier kommt der Champagner. Das erste Glas sei für den Burg-Herrn! Meine Damen und meine Herren! Louis, der Amerikaner und Deutsche, der Gesellschafter und Historiker, der Page und Burg-Herr, — Louis, der alles ist und alles kann — Louis soll leben — hoch! hoch! hoch!

Dr. Albert: Komm', Louis, stoß' an. Laß' die Gläser klingen. — Ah, das gab einen guten Ton!

Herr Meister: Ich stoße mit Ihnen an, Louis. Auf Ihr Wohl!

Louis: Auf Ihr Wohl, Herr Meister! und Fräulein Martha, Sie haben kein Glas?

Martha Meister: Ich trinke niemals Wein.

Otto: Prosit, Bruder Louis!

Louis: Prosit, Bruder Otto, und auf Ihr Wohl, Fräulein Bella!

Bella: Wohl bekomm's, Herr Louis!

Louis: Deine Gesundheit, liebes Schwesterchen!

Martha Parks: Gesundheit, Bruder Louis!

Louis: Fräulein Gretchen, jetzt habe ich die Runde gemacht und nun bleibe ich wieder bei Ihnen und stoße mit

Ihnen noch einmal an.

Gretchen: Otto will sprechen! hören Sie, Louis!

Otto: Meine Herrschaften! Wir trinken Kaffee und Thee aus den Tassen und stoßen nicht an; wir trinken Wasser aus unseren Gläsern und stoßen niemals an; aber trinken wir Wein, dann stoßen wir an. — Warum tun wir das beim Wein allein? Warum?

Herr Meister: Ich habe niemals darüber nachgedacht, Herr Otto.

Otto: Nun wohl. Man erzählt sich:

Einmal saß ein Weiser mit seinen Schülern beim Weine. — Meister, sagte ein Jünger, wenn wir mit dir trinken, dann sind unsere fünf Sinne angenehm beschäftigt. An unserm ganzen Körper fühlen wir den Effekt des Weines; unsere Zunge schmeckt den Wein, unsere Nase riecht ihn und das Auge sieht ihn mit Wohlgefallen; unser Ohr aber hört die hohen Worte der Weisheit, die du sprichst in der Begeisterung durch den Wein. —

Und wieder einmal saßen die Jünger zusammen beim Weine; aber der Meister war nicht bei ihnen. — Da sagte derselbe Schüler: Ach, heute genießen nur vier Sinne den Wein; denn wir hören nicht die weisen Worte unseres Meisters.

So laßt uns denn, rief da ein anderer Schüler, die Gläser zusammen stoßen und rufen: Heil unserm Meister! — Sie taten so; sie hörten das Klingen der Gläser; und von diesem Tage an stoßen die Menschen an, wenn sie Wein trinken, und denken des Freundes oder der Freunde.

Herr Meister: Das ist eine feine Erklärung.

Bella: Und eine philosophische.

Dr. Albert: Jetzt will ich Ihnen noch eine Anekdote erzählen; dann ist die Tafel aufgehoben und wir begeben uns in das Musik-Zimmer.

In einem Hotel in Jena saß einst ein alter Herr in einer Ecke am Tische und trank Wein. — Der Wein aber war dem Herrn zu stark, und er mischte ihn darum mit Wasser.

In demselben Hotel, in einer andern Ecke, saßen drei Studenten am Tische. Auch sie tranken Wein; aber sie mischten ihn nicht mit Wasser; und sie lachten über den alten Mann, der seinen Wein verdünnte.

Endlich stand ein Student auf, trat vor den alten Mann und sprach: Herr, wissen Sie auch, daß Sie eine große Sünde begehen, die edle Gottes-Gabe, den Wein, mit Wasser zu verdünnen? Sprachs und setzte sich. Der alte Mann aber stand auf und sprach:

> Wasser allein macht stumm,
> Das beweisen im Wasser die Fische.
> Wein allein macht dumm,
> Das beweisen die Herren am Tische.
> Und da ich nun keines von beiden will sein,
> So vermische mit Wasser ich meinen Wein.

Sprach's und ging hinaus. Die Studenten aber waren mäuschenstill; denn sie wußten jetzt, wer dieser alte Herr war. Es war — Goethe[III-11].

Otto: Das war gut.

Dr. Albert: Wenn Sie belieben, meine Damen, so gehen wir in das Musik-Zimmer. Gesegnete Mahlzeit!

Alle: Gesegnete Mahlzeit!

Martha Meister: Der Herr Doktor ist wohl so freundlich und singt uns eins von seinen Studenten-Liedern vor.

Dr. Albert: Mit Vergnügen, mein Fräulein. Wollen Sie die Güte haben, mich zu begleiten.

Dr. Albert (singt):

> Krambambuli, das ist der Titel
> Des Tranks, der sich bei uns bewährt;
> Es ist ein ganz probates Mittel,
> Wenn uns was Böses widerfährt.
>   Des Abends spät, des Morgens früh
>   Trink ich mein Glas Krambambuli.
>   Krambimbambambuli, Krambambuli!
>
> Bin ich im Wirtshaus abgestiegen,
> Gleich einem großen Kavalier,

Dann laß' ich Brot und Braten liegen
Und greife nach dem Pfropfenzieh'r.
  Dann bläst der Schwager Tantranti
  Zu einem Glas Krambambuli.
  Krambimbambambuli, Krambambuli!

Braust mir's im Kopf, reißt mich's im Magen,
Hab' ich zum Essen keine Lust;
Wenn mich die bösen Schnupfen plagen,
Hab' ich Katarrh auf meiner Brust:
  Was kümmern mich die Medici?
  Ich trink' mein Glas Krambambuli.
  Krambimbambambuli, Krambambuli!

Wär' ich zum großen Herrn geboren,
Wie Kaiser Maximilian,
Wär' mir ein Orden auserkoren,
Ich hängte die Devise dran:
  "Toujours fidèle et sans souci,
  C'est l'ordre du Krambambuli!"
  Krambimbambambuli, Krambambuli!

Ist mir mein Wechsel ausgeblieben,
Hat mich das Spiel labét gemacht,
Hat mir mein Mädchen abgeschrieben,
Ein'n Trauerbrief die Post gebracht:
  Dann trink' ich aus Melancholie
  Ein volles Glas Krambambuli.
  Krambimbambambuli, Krambambuli!

Und hat der Bursch kein Geld im Beutel,
So pumpt er die Philister an
Und denkt: »Es ist doch alles eitel,
Vom Burschen bis zum Bettelmann!«
  Denn das ist die Philosophie
  Im Geiste des Krambambuli.
  Krambimbambambuli, Krambambuli!

Soll ich für Ehr' und Freiheit fechten,
Für Burschenwohl den Schläger ziehn,
Gleich blinkt der Stahl in meiner Rechten,
Ein Freund wird mir zur Seite stehn;
  Zu ihm sprech' ich: »Mon cher ami,
  Zuvor ein Glas Krambambuli!«
Krambimbambambuli, Krambambuli!

Alle: Bravo, bravo!

Louis: Das gefällt mir, das muß ich auch lernen.

Bella: Sagen Sie, Herr Doktor, waren Sie auch einmal im Carcer?

Dr. Albert: Darüber, mein liebes Fräulein, darüber müssen Sie mich nicht fragen; denn diese Frage möchte ich Ihnen nicht beantworten. Aber wenn Sie mich fragen, wie das Innere eines Carcers ist, — das will ich Ihnen wohl sagen.

Gretchen: Da ist es wohl recht finster und schaurig; so habe ich es mir immer gedacht.

Dr. Albert: Im Gegenteil, mein Fräulein. Der deutsche Student lebt leicht und frei und froh, für ihn giebt es nichts Schauriges; doch, vielleicht das Examen am Ende, — sonst ist alles heiter, — auch seine Gefängnisse; auch darin macht er sich das Leben froh, empfängt Besuche und tut oft, was er will.

Ich habe einen Carcer gesehen, der wirklich schön war. Jeder Student, der in demselben gesessen hatte, hat etwas zur Verschönerung beigetragen. Viele haben Bilder an die Wände gemalt, und einige dieser Bilder waren recht schön.

Ich erinnere mich eines Bildes: Es ist ein Vulkan. Darauf sitzt ein Student und raucht und bläst aus seiner langen

Pfeife furchtbaren Rauch. Der Professor aber, durch den er in den Carcer gekommen war, rennt davon aus Furcht.

Louis: Das gefällt mir auch.

Otto: Soweit, meine Damen, sind wir unserm Programm treu geblieben. Sollen wir es auch ferner?

Alle: O, gewiß.

Otto: Nun wohl; dann bitte ich, von jetzt an mir zu folgen. Unsere Wagen sind <u>angespannt</u>, um uns an meine Yacht zu bringen. Wir werden dann eine Fahrt in die Bai unternehmen.

Martha Parks: Ja, und Musik haben wir auch.

Bella: O, ist das nicht herrlich, Gretchen? — Aber —

Gretchen: Aber was ist Dir denn, Bella? Du wirst ja so scheu?

Bella: O nichts, nichts. Ich dachte gerade an einen Traum, den ich einmal gehabt habe.

Louis: O, heute giebt es keinen Sturm und keine großen Fische mit hundert Köpfen. Ich erinnere mich Ihres Traumes sehr gut.

Otto: Nein, Fräulein Bella. Ich verspreche es Ihnen. Wir haben eine herrliche Fahrt bei Vollmond, und ich bin der Kapitän.

Louis: Vorwärts denn, meine Herrschaften. Vorwärts! Zur See! Zum Vergnügen!

IV.

Gretchen: So frühe heute in Deinem Blumen-Hause, Schwester? — Guten Morgen. Wenn ich Dich ansehe, muß ich an die schönen Worte denken:

> Du bist wie eine Blume,
> So hold, so schön, so rein.
> Ich schau' Dich an, und Wehmut
> Schleicht mir in's Herz hinein.

Du bist traurig, Martha? — Du hast wirklich Fieber. Bist Du nicht wohl?

Martha Meister: Habe keine Besorgnisse um mich, liebes Gretchen. Ich habe letzte Nacht wenig oder gar nicht schlafen können, — sonst ist es nichts.

Gretchen: Du hast nicht schlafen können? Dann bist Du krank, Martha.

Martha: Nein, Schwester. Ich versichere Dich, mir ist wohl; wirklich, sehr wohl; ich bin sogar glücklich.

Gretchen: So? Und davon wird man bleich? Das, Schwester, ist ganz neu für mich.

Martha: Weißt Du, Gretchen, ich habe in der letzten Nacht sehr viel denken müssen.

Gretchen: Ach, das böse Denken und Sorgen! Das ist recht häßlich! Das macht alt, bringt Falten in das Gesicht und macht die Haare grau.

Martha: Aber, Schwester, kann die Erde es hindern, daß die Gräser sprossen? Kann die Pflanze es hindern, daß die Knospen kommen? — Nun, so wenig können wir das Denken verhindern. Gedanken kommen von selbst.

Gretchen: Ist das so mit Dir? — Ich glaube, mit mir ist es anders.

Martha: Denkst Du nicht auch, Gretchen, daß es recht traurig ist, wenn ein großer Mensch nicht den rechten Platz gefunden hat in der Welt und in einem kleinen Zirkel schaffen muß ohne Freude?

Gretchen: Ja, das ist recht unglücklich für ihn. Dann ist er wie der Fichten-Baum, von welchem der Dichter singt:

> Ein Fichten-Baum steht einsam
> Im Norden auf kahler Höh'.
> Ihn schläfert; mit weißer Decke
> Umhüllen ihn Eis und Schnee.
> Er träumt von einer Palme,
> Die fern im Morgen-Land
> Einsam und schweigend trauert
> Auf brennender Felsen-Wand.

Martha: Gretchen, ich will Dir ein Geheimnis sagen.

Gretchen: Und ich soll es niemandem wieder sagen, nicht wahr?

Martha: Nein, niemandem. — Ich glaube, der Herr Doktor Albert ist nicht glücklich. Er ist Doktor der Medizin, und der Beruf des Arztes paßt nicht für ihn.

Gretchen: Aber, liebe Martha, wie weißt Du das?

Martha: Ich weiß es nicht; aber ich fühle es.

Gretchen: Und Du meinst wirklich, der Herr Doktor sei

ein großer Mann?

Martha: Ich meine, daß er alles das besitzt, was ihn zu einem großen Mann machen könnte, wenn er den rechten Platz fände. Denke, Gretchen, an das, was ich Dir heute Morgen sagte.

Da kommt auch unsere liebe Mama. Guten Morgen, Mama! Wie hast Du geschlafen?

Frau Meister: Gut, meine Tochter; ich danke Dir. Aber Du bist heute Morgen sehr früh bei Deinen Blumen; und ohne Frühstück. Das ist nicht recht, Kind.

Bella: Nein, Martha, das ist gar nicht recht von Dir. Guten Morgen! Guten Morgen!

Gretchen: Das ist schön, daß Du so früh kommst.

Bella: Ich wünsche, Frau Meister, Sie wären gestern bei uns gewesen! Louis' Ritter-Mahl war wirklich sehr komisch; und die Fahrt gestern Abend, — war das nicht herrlich, Gretchen?

Frau Meister: Soeben war der Diener der Herren Parks hier, um nach Eurem Befinden zu fragen. Auch brachte er einen Korb mit Früchten.

Gretchen: Wie aufmerksam!

Bella: Als ich im Hause nach Euch fragte, sah ich den Korb. Solche Äpfel habe ich noch nie gesehen, so rot, so glänzend, so rund; Weintrauben, Orangen, Pfirsiche, — denkt nur, in dieser Jahreszeit Pfirsiche, — und ich glaube, auch Ananas.

Frau Meister: Ich ließ den Herren meinen herzlichsten Dank sagen für ihre Güte und Aufmerksamkeit und auch, daß ich mich noch mehr zu den Früchten freuen würde, wenn die Geber heute Abend zu uns kommen wollten, um sie mit uns zu speisen.

Bella: »Denn es ist der Anblick der Geber so schön, wie die Gaben.«

Martha: Ich finde, daß Ihr beide, Bella und Gretchen, heute Morgen sehr poetisch seid.

Bella: Nicht wahr? Ich habe soeben »Hermann und Dorothea« gelesen, — das ist ein herrliches Gedicht.

Martha: Willst Du heute bei uns bleiben, Bella? Du könntest mit Schwester Gretchen plaudern. Wenn Mama und ich heute Vormittag ausgehen, werde ich diesen Strauß Deiner Mama bringen und ihr sagen, daß Du heute bei uns bleiben möchtest. Ist es Dir recht?

Bella: Das ist mir sehr lieb, Martha. Für wen hast Du alle diese Blumen gepflückt?

Martha: Diesen Strauß gebe ich Dir, meine liebe Mama, und diesen stelle ich meinem Papa auf den Schreib-Tisch. Er ist gewohnt, jeden Morgen frische Blumen dort zu finden, — und diese Blumen kommen in das Hospital für die armen Kranken.

Frau Meister: Die Blumen kommen ihnen immer wie eine Himmels-Gabe. — Ich glaube, meine Tochter, es wird bald Zeit, daß wir gehen. Ihr aber bleibt ruhig hier; es ist hier schön.

Martha: Adieu, Gretchen; adieu, Bella. Auf kurze Zeit nur.

Frau Meister: Adieu, meine Lieben!

Bella: Ihr habt aber ein schönes Blumen-Haus, Gretchen.

Gretchen: Papa hat es für Martha gebaut. Sie liebt die Blumen.

Bella: Wer liebt nicht die Blumen? — Vorgestern Abend saß ich bei meiner guten Mama. Sie blickte tiefsinnig auf einen herrlichen Strauß, der vor ihr stand. Ich aber las ihr vor aus den Psalmen: »Die Himmel erzählen die Ehre Gottes« — ja, unterbrach mich Mama, — und die Blumen erzählen von der Liebe Gottes.

Gretchen: Ja, ja. Deine Mama liebt Blumen und Vögel und Musik und Poesie. Ihr geht es wie mir. Jede Blume ist für mich ein poetischer Gedanke der Natur. Begreifst Du das wohl? Viele Blumen haben auch einen Charakter wie die Menschen; das ist ganz gewiß wahr, Bella. An manchen kann man die Freude sehen, an anderen wieder die Schwermut oder die Liebe, auch den Haß und den Stolz oder die Bescheidenheit.

Bella: Sieh' nur diese schöne Rose! Meinst Du nicht auch, daß die Rose die schönste sei unter allen Blumen?

Gretchen: Ja. Aber weißt Du auch, warum sie es ist?

Bella: Nein. Warum, Gretchen?

Gretchen: Weil die Rose von einer Frau stammt.

Bella: Von einer Frau? Ha, ha, ha! Die Rose von einer Frau, o Gretchen!

Gretchen: Nun, höre einmal zu: Es ist schon lange her, da war in Corinth eine Nymphe und ihr Name war Rotanda; und sie war die Herrin von Corinth und war so schön, daß die stärksten und besten jungen Männer zu ihr kamen und um ihre Hand baten.

Sie aber hatte stets gesagt: »Wer meine Liebe gewinnen will, muß um sie kämpfen«; und sie floh in den Tempel der Diana. Ihre Bewunderer folgten und öffneten die Thüre des Tempels mit Gewalt, — und da stand Rotanda mit dem Schilde in ihrer Linken und dem Schwerte in ihrer Rechten; ihr Gesicht war gerötet, ihre Augen flammten in feurigem Mut.

Ah, wie schön! rief das Volk der Griechen; ah, wie schön! Sie sei die Göttin dieses Tempels! Und das Volk nahm die Statue der Göttin Diana und warf sie hinaus vor den Tempel.

Apoll aber, Diana's Bruder, war erzürnt über solchen Frevel; mit zornigen Augen sah er hinab auf Rotanda. Da wurde sie starr; ihre Füße wurden fest in der Erde wie Wurzeln, ihre Arme wurden wie Zweige eines Baumes, ihre Haare wurden wie Blätter und Blüten.

Rotanda war verwandelt worden in einen Rosen-Busch mit Dornen; ihre Bewunderer aber waren Schmetterlinge geworden; und diese fliegen noch heute zur Rose und lieben sie und küssen sie.

Bella: So ist die Rose entstanden? Das habe ich nicht gewußt. Aber nun weiß ich, warum die Rose so schön und lieblich ist. Ich danke Dir vielmals, liebes Gretchen.

Gretchen: Ich will Dir ein schönes Gedicht von Heine sagen, oder kennst Du es schon? Es lautet so:

> Der Schmetterling ist in die Rose verliebt,
> umflattert sie tausend mal.
> Ihn selber aber, goldig zart,
> Umflattert der liebende Sonnen-Strahl.
>
> Jedoch in wen ist die Rose verliebt,
> Das wüßt' ich gar zu gern.

> Ist es die singende Nachtigall?
> Ist es der schweigende Abend-Stern?
>
> Ich weiß nicht, in wen die Rose verliebt.
> Ich aber lieb' euch all':
> Rose, Schmetterling, Sonnen-Strahl,
> Abend-Stern und Nachtigall.

Und nun nimm dieses.

Bella: Aber was denn, Gretchen?

Gretchen: Dieses Rosen-Blatt.

Bella: Dieses eine Blatt nur? <u>Du scherzest</u>!

Gretchen: Nimm es, Bella, nimm es.

Bella: Aber warum denn?

Gretchen: Wenn ich Dir ein Rosen-Blatt gebe, so bedeutet das so viel, als würde ich zu Dir sagen: Liebe Bella, komm recht oft zu mir, so oft Du willst; Du kommst mir nie zu viel.

Bella: Ist das die Blumen-Sprache?

Gretchen: Ja; kennst Du jene Sage nicht?

Bella: Ach, Gretchen, ich weiß gar nichts, und Du weißt so viel. Du mußt mich alles das lehren; willst Du, Gretchen?

Gretchen: Gerne, Bella, gerne. — Da war einmal eine Akademie und darin waren zwanzig gelehrte Männer. Ihr Prinzip aber war: Viel hören, viel denken und wenig sprechen, und niemals waren mehr als zwanzig Männer in der Akademie.

Da kam einmal ein gelehrter Doktor aus dem Orient und wünschte, in die Akademie aufgenommen zu werden.

Der Präsident der Akademie wollte nicht gerne nein sagen und aufnehmen konnte man ihn auch nicht gut. — Was war zu tun?

Man nahm ein Glas, füllte es mit Wasser, so daß kein Tropfen mehr hineinging, und stellte es vor den gelehrten Mann aus dem Orient.

Er verstand das Symbol und traurig stand er auf und wollte gehen. Da sah er auf der Erde ein Rosen-Blatt liegen. Ein Gedanke kam ihm; er nahm das Blatt, legte es auf das volle Glas Wasser, und siehe, kein Tropfen floß über.

Die Akademiker sahen, applaudierten und nahmen ihn auf in ihre Akademie. So, jetzt weißt Du auch, was ein Rosen-Blatt bedeutet, nicht wahr?

Bella: Ja, und ich will es mir merken. Und nun sage mir auch, woher der Name: »Vergiß-mein-nicht« kommt, bitte.

Gretchen: Ein Paar ging einmal an der Donau spazieren; es war am Abend ihrer Hochzeit; sie sahen in das Wasser.

Sieh' da, sieh! — Da schwimmt ein Strauß! rief die Braut, ach, die schönen kleinen Blumen! Sie müssen ertrinken, und ich liebe diese blauen Blümchen über alles.

Warte, sprach er und war bereits in den Strom gesprungen; aber das Wasser der Donau war sehr wild und riß ihn hinab in die Tiefe; — noch einmal kam er herauf, — die Blumen hielt er fest in der Hand und mit seiner letzten Kraft warf er sie in die Höhe zu ihr, die er liebte, und rief: Vergiß-mein-nicht! dann versank er und ward nie mehr gesehen.

Bella: Eine Blumen-Fabel weiß ich auch, die mir Dein Papa einmal erzählt hat. Es war einmal ein Schäfer namens Narziß, der trieb seine Schafe an den Bach. Er blickte in das klare Wasser und sah zum ersten Male sein Bild. Er bewunderte es, blieb lange Zeit da stehen und konnte sein Auge nicht von dem schönen Bilde wenden. Zeus aber zürnte über diese Eitelkeit und verwandelte den Schäfer in eine Blume — Narzisse, und seitdem steht sie traurig an den Bächen mit gesenktem Haupte.

Gretchen: Komm' hierher, Bella, an die Fontaine; hier ist eine Narzisse.

Bella: Dieses ist die erste, die ich sehe. — Kannst Du mir sagen, Gretchen, warum wir einen Braut-Kranz von Orangen-Blüten tragen, wenn wir Hochzeit machen?

Gretchen: Das weiß ich nicht, Bella.

Bella: In Deutschland trägt die Braut keinen Kranz von Orangen-Blüten.

Gretchen: So? Wie weißt Du das?

Bella: Anna hat es mir geschrieben.

Gretchen: Aber was hat man dort anstatt der Orangen-Blüten?

Bella: Einen Zweig von der Myrthe.

Gretchen: So? — In Toscano ist es noch anders. Da tragen die Bräute einen Strauß von Jasmin in der Hand, und ich will Dir auch sagen, warum.

Jasmin war früher sehr selten in Europa. Schiffer hatten diese Pflanze zuerst von Indien mitgebracht, und der Herzog von Toscana hatte sie allein in seinem großen Garten und wollte sie auch allein behalten und befahl seinem Gärtner, keine Jasmin-Blumen zu vergeben.

Aber der Gärtner liebte ein Mädchen und brachte ihr an ihrem Geburts-Tage einen großen, schönen Strauß; darin war auch ein Zweig von Jasmin. Die Braut freute sich darüber ganz besonders und pflanzte diesen Zweig in ihren Garten.

Die Zeit verging, und der Gärtner hatte sein Mädchen noch nicht heiraten können; denn ihre Mutter sagte: Der Gärtner ist nicht reich genug.

Da verkaufte das Mädchen ihre Jasmin-Blumen, — bekam dafür viel Geld und gab alles ihrem Bräutigam. Nun waren sie reich und machten Hochzeit.

Bella: Und darum trägt noch heute jede Braut in Toscana Jasmin an ihrem Hochzeits-Tage?

Gretchen: Zum Andenken an das kluge und treue Mädchen.

Bella: Weißt Du, Gretchen, das gefällt mir, und wenn wir Hochzeit machen, Du und Martha und ich, dann wollen wir auch Jasmin tragen. Sollen wir?

Gretchen: Wir wollen mit Martha darüber sprechen. Diese Pflanze —

Bella: Das ist Epheu.

Gretchen: Epheu bedeutet Treue und Freundschaft. Das Epheu umschlingt den Baum liebevoll, will ihn schützen, nicht wahr? Und wenn der Baum alt wird und wenn man ihn fällt — das Epheu bleibt ihm treu und grünt weiter.

Bella: Und ich gebe Dir ein Epheu-Blatt.

Gretchen: Und ich nehme es an und wir bleiben treue Freundinnen.

Bella: Ewig treue Freundinnen! O, mir ist so wohl. Die Welt, die ganze Welt möchte ich jetzt küssen!

Gretchen: Und ich möchte in einem fort singen:

> La, la, la,
> La, la, la,
> Tra, la, la, la.

Komm', Bella, in's Haus!

Frau Meister: Aber ich bedauere sehr, daß ich Ihrem Herrn Bruder nicht ebenfalls danken kann.

Bella: Ach, warum haben Sie den Herrn Doktor nicht mitgebracht?

Otto: Mein Bruder ging nach Mittag aus, um einige Fabriken zu besichtigen, sowie gegen Abend die Druckereien unserer größten Zeitungen. Er ist noch nicht zurück und ich vermute, daß er noch in dem untern Teile der Stadt ist.

Martha Meister: Ich hoffe, Ihr Herr Bruder ist wohl.

Otto: Danke, Fräulein; er ist ganz wohl.

Louis: Das glaube ich nicht, Otto. Gestern Nacht, da Du schon lange schliefst, hörte ich ihn in seinem Zimmer, das über dem meinigen ist, auf und abgehen, lange Zeit, so daß ich auch nicht einschlafen konnte, obgleich ich sehr müde war. Und als ich heute Morgen in Albert's Zimmer kam, saß er schlafend auf dem Stuhle, und die Lampe brannte noch; er war nicht zu Bette gewesen. Vor sich aber hatte er Pläne von Maschinen, von Gebäuden und Kalkulationen, von denen ich nichts verstand.

Aber, Albert, sagte ich zu ihm, gehört denn dieses auch zu Deinem Studium? —

Er lächelte und antwortete nichts. Ich weiß wirklich nicht, was ich von ihm denken soll. Mir kommt er vor, als sei er seit gestern nicht mehr derselbe Mensch.

Otto: Das ist Deine Einbildung, Louis; Einbildung, nichts mehr.

Gretchen: Schon lange habe ich gewünscht, einmal zu sehen, wie unsere Zeitungen hergestellt werden; aber Papa hatte niemals Zeit, und allein kann eine Dame nicht gehen. Die Herren haben es darin viel besser, sie können gehen, wohin sie wollen, und können tun, was sie wollen.

Bella: Ja, die Herren haben es in allem besser.

Martha: Mama lächelt, Mama glaubt es nicht.

Frau Meister: Nein, ich glaube es nicht. Ich kannte einmal eine junge Dame, reizend und klug wie Ihr; die sprach wie Ihr und — handelte darnach.

Bella: Und — Frau Meister?

Frau Meister: Und als sie ihren Irrtum einsah, war es zu spät.

Gretchen: Du sprichst aber heute sehr mysteriös, liebe Mama. Entweder ist da etwas, was ernst ist oder interessant.

Frau Meister: Oder beides.

Gretchen: Bitte, liebe Mama, würdest Du nicht die Güte haben, uns mehr davon zu erzählen?

Bella: O, tun Sie es, Frau Meister, ich bitte reizend.

Frau Meister: Ich werde Euern Wunsch erfüllen, um so lieber, da es sogar meine Pflicht ist. Nur bitte ich um Eure Geduld und auch um die Ihrige, meine Herren, wenn ich mehr Zeit gebrauchen werde, als Sie jetzt denken.

Martha: Wir wollen uns näher zu Mama setzen; rücken Sie näher, Herr Otto und Herr Louis.

Frau Meister: Es war im Sommer 18 .... Staub und Hitze hatten viele Leute aus der geräuschvollen Stadt auf das Land getrieben; auch unsere Familie hatte ihren Landsitz bezogen. Hohe, grüne Berge ringsum, schattiger Wald, ein lustig rinnender Bach, ein fischreicher See, und, soweit das Auge reichen konnte, eine herrliche Landschaft, ein weites, geräumiges Sommerhaus mit einem schönen Garten — das alles hatten wir, und das war genug, uns glücklich zu machen.

Vater und Mutter waren in diesem Sommer besonders glücklich; denn Martha, ihre älteste Tochter, lebte nun nach ihrem Wunsche und war heiterer geworden, als sie sonst war. Sie war nicht mehr so oft allein, sondern ging in Gesellschaften und nahm oft teil an den Spaziergängen und Ausflügen.

Sie war sonst immer gut, war gehorsam und liebevoll gegen die Eltern, sorgsam für ihre jungen Geschwister und freundlich gegen alle, so daß man von allen, die sie kannten, nur eines hörte: Sie ist schön und lieb, wie ein Engel; wie schade, daß sie selbst nicht ganz glücklich ist!

Und alle dachten und fragten oft: Was mag es wohl sein, daß sie so traurig ist, daß sie oft so melancholisch aus ihren schönen, großen Augen sieht?

Alles dieses war aber in jenem Sommer ganz anders. Martha war heiter, so heiter, wie alle anderen jungen Leute der Gesellschaft.

Unter den jungen Herren aber waren zwei besonders interessant; es waren zwei Deutsche. Sie hatten ihre Studien beendet auf einer deutschen Universität, hatten eine Reise um die Welt unternommen, hatten sogar Afrika durchreist, waren in Palästina, in Ägypten, auch in China und Indien gewesen und waren nun hier, um Amerika zu sehen und zu studieren.

Sie brachten Briefe und Empfehlungen von guten Freunden unseres Vaters und waren gerne in unserer Familie gesehen, und auch sie versuchten, uns angenehm und nützlich zu sein.

Wir hörten besonders gern, wenn sie von ihren Reisen erzählten; denn sie erzählten interessant und sie selbst waren es.

Der eine von ihnen war etwas schwärmerisch, viele sagten: poetisch, wie wir es oft sehen bei Deutschen; und Martha hörte ihm immer aufmerksam zu, wenn er seine Ideen über das Leben, über Länder und Menschen aussprach.

Besonders aber bewunderte er die Frauen dieses Landes und oft hörten wir ihn sagen: Durch viele Länder der Erde bin ich gereist; aber unter den Frauen aller Nationen sah ich keine, die so schön waren oder klüger oder edler, als die Frauen dieses Landes.

Wir alle hörten das gerne; denn wir wußten, es war sein Ernst.

Wenn wir ausgingen, so folgte Schwester Martha stets seiner Einladung und ging an seinem Arme. — Schöne Tage vergingen so, und waren wir abends müde vom Vergnügen des Tages, so wünschten wir doch den nächsten Morgen herbei mit seinen neuen Freuden.

An einem Tage waren wir nach einem nahen Walde gegangen. Schattige Kühle wehte uns entgegen und Wohlgeruch; wir hörten das Lispeln der hohen Bäume und das Konzert der kleinen Sänger. Auf dem grünen Teppich gingen wir fröhlich dahin, pflückten hier und da ein Blatt oder eine Beere und hatten bald die Welt außerhalb des Waldes vergessen.

Auch mit Martha war es so. Sie war froh heute, ganz froh; ja, sie war noch heiterer als sonst und sang und sprang mit uns bald hierher, bald dorthin.

Dann lagerten wir uns auf einem freien Platze und hielten unser Mahl, hörten Anekdoten, Geschichten und Rätsel. Wir beendeten das Mahl, erhoben uns, gingen in den Wald, suchten Gräser und Blumen, und so kam es, daß wir uns bald zerstreut hatten.

Ich war mit einer Freundin gegangen; wir hatten seltene Pflanzen gefunden; als wir müde waren, setzten wir uns nieder und lasen aus einem Buche.

Wenige Minuten saßen wir, da hörten wir ein Lachen. Da kommt Martha auch, sagte ich zu meiner Freundin; und richtig! — da kam sie und rannte wie ein Reh; hinter ihr her kam aber ihr Begleiter, der deutsche Herr; er wollte sie haschen, aber er konnte es nicht.

Sie sind schneller, als ich, rief er. Sie säumte eine Minute; er wollte sie fassen; aber schnell war sie wieder entwischt und er hielt nur ein Band in seiner Hand. — Sachte, mein Freund, sachte; so schnell fängt man mich nicht, rief sie und lachte in solch' herzlichem Tone.

Er folgte ihr nach. — Ah, sehen Sie? Sie können mich nicht fangen!

Aber ich muß, sagte er.

Wenn ich will, sagte sie; nun wohl, hier will ich halten; ich werde mich auf diese Schaukel setzen; sie hängt so schön zwischen diesen großen mächtigen Bäumen.

Schaukeln Sie mich, Herr Doktor, — und sie saß schon, und er schwang sie, daß sie hoch hinauf flog. Es war ein herrliches Bild, wie sie in den Lüften schwebte.

So, das ist genug, rief sie endlich, — sehen Sie? Dort ist eine Quelle, eine Heilquelle, und das Wasser darin ist weit und breit berühmt; so sprechend, sprang sie zur Erde und beide gingen zur Quelle.

Was sie sprachen, konnte ich nicht hören; ich sah nur, wie sie dort standen, und wie er dann kniete, — und ich glaubte damals, um Wasser zu schöpfen.

Der Tag endete so froh, wie er begonnen.

Der nächste Tag war ein Samstag. Es war trübe, und der Regen fiel in Strömen herab. Ich saß am Fenster und sah die dicken Tropfen am Fenster-Glase herunterfließen. Ich sah auf die Straße und lachte, wenn dann und wann ein Mann schnell vorüber rannte. Sonst war alles öde, — auch in unserm Hause. — Martha sah ich den ganzen Tag nicht einmal; sie wäre ein wenig unwohl, ließ sie sagen, und hätte keinen Appetit.

Sonntag kam, die Sonne schien wieder ein wenig. Die Glocke läutete zur Kirche. Da sah ich Schwester Martha wieder zum ersten Male; sie war nicht mehr dieselbe.

Bist Du wieder wohl, liebe Martha, rief ich ängstlich?

Danke, Schwester, ich bin wohl, antwortete sie und lächelte ernst. Ihr Lächeln war so eigentümlich, und in ihrer Stimme lag ein fremder Ton.

Wir gingen zur Kirche. So inniglich sang heute Martha, so inniglich betete sie heute! Thränen rollten aus ihren Augen, und sie hörte aufmerksam auf die Predigt des Geistliche.

Ich erinnere mich der Predigt noch heute. Der Text war: Lucas 18, Vers 29 u. 30.

»Er aber sprach zu ihnen: Wahrlich, ich sage Euch, es ist niemand, der ein Haus verläßt oder Eltern oder Brüder oder Weib oder Kinder, um des Reiches Gottes willen, der es nicht vielfältig wieder empfange in dieser Zeit und in der zukünftigen Welt das ewige Leben.«

Von diesem Tage an wurde Martha stiller, als sie je zuvor gewesen war. — Sie blieb freundlich und liebevoll gegen alle. Sie selbst aber glich einem Engel, der still im Hause waltete.

Doch der Vater schüttelte ernst den Kopf, und die Mutter war traurig, und die Freunde gingen nachdenkend vom Hause.

Und da war einer, der litt besonders.

So verging der Rest des Sommers, und als der rauhe Wind durch die Bäume fuhr und die Blätter herabwehte, zogen wir wieder zur Stadt, — und bald kam ein Fest, — ein Fest der Freude für Martha, nicht für uns. Martha stand im langen Gewande vor dem Prediger, der sie dem Konvente unserer episkopalischen Kirche weihte.

Vaters Haar war weiß geworden. Oft, sehr oft, hörte ich ihn im Schlafe sprechen: O mein Kind, mein Kind!

Und war sie glücklich geworden?

Oft kam ich zu ihr in's Kloster. Mir wurde stets so wohl, wenn ich sie sah, und so ging es allen Menschen, wenn sie zur guten, schönen Schwester Martha kamen. — Wenn Schwester Martha an das Bett der Kranken trat, so fühlten sie Erleichterung, und berührte sie die Kranken mit der Hand, so schwanden die Schmerzen.

Sie selbst aber war am liebsten unter den Kindern und

bei den älteren Mädchen in der Schule des Konvents und hier wurde sie am meisten geliebt, so vom ganzen, warmen, jungen Herzen der Mädchen.

Als ich sie wieder einmal in der Schule sah unter den fröhlichen Mädchen, sprach ich zu ihr: Du bist doch recht glücklich!

Glücklich, sagte sie langsam, — ach ja, ich bin's. — Ich sah sie verwundert an und zweifelte zum ersten Male an ihrer Zufriedenheit.

So waren wieder einige Jahre vergangen, und große Trauer herrschte im Konvent, besonders in der Schule, denn die gute, schöne Schwester Martha war krank, bedenklich krank, hatte der Arzt gesagt.

Ich war viel bei ihr; sie wünschte es; zuletzt kam ich nicht mehr von ihrem Bette hinweg.

Da eines Tages, spät am Nachmittage, faßte sie wieder meine Hand und sagte: Teure, höre mir zu; ich habe mit Dir zu sprechen.

Ich rückte näher, so daß ich ihre schwache Stimme besser hören konnte; ihre Hand ruhte in der meinen, und sie sah mir in die Augen so tief, so innig und so liebevoll, und ihre Stimme klang so mild.

Schwester, sagte sie, geh' und öffne jenes Fenster. — Ich ging und tat es und kam zurück und sagte:

Du siehst so wohl aus, beste Schwester, bald wirst Du wieder ganz gesund sein.

Sehr bald; — siehst Du die Sonne dort, meine Liebe? — Bald wird sie sinken hinter jenem Berge und dann scheint sie mir niemals mehr.

O, sprich nicht so; nein, o nein! sagte ich.

Weine nicht, sprach sie dann mit freundlicher Stimme, weine nicht; sei glücklich mit mir; denn jetzt bin ich wirklich glücklich, endlich einmal nach langen, langen Jahren.

O, Gott; warst Du es denn nicht immer?

Ich war es nicht. Höre meine Worte; es werden meine letzten sein.

Meine teure, liebe Schwester, sagte ich.

Sie begann:

Denkst Du noch jenes Sommer-Tages, da wir einen Ausflug machten in den Wald? Da war es, daß mich ein edler Mann gebeten hatte, sein Weib zu werden; und bevor ich noch Antwort gab, ja oder nein sagen konnte, kam die Gesellschaft zu uns. Wir gingen nach Hause und in dieser Nacht kämpfte ich einen schweren Kampf mit mir selbst:

Soll ich sein Weib werden? Soll ich an das Haus gebunden sein? Soll ich die vielen, kleinen Dienste tun, — ich, die ich das Größte, Edelste tun wollte? — Was kann das Weib großes tun im Hause? — Der Mann tut das Große außer dem Hause, — soll es nicht auch das Weib können? — Und wahrlich, ich fühlte Kraft genug in mir.

So dachte ich und traf meine Entscheidung. — Du kennst sie. — Ich kam hierher mit hohen Ideen, mit großen Plänen, — ach, sie waren so schön! — Aber es waren die Pläne eines Mädchens.

So viel Unglück hatte ich in der Welt gesehen und so viel Übel, und ich glaubte, das Übel schneller beseitigen, das Gute schneller befördern zu können. — Es waren Gedanken eines unerfahrenen Mädchens.

Da ich in die Hütten der Armen kam und an die Betten der Kranken, da linderte ich viel Unglück; — aber das Unglück beseitigen, gänzlich beseitigen, wie ich es einst geträumt hatte, — das konnte ich nicht; und alle Menschen glücklich, gut und nützlich zu machen, — das war unmöglich.

Aber eins habe ich gesehen und gelernt, daß die Familien glücklich, daß die Väter froh und fleißig, daß die Kinder gesund und wohlerzogen waren, wo eine Mutter war, — eine weise, gute Mutter.

Aber das Unglück war im Hause, und der Vater war unfreundlich und mutlos zu seinem Berufe, und die Kinder waren unzufrieden und zänkisch, wo die Mutter-Liebe fehlte, wo das freundliche Wort fehlte und der freundliche Blick und der Komfort im Hause; — ich meine nicht den Komfort, der teuer zu erkaufen ist mit Geld, sondern den Komfort, den der Blick, der Ton, den das liebende Herz der Mutter giebt.

Alles, meine Schwester, alles, glaube es mir, — das Glück des Mannes, das Glück der Kinder, das Glück der Familie, das Glück des Landes liegt in den Händen der Frauen und nicht so viel in den Händen der Männer; denn diese sind willig und folgen den Frauen; und wohl dem Lande, das gute Frauen und gute Mütter hat!

Und siehe, Schwester; ein Glück habe ich aus meinen Händen gegeben. Wie oft habe ich die Mutter beneidet, wenn ich sah, wie sie ihr Kind küßte, wie sie ihr Kind liebend an die Brust drückte.

Da wurde es mir klar, daß ich geirrt hatte; ich hatte gefehlt, da ich das Beste gewollt.

Wohl versuchte ich gut zu machen, soviel ich konnte; darum lehrte ich die jungen Mädchen, und manches gute

Samen-Korn habe ich gesäet.

Die gute Schwester weinte, und ich wollte sie trösten und sagte: Hast Du nicht dadurch viel Gutes gegründet?

Ja, sagte sie, das habe ich allerdings, und mein Trost ist auch, das Du glücklich bist, teure Schwester; und nun versprich mir hier, daß Du auch ferner ein wahres, gutes Weib sein willst Deinem Gatten, wie Du es bis heute warst; daß Du eine treue Mutter sein willst Deinen Kindern, daß sie Dich so lieben wie eine Freundin, so daß Deine Töchter Dir alles, alles vertrauen; daß sie nichts und niemals etwas geheim halten vor Dir. Lehre sie, daß das Haus ein Heiligtum sei und das Weib die Hüterin; denn der Mann geht in die Welt und sieht so viel des Bösen und wird oft so verwirrt; sage es ihnen doch, daß es des Weibes Pflicht ist, ihn zu läutern vom Schlechten und ihn zu erheben vom Gemeinen und ihn zu stärken zum Guten.

Lehre sie ihr Haus angenehm machen, daß jeder es gern betrete.

Lehre sie, daß des Weibes Mission hoch und heilig ist. — Meine Stimme wird schwach, — und nun versprich mir, Deinen Töchtern einst meine Geschichte zu erzählen; und nun laß' — sieh', wie die Sonne schon sinkt, — laß' uns beten. —

Ich sank neben ihrem Bette auf die Kniee und wir beteten; ich hörte ihr Amen und dann einen leichten Seufzer; ich sah auf zu ihr, ihr Auge war geschlossen, sie schlief. —

Wochen waren vergangen, — da legte ich Blumen auf ihr Grab. Ohnmächtig hatte man mich von ihrem Bette nach meinem Hause getragen; ich verfiel in eine schwere Krankheit. Im Fieber sprach ich allein von ihr, meiner teuern, seligen Schwester. Ich habe mich bemüht, ihre letzten Worte zu erfüllen. — Nun habe ich Euch auch ihre Lebens-Geschichte erzählt; und ob es mir wohl geglückt ist, Euch, liebe Kinder, eine Mutter zu werden, wie sie es gewollt?

Martha: O Mama, teuerste, liebste Mama!

Gretchen: Wie kannst Du nur so fragen, Mama?

Frau Meister: Mein Gatte, meine Freunde können die Antwort geben.

Bella: Verzeihung, Frau Meister. Aber was ist aus dem jungen deutschen Herrn geworden?

Frau Meister: Das kann ich in wenigen Worten sagen.

Eines Morgens kam sein Freund zu mir. Er war bleich und war kaum im Stande, zu sprechen. — Sehen Sie hier, mein Fräulein. Lesen Sie, sagte er mit bebender Stimme; und ich las:

»Teurer Wilhelm! Lange waren wir treue Freunde, und kein Tag fand uns getrennt. Vergib mir, wenn ich dich heute verlassen habe; denn ich muß fort, fort in die weite Welt und muß allein sein mit mir. Ich muß versuchen, ob ich nicht dieses Herz stillen kann, denn mir ist gar weh. — O, sie hätte so glücklich werden können, — und sie ist es jetzt nicht; glaube mir. Ich aber will kämpfen wie ein Mann. Arbeit wird mich heilen; in Taten werde ich Vergessenheit suchen und finden. Und hörst du einstmals meinen Namen nennen und hörst du, daß ich großes getan, dann wisse, es war ihr Bild, das mir vorschwebte, ihr Bild, das mich begeistert hat.

Lebe wohl, ich bleibe ewig

Dein treuer Freund
Gustav von Halsen.«

Seitdem haben wir nie mehr von ihm gehört.

Louis: Aber der andere? Der Freund, Frau Meister, der Ihnen den Brief brachte?

Frau Meister: Sitzt jetzt in jenem Zimmer, sehen Sie, dort.

Gretchen: Was? Jetzt? Bei Papa?

Frau Meister: Nein, — Papa ist es selbst.

Martha: Papa?

Gretchen: Oh!

Bella: Herr Meister? — Herr Wilhelm Meister?

Frau Meister: So ist es. Wie das kam, erzähle ich Ihnen ein anderes Mal.

Otto: Herr Meister ist jetzt wohl sehr <u>beschäftigt</u>?

Frau Meister: Mein Gemahl ist in seinem Studier-Zimmer am Schreib-Tische, und dann stören wir ihn niemals gerne; darum müssen Sie auch gütigst entschuldigen, daß wir ihn nicht gerufen haben.

Otto: Gewiß, Madam.

Gretchen: Denkst Du nicht, Mama, daß Martha jetzt zu ihm gehen könnte? Papa wird sich gewiß freuen, wenn er hört, daß die Herren hier sind.

Frau Meister: Willst Du gehen, Martha?

Martha: Gerne, teure Mama. — Entschuldigen Sie mich auf wenige Momente.

Otto: Bitte, mein Fräulein.

Louis: Geht Fräulein Martha jetzt zu Herrn Meister?

Gretchen: Ja wohl, Herr Louis.

Louis: O, das ist gut!

Bella: Frau Meister, o, ich hätte Ihre gute Schwester gern einmal sehen mögen. Haben Sie kein Bild von ihr?

Frau Meister: O doch, Bella. Siehst Du jenes Bild an der Wand?

Bella: Ja.

Frau Meister: Nun, das ist ihr Bild.

Bella: Ihr Bild ist es?

Otto: Ich dachte, es wäre Marthas Bild; Ihrer Tochter Bild.

Louis: Und ich dachte immer, es wäre Gretchens Bild.

Bella: Ja, das habe ich auch gedacht.

Frau Meister: Und Sie könnten recht haben, denn die Ähnlichkeit ist groß; im Ausdrucke des Gesichtes ist Gretchen ihr ähnlich; in Figur und Haltung gleicht unsere Martha ihr. Als dieses Bild gemalt wurde, war meine Schwester siebenzehn Jahre alt; nur eine Kopie existiert von diesem Bilde. Wo diese aber ist, weiß ich nicht. Ah, — da kommt meine Tochter wieder und bringt ihren Papa am Arme. Das ist schön, daß Du kommst, Wilhelm. Du bist nicht böse, daß wir Dich gestört haben, nicht wahr?

Herr Meister: Nein, nein; ich danke Euch allen, denn ich freue mich, meine Freunde begrüßen zu können. Guten Abend, Fräulein Bella! Guten Abend, meine Herren!

Martha: Denken Sie nur, wie liebenswürdig Papa war: er gab mir dieses Manuskript, einen Teil dessen, was er heute geschrieben hat; und er hat mir erlaubt, es Ihnen vorzulesen.

Gretchen: Das ist eine große Ehre für Sie, Herr Louis. Papa tut das sonst nie.

Louis: Herr Meister weiß, daß ich das zu würdigen verstehe. Nicht wahr, Herr Meister?

Herr Meister: So ist es, Louis, gewiß.

Gretchen: Ich bin wirklich neugierig zu wissen, wie es geworden ist, Papa.

Otto: Worüber schreiben Sie jetzt, Herr Meister?

Herr Meister: Über die alte deutsche Litteratur.

Martha: Dieser Teil in meiner Hand ist einiges aus dem Nibelungen-Liede.

Otto: Soll ich Ihnen die Lampe näher bringen?

Martha: Danke; ich kann sehr gut sehen.

Louis: Hier, mein Fräulein, nehmen Sie diesen Fuß-Schemel. Das ist bequemer für Sie, nicht wahr?

Martha: Danke. — Soll ich beginnen, Mama?

Frau Meister: Wir sind bereit.

Martha: Das Nibelungen-Lied.

Worms war die Hauptstadt des Königreiches Burgund. Hier lebte die Königin Ute mit ihren Söhnen Gunther, Gernot und Gieselher. Viele große Ritter waren an ihrem Hofe: Ortewein von Metz, Hagen von Tronje und sein Bruder Dankwart und Volker von Alzei, der Spielmann. Aber die Zierde des Hofes und die Zierde des ganzen Landes war Krimhilde, der Königin Tochter.

O Mutter, sprach einst Krimhilde zur Königin, o Mutter,

ich hatte einen bösen Traum: Zwei Aare töteten meinen Falken, und ich hatte diesen Falken so lieb.

Armes Kind, erwiderte die Mutter, der Falke ist ein Ritter, den du lieben und — verlieren wirst.

Lieben? — sprach Krimhilde, — nie will ich einen Mann lieben, denn Liebe bringt Leid.

Aber auch Freude, sagte die Mutter, wenn es ein edler und tapferer Ritter ist; und ich hoffe, daß ein solcher einst dich, mein Kind, beglücken soll.

Xanten war die Hauptstadt der Niederlande am Unter-Rhein. Da lebte der König Sigismund mit Siegelinde, seinem königlichen Weibe, und mit Siegfried, seinem Sohne.

Vater, sprach eines Tages Siegfried, — Vater, ich ziehe nach Burgund; ich will Krimhilde mir zum Weibe gewinnen.

Wenn du das willst, sprach der König, dann gehe. Aber wisse, Gunther hat manchen starken Mann. Besonders merke dir Hagen.

Ich will in Freundschaft um Krimhildens Hand bitten; aber was ich im Guten nicht gewinne, das kann ich auch erobern mit meiner starken Hand.

So gehe, sprach der König; doch Siegelinde weinte, als der Sohn sie verließ.

Und nach sechs Tagen kam er nach Worms mit zwölf starken Rittern. Aber König Gunther kannte Siegfried nicht und er ließ Hagen rufen; denn dieser kannte alle Länder und ihre Herren.

Da Hagen an das Fenster ging und hinunter in den Schloßhof und auf die fremden Ritter sah, sprach er: Ich habe diese Ritter niemals gesehen; aber ich denke, der erste ist Siegfried von den Niederlanden. — Ja, derselbe ist es und kein anderer. Er hat einst die starken Riesen, die Nibelungen, bekämpft und ihnen den größten Schatz der Erde abgenommen, den Nibelungen-Schatz; und vom Zwerge Alberich gewann er die Tarnkappe, die ihn unsichtbar macht, und den Lindwurm hat er auch getödtet und sich dann gebadet in des Drachen-Blut[IV-1], so daß er unverwundbar ist. Er ist ein gewaltiger Ritter, und wir müssen ihn freundlich empfangen.

Und Gunther und seine Brüder und Hagen und alle Ritter gingen hinab, Siegfried zu begrüßen.

Nun begannen frohe Tage; Ritter-Spiele wurden gefeiert, und Siegfried siegte immer. Wenn aber die Frauen fragten: Wer ist jener Held, der so schön gewachsen ist und der so reiches Gewand trägt? — dann hörten sie die Antwort: Das ist Siegfried, der Held von den Niederlanden.

Ein Jahr war er nun in Worms gewesen und noch hatte er sie nicht gesehen, die er zu gewinnen kam; denn Krimhilde war stets nach feiner Frauen-Sitte in ihren Zimmern.

Sie aber hatte ihn doch gesehen; denn wenn die Kampf-Spiele auf dem Hofe waren, stand sie hinter ihrem Fenster, sah hinab auf den schönen, tapfern Siegfried und begann erst, ihn zu bewundern, und dann, ihn zu lieben.

In dieser Zeit war Lüdeger der König von Sachsen und sein Bruder Lüdegast König von Dänemark. Diese beiden erklärten den Burgundern den Krieg.

Da sprach Siegfried zu Gunther: Bleibe du hier bei den Frauen und beschütze sie, und laß mich gehen mit Hagen und mit deinen Brüdern, zu streiten für deine Ehre und für dein Gut.

Und so geschah es auch. Siegfried besiegte beide Könige und nahm beide gefangen. Gernot sandte einen Boten nach Worms mit der Sieges-Botschaft.

Aber niemand in Worms hatte in größerer Furcht und Angst gelebt, als Krimhilde. Heimlich ließ sie den Boten zu sich kommen und sprach: O, sage schnell, was du bringst; und ist es gute Botschaft, dann gebe ich dir Gold.

Wir haben gesiegt, sagte der Bote; und der Mann, der den Sieg errungen, heißt Siegfried; alle waren tapfer, deine Brüder und Hagen und die anderen; aber das meiste und das beste hat der Held vom Nieder-Rhein getan und die beiden Könige hat er auch gefangen und er bringt sie hierher.

Da wurde Krimhilden's Antlitz rosenrot, und sie ließ den Boten, reichlich beschenkt, von sich gehen.

Nun stand sie am Fenster und sah die Straße hinab, so weit ihr Auge reichte, ob sie noch nicht kämen. Endlich kamen sie. Als die Hufe der Pferde den Boden stampften, da klopfte ihr das Herz in der Brust und da sah sie endlich auch ihn wieder, der so schön und hoch vor allen war.

Sechs Wochen wurden die Verwundeten gepflegt am Hofe zu Worms; sechs Wochen lang zogen die Ritter hinaus, sich zu üben in den Kampf-Spielen; sechs Wochen lang bereiteten die Frauen den Schmuck und die Kleider, die sie tragen wollten während des Sieges-Festes.

Und am ersten Tage des Sieges-Festes war ein großes Gedränge auf dem Fest-Platze am Rhein; denn Ute kam heute mit ihrer Tochter Krimhilde. Hundert Ritter und hundert Mädchen begleiteten sie.

Da sah Siegfried sie zum ersten Male. Wie der lichte Mond vor den Sternen schien sie ihm, und Glück und Schmerz wechselten in seinem Herzen.

Da wurde er zur Königin Ute gerufen, damit ihre Tochter ihm Willkommen biete. Und als er vor der Holden stand, da wuchs ihm der Mut. Sie aber errötete tief und sagte:

Willkommen, Herr Siegfried, edler Ritter! Und als er sich verbeugte, begegneten ihre Blicke einander, — doch nur verstohlen sahen sie sich an.

Bald darauf gingen alle zur Kirche, und Krimhilde und Siegfried gingen Hand in Hand; und als sie zusammen aus der Kirche kamen, sagte Krimhilde: O, wie danke ich euch, edler Ritter, für die Dienste, die ihr meinen Brüdern erwiesen!

Ich will ihnen noch länger dienen und will ihnen dienen bis an meines Lebens Ende, wenn ich damit nur eure Liebe gewinnen könnte!

Das Sieges-Fest dauerte noch zwölf Tage, und Siegfried sah nun jeden Tag Krimhilde. Dann wollte er zurückkehren nach Xanten. — Jung Gieselher aber bat ihn zu bleiben, und so blieb er.

Auf der Insel Island lebte Brunhilde, die Königin. Weit und breit sprach man von ihrer Schönheit und von ihrer Kraft. Sie konnte Speere werfen, Steine schleudern und springen, besser, als mancher Ritter; — und nur einem solchen Ritter wollte sie Herz und Hand schenken, der sie in diesen drei Dingen überbieten konnte. Viele der tapfersten Ritter waren schon gekommen und — gefallen.

Siegfried kannte Brunhilde, und endlich hörte auch Gunther von ihr und sagte: Ich gehe an die See zu Brunhilde.

Thue es nicht, sprach Siegfried, du könntest die Reise mit Leib und Leben bezahlen.

Aber Gunther sprach: Kein Weib ist so stark, daß ich sie

nicht leicht überwinden könnte.

Du kennst Brunhilde nicht, sprach Siegfried; und ich rate dir nochmals: Geh' nicht nach Island!

Ich gehe, sprach Gunther, und koste es mein Leben; und du magst mit mir gehen; mit deiner Hülfe besiege ich sie gewiß.

Sie gingen: Gunther und Siegfried, Hagen und viele andere tapfere Ritter. Am Fenster standen die Frauen und weinten. Siegfried stieß vom Lande ab und lenkte das Schiff.

Am zwölften Morgen ihrer Reise sahen sie ein Land mit Burgen und Palästen. Da sprach Gunther: Nie habe ich solche Burgen gesehen. Der Herr dieses Landes muß gar mächtig sein.

Brunhilde ist die Herrin dieses Landes, erwiderte Siegfried, und diese Burg vor uns ist Brunhildens Wohnsitz, die Isenburg.

Sie landeten und bestiegen die Pferde. Siegfried hielt Gunthers Steig-Bügel, damit Brunhilde glauben sollte, Siegfried sei Gunthers Vasall. So hatten sie es verabredet, als sie noch im Schiffe waren.

Gunther und Siegfried waren weiß gekleidet und saßen auf weißen Pferden; alle anderen waren schwarz gekleidet und saßen auf schwarzen Pferden. So ritten sie auf die Burg zu. Diese war aus grünem Marmor gebaut, hatte sechs und achtzig Türme und umfaßte drei Paläste.

Brunhilde war glücklich, als sie Siegfried sah; sie eilte ihm entgegen und rief:

Willkommen, Siegfried, in meinem Land; ich möchte wohl hören, warum du kommst.

Besten Dank für diesen Gruß, sprach Siegfried; doch, ihr solltet Gunther grüßen; er ist König am Rhein und er ist mein Herr. Er — dein Herr? sprach Brunhilde; — und was will er von mir?

Ich kam um deiner Schönheit willen, sprach Gunther, und deine Liebe will ich gewinnen.

So laßt uns gleich den Kampf beginnen, sprach Brunhilde, und legte ihren goldenen Panzer an.

Siegfried aber ging zum Schiffe, setzte die Tarn-Kappe auf und kam zurück — ungesehen.

Man zog einen großen Kreis. In diesem Kreise sollte der Kampf stattfinden. — Da stand Brunhilde; ihre Rüstung glitzerte von Gold und von Edel-Gestein, doch mehr als alles glänzte ihre Schönheit.

Da brachten vier Diener Brunhildens Schild; der war groß und dick und schwer; und Hagen sprach zum König:

Wie nun, König Gunther? es geht an Leben und Leib! — Das ist ein teuflisches Weib!

Dann brachten vier Ritter ihren Speer; der wog hundert Pfund.

O, wär' ich zu Hause! dachte Gunther.

Da brachten zwölf Ritter einen Stein, rund und breit; und Hagen rief laut:

Des Teufels Braut in der Hölle sollte sie sein, aber nicht meines Königs.

Siegfried aber, unsichtbar durch seine Tarn-Kappe, trat an Gunther hinan, berührte ihn und sprach leise:

Fürchte nichts, Gunther; ich helfe dir; gieb mir den

Schild; mache du selbst nur die Geberden und Bewegungen, während ich gegen sie kämpfe.

Jetzt wickelte Brunhilde den Ärmel auf, und ihr schneeweißer Arm wurde sichtbar. Sie ergriff den Speer und schwang ihn mit Macht durch die Luft und warf ihn nach ihres Gegners Schild. Das Feuer sprang vom Stahle. Siegfried strauchelte und fiel; schnell aber stand er wieder und faßte den Speer und warf ihn zurück auf Brunhildens Schild, daß die Funken flogen und Brunhilde zu Boden sank. Dank euch, König Gunther, rief sie, sprang auf, nahm den Stein, schleuderte ihn hoch in die Luft und sprang selbst darüber hinweg. Doch Siegfried nahm den Stein und warf ihn noch höher, nahm Gunther in den Arm und sprang noch höher und weiter.

Brunhilde staunte über solche Kraft und war bitter, denn sie war besiegt zum ersten Mal, besiegt von Gunther, — so glaubte sie nämlich.

Ja, wenn es Siegfried gewesen wäre, dachte sie, wie froh wäre ich dann! Wie gerne hätte sie ihm den Sieg gegönnt. Aber da sie nun Gunther folgen sollte, sagte sie: Nein, ich kann noch nicht, ich muß erst meine Freunde sehen.

Und sie schickte Boten nach allen Seiten, daß die Ritter ihres Landes kämen.

Das bedeutet nichts Gutes, sprach Hagen; die Königin will uns nicht folgen; den Krieg will sie mit uns. Warum läßt sie sonst diese Ritter kommen?

Da kann ich helfen, sprach Siegfried; ich gehe und komme bald zurück mit tausend starken Helden.

Bleib nicht zu lange, sprach Gunther; und Siegfried zog ab.

In einem Schifflein zog er durch das Meer; und das Schifflein flog wie der Wind. Aber den Schiffer konnte niemand sehen; Siegfried segelte in seiner Tarn-Kappe. — Nach einem Tage und einer Nacht kam er in das Nibelungen-Land.

Dort stand eine einsame Burg auf einem hohen Berge. Dahin lenkte Siegfried seine Schritte und klopfte dort an eine Thür. Innen schlief ein Riese; der bewachte die Thüre, und neben ihm lagen seine Waffen.

Wer pocht? rief der Riese.

Ein Ritter! antwortete Siegfried. Öffne!

Der Riese stand auf, zog seine Rüstung an, hob den Helm auf seinen Kopf, öffnete die Thür und schlug mit einer Eisen-Stange nach Siegfried.

Dieser zog sein Schwert und schlug so gewaltig auf den Riesen, daß es durch den ganzen Berg schallte und daß auch der Zwerg Alberich erwachte.

Er rüstete sich und lief an die Thüre und kam in dem Augenblicke, als Siegfried den Riesen band.

Nun begann Siegfried mit Alberich zu kämpfen; er zupfte ihn an dem langen Barte, und der Zwerg schrie laut vor Schmerz. — Siegfried band den Zwerg, sowie er den Riesen gebunden hatte.

Wer bist du? rief der Zwerg.

Dein Herr! rief Siegfried. Treuloser Bösewicht, kennst du mich nicht besser? Vor Jahren war ich hier und habe den Berg erobert und dich und alle Nibelungen.

Wahrlich, du bist Siegfried! rief der Zwerg. Und nachdem Siegfried ihn losgebunden hatte, lief er zurück in den Berg, wo die Nibelungen auf ihren Betten lagen, und er rief:

Auf, ihr Helden! Eilt zu Siegfried, Euerm Herrn! — und im Nu standen tausend Nibelungen wohlgerüstet da. Alberich führte sie hinaus zu Siegfried.

Siegfried zog mit ihnen ab und kam am nächsten Tage zurück zu seinen Freunden auf der Isenburg. Brunhilde sah die Riesen und erklärte, sie wäre bereit, mit Gunther zu gehen.

Bald waren alle wieder auf dem Schiffe und auf der Fahrt nach Worms.

———

Es war eine freudige Fahrt; mit Tanz und Gesang und Spiel verkürzten sie die Zeit. Neun Tage waren sie gefahren und sie näherten sich Burgund. Gunther bat Siegfried, nach Worms voraus zu reiten, sein Glück und seine Ankunft zu verkünden.

Wie glücklich war Siegfried, als er diesen Auftrag hörte. Seine Ungeduld, seine Sehnsucht wuchsen, je näher er Worms kam, wo Krimhilde ihn sehnsuchtsvoll erwartete.

Mit vierundzwanzig Rittern ritt er auf Worms zu. Aber bald hörte er aus dem Schlosse lautes Klagen und Weinen, denn die Frauen hatten ihn ohne Gunther kommen sehen.

Als aber Siegfried im Schlosse stand, inmitten der Frauen, als er ihnen erzählte, daß Gunther ihm folge mit seiner Braut Brunhilde, — da verwandelte sich das Weinen in Freude und in Jubel, und Krimhilde rief:

O, edler Ritter, dürfte ich euch nur mein Gold geben, als Boten-Lohn! Aber wie könnte ich euch solches nur anbieten?

Und hätte ich dreißig Länder, erwiderte Siegfried, so wäre ich nicht zu stolz, aus eurer Hand das kleinste Geschenk anzunehmen.

Da ließ Krimhilde vier und zwanzig goldene Spangen mit Edel-Steinen bringen und gab sie Siegfried. Dieser aber verteilte sie wieder unter Krimhildens Mädchen.

Nun laßt uns an den Strom gehen, sprach Siegfried, die Freunde zu empfangen.

Und bald bewegte sich ein langer Zug zum Rhein. Und da die Sonne schien, glitzerte alles von Gold und Juwelen. Hoch zu Rosse aber saßen viele Burgunder-Frauen im feinsten Schmucke, und tapfere Ritter führten die Pferde der Edel-Frauen; Ortewein begleitete die Königin Ute, Siegfried aber führte Krimhildens Pferd am Zügel.

So kamen sie an den Rhein, und bald landeten die Schiffe.

An Gunthers Hand stieg Brunhilde aus dem Schiffe, und ihnen folgten viele Frauen und tapfere Ritter.

Krimhilde eilte auf Brunhilde zu und hieß sie willkommen mit Kuß und Umarmung.

Da sprach wohl mancher Ritter: Nie habe ich zwei Frauen von solcher Schönheit zusammen gesehen.

Doch die Kenner sagten: Krimhilde ist die schönere. — Bald darauf bewegte sich der Zug jubelnd zum Palaste des Königs.

Gunther hatte versprochen, dem tapfern Siegfried seine Schwester Krimhilde zum Weibe zu geben für seine Hülfe im Kampfe; und bevor sie sich niedersetzten zum Hochzeits-Mahle, erinnerte Siegfried König Gunther an sein Versprechen.

Was ich geschworen, will ich halten, sprach Gunther und ließ Krimhilde kommen.

Und als sie vor ihm stand in einem Ring von Helden, und als er mit ihr von einem Ritter sprach, den er für sie gewählt, da errötete sie und ihr Herz klopfte gewaltig, denn sie ahnte, daß der Bruder von Siegfried sprach; und da sagte sie leise und verschämt:

Bruder, ich gehorche. Da küßte Siegfried vor allen Rittern seine schöne Braut.

Bald saßen sie bei Tische. Doch Brunhilde schien nicht glücklich zu sein! Warum biß sie die Lippen zusammen? Warum blickten die Augen bald trübe, bald zornig?

Ihr gegenüber saß Siegfried und neben ihm Krimhilde, die liebliche Krimhilde! Und Thränen der Eifersucht, der bitteren, wilden Eifersucht stürzten aus Brunhildens Augen.

Warum weinst du? sprach Gunther zärtlich und besorgt.

Auch du solltest weinen, antwortete schnell Brunhilde, über das Unglück deiner königlichen Schwester, die du erniedrigt und an einen Vasallen vergeben hast.

Später wirst du alles erfahren, sprach Gunther darauf.

Nach der Tafel begannen die Kampf-Spiele. Brunhilde sah die Schilde, die Schwerter, die Lanzen, und die alte Kampf-Lust erwachte wieder in ihr. Und als des Abends Brunhilde ganz allein war mit Gunther, kam er in große Not: sie nahm ihren Gürtel, band Gunthers Hände und Füße, trug ihn zu einem Nagel und hängte ihn an die Wand im Zimmer.

Sein Bitten half nichts, er mußte hängen bleiben bis an den lichten Morgen. Da hatte sie Mitleid mit ihm und band ihn wieder los. Gunther kam zu Siegfried und klagte sein

Leid.

Da sprach Siegfried: Laß mich wieder mit ihr kämpfen; mir soll sie nicht widerstehen; in meiner Tarn-Kappe werde ich sie besiegen.

Und wenn du sie töten würdest, es wäre mir nicht leid; denn sie ist ein schreckliches Weib.

Noch einmal zog Siegfried seine Tarn-Kappe an, noch einmal besiegte er Brunhilde, nahm ihr Ring und Gürtel ab und ging. Ring und Gürtel aber schenkte er seiner holden Krimhilde. Hätte er es nicht getan, es wäre weiser und besser gewesen.

Noch vierzehn Tage dauerte das Hochzeits-Fest; länger konnte Siegfried nicht bleiben; nach Hause mußte er nun ziehen, wo ihn sein Vater schmerzlich erwartete, und wo seine Mutter täglich weinte um den Sohn, den sie verloren glaubte.

Wie herzlich küßten die glücklichen Eltern Krimhilde, ihres geliebten Sohnes Weib, als sie ankam. Wie viele Freuden-Thränen weinten sie, als ihr glücklicher Helden-Sohn vor ihnen stand!

Sigismund ließ seinen Sohn zum König krönen; denn er selbst wollte nun ruhen.

Zehn Jahre lang genossen Siegfried und Krimhilde das reinste Glück und sie hatten auch einen Sohn; den nannten sie Gunther.

Auch König Gunther hatte einen Sohn, den hatte er Siegfried genannt; der war seine einzige Freude; denn in Brunhildens Herz herrschten Eifersucht und Haß, und oft fragte sie: Warum kommt Siegfried nie an unsern Hof?

Er wohnt zu fern von hier, war Gunthers gewöhnliche Antwort.

Aber ist Siegfried nicht dein Vasall, und muß der Vasall nicht tun, was sein Herr ihm befiehlt? fragte dann Brunhilde.

Dann lachte Gunther und antwortete nicht. Aber sie wollte Siegfried wieder sehen; er mußte kommen, und darum sagte sie eines Tages gar freundlich:

Ach Gunther, wie sehne ich mich nach deiner Schwester! Wie oft denke ich an die glücklichen Tage, da ich dich gewann, und da Krimhilde sich mit Siegfried vermählte. O, laß sie kommen! Laß sie recht bald kommen! — zur nächsten Sonnen-Wende!

Und Gunther war schwach genug, ihr zu glauben und zu gehorchen. Dreißig Ritter schickte er ab. Diese kamen in drei Wochen nach Norwegen, wo Siegfried und Krimhilde gerade wohnten.

Krimhilde lag auf dem Ruhe-Bette. Da kamen ihre Mädchen in das Zimmer und brachten die freudige Botschaft: Fremde Ritter sind gekommen und sie sehen aus wie Burgunder!

Der starke Siegfried hörte Gunthers Einladung und antwortete, daß er in zwölf Tagen kommen wollte mit seinem Vater Sigismund und mit Krimhilde.

Die Boten kehrten zurück und meldeten, was sie gehört.

Ist Krimhilde noch so schön? war Brunhildens erste Frage.

Sie wird kommen, und du wirst sie sehen, antworteten

die Boten, und sie zeigten auch die kostbaren Geschenke, die sie von Siegfried erhalten hatten.

Da sprach Hagen: Siegfried könnte sein ganzes Leben lang geben und würde immer noch reich sein, denn er besitzt den Nibelungen-Schatz. Ich selber möchte den wohl besitzen!

Nun machte man große Vorbereitungen in Worms zum Empfange der Gäste. Gunther ging zu Brunhilde und sprach: Wie einst meine Schwester dich empfing, als du in dieses Land kamst, so will ich, daß du nun Krimhilde empfängst.

Das thue ich gerne, erwiderte sie.

Sie kommen morgen, sprach Gunther, geh' und bereite dich nun.

Brunhilde kam den Gästen entgegen in großer Pracht. Die Königinnen küßten einander. Nie zuvor hatte man in Worms Feste gesehen, wie sie nun gefeiert wurden. Von allen Teilen des Burgunder-Landes kamen die Ritter gezogen. Zehn Tage lang ertönte in der Stadt der festliche Klang der Glocken und dazwischen in den Kampf-Spielen das Schlagen der Schwerter, das Stoßen der Lanzen. Selbst die Königin Brunhilde schien ihren Kummer zu vergessen im Geräusch und in der Freude des Festes.

Doch das Unglück kam schnell.

Am elften Tage waren die beiden Königinnen zusammen und sahen dem Kampf-Spiele zu. Da sprach Krimhilde, voll Freude und Stolz auf Siegfried sehend:

Sieh' nur, Schwester, sieh' auf Siegfried! Habe ich nicht einen Mann, der wohl verdiente Herr zu sein über alle Länder?

Bist du allein auf der Welt mit deinem Siegfried? erwiderte Brunhilde gereizt.

Harmlos sprach Krimhilde weiter: Aber so sieh' doch nur, Brunhilde, wie schön und stattlich er ist!

Mag sein, sagte Brunhilde; und er ist doch nur Gunthers Vasall.

Nicht Vasall, liebe Schwester, Gunthers Genosse ist er und ein König wie Gunther, sprach Krimhilde noch immer harmlos.

Nein, er ist Gunthers Vasall! rief Brunhilde. Das hat er mir selber gesagt, als er mit deinem Bruder nach Island kam.

Glaubst du, daß der stolze König von Burgund seine Schwester einem Vasallen giebt? Drum, liebe Schwester, lasse den Streit und wisse: er ist kein Vasall.

Den Streit laß' ich nicht! rief Brunhilde. Siegfried ist ein Vasall, und von heute an wird er mir besser dienen, als bisher!

Das wird er nicht, rief Krimhilde, denn Siegfried ist ein König, und er ist werter, als mein Bruder Gunther!

Du überhebst dich! schrie Brunhilde. Erweist man dir so große Ehren wie mir?

Nein; weil ich bescheidener bin, als du, sprach jetzt Krimhilde. Aber du sollst heute noch sehen, daß ich vor dir in die Kirche gehen kann.

Und sie stand auf, ging zu ihren Mädchen und befahl ihnen, ihr die schönsten und reichsten Kleider anzulegen. Dann ging sie mit ihnen zur Kirche. Alle wunderten sich, daß die beiden Königinnen nicht, wie sonst, zusammen zur Kirche gingen. Vor der Kirche aber stand Brunhilde und erwartete Krimhilde.

Halt! rief sie, als Krimhilde nahte. Geh' nicht in die Kirche vor mir, der Königin.

Sieh', stolze Brunhilde, sprach jetzt Krimhilde, wenn du schweigen könntest, das wäre dir besser, dann müßtest du nicht die bittere Wahrheit hören. Und nun will ich es dir auch sagen: Es war nicht Gunther, der mit dir kämpfte, es war mein Gemahl, der dich zweimal besiegte! Und damit du wissest, ich spreche die Wahrheit, so schaue! Erkennst du diesen Ring und diesen Gürtel als dein? Im Kampfe hat Siegfried dir beide genommen, und mir gab er sie dann zum Geschenke. Brunhilde war starr vor Schrecken und sie konnte nicht hindern, daß Krimhilde vor ihr eintrat in die Kirche.

Da war Musik und Gesang in der Kirche; aber eine saß da und hörte nichts davon, — es war Brunhilde.

Und da sie wieder in ihrem Palaste war, fand sie noch keine Ruhe, und sammelte ihre treuesten Ritter und bat unter Thränen: O verschafft mir Rache, Rache an Siegfried!

Doch diese schwiegen, denn wer konnte mit Siegfried kämpfen? Da sprach Hagen: Meine Königin, warum weinet ihr?

O Hagen, rief die Königin, ich bin beschimpft! Siegfried hat mich beschimpft!

So soll er sterben; und können wir ihn nicht töten mit Kraft, so tun wir es mit List!

Nein, sprach da jung Gieselher, das darf nimmermehr geschehen.

Nein, sprach auch Gunther, sein Blut darf nicht fließen, so vieles habe ich Siegfried zu danken.

Zuletzt aber willigte er ein in Hagens teuflischen Plan.

Zwei und dreißig Boten ritten ein in Worms und brachten eine neue Kriegs-Erklärung von den Sachsen-Königen Lüdeger und Lüdegast. Doch dieses alles war nur Schein und die Boten waren nicht Sachsen, sondern es waren Burgunder, gekleidet wie Sachsen, und man wollte Siegfried töten auf dem Kriegs-Zuge.

Als Siegfried auch von dem Kriege gehört hatte, bot er Gunther seine Hülfe an und ging und rüstete seine Nibelungen.

Hagen aber ging zu Krimhilde, um Abschied von ihr zu nehmen, wie er sagte; in Wahrheit aber wollte er von ihr ein Geheimnis erfahren.

Hagen, sprach Krimhilde, euch vertraue ich meine Sorge. Ihr seid ein alter Freund, ich weiß es. O, vergeltet es nicht an mir und hasset mich nicht für das, was ich eurer Königin getan.

Euch hassen, Königin Krimhilde? Wie könnte ich das! Und Siegfried? — Wahrlich, keinen in der Welt liebe ich mehr, als euern tapfern Siegfried. Ich will ihm dienen, wo ich kann.

O, dank euch, edler Hagen, sprach Krimhilde. Seht, jetzt geht er wieder in den Krieg gegen die Sachsen, darum fürchte ich, es könnte ihm ein Leid geschehen.

Was braucht ihr zu fürchten? sagte Hagen listig. Siegfried kann im Kriege nicht fallen. Ist er nicht unverwundbar?

Ach ja, erwiederte ängstlich Krimhilde, — als er den

Lind-Drachen tötete, da badete er im heißen Blute, und seine Haut wurde hart wie Horn.

Und was fürchtest du nun? fragte Hagen.

Aber ein Linden-Blatt fiel auf seine linke Schulter; dahin drang kein Blut, und hier ist er leicht zu verwunden. Darum fürchte ich.

Da sprach der Falsche froh: Es ist wahrlich gut, daß ihr mir das sagtet. Nähet ein kleines Kreuz auf sein Gewand, genau über jene Stelle, damit ich ihn beschützen kann.

Das will ich, sagte Krimhilde froh. — Dank, edler Freund! Tausend Dank!

Hagen ging. Er wußte genug. Der Kriegs-Zug war nun nicht mehr nötig und anstatt des Krieges veranstaltete man eine Jagd.

O, geh'[IV-2] nicht zur Jagd, sprach Krimhilde, als Siegfried von ihr Abschied nahm. O geh' nicht; ich fürchte, du möchtest nimmer wiederkehren.

Ich komme bald zu dir zurück; — und was könnte mir geschehen! Bin ich denn nicht unter Freunden?

O geh' nicht, bat sie, denn ein Traum hat mich gewarnt. Zwei wilde Schweine verfolgten dich über eine Heide, und alle Blumen waren rot von Blut. —

Es ist ein Traum, sprach er, nur ein Traum. Und sie sprach weiter: Dann stürzten zwei Berge zusammen, und du warst darunter begraben.

Er lächelte, küßte sie und ging; Krimhilde aber war sehr traurig.

Sie hatten schon den ganzen Tag gejagt; da sprach ein Knecht zu Siegfried. Herr, hört ihr das Horn blasen? Wir müssen zum Abend-Brot eilen.

Geh' nur, sprach Siegfried; ich aber will erst den Bären fangen, den ich dort sehe. Er sprang vom Pferde, verfolgte den Bären, fing ihn und band ihn fest an seinen Sattel und ritt zurück zur Gesellschaft. Hier band er den Bären los; dieser lief in das Zelt und warf alles um. Die Burgunder flohen erschrocken davon. Siegfried aber folgte dem Bären, tötete ihn und kehrte zurück.

Da saßen die Helden auf dem grünen Rasen und speisten, was die Diener brachten. Da sprach Siegfried:

Ich sehe hier genug zum Essen; doch warum bringen die Diener keinen Wein?

Hagen ist schuld daran, sprach König Gunther; er will uns verdursten lassen.

Ich hatte geglaubt, wir würden im Spessart jagen; darum sandte ich dorthin den Wein, sprach Hagen.

Und einer der Ritter sagte: Warum essen wir nicht näher beim Rhein? Dort ist wenigstens Wasser genug.

Wasser ist auch hier, sprach Hagen, eine Quelle voll guten Wassers; lasset uns zur Quelle gehen.

Oder besser noch, rief Siegfried, wir wollen dahin um die Wette laufen.

Siegfried lief in seiner vollen Rüstung; Gunther und Hagen aber hatten die ihrige abgelegt, und als sie an den Brunnen kamen, stand Siegfried da und wartete und ließ Gunther zuerst trinken.

Während dessen aber legte er selbst seine Rüstung ab; dann stieg auch er hinab, um zu trinken.

Da entfernte Hagen schnell Siegfried's Waffen, und als

Siegfried sich bückte, spähte jener nach dem Kreuze auf der Schulter, nahm den Speer und warf ihn mit aller Kraft bis tief in die Brust.

Siegfried schrie laut auf, und der starke Hagen floh vor dem verwundeten Siegfried.

Dieser sprang auf; der Speer ragte weit hervor aus der Schulter; er suchte seine Waffen, aber fand nur den Schild. Den warf der todwunde Mann auf Hagen, daß er zu Boden fiel; aber Siegfried war bleich geworden und sank auf den grünen Rasen.

Die Burgunder standen um den sterbenden Helden und weinten.

Warum weint ihr? sprach Hagen. Freuet euch, jetzt sind wir aller Sorgen frei; ich habe ihn mit gutem Bedachte erschlagen![IV-3]

O Gunther, sprach Siegfried, sorget für mein Weib, sie.... Mehr konnte er nicht sprechen. Der tapfere Held hatte geendet und alle Blumen ringsum waren rot vom Blute.

Nun legten sie Siegfrieds Leiche auf einen Schild und trugen ihn nach Worms. Es war spät in der Nacht, als sie ankamen, und Hagen ließ Siegfrieds Leiche vor Krimhildens Thüre legen.

Am Morgen ganz früh da läuteten die Glocken zur Kirche, und Krimhilde weckte ihre Dienerin, daß sie mit ihr zur Kirche ginge. Ach, Königin, rief das Mädchen, hier liegt ein toter Ritter!

Mein Siegfried! schrie da Krimhilde und fiel ohnmächtig neben die Leiche, und sie erwachte wieder und rief: Siegfried! Siegfried! und brach dann in lauten Jammer aus, und mit ihr klagten der alte Sigismund und alle ihre Freunde.

Siegfrieds Ritter kamen, den Tod ihres Herrn zu rächen. Doch Krimhilde sprach: <u>Vergießet kein Blut</u>, Gott selbst wird uns rächen.

Ein Sarg wurde geschmiedet von Gold und von Silber; Siegfried wurde hineingelegt und in die Kirche getragen. Krimhilde folgte und auch Gunther, seine Brüder und Hagen.

Als die Brüder den großen Jammer der Schwester sahen, da erfaßte <u>Reue</u> ihr Herz.

Schwester, sprachen sie, wir haben ihn nicht getötet; die <u>Schächer</u> haben es getan.

O, ich kenne die Schächer! rief Krimhilde, — kommt her und berühret die Leiche!

Alle taten so; und als Hagen kam, da begann die Wunde zu fließen.

O, ich wußte es, ich wußte es! — er ist der Mörder! schrie Krimhilde.

Tröste dich, Schwester, sprach da jung Giselher, ich will dir <u>ersetzen</u> mit meiner Liebe, was Siegfried dir gewesen.

Siegfried ersetzen? rief sie und fiel nieder neben die Leiche; und drei Tage und drei Nächte blieb sie da; und Tag und Nacht kamen auch die Armen, zu singen und zu beten, und Krimhilde ließ Geld verteilen an alle, welche kamen.

Am vierten Tage wurde der Sarg geschlossen und zu Grabe getragen.

Der Zudrang des Volkes war groß und das <u>Schluchzen</u> tönte lauter, als das Läuten der Glocken und das Singen der Priester.

Noch einmal muß ich ihn sehen, schrie plötzlich

Krimhilde, — o, noch einmal!

Man mußte den Sarg wieder erbrechen. Da umschlang sie den schönen Kopf des Toten und küßte ihn und weinte und wollte ihn nicht lassen. Man riß sie zuletzt mit Gewalt vom Sarge und brachte sie in die Burg. Hier lag sie besinnungslos bis zum nächsten Tage.

Der alte König Sigismund brach auf; Krimhilde aber wollte nicht wieder nach Xanten; nahe bei Siegfrieds Grab baute sie für sich eine Wohnung; und mit vollen Händen teilte sie Gold vom Nibelungen-Schatze unter die Armen. Das war ihre einzige Freude.

Herr Meister: Mehr dachte ich für heute nicht zu geben, — und ich fürchte schon, daß dieses zu viel war.

Bella: O nein, Herr Meister. Jetzt bin ich erst begierig nach dem, was nun folgt; denn es kann doch so nicht enden!

Herr Meister: Nein. Dieses war noch nicht die Hälfte. Es folgt nun ein sehr poetischer und interessanter Teil, worin wir besonders viel hören über den bösen Hagen und auch über Krimhilde. Sie wird König Etzel's Gattin und so weiter, und so weiter. Alles dieses ein anderes Mal, nicht heute.

Louis: Wie schade! Ich hätte Ihnen die ganze Nacht zuhören mögen, Fräulein Martha.

Martha Meister: Das ist ja ein großes Kompliment für Vaters Erzählung; ich danke Ihnen in seinem Namen und in meinem eignen.

Bella: Aber was für eine Frau diese Brunhilde war! Das wär'[IV-4] eine Frau für Louis!

Louis: So? Wünschen Sie mir wirklich solch' ein Weib? O, Bella, Bella! — Die Damen sind heute zu grausam mit mir. — Denken Sie nur, Martha, meine eigne Schwester sagte mir vor Abend: Louis, Du bist doch eigentlich gar nichts. Du bist weder ein Mann, noch ein Kind; und kleine Knaben sind so unmanierlich, weißt Du? so roh. — Nun bitte ich Sie, beste Frau Meister, sagen Sie mir doch, sehe ich aus wie ein kleiner, roher, häßlicher, unmanierlicher Junge? Sehen Sie einmal, ich bin beinahe so groß, wie Herr Meister.

Frau Meister: Ihr müßt nicht lachen, Ihr jungen Damen. — Louis, Sie sind ein ganzer Mann.

Louis: Ich danke Ihnen, Frau Meister!

Gretchen: Ha, ha, ha! Sie amüsieren mich sehr, Herr Louis. Ha, ha, ha!

Otto: Darf ich Dir einen Rat geben, Louis?

Louis: Nun, Bruder Otto?

Otto: Widersprich nie den Damen.

Louis: Hm — Ja, Du hältst es immer mit ihnen.

Otto: Und darum geht es mir auch immer so gut.

Bella: Das ist recht! Respekt soll man haben, Respekt vor uns!

Herr Meister: Haben Sie es gehört, mein guter Freund Louis? Wir müssen uns fügen in unser Schicksal; wir kämpfen umsonst dagegen an. Eine neue Zeit ist gekommen. Die früher Herren waren, sie werden nun Sklaven und die Sklavinnen werden zu Herrinnen.

Bella: Die Frauen — Sklavinnen? Das ist wohl nur Phantasie, Herr Meister!

Herr Meister: Keine Phantasie, mein Fräulein, sondern Wirklichkeit.

Gretchen: Aber, Papa, war denn das Weib eine Sklavin bei Griechen oder Römern?

Herr Meister: Nein, mein Kind, sie war nicht Sklavin, aber sie war die erste Dienerin des Mannes. Was schön und was wahr ist, das haben uns wohl die Völker des Altertums gelehrt; aber das Weib zu ehren, — nicht. Es war erst ein christlicher Dichter, welcher sang: »Ehret die Frauen, sie flechten und weben himmlische Rosen ins irdische Leben.«

Gretchen: Willst Du damit sagen, Papa, daß erst mit dem Christentume eine bessere Zeit für die Frauen begonnen hat?

Herr Meister: Ganz recht, das will ich. Es war ein Weib, das Jesus Christus geboren hatte, und darum verehrte man Maria. Und später, als das Christentum sich mehr und mehr ausbreitete, waren es christliche Ritter und christliche Minne-Sänger, welche die Frauen verehrten, wie es nie ein Volk des Altertums getan hatte. Ich kenne keinen Dichter des Altertums, der so schön von den Frauen gesungen hat, wie Walter von der Vogelweide:

> [IV-5]»Durhsüeßet und geblüemet sint die reinen frouwen:
> eß wart nie niht sô wünneclîches an ze schouwen
> in lüften noch ûf erden noch in allen grüenen ouwen.
> Liljen unde rôsen bluomen, swâ die liuhten
> in meien touwen dur daß gras, und kleiner vogele sanc,
> daß ist gein solher wünnebernden fröide kranc,
> swâ man siht schœne frouwen. daß kan trüeben muot erfiuhten,
> Und leschet alleß trûren an der selben stunt,
> sô lieblîch lache in liebe ir süeßer rôter munt
> und strâle ûß spilnden ougen schieße in mannes herzen grunt.«

Bella: Das ist freilich sehr schön und sehr schmeichelhaft für uns. Aber, Herr Meister, haben im Mittel-Alter alle Menschen die Frauen so geehrt, oder waren es nur die Minne-Sänger, die so von uns dachten?

Herr Meister: Es waren allerdings nur die Ritter und die Minne-Sänger, also die feineren Klassen der Gesellschaft, die den Wert der Frauen erkannten. Vergoldet nicht die Sonne zuerst die Spitzen der Berge, bevor ihr herrlicher Schein auch hinab in das Tal[IV-6] dringt? — Auch für die Frauen der unteren Klassen begann bald die Erlösung — durch Dr. Martin Luther.

Bella: O, Herr Meister, ich sehe schon, Sie wollen uns zeigen, daß das Heil für die Frauen aus Deutschland kommt, wie so vieles andere, was die Menschen beglückt hat.

Herr Meister: Nein, mein Fräulein, daran habe ich allerdings nicht gedacht. Aber ich wollte Ihnen zeigen, daß das Heil der Frauen immer aus dem Norden kam.

Gretchen: Papa, hat denn auch die Befreiung der Frauen etwas mit der Geographie zu tun?

Herr Meister: Sehr viel, mein Kind. Ist nicht das Weib im Norden, sagen wir z.B. in Deutschland oder in England, geachteter, als im Süden: in Griechenland, in Italien, in der Türkei? Und ist das nicht ganz natürlich?

Im Süden ist die Natur freundlich mit dem Menschen und giebt ihm alles, wie eine gütige Mutter. Dort ist die Sonne warm, die Luft mild, und der Erdboden ist reich. Die Natur giebt dem Manne im Süden mit leichter Mühe Nahrung und Schutz, darum bedarf der Mann im Süden des Weibes und des Hauses nicht so sehr, wie der Mann im Norden.

Aber wie war es früher im Norden. Der Mann kam abends aus dem Walde, und die Kälte des Winters war strenge. Er hatte gejagt oder die Bäume des Forstes gefällt; und nun war er hungrig und müde.

So erreichte er sein Heim. Da aber stand sein Weib an der

Thüre und erwartete ihn mit liebendem Blicke, mit offenem Arme. Sie nimmt ihm die Waffen ab, sie führt ihn zum Herde an das erwärmende Feuer und dann zum reichlichen Mahle, das sie bereitet.

Dem Manne wird wohl, er fühlt sich glücklich und er weiß, daß er dieses seinem treuen Weibe zu danken hat; er erkennt den Wert ihrer Wohltat — und ehrt und liebt das Weib.

Was die Natur im Norden dem Manne versagt hat, das giebt ihm reichlich das Weib.

Wundern Sie sich nun, daß die rohen Germanen das Weib höher schätzten, als die kultivierten Römer? Wundern Sie sich nun, daß die Minne-Sänger, diese Dichter des Nordens, im Weibe das Symbol alles Guten und Schönen sahen, während die Troubadours, diese Dichter des Südens, im Weibe nur die Geliebte des Mannes erblickten? Und wundern Sie sich nun, Bella, daß auch ein Germane in der neuen Zeit uns das höchste Ideal eines Weibes gegeben hat?

Gretchen: Und von welchem Manne sprichst Du, Papa?

Herr Meister: Von Goethe[IV-7].

Frau Meister: Ich dachte es.

Martha: Goethe[IV-8], Papa? Goethe[IV-9], meinst Du?

Herr Meister: Ja, liebe Martha; und denkst Du nicht, mein liebes Weibchen, daß unsere Töchter Goethes[IV-10] »Iphigenie« oft und recht oft, und gut und recht gut studieren sollten?

Frau Meister: Gewiß, Wilhelm, ich denke wie Du; und ich denke auch, daß alle jungen Damen dasselbe tun sollten. Es würde uns allen sehr lieb sein, wenn Du jetzt ein wenig über dieses wundervolle Werk erzählen wolltest.

Herr Meister: Wenn Du es wünschest, gerne. Sie haben von Tantalus gelesen, meine Freunde, nicht wahr? — Nun wohl. — Tantalus war der Sohn des Zeus und der Pluto und wohnte in seiner Burg am Berge Sipylus.

Unter allen Königen war er der stärkste und reichste; denn er hatte so viele Länder, daß man sie in drei Tagen nicht durchwandern konnte, und darin hatte er viele Herden von Schafen und Rindern.

Bei den Menschen war er überall beliebt und bei den Göttern so sehr, daß sie ihn oft einluden, im Olymp an ihrer Tafel mit ihnen zu speisen, und ihn oft um seine Meinung fragten; denn sie kannten seine Weisheit.

Daher wurde Tantalus sehr stolz und dachte von sich sehr hoch und mehr, als recht war; denn was ich bin, so dachte er, bin ich durch mich selbst, durch meine eigene Kraft, durch meine eigenen Taten; und am Ende sind die ewigen Götter nicht mehr, als ich bin, vielleicht nicht einmal so viel. — So sprach er und verübte eine abscheuliche Tat, um die Allwissenheit der Götter zu prüfen.

Dann aber waren die Götter erzürnt und stürzten ihn von der göttlichen Tafel tief hinab in die Unterwelt und straften ihn fürchterlich.

Und auch die Nachkommen dieses Tantalus waren stark, klug, nobel, aber oft auch stolz und übermütig. Aus dieser Familie stammte Agamemnon.

Er war Feldherr der Griechen, als sie nach Troja zogen, und seine Tochter Iphigenie war der Göttin Diana geopfert worden. So dachten die Griechen, Agamemnon und Klytemnestra, seine Gattin.

Diana aber, die Göttin, hatte Mitleid mit der herrlichen Iphigenie gehabt und hatte sie in einer Wolke auf die Insel

Tauris gebracht.

Hier weilte sie in einem Tempel als die Priesterin der Göttin Diana zum Heile vieler Menschen. Denn der König Thoas, ein ernster, roher Mann, wurde freundlicher, da er die schöne, milde Jungfrau sah; er folgte ihrem Worte und wurde milder gegen seine Diener und gegen sein Volk. Alles war besser geworden in dem Lande von dem Tage an, da Iphigenie darin weilte.

Wenn früher Männer aus fremden Ländern nach Tauris gekommen waren, so wurden sie getötet; nun aber war man gut gegen sie und sandte sie in die Heimat zurück.

Iphigenie aber ward nicht froh im fremden Lande und unter fremden Menschen und sie sehnte sich zurück in die teure Heimat, zu ihrem Vater, zu ihrer Mutter, zu ihrer Schwester, zu ihrem Bruder Orest, der noch klein war, da sie ihn verlassen hatte. Und oft stand sie am Meere, sah weit hinaus und grüßte die Meeres-Wellen, die vielleicht hinzogen nach ihrer lieben Heimat.

An einem Tage aber war der König zum Tempel gekommen, um Iphigenie zu seiner Gattin zu nehmen; denn er war weib- und kinderlos geworden.

Sie aber sagte zu ihm: Ich ehre dich, o König, wie einen zweiten Vater, wie einen Freund; doch dein Weib vermag ich nicht zu werden, denn meine Heimat ist es, nach der ich mich sehne.

Der König aber war über solche Worte unzufrieden und sprach: Wohlan, es sei also: Kommt ein Glied aus deiner Familie, dich heimzuführen, so magst du gehen; wo nicht, so werde mein Weib. — Doch wahrlich, es beginnen von diesem Tage an wieder die alten Sitten meines Volkes!

Und der König ging in seinem Zorne und gebot: Man höre nicht mehr auf das Wort jener Priesterin. Man opfere, wie früher, alle Fremden, die diese Insel betreten, und man beginne sofort mit den zweien, die man vor kurzem an der Küste gefunden.

Der eine dieser Gefangenen aber kam durch den Hain. Er war ein Grieche, und nach vielen Jahren zum ersten Male hörte Iphigenie wieder die Laute ihrer geliebten Mutter-Sprache. Und sie hörte auch, daß Troja gefallen, daß ihr Vater heimgekommen und durch die Hand seiner eigenen Gattin ermordet sei; denn sie hatte es nicht vergessen können, daß er Iphigenie hatte töten lassen; — und Iphigenie hörte mehr; sie hörte, daß Orest, ihr Bruder, wieder die eigene Mutter getötet hätte, um den Vater zu rächen.

Ach, Unglück über Unglück war gekommen über ihr Haus, und nun sollte sie das Schrecklichste tun: Sie selbst sollte ihren Bruder opfern; denn Orest, ihr Bruder, stand nun vor ihr; er war der zweite der Gefangenen; er selbst hatte ihr jene fürchterliche Kunde aus der Heimat gebracht.

Wie groß ihre Freude war, den Bruder zu sehen, den heißgeliebten, den lang vermißten, so groß war auch ihr Schmerz über alles, was sie gehört und über das Übel, das den Bruder befallen hatte; — denn er fiel oft in den fürchterlichster Wahnsinn durch den Gedanken an seine unmenschliche Tat.

Aber Iphigenie wollte ihm Hülfe bringen; ja, sie mußte den beiden folgen; denn ihr Bruder war mit seinem Freunde Pylades gekommen, das Götterbild der Diana aus dem Tempel zu entführen.

Iphigenie wollte ihnen helfen und mit ihnen entfliehen.

Sie konnte ihre Freiheit wieder gewinnen, sie konnte die Heimat und Elektra, ihre teure Schwester, wieder sehen und bei dem geliebten Bruder leben.

Das alles wollte und konnte sie nun erreichen. Wie glücklich sie war!

Doch ach! — durfte sie es tun? War Thoas, der König, nicht ihr väterlicher Freund, ihr Wohlthäter? — Undankbar wollte sie nimmer sein! Niemals wollte sie unrecht tun, niemals, selbst dann nicht, wenn sie die Heimat nie wieder sehen sollte, — die Heimat, die ihr so teuer war; lügen wollte sie nicht, selbst wenn der Bruder unglücklich werden sollte.

Sie glaubte an das Gute, Edle in den Menschen, und so ging sie zu Thoas, dem König, und sagte ihm den Plan, offenbarte ihm alles und bat ihn, sie zu retten, sie und den Bruder und dessen Freund; sie bat ihn, eine Tat zu tun, so groß und so edel, wie diese.

Lange zauderte der König. Es ward ihm schwer, sich von ihr, dem geliebten Weibe, zu trennen; es ward ihm schwer, die beiden Griechen, seine Feinde, ungehindert ziehen zu lassen.

Aber das Wort Iphigeniens und ihr Wesen waren so mächtig, daß der König hörte und die große Tat[IV-11] vollbrachte. — Sie schied von ihm in Freundschaft; ihr Bruder ward geheilt vom Wahnsinn und war wieder froh.

So wirkt ein Weib. Kultur, milde Sitten, Wohlfahrt und Glück bringt sie dem Lande; sie macht glücklich, edel und groß alle, die in ihrer Nähe sind; dem Kranken und allen Unglücklichen bringt sie Heilung und neue Lust zum Leben.

So groß ist die göttliche Kraft des Weibes. Sie wirkt gutes

durch den Ton ihrer Stimme, durch den Blick ihres Auges, durch ihr ganzes Wesen; aber dann nur kann sie es vollbringen, wenn ihr Herz rein, wenn ihre Seele groß, wenn sie ist, was sie sein soll: Eine Priesterin im Hause und eine Förderin des Guten und Schönen auf Erden.

Martha: Papa!

Herr Meister: Meine Tochter!

Martha: Von heute an will ich Goethe[IV-12] lieben um seiner »Iphigenie« willen.

Herr Meister: Das thue nur, meine Tochter, Du thust recht. — Aber Mama, wir bedürfen nun auch des Materiellen. Wo sind die schönen Früchte, die uns die Herren Parks so freundlich gesandt haben?

Frau Meister: Martha wird so gut sein, sie uns zu reichen.

Herr Meister: Aber, Herr Otto, wie geht es Ihrem Herrn Bruder, dem Doktor?

Otto: Er sagte mir, daß er vielleicht noch kommen würde, wenn auch spät.

Gretchen: Louis, können Sie gut Rätsel lösen?

Louis: O ja.

Gretchen: Nun, was ist das?

> Erst weiß wie Schnee,
> Dann grün wie Klee,
> Dann rot wie Blut,
> So schmeckt es gut.

Louis: Das ist etwas zum Essen, nicht wahr?

Gretchen: Ja, aber was?

Louis: Das weiß ich nicht.

Bella: Eine Kirsche.

Gretchen: Richtig!

Bella: Aber was ist das?

> Ein Kopf und ein Bein

> Ist alles, was mein.
> Der Kopf hat eine <u>Mütze</u>
> Das Bein hat eine Spitze.

Was ist das?

Martha: Ich weiß es, Bella.

Bella: Nicht sagen, Martha, nicht sagen! Nun, Herr Otto?

Otto: Ist es eine Stecknadel?

Bella: Ja, eine Stecknadel. — Wollen Sie auch ein Rätsel geben, Otto?

Otto: Was ist das?

> Ein jeder hat's;
> Im Grabe ruht's;
> Der Herr <u>befiehlt's</u>,
> Der Kutscher tut's.

Louis: Das ist schwer; das errate ich niemals.

Otto: Nun, meine Herrschaften? Erraten Sie!

Bella: Ja, wenn wir nur könnten! Ich glaube, Frau Meister weiß es. Sagen Sie es. Was ist es?

Frau Meister: Herr Otto, ist es ein Wort mit drei Silben?

Otto: Ganz recht.

Frau Meister: »<u>Vorfahren</u>«?

Otto: Erraten! Erraten!

Louis: Was? — Ich verstehe es noch nicht.

Otto: Vorfahren, Louis. Denke nur nach.

Louis: O ja; jetzt habe ich es, jetzt habe ich es. Das ist sehr gut, Otto. Woher hast Du Deine Rätsel? Ich will auch Rätsel studieren. — Nun, das ist merkwürdig! Hören Sie nicht wirklich auch einen Wagen vorfahren? Er hält — das ist unser Wagen, Otto. Albert kommt, — ja, das ist sein Schritt.

Frau Meister: Das ist mir sehr angenehm. — Herein!

Dr. Albert: Ich wünsche Ihnen einen guten Abend, meine Damen und meine Herren, und bitte um Verzeihung, daß ich Sie störe in Ihrer Unterhaltung. Es ist so reizend hier, daß ich es sehr bedauere, nicht verweilen zu können. Zwei Schul-Freunde, welche ich in der unteren Stadt getroffen habe, warten auf der Straße in unserm Wagen; und so muß ich Euch bitten, Otto und Louis, aufzubrechen, so leid es mir auch tut. Seid Ihr bereit?

Otto und Louis: Wir sind bereit.

Bella: Es ist wirklich schade, daß Sie nicht ein wenig bleiben können, Herr Doktor.

Dr. Albert: Niemand bedauert das mehr, als ich selbst; — und so wünsche ich Ihnen allen: Gute Nacht!

Alle: Gute Nacht!

Otto: Gute Nacht, meine Herrschaften!

Louis: Gute Nacht, meine Damen! Gute Nacht, Herr Meister!

Frau Meister: Wollt Ihr mich entschuldigen, wenn auch ich nun gehe?

Alle: Gewiß.

Martha: Mama, kann ich Dich auf Dein Zimmer begleiten? Ich möchte mit Dir sprechen.

Frau Meister: Gewiß, meine Tochter. Komm! — Gute Nacht, Bella!

Bella: Schlafen Sie wohl, Frau Meister!

Martha: Wollt Ihr mich entschuldigen, Bella und Gretchen? Ich bin bald wieder bei Euch.

Gretchen: Gewiß. Wir bleiben bei Papa und plaudern.

V.

Martha: Aber, — das ist ja englisch, und ich dachte, Anna schriebe deutsche Briefe!

Bella: Das tut sie auch, Martha — siehst Du, hier beginnt der deutsche Teil, und so hübsch schreibt sie, ich habe ihn schon zwei mal ganz alleine für mich gelesen und ich möchte ihn wieder und wieder hören. Ach, bitte, süßes Gretchen, lies ihn doch einmal laut vor, ich weiß, Martha, es wird Dir viel Vergnügen machen, alles zu hören, was meine liebe, gute Schwester Anna schreibt. Willst Du, Gretchen, ja?

Gretchen: Gewiß, Bella, gerne; wo soll ich beginnen?

Bella: Hier, siehst Du?

Gretchen: Also .... Entschuldige mich, teure Bella, daß ich meinen Brief auf englisch begonnen habe; ich schreibe jetzt so gerne englisch und höre es so gerne. Wenn ich auf der Straße gehe und höre hinter mir englisch sprechen, dann beginnt mein Herz so laut zu pochen, und ich muß mich umsehen und möchte jeden umarmen, aus dessen Munde ich den trauten Ton der englischen Sprache vernehme, — ich habe Heimweh.

Ach, Schwester, das Heimweh ist eine traurige Krankheit! Das Herz tut einem so weh, daß man glaubt, es müsse brechen, und die Menschen scheinen uns alle so kalt, so herzlos zu sein, und man möchte immer allein sein und immer weinen. — Auch fürchtet man immer, man würde

Vater und Mutter und Schwester und Freunde niemals wiedersehen, und allerlei traurige Gedanken kommen; — aber warum habt Ihr mich auch so lieb, daß ich immer an Euch denken muß! — Des Nachts träume ich oft, ich sei wieder bei Euch daheim, und alles wäre wieder wie früher; dann ist alles so schön, und ich bin so glücklich. Aber wenn ich dann aufwache, und die fremden Wände sehe, dann muß ich weinen.

Ich habe heute einen neuen Hut; unsere liebe, teure Freundin hat ihn selbst angefertigt: Blaues Band und eine große weiße Feder aus Paris; ich sehe immer in den Spiegel und freue mich und denke: Was würde wohl Bella von meinem Hute sagen? — Ich bekomme auch ein neues Kleid von blauer Seide; blaue Seide, weißt Du, habe ich so gern.

Was hier nun weiter folgt, liebe Bella, habe ich zusammen mit Frau Dr. Stellen geschrieben; und Du mußt erraten, welche Teile von meiner Freundin und welche von mir kommen. Ob das wohl schwer zu erraten ist?

(Aus meinem Tage-Buche. Seite 37.)

3 Uhr 35 Minuten morgens.

Das war eine lange, lange Fahrt! Ich bin froh, daß unser Hotel so nahe beim Bahnhofe ist. Mein Zimmer ist freundlich und bereits hell vom Lichte des kommenden Tages; ich öffne das Fenster und trinke die frische, wohlthätige Morgen-Luft. Ein langer Streifen, rot wie köstliches Gold, zieht sich am fernen Horizont entlang, und prächtiger und immer prächtiger wird der Farben-Glanz, bis sie selbst erscheint — die Sonne in ihrer vollen, majestätischen Schönheit. — Gewiß, so schön mag sie gewesen sein am ersten Tage der Schöpfung.

Ihr Anblick macht mich wieder frisch, und ich vergesse auf einige Minuten, wie müde ich bin.

Vor mir liegt die Stadt noch schlafend. Wie lieblich sie aussieht, beschienen vom Morgen-Rot! Solche Häuser habe ich niemals gesehen; sie erinnern an eine Zeit, die längst dahingeschwunden. Die Dächer sind alt und spitz und haben viele Türmchen. Eine alte Burg steht oben auf dem Berge, und ringsum liegt die Stadt. Zwei Türme von großer Schönheit stehen am Thore vor mir. Von der nahen Kirche kündet gerade die Glocke die vierte Stunde an. Männer kommen; ihre Schritte schallen laut durch die stille Straße; die Männer gehen zur Arbeit, und ich gehe zur Ruhe. Was soll ich Dir wünschen: Gute Nacht oder Guten Morgen?

(Zwei Tage später.)

»Lebe wohl, du alte, gute Stadt; einst warst du schön und stolz; — Ruinen und Erinnerungen sind dir geblieben, — doch auch diese sind noch schön! Ich will oft an dich denken. Lebe wohl, du gute, alte Stadt! Ich muß weiter!«

Weißt Du, liebe Bella, in welcher Stadt ich das geschrieben habe? — Ein großer Maler lebte hier; er war der größte Maler Deutschlands und lebte gleichzeitig mit Raphael. — Raphael hat ihm persönlich einmal geschrieben und ihm aus Hochachtung ein selbst gemaltes Bild gesandt. Das Haus, in dem er wohnte, steht noch; es ist groß und wohlerhalten. Der Künstler hatte eine schöne Frau, aber diese war sehr böse gegen den armen D.... — Halt! Fast hätte ich den Namen genannt! Kennst Du, Bella, die Stadt noch nicht?

Viele alte Kirchen sind dort, und eine derselben ist

besonders schön. Ihr Portal ist wunderbar. Wenn Du in die Kirche trittst, so findest Du Kunstwerke von jenem Maler und auch das Sakraments-Häuschen von Adam Krafft.

Nicht weit von dieser Kirche findest Du auch das Denkmal eines Schuhmachers. Ja, Bella, eines Schuhmachers. Aber das Denkmal hat man ihm gesetzt für seine Verse.

H... S.... war ein Schuh-Macher und Poet dazu.

Und auf dem Markte steht ein Brunnen von seltener Schönheit. Oh, Du weißt nun, ich spreche von der Stadt Nürnberg, von Albrecht Dürer und von Hans Sachs.

(Aus dem Tage-Buche. Seite 82.)

Im Palmengarten.

»Hier ist es herrlich! — ist es im Paradiese wohl schöner gewesen? — So viele Menschen sind hier und alle scheinen einander zu kennen; die Herren grüßen so höflich und schwingen die Hüte so hoch, und die Damen verbeugen sich graziös und lächeln so freundlich; hier sind gewiß alle recht glücklich. Lachend und plaudernd promeniert man unter den Klängen der heiteren Musik auf breiten, sandigen Gängen zwischen Feldern der lieblichsten und kostbarsten Blumen. — Wie hier die Zeit doch so schnell vergeht! Schon sinket die Sonne und scheidend erglänzt sie in einem Meere der lieblichsten und süßesten Farben, mich dünkt, ich hätte sie nie zuvor so herrlich gesehen. — Noch einen letzten Blick wirft sie auf alles —; das Scheiden tut ihr recht leid, denn die Erde ist heute so schön. Die endlosen Felder von Weizen und Korn gleichen dem Meere, wenn linde Winde es leise im Sommer am Abend erregen; die Hügel sind mit dem lieblichen Grüne des Weines bedeckt, und an den Bäumen schimmern im reichlichen Laube die goldgelben Früchte.

Die Schatten werden tiefer, und die Nacht sinkt herab. In den Lüften summen die Käfer, und Feuer-Würmchen leuchten aus dem Grase hervor. Lieder klingen aus der Ferne von Burschen und Mädeln, die freudig vom Felde kehren zu den heimischen Hütten.«

—

Bin ich nicht eine gute, sentimentale Deutsche geworden? Ach, Du würdest es auch werden, meine teuerste Bella, wenn Du hier wärest, denn die Natur ist hier ganz anders.

Ein Sonnen-Untergang hier ist mild und freundlich, bei Euch ist er brillant; einem Sonnen-Untergang in Deutschland muß man mit Freude zusehen, einen solchen in Amerika bewundern. Ich sehe, wie Du über mich lachst, aber das mußt Du nicht tun.

Nun, liebe Bella, hast Du erraten, wo ich jetzt bin? Ein wenig leichter will ich es Dir machen: Es ist eine große Stadt, und ein großer Poet wurde dort geboren, dessen Mutter einst sehr schön war. Ich habe auch das Haus gesehen und das Stübchen unter dem Dache, wo er geträumt und gedichtet hat. Noch jetzt befinden sich in einem der Zimmer folgende Worte von seiner Hand:

>»Und wer der Dichtkunst Stimme nicht vernimmt,
>Ist ein Barbar, er sei auch, wer er sei.«

Kennst Du den Poeten, und weißt Du den Namen der Stadt? — Frankfurt am Main und Goethe[V-1].

(Aus dem Tagebuche. Seite 117.)

»Ehrfurchtsvoll betritt mein Fuß diesen Pfad, der aufwärts führt zwischen grünenden Hecken. Zur Rechten und zur Linken ruhen die Müden der Erde unter Blumen; aber vor mir, oben, steht von Marmor ein Tempel. Da bleibe ich stehen, und heilige, erhabene Scheu bewegt meine Seele; denn hier ruhen drei Fürsten: Der eine gebot, und Sterbliche hörten auf sein Wort; die zwei andern aber herrschten im Reiche des Geistes, sie waren Könige im Lande der Poesie. — Vereint, wie sie waren im Leben, sind sie es nun im Tode. Ihr Geist aber wirkt noch heute und wird wirken, so lange das Gute und Schöne noch[V-2] Wert hat auf Erden.«

Weißt Du, teure Bella, in welcher Stadt wir waren? Die beiden größten unter den Poeten des modernen Deutschlands lebten hier. Ich war in ihren Häusern und ich glaube, daß die Deutschen einstmals diese Stadt so hoch preisen werden, wie die Griechen es taten mit Athen, und solltest Du den Namen »Weimar« nennen, so hast Du auch die Stadt erraten.

(Aus meinem Tagebuche. Seite 166.)

»Wie gut man in deutschen Eisen-Bahnen schreiben kann! Ich glaube, sie fahren so langsam, um den Fremden das Land zu zeigen. Das ganze Land erscheint mir wie ein großer Park, wohl gepflegt und in schöner Ordnung gehalten. Wiese und Feld und Wald und Flur wechseln ab; und überall, auf den Bergen wie in den Thälern, erblickt man Städte und Dörfer. Das sieht prächtig aus. Wie lachende Augen, so glänzen aus den weißen, reinlichen Häusern die klaren Fenster, und aus der Mitte der Dörfer heben sich von den Kirchen, himmelwärts deutend, die schlanken Türme. Der Zug hält — eine Station!«

Hier, liebe Bella, habe ich Dir vieles zu sagen. Also, der Zug hatte gehalten, — da hörten wir vom nahen Dorfe Musik und Jubel, und wir fragten einen von den Bauern, welche neugierig bei dem Zuge standen und uns eben so anstaunten, wie wir sie: Was bedeutet denn der Jubel im Dorfe? — Heute haben wir Kirmes, sagte der eine. Kirmes? fragte ich. Was ist Kirmes, Herr Doktor?.. Und Dr. Stellen antwortete: Kirmes ist der Bauern größtes Fest in dem Jahre. Da giebt es Wett-Rennen zu Pferde und dann Tanz, und wer weiß, was sonst noch mehr. — Weißt Du was, Frauchen? Wir könnten hier eigentlich bleiben und mit Fräulein Anna einmal Kirmes feiern.

War das nicht schön vom Herrn Doktor? Und bald fuhren wir in einem Bauern-Wagen hinein in das reinliche Dorf. Ich sah immer von einer Seite auf die andere und konnte mich nicht genug wundern über die niedlichen Häuser.

Wir waren in einer andern Welt, in einer ältern Welt.

Unter der Linde in der Mitte des Dorfes, auf einem runden, freien Platze, da ging es lustig her. Da unter dem freien Himmel tanzten die Burschen und die Mädel; und wie sie hüpften und wie sie sprangen und wie sie jauchzten vor Freude! — Doch alles ging in Ordnung zu. O, so komisch sahen die Burschen aus in ihren bunten Westen und in ihren langen, schwarzen Röcken; auf ihren Köpfen standen die hohen, altmodischen, seidenen Hüte. Jeder Bursche hatte an dem Hute einen Strauß von bunten Blumen und ein langes seidenes Band. Blumen und Band hatte der Schatz ihm gegeben, und Rock und Hut waren vom Großvater geerbt, denn auch der Großvater hatte mit der Großmutter die Kirmes so getanzt.

Als der Tanz beginnen sollte, winkte der Bursche mit der Hand und zu ihm kam sein Schatz. O, liebe Bella, ich wünsche, Du hättest gesehen, wie sie tanzten, seine Wange ruhte an der ihren und beider Augen drehten sich zum Himmel vor Wonne. O, es war zu komisch — aber wir durften nicht lachen, denn den Leuten war es Ernst.

Und, liebe Bella, — aber das mußt Du niemandem wieder sagen — ich selbst habe zwei mal mitgetanzt; und wenn ich an Frau Dr. Stellen vorüber kam, und wenn sie sah, wie ich meinen »Schatz« so innig fest hielt und die Augen auf nach oben wandte, dann lachte sie mir laut und herzlich zu. Das war köstlicher Spaß!

Als die Bauern hörten, daß wir aus Amerika kämen, traten viele zu uns und fragten, ob wir den Bruder nicht gesehen hätten oder die Schwester, oder ihren Onkel, oder ihre Tante; sie wären doch auch in Amerika. Auch fragten sie uns, ob wir Eisen-Bahnen hätten und ob es wahr wäre, daß man in Amerika alle Tage Fleisch essen könnte und Butter auf dem Brote; und zuletzt fragten sie, in welchem Monate die Kirmes bei uns in Amerika gefeiert würde.

Die Leute sind noch sehr naiv, nicht wahr? — Aber sie sind gut. Es sind treue, brave Menschen, und zufrieden mit ihrem Loose und voll Poesie und Musik.

Wir blieben über Nacht in dem Dorfe, schlafen aber konnte ich nicht, denn kaum hatte die Dorf-Uhr langsam und phlegmatisch zehn geschlagen, da ertönte ein mächtiges Horn, und ein Mann mit einem großen Hunde und einem langen Spieße ging durch die Straßen und sang, so laut er nur vermochte:

> »Hört ihr Herren und laßt euch sagen:
> Die Glocke hat zehn geschlagen.
> Nehmt in acht das Feuer und Licht,

Daß niemandem Schade geschicht.«

Und jede Stunde machte der Mann die Runde und jede Stunde ließ er an allen Ecken seinen Gesang ertönen, bis die Uhr drei schlug. Da sang er folgendes:

>»Hört ihr Herren und laßt euch sagen:
>Die Glocke hat drei geschlagen!
>Der Tag vertreibet die finstere Nacht,
>Ihr lieben Christen, seid munter und wach
>Man weiß ja nicht, wenn der liebe Gott kommt
>Und uns in seiner Gnade wegnimmt.
>Drum wachet alle Stund' und lobet Gott den Herrn.«

Dann war es still im Dorfe und ermüdet schlief ich endlich ein und schlief recht lange und erwachte, als die Sonne hoch am Himmel stand. — Weißt Du, liebe Schwester, was Spinn-Stuben-Lieder sind?

Dieselben Bauern-Mädchen, die so froh und lustig sind, wenn die Kirmes kommt, sind ernst und fleißig zu allen anderen Zeiten des Jahres; und im Winter am Abend kommen oft viele zusammen in einem Hause und jede bringt ihr Spinn-Rad mit. Da sitzen sie im Kreise und spinnen und erzählen Märchen und singen — Lieder, das sind Spinn-Stuben-Lieder.

Als wir aus dem Dorfe fahren wollten, sah ich zwei Kinder, es waren zwei Knaben. So schön habe ich noch niemals Knaben gesehen; der eine von ihnen war zwei und der andere drei Jahre alt. Ah, Bella, Bella, welche Augen! Welche Locken-Köpfe! Jetzt weiß ich, daß Raphael seine Cherubim-Köpfe auf Erden gesehen hat. — Ich werde sie niemals vergessen.

Nun aber, Schwester, will ich kein Wort mehr schreiben und nur sagen: Lebe wohl und grüße alle Freunde tausendmal von mir. Vergiß auch nicht, Louis zu grüßen von Deiner

      Dich ewig liebenden
        Schwester
         Anna.

Nachschrift: Und vergiß auch nicht, meinem lieben, kleinen Kanarien-Vogel ordentlich Hanf-Samen zu geben, und küsse ihn für mich und sage, daß ich recht oft an ihn denke und daß er brav sein soll in seinem kleinen Hause.

Bella: Solch' einen Brief kann ich nicht schreiben! Hier, Martha, sind die Lieder. Willst Du einige singen? — Du bist nun müde, Gretchen, nicht wahr?

Gretchen: Das ist ein langer Brief.

Martha: Ich werde mit diesem Liede anfangen:

1.

Ein Sträußchen am Hute,
Den Stab in der Hand,
Zieht rastlos der Wandrer
Von Lande zu Land.

Er sieht so manch' Städtchen,
Sieht manch' schönen Ort, —
Doch fort muß er wieder,
Muß weiter fort.

Da sieht er am Wege
Ein Häuschen steh'n,
Das war ja umgeben
Von Blumen so schön.

da tut's ihm gefallen[V-3],
Da sehnt er sich hin, —

Doch fort muß er wieder,
Muß weiter ziehn.

Ein freundliches Mädchen
Das redet ihn an:
Ein herzlich Willkommen,
Du Wanders-Mann!

Sie blickt ihm in's Auge,
Sie reicht ihm die Hand —
Doch fort muß er wieder
In ein anderes Land.

2.

Mein Schatz ist nicht hier,
Ist über die Höh'.
Ich darf nicht dran denken,
Sonst tut's Herz mir so weh!

Gretchen: Das ist ganz niedlich, Martha. Was ist das andere?

3.

Martha:

Blau blüht ein Blümelein,
Das heißt »Vergiß-nicht-mein«.
Dies Blümchen leg' an's Herz
Und <u>denke mein</u>.

Blau ist der Treue Schein,
Blau ist das Auge dein.
Das Blümlein pfleg' auch du,
Wo du auch weilst.

Der über Sternen thront,

Der deine Liebe lohnt,
Der sieht herab auf dich,
Denkst du an mich.

Louis: Bravo, bravissimo! Da capo!

Martha Parks: Guten Tag, Martha! Guten Tag, Gretchen und Bella! Ha, ha, ha!

Bella: Ach — bin ich erschrocken!

Gretchen: Und ich, und sieh einmal Martha an.

Louis: Ich bitte Sie tausend mal um Vergebung; das wollte ich nicht, ich wollte Sie wirklich nicht erschrecken!

Martha Parks: Nein, das wollten wir nicht; so böse sind wir nicht; nicht so, Louis? — Wir klopften, einmal, zweimal; und da hörten wir niemanden »Herein« rufen, und da nahm Louis mich bei der Hand —

Louis: Und da sind wir. Sie sind wohl recht böse auf mich, nicht wahr? Aber ich bin froh, daß ich gekommen bin; denn vor der Thüre hätte ich das wunderschöne Lied nicht hören können.

Martha Parks: Wie schön Ihr singen könnt!

Bella: Das war ein Lied von Anna; sie hat es mir aus Köln geschickt mit vielen Grüßen an alle Freunde und einem besondern Gruße an Louis.

Louis: So? Nun, das freut mich recht sehr; auch einen Gruß an mich; ich danke Ihnen, Fräulein Bella, und geht es Ihrer Schwester Anna gut in Deutschland?

Bella: O ja; sie schrieb mir einen langen Brief. Sie können ihn lesen, wenn Sie wollen. Nehmen Sie ihn nur mit nach Hause; Sie werden lange Zeit dazu gebrauchen, und ich glaube, er wird Sie interessieren.

Louis: Sie sind sehr gütig, mein Fräulein.

Martha Meister: Wir haben Sie ja so lange nicht gesehen, Herr Louis!

Gretchen: Und Ihre Herren Brüder auch nicht!

Bella: Sie sind doch alle wohl?

Louis: O ja; danke, meine Damen, recht wohl.

Martha Parks: Meine Brüder gehen immer auf die ..... die ....., was ist es, Louis? Wohin geht Ihr?

Louis: Auf die Jagd.

Martha Parks: Ja, auf die Jagd und lassen mich alleine, und ich bin dann traurig. Das ist gar nicht schön von ihnen, nicht wahr?

Louis: Nun werden wir nicht mehr so oft gehen, liebe Schwester.

Gretchen: Schießen Ihre Herren Brüder so gut, wie Sie?

Louis: O ja; oft besser. Albert nimmt einen Silber-Dollar aus der Westen-Tasche und wirft ihn mit der linken Hand in die Luft; mit der rechten Hand schießt er dann sein Pistol ab und trifft den Dollar. — Sagen Sie, Fräulein Bella, haben Sie schon Münchhausens Jagd-Abenteuer gelesen? Nein? Nun, meine Damen, dann will ich Ihnen etwas erzählen, das Ihnen gefallen soll.

Der Baron von Münchhausen war einmal auf der Jagd. Da kam ein Hirsch durch den Wald gerannt. Schnell nahm der Baron die Flinte von der Schulter. Aber — o weh! — er hatte keine Kugel mehr. Da nahm er vom Boden einen Kirschen-Stein auf, steckte ihn in die Flinte, zielte, drückte ab und traf das Tier mitten auf den Kopf zwischen das schöne Geweih. Der Hirsch fiel, stand aber im nächsten

Momente wieder auf den Beinen und war auf und davon gerannt.

Ein Jahr später kam Baron von Münchhausen wieder in den Wald und sah wieder denselben Hirsch und auf dem Kopfe zwischen dem Geweihe war ein großer Baum mit reifen Kirschen. Dieser Baum war aus dem Kirschen-Stein <u>gewachsen</u>. Dieses Mal aber hatte Herr v. Münchhausen Kugeln; er schoß und der Hirsch fiel tot zu Boden. Da hatte der Baron einen feinen Braten und Kirschen zum Dessert. War das nicht schön, meine Damen?

Gretchen: O, das war reizend!

Louis: Das ist alles noch nichts. Das Beste kommt noch; hören Sie nur:

Einmal war der Baron nach Rußland geritten auf seinem Pferde; der Winter war sehr streng und es schneite sehr stark. An einem Tage war er schon lange geritten und daher müde geworden, aber er sah kein Haus, und <u>es schneite</u>, als ob alles vom Himmel herunter wollte. Zuletzt konnte er nicht weiter; er war zu sehr ermüdet, und es war schon lange Nacht. Da band er sein Pferd an einen <u>Pfahl</u>, hüllte sich in seinen Mantel, legte sich auf den Schnee und schlief ein.

Am nächsten Morgen, als er wieder erwachte, war er sehr verwundert; denn rings umher sah er Grab-Steine, und er hatte sie doch nicht am Abend gesehen! Er war aus einem Kirch-Hofe. Wo aber war denn sein Pferd? — <u>Er hörte es über sich wiehern</u>; und als er aufblickte, sah er es hängen an der Spitze des Kirch-Turmes.

Nun war alles klar: Gestern hatte es so viel geschneit, daß der Schnee bis über die Häuser und bis über die Turm-Spitze gekommen war, und was er für einen Pfahl angesehen hatte, das war das obere Ende des Kirch-Turmes. Nach

Mitternacht war dann der Schnee geschmolzen; der Baron selbst war allmählich herabgesunken, bis er zuletzt auf dem Kirch-Hofe ruhte. Das Pferd aber hing nun noch oben. Da nahm er sein Pistol, zielte und schoß mitten durch den Halfter. Das Pferd kam herunter, der Baron setzte sich darauf und ritt fröhlich weiter.

Bella: Ist das alles wahr, was Sie da sagen, Herr Louis?

Louis: O ja, mein Fräulein, das ist alles wahr, denn der Baron von Münchhausen hat es selbst erzählt.

Gretchen: Aber, Herr Louis, ich muß Sie wieder fragen: Warum kommen denn Ihre Herren Brüder nicht mehr?

Louis: Bruder Otto ist noch zu müde von der Jagd und ruht sich aus, und Bruder Albert geht oft wie träumend umher, es muß wohl etwas Ernstes sein, über das er sinnt; aber ich mag ihn nicht mehr fragen. Einmal habe ich es getan, und da sah er mich so wunderlich an, — ich wußte nicht, was ich von ihm denken sollte.

Martha Parks: Ich weiß, was er tut; Louis, soll ich es sagen? Aber Ihr dürft es niemandem wieder erzählen — hört Ihr, niemandem.

Bella: O nein, wir wollen es niemandem sagen. Was ist es, Martha? Sprich nur.

Martha Parks: Er macht Gedichte.

Bella: Gedichte?

Martha Parks: Ja, ganz gewiß. Ich kam einmal zu ihm und da sah ich es. Schnell legte er alles zur Seite, und so habe ich nur die Überschrift gelesen, sie lautete: »An Martha«. Ha, sagte ich, Du willst mich überraschen, lieber Albert, nicht wahr? und da lachte er laut und lange und küßte und koste mich und wollte gar nicht enden.

Gretchen: Wirklich?

Bella: So?

Louis: Hm, hm!

Martha Parks: Aber was ist denn, Ihr wundert Euch ja alle so sehr?

Bella: Hast Du.........

Martha Meister: Hast Du schon von Schiller gehört, Martha?

Martha Parks: Von Schiller?

Bella: Ich würde Dir recht herzlich danken, wenn Du uns heute von ihm erzählen wolltest. Du hast mir schon vor langer Zeit versprochen, einmal von diesem großen deutschen Dichter zu sprechen.

Martha Meister: Gerne, gerne will ich heute Deinen Wunsch erfüllen, das heißt, wenn es Euch allen angenehm ist.

Alle: O, wir bitten darum.

Martha Meister: Gut, dann will ich beginnen.

Schillers Vater war ein ernster Mann. Er war Offizier in einem würtembergischen Regimente. Und als er aus dem Lager kam und zum ersten Male an der Wiege seines Sohnes stand, betete er inniglich:

O, gütiger Gott, laß diesen meinen neugebornen Sohn gut werden und groß, und laß ihn alles das erreichen, was ich mir einst selbst gewünscht habe, aber nicht mehr erreichen konnte.

Die Mutter war mild und fromm und lieb, wie es eine Mutter nur sein konnte mit ihrem einzigen Sohne. Und wenn der Vater oft zu strenge gewesen war, so kam Friedrich zur Mutter und vergaß seinen kindlichen Kummer; und wenn die Mutter ihm eine Freude machen wollte, so erzählte sie ihm die Geschichten aus der Bibel. Dann lauschte er mit seinen beiden Schwestern.

Zuletzt sagte der kleine Friedrich: Ich will ein Prediger werden. Das war auch der Mutter lieb, und oft mußte sie lachen, wenn sie ihren Friedrich sah, wie er auf dem Stuhle stand und seinen Schwestern und Freunden eine Predigt hielt.

Einige Jahre später kam er zu einem Pastor und studierte fleißig, und seine Liebe zu diesem guten Manne war so groß, daß er fest entschlossen war, auch ein Prediger zu werden, wie jener. Aber es sollte anders kommen.

In jener Zeit hatte der Herzog von Würtemberg ein Institut errichtet für die Söhne seiner Offiziere, und da er nur die besten Knaben für diese Anstalt wählen wollte, so kam er auch in Schillers Haus.

Frau Schiller aber mochte ihren Sohn nicht in jene Anstalt geben, denn er konnte dort keine Theologie studieren; und dann wollte sie gerne ihren einzigen, geliebten Sohn bei sich behalten. Aber der Herzog wollte und mußte seinen Willen haben. Dreimal war er gekommen, bis zuletzt Friedrich Schiller vom Eltern-Hause in die Anstalt kam, die später den Namen »Karls-Schule« erhielt.

Bella: An Frau Schillers Stelle würde ich den Sohn nicht in jene Anstalt gegeben haben.

Martha: Ah, meine liebe Bella, Du kennst den Herzog nicht. Er war ein arger Tyrann, wie die meisten Fürsten in jener Zeit — und das war eine böse, böse Zeit. Jeder Fürst, und war er noch so klein, wollte leben und herrschen, wie Ludwig XIV. von Frankreich es getan hatte. Sie bauten

Paläste, Theater und Opern-Häuser, hielten Sänger und Ballett-Tänzer, hatten die großartigsten Parks und Gärten und dazu Luxus aller Art; aber das Geld zu diesen Herrlichkeiten nahmen sie von ihren <u>Unterthanen</u>.

Die armen Menschen mußten schwer arbeiten wie Sklaven, damit ihre Herren <u>schwelgen</u> konnten; und als sie nichts mehr hatten und ihnen alles genommen war, da <u>ergriff</u> man ihre Person; von dem Vater und von der Mutter nahm man die Söhne; mit Gewalt <u>riß</u> man sie von ihren Herzen, sah nicht auf ihren Schmerz, hörte nicht auf ihre Klagen; — und die Söhne verkaufte man dann an England, und England schickte sie nach Amerika, — dort sollten sie kämpfen gegen Freiheit und Recht.

So <u>trieben es</u> in jener Zeit die meisten Fürsten, und auch der Herzog Karl. Als er älter war, wurde er freilich anders, und als er seinen fünfzigsten Geburts-Tag feierte, schrieb er ein langes Register seiner Sünden und versprach, sich zu bessern, und ließ dieses in allen Kirchen seines Landes vorlesen.

Diese Besserung aber und auch die Errichtung der Karls-Schule war das Werk seiner Gemahlin. Diese Herzogin war aber zuvor eines andern Mannes Frau gewesen; der Herzog hatte sie jedoch mit Gewalt zu sich genommen.

Louis: Und der Mann, was tat denn der?

Martha Meister: Nichts, Louis; er konnte nichts tun. Karl war ein <u>arger</u> Tyrann — und auch in der Schule. Ihr könnt euch wohl denken, daß es Schiller niemals recht gefiel, schon deshalb nicht, weil er kein Prediger werden konnte und Medizin studieren mußte.

Die Schule war berühmt geworden, und oft kamen hohe Herren von allen Teilen Deutschlands, um sie zu besehen. Einmal war auch der junge Herzog Karl August von

Weimar mit seinem Freunde Goethe[V-4] gekommen. Wie Schiller den jungen Poeten anstaunte! O, rief er aus, wie jung er ist, und doch schon so berühmt! Und ich, ich habe noch nichts getan, und wer weiß, ob ich wohl jemals etwas Großes tun werde!

Da standen sie zum ersten Male zusammen und sie gingen von einander und wußten nicht, daß sie einst die beiden großen Poeten Deutschlands und die besten Freunde werden sollten.

Ein anderes Mal kam Lavater nach der Karls-Schule. Lavater war damals berühmt; nicht allein, weil er ein geistreicher Mann und ein sehr frommer Prediger war, sondern auch deshalb, weil er ein Werk geschrieben hatte über Physiognomie.

In der Karls-Schule führte man ihm die Schüler vor, daß er sie sehe und ein Urteil abgebe über ihren Charakter und ihre Fähigkeiten. Nachdem er schon viele gesehen und beurteilt hatte, kam auch ein langer, hagerer Mensch. Lavater befühlte seinen Kopf, sah ihm scharf in die Augen, musterte ihn von oben bis unten und rief voll Entsetzen: O, o, das wird ein großer Spitzbube werden! —

Schiller war es; dieses Mal hatte sich der gute Lavater arg getäuscht.

Nachdem Schiller genügend studiert hatte, wollte er auch sein Examen machen in der Medizin und schrieb seine Arbeit. Die Professoren prüften sie und fanden sie gut; — doch meinten sie: Schiller denke nicht immer so wie sie; er habe zu viele eigene Ideen und allzu viel Feuer.

Wohl, sagte der Herzog, so soll Schiller noch ein Jahr bei

uns bleiben, wir wollen ihm das Feuer erst legen. — Und Schiller mußte noch ein Jahr länger in dieser Anstalt bleiben, die er haßte.

In diesem Jahre schrieb Schiller sein erstes Drama, aber die Professoren und der Herzog durften es nicht wissen. Nachts im Geheimen mußte er schreiben, und da er zuletzt sein Werk beendet hatte und es seinen Freunden fern im finstern Walde vorlas, da war ihr Enthusiasmus unbeschreiblich, — solche Gedanken in deutscher Sprache hatten sie nie zuvor weder gelesen noch gehört.

Bald hatte Schiller auch sein Examen gemacht und war Arzt geworden in einem Regimente, das in Stuttgart stand. Nun ließ er sein Drama drucken, und es ging in die Welt und entflammte alle Herzen. Überall, überall, wo man deutsch verstand, las man »Die Räuber,« in den besten Theatern spielte man dieses Stück und Schiller war mit einem Male berühmt geworden.

Der Herzog selbst war stolz darauf, denn Schiller war ja aus seiner Schule hervorgegangen; und doch wollte er ihn verhindern, ferner Poesie zu schreiben. »Bücher über Medizin mag der Schiller schreiben, keine Poesie,« — so etwa schrieb der Tyrann an den Poeten.

Louis: Es ist ein Glück für diesen Herzog Karl, daß ich nicht zu seiner Zeit gelebt habe. Schiller hat doch Poesie geschrieben, nicht wahr?

Martha Meister: Gewiß, aber das ist eine lange Geschichte, und ich fürchte, es wird Ihnen zu viel, Herr Louis.

Louis: O nein, mein Fräulein. Sie wissen sehr wohl, wie gespannt ich nun bin. Bitte, seien Sie so gut und erzählen Sie weiter.

Martha Meister: Zur selben Zeit lebten auch in Stuttgart die Herren Wolzogen; sie waren Schul-Kameraden und Freunde von Schiller, und ihre Mutter nahm großes Interesse an dem jungen Poeten und gehörte zu denen, die ihn bewunderten, und sie hätte gar zu gerne einmal »Die Räuber« im Theater zu Mannheim gehört.

Schiller reiste dahin mit ihr und einer andern Freundin; aber da er heimlich, ohne des Herzogs Wissen, Stuttgart verlassen hatte, so hatte er die Damen gebeten, mit niemandem darüber zu reden. Das versprachen denn auch die Damen sehr schnell.

Und sie kamen zurück und hatten »Die Räuber« gesehen und dazu die Begeisterung der Menschen; — und sie konnten nicht schweigen, es war ihnen unmöglich! — Und nur einer Freundin erzählten sie es; aber sie sagten zu ihr, daß sie es niemandem weiter erzähle. Und die Freundin hatte auch eine Freundin und diese wieder eine andere; und eine Freundin erzählte es der andern, aber hatte immer zu derselben gesagt: »Ja nicht weiter erzählen« — und so war es endlich doch zu des Herzogs Ohren gekommen.

Der Herzog war ergrimmt, daß Schiller, ein Offizier des Regiments, es gewagt hatte, ohne seine Erlaubnis die Garnison zu verlassen, und er gab ihm daher einige Wochen Arrest. Schiller aber hatte beschlossen, frei, für immer frei zu werden.

Bald darauf wurde wieder des Herzogs Geburts-Tag gefeiert, und die Gäste waren von weit und breit gekommen; und da war großes Gedränge; Gäste zu Wagen und zu Pferde kamen und gingen.

In derselben Nacht fuhr langsam ein Wagen zum Thore hinaus, darin saßen zwei Männer, tief in ihre Mäntel gehüllt. Die Nacht war finster, kein Stern stand am Himmel, und die Beiden im Wagen saßen lautlos da. Nur einmal, als der Wagen die Soldaten am Thore passierte, atmeten sie laut und frei, und dann fuhr der Wagen schnell, und zuweilen konnte man einen Seufzer und die Worte hören: Meine arme, arme Mutter!

Früh am nächsten Morgen hielt der Wagen in Mannheim, und ein schlanker, hoher Mensch sprang herab, — es war Schiller, der den Händen des Tyrannen entflohen war; er war in einem andern Lande, — er war frei. An seine Schwester schrieb er damals so:

»6. November 1782.

Teuerste Schwester!

Gestern Abend erhielt ich deinen lieben Brief und ich eile, dich aus deinen und unserer besten Eltern Besorgnissen über mein Schicksal zu reißen.

Daß meine völlige Trennung von Vaterland und Familie nunmehr entschieden ist, würde mir sehr schmerzhaft sein, wenn ich sie nicht erwartet und selbst befördert hätte, wenn ich sie nicht als die notwendigste Führung des Himmels betrachten müßte, welche mich in meinem Vaterlande nicht glücklich machen wollte. Auch der Himmel ist es, dem wir die Zukunft anvertrauen, von dem ihr und ich, gottlob nur allein, abhängig seid; und Ihm übergebe ich euch, meine Teuern; Er erhalte euch fest und stark, meine Schicksale erleben und mein Glück mit der Zeit mit mir teilen zu können. Losgerissen aus euren Armen, weiß ich keine bessere, keine zuverlässigere Niederlage meines teuersten Schatzes, als Gott. Von Seinen Händen will ich euch wieder empfangen und — das sei die letzte Thräne, die hier fällt!..... .... Noch einmal, meine innig geliebte Schwester, vertraue auf Gott, der auch der

Gott deines fernen Bruders ist, dem dreihundert Meilen eine Spanne breit sind, wenn Er uns wieder zusammen gebracht haben will. Grüße unsern besten, allerteuersten Vater und unsere herzlich geliebte, gute Mutter, meine liebe, redliche Louise und unsere kleine gute Nanette. Wenn mein Segen Kraft hat, so wird Gott mit euch sein. Ein inneres, starkes Gefühl spricht laut in meinem Herzen: Ich sehe euch wieder. — Vertraue auf Gott! Es wird kein Haar von uns allen auf die Erde fallen.

Ich werde zu weich, Schwester, und schließe. Wenn du die Wolzogen sprichst, so mache ihr tausend Empfehlungen .... Ich kann nicht weiter schreiben. Du schreibst mir, wie bisher, über Mannheim.

Ewig dein treuer, zärtlicher Bruder
Friedrich Schiller.«

So schrieb er an seine älteste Schwester, und Ihr werdet wohl gemerkt haben, daß er in Mannheim nicht mehr war. Die Verfolgung des Herzogs fürchtend, war er bald weiter geflüchtet, wohin aber, das wußten nur wenige.

Schiller war verschwunden, sein Name wurde nun lange nicht mehr gehört; — aber auf einem Land-Gute der Frau von Wolzogen sah man jetzt zuweilen einen schlanken Mann durch Feld und Wald gehen, langsam, mit gesenktem Haupte, oft wie träumend. Und wenn die Leute ihn so sahen, so meinten die einen, er müsse viel denken; andere meinten, er müsse wohl große Sorgen haben — alle aber zogen voll Achtung den Hut vor ihm ab.

Es war Schiller. Hier lebte er und hier dichtete er »Fiesko«. Doch bald durfte er wieder nach Mannheim zurückkehren, und da vollendete er sein drittes Drama,

»Kabale und Liebe« — und auch dieses Drama gefiel.

Schiller hätte nun glücklich leben können, denn er war frei und wurde berühmt; aber er war arm. Das machte ihm jetzt besonders viel Sorge; denn als er »Die Räuber« hatte drucken lassen, hatte ein Freund, ein Offizier, das Geld für ihn geborgt; und da Schiller das Geld noch nicht zurückzahlen konnte und der Freund selbst kein Geld hatte, den Wechsel zu bezahlen, so mußte er in das Gefängnis wandern, der Freiheit und der Ehre beraubt — durch Schiller; und dieser konnte an keine Hülfe denken für den treuen Freund.

Schiller war in Verzweiflung und murrte gegen die Göttin der Poesie, die ihm bis heute nur Kummer und Leiden gebracht hatte. Wahrlich, er wollte die Ungetreue verlassen, wollte sich ganz dem Studium der Medizin hingeben und niemals, niemals wollte er wieder dichten.

Aber es sollte nicht so kommen.

Zu dieser Zeit kam von Leipzig ein Brief an Schiller. Zwei Herren und ihre Bräute hatten ihm gemeinschaftlich geschrieben, sie wollten dem Dichter der Räuber den Tribut ihres Dankes darbringen; die Damen hatten auch eine Hand-Arbeit an Schiller gesandt mit der Bitte, sie anzunehmen als Zeichen ihrer großen Bewunderung.

Das ist von Gott, dachte Schiller, und schrieb zurück und erzählte seine traurige Lage und bat um Hilfe für seinen gefangenen Freund, und bald erhielt er eine Summe, welche groß genug war, den Freund zu befreien; Schiller selbst aber folgte der Einladung, nach Leipzig zu kommen und wohnte jetzt bei seinem guten und reichen Freunde Körner.

Louis: Nobler Körner!

Martha Meister: Ja, nobler Körner! Er zerstreute die finsteren Wolken, die über dem Haupte des Dichters schwebten, und brachte ihm bessere Tage. Manche lehrreiche und manche frohe Stunde verlebten sie da.

Und einmal, da sie so recht freudig zusammen gewesen waren, hatte Schiller im Vollgefühl seines Glückes seine Ode »An die Freude« gedichtet.

Gretchen: »Freude, schöner Götter-Funken«?

Martha Meister: Dasselbe. Beethoven faßte durch dieses Gedicht die Idee zu seiner großen, wunderbaren Symphonie, der neunten.

Gretchen: Und endete sie mit den Worten des Dichters.

Martha Meister: So ist es, Schwester.

Bella: Und was war Schillers nächstes Drama?

Martha Meister: »Don Carlos«.

Gretchen: Verzeihe, Schwester, wenn ich nochmals unterbreche. Es dürfte für Bella von Interesse sein zu hören, daß die Musen den edlen Körner reichlich belohnten für das, was er an ihrem Liebling, Schiller, getan hatte.

Bella: Wie meinst Du das, Gretchen?

Gretchen: Körners Sohn, Theodor Körner, ist besonders von den Musen geliebt worden. Theodor Körner ist ein deutscher Dichter von Gottes Gnaden. Er war wie sein und seines Vaters Freund ein Dichter der Freiheit. Das deutsche Volk ehrt ihn hoch und gedenkt seiner mit besonderer Liebe. Mit der Leier sang und mit dem Schwerte kämpfte Theodor Körner für sein Vaterland; und da er einst in einer Schlacht schwer verwundet wurde und im Walde lag und vermeinte, er müsse hilflos sterben, da schrieb er mit der letzten Kraft die folgenden Verse:

Abschied vom Leben.

(Als ich schwer verwundet und hilflos in einem Holze lag und zu sterben meinte. Nachts 17.-18. Juni 1813.)

>Die Wunde brennt — die bleichen Lippen beben.
>Ich fühl's an meines Herzens <u>matterm</u> Schlage:
>Hier steh' ich <u>an den Marken meiner Tage</u> —
>Gott, wie du willst, dir hab' ich mich ergeben.
>Viel gold'ne Bilder sah ich um mich schweben;
>Das schöne Traum-Bild wird zur Toten-Klage.
>Mut! Mut! — Was ich treu im Herzen trage,
>Das muß ja doch dort ewig mit mir leben!
>Und was ich hier als Heiligtum erkannte,
>Wofür ich rasch und jugendlich <u>entbrannte</u>, —
>Ob ich's nun Freiheit, ob ich's Liebe nannte:
>Als <u>lichten</u> Seraph seh' ich's vor mir stehen;
>Und wie die Sinne langsam mir vergehen,
>Trägt mich ein <u>Hauch</u> zu morgenroten Höhen.
>—

Aber seine Todes-Stunde war noch nicht gekommen; Leute hatten ihn gefunden und erhielten ihn am Leben.

Martha Meister: Laß uns einmal sein »Gebet während der Schlacht« singen, Gretchen, das ist groß.

>Vater, ich rufe dich:
>Brüllend umwölkt mich der Dampf der Geschütze,
>Sprühend umzucken mich rasselnde Blitze.
>Lenker der Schlachten, ich rufe dich!
>Vater du, führe mich!

Vater du, führe mich!
Führ' mich zum Siege, führ' mich zum Tode;
Herr, ich erkenne deine Gebote.
Herr, wie du willst, so führe mich,
    Gott, ich erkenne dich!

    Gott, ich erkenne dich!
So im herbstlichen Rauschen der Blätter
Als im Schlachten-Donnerwetter,
Urquell der Gnade, erkenn' ich dich.
    Vater du, segne mich!

    Vater du, segne mich!
In deine Hand befehl' ich mein Leben,
Du kannst es nehmen, du hast es gegeben;
Zum Leben, zum Sterben segne mich.
    Vater, ich preise dich!

    Vater, ich preise dich!
Es ist ja kein Kampf um die Güter der Erde, —
Das Heiligste schützen wir mit dem Schwerte.
D'rum fallend und siegend preis' ich dich!
    Gott, dir ergeb' ich mich!

    Gott, dir ergeb' ich mich!
Wenn mich die Donner des Todes begrüßen,
Wenn meine Adern geöffnet fließen,
Dir, mein Gott, dir ergeb' ich mich!
    Vater, ich rufe dich!

Gretchen: So, Schwester, nun werde ich Dich nicht mehr stören.

Louis: Wie ist es userm Schiller weiter ergangen, Fräulein Martha?

Martha Meister: Er war Professor geworden an der Universität zu Jena, und seine Vorlesungen über Geschichte waren so beliebt, daß Studenten von vielen anderen Universitäten kamen, um ihn zu hören. Und das war auch gar nicht zu verwundern; denn Schiller gab seine Vorlesungen ganz anders und viel besser als die anderen Professoren der Geschichte und wie er schon Großes geleistet hatte in der deutschen Poesie, so tat er es jetzt in der Geschichte.

Auch in seiner Familie war er glücklich. Er hatte ein treues, liebes Weib und viele Freunde; — doch den teuersten von allen sollte er später finden.

Da waren eines Abends zu einer gelehrten Gesellschaft viele Professoren gekommen, unter diesen auch Goethe[V-5]. Als die Sitzung zu Ende war, begleitete er Schiller. Sie sprachen lebhaft zusammen und gewiß über etwas, was von hohem Interesse für beide war. Denn Goethe[V-6] war sehr erstaunt, als er mit einem Male vor Schillers[V-7] Wohnung stand; aber er ging mit Schiller hinein, und dort sprachen sie weiter, und es war schon spät, als sie sich trennten.

In dieser Nacht geschah es, daß Goethe[V-8] und Schiller Freunde wurden für das ganze Leben.

Goethe[V-9] wohnte in Weimar, und bald zog nun auch Schiller dahin, um ganz der Poesie zu leben; und hier erstanden in der Freundschaft dieser beiden großen Männer diejenigen Werke, welche Deutschland zu seinen besten zählt. Hier schrieb Schiller das große Drama »Wallenstein«, auch »Maria Stuart« und »Die Braut von Messina«, sowie »Die Jungfrau von Orleans« und dann die wunderschönen Balladen.

Als Schiller im Jahre 1798 nach langer Zeit wieder einmal nach Leipzig gekommen war, spielte man dem Dichter zu

Ehren im Theater »Die Jungfrau von Orleans«.

Auch der Poet war gegenwärtig, und als das Drama beendet war und er das Theater verlassen und auf die Straße treten wollte, hatten sich viele tausend Menschen vor dem Hause aufgestellt. In tiefster Ehrfurcht trennte sich die Menge und ließ den Poeten durch die Mitte gehen, und auf beiden Seiten beugten sich alle mit entblößtem Haupte vor ihm. Die Mütter hatten ihre Kinder gebracht und in die Höhe gehoben und ihnen zugeflüstert: Seht, seht, das ist er! — War das nicht ein herrlicher Triumph für den Dichter?

Einst hatte er in jungen Jahren von Dichter-Ruhm und von Unsterblichkeit geträumt und in seinen reiferen Jahren sah er Ruhm und Unsterblichkeit, und die Bewunderung von Mit- und Nachwelt waren ihm reichlich zu teil, aber im Ringen des Geistes war die Hülle zerbrechlich geworden.

Der Poet war schwach und krank und sein Ende sah er eilends nahen. Ach, so vieles hätte er noch gerne sagen mögen von dem, was ihm die große edle Seele füllte, und da schrieb er sein letztes, sein lieblichstes von allen seinen Werken »Wilhelm Tell«.

Gretchen: Ja, ja, Martha, da hast Du recht, »Wilhelm Tell« ist ein Juwel in Schillers Werken.

Martha Meister: Mir ist es das liebste von allen seinen Dramen, und ich glaube, dem deutschen Volke ebenfalls. »Wilhelm Tell« ist Schillers Testament, und wie sein erstes, so ist sein letztes Drama — ein Sang der Freiheit.

»Bewahret euch die Freiheit; sie ist teurer, als alles, was ihr besitzet!« — rief er dem deutschen Volke zu. Mit seinem Propheten-Auge hatte er die nahenden trüben Zeiten gesehen und er kannte bereits den Tyrannen, der das Volk zu bedrücken kam, und darum wollte er vor seinem Tode seiner Nation noch zeigen, was ein edles Volk tun sollte, wenn man ihm sein Bestes, die Freiheit, rauben will.

Ob er recht gesehen hatte?

Im Jahre 1808 — Schiller weilte nicht mehr unter den Sterblichen — als Napoleons Hand schwer auf Europa und vornehmlich auf Deutschland lastete, da spielte man im Theater zu Berlin »Wilhelm Tell«, Schillers Drama. Von Anfang an folgte man mit Spannung, bis zuletzt der Enthusiasmus schwoll und alle so gewaltig packte, daß das ganze Publikum sich von den Sitzen erhob und, sich selbst vergessend, mit den Schauspielern rief:

>»Wir wollen sein ein einig Volk von Brüdern,
>In keiner Not uns trennen und Gefahr.
>Wir wollen frei sein, wie die Väter waren,
>Eher den Tod, als in der Knechtschaft leben.
>Wir wollen trauen auf den höchsten Gott
>Und uns nicht fürchten vor der Macht der Menschen.«

Und den Deutschen kam wieder Mut und Kraft und Freiheit.

Gretchen: Ja, Napoleon hat dieses Drama gefürchtet, denn es hatte eine Macht, bedeutender als Vogt.

Martha Meister: Das ist wahr. — Aber wie schön, Gretchen, ist die Sprache in »Wilhelm Tell«, nicht wahr? Es ist etwas Wunderbares in dieser Sprache, ein Etwas, das ich in keinem andern Drama von Schiller und auch bei keinem andern deutschen Poeten wiederfinde, — ich meine, es sei der Geist des Poeten, der noch ruht zwischen den Silben und Wörtern. Ich bitte Dich, liebe Schwester, sage doch einmal jene Stelle, in welcher Melchthal das Unglück seines Vaters beklagt.

Gretchen: Also, der junge Melchthal war von Hause

entflohen vor dem tyrannischen Vogte und hatte Schutz gefunden beim edlen Walther Fürst. Stauffacher, der Patriot, kommt zu diesem, bespricht mit ihm des Landes Unglück und erzählt auch von der Grausamkeit des Vogtes, wie nämlich dieser den alten Melchthal geblendet habe, weil er nicht sagen wollte oder konnte, wohin sein Sohn sich geflüchtet hätte. Alles dieses hatte der junge Melchthal im nächsten Zimmer gehört; er stürzt hervor, und in seinem großen Seelen-Schmerze ruft er aus:

>»O, eine edle Himmels-Gabe ist
>Das Licht des Auges — alle Wesen leben
>Vom Lichte, jedes glückliche Geschöpf —
>Die Pflanze selbst kehrt freudig sich zum Lichte.
>Und er muß sitzen, fühlend, in der Nacht,
>Im ewig Finstern — ihn erquickt nicht mehr
>Der Matten warmes Grün, der Blumen Schmelz,
>Die roten Firnen kann er nicht mehr schauen —
>Sterben ist nichts, — doch leben und nicht sehen,
>Das ist ein Unglück. — Warum seht ihr mich
>So jammernd an? Ich hab' zwei frische Augen
>Und kann dem blinden Vater keines geben,
>Nicht einen Schimmer von dem Meer des Lichts,
>Das glanzvoll, blendend mir in's Auge dringt.«

So spricht der junge Melchthal und er schwört dem Wüterich Rache und spricht zu den beiden Männern, Walther Fürst und Stauffacher, daß sie an's Freiheits-Werk gehen mit ihm. Und sie machen einen Plan, und dann ruft der junge Melchthal diese Worte:

>— »Blinder, alter Vater,
>Du kannst den Tag der Freiheit nicht mehr schauen;
>Du sollst ihn hören. — Wenn von Alp zu Alp

Die Feuerzeichen flammend sich erheben,
Die festen Schlösser der Tyrannen fallen,
In deine Hütte soll der Schweizer wallen,
Zu deinem Ohr die Freuden-Kunde tragen,
Und hell in deiner Nacht soll es dir tagen.«

Bella: O, Gretchen, ist das herrlich!

Louis: Und wie schön, wie schön Sie das lesen, liebes Fräulein. Sehen Sie, meiner Schwester Martha kommen die Thränen aus den Augen.

Martha Parks: Ja, und Dir auch, Louis.

Martha Meister: Mit Thränen dürft Ihr aber nicht aus unserm Hause gehen; bleibet noch ein wenig hier, wir wollen — ja, was wollen wir doch gleich tun? Bella, Gretchen, sprechet!

Bella: Laßt uns Pfänder spielen.

Gretchen: O ja; »Zwanzig Fragen«.

Martha Meister: Ich möchte Euch einen Vorschlag machen. Als Du, liebe Schwester, Annas Brief vorgelesen hattest, kam mir die Idee, wie interessant es sein müßte, wenn wir Rätsel gäben, wie Anna es getan hat in ihrem Briefe. Entschuldigt mich einen Moment, und dann werde ich Euch zeigen, was ich meine; ich will nur jenen Kasten mit Photographien holen. So, ich habe hier diese Bilder gewählt. Ich gebe Ihnen eins, Herr Louis, und auch Dir eins, Martha. Aber du mußt es niemandem zeigen, Martha; halte es fest an Dich — so, das ist recht.

Martha Parks: Kann ich es nicht einmal Louis zeigen?

Martha Meister: Nein, niemandem, Martha; wir wollen ja gerade raten, welche Persönlichkeit Du in der Hand hast. — Hier, Bella, nimm dieses, und dieses ist für Dich, Gretchen; — und nun möchte ich Euch zeigen, wie ich es meine:

Ich habe in meiner Hand das Bild eines Mannes; er ist alt, aber sehr freundlich und schön. Weißes Haar wallt in Locken von seinem Kopfe, der schön geformt ist. Seine Stirne ist hoch und geistreich, seine Augen blicken mild, — ich vermute, sie sind blau, doch gewiß weiß ich es nicht, — und sein Mund ist so freundlich; der alte Herr scheint so gütig, ich möchte ihn küssen. Ihr könnt noch nicht wissen, wer es ist; — ich will euch noch ein wenig mehr sagen. Er ist kein Amerikaner, — er ist sehr berühmt, und er hat viele Jahre außerhalb seines Vaterlandes gelebt.

Bella: Ist es ein Deutscher?

Martha Meister: Nein.

Martha Parks: Ein Engländer?

Martha Meister: Nein.

Louis: Ein Franzose?

Martha Meister: Nein.

Gretchen: Ein Spanier?

Martha Meister: Nein.

Bella: Kein Franzose, kein Engländer, kein Deutscher, kein Amerikaner, kein Spanier. Ist er ein Italiener?

Martha Meister: Nein.

Louis: Dann ist es kein Europäer; es ist ein Chinese.

Martha Meister: O nein, Louis; er hat keinen Zopf — es

ist ein Europäer.

Martha Parks: Ist es ein Däne?

Martha Meister: Richtig, ein Däne.

Gretchen: Ein Däne? — Schön, berühmt und alt? Hat lange im Auslande gelebt? Wer mag das sein?

Bella: Ach, Martha, Du machst es auch zu schwer.

Louis: Was hat er denn Berühmtes getan?

Martha Meister: Raten Sie doch, Herr Louis!

Louis: War er ein Soldat?

Martha Meister: Nein.

Bella: Ein Kaufmann?

Martha Meister: Nein.

Gretchen: Dann war er ein <u>Künstler</u>.

Martha Meister: Das war er.

Martha Parks: Ein Musiker?

Martha Meister: Nein.

Bella: Ein Maler?

Martha Meister: Nein.

Bella: Nun, dann kann ich es nicht erraten.

Martha Meister: Nun, Gretchen, sinne nach; Du mußt es finden.

Gretchen: Kenne ich ihn?

Martha Meister: O ja; wir haben ein Werk von ihm.

Gretchen: Er ist kein Poet? — nein; ich glaube, ich habe es. Ist er ein <u>Bild-Hauer</u> — ja? Wir haben eine Statue von ihm, nicht wahr? — Lebte er lange in Rom?

Martha Meister: Ja, ja; — nur weiter.

Gretchen: Ist es Thorwaldsen?

Martha Meister: Ja, Thorwaldsen ist es. — Hier ist sein Bild.

Bella: O, wie schön er ist.

Louis: Das hätte ich niemals geraten.

Martha Meister: Nun, Herr Louis, wissen Sie, was ich meine; nun können Sie beginnen.

Louis: Sehr wohl: — Ich halte hier in meiner Hand das Bild eines Mannes, welcher sitzt; er ist nicht sehr groß, aber er hat große <u>Stiefel</u> an. Er ist auch ein berühmter Mann; er blickt sehr finster aus seinen Augen und ist ein Franzose und ist auf einer fernen Insel gestorben.

Bella: Das ist Napoleon.

Louis: O Bella, warum raten Sie es so schnell? Sie sind zu klug.

Martha Meister: Sie machen es uns zu leicht, Herr Louis.

Bella: Jetzt können Sie es bei mir auch so machen, Herr Louis. Ich habe ein wunderschönes Bild, es ist reizend. Es ist ein Mann; er ist jung, und seine schöne, geschickte Hand stützt den Kopf, auf dem eine Kappe sitzt, so eine Art Barett, wissen Sie; darunter hervor quellen die prachtvollsten Locken, und die Augen, — o, die Augen, Louis, sollten Sie sehen!

Louis: Das ist gar kein Mensch, das muß ein Engel sein.

Bella: Nein, Louis; bleiben wir ruhig auf der Erde.

Martha Meister: Was ist er? Ist er ein Bildhauer?

Bella: Nein.

Martha Meister: Ist er ein Künstler?

Bella: Ja.

Gretchen: Ein Italiener?

Bella: Ja. — Geh' nicht zu schnell Gretchen.

Louis: Ist er ein Musiker?

Bella: Nein.

Louis: Ein Maler?

Bella: Ja.

Louis: Ist es Raphael?

Bella: Ja, nun sind wir quitt, Louis; nicht wahr?

Louis: Und nun kommen Sie, Fräulein Gretchen.

Gretchen: Mir hat man keines schönen Mannes Bild gegeben. Er ist häßlich, sehr häßlich; dafür war er aber um so geistreicher; und trotz seiner Häßlichkeit hat ihn einmal eine Marquise im Theater vor einem großen Publikum im Namen des Publikums umarmen und küssen müssen.

Bella: So, das wird ja recht interessant.

Gretchen: Ja; er trägt eine Perücke.

Martha Parks: Washington?

Gretchen: Nein, Martha, nicht Washington. Er war kein

Amerikaner, er war kein Republikaner, aber er hat eine Republik befördert und einen großen König hatte er zum Freunde.

Martha Meister: <u>Das sind Widersprüche</u>.

Gretchen: Und doch ist alles in Ordnung.

Martha Meister: War es ein Franzose?

Gretchen: Ja.

Martha Meister: Und war er sehr <u>geizig</u>?

Gretchen: Ganz recht.

Martha Meister: Und hat er am Ende sehr viel Wohlthätiges getan mit seinem Gelde?

Gretchen: Ja, ja; nun sag' es nur, Du hast es schon erraten.

Martha Meister: War es Voltaire?

Gretchen: Voltaire.

Martha Parks: Nun will ich es Euch aber nicht schwer machen, denn es ist von selbst schon schwer genug.

Martha Meister: So, Du machst uns wirklich angst, Martha.

Martha Parks: Durch diesen Mann kam eine Revolution über die ganze Erde.

Louis: Oho!

Martha Parks: Ja, ja, Louis; so sagte meine Gouvernante.

Louis: O, dann ist es wahr, Schwester; und weiter?

Martha Parks: Und er hat einen Hut auf.

Louis: So?

Martha Parks: Ich bin noch nicht zu Ende. Der Hut ist nicht wie Dein Hut, Louis; auch nicht wie Alberts oder Papas Hut.

Louis: Dann hat er am Ende einen Damen-Hut auf.

Martha Parks: O nein; Männer tragen solche Hüte, aber nicht auf dem Lande.

Louis: Nicht auf dem Lande; hm, hm, — und war er ein Amerikaner?

Martha Parks: Ein Amerikaner, — ja — nein, er war nicht in Amerika geboren.

Louis: Ist er in Europa geboren worden?

Martha Parks: O ja.

Bella: In Deutschland?

Martha Parks: Nein, Bella, nicht in Deutschland, auch nicht in England und nicht in Frankreich und nicht in Spanien und nicht in Dänemark.

Martha Meister: Vielleicht in Holland?

Martha Parks: Nein, Martha.

Gretchen: In Italien?

Martha Parks: Ja, in Italien ist er geboren worden — nun, ich will Euch ein klein wenig helfen, — ich sehe, es wird Euch wirklich schwer. Die Menschen waren sehr böse gegen ihn und haben ihm gar nicht gedankt für das Gute, was er getan hat für sie, und zuletzt hat man ihn in ein Gefängnis geworfen, und er ist begraben worden mit seinen Ketten.

Louis: Wer mag das nur sein?

Martha Parks: O, Louis! Das weißt Du nicht? Columbus ist es, Columbus!

Louis: O, meine Damen, das hätten wir auch wissen können.

Martha Parks: So, nun kommst Du, Martha.

Martha Meister: Aber ich habe ja schon — weißt Du nicht?

Martha Parks: Ja, aber damit hast Du es uns nur gezeigt.

Louis: Bitte, mein Fräulein.

Martha Meister: Nun wohl. Den Mann, dessen Bild Sie mir gaben, Herr Louis, müssen wir alle verehren wegen seiner großen Gelehrsamkeit; der Wissenschaft hat er sein ganzes Leben geopfert und sein großes Vermögen, und vielleicht hat nie ein Mann vor ihm gelebt, der so gelehrt gewesen ist wie er. Er ist sehr alt geworden; er kommt aus einer edlen Familie und sein Bruder, der ebenfalls sehr gelehrt war, hat auch viele Bücher geschrieben; die größten Männer Deutschlands und viele Fürsten waren seine Freunde. Kennt Ihr jetzt den Mann?

Bella: Noch nicht; war er selbst ein Deutscher?

Martha Meister: Ja.

Gretchen: War es Alexander von Humboldt?

Martha Meister: Erraten, Schwester, erraten!

Louis: So, meine Damen; nun müssen wir aber doch wohl gehen; — es wird uns zu spät, nicht wahr, Martha?

Martha Parks: Wir müssen nun gehen und müssen sehen, wie es unserm Bruder Otto geht.

Martha Meister: Grüßen Sie ihn von mir.

Gretchen: Und von mir.

Bella: Auch von mir, bitte.

Martha Parks: Adieu! Wir haben immer so viel Vergnügen bei Euch.

Gretchen: Das freut uns. Kommt recht bald wieder.

Bella: Und bringt die Herren Brüder mit!

Martha Parks: Danke.

Louis: Adieu!

VI.

Bella: Herr Doktor, sagen Sie mir, sind Sie unglücklich?

Gretchen: Aber — welche Frage, Bella!

Dr. Albert: Verzeihen Sie dieses Lächeln, mein liebes Fräulein, aber Ihre Frage ist wirklich überraschend für mich — und dabei sind Sie so originell und sehen mich so ängstlich, so neugierig an mit Ihren großen, schönen Augen! — Was auf Erden, beste Freundin, bringt Sie auf solche Gedanken?

Bella: Ich — ich —

Louis: Ich war es, nicht wahr, Fräulein Bella? Ich erzählte Ihnen, daß Bruder Albert seit kurzem immer sehr ernst sei und immer Falten auf der Stirne habe — etwa so — siehst Du, Albert, ganz wie ich jetzt, so siehst Du gewöhnlich aus.

Dr. Albert: Aha — ich verstehe. Die Herrschaften waren so gütig, meine Persönlichkeit zum Gegenstande ihrer Betrachtungen zu machen. Für diese Ehre schulde ich Ihnen großen Dank, in der Tat; allein da werde ich in Zukunft wohl recht vorsichtig vor Ihnen sein müssen. Also Falten haben Sie auf meiner Stirne entdeckt, wirkliche Falten und daher die wohlgemeinte Frage meiner Freundin: »Herr Doktor, sind Sie unglücklich?« Aber bedeuten Falten denn immer Unglück? Oftmals sind sie Zeichen der Sorge oder des Schmerzes und auch der Reue; oft aber deuten sie auf ernstliches Denken und sind wie die dunklen Schatten, welche hier und da auf grünen, sonnigen Bergen ruhen.

Der Landmann sieht sie häufig mit Freude, denn gerade diese Schatten kommen von den Wolken, welche über den Bergen und auf ihren Gipfeln schweben und seinen durstigen Saaten den warmen, befruchtenden Regen verheißen. — Nun möchten Sie wohl gar zu gerne wissen, meine Freundin, was die Falten auf dieser Stirne bedeuten? Denken Sie ja nicht allzu viel nach, meine Freundin, sonst — sonst —

Bella: Bekomme ich auch solche Falten, nicht wahr?

Dr. Albert: Und das wäre doch schade, Bruder Otto, meinst Du nicht so?

Gretchen: Sie zeigen soeben, Herr Doktor, daß Sie selbst sehr gerne beobachten.

Dr. Albert: O gewiß, mein Fräulein, das thue ich, denn alles in der Welt hat Interesse für mich: Menschen und Pflanzen, Tiere und Steine, alles, alles. Die Betrachtung der Natur zumal gewährt mir hohen Genuß. Geht es Ihnen nicht auch so, Fräulein Martha?

Martha Meister: Auch ich finde viel Freude im Beschauen der Natur; allein wie wenig Gelegenheit findet man dazu in einer großen Stadt.

Bella: Das meine ich auch. Ich lese und höre so viel von dem Schönen, von den Wundern der Welt; aber hier bin ich jahraus, jahrein inmitten einer ungeheuern Masse von Backsteinen. Ich möchte wohl auch einmal etwas in der Welt beschauen.

Dr. Albert: Wirklich? Dann gehen Sie doch einmal mit mir, wenn ich durch die Wälder streife.

Bella: O, das wäre herrlich, Herr Doktor! — Nein, nein, es geht doch wohl nicht, denn Sie bleiben ja immer so lange fort. Was Sie da wohl tun, wenn Sie Tag und Nacht von Hause bleiben? — Ei, das möchte ich gar zu gerne erfahren, mein lieber Herr Doktor — aber das sind wohl auch Geheimnisse, nicht wahr?

Dr. Albert: Durchaus nicht, mein Fräulein. Ich weile gern in der großen Stadt, denn gerade dieses Lärmen und Treiben ist es, wodurch auch in mir die Lust zum Schaffen erweckt wird. Allein, wenn nach langem Studieren und Schreiben und Denken mein Auge ermattet und die Hand mir erlahmt und mein Ohr des nimmer endenden Geräusches müde wird, wenn mein Geist seine Frische verliert und den Mut und den Enthusiasmus, — dann schließe ich schnell mein Buch und mein Zimmer, dann ergreife ich die Flinte und eile hinaus in die weite, weite Welt und steige hinauf auf die Berge.

Oftmals geschah es dann wohl, daß ich lange nach Mitternacht noch lauernd im Gebüsche stand. Aus den schlanken Tannen kam dann das Reh mit dem Jungen arglos und langsam hervor und so lieblich war es im silbernen Lichte des Mondes anzuschauen, daß ich, auf die Flinte gestützt, ruhig blieb und mich so lange erfreute am Anblick, bis sie beide in graziöser Schnelle weiter dahin eilten.

Öfters aber schaute ich auf zum dunkelblauen Himmels-Zelte, zu den Sternen ohne Zahl, und unaussprechliches Staunen erfaßte mich über die unbeschreibliche Pracht. Wessen Seele müßte nicht heiligste Ehrfurcht empfinden vor solch' erhabenem Anblicke? Sind nicht viele jener Sterne tausend und tausendmal größer als der Erdball? Welcher Verstand könnte die Unendlichkeit des Welten-Raumes erfassen, in dem alle diese Sterne ihre eigenen Bahnen mit unglaublicher Schnelle durcheilen! Der Mensch kann nur staunen. — Ein Nichts erscheint er sich selbst, ein Atom im Weltall; er beugt in Demut sein Haupt vor dem Schöpfer und versinkt in die tiefste Anbetung. In seinem Innern aber erhebt sich dann wohl jauchzend die Stimme: Der allgewaltige Schöpfer dieser wunderbaren, großen, unendlichen Welt ist ja auch dein liebender Vater; er wachet und waltet über alle Wesen mit Vater-Güte und dem Menschen gab er die Einsicht, daß er dieses verstehe, und er gab ihm ein Herz, daß er es fühle. Dann hebt sich die Brust, und neues Leben durchrinnt mich wieder. Neue Gedanken und neue Pläne zu großen und guten Taten beginnen in mir zu keimen; elastisch springe ich auf aus meinem Verstecke und dringe vorwärts. überall um mich in den Büschen regt es sich, denn der Tag bricht neu an. Ich klimme aufwärts, bis ich den Gipfel des Berges erreiche, ah — von neuem eine unbeschreibliche Überraschung! Vor mir liegt der Ocean, endlos, endlos; ich erhebe meine Hände beim Anblick desselben, mein Herz strömt über von Glück, aus den Augen brechen Thränen der Freude, und meine Lippen murmeln — Worte des Psalmisten: »Preise den Herrn, meine Seele, die Welt ist seiner Herrlichkeit voll, die Majestät des Herrn ist groß und mächtig. — O, wie sind deine Werke wunderbar — alles hast du mit Weisheit geschaffen — die Erde ist voll deiner Güter. — Dem Herrn sei Lob und Ehr' in Ewigkeit.«

Martha Parks: O Albert, wie Du sprechen kannst. Ich könnte Dir immer zuhören.

Martha Meister: Herr Doktor, Sie sprechen mir wie aus der Seele.

Dr. Albert: Das will ich wohl glauben, mein Fräulein; ich sah in Ihre Augen und da las ich wie in einem Buche.

Otto: Geht es Dir auch so wie mir, Albert? Wenn ich mit Personen rede, welche mir ganz und gar sympathisch sind, dann entstehen auf einmal in mir Gedanken, die ich nie zuvor gehegt. Welch' wunderbare Macht doch das menschliche Auge besitzt!

Martha Meister: Gleichen hierin nicht manche Augen der Sonne, deren Strahlen Leben erzeugen, wenn sie auf fruchtbaren Boden fallen?

Otto: Mein Fräulein, Ihr Vergleich gefällt mir.

Martha Parks: Otto, welche Augen hältst Du für die schönsten, die blauen oder die braunen?

Otto: Schwesterchen, möchtest Du wohl anstatt meiner Ansicht die schönen Worte eines Poeten hören?

Martha Parks: Ach ja, bitte, Otto.

Otto: In Mirza Schaffy's Liedern heißt es so:

> »Ein graues Auge —
> Ein schlaues Auge.
> Auf schelmische Launen
> Deuten die braunen;
> Des Auges Bläue
> Bedeutet Treue,
> Doch eines schwarzen Aug's Gefunkel
> Ist stets, wie Gottes Wege, dunkel!«

Bella: Das ist ganz reizend. Was meinst Du dazu, Martha?

Martha Parks: Es ist ein allerliebstes Gedicht. Laß doch mal sehen, Bella, was für Augen hast denn Du? O, Du hast braune Augen, Du hast schelmische Augen, Bella. Wißt Ihr aber auch, wer die schönsten Augen hat? Ich weiß es. — Ein Freund meines Bruders Albert. Er wohnt in Deutschland und bald kommt er zu uns. Albert hat mir viel von ihm erzählt; er hat große, blaue Augen, sagt Albert, und bald sind sie melancholisch und bald traurig, und dann wieder mutig, — nicht wahr, Albert, hast Du mir nicht so gesagt?

Dr. Albert: Ja, ja, Du kleine Schwätzerin!

Martha Parks: Ach, sollte ich nicht davon sprechen, Albert? Das habe ich nicht gewußt. Aber das schadet nicht, Albert, unsere Freundinnen dürfen alles wissen, Martha und Gretchen und Bella, nicht wahr?

Bella: Aber warum wollen Sie uns nicht auch von ihm erzählen, Herr Doktor? Sie sind unser Freund und Ihre Freunde sind auch die unsern, und wir müssen sie kennen. Ist es nicht, wie ich sage? Gretchen, sprich Du!

Gretchen: Gewiß, Herr Doktor, Ihre Freunde finden bei uns stets einen herzlichen Empfang.

Dr. Albert: Dafür danke ich Ihnen, meine Freundinnen, und erlauben Sie mir zu sagen, daß ich auf Ihre Freundschaft sehr stolz bin.

Bella: Und wir auf die Ihrige.

Martha Meister: Wir bitten Sie, Herr Doktor, Ihren Freund nach seiner Ankunft bei uns einzuführen.

Dr. Albert: Ich bin Ihnen außerordentlich verbunden, allein ich dürfte kaum in die Lage kommen, von Ihrer gütigen Erlaubnis Gebrauch zu machen.

Gretchen: Aber weshalb denn nicht, Herr Doktor?

Dr. Albert: Mein Freund geht selten in Gesellschaft, niemals aber dann, wenn Damen gegenwärtig sind.

Gretchen: Was Sie sagen!

Martha Meister: Aber Ihr Freund fürchtet sich doch nicht vor Damen?

Dr. Albert: Nein, das nicht; aber wie ich sagte, meine Damen, es ist wirklich so.

Bella: Damenscheu! — O das ist wirklich interessant. Herr Doktor, wir lassen Sie heute nicht gehen, wenn Sie uns nicht viel, wenn Sie nicht alles, was Sie wissen, von Ihrem Freunde erzählen. Fangen Sie schnell an, bitte, bitte, lieber Herr Doktor, ich werde Ihnen dafür auch ewig dankbar sein.

Louis: Albert, solchen Bitten kannst Du nicht widerstehen, das weiß ich.

Dr. Albert: Wenn ich Ihnen willfahre, Fräulein Bella, so geschieht es sicher gegen den Willen meines Freundes.

Bella: Er wird Ihnen vergeben; wir alle werden für Sie um Verzeihung bitten.

Dr. Albert: Wohl, dann will ich's wagen!

Ehe ich vor mehreren Jahren nach Deutschland reiste, hatte ich oft gehört, daß unsere Eisenbahnen viel besser wären, als diejenigen in Europa; und als ich nun nach meiner Ankunft in Deutschland abends spät in Hamburg in den Eisenbahn-Zug einstieg, um nach Hannover zu fahren, fand ich es wirklich so. Da war ich zum ersten Mal in einem Coupé[VI-1]. Die Sitze an sich waren allerdings sehr bequem, allein das Coupé war recht eng, und man hatte weder genügend Luft noch Licht und gar keine Freiheit der Bewegung. Man kann nicht, wie bei uns, von einem Wagen zum andern gehen, man hat nicht einmal Verbindung mit den Coupés[VI-2] desselben Wagens. Ich fühlte mich beengt. Wie unangenehm, dachte ich, muß es doch sein, wenn man in solch' kleinem Raume mit Reisenden zusammentrifft, welche uns nicht behagen, oder wie gefährlich könnte es werden, wenn man nachts allein mit unredlich Menschen reisen müßte. Dabei fahren die deutschen Eisenbahnen bei weitem nicht so schnell, wie die unsrigen.

Mehrere Stunden mochte ich wohl gefahren sein, als der

Schaffner rief: »Aussteigen! Dieser Zug bleibt hier liegen, der nächste Zug nach Hannover kommt in einer Stunde.« — Ich stieg aus und ging in den Wartesaal. Es war eine Stunde nach Mitternacht und es war kühl. In dem hohen Zimmer, das vom Tabacks-Rauche schwarz gefärbt und darum düster war, brannte ein kleines Licht; ich war sehr müde und schlief bald auf einem Stuhle. Ein heftiges Schütteln erweckte mich; ein Mann hatte mich an beiden Schultern gefaßt und schrie mit Donner-Stimme mir ins Ohr: »Einsteigen nach Hannover.« Es war zwei Uhr. — Murrend über die rauhe Störung und noch halb schlafend, ergriff ich hastig mein Gepäck und eilte hinaus. Kaum erreichte ich meine Coupé, so brauste der Zug schon weiter. Ich sah mich um, — war ich allein? ha — in der einen Ecke saß ein Mann mit einem großen breiten Hute und blickte mich schrecklich an, so daß ich unwillkürlich nach meiner Pistolen-Tasche griff. Ebenso schnell war der Kerl in der Ecke aufgesprungen, hielt mir einen Revolver entgegen und schrie: Was wollen Sie? — Was wollen Sie? rief ich. — Ich will nichts, wohl aber Sie. — O, ich will auch nichts. — Warum griffen Sie nach Ihrem Pistol? — Weil Sie nach dem Ihrigen griffen und mich anstarren, lüstern wie ein Räuber.

Ich — ein Räuber! rief er und lachte dabei so herzlich, daß ich nun völlig munter wurde und mich wahrhaft schämte. Betrachten Sie mich ordentlich, guter Freund; sehe ich aus wie ein Räuber, sagte er und dabei nahm er seinen Hut vom Kopfe und zeigte ein sonnenverbranntes Gesicht. Die Züge desselben waren regelmäßig. Die Stirne war hoch und der Kopf höchst charakteristisch; wahrhaft schön aber waren die großen Augen. Ich bat ihn, mir meinen Irrtum zu vergeben. Bitte sehr, bitte, mein Herr, sagte er in melodischer, freundlicher Stimme; Sie sind ein Fremder, wie ich an Ihrer Sprache höre und tun sehr wohl daran, vorsichtig zu sein. — Wir reichten einander die Hände, setzten uns nieder und hatten bald die interessanteste Unterhaltung in englischer Sprache. Er sprach das Englische so rein und so fließend, daß es mir selber nicht klar wurde, welches von beiden Ländern seine Heimat wäre, ob England oder ob Deutschland. Er erzählte gerne und gut von seinen großen Reisen, er sagte mir, daß er gerade jetzt von einer Reise um die Welt nach dem Eltern-Hause in Berlin zurückkehre, und ich bemerkte ihm dann auch, daß ich selbst nach Berlin reisen wollte, um dort zu studieren. Ich erzählte ihm von meiner Familie und von meinen Absichten, und da die Sonne herauf kam, waren wir beide erstaunt, daß die Nacht so schnell vergangen war. Dieses war meine erste Nacht auf deutschem Boden, und dieses war meine erste Begegnung mit meinem Freunde.

Gretchen: Und ist das derselbe Freund, welchen Sie jetzt hier erwarten?

Dr. Albert: Derselbe, mein Fräulein.

Martha Parks: Armer Mensch! Er ist gar nicht glücklich, nicht wahr, Albert?

Bella: Aber was ist denn Ihrem Freunde Böses widerfahren, Herr Doktor?

Dr. Albert: Das ist eine traurige Geschichte. Sie sollen sie hören, vielleicht werden Sie dann weniger, als andere, seine Zurückhaltung mißdeuten.

Mein Freund ist kein geborner Deutscher. Sein Vater hatte in der Jugend Deutschland verlassen und war nach vielen Reisen zuletzt in Indien geblieben. Er gründete ein bedeutendes Handels-Haus, und seine Schiffe brachten die Schätze des Landes in alle Teile der Welt. Man hielt ihn für den reichsten unter den dortigen Handels-Herren. Seine Gattin war eine Engländerin, und da er im Osten seinem einzigen Sohne nicht die erwünschte Erziehung geben konnte, so kehrte er mit seiner Familie nach der Heimat zurück, wo er in Berlin sich einen fürstlichen Palast erbaute. Sein Sohn hatte dann das Gymnasium mit gutem Erfolge absolviert und war gerade zur Universität gegangen, als der Krieg zwischen Deutschland und Frankreich ausbrach. Deutschlands Jugend eilte mit Begeisterung zu den Waffen, und auch mein Freund Heinrich stand nicht zurück. In den Schlachten war er der erste und hatte sich durch Tapferkeit und Mut derartig vor anderen hervorgetan, daß man ihn nicht allein mit dem eisernen Kreuze schmückte, sondern ihn auch zum Range eines Offiziers beförderte. Bei allen seinen Kameraden war er beliebt, und alle freuten sich über seine Auszeichnung. Er selbst war stets der fröhlichste von allen, voll Lebenslust und Witz, nie ermüdet und voll Vertrauen auf sein gutes Glück. Dies machte ihn zu kühn. In der Schlacht bei Gravelotte war er unter den Mutigsten der erste; vorwärts drang er, immer vorwärts, von Position zu Position; und er führte seine Kompagnie im Sturm-Schritte voran und schwang hoch und siegestrunken die erbeutete Fahne, da sank er, von einer Kugel getroffen, bewußtlos zu Boden.

Als er wieder zum Bewußtsein gekommen war, sah er sich verwundert um. Er war in einem fremden Zimmer auf einem bequemen Lager. Kameraden hatten ihn nach dem nahen Schlosse eines französischen Nobelmannes gebracht, und die Tochter des Hauses pflegte ihn unter Aufsicht des Arztes. Seine Verwundung war schwer; man zweifelte an seiner Errettung, er selbst aber sprach lebhaft in seinen Fieber-Phantasien von den Augen eines Engels, die schützend über ihm wachten. Und wirklich schien es so; denn was die Ärzte kaum zu hoffen gewagt hatten, das geschah — er genas. Und als er nach vielen Wochen endlich wieder zum ersten Male am Arme seiner treuen Pflegerin einen Gang in den Garten machen konnte, da war er wirklich zu neuem Leben erstanden. Glücklicher war er nie zuvor in seinem Leben gewesen und dankbar blickte er auf zu ihr — zu seiner Retterin. Sie verstand seinen stummen Blick. Kein Wort wurde gesprochen, nur die Vögel in den Büschen sangen lieblich. Ah, wie herrlich erschien beiden die Welt. — Schnell schritt seine Genesung nun vorwärts und nicht lange nachher erhielt er die Weisung, in seine Heimat zurückzukehren. Zuvor jedoch hatte er beim Herrn des Schlosses um die Hand der Tochter gebeten, und das war mit ihrer Erlaubnis geschehen. Allein des Vaters höfliche, aber entschiedene Worte lauteten so:

»Mein Herr, Sie haben gegen mein Vaterland das Schwert geführt. Zu meinem größten Bedauern muß ich es aussprechen, daß dieser unglückliche Umstand eine nähere Verbindung mit meiner Familie unmöglich macht.« —

Mein Freund reiste nach seiner Heimat. Unaussprechlich war die Freude seiner Eltern über ihren geretteten Sohn. Ah — sie wußten nur von der einen Wunde, welche nun geheilt war, die andere, die schmerzlichere, die vom Pfeile Amors, konnten sie nicht sehen. — Gerne gaben sie ihrem Sohne die Erlaubnis, auf Reisen zu gehen. Unter fremdem Himmel, unter fremden Menschen hoffte er das Vergangene vergessen zu können. Sein Kämpfen war vergebens, — da eilte er endlich nach vielen, vielen Monden zurück in die Heimat derjenigen, um deren willen er so litt. Er erreichte die Stadt. Vom Turme läuteten die Glocken, und viele Menschen gingen zur Kirche. Auch er trat ein, noch zeitig genug, um die letzten Segens-Worte zu hören, welche der Priester über ein neu vermähltes Paar aussprach; und dann verließ das Braut-Paar die Kirche. Der Bräutigam war ein Offizier der französischen Armee und mit triumphierendem Blicke führte er an seinem Arme die schöne Braut. Aus ihren Augen aber rollten große Thränen. Waren es Freuden-Thränen? Dem Braut-Paare aber folgte ernsten Schrittes ihr

Vater. Es war jener Nobelmann und er hatte nun seinen Willen durchgesetzt. Von diesem Tage an wurde mein Freund ernst und schweigsam. Er begann ein Leben voll rastloser Thätigkeit, machte eine Reise um die Welt, beobachtete die Menschen aller Länder, kam zurück, studierte weiter in Berlin und drang tief in alle Gebiete des Wissens ein. Er besitzt alles, was viele andere Menschen zufrieden und glücklich machen würde, allein er selbst ist es nicht. Wie oft habe ich ihn getröstet und ermuntert, wie oft ihm Vorwürfe gemacht; dann aber pflegte er zu sagen: Mein Lieber, ich habe lange und schwer gerungen, diese Schwäche zu überwinden, bis heute ist es mir nicht gelungen, ihrer Herr zu werden, und Gott allein weiß, ob ich dieses jemals erreichen werde. Mein Leben ist wie eine Landschaft zur Nacht-Zeit; auf Bergen und Hügeln und Flüssen und Seen und Fluren ruht das matte Licht des Mondes — wie ganz anders wäre doch alles im heitern Sonnenscheine. Es ist der Sonnen-Schein, der auch meinem Leben fehlt.

Bella: Und dieser Freund, sagten Sie, kommt jetzt zu uns hierher, Herr Doktor?

Dr. Albert: Ja, mein Fräulein, er folgt meinem Wunsche und seines Vaters Rat. Der Vater selbst war auch einmal in seiner Jugend hier gewesen.

Gretchen: Und glauben Sie nicht, Herr Doktor, daß er bei uns wieder froher werden dürfte?

Dr. Albert: Ah, mein liebes Fräulein, wenn das möglich wäre!

Gretchen: Und warum sollte es unmöglich sein, trauen Sie uns so wenig zu?

Dr. Albert: Nein, es ist nicht Mißtrauen gegen Sie, allein nach meinen Erfahrungen muß ich jene Möglichkeit bezweifeln.

Bella: O, Herr Doktor, wir können vieles, wenn wir wollen, und Gretchen kann alles, wenn sie will. Nicht wahr, Martha?

Martha Meister: Ja, ja — und wir alle würden ihr helfen, wir würden hören auf jedes ihrer Worte, wir würden achten auf jeden ihrer Winke; was meinst Du dazu, Gretchen?

Dr. Albert: Die Damen sind in der Tat zu gütig, allein, allein — ich fürchte, Sie mühen sich vergebens.

Gretchen: Wie wäre es, Herr Doktor, wenn wir Ihren scheuen Freund, der sich von den Freuden der Welt zurückzieht, dahin brächten, daß er selbst uns, den Damen, den Vorschlag zu einem Picknick machte?

Dr. Albert: Dann will ich Sie als meine Meisterin anerkennen; aber, mein Fräulein, können Sie zaubern oder Wunder tun?

Gretchen: Zuweilen. — Wollen Sie Ihren Freund bei uns einführen?

Dr. Albert: Das wird sehr schwierig sein, aber ich werde es versuchen.

Gretchen: Und wollt Ihr mir in allem auf's genaueste folgen?

Alle: Wir wollen in allem auf's genaueste folgen.

Gretchen: Und versprechen, keinem Menschen ein Wort vom Komplott zu erzählen?

Alle: Wir versprechen, keinem Menschen ein Wort vom Komplott zu erzählen.

Gretchen: Wie feierlich das klang. — Wohlan, so gehen

wir frisch an's Werk. Sie sollen schon sehen, Herr Doktor, wie wir triumphieren werden.

Dr. Albert: Ihre Mühe wird größer sein, als Sie denken.

Gretchen: Der Preis ist des Ringens wert.

Bella: Wissen Sie, Herr Doktor, daß ich mich fürchte vor diesem Freunde.

Dr. Albert: Dazu haben Sie keine Ursache, bestes Fräulein, er ist der liebenswürdigste, treueste Mensch von der Welt.

Bella: Mißverstehen Sie mich nicht, Herr Doktor, ich fürchte nicht ihn, sondern seine große Gelehrsamkeit — ach, ich weiß so wenig, so wenig.

Dr. Albert: Darum haben Sie ja keine Sorgen — außerdem wird Otto Ihnen zur Seite stehen. Nicht wahr, Bruder Otto?

Bella: Was studieren Sie denn jetzt, Herr Otto?

Otto: Herders Werke. Den »Cid« und die »Ideen zur Philosophie der Geschichte der Menschheit« habe ich beendet. Das erste würde auch Ihnen, mein Fräulein, sehr gut gefallen. Heute Morgen las ich einige Parabeln, welche mir großes Vergnügen bereitet haben.

Bella: Würden Sie so gütig sein, Herr Otto, uns einige dieser Parabeln zu erzählen?

Otto: Recht gerne, mein Fräulein.

Unmittelbar nach Erschaffung des Weltalls war der Mond eben so groß und so brillant wie die Sonne. Damit aber war der Mond nicht zufrieden und sprach: Warum komme ich nicht vor der Sonne, warum muß ich ihr folgen? Und der Mond grämte sich und wurde dadurch bleich und klein. — Sein Glanz aber war in den Welten-Raum gegangen, und dadurch waren die Sterne entstanden. Mit Schrecken gewahrte der Mond seine Veränderung und er betete. Da sandte Gott einen Engel, der sprach also zum Monde: Schuf nicht der allweise Gott dich so groß und so schön wie die Sonne? Kam dein Unglück nicht durch deine eigene Schuld? Und nun mußt du so bleiben für ewige Zeiten. Doch mildere deinen Schmerz, guter Mond, denn wenn die Menschen nach des Tages Last ermüdet sind, so wenden sie sich mit Freude von der Sonne Glut zu deinem sanfteren Licht, und die Unglücklichen werden zu dir aufblicken und bei dir Trost suchen und finden, denn du selbst warst ja unglücklich und verstehst sie und fühlst mit ihnen.

Und so ist es noch heute.

Bella: Meinen besten Dank, Herr Otto; — nun aber sagen Sie mir auch, warum ist das Wort »Mond« ein Masculinum? Sie sagten immer »der Mond«.

Otto: Das weiß ich wirklich nicht, Fräulein Bella; weißt Du es, Albert?

Dr. Albert: Darüber habe ich noch niemals nachgedacht.

Bella: Soll ich es Ihnen sagen? Nun, der Mond muß ja ein Masculinum sein — denn er geht nachts alleine aus. Nicht lachen, meine Freunde, still sein; Otto, noch eine Parabel, ich bitte schön.

Otto: Einmal waren die Menschen recht schlecht auf Erden, da sandte Gott ein großes Wasser — die Sündflut, und alle Menschen kamen um, nur Noah nicht und seine Familie; sie wohnten in der Arche. Und als sie eine lange Zeit darin verbracht hatten, sandte Noah einen Raben aus, damit er sehe, ob die Wasser von der Erde verschwunden seien.

Bella: Entschuldigen Sie mich, Herr Otto, war es nicht eine Taube, welche er ausschickte?[VI-3]

Otto: Später sandte er eine Taube, denn der Rabe war nicht wieder gekommen; er hatte nämlich auf Erden so viel Leichnam gefunden, daß er Noah, seinen Wohlthäter, vergaß. Aber die Strafe kam bald über den Undankbaren. Auf der Erde waren noch so viele schlechte Dünste, und davon wurde der Rabe, welcher früher weiß war wie Schnee, ganz schwarz. Und so ist er noch heute; und wenn der Rabe seine Jungen sieht, so schaudert er vor der Häßlichkeit und wird hart gegen sie. Und noch heute sagen wir von Eltern, welche grausam gegen ihre Kinder sind, »seht die Raben-Eltern«.

Und nun werde ich Ihnen noch eine Parabel erzählen, das soll aber meine letzte sein:

Als Alexander der Große in Afrika war, kam er auch in ein Land, in dem die Leute so reich waren, daß sie ihm in silbernen Schalen goldene Früchte entgegenbrachten. Er aber sprach: Ich bin des Silbers und des Goldes wegen nicht in euer Land gekommen, eure Sitten will ich kennen lernen. Und da führte man ihn auf den Markt-Platz. Der König des Landes saß gerade auf seinem Throne, um Recht zu sprechen, und vor ihm standen zwei Männer. Da sprach der eine derselben: Von diesem Manne hier habe ich einen Sack mit Spreu gekauft und als ich den Sack öffnete, fand ich diesen großen Klumpen Gold in demselben — nun aber will dieser Mann ihn nicht zurücknehmen. Nein, sagte der andere, ich will ihn nicht zurücknehmen, denn es wäre nicht recht; ich verkaufte ihm den Sack mit allem, was darin wäre.

Der König hatte beide gehört. Dann sann er eine Weile und sprach zu dem einen: Hast du nicht einen Sohn? Ja, mein König. — Und jener hat, wie ich weiß, eine Tochter.

Wohlan, da ihr beide rechtschaffene Männer seid, so verheiratet euere Kinder und gebet ihnen das Gold. — Beide Männer gingen befriedigt von dannen, Alexander aber war sehr verwundert. Als der König das sah, fragte er: Sage mir, fremder König, war mein Urteil nicht gerecht? Wie würde man denn in deinem Lande gehandelt haben?

In meinem Lande, erwiderte Alexander, würde der Richter beide enthauptet und das Gold für sich selbst genommen haben. — O, o! rief da der König, und läßt Gott die Sonne in jenem Lande scheinen? — Ja —. Und läßt er regnen? — Ja —. Wohl, versetzte der König, so ist es der unschuldigen Kinder und der dummen Tiere wegen. — So, Fräulein Bella, jetzt bin ich zu Ende. —

Bella: Dank, besten Dank, Herr Otto. — Wie gefallen Ihnen diese Parabeln, Herr Louis?

Louis: Sehr gut, mein Fräulein.

Martha Parks: Du bist aber heute sehr ruhig, Louis!

Martha Meister: Auch ich habe mich im Stillen darüber gewundert.

Louis: Ich beginne jetzt ebenfalls, ernst zu werden.

Dr. Albert: Oho, Bruder Louis, wozu denn das?

Louis: Ich bereite mich vor auf die Ankunft Deines Freundes.

Dr. Albert: Ei! Wie machst Du denn das?

Louis: Ich studiere deutsche Philosophie. —

Dr. Albert: Du — — Philosophie? —

Martha Parks: Das ist wohl sehr schwer, Louis, nicht wahr?

Louis: Sehr schwer, Schwester. — Das Schwierigste habe ich heute studiert; gerade bevor ich hierher kam, da las ich dieses:

In Bagdad war einmal ein weiser und guter Kalif. Am besten aber war er immer, wenn er nach Mittag sein <u>Schläfchen</u> gehalten hatte, seine Tasse Mokka trank und seine lange Pfeife rauchte. Darum kam auch sein Großvezier immer um diese Zeit zu ihm; und als derselbe eines Nachmittags mit ernstem Gesichte eintrat, fragte ihn der Kalif: Großvezier, warum hast du denn heute Falten auf der Stirn? O, sagte der Vezier, als ich soeben in den Palast gehen wollte, sah ich vor der Pforte einen <u>Krämer</u> mit den schönsten Sachen stehen; zu gerne hätte ich manches für meine Gemahlin gekauft — allein mir fehlt es an Geld. — Gehe und bringe ihn herauf zu mir. — Der Großvezier ging und bald stand der Krämer vor dem Kalifen, der für sich selbst und den Vezier ein Paar schöner Pistolen kaufte und für dessen Gemahlin die feinsten <u>Kämme</u> von <u>Elfenbein</u> und die kostbarsten Ringe und <u>Armbänder</u>. Gerade wollte der Krämer seinen Kasten schließen, da bemerkte der Kalif in der einen Ecke noch ein Kästchen und fragte den Krämer, was er darin zu verkaufen habe. Ei, sagte der Krämer <u>geheimnisvoll</u>, in diesem Kästchen ist ein wunderbares Pulver, ich habe es von einem andern Kaufmann erhalten, der es nebst einer Schrift selbst auf der Straße zu Mekka gefunden hat. Aber da ist niemand, welcher die Schrift lesen kann, denn es ist die einer ausländischen Sprache; ich will euch beides, Pulver nebst Schrift, zu den gekauften Waren überlassen. Und er gab beides dem Kalifen und ging. Dieser sah in die Schrift und wunderte sich, denn dieselbe war völlig verschieden von der arabischen, und er wurde sehr begierig zu wissen, was die Schrift enthalte. Da sagte der Vezier: Am Ende der Stadt, nicht weit von der Moschee, wohnt ein Mann namens Selim, die Leute nennen ihn den gelehrten Selim, denn er versteht alle Sprachen der Welt und gewiß auch diese; wenn ihr befehlt, so gehe ich und rufe ihn. Thue das, sprach der Kalif; und der Vezier ging und kam bald mit dem Gelehrten zurück. Der Kalif sagte zu ihm: Die Leute nennen dich den gelehrten Selim, zeige mir nun, daß du den Titel verdienst. Kannst du diese Schrift mir lesen, so werde ich dich reichlich belohnen; kannst du es nicht, so lasse ich dir fünf und zwanzig auf die Sohlen geben. Selim nahm die Schrift in die Hand und sagte dann nach einer Weile: Wahrlich, das ist Lateinisch und heißt im Arabischen so: Mensch, der du dieses hörest, preise Allah. So du von diesem Pulver nimmst und schnupfest und dich dreimal nach Osten beugest und das Wort mutabor sprichst, kannst du dich verwandeln in die Form eines jeden Tieres, das du siehst, und kannst auch dessen Sprache verstehen; doch mußt du dich hüten zu lachen, sonst wirst du das Wort vergessen, das notwendig ist, um wieder Mensch zu werden. — Als der Kalif dieses hörte, beschenkte er den Gelehrten reichlich, gebot ihm tiefes Schweigen und hieß ihn gehen.

Am nächsten Morgen früh war der Kalif mit seinem Vezier in dem großen Garten des Palastes, aber da sie kein Tier sahen, so gingen sie weiter und kamen in das Feld an einen Teich. Da machten sie Halt, denn aus dem Wasser kam soeben ein Storch und bald flog ein anderer zu ihm aus der Luft, und sie hoben die langen Schnäbel und sahen sich an und bald machte der eine und dann wieder der andere klapp, klapp. — Die beiden dort führen sicherlich eine Unterhaltung, sagte der Kalif, ich möchte wohl hören, was sie zu sprechen haben, gieb mir doch von dem Pulver. Der Vezier nahm die Schachtel mit dem Pulver aus der Tasche. Nimm du zuerst, Vezier, ich will doch sehen, wie die Sache wird. Der Vezier nahm darauf von dem Pulver, schnupfte es, sagte mutabor und bückte sich drei Mal gegen Osten, und da wurde seine Nase so lang wie der Schnabel eines Storches, sein Bart und seine Haare wurden zu Federn, seine Arme wurden zu Flügeln und seine Beine lang und dürr wie Storch-Beine. Verwundert rief da der Kalif: Vezier, ihr seid wahrhaftig ein ganzer Storch, wie drollig ihr ausseht, nein, so etwas sah ich im Leben noch nicht. Nun gebet mir schnell von dem Pulver. Und der Kalif nahm auch von dem Pulver, sagte auch das Wort mutabor, bückte sich ebenfalls dreimal gegen Osten und siehe, auch er war nun ein Storch. Beide horchten und verstanden die folgende Unterhaltung. Der erste Storch, welcher aus dem Teiche gestiegen war, hatte zum andern zu sprechen begonnen: Guten Morgen, Fräulein Nichte! — Guten Morgen, Frau Tante. — Haben Sie gut geschlafen? — Danke, so, so. — Wollen Sie heute Morgen Frühstück mit mir nehmen? — Ach nein, ich danke, habe gar keinen Appetit, meine Mama hat heute Abend große Gesellschaft, da soll ich vor den Gästen Solo tanzen und da kam ich soeben hierher, um noch ein wenig zu üben. Entschuldigen Sie gütigst, Frau Tante. — Darauf ging der Storch gravitätisch auf- und abwärts, drehte sich links und drehte sich rechts und bewegte die Flügel hin und her. Das alles war aber so außerordentlich komisch, daß der Kalif laut zu lachen begann und Kalif und Vezier lachten so lange, bis der letztere endlich sagte: O_{z}[VI-4] o, nun aber kann ich wirklich nicht mehr. Die Störche hatten sich verwundert umgeschaut und waren erschreckt davon geflogen.

Plötzlich aber sagte der Kalif: Vezier, wir sollten ja nicht lachen — Vezier, welches ist doch das Wort? Mu—mu— machte der Vezier, mehr konnte er nicht hervorbringen und auch der Kalif hatte das Wort vergessen. Sie bückten sich wohl tausendmal gegen Osten — aber das half nichts, sie blieben Störche.

Das aber war doch recht traurig, denn als Storch wollte der Kalif nicht zurück gehen in die Stadt; und sie sannen hin und her, was wohl am besten zu tun sei. Da kamen sie zuletzt auf die Idee, nach Mekka zu fliegen zum Grabe des Propheten; dort wollten sie um Hülfe bitten. — Sofort begannen beide zu fliegen, und als sie hoch in den Lüften über Bagdad schwebten, gewahrten sie auf den Straßen der Stadt ein großes Gedränge der Menschen. Viele waren zu Pferde, und ihnen voraus ritt ein junger Mann auf weißem Rosse mit prächtigen Waffen und Kleidern.

Ah — sagte der Kalif zu seinem Vezier, das ist Mansor, der Sohn meines Feindes; er zieht jetzt ein in mein Schloß als Kalif. Ich verstehe nun alles, ich weiß nun zu wohl, wer jener Kaufmann war, der mir das Pulver brachte, — es war sein Vater, der Zauberer. Welch' ein Komplott! Vorwärts, Vezier, komme hinweg aus dieser Stadt, vorwärts nach Mekka! Und so schnell flog er, daß der Vezier kaum folgen konnte. Zuletzt — es war schon Abend geworden — sagte der Vezier: Ich kann nun wahrlich nicht mehr; ich sehe dort in der Ferne eine Ruine, laßt uns daselbst über Nacht verweilen.

Als sie an das alte Gemäuer gekommen waren, wollte der Kalif hinein gehen, der Vezier aber hielt ihn am Flügel zurück und sagte: Ihr werdet doch nicht hinein gehen, wer weiß, was darin ist. Der Kalif aber war furchtlos und schritt voran; ängstlich folgte der Vezier. Erst kamen sie durch einen langen dunkeln Gang und dann in einen andern, der war sehr eng. Kaum hatten sie die Mitte erreicht, so vernahmen sie ganz deutlich vom andern Ende ein leises Wimmern. Sie hielten an und zitternd flüsterte der Vezier: Ich flehe, laßt uns zurück; hier sind Gespenster. Der Kalif aber ging weiter und so auch der Vezier. Am Ende des Ganges war ein kleines Zimmer, nur wenig Licht fiel durch die engen Spalten der Mauer. Hier war das Wimmern deutlich zu hören, es kam aus einer Ecke. Beide sahen dahin — zwei große schwarze Augen glänzten dort — der Vezier schauderte. Der Kalif aber sah — es war eine Eule. Höchst merkwürdig, die Eule konnte sprechen: Ihr Störche seid mir ein gutes Zeichen, darum seid mir willkommen! — Wer bist du? fragte der Kalif. — Ich bin die Prinzessin von Indien. — Ein böser Zauberer war zu meinem Vater gekommen und wollte mich zum Weibe haben für seinen Sohn. Darüber wurde mein Vater sehr zornig und ließ ihn aus dem Palaste treiben. Aber als Sklave verkleidet kam er wieder, und als ich eines Tages im Garten spazieren ging und um einen Becher frischen Wassers bat, brachte er es mir. Allein er hatte ein Pulver in das Wasser getan, und da ich es trank, wurde ich in eine Eule verwandelt. Der böse Mann brachte mich dann hierher und sagte zu mir: Hier mußt du ewig weilen, es sei denn, daß du Jemanden fändest, der dich zum Weibe nehmen wollte. Die Eule schwieg, und nun erzählte der Kalif seine Geschichte. Als er zu Ende war, sagte die Eule wieder: Ich kenne ihn sehr wohl, diesen Zauberer, denn es ist derselbe, welcher mich hier gefangen hält. Wenn ihr mich erlösen wolltet, könnte ich euch wohl helfen. Da nahm der Kalif den Vezier bei dem einen Flügel, führte ihn zur Seite und begann leise mit ihm zu reden: Vezier, ihr müßt zur Eule gehen und sie bitten, daß sie eure Gemahlin werde, denn ihr habt gehört, daß sie nur auf diese Weise erlöst werden kann und uns helfen will. — Nein, o nein, sagte der Vezier, das geht nicht an — eine Eule zur Frau! — o! — außerdem habe ich ja schon eine zu Hause; was würde die mit mir tun, wenn ich eine andere Frau nach Hause brächte, — es ist viel besser, ihr heiratet sie selbst, denn ihr habt ja doch noch kein Weib. — Dem Kalifen war es nicht lieb — aber was konnte er tun? Er wollte doch kein Storch bleiben! Er ging daher zurück zur Eule, verbeugte sich tief und sprach: Schöne Prinzessin, ich, der Kalif von Bagdad, komme zu euch und bitte um eure Hand, gewährt sie mir und werdet mein Weib. — Und beschämt schlug sie die Augen nieder, kam zögernd aus der Ecke hervor und sagte leise: Ja; und dann fiel der Kalif nieder vor ihr auf die Kniee. Die Eule war sehr glücklich und sie lächelte lieblich und sprach: Jeden Monat kommen die Zauberer des Landes einmal in diesem alten Schlosse zusammen und halten ein großes Mahl und erzählen dann, was sie getan haben. Auch heute Abend kommen sie hierher; vielleicht vernehmen wir dann das Wort von dem bösen, bösen Manne. Folgt mir, ihr Herren Störche, ich führe euch jetzt zum Platze. Sie schritt voran, die beiden Störche folgten. Es ging durch viele Thüren und Zimmer und schmale Gänge. Zuletzt blieb sie vor einer Pforte stehen. Durch eine Spalte konnte man in eine große Halle sehen, in welcher viele Lichter brannten. An einer langen Tafel saßen viele alte Männer mit langen, grauen Bärten, vor sich hatten sie hohe Becher mit Wein stehen und sie tranken viel, — am andern Ende saß derselbe Alte, welcher ihnen das Pulver mit dem Manuskripte gegeben hatte. Die drei warteten lange und lauschten und sie hörten alles, was gesprochen wurde. Da stand zuletzt jener alte Krämer auf und erzählte laut lachend, wie er den Kalifen in einen Storch verwandelt habe. Alle fragten ihn darauf: Welches Wort hast du ihm denn gegeben? Mutabor, sagte er. Als der Kalif dieses hörte, sprang er schnell zurück, aus der Ruine. Die Sonne erschien gerade am östlichen Himmel, da bückte er sich dreimal und sprach mit lauter Stimme: Mutabor, und so tat auch der Großvezier, und wirklich! sie wurden wieder zu Menschen.

Kalif und Vezier umarmten sich lange und herzlich vor großer Freude, und als sie sich endlich von einander los machten, sahen sie bei sich stehen eine holde Jungfrau, so schön sie noch keine gesehen hatten. Ich bin die Prinzessin von Indien, sagte sie. — Meine geliebte Braut, rief der Kalif; und alle kamen wieder nach Bagdad, und das Volk war glücklich, daß sein Kalif wieder da war.

So, nun bin ich zu Ende. — Nun, geliebtes

Schwesterchen, wie gefällt Dir diese Philosophie?

Martha Parks: Das ist sehr schön, lieber Bruder Louis. Hast Du dieses alles selbst gedacht, als Du so ruhig hier saßest?

Louis: O nein, Martha, das habe ich nicht, ich habe es in einem Buche aus Alberts Bibliothek gelesen.

Dr. Albert: »Märchen von Hauff« — nicht wahr, Louis?

Louis: Ganz recht, »Märchen von Hauff«, das ist der Titel des Buches. Es sind noch viele andere schöne Geschichten darin, die sollten Sie lesen, Fräulein Bella.

Bella: Das möchte ich wohl, aber da sind so viele kleine Silben im Deutschen, die machen das Lesen für mich so schwierig.

Dr. Albert: Ich weiß schon, mein Fräulein, was Sie meinen. Nun, wenn Sie mir erlauben, so werde ich Ihnen in Kürze vielleicht einige Aufklärung darüber geben können. — Was wollen Sie sagen, mein Fräulein?

Gretchen: Ich möchte Ihnen mitteilen, daß ich Ursache habe, mit den Herren Parks sehr böse zu sein.

Dr. Albert: Mit mir, mein Fräulein?

Otto: Mit mir?

Louis: Mit mir?

Gretchen: Mit allen drei Herren!

Louis: Aber warum denn?

Dr. Albert: Was haben wir denn verbrochen?

Gretchen: Verbrochen? Sehr viel, meine Herren. Keiner von Ihnen erzeigte mir heute nur so viel Ehre, sehen Sie, nicht so viel.

Bella: Aber Gretchen, ich habe nichts bemerken können.

Martha Meister: Ich verstehe Schwester Gretchen schon, ha, ha!

Gretchen: Sehen Sie einmal, meine Herren! Zuerst sprach der Herr Doktor und er sprach nur mit Schwester Martha, wenigstens sah er nur sie an; dann Herr Otto und er sprach zu niemandem mehr, als zu meiner Freundin Bella, und jetzt sprach Herr Louis zu seiner Schwester Martha ganz allein. — Niemand erzählt mir etwas, o ich fühle mich sehr zurückgesetzt, meine Herren!

Louis: Fräulein Gretchen, Sie müssen warten, bis meines Bruders Freund kommt. Wenn Sie ihn zum Reden bringen, so erzählt er Ihnen auch Geschichten. Nicht wahr, Albert?

Dr. Albert: Ja, ja, mein Fräulein, das tut er, und er erzählt viel, viel besser als ich!

Martha Parks: Das geht wohl nicht, besser als Du, Albert?

Dr. Albert: Nun gut, Ihr werdet schon sehen. Gewöhnlich spricht er sehr kurz; aber wenn wir ihn nur einmal zum Sprechen bringen können. Halt! Da fällt mir gerade noch zur rechten Zeit ein, daß ich unserer lieben Freundin Bella noch eine Antwort schulde auf ihre Frage: »Sind Sie unglücklich, Herr Doktor?« — Nein, mein Fräulein, ich bin es nicht; ein Teil meines Glückes aber wird Ihnen klar werden, wenn ich Ihnen das folgende Gedicht von Schiller deklamiere:

Die Teilung der Erde.

»Nehmt hin die Welt!« rief Zeus von seinen

Höhen
Den Menschen zu; »nehmt, sie soll euer sein.
Euch schenk' ich sie zum Erb' und ew'gen Lehen;
Doch teilt euch brüderlich darein.«

Da eilt, was Hände hat, sich einzurichten,
Es regte sich geschäftig jung und alt:
Der Ackermann griff nach des Feldes Früchten,
Der Junker pirschte[VI-5]; durch den Wald.

Der Kaufmann nimmt, was seine Speicher fassen,
Der Abt wählt sich den edlen Firnewein,
Der König sperrt die Brücken und die Straßen
Und spricht: »Der Zehente ist mein.«

Ganz spät, nachdem die Teilung längst geschehen,
Naht der Poet, er kam aus weiter Fern';
Ach, da war überall nichts mehr zu sehen,
Und alles hatte seinen Herrn.

»Weh mir! so soll denn ich allein von allen
Vergessen sein, ich, dein getreuster Sohn?«
So ließ er laut der Klage Ruf erschallen,
Und warf sich hin vor Jovis Thron.

»Wenn du im Land der Träume dich verweilet,«
Versetzt der Gott, »so hadre nicht mit mir.
Wo warst du denn, als man die Welt geteilet?«
»Ich war,« sprach der Poet, »bei dir.«

»Mein Auge hing an deinem Angesichte,
An deines Himmels Harmonie mein Ohr;
Verzeih dem Geiste, der, von deinem Lichte
Berauscht, das Irdische verlor!«

»Was tun?« spricht Zeus, — »die Welt ist weggegeben,
Der Herbst, die Jagd, der Markt ist nicht mehr mein;
Willst du in meinem Himmel mit mir leben,
So oft du kommst, er soll dir offen sein.«

Martha Meister: Aber Sie dürfen über den Himmel auch die Erde nicht vergessen, Herr Doktor.

Dr. Albert: Nein, mein verehrtes Fräulein, das werde ich nicht. Ich will Ihr mahnendes Wort wohl merken. Und nun müssen wir aufbrechen — nicht wahr, Schwester?

Martha Parks: Wenn Du mußt, Albert. — Otto und Louis, nehmt Abschied.

Bella: Sie sind plötzlich zu eilig, Herr Doktor!

Dr. Albert: Gute Nacht, meine Damen, träumen Sie süß. Gute Nacht.

Alle: Gute Nacht.

VII.

Martha Meister: Wie schön von Ihnen, Louis, daß Sie kommen!

Martha Parks: Ach, wir sind so geeilt.

Bella: Du glaubst kaum, liebe Martha, wie gespannt wir sind.

Gretchen: Was für Nachrichten bringen Sie uns heute, Herr Louis?

Louis: Gute, meine Damen, sehr gute, ich ....

Bella: Wie warm Ihnen ist, Louis; Gretchen, Martha, — schnell die Fächer zur Hand — so — das ist schön, Louis, nicht wahr?

Louis: O, ich bin beneidenswert!

Gretchen: Jetzt ist Ihnen kühler, nicht wahr? Nun, Louis, was wollten Sie sagen?

Louis: Ach so — sie sind fast immer allein in der Bibliothek bei verschlossener Thüre; was sie verhandeln, möchte ich wohl wissen, aber ich weiß es nicht und kann Ihnen nichts davon verraten. Heute Mittag bei Tisch aber begann Albert so wie zufällig: Heinrich, ich möchte Dich heute Nachmittag in eine befreundete Familie einführen — ich — ich weiß, was Du sagen willst, — nein, nein, mein Freund, keine Entschuldigung heute, ich habe dort eine kleine Vorlesung über Lessing zu geben und es liegt mir viel daran, den Damen zu gefallen, und Du weißt zu gut, daß ich viel besser sprechen kann, wenn ich Dich vor mir habe; liebster Heinrich, bringe mir das Opfer, willst Du? — »Hm, ich begleite Dich,« — war alles, was er darauf erwiderte. Er spricht sehr wenig und immer kurz, aber jedes seiner Worte hat Wert. Otto meint, daß seine Ideen hoch und edel seien.

Martha Parks: Und ich glaube wie Otto. Ich sitze gerne bei dem stillen Freunde meines Bruders, und er sieht mich immer so freundlich an, und ich sehe ihn wieder an; wir sprechen kein Wort — wir sehen einander bloß an.

Martha Meister: Nicht wahr, Gretchen, es ist nun Zeit, Mama und Papa zu rufen? Entschuldigt mich, bitte, in wenigen Minuten bin ich wieder bei Euch.

Bella: Bitte, Martha, gehe nur. — Gretchen! Gretchen! — ich glaube, man klopft.

Gretchen: Ich habe nichts gehört, Bella.

Louis: Es war der Wind.

Bella: Aber jetzt — ganz sicherlich, es klopft; Gretchen, ich habe es wirklich gehört; o, wie ich zittere!

Martha Parks: Ja, ich habe es auch gehört.

Gretchen: Herein!

Dr. Albert: Guten Tag, mein wertes Fräulein; Fräulein Bella, guten Tag! Sieh, sieh, Schwesterchen ist schon hier mit Bruder Louis — nun, das ist ja gut. Erlauben Sie mir, meine Damen, Ihnen meinen liebsten Freund vorzustellen: Herr von Halsen, Fräulein Gretchen Meister und unsere liebe Freundin Bella ....

Gretchen: Da kommen die Eltern auch und Schwester Martha.

Dr. **Albert**: Meine Herrschaften, ich bin glücklich, Sie so wohl zu sehen. Ich habe mir heute die Freiheit genommen, meinen lieben Freund aus Deutschland bei Ihnen einzuführen: Herr Heinrich von Hal... — Heinrich, was ist Dir? — was starrst Du jenes Bild so an?

Herr von Halsen: Hm, hm, meines Vaters Bild hier, — hm, — wer ist der Haus-Herr?

Herr Meister: Ich habe die Ehre, mich Ihnen selbst als solchen vorzustellen — mein ....

Herr von Halsen: Sind Sie Herr Meister, Herr Wilhelm Meister?

Herr Meister: Ganz recht, mein Herr.

Herr von Halsen: Hatten Sie nicht einen Jugend-Freund Gustav von Halsen? ....

Herr Meister: Ja, ja, mein Herr, — Sie wissen von ihm? .... ich flehe, sprechen Sie, lebt er?

Herr von Halsen: Er lebt und er ist wohl, und ich selbst — bin sein Sohn.

Herr Meister: Er lebt — Dank, dank dir, guter Gott! — und Sie — sein Sohn! Willkommen mir, willkommen in meinem Hause, Sohn meines Freundes. O sieh' doch hier, teures Weib, meines — unsers Freundes Gustav Sohn. Ach, Kinder, Ihr — Ihr wißt von all' dem nichts; es ist eine alte, traurige Geschichte!

Frau Meister: Sie wissen alles, ich sprach davon vor kurzem — vergeben Sie mir, Herr von Halsen, wenn ich erst jetzt Ihnen Willkommen, aus ganzem Herzen Willkommen entgegenrufe. Als ich eintrat durch jene Thüre und Sie erblickte, war ich sprachlos; ich konnte mich nicht fassen, denn eine längst vergangene Zeit stand mit einem Male wieder vor mir. <u>Sie sind das Ebenbild Ihres Vaters.</u>

Herr Meister: Ja, ja — wo waren meine Augen nur!

Herr von Halsen: Mein verehrtester Herr, ich habe Ihnen und Ihrer Frau Gemahlin einige Worte vom Vater zu sagen und Papiere zu überbringen. Albert, willst Du mich für einige Momente entschuldigen?

Dr. Albert: Gewiß!

Herr Meister: Treten Sie ein!

Herr von Halsen: Hm, hm, — seltsam, — schnell gefunden — fast unglaublich —!

Frau Meister: Entschuldigt uns, bitte, — nur wenige Minuten!

———

Bella: O, Gretchen, Martha!

Martha Meister: Das ist wahrhaft wunderbar!

Gretchen: Wahrhaft wunderbar!

Dr. Albert: Was bedeutet denn dieses alles?

Otto: Ach, ich sehe, Albert, Du weißt nichts von der Geschichte seines Vaters. Wenn ich nicht irre, Albert, so hört man jetzt in jenem Zimmer das Finale einer sehr interessanten Geschichte, deren ersten Teil Frau Meister uns neulich erzählt hat. Hast Du ihm denn niemals Herrn Meisters Namen genannt?

Dr. Albert: Wie durfte ich denn? Fräulein Gretchen hatte es mir ja <u>verboten</u>, und in der kurzen Zeit seines Hierseins hatten wir gar vieles zu besprechen. Er erwähnte zwar einmal, daß er später einen alten Freund seines Vaters aufsuchen müsse, einen Namen nannte auch er mir nicht. — Merkwürdig, wie sich das nun schickt!

Louis: Nein, — ich weiß nicht, was ich sagen soll; das ist gerade wie ein Roman.

Bella: O, wie glücklich ich bin, daß ich auch einmal einen Roman mit erlebt habe! Ich habe es immer gewünscht, — nun weiß ich doch auch, wie es ist.

Otto: Nun, Fräulein, wie denn?

Bella: Nun ja — so — o, ich weiß selber nicht wie, — so — so seltsam!

D**r. Albert**: Das Leben, beste Freundin, ist voll von Romantik, glauben Sie mir.

Gretchen: Wie klein in diesem Momente der Kreis der Menschen erscheint, — denken Sie nur: Ihr Freund — meines Vaters alten Freundes Sohn!

Martha Meister: Weißt Du, Gretchen, das ist Dir eine gute Vorbedeutung.

Bella: Ja, Gretchen, das ist wahr.

Martha Meister: Ihre Vorlesung, Herr Doktor, dürfen Sie aber nicht aussetzen!

D**r. Albert**: Ganz recht, mein Fräulein, darf ich nicht aussetzen.

Louis: Er könnte sonst etwas von unserm Plane merken, nicht wahr?

Gretchen: Laßt uns denn Platz nehmen. Bitte, Herr Doktor, beginnen Sie, sobald man eintritt. — Die Thüre öffnet sich schon — Martha, sieh' nur Mama an, wie glücklich sie ist, und Papa — er hält den Herrn von Halsen am Arme, als wollte er nie wieder von ihm lassen. — Hier, Mama, bitte, nimm Platz — dürfte ich Sie bitten, Herr von Halsen, hier; Papa, hier ....

Herr Meister: Aber Kinder, so feierlich — was soll denn das?

Martha: Still, lieber Papa, Mama weiß alles und wird es Dir später erklären.

Dr. Albert: Meine Damen und meine Herren! Wenn ich oft in meinen Studien-Jahren gegen Kolonnen von Vokabeln mühsam gekämpft und gegen Scharen von Konjugationen und Deklinationen hart gestritten hatte und nicht selten ermattet zusammengebrochen war, dann mag ich wohl öfters in der Verzweiflung ausgerufen haben: O, warum haben unsere Väter jemals begonnen, den Turm von Babel zu bauen?!

Die Jahre sind nun geschwunden, und nur noch in sanfter Wehmut gedenke ich jener Leiden. Als Sieger bin ich hervorgegangen, und Großmut ist wieder eingezogen in mein Herz. Dann und wann sogar habe ich meine süßen Träumereien und — wer weiß, wer weiß, sage ich dann, ob nicht der allwaltende Vater seine Kinder so weit von einander entfernt und nach allen Enden der Erde zerstreut hat, auf daß sie sich nach langer Zeit des Wiederfindens erfreuen mögen! Ja, wenn ich sehe, wie die Menschen bis heute sich die Kraft des Dampfes und der Elektricität dienstbar gemacht haben, wie sie die Ferne in die Nähe rücken und die Zeit überbrücken — dann erscheint es mir fast, als ob jener Tag wirklich nicht mehr ferne wäre, da alle Brüder des großen Menschen-Geschlechts nach langer Trennung sich wieder verstehen lernen wie ehemals, als sie eine Sprache redeten. Die Fähigkeiten der Menschen werden so groß, die Methoden des Studiums werden so vollkommen sein, daß man ungemein schnell und leicht die Sprachen der

Welt erlernen kann. Hat man doch heute den Anfang bereits gemacht.

Louis: Bravo, bravo! — applaudieren Sie doch, Herr Meister!

Dr. Albert: Diese ideale, glückliche Zeit liegt noch in weiter Ferne; darum sorgen Sie noch nicht, meine Freunde, welche von den zahlreichen Sprachen Sie wählen werden zu stetem, häuslichem Gebrauche. Zwar könnte ich schon heute sagen, auf welche derselben Ihre Wahl fallen würde als auf die schönste, leichteste, beste. Soll ich sie nennen, die Sprache Ihrer Wahl? —

Die Mutter-Sprache wird es sein. — Denn die Töne, in welcher die Mutter zuerst uns die süßen Laute der Liebe zugehaucht hat, sind in unser Innerstes eingepflanzt, und das Schönste, was wir sagen wollen, und das Teuerste und das Heiligste — wir sagen es am besten in diesen Lauten. Darum ist die Mutter-Sprache uns allen heilig und lieb, darum verehrt eine edle Nation die Mutter-Sprache, und darum hängt das Volk so fest an ihr. Denn es fühlt, es ist die Mutter-Sprache sein geistiger Boden, ohne welchen es so wenig gedeihen kann, wie der vollgewachsene Baum, den man in fremde Erde gepflanzt hat. — Es wäre ein Unglück für ein Volk, wenn es seine Mutter-Sprache verlieren müßte. Und wissen Sie, meine Freunde, daß dem deutschen Volke dieses Unglück einstmals gedroht hat?

Das deutsche Volk war von der Höhe seines politischen Glückes tief hinabgestürzt in das Unglück des dreißigjährigen Krieges, und auf den Sonnen-Glanz seiner Dichtkunst im 13. Jahrhundert war schwarze Finsternis gefolgt. Poesie und Kunst und Litteratur waren nirgends sichtbar, und als einziger Trost erklangen ihm in dieser langen Nacht die göttlichen Töne der Musik von Händel und Bach.

Die höheren Zirkel der deutschen Nation blickten verlangend und suchend umher und fanden Befriedigung in den schönen Schriften der großen Poeten Frankreichs, das Volk aber blieb konservativ und hielt fest an der Sprache der Mutter, an der Sprache, welche Luther ihnen in der Bibel gegeben hatte.

Da kam Gotthold Ephraim Lessing und hob die deutsche Sprache und gab ihr Halt und festen Grund und Form und flößte ihr Stärke ein und zierte sie mit Schönheit. Und dann schritt er zu Deutschlands Musen-Tempel, öffnete mit fester Hand die Pforten, die langverschlossenen, und zündete die Fackel an und schwang sie hoch und leuchtend, bis die Morgenröte kam und das volle Tageslicht wieder einströmte in die herrlichen Räume und auf den Altar, vor welchem zwei der Priester sich vereint die Hände reichten — Schiller und Goethe[VII-1]. Auf den Altar aber hatte Lessing eine dreifache Weihe gebracht: »Emilia Galotti«, »Nathan der Weise« und »Minna von Barnhelm«. Wahrlich, das deutsche Volk schätzt sie hoch, diese Gaben: dieses perfekte Trauerspiel, dieses große Schauspiel und dieses schöne Lustspiel.

Ah, meine Freunde, verstehen Sie nun, warum Deutschland seinem Lessing hohe Verehrung schuldet und zollt?

Und was ihm das deutsche Volk schuldet für Sprache und Litteratur — Dank und Verehrung, — das schulden ihm die Gebildeten der gesamten Welt für das, was er auch für sie getan durch seinen »Laokoon«, denn »Laokoon« ist nicht das Werk einer Nation, sondern das Gemeingut aller insgesamt.

Sie haben mich gebeten, meine verehrten Freunde, mit Ihnen auch über Lessings »Laokoon« zu sprechen. Ich erfülle mit großem Vergnügen Ihren Wunsch, muß mich jedoch wegen der Kürze der mir zugemessenen Zeit auf ein geringes beschränken.

Durch seinen »Laokoon« rief Lessing eine solche Veränderung in den Ideen über Dichtkunst, Malerei und Bildhauerei hervor, wie einst Newton auf einem andern Gebiete.

Sagte ich zuviel, meine Freunde? nein, ich glaube nicht.

Bevor ich jedoch über dieses Thema weiter spreche, muß ich Sie bekannt machen mit einem der vorzüglichsten Männer seiner Zeit, mit Johann Winckelmann. Aus dem Teile eines Briefes, der von ihm selbst an einen Freund geschrieben sein soll, können Sie einiges aus seinem Leben hören:

»Du verlangst meine Lebensgeschichte zu wissen, und diese ist sehr kurz, weil ich dieselbe nach dem Genuß abmesse. M. Plautius, Consul, und welcher über die Illyrier triumphiert hatte, ließ an sein Grabmal, welches sich unweit Tivoli erhalten hat, unter allen seinen angeführten Taten setzen: "Vixit ann. IX." Ich würde sagen: »Ich habe bis in das achte Jahr gelebt;« dies ist die Zeit meines Aufenthalts in Rom und in andern Städten von Italien. Hier habe ich meine Jugend, die ich teils in der Wildheit, teils in Arbeit und Kummer verloren, zurückzurufen gesucht und ich sterbe wenigstens zufriedener; denn ich habe alles, was ich wünschte, erlangt, ja mehr, als ich denken, hoffen und verdienen konnte. — Ich schätze mich für einen von den seltnen Menschen in der Welt, welche völlig zufrieden sind und nichts zu verlangen übrig haben. Suche einen andern, welcher dieses von Herzen sagen kann!

Meine vorige Lebens-Geschichte nehme ich kurz zusammen. In Seehausen war ich achthalb Jahre als Konrektor an der dasigen Schule. Bibliothekarius des Herrn

Grafen von Bünau bin ich ebenso lange gewesen und ein Jahr lebte ich in Dresden vor meiner Reise. — Meine größte Arbeit ist bisher die »Geschichte der Kunst des Altertums, sonderlich der Bildhauerei« gewesen. — Ferner ist ein italienisches Werk unter dem Titel: »Erklärung schwerer Punkte in der Mythologie, den Gebräuchen und der alten Geschichte, alles aus unbekannter Denkungsart des Altertums«; — dieses Werk in Folio lasse ich auf eigne Kosten in Rom drucken. — Beiläufig arbeite ich an einer Allegorie für Künstler.

Dieses ist das Leben und die Wunder Johann Winckelmanns, zu Stendal in der Altmark, zu Anfang des 1718. Jahres geboren. — Ich wünsche dir, daß du zu der Zufriedenheit gelangen mögest, die ich hier genieße und genossen habe, und bin beständig

Dein treuer Freund und Bruder
Winckelmann.«

Lessing auch las die Werke dieses Mannes, der es verstand wie kein anderer zuvor, die Wunder der Schönheit in den Bild-Werken der Alten vor den Augen einer erstaunten Mitwelt zu enthüllen, und Lessing kam an die Beschreibung der herrlichen Gruppe, der Laokoon-Gruppe.

Sie alle, meine Freunde, kennen die Geschichte des trojanischen Krieges, nicht wahr? Sie wissen, daß trotz der glorreichen Taten tapferer Helden dennoch im zehnten Jahre die Mauern der Stadt fest da standen und daß dann die Griechen ein Pferd von Holz erbauten, so groß, daß man einen Teil der Mauer hätte niederreißen müssen, um es in die Stadt zu führen, und daß die Griechen dann ihre Schiffe bestiegen um heimwärts zu segeln — zum Schein. — Sie erinnern sich auch, daß dann die Trojaner aus den Thoren stürzten in die lang entbehrten Felder und das Pferd sahen und staunten und fragten: Was bedeutet denn das? und daß sie jenem falschen, lügenhaften Griechen glaubten, der ihnen sagte, daß die Griechen auf dem Meere verderben müßten, wenn sie dieses Pferd, ein Opfer der Götter, in ihre Stadt brächten, und wie sie auch gewarnt wurden von Laokoon, dem Priester, doch abzustehen von ihrem Vorhaben. Dann waren die Schlangen gekommen aus dem Meere und hatten den Priester samt seinen beiden Söhnen umschlungen.

Dieser Moment nun ist es, den ein alter griechischer Meister erfaßt und in Marmor ausgeführt hat und zwar mit solcher Meisterschaft, daß Winckelmann nicht Worte des Lobes genug finden kann für die Erhabenheit des Werkes und die Weisheit des Meisters, der in jedem Zuge die höchste Schönheit zum Ausdruck gebracht hat — überall, überall; und der nicht wie der römische Dichter Virgil gehandelt habe, welcher Laokoon in seinem Gedichte vor Schmerz laut schreien und also doch den Mund weit und unschön öffnen ließe.

Lessing las die mißbilligende Kritik über Virgil, nahm den Poeten zur Hand und las die Verse, deren Übersetzung nach Schiller so lautet:

»Jetzt aber stellt sich den entsetzten Blicken
Ein unerwartet, schrecklich Schauspiel dar.
Es stand, den Opferfarren zu zerstücken,
Laokoon am festlichen Altar.
Da kam (mir bebt die Zung', es auszudrücken)
Von Tenedos ein gräßlich Schlangenpaar,
Den Schweif gerollt in fürchterlichem Bogen,
Dahergeschwommen auf den stillen Wogen.

Die Brüste steigen aus dem Wellenbade,
Hoch aus dem Wasser steigt der Kämme blut'ge Glut

Und nachgeschleift in ungeheurem Rade
Netzt sich der lange Rücken in der Flut,
Laut rauschend schäumt es unter ihrem Pfade,
Im blut'gen Auge flammt des Hungers Wut,
Am Rachen wetzen zischend sich die Zungen,
So kommen sie ans Land gesprungen.

Der bloße Anblick bleicht schon alle Wangen,
Und auseinander flieht die furchtentseelte Schar;
Der pfeilgerade Schuß der Schlangen
Erwählt sich nur den Priester am Altar.
Der Knaben zitternd Paar sieht man sie schnell umwinden,
Den ersten Hunger stillt der Söhne Blut;
Der Unglückseligen Gebeine schwinden
Dahin von ihres Bisses Wut.

Zum Beistand schwingt der Vater sein Geschoß;
Doch in dem Augenblick ergreifen
Die Ungeheu'r ihn selbst, er steht bewegungslos,
Geklemmt von ihres Leibes Reifen;
Zwei Ringe sieht man sie um seinen Hals und noch
Zwei andre schnell um Brust und Hüfte stricken,
Und furchtbar überragen sie ihn doch
Mit ihren hohen Hälsen und Genicken.

Der Knoten furchtbares Gewinde
Gewaltsam zu zerreißen, strengt
Der Arme Kraft sich an; des Geifers Schaum besprengt
Und schwarzes Gift die priesterliche Binde.
Des Schmerzens Höllenqual durchdringt
Der Wolken Schooß mit berstendem Geheule,

> So brüllt der Stier, wenn er, gefehlt vom Beile
> Und blutend, dem Altar entspringt.«

Nochmals las Lessing die Verse des Poeten und nochmals sah er auf die Gruppe des Bildhauers, — da war nirgends etwas zu tadeln: beide, Bildhauer und Dichter, hatten das Schöne in bester Weise geschaffen — nur auf verschiedenem Wege — und Lessing stutzte, staunte, sann — und machte die große Entdeckung für die Kunst, daß Dichter und Maler und Bildhauer nach demselben Ziele streben — die Schönheit zu schaffen, daß sie aber oft verschiedene Wege einschlagen müssen, dieses Ziel zu erreichen.

Vielleicht, meine Freude, mögen Sie im ersten Momente enttäuscht oder nicht im Stande sein, die hohe Bedeutung dieser Entdeckung vollständig zu begreifen, oder Sie mögen sich wundern und fragen: Hat man dieses nicht immer erkannt? — oder Sie mögen auch sagen: Was liegt daran, auf welche Art Dichter, Maler und Bildhauer schaffen!

Ah, meine Verehrtesten, wie sehr ich wünsche, daß Sie mich begleiten könnten nach dem Raume, welcher den kostbarsten Schatz unter allen Bild-Werken enthält! Wenn wir eintreten, sehen wir an den Wänden entlang Männer und Frauen sitzen, welche vor uns in derselben Absicht wie wir gekommen sind. Eine heilige, glückliche Freude leuchtet aus ihren Augen; auf ihrem Angesichte ruht scheue Ehrfurcht, und sie falten die Hände und bewegen die Lippen betend — auch wir tun wie sie; und zwei Mädchen, welche lachend und leicht nach uns gekommen waren, wurden ebenfalls still und senkten bescheiden und fromm das Haupt, und alle gehen gehoben zu heiliger Höhe als bessere Wesen von dannen, denn sie sahen die Madonna von Raphael.

So, meine Freunde, wirkt ein Genius durch sein Werk. Er macht die Menschen glücklicher und besser. So wirkt auch der Bildner des Apoll von Belvedere, so auch der Schöpfer des Domes zu Cöln.

Sie waren von Gott und andern Menschen besonders begnadet, und was ihnen in Fülle zuströmte, müssen andere durch mühsames Ringen erstreben, durch schweres Studium, durch ernstes Suchen der Regeln, die zum rechten Wege führen. Winckelmann sagt: »Die Quelle und der Ursprung in der Kunst ist die Natur selbst.«

Und zu diesem Wege führte uns Lessing in seinem Werke »Laokoon,« aus welchem ich Ihnen zum Schlusse das Wort Lessings anführen möchte, daß wir als unserm Meister folgen müssen dem unsterblichen, ewig schönen Homer.

Martha Parks: Bravo, Albert, bravo! und nun applaudieret alle — lauter — so — das ist recht.

Dr. Albert: Ich danke Ihnen, meine Freunde; Ihre Güte macht mich glücklich.

Herr von Halsen: Sehr gut, Albert, sehr gut!

Herr Meister: Meinen besten Dank, mein lieber Herr Doktor.

Frau Meister: Sie haben mir einen großen Genuß bereitet, verehrter Herr Doktor.

Martha Meister: Und gewiß, Herr Doktor, auch mir.

Gretchen: Sowie mir; eines nur muß ich bedauern.

Dr. Albert: Und das wäre, mein Fräulein?

Gretchen: Daß ein Mann wie Lessing nicht auch über die Kunst aller Künste, über die Musik, seine Gedanken geäußert hat.

Dr. Albert: Das ist in der Tat zu bedauern, aber wie wäre es, mein Fräulein, wenn Sie uns Ihre Ideen über Musik mitteilen wollten? Die Ansichten einer solch' ergebenen Dienerin der Kunst würden für uns alle lehrreich und angenehm sein.

Gretchen: Ah, mein Herr, das wage ich nicht; wie dürfte ich mich unterstehen, vor einer Versammlung gelehrter Herren, wie sie hier ist, zu sprechen!

Louis: O mein Fräulein, wir werden Nachsicht üben.

Gretchen: Nun, dann will ich beginnen. Die Musik liebe ich von ganzer Seele treu und innig und in der Tat versäume ich wohl kaum ein gutes Konzert. Und doch geschah es nicht selten, daß ich eine gewisse Unzufriedenheit am meisten gerade dann verspürte, nachdem ich die höchste Freude an den schönsten Werken der unsterblichen Meister genossen hatte.

Können Sie sich das wohl denken oder erklären? — Mir ging es da, wie es so manchem kleinen Knaben geht, wenn der Vater ihm ein Spiel-Zeug von der Reise brachte. Eine Weile freut er sich — dann aber geht er still in eine Ecke und fragt sich: Was mag wohl im Innern sein?

Und wenn ich nach einem großen Konzerte wieder alleine war mit mir selbst und die herrlichsten Passagen mir noch im Ohre klangen und ich mich noch labte am Strome der Töne, dann drängte sich mir oft die Frage auf:

Was — was ist Musik? Woher hat ein Beethoven diese süßen Melodien, diese wunderbaren Harmonien? — Aus der Natur? — In der Natur höre ich wohl einzelne Melodien, wie im Gesange der Vögel, doch niemals solche, wie unsere größten Komponisten sie uns geben, niemals Harmonien. Wie denn? ist überhaupt das, was unsere Komponisten formten, etwas Natürliches, etwas, was wahr ist und bestehen kann, oder ist es etwas Künstliches, etwas, was

Menschen zusammengefügt haben und das vergehen muß wie Menschen-Werk? — Nein, nein — mein Glaube an die Musik war zu mächtig, und doch — ich hätte so gerne die Zweifel aus mir entfernt. Es wollte mir lange nicht gelingen; so viel ich auch denken und fragen und in Büchern suchen mochte, — vergebens war mein Bemühen.

Aber wir werden oftmals beschenkt, da wir es am wenigsten erwarten, und doppelt groß ist dann unsere Freude. Und so ging es auch mir. Ich fand eine Antwort in einer späteren Zeit und an einem entfernten Orte. Wollen sie die Antwort hören? Sie befriedigt mich selbst sehr wohl, doch bin ich nicht kühn genug zu glauben, daß sie auch Ihnen genügen wird.

Ich stand vor dem erhabensten Schau-Spiel der Natur, das ich bis heute gesehen habe, — ich stand am Niagara-Fall.

Wie lange ich da weilte, ich weiß es nicht mehr — aber immer mußte ich denken: O, wie schön, wie schön ist doch die Erde, auf welcher wir leben. Solche große Pracht, solch' endlose Herrlichkeit wurde doch zu viel für meine Augen, und ich bedeckte sie mit meinen Händen, da — war es möglich? — o, göttliches Wunder — ich hörte in der Natur ein Konzert, so gewaltig, so schön und erhaben, wie ich noch keines gehört hatte, und das Rätsel der Musik war mir gelöst.

Töne und Melodien und Harmonien sind überall, überall in der Natur; überall, wo Leben ist, da entsteht auch der Ton; wo der Ton uns sympathisch erquillt, wo Melodie und die Harmonie, da geht das Werk der Natur glücklich von statten; und instinktiv weilen wir hier und hier weilt alles Lebende gerne.

Töne kommen vom Leben, sind Beweise des Lebens und

darum wirken sie gleiches und erwecken auch Leben. Daher die Macht der Musik über alles Lebende, daher die Anziehungs-Kraft der Musik auf alles, was Leben hat. Farbe und Form wirken auf das Auge der Geschöpfe, Ton und Musik auf das Ohr.

Der Dichter erhebt sich über die Menschen, übersieht ihre Taten, erforscht ihre Gedanken und Gefühle und, indem er in seinen Dichtungen die Handlungen von Menschen wahrhaft gruppiert, wirkt er wieder auf Menschen durch deren Herzen und Verstand.

Der Maler erhebt sich gleichsam über die Erde und führt eine Scene auf seinem Gemälde derartig aus, daß auch andere Menschen die Schönheit der Erde leichter zu erkennen vermögen. Der Maler wirkt durch das Auge.

Dem Komponisten aber verlieh Gott in seiner Gnade die Gabe, daß er sich im Geiste über das Irdische zu den Himmels-Sphären schwingen und jene Harmonien vernehmen kann, welche aus den unendlichen Räumen zusammenströmen und das glückliche Zusammen-Wirken alles Bestehenden im Welten-Alle verkünden. O, wer wie sie jene Musik der Sphären vernehmen könnte!

Beethoven und Mozart und Gluck und Haydn und Händel und Mendelssohn und Bach und Weber und die anderen alle — sie hörten dieselbe und gaben uns andern in ihren Werken nur ein schwaches Echo, auf daß wir uns daran laben und vom Höheren lernen und an das Höhere glauben.

Daher kommt es, daß die Macht der Musik so allgewaltig ist, weil sie aus den Höhen stammt, und daher kommt es auch, daß ein Beethoven, der sich erhoben hatte über allen irdischen Glanz, sich selbst vor einem Kaiser nicht beugte, da selbst ein Goethe, der erste Poet seiner Zeit, sich ehrfurchtsvoll bückte, als beide, Komponist und Poet, zusammen dem Fürsten begegneten. Darum geschah es auch, daß an einem Tage während des Wiener Kongresses die versammelten Kaiser und Könige und Fürstinnen sich sämtlich von ihren Sitzen erhoben und sich beugten vor dem Meister; er hatte ihnen durch seine Kompositionen eine Ahnung gegeben von jenen Höhen, Höhen, in denen er selbst geweilt, und er hatte die Großen der Erde erfüllt mit Ehrfurcht vor dem Höchsten, dessen bescheidener Diener er selbst nur war.

Eben diese hohe Macht ist es, welche auch aus Händel sprach, als er zu einem Kurfürsten von Sachsen sagte: »Königliche Hoheit, ich haben meinen »Messias« nicht geschrieben, um Euch zu unterhalten, sondern um Euch zu bessern.«

Und es ist nur ein Abglanz des Schönen, das Mozart selbst vernommen und das wir wiederfinden in seinen Werken und in seinem Leben.

Ich will nun meine Bemerkung schließen mit den Worten Schillers, meines Lieblings-Dichters:

> »Wer kann des Sängers Zauber lösen,
> Wer seinen Tönen widerstehen?
> Wie mit dem Stab des Götter-Boten
> Beherrscht er das bewegte Herz. —
> — Da beugt sich jede Erden-Größe
> Dem Fremdling aus der andern Welt —
> — So rafft von jeder eitlen Bürde,
> Wenn des Gesanges Ruf erschallt,
> Der Mensch sich auf zur Geister-Würde
> Und tritt in heilige Gewalt.«

Meine Herrschaften, ich habe nichts mehr zu sagen; bitte, seien Sie nicht zu streng mit mir.

Frau Meister: O, meine liebe, liebe Tochter!

Herr von Halsen: Vorzüglich! — Eine Philosophin!

Dr. Albert: Fräulein Gretchen, Madame, Herr Meister, haben Sie meines Freundes Urteil gehört? Wer ihn kennt, weiß wie viel diese wenigen Worte bei ihm zu bedeuten haben.

Martha Meister: O, wie glücklich hast Du mich gemacht, Gretchen!

Bella: Und wie stolz ich auf Dich bin!

Herr Meister: Bravo, mein Kind, sehr brav. Komm, nun sing uns auch ein Lied vor. Du bist doch nicht zu müde?

Gretchen: O nein, mein lieber Papa. Martha, Du begleitest mich doch, nicht wahr?

Martha Meister: Gewiß, gewiß; was wählest Du?

Dr. Albert: Singen Sie: »Wenn die Schwalben heimwärts ziehn«; mein Freund hört es gerne.

Gretchen (singt):

> Wenn die Schwalben heimwärts ziehn,
> Wenn die Rosen nicht mehr blühn,
> Wenn der Nachtigall Gesang
> Mit der Nachtigall verklang,
> Fragt das Herz
> In bangem Schmerz:
> Ob ich dich auch wiederseh'?
> Scheiden, ach Scheiden tut weh!
>
> Wenn die Schwäne südlich ziehn,
> Dorthin, wo Citronen blühn,
> Wenn das Abendrot versinkt,
> Durch die grünen Wälder blinkt,

Fragt das Herz
In bangem Schmerz:
Ob ich dich auch wiederseh';
Scheiden, ach Scheiden tut weh!

Herr von Halsen: Albert!

Dr. Albert: Sehr wohl, Heinrich, sogleich! Meine Herrschaften, wir haben nun die Ehre, uns bestens zu empfehlen.

Martha Meister: Müssen Sie so frühe gehen?

Frau Meister: Sie eilen, meine Herren; nun, wir dürfen Sie nicht hindern, aber unsere anderen Freunde bleiben noch hier, nicht wahr?

Martha Parks: Ja, ja, wir bleiben noch hier, Frau Meister.

Louis: Und haben noch viel Vergnügen.

Herr Meister: Also morgen zur bestimmten Zeit!

Herr von Halsen: Zur bestimmten Zeit. Ich empfehle mich.

Alle: Auf Wiedersehen, auf Wiedersehen!

VIII.

Dr. Albert: Dank, mein Fräulein. Dank für dieses eine Wort ....

Martha Meister: Sehen Sie, Herr Doktor, welche Scene!

Dr. Albert: Das ist herrlich! — Hier vor uns der klare, liebliche See und dort in bläulich Ferne die kräftigen Rücken der Berge, die höher und höher hinter einander sich türmen. O, mein Fräulein, daß Sie die Freude dieses Augenblickes fühlen könnten wie ich!

Martha Meister: Ich fühle sie, Herr Doktor; o — hören Sie — Gesang.

Dr. Albert: Das ist Bruder Louis[VIII-1] Stimme — er kommt. Wie hübsch das Echo dazu schallt.

Louis (singt):

>»Im Wald und auf der Heide
>Da such' ich meine Freude,
>Ich bin ein Jägers-Mann,
>Ich bin ein Jägers-Mann.
>Halli halloh, halli halloh,
>Ich bin ein Jägers-Mann.«

Oho — Ihr seid schon hier? Ich dachte, ich wäre der erste. — Albert, Albert, wo warst Du nur? Bestes Fräulein, warum waren Sie nicht bei uns? So herzlich haben wir lange nicht gelacht. Dieser Heinrich von Halsen, o, das ist der lustigste Mensch von der Welt!

Dr. Albert: Sagte ich es nicht: »Kennt ihn nur erst!« — Aber so, wie seit wenigen Tagen, habe ich ihn selbst niemals zuvor gesehen. Ein neues Leben ist über ihn gekommen; das haben wir allein der kleinen Zauberin, Ihrer Schwester Gretchen, zu danken. Mit vollem Herzen brachte ich ihr daher gestern in Gegenwart aller meinen Tribut dar.

Martha Meister: Und wie glücklich Sie meine teure Schwester und mich selbst machten durch die feine Manier, mit der Sie es taten. Sie ....

Louis: Da kommen sie — hierher alle, alle hierher! Herr Meister und Frau Meister, Herr von Halsen und Fräulein Gretchen, Otto und Fräulein Bella und Schwesterchen Martha, — hierher, hierher!

Herr Meister: Hier ist die Grotte; nun sagt mir einmal, wie gefällt sie Euch?

Frau Meister: Wie schön, wie schön sie ist!

Otto: Wissen Sie auch, meine Herrschaften, daß dieses ein Lager-Platz der Indianer war?

Bella: Wirklich?

Otto: Diesen See nannten sie den »Fischreichen.«

Martha Parks: Indianer? Hu — wenn sie mit einem Male hinter jenem Felsen hervorsprängen — mir grauset es!

Louis: Laß sie nur kommen, Schwester, laß sie nur — ich bin bei Dir — ha, wie ich wünsche, die Rot-Häute zu sehen!

Dr. Albert: Louis, hast Du wirklich so großes Verlangen, die Indianer zu sehen!

Louis: Ein unbeschreiblich großes Verlangen!

Dr. Albert: Gut, so komme mit mir.

Louis: Was —? Mit Dir?

Dr. Albert: Mit mir und meinem Freunde Heinrich nach dem Westen.

Bella:

Louis:

Martha Parks:

} Nach dem Westen?

Otto: Du — Ihr — geht nach dem Westen?

Dr. Albert: O stille, Freunde — Ordnung! Ich habe jetzt mit Euch zu sprechen. Aber erst nehmet Platz. So — seid Ihr alle bequem? Nun, dann werde ich meine Enthüllungen mit dem heutigen Briefe unseres teuren Vaters beginnen; ich werde nur einen Teil und zwar in deutscher Übersetzung lesen:

»— Dein letztes Schreiben wurde mir von der lieben Mutter überreicht, als ich von meiner langen und mühsamen Reise zu ihr und zu den lieben Verwandten zurückkehrte. Die Mama war betrübt wegen Deines Entschlusses und sie bedauerte die Jahre, welche Du im Studium der Medizin verbracht habest und welche nun nutzlos geworden seien. Aber sie ist wieder beruhigt, völlig beruhigt, da sie sieht, wie ich selbst mich über Dich freue, ja, mein Sohn, mich freue von ganzem Herzen. — Es war Dein Wunsch vor Jahren, den Beruf eines Arztes zu wählen, und ich wollte Deinem Lebens-Glücke nicht hindernd entgegentreten, unterdrückte meine eignen Neigungen in dieser Sache und ließ Dich gewähren.

Mir selbst aber war von meinem seligen Vater, dem lieben

ehrwürdigen Greise, dessen Du Dich vielleicht noch erinnerst aus frühen Kinder-Jahren, — ich sage, mir war von ihm eine solch' hohe Verehrung für den Ackerbau eingeflößt worden, daß ich es stets als ein hohes Ziel meines Lebens betrachtete, Land-Wirtschaft zu betreiben, Land-Wirtschaft in großartigem Stile.

Meine Jahre sind mir in anderer Beschäftigung verflossen, und erst vor wenigen Wochen konnte ich an die Ausführung meines Lieblings-Planes ernstlich denken. Ich reise nach dem fernen, fernen Westen — und bin jetzt zurückgekehrt. Große, endlose Strecken Landes habe ich durch Ankauf zu meinem Eigenthum gemacht. Der jungfräuliche Boden ist fruchtbar und eben, und nur in einem Teile erheben sich Hügel und Berge, die mit den besten Holz-Arten bedeckt sind. Die Seen und die Ströme sind reich an Fischen und auch tief und im Stande, große Schiffe zu tragen. Eben dachte ich darüber nach, mich mit fähigen Männern in Verbindung zu setzen, die mir beistehen sollten, diesen neuen Teil unseres Landes für die Kultur zu gewinnen — da kam Dein Brief, mein Sohn, mir wie eine Himmelssendung und brachte mir Deinen und Deines Freundes Entschluß. Und da dachte ich denn, daß Deine und Deines Freundes Energie und Intelligenz und meine eigene, verbunden mit den Erfahrungen eines bewegten Lebens, dazu unsere Mittel und unser guter Wille genügen sollten, um vorwärts zu kommen in unserm großen Werke. Meinst Du nicht auch so? Ich werde nun wieder zurückeilen zu Euch, um dann mündlich ....« &c. &c.

Louis: So wirst Du ein Farmer, Doktor Albert Parks?

Dr. Albert: Ein Farmer werde ich, ganz recht; ein Farmer, welcher Strecken Landes der Wildnis entreißt und sie fruchtbar macht und gesund und schön für die Menschen zum Bewohnen; ein Fabrikant, der Fabriken errichtet und die Produkte, welche die Fläche und das Innere der Erde erzeugt, verwendet und Tausenden von Familien Arbeit, reichliche Nahrung und Komfort verschafft; — ein Kaufmann, welcher die Erzeugnisse des Landes auf fremden Markt versendet und gegen andere fremde Produkte eintauscht — das, das wird meine und meines Freundes Aufgabe für die kommenden Jahre sein.

In der freien Gottes-Natur und auch da, wo das Geräusch der Maschinen am betäubendsten und die Regsamkeit der Menschen am lebhaftesten ist — da, da bin ich am liebsten, da befinde ich mich am wohlsten und da schaffe ich am meisten und am besten. So dachte mein Groß-Vater, so denkt auch mein Vater, so denkt mein Freund und so denke auch ich. Den heiligen, stillwirkenden Beruf des Arztes aber sollen Männer üben mit stillem, sinnigem Wesen. — Jetzt, meine Freunde, versteht Ihr mich, will ich hoffen; jetzt wißt Ihr, warum ich nachts so viel über Pläne von Bauten und Maschinen studierte und so viel kalkuliert habe; jetzt wißt Ihr, warum mein Freund Heinrich herüber zu uns gekommen ist, und jetzt wißt Ihr auch meine sorgenvollen Blicke zu deuten — ach, konnte ich wissen, daß alles, alles so gut, so wunderbar gut kommen würde? Ja, alles hat sich zum besten gewandt; ist es nicht so, Heinrich?

Herr von Halsen: So ist es, Albert, in der Tat, nur eine ist hier, die da weint, unsere liebe kleine Martha. Sage mir, Martha, warum weinest Du?

Frau Meister:

Gretchen:

Martha:

Bella:

} Warum weinest Du, Martha?

Martha Parks: Nun geht Albert wieder fort von uns!

Dr. Albert: Liebe, süße, gute Schwester, noch gehe ich ja nicht, und wenn ich auch gehe, ich komme gewiß bald wieder.

Herr von Halsen: Komm zu mir, liebe Martha, komm, Du wirst bald wieder froh werden — ein klein wenig Geduld nur — — meine Herrschaften, ich habe die Ehre, Ihnen hier zwei junge Autoren vorzustellen, die Herren Otto und Louis Parks. Sie werden uns mit einem neuen Lustspiel erfreuen, es ist ihr erstes Lustspiel. Um uns Vergnügen zu bereiten, haben sie sich, wie ich selbst bezeugen kann, viel Mühe gegeben, und ich bitte Sie in ihrem Namen um Nachsicht und um die Erlaubnis, es vorlesen zu dürfen.

Frau Meister: Welch' freudige Überraschung!

Herr Meister: Eine Komödie in der Tat?

Herr von Halsen: Zuvor aber muß ich den beiden Herren meinem Versprechen gemäß einiges mitteilen über die Aussprache des Deutschen.

Ich hatte das Glück, bei meinem Studium der deutschen Sprache Herren als Lehrer zu haben, welche besonders großen Wert auf eine reine, vollkommene Aussprache legten. Fürchten Sie nicht, meine Damen, daß ich zu lange sprechen werde; von den vielen, vielen Regeln werde ich für diesen Moment nur einige der wichtigsten wählen.

Vor allem sprechen Sie mit den Lippen — gebrauchen Sie die Lippen viel und zwar so, daß die äußeren Ränder sich berühren; doch immer sei die Form des Mundes schön.

Im Deutschen haben wir zwei Arten von »a«.

Denken Sie einmal, Sie wären im Theater und Sie wären etwas zu frühe gekommen. Die Lichter sind klein und es ist noch recht dunkel; mit einem Mal wird das Haus voll erleuchtet und von der Gallerie tönt wie aus einem Munde ein überraschendes »a— —h!«

Das ist genau das deutsche lange »a«, das »a« mit dem Hauch, mit der Aspiration.

Das zweite »a« aber ist das »a«, das Sie beim Lachen hervorbringen: ha ha, ha ha ha. Dieses ist das kurze »a«, es entsteht durch den Druck, durch Pression.

Gehaucht wird das »a« (lang) vor einem Konsonanten, hervorgepreßt (kurz) aber vor zwei [VIII-2] Konsonanten.

»A« ist gehaucht in »sage«, »habe«, »male«, »Knabe«, »Vater«; denn »a« ist vor einem Konsonanten.

»A« wird hervorgepreßt in »halte«, »lasse«, »danke«, »kalt«, »Satz«; denn »a« ist vor zwei Konsonanten.

So haben wir auch zwei »e«, ein gehauchtes und ein gepreßtes; gehaucht vor einem, aber gepreßt vor zwei Konsonanten. So haben wir zwei »i«, zwei »o«, zwei »u«, zwei »ä«, zwei »ö«, zwei »ü«.

Das deutsche »au« gleicht dem englischen "ou" in "mouse", "house". Das deutsche »äu« und »eu« dem englischen "oy" in "boy", "annoy". Das deutsche, »ei« dem englischen "i" in "idle", "fine".

Wollen Sie das deutsche »ü« oder »ö« aussprechen, so formen Sie die Lippen so, als wollten Sie pfeifen; und gebrauchen Sie die Oberlippe mehr, so entsteht das »ü« und lautet wie «u» im Französischen «rue»; gebrauchen Sie die Unterlippe mehr, so entsteht das »ö« und lautet wie das französische "eu" in "amateur" — aber bei dem »ü« ist die Öffnung des Mundes noch kleiner, als beim »ö«; »ä« lautet ähnlich dem Tone, den das Lämmchen hervorbringt in »bl——ä«.

Hüten Sie sich, das deutsche »u« zu sprechen wie Sie es tun im englischen Worte "use" das ist nicht deutsch und klingt unschön. Sprechen Sie das »u« wie "oo"[VIII-3] in "moon".

Im Deutschen trennen wir Silben nicht wie im Englischen. Im Englischen sagen Sie "Jan—uary", im Deutschen sagen wir »Ja—nuar«; im Englischen sagen wir "min-ute" im Deutschen sagen wir »Mi—nu—te«.

Im Deutschen beginnen wir die Silben mit Konsonanten, wo immer es tunlich[VIII-4] ist. Also, »sa—ge«, nicht »sag—e«; wir sprechen »ma—len«, aber nicht »mal—en«; »hö—ren«, nicht »hör—en« und »schrei—ben«, nicht »schreib—en«.[VIII-5]

Der Accent bei »sage« ist auf »sa«, nicht auf »ge«; in »malen« auf »ma« und nicht auf »len«; sprechen Sie [VIII-6]»sa'ge, ma'len, hö'ren, schrei'ben«.

Sprechen Sie in diesen Wörtern die erste Silbe recht energisch und schön aus und dehnen Sie die letzte nicht lang.

Im Englischen ist man oft geneigt, im Satze, das Pronomen besonders zu betonen; im Deutschen zieht man das Verbum vor, z.B. "I understand you"; aber »Ich verste'he Sie.«

Ein Wort, welches zusammengesetzt ist aus einer Präposition und einem Verbum, hat den Accent auf der Präposition: vor'sprechen, ab'schreiben, auf'stehen, unter'gehen, aus'arbeiten, bei'stehen, mit'sprechen, nach'sehen &c. &c.

Wörter, zusammengesetzt aus zwei Substantiven, haben

den Accent auf dem ersten Worte, z.B. *Haus'*-Thüre, *Sprach'*-Lehre, *Winter'*-Hut, *Herzens'*-Freude.

Viele von den Konsonanten werden im Deutschen ausgesprochen, wie im Englischen.

Das »g« ist wie das "g" in "go", und das »g« sollte stets so ausgesprochen werden, ob am Anfang oder am Ende. Nur in seltenen Fällen und nur da, wo der Wohlklang (die Euphonie) es verlangt, sollte es ein wenig sanfter gesprochen werden, doch niemals am Anfang. — Man hüte sich vor den Extremen!

In einem Teile Deutschlands spricht man das »r« mit dem Gaumen, wie die Franzosen es tun; in einem andern bringt man das »r« mit der Zunge hervor, wie man es tut in der englischen Sprache, — und so ist es am besten.

Das deutsche »s« sei sanft wie das englische "s" — denn so ist es am schönsten; ein »ss«, (doppeltes »s«) sei stark.

»St« wird von vielen Deutschen wie s und t gesprochen, ganz wie das englische "st" in "stone", "star", "strong", "string".

Von vielen aber wird es gesprochen wie »scht«; also nicht »S—t—ein« sondern »Schtein«; nicht »S—t—ern« sondern »Schtern«; nicht »s—t—ark« sondern »schtark«.

In den besten Theatern Deutschlands gilt die letzte Ausprachs-Weise; die größten und besten Gesangs-Lehrer Deutschlands lassen nur »Schtern«, »Schtock«, »schtark«, niemals »S—t« aussprechen beim Singen.

»V« ist wie »F« und »F« wie »V«.

»W« kommt dem englischen "v" ziemlich nahe — und ich bitte Sie, sprechen Sie doch das deutsche »w« niemals wie das englische "w".

»Z« ist »ts«; also »zanken« wie »tsanken«, »Zahlen« wie »Tsahlen«, »Zorn« wie »Tsorn«.

Jetzt kommt das »ch« — das ist leicht. — Kennen Sie den eigentümlichen Ton, den die Gans hervorbringt? — sehen Sie, so — nun, das ist das deutsche »ch« bei dem Vokale »e«, wie in »recht«; bei dem Vokale »i«, wie in »ich«, [VIII-7] (ja nicht isch!!!); bei »ä«, wie in »Mächte«; bei »ö«, wie in »möchte«; bei »ü«, wie in »Bücher«, »züchte«; bei »ei«, wie in »reich«, »leicht«; bei »eu«, wie in »Leuchte« und in »euch«.

»Ch« wird mit dem Gaumen hervorgebracht (Guttural) bei den Vokalen »a«, »o«, »u« und »au« — in »ach«, »Nacht«, »hoch«, »mochte«, »suche«, »Bruch« und »Rauch«.

Sprechen Sie besonders die Anfangs-Konsonanten aller Silben energisch und schön aus.

Bitte, beachten Sie stets das Gesetz der Schönheit! Der Mensch mit einem Gefühle für das Schöne wird auch seine Sprache, die höchste eigne Errungenschaft des Menschen-Geistes, schön sprechen. Und dann wollen Sie vor allem bedenken, daß die deutsche Sprache auf demselben Boden entsprossen ist, auf welchem die göttliche Musik Beethovens erstand. Und nun kommt noch eine, meine letzte Regel. Sprechen Sie das Deutsche recht langsam, leicht und elegant und ziehen Sie die Worte nicht zusammen, sonst könnte es Ihnen ergehen wie jener Sängerin, da sie den »Erlkönig« von Goethe öffentlich vortrug; sie kam an die Stelle:

> »Dem Vater grauset's; er reitet geschwind,
> Er hält in den Armen das ächzende Kind —«

und sang: »Er hält in den Armen da—sächzende Kind.« Lautes Lachen erfolgte, denn alle hatten verstanden »Er hält in den Armen das 16te Kind.« Ich bin zu Ende — Otto, Sie haben das Wort.

Otto: Die folgenden Personen werden in dieser Komödie vor Ihnen erscheinen: Luise und Ottilie, Rudolf und Arthur, etwas später dann ein Sergeant von der Polizei mit Polizisten, auch der Herr Baron von Sellen mit seiner Gemahlin Elisabeth, und dann viele andere Personen, Gäste eines großen Hotels, in dessen Empfangs-Zimmer sich das Ganze abspielt.

Luise ist die junge Gemahlin Rudolfs; gestern hatten sie Hochzeit gehalten und waren dann am Nachmittage abgereist und am Abend im Hotel angekommen. Am folgenden Morgen dann trafen, wie vorher brieflich bestimmt war, sich die befreundeten Paare. Luise und Ottilie treffen zuerst und allein zusammen, und später so auch die Herren.

Die erste Scene beginnt also mit der freudigen Begegnung zwischen Luise und Ottilie. — Willst Du zu lesen beginnen, Louis?

Louis: Sehr wohl, ich beginne:

Erste Scene.

Luise — Ottilie.

Luise: Ach — Ottilie!

Ottilie: Aber, Luise!

Luise: Ottilie, — ich bin unglücklich!

Ottilie: Wie du mich erschrickst — du unglücklich? beste, liebste, Luise, — unglücklich am Tage nach der

Hochzeit — nein, nein es kann, es darf nicht sein; — aber so weine doch nicht in einem fort. Was ist dir denn, so sprich, so sprich doch nur, ich bitte dich, liebe Luise!

Luise: Es begann nach meiner Trauung. Alles war so schön gegangen und da ich vom Altare trete, um an Rudolfs Arm zurückzukehren und die Menschen erblicke, welche da Kopf an Kopf in der Kirche stehen, da kommt eine — eine Verwirrung über mich und — o — Ottilie — ich — verlor meinen Trauring.

Ottilie: Das ist schlimm!

Luise: O, es ist ein entsetzliches Unglück. Als ich nach Hause kam, merkte ich es erst. — Nur meine Mutter weiß es und unser alter treuer Diener. Überall haben sie gesucht, jeden Stein haben sie umgedreht — umsonst — er ist fort und niemals finde ich ihn wieder, niemals, niemals!

Ottilie: Und Rudolf?

Luise: Er weiß noch nichts. Als wir nachmittags abreisen wollten und bereits im Wagen saßen, bemerke ich gerade noch, daß mir mein neuester und gerade mein schönster Hut fehlte, du weißt ja — der dir so besonders gefiel. Ich bitte Rudolf, in das Haus zu eilen und ihn mir zu bringen. Er geht — und bleibt entsetzlich lange aus. Endlich, da ich vor Ungeduld beinahe vergehe, kommt er wieder — denke dir, kommt wieder ohne meinen Hut und lacht so laut und so fürchterlich, daß er kein Wort zu sprechen vermag, lacht konvulsivisch; und je mehr ich bitte, je mehr ich weine, desto lauter lacht er. Das ist der Anfang unserer Reise — er in der einen Ecke und lacht, daß ich meine, er habe den Verstand verloren, und ich in der andern Ecke und weine, daß mir schier das Herz vergehen will. Endlich kommen wir hier an im Hotel. Da eile ich in mein Zimmer und schließe mich ein ganz allein und durchweine die Nacht.

Ottilie: Und Rudolf?

Luise: Ist der herzloseste, leichtsinnigste Mensch von der Welt, aber ich habe ihn auch vor meiner Thüre klopfen lassen — zur Strafe klopfen lassen, bis er müde wurde.

Ottilie: Luise, Luise, ich fürchte, du begehst einen großen Irrtum!

Luise: So, meinst du? Ich dachte es auch heute Morgen, und öffnete deshalb die Thür und hoffte, er würde wieder kommen; und richtig, ich höre Schritte nahen — das waren seine Tritte — warte, dachte ich, ich will es dir nicht zu leicht machen, und setze mich ans Fenster und drehe der Thüre den Rücken zu. Richtig, er tritt ein, und ich bleibe eine Weile stille sitzen und schaue zum Fenster hinaus, jeden Moment denkend, er müsse nun kommen, mich in seine Arme zu fassen — aber er bleibt still. Ich drehe mich um und sehe — denke dir meinen Schrecken — einen fremden Herrn auf meinem Sopha ausgestreckt. Als er mich sieht, ist er ebenso erschreckt wie ich selbst und stammelt in Verwirrung ein paar Worte: Pardon — Irrtum —, giebt mir in Hast seine Karte und ist im Nu — mit den Schuhen in der Hand und dem Rocke auf dem Arme — zur Thüre hinaus, und das alles ging so schnell wie der Blitz und so komisch, daß ich trotz meines Elendes nun auch laut, laut lachen mußte.

Ottilie: Nein — das muß ich sagen — der zweite Tag deines ehelichen Lebens fängt komisch genug an. Laß mich die Karte sehen.

Luise: Hier — hier ist sie.

Ottilie: Hm. — Friedrich Baron von Sellen; sieh', sieh'. Weißt du, Freundin, das geht so nicht mit dir und Rudolf —

ihr müßt euch wieder vereinigen und zwar heute Morgen noch. Ich habe eine gute Idee. Wir schreiben ihm ein Billet — und — nun, du sollst sehen, er wird schon kommen.

Luise: O ja, er muß zu mir kommen; er war allein schuld, o, der häßliche Mensch!

Ottilie: Komm, komm nur auf mein Zimmer!

[Beide ab.]

Zweite Scene.

Rudolf — [VIII-8] Arthur.

Rudolf: Sage, was du willst, Arthur — es hilft nichts, gar nichts. Es ist das Beste, man nimmt das Leben leicht. Ich habe es versucht, war ernst — was war die Folge? Konnte während der ganzen Nacht kein Auge schließen. In der unbehaglichsten Stimmung verlasse ich endlich heute früh mein Zimmer, um im Freien Trost, Zerstreuung zu suchen, und nehme gerade, als ich dort auf der Brücke stehe, meine beste Trösterin, meine Cigarre, aus der Tasche, mache Feuer und stecke in Gedanken — das Feuer statt der Cigarre in den Mund. Nicht allein, daß ich vor Schmerz laut aufschreien mochte, — von den Fenstern des Hotels muß ich noch das laute Gelächter dazu vernehmen. Mein Gesicht muß im Momente wohl recht komisch gewesen sein, ich hätte gerne selber mitgelacht, wenn es nur nicht meiner Zunge begegnet wäre. ärgerlich eile ich zurück zum Hotel, will auf mein Zimmer gehen, öffne die Thüre und — denke dir mein freudiges Erstaunen: wahrhaftig —, da sitzt sie am Fenster und sieht auf die Berge hinaus. Aha, denke ich, sie hört mich nicht, ich will sie überraschen — und leise, ganz leise von hinten komme ich näher, näher, und schnell lege ich meine Hände auf ihre Augen. Na — die Überraschung! Wie von einer Viper gestochen, springt sie auf vom Stuhle und schreit Feuer! Mörder! — Himmel, jetzt erst sehe ich, daß es gar nicht meine Frau, — daß es eine alte Dame in einer kolossalen Nacht-Haube ist. Ich sehe mich um — das war ja gar nicht mein Zimmer — ich will ihr erklären, sie läßt mir keine Zeit und schreit in einem fort: Feuer! Räuber! Mörder! — Ich höre die Leute auf dem Korridor rennen und denke das Beste sei fortzueilen. Ich thue also und komme glücklich eine Treppe höher wieder in mein eignes Zimmer.

So begann der zweite Tag dieser allerliebsten Hochzeits-Reise.

Arthur: Und was ist aus deiner jungen Frau geworden?

Rudolf: Ach, frage mich nicht — das ist eine ganz fatale Geschichte!

Arthur: Also — in dem Punkte scheinst du doch ernst zu werden.

Rudolf: Nun, denkst du vielleicht, es sei ein Spaß, eine Frau zu haben und doch keine zu haben, oder stundenlang vor der Thüre seiner Angetrauten vergebens zu stehen und auf alles Klopfen, Bitten, Beschwören, Drohen keine andere Antwort zu hören, als Seufzen und Schluchzen und Weinen? — O, laß mich nicht mehr daran denken, es macht mich rasend.

Arthur: Still, Rudolf — was willst du von mir, ich habe dir ja kein Leid zugefügt.

Rudolf: Du? — nein, das ist wahr.

Arthur: Ich kann es nicht begreifen: du der liebenswürdigste Mensch, einen Streit mit deiner Frau —

und noch dazu am Hochzeits-Tage. Warum, Mensch, konntest du nicht warten bis später?

Rudolf: Als ob ich einen Willen gehabt hätte! Der abscheuliche Putz, die Hüte, sind daran schuld.

Arthur: Die Hüte?

Rudolf: Ja, der Hut und deine Schwester!

Arthur: Oho, — nun gar meine Schwester!

Rudolf: Höre mich an. Alles war glücklich überstanden: Trauung und Gratulation und Küssen und Hände-Schütteln, Vorstellung und Empfangen und Weinen und Abschied-Nehmen &c. &c. und glücklich sitze ich schon im Wagen neben meiner himmlischen Luise und juble im Herzen — da fällt es ihr mit einem Male ein, daß sie noch den einen Hut haben muß. Ich muß wieder aussteigen und in's Haus zurückeilen. Kaum trete ich ein, so erblickt mich mein Cousin und Wehmut im Auge umschlingt er mich mit beiden Armen und seufzt: Bruder, noch eine Flasche Champagner, — noch eine — und zieht mich fort mit sich, ob ich will oder nicht. Da kommt deine Schwester Antonie. Und nun zieht sie mich am andern Arm fort, fort in den Tanz-Saal und sagt: »Ich muß erst meinen Tanz haben, Rudolf; eher kommen Sie mir nicht fort.« Verblüfft steht da mein enttäuschter Cousin und hält die Champagner-Flasche in der Hand; er weiß nicht, was er allein damit tun soll, und schlüpft sie mir schnell in die hintere Tasche meines Frackes. Beim Tanzen geht der Kork los, explodiert — dem General vom Bombenfeld an die Nase. Er schreit laut auf vor Schmerz, der Champagner spritzt nach tausend Seiten auf alle; alles flieht entsetzt auseinander, und ich entrinne glücklich, komme zurück in den Wagen und rufe dem Kutscher zu: Vorwärts, vorwärts — und flugs gehts dahin. Ich aber falle in die Ecke und beginne zu lachen und lache übermenschlich, und nähmest du mir das Leben, ich konnte mich nicht halten. Luise fragt nach ihrem Hute; ich kann nicht antworten. Sie beginnt zu weinen und je mehr sie weint, desto mehr muß ich lachen und an die Champagner-Scene denken. Als ich endlich zu mir komme und alles erklären will, sitzt sie in der Ecke und weint und will kein Wort von mir hören, dem herzlosesten Menschen auf der ganzen Gottes-Erde. Wir kommen hier an in dem Hotel — sie eilt in ihr Zimmer, schließt sich ein und mich aus — nun, du weißt ja den Rest dieser herrlichen Hochzeits-Reise.

Arthur: Rudolf, wirklich, ich bedaure dein Unglück.

Rudolf: Siehst du, Arthur, das freut mich von dir; da ist doch eine Menschen-Seele, die mein Unglück mit mir fühlen kann.

Arthur: Ich will mit meiner Frau sprechen; Ottilie und Luise sind Freundinnen. Verlaß dich darauf, meine Ottilie bringt alles wieder in Ordnung. Ich will jetzt zu ihr gehen.

Rudolf: Ich werde hier warten auf dich.

Arthur: Sehr wohl. (Ab.)

Dritte Scene.

Rudolf erst allein, dann Sergeant.

Rudolf: (Am Fenster stehend, sieht hinaus auf die Berge und singt für sich halblaut.)

> Nimm das Leben leicht,
> Nimm das Leben leicht;
> Nimm es leicht,
> Nimm es leicht!

Tra—la—ra'—la—ra.
Tra—la'—la.
La—l la'—la
La—la'.

(Ein Sergeant der Polizei nähert sich ihm.)

Sergeant: Ich bedauere, Sie stören zu müssen in Ihrem guten Humor!

Rudolf: Und Sie wünschen?

Sergeant: Ich wünsche nichts — ich befehle.

Rudolf: Oho —

Sergeant: — befehle Ihnen, mir zu folgen.

Rudolf: Dazu verspüre ich durchaus keine Lust.

Sergeant: Das glaube ich. Leute von Ihrer Sorte folgen mir niemals gern.

Rudolf: Mann, wissen Sie wohl, mit wem Sie reden?

Sergeant: Ja, mit einem von der Bande, die —

Rudolf: Bande?

Sergeant: — welche nun lange genug unsere Stadt unsicher gemacht hat.

Rudolf: Aber wissen Sie denn nicht, daß ich ....

Sergeant: Wir wissen alles; wir wissen, daß Sie heute Morgen bei einer Dame eingebrochen sind, sie berauben, sie morden, und wer weiß, was sonst noch wollten; also —

Rudolf: Wa — was — heute Morgen — Dame — so — aber, mein lieber Sergeant, das war ein Mißverständnis — eine Zerstreuung — ich versichere —

Sergeant: Versichern Sie das später lieber dem Richter — jetzt folgen Sie mir.

Rudolf: Aber ich sage Ihnen doch, daß ich Ihnen nicht folgen werde, nicht folgen kann. Ich — ich bin auf meiner Hochzeits-Reise — und eher —

Sergeant: Still, Freund! (er pfeift, worauf mehrere Polizisten eintreten) — ergreifet ihn!

Rudolf: Was? mich? Wagt es — ich bin auf meiner Hochzeits-Reise — (während des Tumults, der entsteht, indem die Polizisten Rudolf ergreifen und fesseln, kommen Kellner und Gäste von allen Seiten und zuletzt auch Luise. Als sie Rudolf gebunden unter den Polizisten erblickt, schreit sie laut auf, eilt auf ihn zu und umklammert ihn.)

Luise: Rudolf —! Was ist hier geschehen?

Rudolf: Aus Verzweiflung, daß —

Luise: Ein neues Unglück? — O, alles kommt durch mich, durch meine Schuld — es ist meine Schuld, meine Schuld alleine; (sie wendet sich flehend zu den Leuten) o, helft mir, ihr guten Leute! (sie erblickt den Baron von Sellen, der mit seiner Gattin am Arme erscheint.) O, Herr Baron, helfen Sie meinem Gatten, er ist unschuldig!

Baron von Sellen: Ist jener da Ihr Gatte, der heute Morgen bei meiner Frau eingebroch... — höre mal, meine liebe Elisabeth, — jetzt aber, glaube ich, hast du einen <u>Mißgriff</u> gemacht: das ist ja der Gemahl dieses jungen, allerliebsten Weibchens, das ich heute Morgen so erschreckt habe durch — meinen Einbruch. Herr Sergeant, meine Gattin nimmt ihre Klage zurück; nicht wahr, Elisabeth?

Frau Baronin von Sellen: Ja, sonst möchte jene junge Frau mir meinen Gatten verhaften lassen — es war nur ein Irrtum, Herr Sergeant.

Arthur (erscheint mit Ottilie in Eile): Eine Depesche an Rudolf!

Rudolf: Luise, öffne sie doch schnell für mich.

Luise (liest laut): »Liebe Luise! Ring ist gefunden, sende ihn dir mit deinem Hute.

Antonie.«

Rudolf: Hurrah, der Hut kommt nach.

Luise: Und mein Ring ist gefunden, Ottilie! mein Ring, mein Ring!

Rudolf: Aber, Kinder, nun bindet mich doch los, ich muß doch meine Frau umarmen! So —

(singend):

>Nimm das Le'ben leicht,
>Nimm das Le'ben leicht;
>Nimm es lei'cht, —
>Nimm es lei'cht!
> Tra—la—ra'—la—ra—
> Tra—la'—la
> Tra—l'la'—la
> La—la'.

Nun aber, Luischen, beginnen wir unsere Hochzeits-Reise!

Die Gäste alle: Viel Vergnügen und Glück auf den Weg!

Alle: Bravo, bravo!

Dr. Albert: Otto und Louis, meine Brüder, reicht mir Eure Hände. Ich gratuliere Euch und auch mir selbst. —

Alle: Und wir alle gratulieren herzlich.

Herr Meister: Das ist vorzüglich, vorzüglich, — ah!

Bella: Und ich überreiche Ihnen, Herr Otto, einen Lorbeer-Kranz.

Martha Parks: Und ich Dir, mein lieber Bruder Louis!

Otto: Meine teuren Freunde. Obwohl wir, Bruder Louis und ich, uns Mühe gegeben haben, dieses kleine Spiel recht gut zu machen, so wissen wir doch, daß wir diese enthusiastische Aufnahme Ihrer Freundschaft schulden. Wir fühlen es und wissen es wohl zu schätzen und danken Ihnen mit unserm ganzen Herzen. Und ich bin sicher, wir handeln ganz auch im Sinne der Damen, wenn wir diese Kränze, unsern ersten Lorbeer, mit dem Manuskripte der Komödie vereint, unserm Herrn Meister überreichen als ein Zeichen unserer Freundschaft, als ein Zeichen unserer Dankbarkeit und als ein Zeichen unserer hohen Achtung. Wir bitten Sie, Herr Meister, nehmen Sie beides von uns an.

Herr Meister: Meine Freunde, das Herz ist mir tief gerührt, und mein Auge strömt über von Thränen der Freude. Sie machen mich glücklich, meine Freunde, und ich nehme, was Sie mir reichen, als teures Andenken an die frohen Stunden, die wir zusammen verlebt haben, und als ein Zeichen der Hoffnung für die glückliche Zeit, welche wir noch vor uns haben. —

Frau Meister: Und sie wird kommen, mir sagt es das Herz.

Herr Meister: Dem durfte ich immer trauen und ihm traue ich auch jetzt. Gewiß, teure Freunde, noch andere glückliche Tage werden folgen, und wenn wir auch scheiden müssen, laßt uns immer denken an die Worte des Sängers:

Es ist bestimmt in Gottes Rat,
Daß man vom Liebsten, was man hat,
Muß scheiden;
Wiewohl doch nichts im Lauf der Welt
Dem Herzen ach, so sauer fällt
Als Scheiden, als Scheiden!
Nur mußt du mich auch recht verstehn,
Ja recht verstehn,
Wenn Menschen aus einander gehn,
So sagen sie: Auf Wiedersehn,
Ja, Wiedersehn!

Alle: Auf Wiedersehn, auf Wiedersehn!

Inhalt des Anhangs.

	Seite
Der Hand-Schuh	307
Die Bürgschaft	309
Ritter Toggenburg	314
Der Alpen-Jäger	316
Gefunden	318
Erl-König	319
Der Fischer	320
Die wandelnde Glocke	321
Der Kaiser und der Abt	322
Leise zieht durch mein Gemüt	328
Das Gewitter	328
Räuber-Lied	331
Krambambuli	333

Blau blüht ein Blümelein	336
Gebet während der Schlacht	338
Wenn die Schwalben heimwärts ziehn	341
Jäger-Leben	347
Lorelei	351
Es ist bestimmt in Gottes Rat	355

Der Hand-Schuh.

Vor seinem Löwen-Garten
Das Kampf-Spiel zu erwarten,
Saß König Franz,
Und um ihn die Großen der Krone,
Und rings auf hohem Balkone
Die Damen in schönem Kranz.

Und wie er winkt mit dem Finger,
Auf tut sich der weite Zwinger,
Und hinein mit bedächtigem Schritt
Ein Löwe tritt
Und sieht sich stumm
Rings um,
Mit langem Gähnen,
Und schüttelt die Mähnen
Und streckt die Glieder

Und legt sich nieder.

  Und der König winkt wieder,
Da öffnet sich behend
Ein zweites Thor,
Daraus rennt
Mit wildem Sprunge
Ein Tiger hervor.
Wie der den Löwen erschaut,
Brüllt er laut,
Schlägt mit dem Schweif
Einen furchtbaren Reif
Und recket die Zunge,
Und im Kreise scheu
Umgeht er den Leu,
Grimmig schnurrend,
Drauf streckt er sich murrend
Zur Seite nieder.

  Und der König winkt wieder,
Da speit das doppelt geöffnete Haus
Zwei Leoparden auf einmal aus,
Die stürzen mit mutiger Kampf-Begier
Auf das Tiger-Tier;
Das packt sie mit seinen grimmigen Tatzen
Und der Leu mit Gebrüll
Richtet sich auf, da wird's still;
Und herum im Kreis,
Von Mord-Sucht heiß,
Lagern sich die greulichen Katzen.

  Da fällt von des Altans Rand
Ein Hand-Schuh von schöner Hand
Zwischen den Tiger und den Leun
Mitten hinein.

  Und zu Ritter Delorges, spottender Weis'

Wendet sich Fräulein Kunigund:
»Herr Ritter, ist eure Lieb' so heiß,
Wie ihr mir's schwört zu jeder Stund,
Ei, so hebt mir den Hand-Schuh auf!«

  Und der Ritter, in schnellem Lauf,
Steigt hinab in den furchtbar'n Zwinger
Mit festem Schritte,
Und aus der Ungeheuer Mitte
Nimmt er den Hand-Schuh mit keckem Finger.

  Und mit Erstaunen und mit Grauen
Sehen's die Ritter und die Edel-Frauen,
Und gelassen bringt er den Hand-Schuh zurück.
Da schallt ihm sein Lob aus jedem Munde,
Aber mit zärtlichem Liebes-Blick —
Er verheißt ihm sein nahes Glück —
Empfängt ihn Fräulein Kunigunde.
Und er wirft ihr den Hand-Schuh in's Gesicht:
»Den Dank, Dame, begehr ich nicht!«
Und verläßt sie zur selben Stunde.

Die Bürgschaft.

(Damon und Phinthias.)

Zu Dionys, dem Tyrannen, schlich
Damon, den Dolch im Gewande;
Ihn schlugen die Häscher in Bande,
»Was wolltest du mit dem Dolche, sprich!«
Entgegnet ihm finster der Wüterich. —
»Die Stadt vom Tyrannen befreien!«
»Das sollst du am Kreuze bereuen.«

»Ich bin,« spricht jener, »zu sterben bereit
Und bitte nicht um mein Leben;
Doch willst du mir Gnade geben,
Ich flehe dich um drei Tage Zeit,
Bis ich die Schwester dem Gatten gefreit;
Ich lasse den Freund dir als Bürgen:
Ihn magst du, entrinn' ich, erwürgen.«

Da lächelt der König mit arger List
Und spricht nach kurzem Bedenken:
»Drei Tage will ich dir schenken;
Doch wisse, wenn sie verstrichen, die Frist,
Eh' du zurück mir gegeben bist,
So muß er statt deiner erblassen,
Doch dir ist die Strafe erlassen.«

Und er kommt zum Freunde: »Der König gebeut,
Daß ich am Kreuz mit dem Leben
Bezahle das frevelnde Streben;
Doch will er mir gönnen drei Tage Zeit,
Bis ich die Schwester dem Gatten gefreit;
So bleib' du dem König zum Pfande,
Bis ich komme zu lösen die Bande.«

Und schweigend umarmt ihn der treue Freund
Und liefert sich aus dem Tyrannen;
Der andere ziehet von dannen.
Und ehe das dritte Morgen-Rot scheint,
Hat er schnell mit dem Gatten die Schwester vereint,
Eilt heim mit sorgender Seele,
Damit er die Frist nicht verfehle.

Da gießt unendlicher Regen herab,
Von den Bergen stürzen die Quellen,
Und die Bäche, die Ströme schwellen,

Und er kommt ans Ufer mit wanderndem Stab,
Da reißet die Brücke der Strudel hinab,[G-1]
Und donnernd sprengen die Wogen
Des Gewölbes krachenden Bogen.

  Und trostlos irrt er an Ufers Rand;
Wie weit er auch spähet und blicket
Und die Stimme, die rufende, schicket,
Da stößet kein Nachen vom sichern Strand,
Der ihn setze an das gewünschte Land,
Kein Schiffer lenket die Fähre,
Und der wilde Strom wird zum Meere.

  Da sinkt er ans Ufer und weint und fleht,
Die Hände zum Zeus erhoben:
»O hemme des Stromes Toben!
Es eilen die Stunden, im Mittag steht
Die Sonne, und wenn sie niedergeht,
Und ich kann die Stadt nicht erreichen,
So muß der Freund mir erbleichen.«

  Doch wachsend erneut sich des Stromes Wut,
Und Welle auf Welle zerrinnet,
Und Stunde an Stunde entrinnet.
Da treibet die Angst ihn, da faßt er sich Mut
Und wirft sich hinein in die brausende Flut
Und teilt mit gewaltigen Armen
Den Strom, und ein Gott hat Erbarmen.

  Und gewinnt das Ufer und eilet fort
Und danket dem rettenden Gotte;
Da stürzet die raubende Rotte
Hervor aus des Waldes nächtlichem Ort,
Den Pfad ihm sperrend, und schnaubet Mord
Und hemmet des Wanderers Eile
Mit drohend geschwungener Keule.

»Was wollt ihr?« ruft er, vor Schrecken bleich,
»Ich habe nichts, als mein Leben,
Das muß ich dem Könige geben!«
Und entreißet die Keule dem nächsten gleich;
»Um des Freundes willen erbarmet euch!«
Und drei, mit gewaltigen Streichen,
Erlegt er, die andern entweichen.

Und die Sonne versendet glühenden Brand,
Und von der unendlichen Mühe
Ermattet, sinken die Kniee.
»O, hast du mich gnädig aus Räubers-Hand,
Aus dem Strom mich gerettet ans heilige Land,
Und soll hier verschmachtend verderben,
Und der Freund mir, der liebende, sterben!«

Und horch! da sprudelt es silberhell,
Ganz nahe, wie rieselndes Rauschen,
Und stille hält er, zu lauschen;
Und sieh, aus dem Felsen, geschwätzig, schnell,
Springt murmelnd hervor ein lebendiger Quell,
Und freudig bückt er sich nieder
Und erfrischet die brennenden Glieder.

Und die Sonne blinkt durch der Zweige Grün
Und malt auf den glänzenden Matten
Der Bäume gigantische Schatten;
Und zwei Wanderer sieht er die Straße ziehn,
Will eilenden Laufes vorüber fliehn,
Da hört er die Worte sie sagen:
»Jetzt wird er ans Kreuz geschlagen.«

Und die Angst beflügelt den eilenden Fuß,
Ihn jagen der Sorge Qualen,
Da schimmern in Abend-Rots Strahlen
Von ferne die Zinnen von Syrakus,
Und entgegen kommt ihm Philostratus,

Des Hauses redlicher Hüter,
Der erkennet entsetzt den Gebieter:

»Zurück! du rettest den Freund nicht mehr,
So rette das eigene Leben!
Den Tod erleidet er eben.
Von Stunde zu Stunde gewartet' er
Mit hoffender Seele der Wiederkehr,
Ihn konnte den mutigen Glauben
Der Hohn des Tyrannen nicht rauben.« —

»Und ist es zu spät, und kann ich ihm nicht,
Ein Retter, willkommen erscheinen,
So soll mich der Tod ihm vereinen.
Des rühme der blut'ge Tyrann sich nicht,
Daß der Freund dem Freunde gebrochen die Pflicht,
Er schlachte der Opfer zweie
Und glaube an Liebe und Treue!«[G-2]

Und die Sonne geht unter, da steht er am Thor
Und sieht das Kreuz schon erhöhet,
Das die Menge gaffend umstehet;
An dem Seile schon zieht man den Freund empor,
Da zertrennt er gewaltig den dichten Chor:
»Mich, Henker!« ruft er, »erwürget!
Da bin ich, für den er gebürget!«

Und Erstaunen ergreifet das Volk umher,
In den Armen liegen sich beide
Und weinen vor Schmerzen und Freude.
Da sieht man kein Auge thränenleer,
Und zum Könige bringt man die Wunder-Mär';
Der fühlt ein menschliches Rühren,
Läßt schnell vor den Thron sie führen.

Und blicket sie lange verwundert an.
Drauf spricht er: »Es ist euch gelungen,
Ihr habt das Herz mir bezwungen;
Und die Treue, sie ist doch kein leerer Wahn;
So nehmet auch mich zum Genossen an!
Ich sei, gewährt mir die Bitte,
In eurem Bunde der dritte.«

Ritter Toggenburg.

»Ritter, treue Schwester-Liebe
Widmet euch dies Herz;
Fordert keine andre Liebe,
Denn es macht mir Schmerz.
Ruhig mag ich euch erscheinen,
Ruhig gehen sehn.
Eurer Augen stilles Weinen
Kann ich nicht verstehn.«

Und er hört's mit stummem Harme,
Reißt sich blutend los,
Preßt sie heftig in die Arme,
Schwingt sich auf sein Roß,
Schickt zu seinen Mannen allen
In dem Lande Schweiz;
Nach dem heil'gen Grab sie wallen,
Auf der Brust das Kreuz.

Große Taten dort geschehen
Durch der Helden Arm;
Ihres Helmes Büsche wehen
In der Feinde Schwarm;
Und des Toggenburgers Name

Schreckt den Muselmann;
Doch das Herz von seinem Grame
Nicht genesen kann.

  Und ein Jahr hat er's getragen,
Trägt's nicht länger mehr;
Ruhe kann er nicht erjagen
Und verläßt das Heer;
Sieht ein Schiff an Joppe's Strande,
Das die Segel bläht,
Schiffet heim zum teuren Lande,
Wo ihr Atem weht.

  Und an ihres Schlosses Pforte
Klopft der Pilger an;
Ach, und mit dem Donnerworte
Wird sie aufgetan:
»Die ihr suchet, trägt den Schleier,
Ist des Himmels Braut,
Gestern war des Tages Feier,
Der sie Gott getraut.«

  Da verlässet er auf immer
Seiner Väter Schloß,
Seine Waffen sieht er nimmer,
Noch sein treues Roß,
Von der Toggenburg hernieder
Steigt er unbekannt,
Denn es deckt die edeln Glieder
Härenes Gewand.

  Und erbaut sich eine Hütte
Jener Gegend nah,
Wo das Kloster aus der Mitte
Düstrer Linden sah;
Harrend von des Morgens Lichte
Bis zu Abends Schein,

Stille Hoffnung im Gesichte,
Saß er da allein.

  Blickte nach dem Kloster drüben,
Blickte stundenlang
Nach dem Fenster seiner Lieben,
Bis das Fenster klang,
Bis die Liebliche sich zeigte,
Bis das teure Bild
Sich in's Tal[G-3] herunter neigte,
Ruhig, engelmild.

  Und dann legt' er froh sich nieder,
Schlief getröstet ein,
Still sich freuend, wenn es wieder
Morgen würde sein.
Und so saß er viele Tage,
Saß viel Jahre lang,
Harrend ohne Schmerz und Klage,
Bis das Fenster klang.[G-4]

  Bis die Liebliche sich zeigte,
Bis das teure Bild
Sich in's Tal[G-5] herunter neigte.
Ruhig, engelmild.
Und so saß er, eine Leiche,
Eines Morgens da;
Nach dem Fenster noch das bleiche
Stille Antlitz sah.

Der Alpenjäger.

  Willst du nicht das Lämmlein hüten?
Lämmlein ist so fromm und sanft,

Nährt sich von des Grases Blüten,
Spielend an des Baches Ranft.
   »Mutter, Mutter, laß mich gehen,
   Jagen nach des Berges Höhen!«

   Willst du nicht die Herde locken
Mit des Hornes munterm Klang?
Lieblich tönt der Schall der Glocken
In des Waldes Lust-Gesang.
   »Mutter, Mutter, laß mich gehen,
   Schweifen auf den wilden Höhen!«

   Willst du nicht der Blümlein warten,
Die im Beete freundlich stehn?
Draußen ladet dich kein Garten;
Wild ist's auf den wilden Höhn!
   »Laß die Blümlein, laß sie blühen!
   Mutter, Mutter, laß mich ziehen!«

   Und der Knabe ging zu jagen,
Und es treibt und reißt ihn fort,
Rastlos fort mit blindem Wagen
An des Berges finstern Ort;
Vor ihm her mit Windes-Schnelle
Flieht die zitternde Gazelle.

   Auf der Felsen nackten Rippen
Klettert sie mit leichtem Schwung,
Durch den Riß gespaltner Klippen
Trägt sie der gewagte Sprung;
Aber hinter ihr verwogen
Folgt er mit dem Todes-Bogen.

   Jetzo auf den schroffen Zinken
Hängt sie, auf dem höchsten Grat,
Wo die Felsen jäh versinken
Und verschwunden ist der Pfad.

Unter sich die steile Höhe,
Hinter sich des Feindes Nähe.

  Mit des Jammers stummen Blicken
Fleht sie zu dem harten Mann,
Fleht umsonst, denn loszudrücken
Legt er schon den Bogen an;
Plötzlich aus der Felsen-Spalte
Tritt der Geist, der Berges-Alte.

  Und mit seinen Götter-Händen
Schützt er das gequälte Tier
»Mußt du Tod und Jammer senden,«
Ruft er, »bis herauf zu mir?
Raum für alle hat die Erde;
Was verfolgst du meine Herde?«

Gefunden.

  Ich ging im Walde
So für mich hin,
Und nichts zu suchen
Das war mein Sinn.

  Im Schatten sah ich
Ein Blümchen stehn,
Wie Sterne leuchtend,
Wie Äuglein schön.

  Ich wollt es brechen,
Da sagt es fein:
Soll ich zum Welken
Gebrochen sein?

  Ich grub's mit allen

Den Würzlein aus,
Zum Garten trug ich's
Am hübschen Haus.

Und pflanzt' es wieder
Am stillen Ort;
Nun zweigt es immer
Und blüht so fort.

Erl-König.

Wer reitet so spät durch Nacht und Wind?
Es ist der Vater mit seinem Kind;
Er hat den Knaben wohl in dem Arm,
Er faßt ihn sicher, er hält ihn warm.

Mein Sohn, was birgst du so bang dein Gesicht? —
Siehst, Vater, du den Erl-König nicht?
Den Erlen-König mit Kron' und Schweif? —
Mein Sohn, es ist ein Nebel-Streif. —

»Du liebes Kind, komm, geh mit mir!
Gar schöne Spiele spiel' ich mit dir;
Manch' bunte Blumen sind an dem Strand,
Meine Mutter hat manch' gülden Gewand.«

Mein Vater, mein Vater, und hörest du nicht,
Was Erlen-König mir leise verspricht? —
Sei ruhig, bleibe ruhig, mein Kind;
In dürren Blättern säuselt der Wind. —

»Willst, feiner Knabe, du mit mir gehn?
Meine Töchter sollen dich warten schön;
Meine Töchter führen den nächtlichen Reih'n

Und wiegen und tanzen und singen dich ein.«

  Mein Vater, mein Vater, und siehst du nicht dort
Erl-Königs Töchter am düstern Ort? —
Mein Sohn, mein Sohn, ich seh' es genau;
Es scheinen die alten Weiden so grau. —

  »Ich liebe dich, mich reizt deine schöne Gestalt;
Und bist du nicht willig, so brauch' ich Gewalt.« —
Mein Vater, mein Vater, jetzt faßt er mich an!
Erl-König hat mir ein Leid's getan! —

  Dem Vater grauset's, er reitet geschwind,
Er hält in Armen das ächzende Kind,
Erreicht den Hof mit Müh' und Not;
In seinen Armen das Kind war tot.

Der Fischer.

  Das Wasser rauscht', das Wasser schwoll,
Ein Fischer saß daran,
Sah nach dem Angel ruhevoll,
Kühl bis ans Herz hinan.
Und wie er sitzt und wie er lauscht,
Teilt sich die Flut empor;
Aus dem bewegten Wasser rauscht
Ein feuchtes Weib hervor.

  Sie sang zu ihm, sie sprach zu ihm:
Was lockst du meine Brut
Mit Menschen-Witz und Menschen-List
Hinauf in Todes-Glut?

Ach wüßtest du, wie's Fischlein ist
So wohlig auf dem Grund,
Du stiegst herunter, wie du bist,
Und würdest erst gesund.

  Labt sich die liebe Sonne nicht,
Der Mond sich nicht im Meer?
Kehrt wellenatmend ihr Gesicht
Nicht doppelt schöner her?
Lockt dich der tiefe Himmel nicht,
Das feuchtverklärte Blau?
Lockt dich dein eigen Angesicht
Nicht her in ew'gen Tau.

  Das Wasser rauscht', das Wasser schwoll,
Netzt' ihm den nackten Fuß;
Sein Herz wuchs ihm so sehnsuchtsvoll,
Wie bei der Liebsten Gruß.
Sie sprach zu ihm, sie sang zu ihm;
Da war's um ihn geschehn:
Halb zog sie ihn, halb sank er hin,
Und ward nicht mehr gesehn.

Die wandelnde Glocke.

  Es war ein Kind, das wollte nie
Zur Kirche sich bequemen,
Und Sonntags fand es stets ein Wie,
Den Weg ins Feld zu nehmen.

  Die Mutter sprach: die Glocke tönt,
Und so ist dir's befohlen,
Und hast du dich nicht hingewöhnt,
Sie kommt und wird dich holen.

Das Kind, es denkt: die Glocke hängt
Da droben auf dem Stuhle.
Schon hat's den Weg in's Feld gelenkt,
Als lief' es aus der Schule.

Die Glocke Glocke tönt nicht mehr,
Die Mutter hat gefackelt.
Doch welch ein Schrecken hinterher!
Die Glocke kommt gewackelt.

Sie wackelt schnell, man glaubt es kaum;
Das arme Kind im Schrecken,
Es läuft, es kommt, als wie im Traum;
Die Glocke wird es decken.

Doch nimmt es richtig seinen Husch,
Und mit gewandter Schnelle
Eilt es durch Anger, Feld und Busch
Zur Kirche, zur Kapelle.

Und jeden Sonn- und Feier-Tag
Gedenkt es an den Schaden,
Läßt durch den ersten Glocken-Schlag,
Nicht in Person sich laden.

Der Kaiser und der Abt.

Ich will euch erzählen ein Märchen, gar schnurrig:
Es war 'mal ein Kaiser; der Kaiser war kurrig.
Auch war 'mal ein Abt, ein gar stattlicher Herr;
Nur schade! sein Schäfer war klüger, als er.

Dem Kaiser ward's sauer in Hitz' und in Kälte:
Oft schlief er bepanzert im Krieges-Gezelte;

Oft hatt' er kaum Wasser zu Schwarz-Brot und Wurst;
Und öfter noch litt er gar Hunger und Durst.

  Das Pfäfflein, das wußte sich besser zu hegen,
Und weidlich am Tisch und im Bette zu pflegen;
Wie Vollmond glänzte sein feistes Gesicht.
Drei Männer umspannten den Schmerbauch ihm nicht.

  Drob suchte der Kaiser am Pfäfflein oft Hader
Einst ritt er, mit reisigem Krieges-Geschwader,
In brennender Hitze des Sommers vorbei.
Das Pfäfflein spazierte vor seiner Abtei.

  »Ha,« dachte der Kaiser, »zur glücklichen Stunde!«
Und grüßte das Pfäfflein mit höhnischem Munde;
»Knecht Gottes, wie geht's dir? Mir däucht wohl ganz recht,
Das Beten und Fasten bekommen nicht schlecht.

  Doch däucht mir daneben, euch plage viel Weile.
Ihr dankt mir's wohl, wenn ich euch Arbeit erteile.
Man rühmet, ihr wäret der pfiffigste Mann,
Ihr höret das Gräschen fast wachsen, sagt man.

  So geb' ich denn euern zwei tüchtigen Backen
Zur Kurzweil drei artige Nüsse zu knacken.
Drei Monden von nun an bestimm' ich zur Zeit.
Dann will ich auf diese drei Fragen Bescheid.

  Zum ersten: Wann hoch ich im fürstlichen Rate,
Zu Throne mich zeige im Kaiser-Ornate,

Dann sollt ihr mir sagen, ein treuer Wardein,
Wie viel ich wohl wert bis zum Heller mag sein?

Zum zweiten sollt ihr mir berechnen und sagen:
Wie bald ich zu Rosse die Welt mag umjagen?
Um keine Minute zu wenig und viel!
Ich weiß, der Bescheid darauf ist euch nur Spiel.

Zum dritten noch sollst du, o Preis der Prälaten,
Auf's Härchen mir meine Gedanken erraten.
Die will ich dann treulich bekennen; allein
Es soll auch kein Titelchen Wahres dran sein.

Und könnt ihr mir diese drei Fragen nicht lösen,
So seid ihr die längste Zeit Abt hier gewesen;
So lass' ich euch führen zu Esel durch's Land,
Verkehrt, statt des Zaumes den Schwanz in der Hand.« —

Drauf trabte der Kaiser mit Lachen von hinnen.
Das Pfäfflein zerriß und zerspliß sich mit Sinnen.
Kein armer Verbrecher fühlt mehr Schwulität,
Der vor hochnotpeinlichem Hals-Gericht steht.

Er schickte nach ein, zwei, drei, vier Un'vers'täten,
Er fragte bei ein, zwei, drei, vier Fakultäten,
Er zahlte Gebühren und Sporteln vollauf;
Doch löste kein Doktor die Fragen ihm auf.

Schnell wuchsen, bei herzlichem Zagen und Pochen,
Die Stunden zu Tage, die Tagen zu Wochen,

Die Wochen zu Monden, schon kam der Termin!
Ihm ward's vor den Augen bald gelb und bald grün.

  Nun sucht' er, ein bleicher hohlwangiger Werther,
In Wäldern und Feldern die einsamsten Örter,
Da traf ihn, auf selten betretener Bahn,
Hans Bendix, sein Schäfer, am Felsen-Hang an.

  »Herr Abt,« sprach Hans Bendix, »was mögt ihr euch grämen?
Ihr schwindet ja wahrlich dahin, wie ein Schemen.
Maria und Joseph! wie hotzelt ihr ein!
Mein Sixchen! es muß euch was angetan sein.«

  »Ach, guter Hans Bendix, so muß sich's wohl schicken.
Der Kaiser will gern mir am Zeuge was flicken,
Und hat mir drei Nüss' auf die Zähne gepackt,
Die schwerlich Beelzebub selber wohl knackt.

  Zum ersten: Wann hoch er, im fürstlichen Rate,
Zu Throne sich zeiget im Kaiser-Ornate,
Dann soll ich ihm sagen, ein treuer Wardein,
Wie viel er wohl wert bis zum Heller mag sein?

  Zum zweiten soll ich ihm berechnen und sagen:
Wie bald er zu Rosse die Welt mag umjagen?
Und keine Minute zu wenig und viel!
Er meint, der Bescheid darauf wäre nur Spiel.

  Zum dritten, ich ärmster von allen Prälaten,
Soll ich ihm gar seine Gedanken erraten;
Die will er mir treulich bekennen; allein

Es soll auch kein Titelchen Wahres dran sein.

  Und kann ich ihm diese drei Fragen nicht lösen,
So bin ich die längste Zeit Abt hier gewesen;
So läßt er mich führen zu Esel durch's Land,
Verkehrt, statt des Zaumes den Schwanz in der Hand.« —

  »Nichts weiter?« erwidert Hans Bendix mit Lachen,
»Herr, gebt euch zufrieden! das will ich schon machen.
Nur borgt mir eur Käppchen, eur Kreuzchen und Kleid;
So will ich schon geben den rechten Bescheid.

  Versteh' ich gleich nichts von lateinischen Brocken,
So weiß ich den Hund doch vom Ofen zu locken.
Was ihr euch, Gelehrte, für Geld nicht erwerbt,
Das hab' ich von meiner Frau Mutter geerbt.«

  Da sprang, wie ein Böcklein, der Abt vor Behagen.
Mit Käppchen und Kreuzchen, mit Mantel und Kragen
Ward stattlich Hans Bendix zum Abte geschmückt,
Und hurtig zum Kaiser nach Hofe geschickt.

  Hier thronte der Kaiser im fürstlichen Rate,
Hoch prangt' er, mit Scepter und Kron', im Ornate:
»Nun sagt mir, Herr Abt, als ein treuer Wardein,

Wie viel ich itzt wert bis zum Heller mag sein?« —

»Für dreißig Reichsgulden ward Christus verschachert;
Drum gab' ich, so sehr Ihr auch pochet und prachert,
Für Euch keinen Deut mehr, als zwanzig und neun,
Denn einen müßt Ihr doch wohl minder wert sein.« —

»Hum!« sagte der Kaiser, »der Grund läßt sich hören,
Und mag den durchlauchtigen Stolz wohl bekehren.
Nie hätt' ich, bei meiner hochfürstlichen Ehr'!
Geglaubet, daß so spottwohlfeil ich wär'.

Nun aber sollst du mir berechnen und sagen:
Wie bald ich zu Rosse die Welt mag umjagen?
Um keine Minute zu wenig und viel!
Ist dir der Bescheid darauf auch nur ein Spiel?« —

»Herr, wenn mit der Sonn' Ihr früh sattelt und reitet,
Und stets sie in einerlei Tempo begleitet,
So setz' ich mein Kreuz und mein Käppchen daran,
In zweimal zwölf Stunden ist alles getan.« —

»Ha,« lachte der Kaiser, »vortrefflicher Haber!
Ihr füttert die Pferde mit Wenn und mit Aber.
Der Mann‚[G-6] der das Wenn und das Aber erdacht‚[G-7]
Hat sicher aus Häckerling Gold schon gemacht.

Nun aber zum dritten, nun nimm dich zusammen:
Sonst muß ich dich dennoch zum Esel verdammen.
Was denk' ich, das falsch ist? Das bringe heraus!
Nur bleib' mir mit Wenn und mit Aber zu Haus!« —

»Ihr denket, ich sei der Herr Abt von St. Gallen.« —
»Ganz recht! Und das kann von der Wahrheit nicht fallen.« —
»Sein Diener, Herr Kaiser! Euch trüget euer Sinn:
Denn wißt, daß ich Bendix, sein Schäfer, nur bin!« —

»Was Henker! Du bist nicht der Abt von St. Gallen?«
Rief hurtig, als wär er vom Himmel gefallen,
Der Kaiser mit frohem Erstaunen darein;
»Wohlan denn, so sollst du von nun an es sein!

Ich will dich belehnen mit Ring und mit Stabe.
Dein Vorfahr besteige den Esel und trabe!
Und lerne fortan erst quid Juris verstehn!
Denn wenn man will ernten, so muß man auch sä'n.« —

»Mit Gunsten, Herr Kaiser! Das laßt nur hübsch bleiben!
Ich kann ja nicht lesen, noch rechnen und schreiben;
Auch weiß ich kein sterbendes Wörtchen Latein.
Was Hänschen versäumt, holt Hans nicht mehr ein.« —

»Ach, guter Hans Bendix, das ist ja recht schade!
Erbitte demnach dir ein' andere Gnade!
Sehr hat mich ergetzet dein lustiger Schwank;
Drum soll dich auch wieder ergetzen mein Dank.« —

»Herr Kaiser, groß hab' ich so eben nichts nötig;
Doch seid ihr im Ernst mir zu Gnaden erbötig,
So will ich mir bitten, zum ehrlichen Lohn,
Für meinen hochwürdigen Herren Pardon.« —

»Ha bravo! Du trägst, wie ich merke, Geselle,
Das Herz, wie den Kopf, auf der richtigen Stelle.
Drum sei der Pardon ihm in Gnaden gewährt,
Und obenein dir ein Panis-Brief beschert:«

»Wir lassen dem Abt von St. Gallen entbieten:
Hans Bendix soll ihm nicht die Schafe mehr hüten.
Der Abt soll sein pflegen, nach unserm Gebot,
Umsonst, bis an seinen sanftseligen Tod.« —

Leise zieht durch mein Gemüt
Liebliches Geläute.
Klinge, kleines Frühlings-Lied,
Kling' hinaus in's Weite.

Kling' hinaus bis an das Haus,
Wo die Blumen sprießen.
Wenn du eine Rose schaust,
Sag', ich laß sie grüßen.

Das Gewitter.

    Urahne, Groß-Mutter, Mutter und Kind
In dumpfer Stube beisammen sind;
Es spielet das Kind, die Mutter sich schmückt.
Groß-Mutter spinnet, Urahne gebückt
Sitzt hinter dem Ofen im Pfühl —
    Wie wehen die Lüfte so schwül!

    Das Kind spricht: »Morgen ist's Feier-Tag,
Wie will ich spielen im grünen Hag,
Wie will ich springen durch Tal[G-9] und Höh'n,
Wie will ich pflücken viel Blumen schön!
Dem Anger, dem bin ich hold!« —
    Hört ihr's, wie der Donner grollt?

    Die Mutter spricht: »Morgen ist's Feier-Tag,
Da halten wir alle fröhlich Gelag,
Ich selber, ich rüste mein Feier-Kleid;
Das Leben, es hat auch Lust nach Leid,
Dann scheint die Sonne wie Gold!« —
    Hört ihr's, wie der Donner grollt?

    Groß-Mutter spricht: »Morgen ist's Feier-Tag,
Groß-Mutter hat keinen Feier-Tag,
Sie kochet das Mahl, sie spinnet das Kleid,
Das Leben ist Sorg' und viel Arbeit;
Wohl dem, der tat, was er sollt'!« —
    Hört ihr's, wie der Donner grollt?

    Urahne spricht: »Morgen ist Feier-Tag,
Am liebsten morgen ich sterben mag;
Ich kann nicht singen und scherzen mehr,
Ich kann nicht sorgen und schaffen schwer,
Was thu' ich noch auf der Welt?« —
    Seht ihr, wie der Blitz dort fällt?

Sie hören's nicht, sie sehen's nicht,
Es flammet die Stube wie lauter Licht,
Urahne, Groß-Mutter, Mutter und Kind
Vom Strahl mit einander getroffen sind;
Vier Leben endet ein Schlag —
  Und morgen ist's Feier-Tag.

Lieber Sterne ohne Strahlen,
Als Strahlen ohne Sterne —
Lieber Kerne ohne Schalen,
Als Schalen ohne Kerne —
Geld lieber ohne Taschen,
Als Taschen ohne Geld —
Wein lieber ohne Flaschen,
Als umgekehrt bestellt!

Räuber-Lied

(Zur 2. Sektion.)

Friedrich von Schiller. (1780.)

[Text] [Listen] [PDF] [XML] [Finale]

Krambambuli.

(Zur 3. Sektion.)

Geb. von Crescentius Koromandel, d.i. Hof-Rat Wittekind in Danzig. (1745.)

[Text] [Listen] [PDF] [XML] [Finale]

Blau blüht ein Blümelein.

Volks-Lied von Thüringer Walde.

(Zur 5. Sektion.)

[Text] [Listen] [PDF] [XML] [Finale]

Gebet während der Schlacht.

(Zur 5. Sektion.)

Theodor Körner. (1813.)

[Text] [Listen] [PDF] [XML] [Finale]

Wenn die Schwalben heimwärts ziehn.

Abschied.

(Zur 7. Sektion.)

Carl Herloßsohn. (1842.)

[Text] [Listen] [PDF] [XML] [Finale]

Jäger-Leben.

(Zur 8. Sektion.)

Wilhelm Bornemann. (1816.)

[Text] [Listen] [PDF] [XML] [Finale]

Lorelei.

(Zur 8. Sektion.)

Heinrich Heine. (1822.)

[Text] [Listen] [PDF] [XML] [Finale]

Es ist bestimmt in Gottes Rat.

(Zur 8. Sektion.)

Ernst von Feuchtersleben. (Vor 1826.)

[Text] [Listen] [PDF] [XML] [Finale]

Noten zur ersten Sektion.

Seite

1. kräftig; — stark.
   stärkt; — macht uns stark.
2. Anfang, der; — der Beginn.
   Mut, der; — die Courage.
   faßt tiefe Wurzeln; — die Sprache geht fest in uns ein, wie die unteren Enden des Baumes in die Erde.
   wächst; — er wird groß.
   wirklich? — ist das so?
3. Augenblick, der; — der Moment.
   unerwartetes Glück; — ein Glück, das ich nicht erhoffen konnte, groß.
   Neuigkeit, die; — etwas Neues.
   erraten; — finden.
4. fechten; — kämpfen mit dem Schwerte.
   Schnurrbart, der; — der Bart unter der Nase.
5. grausam; — Sie haben ein hartes Herz.
   verzeihe; — vergebe.
   Gesundheit, die; — Substantiv von gesund = wohl.
6. Besuch, der; — die Visite.
   gebraucht; — haben müssen.
   versichern; — sagen.
   Lands-Leute, die; — Leute aus unserm Lande, aus Amerika.
   liebenswürdig; — freundlich und gut.
   jugendliche Kraft,

	die;	Kraft, wie sie junge Leute haben.
	Locken, die;	die langen, schönen Haare seines Kopfes.
	regiert;	kommandiert.
	gebietet;	kommandiert.
	Fluten, die;	das Wasser des Rheines.
	erhebt sich;	das Land wird hoch auf beiden Seiten.
	ragen;	die Türme reichen über die Häuser.
	strahlt;	scheint.
7.	Wolken, die;	das Wasser, das verdunstet und in die Atmosphäre steigt, wo es sich wieder sammelt.
	verschiedenen;	anderen, ungleichen.
	wallet;	geht, fließt.
	friedlich;	still.
	Frieden, der;	die Ruhe, die Rast.
	Fläche, die;	die obere Seite des Wassers war glatt, wie ein Spiegel, ein Glas.
	blinkt;	glitzert.
	Farben, die;	das Wasser schien grün, gelb, blau, *etc*.
	würzig;	süß.
	sauge;	trinke.
	erquickt;	erfrischt.
	schnellen Schrittes;	schnell gehend.
	Tafel, die;	der Tisch.
	bietet;	offeriert.
	Speise, die;	das Essen.

	ich labe mich;	ich esse, trinke und bin froh.
	aufblickend;	wenn ich vom Tische aufsehe.
	Dörfer, die;	kleine Plätze auf dem Lande, wenige Häuser.
	Felsen, der;	ein hoher, harter Stein.
	stolz;	majestätisch.
	brausten;	rauschten, lärmten.
	gestemmt;	gestellt.
8.	Haupt, das;	der Kopf.
	gezwungen;	er war ihr Herr geworden.
	übermütig;	sorglos und wild.
9.	Verein, der;	der Klub.
	bilden;	machen, beginnen.
	ordnen;	arrangieren, tun.
	nötig;	was sein muß.
10.	steigt;	kommt.
	zerfließen;	schmelzen, zu Wasser werden.
	sprießt;	aus der Erde kommt.
	Tal[N-1], das;	zwischen zwei Bergen ist das Tal[N-2].
	Winter-Qual, die;	alles das, was nicht angenehm ist im Winter.
	schallt;	kommt ein Ton.
	Gletscher, der;	Eis-Berg in den Alpen.
	leckt;	wenn die Sonne auf die Gletscher scheint.
	Luft-Getön, das;	das Singen der Vögel, *etc.*
	lind und lau;	mild und warm.
	Au, die;	ein schöner Platz mit Gras bedeckt.
11.	unterhalten;	gut sprechen, so daß alle sich freuen.

Zügel, der;	der Zügel ist von Leder, er ist im Munde des Pferdes und in der Hand des Reiters.
bäumt sich;	stellt sich auf die Hinter-Füße.
drückt;	preßt.
lenkt;	leitet.
nimm dich in Acht;	sieh', daß du nicht fällst.
12. übel behandelt;	mir hat er böses getan.
verhöhnt;	insultiert.
geblendet;	blind gemacht.
fordern Recht;	wollen Recht haben.
klagen;	traurig sprechen.
13. wider;	gegen.
will wenig bedeuten;	ist nichts.
Wimmern, das;	lautes Weinen.
Gebüsch, das;	der Busch, die Büsche.
zauset;	zieht Lampe bei den Ohren hin und her.
schlau;	klug, genial.
wagen;	tun.
Beute, die;	alles, was sie stehlen und rauben.
Oheim, der;	der Onkel.
14. hämisch;	ironisch.
Fuhrmann, der;	der Mann bei dem Wagen.
fraß;	aß.Ich esse, ich aß, ich habe gegessen.
Gräten, die;	Skelett des Fisches.
handelt;	tut.

15. verlor;	ich verliere, ich verlor, ich habe verloren.
Gras und Kräuter;	Pflanzen.
gekleidet;	bedeckt mit dem Mantel eines Mönches.
16. streiten;	kämpfen, zanken.
Hof, der;	der Raum um ein Haus auf dem Lande.
dichten;	dicken.
erwürgt;	ermordet, getötet.
unmutig;	unzufrieden.
bestatten;	legen.
scharren;	graben, kratzen.
17. fördern;	Frieden machen, Recht machen.
so kam man denn überein;	alle sagten.
auffordern;	ihm sagen sollten.
strafen;	ihm böses tun.
stattlich;	groß und schön.
heimliche Gänge;	Wege unter der Erde.
entschlüpfen;	fliehen.
Geselle, der;	der Kamerad.
Thor, das;	die große Thür.
18. erhitzt;	heiß, sehr warm.
Staub, der;	feine Erde, Schmutz, wie im Sommer bei trockenem Wetter.
beschwerliche;	schwere.
ärmlich;	nicht reich und nicht gut.
erfreut;	froh.
	ein Instrument, um den Baum zu

Keil, der;	spalten; an dem einen Ende spitz, an dem andern stumpf; der Keil wird in den Baum getrieben mit dem stumpfen Ende der Axt.
gar;	sehr.
19. zugleich;	zur selben Zeit.
zog;	ich ziehe, ich zog, ich habe gezogen.
es gelang ihm;	er konnte.
Mühe, die;	die Arbeit.
entfernen;	herausbringen.
Geschrei, das;	das Heulen.
eilends;	schnell.
Besen, der;	Instrument, mit dem man das Zimmer reinigt.
Verzweiflung, die;	die Desperation.
Haut, die;	die Haut des Bären ist mit Haaren bedeckt.
entkommen;	rennen.
Elend, das;	das Unglück.
20. entsetzt;	voll Furcht, Schrecken und Trauer.
issest;	ich esse; du issest, *etc.*
speisen;	essen.
21. Menge, die;	viele.
Scheune, die;	der Land-Mann hat Stroh und[N-3] Heu in der Scheune.
erzürnt;	böse.
Prediger, der;	der Pastor.
Loch, das;	die Öffnung.
mausest;	Mäuse fängst.
einäugig;	mit einem Auge.

22.	entbrannte in gewaltigem Zorne;	wurde sehr böse.
	Frevler, der;	böser, böser Charakter.
	verdient den Tod;	soll sterben.
	ähnlich;	waren wie der Vater.
	versetzte;	antwortete.
23.	zärtlich;	liebevoll.
	Abschied, der;	sagte Adieu.
	achte;	siehe gut.
	artig;	gut.
	Zorn, der;	der böse Wille.
	Bote, der;	der Diener, den der König gesandt hatte.
	bekenne;	sage.
	gelobe;	versprich.
24.	haschen;	schnappen, fangen.
	hassen;	nicht lieben.
	schwätzest;	sprichst.
25.	gefräßig;	der Bär frißt (ißt) gerne zu viel.
	auftraten;	sprachen.
	galt;	war.
	fällte das Urteil;	sprach das Recht.
	betrübt;	traurig.
	finster;	ernst.
	weiches;	gutes.
	bekennen;	sagen.
26.	Schatz, der;	viele[N-4] Gold, Diamanten, *etc.*
	Kette, die;	die Taschen-Uhr hängt an einer Kette; Damen tragen goldene Ketten um den Hals.

nützt;	wozu ist es mir gut?
27. Ort, der;	der Platz.
Blitz, der;	der Blitz zuckt im zickzack vor dem Donner.
versteckt;	stand hinter einem Busche.
starrte;	sah.
rührte;	bewegte.
Arge, der;	der Böse.
28. gerade;	direkt.
öfters;	oft.
Versammlung, die;	viele Personen zusammen.
Truppen, die;	die Soldaten.
Sold[N-5], der;	das Geld.
voraus;	zuvor.
ausführen;	realisieren.
führt;	bringt.
Gefängnis, das;	ein Haus in welchem man die Diebe und Mörder festhält.
29. Wüste, die;	Sahara ist eine Wüste; Prairie, Heide.
einsamen;	stillen.
haust;	ist, wohnt.
Birke, die;	der Name eines Baumes.
Bann, der;	hat mich verdammt.
gelobt;	gesagt.
30. jauchzte;	freute sich.
prachtvolles;	sehr schönes.

Noten zur zweiten Sektion.

Noten zur zweiten Sektion.

32. Darf;	kann ich kommen.
störe;	hindere.
stürmt;	wild, hastig kommt.
Treppe, die;	ist vor dem Hause; sie ist hoch und hat Stufen; man geht von der Straße auf die Haus-Treppe in das Haus; siehe »Studien und Plaudereien, *I.*« Seite 163.
vorzustellen;	zu introduzieren; siehe »Studien und Plaudereien, *I.*« Seite 159.
Herrschaften, die;	Damen u. Herren.
Grüße;	Der Gruß; das Kompliment, gute Wünsche.
Bekannten, die;	Personen, die ich kenne.
heimisch;	wie zu Hause.
33. Fahrt, die;	die Reise auf dem Schiffe zur See.
verflossen;	vergangen, vorüber.
verließen;	ich verlasse, ich verließ, ich habe verlassen.
34. erstanden;	gekommen.
Sage, die;	die Legende; siehe »Studien und Plaudereien, *I.*« Seite 54.
schlummernd;	halb schlafend, halb wachend.
gestützt;	gehalten.
wallt nieder;	geht tief.
Zwerg, der;	ein sehr kleiner Mann.
seufzt;	er giebt einen traurigen Ton von sich.

	unterirdisch;	unter der Erde.
	Reich, das;	die Nation, das Land.
35.	vollbracht;	getan, vollendet. Ich vollbringe, ich vollbrachte, ich habe vollbracht.
	staunenswert;	wunderbar.
	ringsum;	auf allen Seiten.
	Vernichten, das;	Töten, zu nichts machen.
	lauern;	warten.
	mürrisch;	unzufrieden.
	gemeinschaftlich;	zusammen.
	verkannt;	nicht recht erkannt.
	steilen;	hohen.
	planend;	Pläne machend.
	übermenschlich;	mehr, als ein Mensch kann.
	schaffend;	arbeitend.
36.	unternahm;	begann.
	gewaltige;	große.
	zerstückt;	in Stücken, in kleinen Teilen.
	Spott, der;	der Sarkasmus.
	ehemals;	bevor.
	Geist, der;	Intellekt.
	Nachahmung, die;	die Imitation.
	Schmetterling, der;	ein Insekt, farbig, das von Blume zu Blume fliegt.
37.	Verderben, das;	der Tod.
	geschützt;	sicher.
	Boden, der;	der Grund, die Erde; u. siehe »Studien Plaudereien, I.« Seite 202.
	Fluren, die;	die Felder; siehe »Studien u. Plaudereien, I.« Seite 87.

[N-6]		Das Kriegs-Roß; das Kriegs-Pferd.
	Horden, die;	die Soldaten.
	erbarmte;	half.
	Tugend, die;	guter Charakter.
	Raub-Vogel, der;	Raub-Vogel; wilder Vogel.
38.	plünderten;	raubten.
	Wissenschaft,[N-7] die;	die Astronomie, Medizin, Philologie, *etc., etc.*, sind Wissenschaften.
	Schöpfer, der;	ein Mann, der großes beginnt und vollendet.
	Zukunft, die;	die Zeit, welche kommt.
39.	Eifersucht, die;	Othello hatte Eifersucht auf Cassio.
	gepriesen;[N-8]	Ich preise, ich pries, ich habe gepriesen.
	Verräter, der;	ein Mann, der seinem Vaterlande nicht treu ist.
	genießet;	lebet glücklich in der Freiheit.
40.	Sternen-Banner, das;	die Flagge mit den Sternen.
	geeignet;	gemacht.
	pflegen;	den wir oft den Kontinent der Kultur nennen.
	wirf einen Blick;	sieh!
	Sitten, die;	die Manieren.
41.	vererbt;	giebt.
	Errungenschaften, die;	alles, was Europa hat und weiß.
	Sache, die;	alles dieses.
	Geschichte, die;	die Historien.
		gesehen; siehe »Studien und

Treibhaus;	ein Haus von Glas im Garten für Blumen und junge Pflanzen.
Samen, der;	das Saat-Korn.
zarten;	kleinen und feinen.
tragen;	bringen.
Völker, die;	die Nationen.
verehrten;	beteten zu der Schönheit und liebten dieselbe; siehe »Studien und Plaudereien, I.« Seite 176.
42. ewig;	immer; siehe »Studien und Plaudereien, I.« Seite 148.
unsichtbar;	man kann Gott nicht sehen.
Verkünder, der;	der Lehrer.
unendlich;	ohne Ende.
Lehre, die;	das Dogma.
zogen;	gingen. Ich ziehe, ich zog, ich bin gezogen; siehe »Studien u. Plaudereien, I.« Seite 140.
opferten;	brachten, gaben.
genügte;	war nicht mehr genug.
43. verklungen;	zu Ende.
Gedanke, der;	die Idee.
Ahnung, die;	eine Idee.
44. Hafen, der;	Landungs-Platz für Schiffe.
erblickte;	sah.
ehrfurchtsvoll;	mit Respekt.
45. Schluchzen, das;	ein lautes Weinen.
vermochte;	konnte.
trennte;	separierte.

46.	aufgeblüht;	groß geworden.
	äußerte;	sprach.
	kürzlich;	vor nicht langer Zeit.
	ähnliche;	solche.
	gerecht;	er wollte das Recht.
47.	Verschwörung, die;	die Rebellion.
	Schicksal, das;	sein Glück und sein Unglück.
	wenden;	tun.
	gewaltig;	stark.
	Seher-Blick, der;	mit dem Auge eines Propheten.
	schilderte;	schrieb.
	Wirklichkeit, die;	die Realität.
	Helden, die;	Der Held; der Heroe.
48.	verschmähen;	nicht haben wollen.
	achten;	respektieren; siehe »Studien und Plaudereien, I.« Seite 115.
49.	angenehm;	recht.
	Vergnügen, das;	die Freude; siehe »Studien und Plaudereien, I.« Seite 187.
	neidisch;	böse; wollte alles für sich, nichts für seinen Bruder.
	reißen;	bringen.
	ersonnen;	gedacht.
	ehemals;	zuvor.
50.	Begeisterung, die;	der Enthusiasmus; siehe »Studien und Plaudereien, I.« Seite 194.
	fluche dir;	verdamme dich.
	enterbe;	du bist sein Sohn nicht mehr.

enterbe; du bist sein Sohn nicht mehr.
Angesicht, das; das Gesicht.

Schande, die; ein schlechter[N-9] Name.
die einen Stein erweicht hätten= daß sogar ein harter Stein mit gefühlt hätte.
51. heben; besser machen.
Haupt-Mann, der; der Kapitän.
geschickt; gesendet; siehe »Studien und Plaudereien,[N-10] I.« Seite 199.

	mitzuteilen;	zu sagen; siehe »Studien und Plaudereien, I.« Seite 201.
	Kummer, der;	die Trauer, die Sorge.
	Grube, die;	das Grab.
	Befand sich jetzt an der Spitze	= war jetzt der erste.
52.	Schrecken, der;	die Furcht.
	Schwachen, die;	die nicht stark sind.
	Bedrückten, die;	die Sklaven, die Armen.
	schaffen;	machen.
	Schlacht, die;	der Kampf; siehe »Studien und Plaudereien, I.« Seite 176.
	verbreiten;	nach allen Seiten bringen.
	Waisen, die;	die Kinder, die keinen Vater und keine Mutter mehr haben.
	vermag;	kann.
	Jüngling, der;	der junge Mann; siehe »Studien und Plaudereien, I.« Seite 186.
53.	begangen;	getan. Ich begehe, ich beging, ich habe begangen.
54.	Laute, die;	ein musikalisches Instrument.
	Umstand, der;	das Faktum.
	vermutete;	glaubte; siehe »Studien und Plaudereien, I.« Seite 219.
	Geheimnis, das;	ein Etwas, das niemand wissen sollte.
	Erbarmen, das;	die Güte, die Gnade.
55.	Angst, die;	die Furcht, die Not.
	geflohen;	ich fliehe, ich[N-11] floh, ich bin geflohen.
	begleiten;	die Noten spielen zum Singen.

56.	Wonne, die;	die Freude.
	abzuholen;	zu empfangen.
	er begleitete sie;	er ging mit ihr.
	ohne Ihnen ein Geständnis zu machen;	ohne Ihnen eins zu sagen.
57.	errötete;	wurde rot.
	schlug die Augen nieder;	sah auf die Erde.
	verflossen;	vergangen.
	berühmt;	bekannt bei allen.
	besichtigen;	sehen.
	ich erinnere mich dessen;	ich denke noch daran.
	zu großem Danke verpflichtet;	ich muß Ihnen sehr danken.
58.	gewaltiger;	großer.
	Gewohnheit, die;	die Manier.
59.	fleißig;	er studierte viel.
	besonders;	vor allem; siehe »Studien und Plaudereien, I.« Seite 144.
	dann will ich dich nicht mehr bemühen;	dann will ich nichts mehr von dir bitten.
60.	hustete;	er brachte den Ton: hm hm! hervor.
	ebenfalls;	auch; siehe [N-12] »Studien und Plaudereien, I.« Seite 184.
	verzögern;	hier bleiben, warten.
		woran ich in diesem Momente dachte;

	einfiel;	siehe »Studien und Plaudereien, I.« Seite 82.
61.	angenehm;	ich bin glücklich, Sie kennen gelernt zu haben.
	bedauern;	Mama wird traurig sein; siehe »Studien und Plaudereien, I.« Seite 180.
	empfehlen Sie mich;	sprechen Sie freundlich, gut von mir bei, *etc.*

Noten zur dritten Sektion.

62.	früher;	in alten Zeiten.
63.	plötzlich;	mit eins.
	verschwunden;	nicht mehr da.
	kreischten;	riefen.
	flogen;	ich fliege, ich flog, ich bin geflogen; siehe »Studien und Plaudereien, I.« Seite 221.
	Jammer, der;	das Unglück, die Not.
	schweigen;	still sein; siehe »Studien und Plaudereien, I.« Seite 116.
	Hemden, die;	das[N-13] Hemd; das Kleid von Leinen auf dem Körper.
64.	stumm;	sie kann nicht sprechen.
	Hexe, die;	ein böses Weib; in »Macbeth« sind drei Hexen; die Hexe von Endor.
	Scheiter-Haufen, der;	viele Stücke Holz aufeinander, um Personen lebendig darauf zu verbrennen.
65.	anzünden;	machen.

65.	anzünden;	machen.
	Lauscher, die;	Hörer vor der Thür.
66.	Gemach;	sagen Sie nicht zu viel.
	Ziel, das;	das gute Ende.
	gewählt;	genommen.
	gediegen;	gründlich, perfekt, sehr gut.
	Oberflächliche, das;	das Halbe; nicht perfekt.
67.	Weise, die;	die Manier.
	Unterschied, der;	die Differenz.
	einschlagen;	gehen.
	fehlerhaft;	nicht richtig.
	versäumen;	vermissen.
68.	ich füge noch etwas Neues hinzu;	ich sage noch etwas Neues.
	so dringen sie ein;	so lernen sie verstehen.
	gehütet;	bewahrt.
	ermüdet;	müde gemacht.
	Beobachtung, die;	die Observation; siehe »Studien und Plaudereien, *I.*« Seite 189.
	freilich;	natürlich.
69.	geleistet;	getan.
	gewöhnt;	haben gelernt.
	Vorteil, der;	der Profit.
	auszudrücken;	zu sprechen.
70.	Verbindung, die;	die Konnexion.

	Beharrlichkeit, die;	Geduld mit Energie.
71.	bezeugen;	ich kann sagen daß es so ist.
	vorhanden;	da.
	trennen;	separieren.
72.	vorzüglicher;	sehr guter.
74.	begreifen;	verstehen; siehe »Studien und Plaudereien, *I.*« Seite 194.
	Bewegung,[N-14] die;	siehe ebenda, Seite 75.
	andeuten;	bedeuten, meinen.
75.	Stellung, die;	die Position.
	Mühe, die;	die Arbeit; siehe »Studien und Plaudereien, *I.*« Seite 134.
76.	Ich stimme Ihnen bei;	ich denke so, wie Sie; siehe »Studien und Plaudereien, *I.*« Seite 195.
	verfahren;	tun.
	regelmäßig;	regulär.
78.	Probe, die;	das Experiment.
80.	Aussprache, die;	die Pronunciation.
	Verzweiflung, die;	die Desperation.
	inne haben;	in mir haben, gut verstehen.
81.	auszuführen;	alles zu tun, was auf dem Programme steht.
82.	ziehen Sie es vor;	ist es Ihnen lieber.
83.	aushalten;	leben können.
	Insel, die;	ein Land von Wasser umringt.
	sich bemühen;	ernstlich denken.

	sich bemühen;	ernstlich denken.
	vorzüglichste;	beste.
	veredeln;	nobel machen.
84.	Geschöpfe, die;	die Kreaturen.
	schulden;	geben müssen.
	eingerichtet;	arrangiert.
85.	Beifall, der;	der Applaus.
	Rückkehr, die;	zurück kommen.
	Schritt, der;	das Gehen.
	Stock-Werk, das;	die Etage.
86.	Tritt, der;	das Gehen.
	gewölbt;	oben rund.
	Gewächse, die;	die Pflanzen.
	Pult, das;	der Stand.
87.	Leuchter, der;	die Lampe.
	Holz-Scheite, die;	die Stücke Holz.
	Springbrunnen, der;	die Fontäne.
	völlig;	ganz.
	erwähnte;	schrieb.
	Geschwister, die;	die Brüder und die Schwestern.
	schwiegen;	schrieben nichts.
	Überraschung, die;	die unverhoffte Freude.
89.	geschickteste;	der beste Sänger.
	pries;	ich preise, ich pries, ich habe gepriesen.

	keiner Entscheidung kommen;	man konnte nicht sagen, wer der beste Sänger wäre.
90.	ergreifen;	nehmen und töten.
	floh;	ich fliehe, ich floh, ich bin geflohen.
	Schutz, der;	die Protektion.
	gefleht;	gebeten.
	berühren;	Hand an ihn legen.
	beschädigen;	böses tun.
	man einigte sich;	alle sagten.
	entscheiden;	zu Ende bringen.
	zuerkannt;	gegeben.
	Ehrfurcht, die;	der Respekt.
92.	Amme, die;	die Wärterin, Dienerin.
93.	gefeiert;	gehalten; siehe »Studien und Plaudereien, I.« Seite 199.
	Tugenden, die;	er war recht und gut in seinem Tun und Denken.
	häufiger;	öfters.
	Hütten, die;	die kleinen Häuser der armen Leute.
	verschenke;	gebe.
94.	Wald-Pfad, der;	der schmale Weg im Walde.
	trägst;	hast; siehe »Studien und Plaudereien, I.« Seite 115.
	Heiland, der;	Jesus Christus.
	wallfahren;	gehen.
	Mannen, die;	die Soldaten.
	wehmütigem;	traurigem.
		das Unglück; siehe »Studien und

	Weh, das;	das Unglück; siehe »Studien und Plaudereien, *I.*« Seite 150.
95.	vertrieb;	sandte sie fort; ich vertreibe, ich vertrieb, ich habe vertrieben.
	hinaus stieß;	sandte mit Gewalt.
	Fackel, die;	das Licht.
	Obdach, das;	Platz zum Schlafen.
	gewähren;	geben.
96.	erbarmte;	wieder gut wurde.
	Segen, der;	gutes.
	Sarg, der;	man legt die Toten in den Sarg und legt den Sarg in die Erde; siehe »Studien und Plaudereien, *I.*« Seite 201.
97.	begehrte;	wünschte; siehe »Studien und Plaudereien, *I.*« Seite 175
98.	Stab, der;	der Stock.
	Jenseits;	in der anderen Welt.
99.	Fleisch-Brühe, die;	die Suppe.
100.	Schinken, der;	Fleisch vom Schweine.
	allerlei Geflügel;	Hühner, Gänse, *etc.*
	Braten von Wildbret;	geröstetes Fleisch eines Tieres aus dem Walde.
101.	zubereitet;	gemacht.
	verteidigen;	werde für ihr Leben kämpfen.
102.	gesammelt;	zusammen gebracht.
	Sammlung, die;	die Kollektion.
	geschmückt;	schön gemacht.
	Heuchlerin, die;	Hippokrit (*fem.*).

103.	Unterhaltung, die;	die Konversation.
	Schauspieler, der;[N-15]	Beckmann spielte im Theater; er war ein Schauspieler; auch Garrick.
104.	sündhaft;	unrecht.
105.	herrscht;	ist Herr.
106.	Herrschaft, die;	die Macht, die Kraft.
107.	wohl bekomm's!	auf Ihr Wohl!
	Jünger, der;	der Schüler.
108.	Wohlgefallen, das;	die stille Freude.
	genießen;	freuen sich.
	aufgehoben;	zu Ende.
	wir begeben uns in;	wir gehen in.
109.	begehen;	tun.
	beweisen;	zeigen.
	mäuschenstill;	so still, wie eine Maus.
	belieben;	wenn es Ihnen recht ist.
110.	der sich bei uns bewährt;	der gut ist für uns.
	widerfährt;	zukommt.
	Wirts-Haus, das;	das kleine Hotel.
	Pfropfen-Zieher, der;	Instrument, mit welchem man den Kork aus der Flasche zieht.
	Schwager, der;	der Kutscher; siehe »Studien und Plaudereien, I.« Seite 136.
	Braust mir's im Kopf;	habe ich Kopf-Schmerzen.

	Kopf;	
	keine Lust;	keinen Appetit.
	Schnupfen, der;	die Erkältung.
	was kümmern mich die Medici?	ich frage keinen Doktor.
	auserkoren;	gegeben.
111.	Wechsel ausgeblieben;	wenn ich kein Geld mehr habe.
	Bursch, der;	der Student.
	Beutel, der;	die Geld-Börse.
	so pumpt er die Philister an;	dann borgt er Geld von den Philistern.
	eitel;	nichts.
	Schläger, der;	das Schwert, der Fecht-Degen.
	blinkt;	glitzert.
	Stahl, der;	das Schwert.
112.	heiter;	froh.
	beigetragen;	getan.
113.	angespannt;	die Pferde sind vor dem Wagen.

Noten zur vierten Sektion.

114.	hold;	lieblich.
	Wehmut, die;	die Traurigkeit.
	schleicht;	kommt leise.
	bleich;	weiß im Gesichte.
115.	sprossen;	wachsen.
	einsam;	allein.
	kahler *etc.*;	leerer, harter, ohne Pflanzen.

	umhüllen;	bedecken.
	Morgen-Land, das;	der Orient.
116.	paßt nicht für ihn;	ist nicht der rechte für ihn.
	besitzt;	hat; siehe »Studien und Plaudereien, I.« Seite 154.
117.	Vormittag, der;	der Morgen.
	gepflückt;	gebrochen.
	Strauß, der;	das Bouquet; siehe »Studien und Plaudereien, I.« Seite 156.
118.	tiefsinnig;	in tiefen Gedanken.
	unterbrach mich;	sagte schnell.
119.	Schwermut, die;	die Melancholie.
	Stolz, der;	der Hochmut.
	Bescheidenheit, die;	das Gegenteil von Stolz.
	stammt;	kommt.
120.	erzürnt;	böse.
	Frevel, der;	das Unrecht.
	starr;	steif.
	umflattert;	fliegt um sie.
121.	du scherzest;	das ist nicht dein Ernst.
122.	ertrinken;	sterben im Wasser.
123.	Eitelkeit, die;	zu große Selbstliebe, zu große Selbstbewunderung.
	Kranz, der;	der Ring, eine Krone von Blumen auf dem Kopfe; siehe »Studien und Plaudereien, I.« Seite 178.

		Plaudereien, I.« Seite 178.
	befahl;	ich befehle, ich befahl, ich habe befohlen.
124.	schützen;	bewahren, bedecken.
125.	Druckereien, die;	die Häuser, in welchen man Zeitungen, Bücher, *etc.*, druckt; siehe »Studien und Plaudereien, I.« Seite 22.
	vermeinte;	glaube; siehe »Studien und Plaudereien, I.« Seite 219.
126.	Einbildung, die;	die Phantasie, die Imagination.
	hergestellt;	gemacht.
	reizend;	schön; siehe »Studien und Plaudereien, I.« Seite 215.
	handelte darnach;	tat wie sie sprach.
	Irrtum, der;	der Fehler.
127.	rücken;	kommen.
	Spazier-Gänge, die;	die Promenaden; siehe »Studien und Plaudereien, I.« Seite 107 (spazieren gehen).
	Ausflüge, die;	die Exkursionen.
128.	schwärmerisch;	melancholisch.
129.	heiterer;	froher.
	Lispeln, das;	das Wispern.
	lagerten;	setzten sich.
	erhoben uns;	standen auf.
130.	zerstreut hatten;	von einander gegangen waren.
	haschen;	fangen; siehe »Studien und Plaudereien, I.« Seite 57.
	säumte;	wartete.

	entwischt;	weggerannt.
	sachte;	langsam.
	Schaukel, die;	Instrument zum Schwingen.
	berühmt;	viel, sehr bekannt.
131.	trübe;	dunkel.
	eigentümlich;	seltsam, anders als früher.
	Geistliche, der;	der Pastor.
132.	glich, *etc.*;	sie war wie ein, *etc.*
	waltete;	sorgte.
	litt;	ich leide, ich litt, ich habe gelitten.
133.	Erleichterung, die;	die Besserung.
	schwanden;	vergingen.
	zweifelte;	glaubte nicht gewiß.
	herrschte;	war.
	bedenklich;	sehr.
135.	Entscheidung, die;	die Resolution.
	beseitigen;	entfernen.
	eines unerfahrenen Mädchens;	eines Mädchens, das die Welt nicht kennt.
	Beruf, der;	das Geschäft, die Profession.
	linderte;	milderte.
	zänkisch;	zankliebend; siehe »Studien u. Plaudereien, *I*.« Seite 112.
136.	beneidet;	gewünscht, zu sein wie sie.
	trösten;	ich wollte ihr Mut zusprechen.
137.	läutern;	reinigen.
	geschlossen;	nicht offen.

	seligen;	glücklich im Paradiese.
138.	war kaum im Stande, *etc.*;	er konnte fast nicht sprechen.
	vorschwebte;	das ich sah in meiner Phantasie.
139.	beschäftigt;	hat wohl viel zu tun.
	Bild, das;	Gemälde in Öl oder Crajon oder eine Photographie, *etc.*
140.	würdigen, *etc.*;	daß ich den Wert dieser Ehre kenne.
141.	Fuß-Schemel, der;	kleiner Stuhl für die Füße.
	Aar, der;	Adler, König der Vögel.
	Falke, der;	Name eines Vogels.
	Hof, der;	in ihrem Palaste.
	Zierde, die;	das Schönste.

142. erobern;	erkämpfen und nehmen.
143. Riesen, die;	große, starke Männer.
144. streiten;	kämpfen; siehe »Studien und Plaudereien, I.« Seite 173.
Gut, das;	alles, was du hast.
geschah;	so wurde es getan.
errungen;	gewonnen.
145. üben;	Übungen zu machen. (Übungen=Exercitien.)
Schmuck, der;	Ohr-Ringe, Arm-Bänder, etc.
erwiesen;	getan.
146. schleudern;	werfen.
überwinden;	besiegen; siehe »Studien und Plaudereien, I.« Seite 121.
147. Wohnsitz, der;	der Palast.
Steigbügel, der;	er hängt an der Seite des Pferdes und dient zum Aufsteigen.
verabredet;	zuvor gesagt.
umfaßte;	hatte.
148. es geht an Leben und Leib;	du mußt sterben.
wog;	ich wiege, ich wog, ich habe gewogen; u. siehe »Studien Plaudereien, I.« Seite 146.
Geberden, die;	die Gesten.
ergriff;	nahm. Ich ergreife, ich ergriff, ich habe ergriffen.
schwang;	ich schwinge, ich schwang, ich habe geschwungen.
Gegner, der;	der Feind.

	strauchelte;	stand nicht fest.
149.	gegönnt;	gewünscht.
	zog ab;	ging weg.
150.	dahin lenkte S. seine Schritte;	dahin ging S.
	pocht;	klopft.
	hob;	setzte.
	Eisen-Stange, die;	ein langer Stock von Eisen.
	zupfte;	zog.
151.	im Nu;	in einem Momente.
	erklärte;	sprach.
	verkürzten;	machten sie die Zeit kurz.
	Auftrag, der;	die Bitte, der Wunsch.
	Sehnsucht, die;	sein Verlangen, sein Wunsch, Krimhilde zu sehen.
	Jubel, der;	die laute Freude.
152.	anbieten;	offerieren.
	Spangen, die;	die Arm-Bänder.
	zu Rosse;	das Roß; das Pferd.
	begleitete;	ging mit der Königin Ute.
153.	gewählt;	den er für sie ausgesucht genommen.
	biß;	ich beiße, ich biß, ich habe gebissen.
	trübe;	traurig.
	gegenüber;	auf der andern Seite des Tisches.
	neben;	bei.
	stürzten;	fielen schnell.
	erfahren;	hören und verstehen.
154.	trug;	ich trage, ich trug, ich habe

154.	trug;	getragen.
	Mitleid, das;	Gefühl, Sympathie.
	Leid, das;	das Unglück; siehe »Studien und Plaudereien, I.« Seite 225
155.	gewöhnliche Antwort;	die Antwort, welche er oft gab.
	sehne;	verlange; wie gerne möchte ich Krimhilde sehen.
	vermählte;	verheiratete; siehe »Studien und Plaudereien, I.« Seite 51.
	Sonnen-Wende, die;	der Frühling.
	gehorchen;	zu tun, was sie wünschte.
156.	kehrten;	kamen.
157.	Pracht, die;	Schönheit und Reichtum.
	verdiente;	der es wert wäre.
	gereizt;	etwas böse, pikiert.
	Genosse, der;	der Kamerad.
158.	überhebst;	du machst dich größer, als du bist.
	erweist;	giebt.
	sonst;	vor diesem Tage.
159.	verschafft mir;	nehmt für mich.
	Rache, die;	Böses für Böses.
	beschimpft;	insultiert.
	List, die;	die Intrigue; die Schlauheit.
160.	Schein, der;	die Lüge.
	vergeltet;	tut mir kein Leid.
	geschehen;	zukommen.
161.	Stelle, die;	der Platz.

162.	Rasen, der;	ein Platz, der mit Gras bewachsen ist.
	Spessart, der;	Namen der Berge.
163.	Während dessen;	in der Zeit, da Gunther trank.
	Bedacht, der;	die Absicht, Intention.
	erschlagen;	gemordet.
	Leiche, die;	der tote Körper.
164.	ohnmächtig;	wie tot.
	Vergießet kein Blut;	tötet niemanden.
	Reue, die;	die Sorge.
	Schächer, der;	der Räuber.
	ersetzen;	wiedergeben.
165.	Schluchzen, das;	das starke Weinen.
	erbrechen;	öffnen.
	riß;	ich reiße, ich riß, ich habe gerissen; siehe »Studien und Plaudereien, I.« Seite 224 (hinweggerissen).
167.	Widersprich;	sprich nie gegen.
	fügen;	zufrieden sein.
	umsonst;	ohne Erfolg, Succeß.
	Wirklichkeit, die;	die Wahrheit.
	Altertum, das;	die Zeit der alten Griechen, Römer, *etc.*
168.	schmeichelhaft für uns;	ein Kompliment für uns.
	Spitzen, die;	die höchsten Enden, Punkte.
169.	Erlösung, die;	die Befreiung, die bessere Zeit.
	Nahrung, die;	Essen und Trinken.

bedarf;	hat nötig, muß haben.
170. versagt;	nicht gegeben.
schätzten;	respektierten und liebten.
171. Rinder;	Ochsen und Kühe.
abscheuliche;	sehr böse.
Allwissenheit, *etc.*;	er wollte sehen, ob die Götter alles wissen.
172. Nachkommen, die;	die Kinder, Kindes-Kinder, *etc.*
Feldherr, der;	der General.
weilte;	wohnte.
173. Glied, das;	eine Person.
gebot;	sagte.
Hain, der;	der kleine Wald.
174. Kunde, die;	die Neuigkeit.
fürchterlichster Wahnsinn;	wildeste Phantasien, Dilirium.
entführen;	bringen.
175. offenbarte;	erzählte.
zauderte;	wartete.
Wesen, das;	der Charakter.
vollbrachte;	tat.
schied;	ging.
176. Rätsel lösen;	die Antwort finden auf ein Rätsel.
Klee, der;	eine Pflanze. Damen suchen sie im Grase und sind glücklich, wenn sie dieselbe finden mit vier Blättern.
177. Mütze, die;	die Kappe.
befiehlt's;[N-16]	ich befehle, du befiehlst, er befiehlt — es.

befiehlt's;[N-16]	befiehlt — es.
178. Vorfahren, die;	die Eltern, Großeltern, *etc.*
getroffen;	gesehen, gefunden.
179. plaudern;	sprechen.

Noten zur fünften Sektion.

180. vernehme;	höre.
Heimweh, das;	Wunsch, Sehnsucht nach der Heimat.
181. Wände;	die Seiten des Zimmers; siehe »Studien und Plaudereien, I.« Seite 28.
angefertigt;	gemacht.
182. Bahn-Hof, der;	die Station.
dahingeschwunden;	vergangen.
Dächer;	das Dach=die Decke auf dem Hause.
183. Künstler, der;	der Artist.
Denkmal, das;	das Monument.
höflich;	galant.
scheidend;	indem die Sonne untergeht.
erregen;	bewegen.
Hügel, der;	ein kleiner Berg.
Laub, das;	Blätter des Baumes.
Käfer, der;	ein Insekt.
185. Stübchen, das;	das kleine Zimmer.
Dicht-Kunst, die;	die Poesie.
vernimmt;	hört.

	Pfad, der;	der schmale Weg.
186.	Sterbliche;	der Sterbliche, der Mensch.
	einstmals;	später.
	Fremden, die;	Leute aus anderen Ländern.
	gepflegt;	kultiviert.
	wechseln ab;	kommen nach einander.
187.	deutend;	zeigend.
	schlanken;	hohen und dünnen.
	Bauer, der;	der Land-Mann.
	da ging es lustig her;	da waren alle froh.
188.	jauchzten;	laut lachten und sangen.
	Schatz, der;	die Geliebte.
	Wange, die;	die Seite des Gesichtes.
	Wonne, die;	die große, stille Freude.
	Spaß, der;	das Vergnügen.
189.	Spieß, der;	die Lanze.
	Nehmt in acht;	bewahret.
	daß niemandem Schade geschieht;	daß keinem ein Unglück zukommt.
	lobet;	preiset.
191.	da tut's ihm gefallen;	da gefällt es ihm.
192.	denke mein;	denke an mich.
194.	auf die Jagd;	sie gehen in den Wald und schießen Tiere.
	Hirsch, der;	ein Tier des Waldes, schön, elegant.
195.	zielte;	er sah scharf nach dem Kopfe des

drückte ab;	schoß; ich schieße, ich schoß, ich habe geschossen.
Geweih, das;	die Hörner des Hirsches.
gewachsen;	ich[N-17] wachse, ich wuchs, ich bin gewachsen; siehe »Studien und Plaudereien, I.« Seite 132.
es schneite;	der Schnee fiel.
Pfahl, der;	der Pfosten.
196. er hörte *etc.* wiehern;	er hörte die Stimme seines Pferdes.
allmählich;	nach und nach.
198. aus dem Lager;	aus dem Regimente im Felde.
Kummer, der;	die Sorge.
daß er fest entschlossen war;	daß es sein fester Wille war.
199. Anstalt, die;	das Institut.
Unterthanen, die;	die Leute in ihrem Lande.
schwelgen;	in Luxus leben.
ergriff;	nahm. Ich ergreife, ich ergriff, ich habe ergriffen.
200. trieben es;	taten.
riß;	ich reiße, ich riß, ich habe gerissen.
arger;	böser.
201. Fähigkeit, die;	das Talent.
musterte;	betrachtete, sah ihn scharf an.
Spitzbube, der;	der Dieb.
203. gespannt;	wie sehr ich wünsche, das Nächste zu hören.
ergrimmt;	sehr böse.

	Nächste zu hören.
ergrimmt;	sehr böse.
204. es gewagt hatte;	sich das Recht genommen hatte.
Gedränge, das;	viele Menschen, die einander drängten, preßten.
205. befördert;	gewollt und gesucht.
zuverlässigere;	bessere.[N-18]
Spanne, die;	eine sehr kurze Strecke.
207. Wechsel, der;	das schriftliche Versprechen, das Geld zu zahlen.
Bräute;	die Braut; die Geliebte, die der Mann zum Weibe nehmen wird.
gemeinschaftlich;	zusammen.
zerstreute;	entfernte.
209. matterm;	schwächerm; schwach, schwächer.
an den Marken meiner Tage;	am Ende meines Lebens.
entbrannte;	begeistert war.
lichten;	schönen.
Hauch, der;	ein leichter Wind.
211. geleistet;	getan.
Wohnung, die;	das Haus.
212. Menge, die;	die vielen Menschen.
Ruhm, der;	die Glorie.
213. Hülle, die;	der Körper.
zerbrechlich;	krank.
214. vornehmlich;	und mehr noch.
lastete;	lag.
Knechtschaft, die;	die Sklaverei.

215. Vogt, der;	der Statthalter, der Gouverneur.
Grausamkeit, die;	die Tyrannei.
geblendet;	blind gemacht.
er stürzt hervor;	kommt schnell aus dem Zimmer.
Wesen, das;	alles, was lebt.
Geschöpf, das;	die Kreatur.
erquickt;	erfreut.
Matte, die;	die Wiese; die Flur; siehe »Studien und Plaudereien, I.« Seite 87.
Schmelz, der;	der Glanz, die Schönheit.
Firn, der;	die höchsten Spitzen der Berge mit Schnee bedeckt, — in den Alpen.
Wüterich, der;	der Tyrann.
216. tagen;	Tag werden.
Pfänder;	das Pfand; »Zwanzig Fragen« ist der Name eines Pfänder-Spieles in der Gesellschaft. Wer nach 20 Fragen die rechte Antwort nicht geben kann, muß ein Pfand geben.
Vorschlag, der;	die Proposition.
217. gerade;	just.
geistreich;	intellektuell.
218. Zopf, der;	langes Haar in einen Strang geflochten; wie die Chinesen.
Künstler, der;	der Artist.
219. Bild-Hauer, der;	ein Künstler, der Monumente macht.
Stiefel, die;	Fuß-Bekleidung von Leder, — höher, als der Schuh.

221. Widersprüche;	andern.
geizig;	zu sparsam.
223. Gelehrsamkeit, die;	das große Wissen.
Vermögen, das;	sein Geld *etc.*

Noten zur sechsten Sektion.

225. gewöhnlich;	die meiste Zeit.
Gegenstand, der;	das Thema.
226. Gipfel, der;	die Spitze eines Berges.
verheißen;	versprechen.
zumal;	vor allem.
Genuß, der;	die Freude.
227. jahraus	— jahrein; immer.
ungeheuern;	großen.
streife;	nach allen Seiten gehe.
Lust, die;	die Freude und der Wunsch.
Schaffen, das;	das Arbeiten an großen Dingen.
Tannen;	die Tanne, der Tannen-Baum; siehe »Studien und Plaudereien, *I.*« Seite 35.
228. erfassen;	verstehen.
Bahnen;	die Bahn, der Weg.
in Demut;	in dem Gefühle, daß er so klein sei.
Anbetung, die;	beten, das Gebet, die Anbetung; siehe »Studien und Plaudereien, *I.*« Seite 145.
Einsicht, die;	Verstand.

	I.« Seite 145.
Einsicht, die;	Verstand.
keimen;	wachsen.
Versteck, das;	der Busch, hinter welchem ich versteckt war.
229. gehegt;	gehabt.
gleichen *etc.*;	sind nicht *etc.*, wie die Sonne.
230. schelmische Launen;	humoristische Ideen und Taten.
deuten;	zeigen.
Bläue, die;	Substantiv von »blau.«
Gefunkel, das;	das Glitzern und Scheinen.
Schwätzerin, die;	das Mädchen, das zu viel spricht.
231. außerordentlich;	sehr.
verbunden,[N-19]	dankbar.
232. willfahre;	Ihren Willen thue.
so geschieht es;	so thue ich es.
eng;	nicht weit.
233. unredlich;	böse.
Schaffner, der;	der Kondukteur.
aussteigen;	herauskommen.
Zug, der;	die Reihe von Wagen.
Warte-Saal, der;	die Halle in der Station.
heftiges;	starkes.
unwillkürlich;	instinktiv.
Kerl, der;	der Vagabund.
lüstern;	nach Blut verlangend.
234. völlig;	ganz.
munter;	wach; siehe »Studien und

	Züge, die;	die Form und die Linien.
	Erziehung, die;	Schulen *etc.*
236.	das eiserne Kreuz;	ein berühmter deutscher Orden, eine Medaille.
	Auszeichnung, die;	die Ehre.
	kühn;	mutig; siehe »Studien und Plaudereien, *I.*« Seite 123.
	erbeutete;	gewonnene, eroberte.
	Lager, das;	das Bett.
	zweifelte;	glaubte nicht.
	genas;	wurde gesund; ich genese, ich genas, ich bin genesen.
237.	Weisung, die;	der Befehl, die Ordre.
	Monden;	Monaten.
	zeitig;	früh.
238.	vermähltes;	verheiratetes.
	Vorwürfe gemacht;	habe ihm gesagt, wie unrecht er thäte.
	matte;	schwache.
239.	nach meinen Erfahrungen;	nach dem, was ich bis heute gehört und gesehen habe.
	zaubern;	Wunder tun.
	Land-Partie[N-20], die;	Gesellschaft auf dem Lande, Exkursion.
241.	unmittelbar;	nicht lange, direkt.
	grämte sich;	war sehr traurig.

	schuf;	ich schaffe, ich schuf, ich habe geschaffen.
	Glut, die;	die Hitze; Substantiv von heiß.
242.	kamen um;	starben.
	Dünste, die;	der Dunst, schlechte Gase.
243.	schaudert;	erschrickt.
	Spreu, die;	Schalen von Korn, Weizen *etc.*, welche beim Dreschen abfielen und keinen Wert hatten.
	Klumpen, der;	das schwere Stück.
	rechtschaffen;	Männer, die das Rechte denken und tun.
244.	enthauptet;	hingerichtet, getötet.
	unschuldigen;	guten.
245.	Schläfchen, das;	ein kurzer Schlaf.
	Krämer, der;	der Kaufmann.
	Kämme,	Kamm. die; der Man ordnet die Haare mit dem Kamme.
	Elfenbein, das;	Zahn des Elefanten.
	geheimnisvoll;	leise.
246.	hüten *etc.*;	du mußt nicht lachen.
247.	Teich, der;	ein kleines, stilles Wasser.
	Schnäbel, die;	der Schnabel, der lange Mund des Storches.
	Unterhaltung, die;	die Konversation.
	Schachtel, die;	der kleine Kasten.
	dürr;	dünn.
248.	Frühstück, das;	das erste Essen am Morgen.

üben;	lernen zu tanzen.
249. Zauberer, der;	der Magiker.
Gemäuer, das;	die Mauer, der Wall.
Gang, der;	der Korridor.
Gespenster;	das Gespenst; der Geist vom Toten.
250. Eule, die;	ein Vogel der Nacht mit großen Augen.
Spalte, die;	die kleine Öffnung.
Becher, der;	Gefäß von Metall, zum Trinken; siehe »Studien und Plaudereien, I.« Seite 124.
erlösen;	befreien.
251. zögernd;	langsam.
252. Jungfrau, die;	das Mädchen.
253. in Kürze;	bald.
Aufklärung, die;	die Erklärung.
Ursache, die;	ein Recht.
verbrochen;	böses getan; ich verbreche, ich verbrach, ich habe verbrochen.
erzeigte;	gab.
254. gewöhnlich;	meistens, die meiste Zeit.
Höhen, die;	Olymp.
255. Erbe, das;	der Besitz.
geschäftig;	fleißig, viel.
Junker, der;	der Edelmann.
pirschte;[N-21]	jagte.
Speicher, der;	das Waren-Haus.
Abt, der;	der katholische Priester.
Firnewein, der;	der alte Wein.

sperrt;	*etc.*;baut Zoll-Häuser auf den Brücken und den Straßen.
geschehen;	getan war.
hadre;	zanke; siehe »Studien und Plaudereien, *I*.« Seite 112.
berauscht;	übervoll.
256. mahnendes;	warnendes.

Noten zur siebenten Sektion.

257. Fächer, der;	ein Instrument in der Hand der Damen, um sich im Sommer zu kühlen.
beneidenswert;	so glücklich, daß andere sich in meine Situation wünschen.
verhandeln;	mit einander sprechen.
verraten;	sagen; siehe »Studien und Plaudereien, *I*.« Seite 180.
258. es liegt mir viel daran;	ich wünsche sehr.
260. Ebenbild, das *etc.*;	Ihre Figur, Größe, Form *etc.* ist wie die Ihres Vaters.
261. verboten;	gesagt, es nicht zu tun.
wie sich das nun schickt;	wie das nun kommt.
Vorbedeutung, die;	das Omen.
262. aussetzen;	auslassen.
Scharen, die;	die Schar, die Truppe.
263. der allwaltende Vater;	Gott.

	rücken;	bringen.
	Fähigkeiten, die;	die Talente.
264.	zugehaucht;	leise gesprochen.
	gedeihen;	groß werden und glücklich sein.
	Dichtkunst, die;	die Poesie.
	Finsternis, die;	die Dunkelheit.
265.	flößte;	gab.
	Fackel, die;	das Licht.
	Weihe, die;	das Opfer.
	zollt;	giebt.
	Gebildeten, die;	Leute, die gut sind in der Moral, in den Manieren und im Wissen.
	gesamten;	ganzen.
266.	zugemessenen;	gegebenen.
	geringes;	weniges.
	beschränken;	ich kann nur sehr wenig sagen, weil ich nicht viel Zeit habe.
	Gebiet, das;	das Feld.
	vorzüglichsten;	besten.
	Lebens-Geschichte, die;	die Biographie.
	Genuß, der;	die Freude.
	Grab-Mal, das;	Monument auf dem Grabe.
	Aufenthalt, der etc.;	so lange ich in Rom lebte.
267.	schätze;	halte.
	beiläufig;	jetzt.
268.	enthüllen;	klar machen.

entbehrten;	vermißten.
verderben;	sterben.
erfaßt;	genommen; siehe »Studien und Plaudereien, I.« Seite 185.
269. mißbilligende;	scharfe.
Schauspiel, das;	die Scene.
Opfer-Farren, der;	der Stier auf dem Altar.
zerstücken;	in Stücke schneiden.
Wellen-Bad, das;	das Meer.
Wut, die;	die Bosheit, der Zorn.
Rachen, der;	der weite Mund der Schlange.
wetzen;	scharf machen.
furchtentseelt;	halbtot vor Furcht.
Schar, die;	die vielen Menschen.
270. Biß, der;	Substantiv von beißen.
Beistand, der;	die Hilfe; siehe »Studien und Plaudereien, I.« Seite 103.
Geschoß, das;	der Bogen mit dem Pfeil.
geklemmt;	gepreßt.
Genicken;	das Genick, der Nacken.
Beil, das;	die kleine Axt.
nirgends;	an keinem Platze.
tadeln;	unschön zu finden.
271. Ziel, das;	das Resultat.
einschlagen;	gehen.
begleiten;	mit mir gehen.
enttäuscht;	verwundert und nicht zufrieden.

272. in Fülle;   viel.
273. ergebenen;   treuen.
     wage, etc.;   ich habe nicht den Mut.
     versäume;   vermisse.
     verspürte;   fühlte.
     labte;   erfreute.
274. Zweifel, der;   die Ungewißheit.
     es wollte mir
     nicht gelingen;   es ging nicht.
275. Anziehungs-Kraft, die;   die Attraktion.
     erforscht;   sucht und findet.
     Irdische, das;   die Erde und was daraus ist.
276. stammt;   kommt.
     Ahnung, die;   das Vorgefühl.
277. Zauber, der;   die Magik.
     lösen;   verstehen und erklären.
     rafft;   steht auf.
     Würde, die;   die Höhe.

Noten zur achten Sektion.

280. bläulich;   blau.
     der lustige Mensch;   ein Mensch voll glücklichem Humor.
282. Rot-Häute, die;   die Indianer.
     meine Enthüllungen;   das überraschende Neue, was ich zu erzählen habe.
     Verwandten, die; siehe »Studien und Plaudereien, I.« Seite 37.

283.	Neigungen, die;	meine eigenen Wünsche.
	gewähren;	ließ dir deinen Willen.[N-22]
	Greis, der;	ein alter Mann.
	eingeflößt;	gegeben.
	Land-Wirtschaft, die;	das Bearbeiten des Landes.
	Beschäftigung, die;	die Arbeit.
	fähig;	klug.
284.	erzeugt;	produziert, giebt.
	verwendet;	zu anderen Dingen braucht.
	Nahrung, die;	Essen und Trinken.
	verschafft;	giebt, bringt.
	Erzeugnisse, die;	das Erzeugnis, das Produkt.
	Aufgabe, die;	die Mission.
	am betäubendsten;	am stärksten.
285.	Wesen, das;	der Charakter.
286.	Lustspiel,[N-23] das;	die Komödie.
	meinem Versprechen gemäß;	wie ich versprochen habe.
	Ränder, die;	die äußeren Seiten.
288.	tunlich;	möglich.
	betonen;	Accent geben.
291.	vortrug;	sang.
	Empfangs-	der Salon.

Zimmer, das;	
Begegnung, die;	das Wiedersehen.
292. Trauung, die;	die Hochzeits-Ceremonie in der Kirche.
Verwirrung, die;	die Konfusion.
293. schier;	fast.
Elend, das;	das große Unglück.
293. Stimmung, die;	die Laune; stehe »Studien und Plaudereien, I.« Seite 50.
ärgerlich;	böse.
296. Haube, die;	die Kopf-Bedeckung; Kappe der Frauen im Hause.
Spaß, der;	ein Vergnügen.
Angetraute, die;	die Frau.
rasend;	wild.
zugefügt;	getan.
297. juble;	freue mich.
verblüfft;	verwundert.
schlüpft;	steckt.
298. flugs;	schnell.
299. verspüre;	fühle, habe.
Mißgriff, der;	der Fehler.

List of those substantives which have not been divided in the text.

6. Lands-Leute.

7. Wein-Laub.

10. Sonnen-Strahl.

10. Regen-Zeit.

10. Winter-Qual.

10. Frühlings-Zeit.

10. Luft-Getön.

11. Frühlings-Zeit.

14. Fuhr-Mann.

16. Marmor-Stein.

23. Bauern-Hof.

34. Marmor-Tische.

36. Vater-Land.

36. Mittel-Alter.

36. Mittel-Alters.

37. Kriegs-Rosse.

37. Burg-Graf.

37. Raub-Vögel.

37. Raub-Ritter.

40. Vater-Land.

40. Sternen-Banner.

42. Morgen-Lande.

43. Erd-Teilen.

44. Vater-Land.

44. Sternen-Banner.

45. Freuden-Thränen.

45. Vater-Lande.

46. Vater-Lande.

46. Freude-Spuren.

47. Seher-Blick.

51. Haupt-Mann.

54. Monden-Schein.

56. Nacht-Quartier.

56. Knopf-Loch.

56. Post-Wagen.

57. Post-Wagen.

57. Wilhelms-Straße.

59. Sommer-Tag.

63. Baum-Stamm.[N-24]

63. Silber-Barte.

64. Scheiter-Haufen.

65. Scheiter-Haufen.

65. Holz-Haufen.

65. Augen-Blicke.

67. Mutter-Sprache.

75. Zeit-Wort.

75. Zeit-Wörter.

84. Eisen-Bahnen.

84. Mutter-Sprache.

84. Eisen-Bahn.

85. Fuß-Boden.

85. Stock-Werk.

86. Stahl-Stich.

88. Sänger-Krieg.

89. Land-Grafen.

89. Land-Gräfin.

89. Ritter-Frauen.

89. Land-Grafen.

90. Land-Gräfin.

90. Ungarn-Lande.

90. Ehr-Furcht.

91. Sänger-Krieg.

91. Land-Grafen.

92. Ungarn-Land.

92. Land-Gräfin.

93. Land-Graf.

93. Land-Gräfin.

93. Land-Grafen.

94. Land-Gräfin.

94. Land-Graf.

96. Land-Graf.

99. Fleisch-Brühe.

100. Schweins-Kopf.

100. Turm-Kuchen.

100. Baum-Kuchen.

100. Honig-Kuchen.

109. Mahl-Zeit.

110. Wirts-Haus.

110. Pfropfen-Zieher.

111. Trauer-Brief.

111. Burschen-Wohl.

117. Wein-Trauben.

117. Jahres-Zeit.

127. Sommer-Haus.

141. Haupt-Stadt.

141. König-Reiches.

142. Haupt-Stadt.

142. Nieder-Lande.

142. Schloß-Hof.

143. Nieder-Landen.

143. Tarn-Kappe.

143. Lind-Wurm.

169. Erd-Boden.

172. Feld-Herr.

174. Götter-Bild.

182. Bahn-Hofe.

183. Kunst-Werke.

184. Palmen-Garten.

185. Tage-Buche.

186. Tage-Buche.

205. Vater-Land.

205. Vater-Lande.

209. Vater-Land.

216. Feuer-Zeichen.

217. Vater-Landes.

220. Bild-Hauer.

226. Land-Mann.

228. Erd-Ball.

228. Welt-All.

232. Eisen-Bahnen.

232. Eisen-Bahn-Zug.

233. Eisen-Bahnen.

236. Lebens-Lust.

237. Vater-Land.

238. Sonnen-Scheine.

242. Sünd-Flut.

245. Elfen-Bein.

245. Arm-Bänder.

265. Morgen-Röte.

265. Tages-Licht.

266. Bild-Hauerei.

266. Lebens-Geschichte.

266. Grab-Mal.

267. Bild-Hauerei.

267. Denkungs-Art.

269. Opfer-Farren.

269. Schlangen-Paar.

269. Wellen-Bade.

270. Höllen-Qual.

270. Bild-Hauers.

270. Bild-Hauer.

271. Bild-Hauer.

278. Abend-Rot.

283. Acker-Bau.

284. Himmels-Sendung.

Anmerkungen zur Transkription

Anmerkungen zum Inhalt

[P-1]"Goethes" war "Göthes"

[P-2]"Württemberg" war "Würtemberg"

[P-3]"Goethe" war "Göthe"

[P-4]"Literatur" war "Litteratur"

[P-5]"Seite 280" war "Sei te280"

[P-6]»st«, war »st,«

Anmerkungen zur Sektion I

[I-1]"nötig" war "nöthig"

[I-2]"Tal" war "Thal"

[I-3]"Tale" war "Thale"

[I-4]"möchte" war "mochte"

[I-5]"haust" war "hauset"

[I-6]"Goethes" war "Göthe's"

[I-7]"Goethe" war "Göthe"

[I-8]"Goethe" war "Göthe"

[I-9]"Goethe" war "Göthe"

Anmerkungen zur Sektion II

[II-1]"seufzt" war "seufzet"

[II-2] "Goethe" war "Göthe"

[II-3] "Amalie" war "Amalia"

[II-4] "vermutete" war "vermuthete"

Anmerkungen zur Sektion III

[III-1] ", »Er ist" war ", Er ist"

[III-2] "Im" war "Ich"

[III-3] "»das Reiten" war "das »Reiten"

[III-4] "Infinitiv" war "Innfiitiv"

[III-5] "»Ich" war "Ich"

[III-6] . war ‚«

[III-7] "Goethe" war "Göthe"

[III-8] "Gutes" war "gutes" (klein geschrieben)

[III-9] "tun" war "thun"

[III-10] "Cöln" war "Köln"

[III-11] "Goethe" war "Göthe"

Anmerkungen zur Sektion IV

[IV-1] "Drachen-Blut" war "Drachen Blut"

[IV-2] "geh'" war "geh" (ohne Apostroph)

[IV-3] "erschlagen" war "erschagen"

[IV-4] Apostroph hinzugefügt

[IV-5] "»Durhsüeßet" war "Durhsüeßet"

[IV-6] "Tal" war "Thal"

[IV-7] "Goethe" war "Göthe"

[IV-8] "Goethe" war "Göthe"

[IV-9] "Goethe" war "Göthe"

[IV-10] "Goethes" war "Göthe's"

[IV-11] "Tat" war "That"

[IV-12] "Goethe" war "Göthe"

Anmerkungen zur Sektion V

[V-1] "Goethe" war "Göthe"

[V-2] "noch" war "nach"

[V-3] "tut's" war "thut's"

[V-4] "Goethe" war "Göthe"

[V-5] "Goethe" war "Göthe"

[V-6] "Goethe" war "Göthe"

[V-7] Apostroph entfernt

[V-8] "Goethe" war "Göthe"

[V-9] "Goethe" war "Göthe"

Anmerkungen zur Sektion VI

[VI-1] "Coupé" war "Coupe"

[VI-2] Apostroph entfernt

[VI-3] "?" war "."

[VI-4] Komma hinzugefügt

[VI-5] "pirschte" war "birschte"

Anmerkungen zur Sektion VII

[VII-1] "Goethe" war "Göthe"

Anmerkungen zur Sektion VIII

[VIII-1] Apostroph entfernt

[VIII-2]"zwei" war nicht gesperrt

[VIII-3]Deutsche Anführungszeichen durch Englische ersetzt

[VIII-4]"tunlich" war "thunlich"

[VIII-5]« hinzugefügt

[VIII-6]» hinzugefügt

[VIII-7]Komma durch « ersetzt

[VIII-8]" —" war ". "

Anmerkungen zu den Gedichten

[G-1]Komma hinzugefügt

[G-2]« hinzugefügt

[G-3]"Tal" war "Thal"

[G-4]"." war ","

[G-5]"Tal" war "Thal"

[G-6]Komma hinzugefügt

[G-7]Komma hinzugefügt

[G-9]"Tal" war "Thal"

[G-11]- hinzugefügt

Liedtexte

[L-1]

Räuber-Lied.

(ZUR 2. SEKTION.) FRIEDRICH VON SCHILLER. (1780.)

NICHT ZU SCHNELL. Nachbildung von »Gaudeamus igitur.« (Vor 1717.)

1. Ein frei - es Le - ben füh - ren wir, ein
Le - ben vol - ler Won - ne! Der
Wald ist un - ser Nacht - Quar - tier, bei
Sturm und Wind han - tie - ren wir; der
Mond ist uns - re Son - ne, der
Mond ist uns - re Son - ne.

[L-2]

Krambambuli.

(ZUR 3. SEKTION.) GED. VON CRESCENTIUS KOROMANDEL, D.I. HOF-RAT WITTEKIND IN DANZIG. (1745.) *FRÖHLICH*. VOLKSWEISE DES 18. JAHRH.

1. Kram - bam - bu - li, das ist der Ti - tel des
Tranks, der sich bei uns be - währt;
er ist ein ganz pro - ba - tes Mit - tel, wenn
uns was Bö - ses wi - der - fährt.

Des A - bends spät, des Mor - gens früh trink'
ich mein Glas Kram - bam - bu - li. Kram -
bim - bam - bam - bu - li, Kram - bam - bu - li!

2. Bin ich im Wirts - Haus ab - ge - stie - gen, gleich
ei - nem gro - ßen Ka - va - lier,

dann lass' ich Brot und Bra - ten lie - gen und
grei - fe nach dem Propf - en - Zieh'r,

dann bläst der Schwa - ger Tan - tran - ti zu
ei - nem Glas Kram - bam - bu - li. Kram -
bim - bam - bam - bu - li, Kram - bam - bu - li!

[L-3]

Blau blüht ein Blümelein.

VOLKS-LIED VOM THÜRINGER WALDE. (ZUR 5. SEKTION.)

Moderato.

1. Ach, wie ist's mög - lich dann, daß ich dich
las - sen kann! hab' dich von Her - zen lieb,
das glau - be mir! Du hast das
Her - ze mein so ganz ge - nom - men ein,
daß ich kein' an - dre lieb', als dich al - lein.

2. Blau ist ein Blü - me - lein, das heißt Vergiß - nicht - mein: dies Blüm - lein leg' an's Herz
und denk' an mich! Stirbt Blum' und
Hoff - nung gleich, wir sind an Lie - be reich;
denn die stirbt nie bei mir, das glau - be mir!

3. Wär' ich ein Vö - ge - lein, wollt' ich bald
bei dir sein, scheut' Falk und Ha - bicht nicht,
flög' schnell zu dir. Schöß' mich ein
Jä - ger tot, fiel' ich in dei - nen Schoß;
säh'st du mich trau - rig an, gern stürb' ich dann!

[L-4]

Gebet während der Schlacht.

(ZUR 5. SEKTION.) THEODOR KÖRNER. (1813.)

LANGSAM UND MIT WÜRDE. Friedrich Heinrich Himmel. (1813.)

1. Va - ter, ich ru - fe dich! Brül - lend um-
wölkt mich der Dampf der Ge - schü- tze,
sprü - hend um - zu - cken mich ras - seln - de
Bli - tze. Len - ker der Schlach - ten, ich
ru - fe dich! Va - ter du, füh - re
mich!

2. Va - ter du, füh - re mich! führ' mich zum
Sie - ge, führ' mich zum To - de:
Herr, ich er - ken - ne dei - ne Ge-
bo - te; Herr, wie du willst, so
füh - re mich! Gott, ich er - ken - ne
dich!

3. Gott, ich er - ken - ne dich! So im
herbst - li - chen Rau - schen der Blät - ter
als im Schlach - ten - Don - ner-
Wet - ter, Ur - quell der Gna - de, erkenn' ich dich! Va - ter du, seg - ne
mich!

[L-5]

Wenn die Schwalben heimwärts ziehn.

ABSCHIED. (ZUR 7. SEKTION.) CARL HERLOßSOHN. (1842.)

FRANZ ABT. (1842.)
Andantino.

1. Wenn die
Schwal - ben heim - wärts ziehn, wenn die
Ro - sen nicht mehr blühn, wenn der
Nach - ti - gall Ge - sang mit der
Nach - ti - gall ver - klang, fragt das Herz in ban -
Schmerz, fragt das Herz in ban - gem Schmerz:
ob ich dich auch wie - der

seh'? Schei - den, ach Schei - den,
Schei - den tut weh! Schei - den, ach
Schei - den, Schei - den tut weh!

2. Wenn die
Schwä - ne süd - lich ziehn, dort - hin
wo Ci - tro - nen blühn, wenn das
A - bend - Rot ver - sinkt, durch die
grü - nen Wäl - der blinkt, fragt das Herz in ban - gem
Schmerz, fragt das Herz in ban - gem Schmerz:
ob ich dich auch wie - der
seh'? Schei - den, ach Schei - den,
Schei - den tut weh! Schei - den, ach
Schei - den, Schei - den tut weh!

[L-6]

Jäger-Leben.

(ZUR 8. SEKTION.) WILHELM BORNEMANN. (1816).

LEBHAFT. Volks-Weise (1827.) Von Gehricke (?)

mf
1. Im Wald und auf der Hei - de, da
such' ich mei - ne Freu - de, ich bin ein
Jä - gers - Mann, ich bin ein Jä - gers -
Mann! Die For - sten treu zu pfle - gen, das
Wild - bret zu er - le - gen, mein'
Lust hab' ich da - ran, mein' Lust hab'
ich da - ran. |: Hal - li, hal - loh, hal-
li, hal - loh! mein' Lust hab' ich da - ran. :|

2. Im Wal - de hin - ge - streck - et, den
Tisch mit Moos mir deck - et, die freund - li -
che Na - tur; die freund - li - che Na -
tur; den treu - en Hund zur Sei - te, ich
mir das Mahl be - rei - te auf
Got - tes frei - er Flur, auf Got - tes
frei - er Flur. |: Hal - li, hal - loh, hal-
li, hal - loh! auf Got - tes frei - er Flur. :|

3. Und streich' ich durch die Wäl- der und
zieh' ich durch die Fel - der ein - sam den
gan - zen Tag; ein - sam den gan - zen
Tag; doch schwin - den mir die Stun - den gleich
flüch - ti - gen Se - kun - den, tracht'
ich dem Wil - de nach, tracht' ich dem
Wil - de nach. |: Hal - li, hal - loh, hal-
li, hal - loh! tracht' ich dem Wil - de nach. :|

4. Wenn sich die Son - ne nei - get, der
feuch - te Ne - bel stei - get, mein Tag - Werk
ist ge - than, mein Tag - Werk ist ge-
than, dann zieh' ich von der Hei - de zur
häus - lich - stil - len Freu - de, ein
fro - her Jä - gers - Mann, ein fro - her
Jä - gers - Mann! |: Hal - li, hal - loh, hal-
li, hal - loh! ein fro - her Jä - gers - Mann!

[L-7]

Lorelei.

(ZUR 8. SEKTION.)

HEINRICH HEINE. (1822.)

FRIEDRICH SILCHER. (1837.)

Andante.

1. Ich weiß nicht, was soll es be - deu - ten, daß
ich so trau - rig bin; ein
Mär - chen aus al - ten Zei - ten das
kommt mir nicht aus dem Sinn. Die
Luft ist kühl und es dun - kelt, und
ru - hig fließt der Rhein; der
Gi - pfel des Ber - ges fun - kelt im
A - bend - Son - nen - schein.

2. Die schön - ste Jung - frau sit - zet dort
o - ben wun - der [G-11] bar, ihr
gold - nes Ge - schmei - de blit - zet, sie

kämmt ihr gol - de - nes Haar. Sie
kämmt es mit gol - de - nem Kam - me, und
singt ein Lied da - bei; das
hat ei - ne wun - der - sa - me, ge-
wal - ti - ge Me - lo - dei.

3. Den Schif - fer im klei - nen Schif - fe er-
greift es mit wil - dem Weh; er
schaut nicht die Fel - sen - Rif - fe, er
schaut nur hin - auf in die Höh'. Ich
glau - be, die Wel - len ver - schlin - gen am
En - de Schif - fer und Kahn; und
das hat mit ih - rem Sin - gen die
Lo - re - lei ge - than.

[L-8]

Es ist bestimmt in Gottes Rat.

(Zur 8. Sektion.) Ernst von Feuchtersleben. (Vor 1826.) Felix Mendelssohn-Bartholdy. (1839.)

Poco sotenuto.
1. Es ist bestimmt in Got - tes Rat, daß
man vom Lieb - sten, was man hat, muß
schei - den. Wie-
wohl doch nichts im Lauf der Welt dem
Her - zen ach, so sau - er fällt, als
Schei - den, ja
Schei - den! :| 4. Nun mußt du mich auch
recht ver - stehn, ja
recht ver - stehn: wenn Men - schen aus - ein-
an - der gehn, so sa - gen sie: auf
Wie - der - sehn, auf Wie - der - sehn,
auf Wie - der - sehn!

www.ingramcontent.com/pod-product-compliance
Lightning Source LLC
Chambersburg PA
CBHW032145010526
44111CB00035B/1226

John Price Crozer Griffith

The Care of the Baby

A Manual for Mothers and Nurses. Second Edition

John Price Crozer Griffith

The Care of the Baby
A Manual for Mothers and Nurses. Second Edition

ISBN/EAN: 9783337372125

Printed in Europe, USA, Canada, Australia, Japan

Cover: Foto ©Lupo / pixelio.de

More available books at **www.hansebooks.com**

THE
CARE OF THE BABY

A MANUAL FOR MOTHERS AND NURSES

CONTAINING

PRACTICAL DIRECTIONS FOR THE MANAGEMENT OF
INFANCY AND CHILDHOOD IN HEALTH
AND IN DISEASE

BY

J. P. CROZER GRIFFITH, M. D.

Clinical Professor of Diseases of Children in the Hospital of the University of Pennsylvania, Physician to the Children's Hospital, to the Methodist Episcopal Hospital, and to St. Agnes' Hospital, Philadelphia, Member of the American Pediatric Society and of the Association of American Physicians

--

SECOND EDITION, REVISED.

PHILADELPHIA
W. B. SAUNDERS
925 WALNUT STREET
1898.

PREFACE TO THE SECOND EDITION.

THE very gratifying success which the first edition has met has made the author desirous of bringing the present one thoroughly up to the demands of the times. He has therefore submitted it to a complete revision, enlarging it considerably and adding several new illustrations. He would again emphasize the statement made repeatedly throughout the volume, that the chapter on "The Sick Baby" is not intended to supplant the physician. This he considers impossible. It is designed especially for mothers in emergency, where medical aid cannot be obtained.

PREFACE.

The author has endeavored in the following pages to furnish a reliable guide for mothers anxious to inform themselves with regard to the best way of caring for their children in sickness and in health.

The first chapter of the book discusses the hygiene of pregnancy, the method of calculating the date of confinement, and similar data. The characteristics of a healthy baby are considered in the second chapter, and the growth of its mind and body in the succeeding one. The chapters which follow relate to the methods of bathing, dressing, and feeding children of different ages, to the hours for sleeping, to physical and mental exercise and training, and to the proper qualities of the children's various nurses and rooms. A special effort has been made to emphasize details and to make them clear, complete, and thoroughly up to date.

The chapter upon the baby's diseases has been written particularly for those mothers who, through various circumstances, are unable to have a physician constantly within a moment's call. It contains a description of the symptoms by which we may know that disease is present; a consideration of the nursing of sick children; a concise *résumé* of the commonest diseases of infancy and childhood; and directions for the management of various accidents, including, among others, drowning and the swallowing of poisons.

Such illustrations have been inserted as, it is thought, will make more plain the meaning of the text. To avoid repetition throughout the book, various recipes for food or medicine, as well as remarks on the employment of baths of various sorts in sickness, of poultices, disinfectants, massage, and the like, have been placed in the Appendix. Here also are tables showing the proper proportionate doses at different ages, the doses of many of the remedies most commonly given to children, the contents of the emergency medicine closet, etc. The numbered references scattered throughout the text of the book refer to corresponding paragraphs in the Appendix.

The author has endeavored to make his statements plain and easily understood, yet scientifically accurate, in the hope that the volume may be of service not only to mothers and nurses, but also to medical students and to those practitioners whose opportunities for observing children have been limited. With what his own experience with children has led him to believe would be most helpful, he has combined those teachings in other books of like nature which have seemed to him of most value; and he takes this opportunity to acknowledge his indebtedness to previous writers, not forgetting the contributors to the files of that excellent magazine for mothers, "Babyhood." He would also express his grateful thanks to his colleagues at the University of Pennsylvania and at the Philadelphia Polyclinic and School for Graduates in Medicine, Professors Hirst, Roberts, Randall, Van Harlingen, and Risley, who have revised for him, with many valuable suggestions, the pages bearing respectively upon the hygiene of pregnancy and of the nursing mother, surgical affections, diseases of the ear, diseases of the skin, and diseases of the eye.

CONTENTS.

	PAGE
INTRODUCTION	17

CHAPTER I.
BEFORE THE BABY COMES 19

CHAPTER II.
THE BABY 34

CHAPTER III.
THE BABY'S GROWTH 46

CHAPTER IV.
THE BABY'S TOILET 66

CHAPTER V.
THE BABY'S CLOTHES 83

CHAPTER VI.
FEEDING THE BABY 109

CHAPTER VII.
SLEEP 157

CHAPTER VIII.
EXERCISE AND TRAINING, PHYSICAL, MENTAL, AND MORAL . 164

CHAPTER IX.
The Baby's Nurses 182

CHAPTER X.
The Baby's Rooms 198

CHAPTER XI.
The Sick Baby 220

APPENDIX 353

THE CARE OF THE BABY.

INTRODUCTION.

It seems often to be taken for granted that the young mother will understand by a sort of intuition the care which her baby requires, as though it needed no more than a newborn animal of some lower order of life. The fact is that such a little animal, slight though its needs are when compared with those of a baby, has a parent which by instinct is far better able to care for it than is the human mother for her child.

That she knows nothing is both the mother's safeguard and her danger. Ready and anxious as she is to fit herself for her new duties, she is even by this anxiety rendered too ready to accept as gospel all that is told her about the care of her infant by those who assume to know, but who "darken counsel by words without knowledge." She thus becomes the prey of "old wives' fables" and of all sorts of gratuitous advice, the injuriousness of which is shown too late in the condition of the unfortunate child.

A well-informed monthly nurse can be of great assistance to a new mother beginning the care of her baby. Unfortunately, not all nurses are of this class, and some are full of absurd and harmful practices and teachings, while even those who are intelligent and well trained often err greatly in many points. Of all this the mother is, of course, unable to judge, unless she herself knows what is right. The baby's grandmother is naturally rather rusty in matters relating to the care of children, although she may not be ready to admit it. Moreover, it is most true, in the words of the old song, that

> "Times have changed since then,
> And life is a different thing,"

and many methods which were considered entirely correct years ago have since been greatly improved or even found to have been actually wrong. The mother therefore finds herself, after the departure of her nurse and physician, ignorant and without reliable resources upon which to draw. Such being the case, we may profitably consider, as briefly as possible with due regard to completeness, some of the matters connected with babyhood from birth, and even before it, up to the time when childhood ceases.

Baby is, indeed, a very indefinite term, often applied by mothers to children who have far outgrown their right to the name as strictly used. But "baby" the child still is to its mother, unless a second comer has added dignity to the first-born's position, so "baby" it shall be to us in our present study of its wants; for we must not forget that a child even of several years demands just as great care, although of a different sort, as it did when still in arms.

From a strictly medical standpoint babyhood and childhood are very commonly divided into three periods, concerning the exact limits of which physicians are not altogether agreed. Most conveniently we may speak of, first, *infancy*, which extends from birth to the age of two years; second, *early childhood*, from the age of two to that of six years; and, third, *later childhood*, from the age of six years to that of *puberty*—that is, thirteen to fifteen years. We shall repeatedly have occasion during our study of the subject to use these terms as thus defined.

No observations made in the following pages concerning the baby when ill are intended to do away with the physician any more than they are meant to make a mother entirely dependent upon him. Their object is only to help her understand what she can do without medical advice, and how she shall do it; when she shall call a physician to her aid, and what she shall do before he comes.

CHAPTER I.

BEFORE THE BABY COMES.

IT is a fact which ought never to be forgotten that the proper care of the baby begins long before it is born, for to produce healthy offspring the parents must themselves be healthy. Although the manner of living always healthily is a subject far beyond the province of this volume, at least some attention must be given here to the way in which a woman should live after she has discovered that she is to be a mother. How she shall order her life should certainly be her first consideration, for, whether or not the coming of the baby is a welcome thought, her responsibility for the future welfare of the child that is to be remains the same. She has no right to act in any way that may injure another human life.

Signs of Pregnancy.—Whether she is really pregnant is naturally the first question, and one concerning which a woman does not ordinarily consult her physician. There are a large number of *presumptive* signs of pregnancy, many of which she is capable of observing herself. It is proper to remark that none of these indicate anything further than the probable existence of pregnancy. There are only a few *positive* signs, and these can be detected by the physician alone.

The most striking and valuable of the presumptive signs is, of course, the cessation of the monthly periods; yet even this is not entirely reliable, for various other causes may account for it. It sometimes happens that menstruation is absent for several months in early married life, and yet that conception has not taken place; while, on the other hand, the monthly periods occasionally come on regularly during a part or, rarely, all of pregnancy, although in this case they are usually scanty and of short duration. Finally, a woman may conceive while still nursing and before menstruation has been re-established. As a rule, however, the cessation of menstruation in a married woman previously regular indicates pregnancy.

Enlargement of the abdomen is another important sign, although usually not detected before the fourth month of pregnancy. A valuable indication is enlargement of the breasts with tenderness of the nipples and a decided widening and browning of the pink ring, or *areola*, around them. Sometimes a small amount of a watery fluid is secreted later. The enlargement of the breasts begins in some instances in the second month of pregnancy, and becomes quite noticeable in the fourth and fifth months. The alteration of the areola commences to be visible by the end of the second month.

"Morning sickness" is a symptom present in many women. It usually consists in the occurrence of nausea, and perhaps vomiting, in the early morning, but it sometimes lasts all day. It appears generally in the second month, occurs every day or less frequently, and lasts only through the third month; but in bad cases it may continue through the whole period, and become dangerous from the difficulty the patient experiences in retaining food.

"Quickening" is a sign of much value, but, like the others, only presumptive. By this term is meant the detection by the mother of the movements of the child within her. It was once thought that the child received life at this time, but this was, of course, erroneous. The child is just as much alive before quickening as afterward, but its early movements are too feeble to be perceived until four or four and a half months after conception. The movements at first give the sensation of a feeble fluttering, but soon become much more evident, and then feel like sudden, sharp strokes or kicks, and are often the cause of considerable or even great discomfort.

There are a number of other less important presumptive signs, such as variations in appetite, with abnormal hunger, or "longings," for unusual kinds of food. Again, the whole disposition may be changed completely for the time, and she who was formerly vivacious, cheerful, and good-natured may become dull and melancholic, full of the gloomiest forebodings, or excessively irritable. Sometimes, but, unfortunately, less frequently, just the reverse of this takes place, and the disposition is at the best during pregnancy.

The exact time at which the baby may be expected is a matter of great importance, since so many preparations must be made for its arrival. Confinement occurs 272 to 275 days from the date of conception; but, as this date can rarely be determined exactly, it is customary to reckon that pregnancy lasts 10 menstrual months of 28 days each—that is, 280 days—from the first day of the last menstrual period. This equals 40 weeks, or a little over 9 calendar months. A ready rule for determining the date on which confinement may be expected is to count three months backward from the first day of the last menstruation and to add seven days to the date obtained. Thus, if the last period began on February 3, three months backward would bring it to November 3, and seven days added would make November 10 the probable date. Since, however, the months are not of equal length, various tables have been constructed for a more accurate and convenient method of computing the date. The one upon the opposite page is a form very commonly in use.

This method of reckoning is, of course, only approximate even when the exact date is known on which it is supposed that conception occurred. It is therefore only safe to consider the calculated date of confinement as the middle of a period of two weeks, on any day of which labor may naturally take place. Where it is impossible to reckon from the last menstrual period, it is customary to count from the date of quickening. Four and a half months from this date, or five months in the case of a woman pregnant not for the first time, will give the approximate date of confinement, although this is not very accurate.

Management of Pregnancy.—The prospective mother has, then, forty weeks during which she shall conduct herself in the way that will exert the most powerful influence for good upon the health of the coming little one. Bathing in tepid water may be enjoyed daily, but very hot or very cold baths, sea-bathing, and foot-baths are dangerous. Moderate exercise in the open air is important, while the constant occupancy of close, heated rooms is distinctly harmful. All the pure air possible should be obtained. Walking is beneficial, as is driving

BEFORE THE BABY COMES. 23

TABLE FOR CALCULATING THE DATE OF CONFINEMENT.

Jan. / Oct.	1 / 8	2 / 9	3 / 10	4 / 11	5 / 12	6 / 13	7 / 14	8 / 15	9 / 16	10 / 17	11 / 18	12 / 19	13 / 20	14 / 21	15 / 22	16 / 23	17 / 24	18 / 25	19 / 26	20 / 27	21 / 28	22 / 29	23 / 30	24 / 31	25 / 1	26 / 2	27 / 3	28 / 4	29 / 5	30 / 6	31 / 7	Nov.
Feb. / Nov.	1 / 8	2 / 9	3 / 10	4 / 11	5 / 12	6 / 13	7 / 14	8 / 15	9 / 16	10 / 17	11 / 18	12 / 19	13 / 20	14 / 21	15 / 22	16 / 23	17 / 24	18 / 25	19 / 26	20 / 27	21 / 28	22 / 29	23 / 30	24 / 1	25 / 2	26 / 3	27 / 4	28 / 5				Dec.
Mar. / Dec.	1 / 6	2 / 7	3 / 8	4 / 9	5 / 10	6 / 11	7 / 12	8 / 13	9 / 14	10 / 15	11 / 16	12 / 17	13 / 18	14 / 19	15 / 20	16 / 21	17 / 22	18 / 23	19 / 24	20 / 25	21 / 26	22 / 27	23 / 28	24 / 29	25 / 30	26 / 31	27 / 1	28 / 2	29 / 3	30 / 4	31 / 5	Jan.
April / Jan.	1 / 6	2 / 7	3 / 8	4 / 9	5 / 10	6 / 11	7 / 12	8 / 13	9 / 14	10 / 15	11 / 16	12 / 17	13 / 18	14 / 19	15 / 20	16 / 21	17 / 22	18 / 23	19 / 24	20 / 25	21 / 26	22 / 27	23 / 28	24 / 29	25 / 30	26 / 31	27 / 1	28 / 2	29 / 3	30 / 4		Feb.
May / Feb.	1 / 5	2 / 6	3 / 7	4 / 8	5 / 9	6 / 10	7 / 11	8 / 12	9 / 13	10 / 14	11 / 15	12 / 16	13 / 17	14 / 18	15 / 19	16 / 20	17 / 21	18 / 22	19 / 23	20 / 24	21 / 25	22 / 26	23 / 27	24 / 28	25 / 1	26 / 2	27 / 3	28 / 4	29 / 5	30 / 6	31 / 7	Mar.
June / Mar.	1 / 8	2 / 9	3 / 10	4 / 11	5 / 12	6 / 13	7 / 14	8 / 15	9 / 16	10 / 17	11 / 18	12 / 19	13 / 20	14 / 21	15 / 22	16 / 23	17 / 24	18 / 25	19 / 26	20 / 27	21 / 28	22 / 29	23 / 30	24 / 31	25 / 1	26 / 2	27 / 3	28 / 4	29 / 5	30 / 6		April
July / April	1 / 7	2 / 8	3 / 9	4 / 10	5 / 11	6 / 12	7 / 13	8 / 14	9 / 15	10 / 16	11 / 17	12 / 18	13 / 19	14 / 20	15 / 21	16 / 22	17 / 23	18 / 24	19 / 25	20 / 26	21 / 27	22 / 28	23 / 29	24 / 30	25 / 1	26 / 2	27 / 3	28 / 4	29 / 5	30 / 6	31 / 7	May
Aug. / May	1 / 8	2 / 9	3 / 10	4 / 11	5 / 12	6 / 13	7 / 14	8 / 15	9 / 16	10 / 17	11 / 18	12 / 19	13 / 20	14 / 21	15 / 22	16 / 23	17 / 24	18 / 25	19 / 26	20 / 27	21 / 28	22 / 29	23 / 30	24 / 31	25 / 1	26 / 2	27 / 3	28 / 4	29 / 5	30 / 6	31 / 7	June
Sept. / June	1 / 8	2 / 9	3 / 10	4 / 11	5 / 12	6 / 13	7 / 14	8 / 15	9 / 16	10 / 17	11 / 18	12 / 19	13 / 20	14 / 21	15 / 22	16 / 23	17 / 24	18 / 25	19 / 26	20 / 27	21 / 28	22 / 29	23 / 30	24 / 1	25 / 2	26 / 3	27 / 4	28 / 5	29 / 6	30 / 7		July
Oct. / July	1 / 8	2 / 9	3 / 10	4 / 11	5 / 12	6 / 13	7 / 14	8 / 15	9 / 16	10 / 17	11 / 18	12 / 19	13 / 20	14 / 21	15 / 22	16 / 23	17 / 24	18 / 25	19 / 26	20 / 27	21 / 28	22 / 29	23 / 30	24 / 31	25 / 1	26 / 2	27 / 3	28 / 4	29 / 5	30 / 6	31 / 7	Aug.
Nov. / Aug.	1 / 8	2 / 9	3 / 10	4 / 11	5 / 12	6 / 13	7 / 14	8 / 15	9 / 16	10 / 17	11 / 18	12 / 19	13 / 20	14 / 21	15 / 22	16 / 23	17 / 24	18 / 25	19 / 26	20 / 27	21 / 28	22 / 29	23 / 30	24 / 31	25 / 1	26 / 2	27 / 3	28 / 4	29 / 5	30 / 6		Sept.
Dec. / Sept.	1 / 7	2 / 8	3 / 9	4 / 10	5 / 11	6 / 12	7 / 13	8 / 14	9 / 15	10 / 16	11 / 17	12 / 18	13 / 19	14 / 20	15 / 21	16 / 22	17 / 23	18 / 24	19 / 25	20 / 26	21 / 27	22 / 28	23 / 29	24 / 30	25 / 1	26 / 2	27 / 3	28 / 4	29 / 5	30 / 6	31 / 7	Oct.

Supposing the upper figure in each pair of horizontal lines to represent the first day of the last menstrual period, the figure beneath it, with the month designated in the margin, will show the probable date of confinement.

over smooth roads or riding in street cars; but horseback riding, bicycling, dancing, driving over rough roads, lifting, straining of any kind, the use of the sewing-machine, and all other violent or long-continued forms of exercise ought sedulously to be avoided. Particular care must be observed at the times at which the menstrual period would naturally occur if pregnancy did not exist. Sea-voyages are dangerous, on account of the liability to sea-sickness and the straining which accompanies it. There is a very injurious custom among some women—that of refusing to go out of the house from the time when the alteration of figure becomes marked. Even were concealment of the figure impossible, health rather than appearance should be the first consideration.

Amusement is, of course, necessary. There is no reason why pleasures should be abandoned, provided they are made entirely secondary to health. So, too, the frequenting of the theatre and of similar places of amusement is often harmless, especially if it is found to exert no unduly exciting influence upon the emotions. In many women, however, the emotional nature is unusually susceptible during pregnancy, and crowded places and exciting reading must be avoided. No amusements should be allowed to interfere with the obtaining of the large amount of sleep which is always required at this time.

This brings us naturally to the consideration of the management of the mental condition. The unusually impressionable state characteristic of pregnancy renders a woman very prone to become the subject of great despondency. This she can relieve to a certain extent by the recollection that it is only a symptom shared by a great many others, and that there is no reason for the conviction that she will never survive the birth of her child.

It is, of course, much easier to give this advice than to follow it. Consequently it is important that she avoid adding to her fears by listening to detailed accounts of the trials of other women under similar conditions, or by reading depressing novels or witnessing distressing sights. The experiencing of frights, the seeing of deformed persons or animals, the hearing of bad news, and so on—*maternal impressions*, as the doctors call them—are very commonly supposed to exert a powerful influence in producing some deformity or defect in the child; while the looking at beautiful objects, the listening to delightful music, and the reading of elevating books are also claimed to affect favorably the body or mind of the baby. As there is a possibility that such influences exist, every pregnant woman should avoid the one sort and cultivate the other. At the same time, there is certainly far more fable than truth in all this, and the action of such things is so infinitesimal and so uncommon that no woman need conclude that her child will surely be "marked" because she has been frightened or impressed in some way. The chances are hundreds of thousands to one that no such thing will happen. The various instances of maternal impression of which we so often hear are simply imaginary. On the other hand, there does exist the very certain influence of inheritance. If a mother wishes her child to be healthy of body and beautiful of mind, she must previously have cultivated her own mind and body through years of training.

The diet during pregnancy should be generous yet easily digestible. There is no reason why the usual diet should be altered at all, if it has been healthful and well assimilated, except that it is sometimes better to have the evening meal light. It is also wiser to eat meat only once a day, in order to throw less work upon the kidneys.

There is no truth in the fancy that certain articles of food eaten can exert any special influence upon the development of the child.

The dress is very important. The skin should be well protected against change of temperature by wearing woollen clothing both in summer and in winter. All garments must be loose enough not to interfere in the slightest with the progressive enlargement of the abdomen and breasts. No woman with the slightest regard for the health of her child or for her own safety will resort to tight lacing in the endeavor to conceal her state as long as possible. From the very beginning of pregnancy she should abandon the corset altogether or use one especially adapted to prevent pressure, and should avoid circular garters and suspend the clothing from the shoulders as far as possible. There are now various dress-reform systems on the market which answer the purpose very well, and which are certainly to be commended during pregnancy, even though a woman cannot persuade herself to wear them always. High-heeled shoes ought not to be worn, as they put a strain on the back and the pelvis and may do serious damage. With the exhibition of proper taste and skill the dress can be so fashioned that no woman need have cause to regard herself as unfit to appear in public.

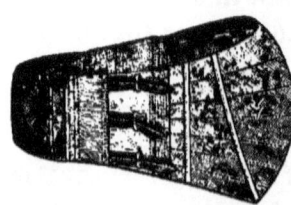
FIG. 1.—Abdominal belt.

The abdomen may grow very large, especially in women who have previously borne children, and may demand some support. A binder will give relief, or, better still, one of the abdominal supporters which are especially made for this purpose (Fig. 1). A week or two before confinement the abdomen usually seems to grow a little smaller, the result of the settling of the womb lower into the pelvis.

The care of the breasts must be commenced early, since upon this the ability to nurse the baby may largely depend. The entire removal of the pressure of the clothing allows the breasts full opportunity to grow properly. They should, however, be covered warmly, and be well supported if their increasing size renders their weight uncomfortable. Particular attention must be given to the nipples, in order both to render them of a shape which the child can readily grasp and to make them secure later against the development of painful fissures. Sometimes there is a tendency to the formation on the nipples of a large amount of scaling skin. These scales must be washed away frequently if they show a disposition to adhere. If, as the breast grows, the nipple is found not to stand out well, a nipple-protector of some sort may be worn constantly as an additional safeguard and aid to development. This should not be done except by medical advice. In cases of flat nipples it is frequently of advantage to endeavor every day to pull them very gently with the fingers out from the breast. Another excellent plan for accomplishing this end is the use of a breast-pump. The form shown in the illustration (Fig. 2) is one of the best, as some pumps are too powerful and are apt to do injury. Traction by the fingers or by the pump should not be used in a way to do the slightest harm, and no treatment of this sort should be begun until the last four weeks of pregnancy, lest a miscarriage be produced in women liable to it. With the beginning of the last month a hardening pro-

Fig. 2.—Breast-pump.

cess for the nipples ought to be instituted, in order to prevent the formation of fissures later. A useful plan is that of applying, morning and night, a tannin solution (Appendix, 73) to the nipples with a piece of absorbent cotton.

The question often arises whether there is any way of determining the sex of the coming child, or any course which the mother can pursue to influence it. The very fact that so many different methods are heard of is excellent proof that none of them are good for much. The truth is that there is absolutely no reliable means known to medical science for discovering in advance whether the child will be a boy or a girl, and not the slightest power of doing anything that will have an iota of influence in producing a child of the desired sex.

Disorders of Pregnancy.—There are many discomforts of pregnancy for which the sufferer herself may be able to do much. If simple means do not avail, she should not neglect to consult her physician, for there is surely no need of enduring any inconvenience that can be avoided. Constipation is exceedingly common at this time. The use of some laxative food, such as oatmeal porridge, green vegetables, figs, oranges, or stewed fruit, especially prunes, is often sufficiently effective. If not, mild drugs may be used without danger, as, for example, Seidlitz powders, or such mineral waters, in small doses before breakfast, as Hunyadi, Rubinat, Friedrichshall, and the like, or some gentle laxative pill prescribed by the attending physician. All strong purgatives and patent medicines are to be shunned. Enemata of tepid water may be used safely. Suppositories of glycerine or of gluten, or very small glycerine enemata are also of service.

Irritability of the bladder is very common. It is relieved

to some extent by the recumbent position, which takes away the pressure of the heavy womb. If the urine is high-colored and causes smarting, a physician's advice should be had. Hemorrhoids, or piles, not infrequently develop in the later months of pregnancy. Very hot fomentations or sponging with very cold water, done frequently and followed by boric-acid-and-zinc ointment (Appendix, 71) often affords great relief. Rest in the recumbent position is also of value. If the bowels are kept regular and all straining is avoided, hemorrhoids will not be so liable to form. Varicose veins or a painful swelling of the legs and lower parts of the body is often very annoying as pregnancy advances. Rest lying down is one of the best means of relief, as is rubbing of the legs in an upward direction. It is often necessary to apply a soft flannel roller bandage from the toes nearly to the hips. This should be done before getting out of bed in the morning. If varicose veins grow at all large, a physician should be consulted, as there is danger of their bursting. Should the face swell, as well as the legs, it is probable that the kidneys are affected. As this is a dangerous complication, no time should be lost in obtaining medical advice. Indeed, a specimen of the urine should be sent to the physician from time to time during pregnancy, to make sure that no disorder of the kidneys is insidiously developing.

A profuse flow of saliva sometimes occurs. It is occasionally relieved by a mouth-wash of tincture of myrrh in water. Toothache is not infrequent. If neuralgic only, it is often relieved by the use of a hot-water bag; but, unfortunately, it is not always of this nature. Decay of the teeth is very apt to occur during pregnancy, and it is best to consult a dentist occasionally, even though there be no toothache. No painful dental operation should be undergone if it possibly can be avoided.

It sometimes happens that the hair falls out badly during pregnancy. This, like the toothache, may be only a temporary matter; but as it may be permanent, it is well to receive treatment for it.

There is no reason whatever why a woman should suffer from morning sickness without at least making an effort to have it relieved. A plan frequently effectual is to take a cup of coffee, tea, broth, or hot milk early in the morning, without sitting up in bed, and then to rest or to sleep again for a short time before rising. If the vomiting persists during the day, food ought to be taken in very small amounts at frequent intervals. Of course, too, the food ought to be digestible and the bowels kept regular. Should the vomiting be severe and not be relieved in the way mentioned, medicines ordered by the physician will often control it.

Heartburn and other evidences of indigestion, which are quite common in pregnancy, are often promptly relieved by soda-mint, and, if not, they should be prescribed for by the attending physician. Leucorrhœa is sometimes decidedly troublesome and even very irritating. Injections should not be used unless ordered by a physician, and then only with a very gentle stream from a fountain syringe (Fig. 3). The bag of the syringe must never be elevated more than a foot or two above the hips. Externally, a solution of boric acid in water (Appendix, 75) may be used for bathing if there is any soreness, followed by the application of an ointment of oxide of zinc or of a powder of talc.

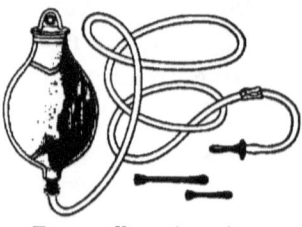

FIG. 3.—Fountain syringe.

Preparations for Confinement.—Finally, we must consider briefly some of the various preparations to be made for the confinement itself. The following list comprises the articles for the mother's use that should be provided in advance:

Hand-towels.
Ether, one-half pound.
Brandy, two ounces.
Vinegar, four ounces.
Antiseptic tablets (corrosive sublimate), one bottle.
A large, coarse new sponge.
Braided silk, or a skein of bobbin (for tying the cord).
A fountain syringe.
A new soft-rubber catheter.
One or two china basins.
A porcelain bed-pan.
Absorbent cotton, small package.
Salicylated cotton, one-pound package.
Carbolized gauze, one can.
New rubber cloth, one yard wide, two yards long.
Nursery cloth, eight yards (for pads).
Unbleached muslin, two yards (for binders).
Carbolized vaseline, one-ounce bottle.
Large oil-cloth or old rug (to protect the carpet).
Large safety-pins.
Fluid extract of ergot (bought one week before confinement).
Hot water in abundance (at time of confinement).

The room which the prospective mother will occupy will ordinarily be her usual bed-room. It ought to be light, well ventilated, and large. It is a great convenience if there is an adjoining room for the monthly nurse, as this leaves to the mother the exclusive use of her own. The bed, when ready for the confinement, should be so situated that it is out of draughts and that its sides are not against the wall. The mattress should be of hair or other firm material, but certainly not of feathers; and extending entirely across it, at the level of the hips, there should be the strip of rubber cloth. Over this is spread the lower sheet of the bed, and finally, on the spot where the hips will lie, a protecting pad for the purpose of catching and absorbing the discharges. This pad should be a yard or more square. It is made of nursery cloth, and is pinned to the sheet with safety-pins. Under the bed is placed the oil-cloth or old rug. Many of these arrangements for sparing the bed and the floor are sometimes substituted by special rubber apparatus.

The "nursery cloth" referred to consists of two layers of muslin with a layer of cotton quilted between them. It may be bought in the shops. It should be boiled for half an hour in a clothes-boiler, dried thoroughly, pinned up in a sheet, and put away out of the dust.

The napkins which the mother will use should not be made until just before the confinement. She must, when making them, see that her hands are very clean, and she should put them away, when finished, in a clean place free from dust. It is far better, indeed, that the nurse make the napkins as needed. Each one is composed of an oblong wad of salicylated cotton enveloped in carbolized gauze folded in the usual form. All soiled napkins must be burnt at once.

The abdominal bandages or "binders," of which there should be several, are composed of washed unbleached muslin half a yard wide and two or three feet long.

If the nurse is in the house some time before the confinement, as she should be, she will decide when to send for the physician, and thus relieve the patient of responsibility in the matter. If she has not yet come, the prospective mother will suspect that labor is about to begin from the occurrence of *true pains*. These are felt either in the back or in front, last a quarter to half a minute, and come on rather regularly. The intervals between them at first last, perhaps, three-quarters of an hour, but gradually grow shorter, while the pains grow more severe and centre more and more in the back. There is often a slight discharge of blood (sometimes called a "show"), which is almost a positive proof that labor is about to commence. *False pains*, as they are usually called, quite frequently occur at intervals during the two weeks before confinement. They are situated in the abdomen and have no element of regularity about them.

The "bag of waters" is a sac containing a peculiar fluid in which the child floats. Its rupture is indicated by a continuous flowing or sudden gush of liquid. Should this happen, the physician must be sent for at once, even though there has been little or no pain. The rupture may take place, it is true, some days before the child is born, but much more frequently it does not occur until labor has really commenced, or even is nearly over.

At the very beginning of the confinement the bowels ought to be emptied by an enema unless they have been moved just before.

After labor is actually under way and the physician has arrived the patient has no further responsibility, and we need not consider the treatment that she requires or the various steps in the birth of the child. After its birth her physician will still attend to her needs and prescribe the form of diet best suited to her. When she is out of bed again and thrown on her own responsibility, her chief care for herself with regard to the baby must be to retain for it a suitable supply of milk. This can be discussed more conveniently in the chapter which treats of Feeding the Baby.

CHAPTER II.

THE BABY.

The new-born baby is certainly not an object of beauty. Even its mother could hardly think it so, did she see it at the moment of its birth, before it has experienced the improving influences of its first toilet—wet and more or less covered, as it is, with a peculiar whitish, waxy material. After it is washed and dressed its appearance even yet cannot be called altogether prepossessing. Still, despite its lack of beauty, its mother loves it and is naturally anxious to know whether it is "all right." Many times afterward will she be fortunate if she can tell whether all is still right with it. As without a knowledge of how a baby of any age should look and act it is impossible to recognize illness developing, our first duty is to pass in review the characteristics of a healthy child—often called *the features of health.*

A healthy and well-developed new-born infant should be plump and firm, with its bones well covered and with a soft and extremely delicate skin. This remarkable softness is due in great part to the presence everywhere of a coating of fine down, which is sometimes scarcely visible, sometimes quite abundant. The skin is of a decidedly reddish color, and only when the baby is suffering from some disease or when it is cold does it become mottled or bluish. Cold is the most frequent cause of this, for a baby has but feeble vitality as compared with an adult.

The baby should weigh anywhere from $6\frac{1}{2}$ to 10 pounds, the average being $7\frac{1}{2}$ pounds. Its length is about 19 inches, with a range, however, of from 16 to 22 inches. Any child which comes within these limits of weight and length is to be called normal. Occasionally these figures are much exceeded, but not often. It must be remarked, too, that a child may be thin when born, and yet not be actually unhealthy.

Before the child is a week old its lobster-red color often fades into a no more attractive, yellowish-red tint which makes it look almost as though it had an attack of jaundice. This is not jaundice, however, for the whites of the eyes show no trace of yellow. In this first week, also, the long down begins to fall out, and a more or less extensive shedding of the skin takes place, generally in the form of fine scales, but sometimes in shreds. This shedding always occurs, and may last a week or more, although with many babies it is almost imperceptible.

By the time the baby is about two weeks old the yellow tint has disappeared and the skin has taken on the real "baby" character which is so much admired, and which only needs to be seen to be appreciated. It is then of a clear, soft, pinkish-white tint, with the palms, soles, and cheeks of a deeper rose. A warm bath or rubbing the skin renders the whole body reddish.

There are many other features about the body of a healthy baby with which we must acquaint ourselves, for, although they may seem rather uninteresting, they are matters of the greatest importance.

The *head* is remarkably large as compared with the rest of the body, being, indeed, nearly as long from the crown to the chin as is the trunk. Immediately after birth, if this has been difficult or prolonged, the head is sometimes found squeezed into a shape which is startling, it is true, but which need cause no anxiety. (See Chapter XI., p. 277.)

The contour of a baby's head as seen from above should be round or oval. At the back of the head and at a point just behind the forehead are two spots where there is no firm bone present, and only the skin and a thin membrane cover the brain, which can be seen to pulsate through them. These spots are called the anterior and posterior fontanelles (Fig. 4). The first, the one just back of the forehead, is the larger of the two, and is the only one to the size of which the mother need give any attention. It is diamond-shaped, and should measure from one-half to one inch, or even two inches, in diameter soon after birth. It should neither be much depressed nor bulge much. The new-born baby sometimes has a very considerable amount of hair on its head. The mother need feel no alarm at seeing this fall out to a great extent in a short time. Its nails, too, are well formed at birth, and grown fully out to the ends of the fingers.

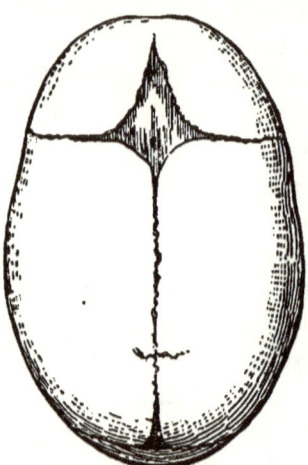

FIG. 4.—Infant's skull: anterior fontanelle above; posterior fontanelle below.

The *tongue* during the first week of life—and, indeed, up to the time when saliva becomes more abundant—is more or less covered with a whitish fur. This is no sign of digestive disturbance, but is probably the result of the greater dryness of the mouth present at this time of life.

The *chest* of a baby is poorly developed as compared with the head, and its circumference is somewhat less. The shoulders and hips are narrow, and their girth is at first less than that of the head. On the other hand, the *abdomen* is large and prominent, the result chiefly of the extraordinarily large liver which a new-born

PLATE I.

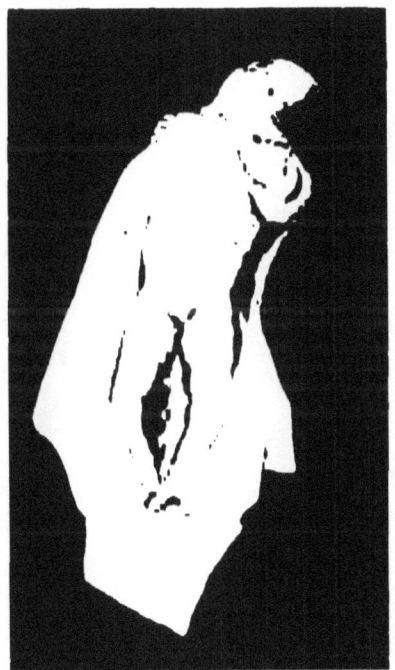

Baby a few weeks old, showing the natural curves of the legs with the bending in of the soles. (From a photograph.)

child possesses. The arms are comparatively short, and the *legs* particularly so. The latter measure very little more than the length of the trunk.

Every mother should remember that the baby at first has crooked legs, or rather what seem to be so, and that there is no cause for alarm on this account. It has the peculiar monkey-like power of turning its feet in in a way which brings the soles rather closely together. The accompanying illustration of a perfectly healthy and well-developed baby a few weeks old (Pl. I.) shows the natural bowing of the legs.

Of course there are such things as clubbing of the feet and bowing of the legs, but these are actual deformities of the joints and bones, not deceptive appearances merely.

All these various peculiarities of shape which we have been considering change gradually with the growth of the child. We shall need to study them more fully in the next chapter.

In addition to the features mentioned, it is necessary to know something of the expression of face and the position and gestures of a healthy child. The *face* of a very young baby when awake has an expression of wondering surprise. The look of intelligence which is there is only an apparent one. It is a pity, perhaps, to shatter a mother's fancy that her child notices what is going on, recognizes her, and expresses pleasure at her approach; still, the truth is that the baby at birth is about as intelligent as the sensitive plant, the leaves of which automatically close when touched. Like the plant with its leaves, the baby automatically closes its mouth and nurses without knowing that it does it.

The color of the eyes is generally a very indefinite one —a sort of blue in all babies. However much they may be supposed at first to resemble the father's or the mother's, a change to a lighter or a darker hue is liable to occur at the age of seven or eight weeks. When a baby of any age is asleep its eyes are entirely shut and the expression is that of peaceful repose. The *position* of its body, too, at this time is that of entire and graceful relaxation. The head is usually turned slightly to one side, and breathing goes on almost imperceptibly and without any movement of the nostrils. In the waking state the new-born baby is comparatively still, except for a really remarkable disposition to grasp anything with which its hand comes in contact. In a very short time, however, it becomes when awake almost the embodiment of perpetual motion, the legs and arms being in nearly constant although purposeless action.

The first act of the new-born child usually is to *cry*. No sound is so pleasing to the attending physician as a good, lusty cry from the little newcomer, for it shows that it has well entered on the use of the lungs which have hitherto been inactive, and that it has plenty of strength for all the functions of its new life. The mother likes to hear it too—better than she will later. There is good cause for the baby's crying at such a time, for the change from its previous existence to the contact with the chilling external air, and the comparatively rough handling which it receives, must constitute an exceedingly disagreeable experience. The sound soon ceases, however, after the child is washed and dressed and put to rest. It may be taken as a positive rule that a baby does not cry without some reason. A cause exists, although it may be a trivial one, and the cry is the baby's only audible means of expressing its dissatisfaction with its state. The cry should be clear, and any alteration from the normal tone is a valuable indication that some diseased condition is present. What these alterations are, and what they mean, we shall consider when we come to study the baby's illnesses. It is a curious fact, which may be mentioned here, that a young infant sheds no tears, no matter how hard it may cry.

Finally, we must consider some matters connected with certain of the functions of life—namely, breathing, the action of the heart as shown by the pulse, the operations of the bowels, the voiding of urine, and the condition of the temperature.

The *respiration* during sleep is quiet and comparatively regular. In the waking hours it exhibits a very great irregularity, which is present up to several years of age, although most marked in the first twelve months. The child often holds its breath a moment, yet, apparently, without any effort or any intention of doing so. A number of quick breaths may occur together, or perhaps a number of slow ones. No weight whatever is to be attached to this peculiarity, for it is entirely characteristic of infancy and early childhood.

The respiration in children up to the age of puberty is what is called *abdominal;* and this applies to girls as well as to boys. The heaving movement is seen nearly entirely in the abdomen, the chest remaining comparatively still. After girls reach the age of from thirteen to fifteen years the respiration is more from the chest, as it is in women.

The rapidity of breathing in children varies with the age, as can be seen from the following table:

NUMBER OF RESPIRATIONS PER MINUTE.

At birth and for the first 2 or 3 weeks . . 30 to 50, average about 44.
During the rest of the first year . . . . 25 to 35, average about 30.
1 to 2 years . . . . About 28.
2 to 4 years . . . . About 25.
4 to 15 years . . . . 20 to 25.
Adult life . . . . 16 to 18.

All these rates are from one-fifth to one-quarter less when the child is asleep, at least up to the age of four years, although after this the breathing is still slightly slower during sleep. The numbers given are average and approximate ones only, for the rate varies extraordinarily in young children. To estimate the frequency of the breathing we may watch the in-and-out movements of the abdomen, or perhaps put the hand lightly there and feel them. It is necessary to avoid the slightest excitement, since this increases the rapidity very greatly. During sleep is an excellent time for making the observation, allowing for the differences mentioned.

The *pulse* shares to a great extent the irregularity of the respiration, and the slightest excitement, such as crying or even sucking, increases its rate so much that no conclusions can be drawn from any observations made under such conditions. The less the age the truer this statement is; and a mother consequently need feel no anxiety if her child of two or three years or less has a temporary pulse-rate of 20, 30, or even more beats per minute above the standard. Not only is the pulse influenced by excitement of any sort, but even when the baby is asleep or is perfectly quiet a decided irregularity can be perceived, which is perfectly natural and to be expected, although it would be abnormal, and perhaps dangerous, in an adult. The pulse may be felt at the wrist, or, when this does not succeed—as it often will not in the first weeks of life—in the neck or over the heart itself. Another very good method is to watch the beating of the fontanelle.

The table which follows shows the normal average pulse-rate at different ages.

NUMBER OF PULSE-BEATS PER MINUTE.

At birth	130 to 150
First month	120 to 140
1 to 6 months	About 130
6 months to 1 year	About 120
1 to 2 years	110 to 120
2 to 4 years	110
6 years	100
8 years	88
14 years	87
Adult life	72

This table gives the pulse-rates in children who are awake but perfectly quiet. The figures are even more approximate than in the case of respiration, owing to the great tendency to irregularity referred to, and to the extreme difficulty experienced in finding the quiet state desired. For this reason the best time to count the pulse is when the child is asleep. We must remember, however, that sleep produces a decided lessening of the speed. In children under nine years of age the slowing is 16 or 20 beats per minute; from nine to twelve years it is about 8 beats; and from twelve to fifteen years, 2 beats. The rapidity of the pulse is slightly greater in girls than in boys of equal age, but the difference is not very material.

The *bowels* of a new-born baby are generally opened once or twice during the first day of life. The passages of the first two or three days consist of a peculiar thick and sticky, odorless, blackish or greenish-black substance called *meconium*. This was produced in the bowel before the birth of the child. When the flow of mother's milk has been established the passages become canary-yellow in color, of the consistency of thick cream, have very little odor, frequently contain small masses of undigested milk if the baby is getting more nourishment than it can entirely assimilate, and number two to four in twenty-four hours. Gradually the frequency diminishes, so that from the age of six weeks or two months to that of two years there are usually only one to three movements daily, while the color is a trifle darker yellow, the consistency greater, and the odor rather more fecal. It is only after the age of two years, and when the diet has been considerably varied, that the passages become completely formed and of a distinctly fecal odor. There should never be any fetid odor from a natural and perfectly healthy bowel-movement of a baby.

Nevertheless, the number of movements of the bowels may vary considerably from the statements just made without indicating actual ill-health. There may be no more than one or two movements daily, even in early life, or they may number even five or six, and yet not constitute diarrhœa unless their character is also changed.

The *urine* of a young healthy baby is generally almost like water in appearance, unirritating, has very little odor, and leaves no stain upon the diaper. Although it is generally passed within the first twenty-four hours, it not infrequently happens that the bladder is not emptied during the whole first day of life. This need not occasion any alarm, provided the baby is resting comfortably and is evidently in no distress. Just how often in twenty-four hours a baby usually passes water it is very difficult to state. Not only does it vary greatly with different children, but with the day as well, depending upon the temperature of the air or upon the amount of nourishment taken. The average is probably six to ten times a day, but there may at times be an evacuation of urine every hour, or perhaps not for even ten hours, and yet the child be in perfect health. As age increases and control of the bladder is acquired the frequency diminishes to about six times a day or less.

The amount of urine evacuated varies with the age, although not exactly in proportion to it. The following table shows approximately the amounts for different periods of life:

AMOUNT OF URINE PASSED DAILY.

Birth to 2 years	8 to 12 ounces.
2 to 5 years	15 to 25 "
5 to 10 years	25 to 35 "
10 to 15 years	35 to 40 "
Adult life	52 "

Every mother should be acquainted with the normal *temperature* of a baby, in order that she may be able to appreciate the changes occurring in disease. There is no way of determining this except by the clinical thermometer, for it is impossible for her even to approximate it satisfactorily by simply placing her hand upon the skin. Even the fact that a baby's hands and feet are cold is not sufficient proof that it is not having high fever at the same time. A clinical thermometer should be in every household, and the mother should thoroughly understand its use and should employ it whenever the child seems at all ailing. The instrument commonly used is self-registering; that is, the top of the column of mercury, which indicates the temperature attained, will remain at the

FIG. 5.—Clinical thermometer.

highest point reached, even after the thermometer is removed from the child. The instrument is entirely of glass, without any outside casing, and the Fahrenheit scale is engraved upon the tube, dividing it into degrees and fifths of a degree (Fig. 5). The arrow on the tube merely points to what is considered normal—that is,

$98\frac{3}{8}°$. It may be disregarded altogether in making the reading. The ordinary pattern is both stronger and less expensive than the more delicate "one-minute" thermometer. Very good instruments of the latter sort and of reasonable price can, however, be had, and these have the great advantage of requiring a shorter time to register, although they are somewhat more fragile. Many of the instruments have the stem so shaped that the front acts like a lens and magnifies the column of mercury, in order to make the reading more easy. This adds to the expense and is not at all necessary.

The temperature may be taken in the arm-pit, mouth, or bowel. The first locality should ordinarily not be chosen for children, as the results obtained are often very misleading, owing to the difficulty experienced in bringing and keeping the surfaces of skin close together and thus excluding the air. The thermometer may be placed in the mouth of children of five or six years, who can be trusted not to bite upon it. To employ it the child should be seated or, still safer, made to lie down. The instrument should now be held firmly by its upper portion between the thumb and forefinger, and be swung or shaken forcibly until the column of mercury is made to descend in the tube far enough to bring its upper extremity to $95°$ or thereabouts. The child now receives the bulb under the tongue, and is told to close the lips upon it, but not to bite it. Very often the order will be understood better if the child is bidden to hold the instrument with one hand and to suck it "like a stick of candy"— that being an action with which every child seems familiar. The thermometer should be left in place at least four minutes, or, in the case of the more delicate instruments, two minutes.

With younger children or those who, through sickness,

cannot be entrusted with the thermometer in the mouth, the temperature is more conveniently taken in the bowel. To do this the child is laid upon its back or side in the lap or on the bed and its thighs are flexed. The bulb, previously oiled, is then gently inserted an inch or two by a screwing movement. The procedure is simple, painless, and free from danger. Although it is better to be sure that there are no fecal contents in the rectum, it is not necessary to remove them by injection, provided the thermometer be left in place somewhat longer—at least five minutes in all. If no feces are present, the time mentioned for the mouth is sufficient. The thermometer should always be washed thoroughly with soap and *cold* water after use, disinfected with a boric-acid solution (Appendix, 75), shaken down well, and placed in its case.

The normal temperature of a baby fluctuates considerably during the first week of life, but then settles down to from 98° to 99° F., as in the adult. We must remember, however, that children are liable to have their temperature elevated some fifths of a degree by slight causes, such as hard crying or struggling against the use of the instrument, or even by the taking of a large amount of nourishment, although these variations are not so apt to occur as in the case of the respiration and the pulse. There is, beside this, a regular variation during the twenty-four hours, which is present in adults also, but is less marked. The normal temperature rises slightly in the small hours of the morning, reaches its highest point early in the day, sinks again in the evening, and is at its lowest during the night. There may thus be a difference of one, two, or even three degrees between the readings at different times of the day. It is important to bear all this in mind, or we might become very unnecessarily worried. We can feel assured that a temperature of 97.5° to 99° in the evening and 98° to 99.5° in the morning may be considered normal. It is only when a temperature of 100° is attained that we talk of *fever*. The signification of febrile temperatures in children we shall consider when we study the Sick Baby, in Chapter XI.

Most of what has been said in this chapter relates to the baby while still very young. All the features described alter gradually with the increasing age of the child. The subject of the growth of the baby with the interesting changes which take place is so important that it must be considered in a chapter of its own, although a few of the progressive alterations, including those in pulse, respiration, temperature, urine, and bowel-movements, have been more conveniently discussed in this chapter.

CHAPTER III.

THE BABY'S GROWTH.

FORTUNATELY, the baby grows; for, charming as is its early helplessness, how much more delightful to watch the development of its beauty, strength, and intelligence! What mother will forget her happiness at the baby's first tooth, its first step, and its first word!

But all this progress comes only gradually; it is bit by bit that the child grows. By *growth* here is not meant increase in size and weight alone, important as these are. The baby's mind steadily grows, and the changes in it are even more remarkable than those of the body. The watching of this mental development is most interesting if we really appreciate just what the baby knows and just what it ought to know at different periods of life.

Besides all this growth of what is already present to some extent, new acquisitions appear, such as the teeth, tears, saliva, and the ability to walk; and still other changes go on which are not actually visible, such as alterations in the digestive powers.

When the baby is just born, and during the first few days of life, it is, as stated in the preceding chapter, very little more intelligent than a vegetable. Its soul and its intellect are there, but they are dormant, waiting to be awakened. It has also little control over its body, and all its movements are automatic or instinctive. Probably there is not a single expression of the face or motion of the arms or legs which represents a distinctly willed action. Supported in the arms, the child cannot hold its head upright, but lets it roll from side to side as though in danger of snapping it off. The child lies just as it is placed in bed, unable to change its position. A new-born baby probably cannot see except to distinguish light from darkness, and will not wink when the finger is brought close to its eyes. It seems also unable to hear, and at first cannot smell, although taste is well developed. It is, in fact, not directly conscious of anything. When it nurses at the breast it does not know it is nursing, and when it cries it is ignorant of any sensation that makes it cry. When it moves its arms and legs strongly during nursing, or when it throws its head back or lifts its hand in response to a forcible touching of its nose, or when it takes hold of anything placed in its palm, it is not because it *wishes* to express eagerness for anything to eat, or to move its head out of the way or to close its fingers, but simply because it cannot help it.

It is not long, however, before an interesting change begins. There is seen a distinct increase in the power of control over the members. By the time the baby is three months old, or sometimes a little before this, it gradually begins to make efforts at grasping after objects, although totally unable to judge whether they are near or far away, and by six months it can make many well-directed movements and will play with toys. Before the age of two months the baby has evidently gained considerable power in lifting its head, and by that of three or four months it can hold it without support very well. It usually does not attempt to sit up until it is between three and four months old, and does not succeed in doing so until at least six months old. Even then it is not very steady, and is easily upset until the age of nine or ten months.

At about six months the baby will sometimes make an effort to stand, if held upright on its feet in the mother's lap, and will try to put one foot in front of the other. At seven or eight months it begins to creep on its hands and knees, and by nine or ten months of age is often able to stand with support, and frequently to walk some steps by holding to the furniture or to some one's hand. By the age of one year strong children can walk a little without help.

There is no absolute rule, however, for the time or for the exact order of learning to creep and to walk. Many children are very slow in walking, particularly if they have become expert and rapid crawlers, while some do not creep at all, but learn first to stand and then to walk. A mother should be in no hurry about the matter. Fifteen to eighteen months is really quite early enough for walking, and some children do not learn until two years of age, and yet are perfectly healthy. Nevertheless, as great a delay as this latter cannot but lead to the suspicion that something is wrong with the child's development.

It is a curious observation that when babies fall during their early efforts at walking they nearly always go backward into a sitting position. This is due to the fact that the muscles of the front of the leg have not yet become as strong as those of the back. Every child also naturally walks "pigeon-toed," and the learning to turn the toes out is always a slow matter.

With the increasing power and control of motion there is a development of the senses also. By the age of six weeks or earlier the baby can fix its eyes upon objects near it, and will quickly shut them if something is moved rapidly toward them, and by the age of two months its vision is nearly perfect, although colors probably cannot be distinguished at all until the age of a year, and the color-sense even after this increases slowly in many children. Hearing and the sense of smell develop rapidly, and within the first week the baby will be awakened by loud noises. It does not begin, however, to notice the character and the direction of sounds until it is three months old. Musical tones are sometimes recognized between the ages of one and two years, and a child of two or even less may distinctly prefer one tune to another, and perhaps know it by name. In other instances, however, the power to recognize a tune does not come until later childhood, and sometimes never. Things are made up to the baby later in life, for a child of ten years both sees and hears better than an adult.

It would be interesting to know what a baby's sensations are in its early months of life, but we can discover these only to a limited degree. It probably feels pretty comfortable, on the whole, and when uncomfortable it cries. It experiences hunger and the inclination to sleep. By the time it is a month old it often shows its pleasure by smiling, but it generally does not really laugh until five or six months of age, or even older. Smiles before the age of one month are usually not indicative of pleasure, but belong to the class of automatic and similar movements referred to.

The child clearly begins to have more intelligence, and the pleasure that accompanies this, when it is three months old, and by this time shows distinct evidence of having a mind and of exercising some thought. By this age or a little later it learns to recognize its mother and to be pleased at her approach, and if hungry will cease crying when it sees her preparing to nurse it. It also enjoys bright objects, especially if they are moving before it. Between three and four months of age it begins to look about it more, to feel the pleasure of grasping after objects, and to show fear and wonder. When it is four or five months old it learns to recognize other friends and to smile and move its arms at them. When nine months old it will give its hand when requested, and will thoroughly enjoy a game of "peep-bo." By the completion of its first year it has learned to show distinctly, by expressions of face and by gestures, its likes and dislikes for the persons and acts of others. Between the age of one and two years the baby shows some idea of number.

All sounds made early in life are impulsive only. Although the child at one or two months of age begins to use its voice in making peculiar cooing noises expressive of comfort and happiness, it does not, of course, *will* to utter these particular sounds rather than others. About the age of six months the baby commences to make different vowel sounds, especially that of *ah*, and a little later it learns to prefix these with such consonants as *m*, *b*, *d*, *p*, *n*, and *j*, these being the easiest ones to pronounce. The mother often now firmly believes that the baby means herself when it makes the sound of *ma-ma*, but this is not the case. The child is only expressing some pleasurable emotion in this way.

But with growing mental power the distinct imitation of sounds soon comes. By the age of eight or ten months the child utters several syllables intelligently, and when it is a year old it can say "papa" and "mamma," and maybe some other words, and really means what it says. Very often it acquires the understanding of certain words before it learns to speak even in syllables. At eighteen months of age it can express many of its desires by the use of a few words aided by gestures, and by two years it can speak in short sentences, although its vocabulary is, of course, very limited.

We can, perhaps, best consider here the growth of control over some of the functions of the body—namely, the movements of the bowels and the passage of urine. A great deal will depend upon the training, but all children should gain complete control by the age of two years as an extreme limit, and most of them acquire it long before this, and need a diaper only during the night, if at all. Some who have been carefully taught have gained almost complete control as early as three months of age.

We have yet to study the baby's growth in bodily proportions. There have been very many estimates made of the average height and weight of children at different ages, and there has even been constructed an elaborate algebraic formula for calculating what these should be. The truth of the matter is that the variation is too considerable to allow of any iron-bound statements regarding it. The table here given (page 52) is an approximation of the length and weight which children should exhibit from birth up to sixteen years of age.

TABLE SHOWING GROWTH IN HEIGHT AND WEIGHT.

AGE.	HEIGHT.	WEIGHT.	
Birth	19 in.	7 lbs. 9 oz.	
1 week	......	7 " 7½ "	
2 weeks	......	7 " 10½ "	⎫ Gained 1 oz. a day; 7 oz. a week.
3 "	......	8 " 2 "	⎬
1 month	20½ in.	8¾ "	⎪
2 months	21 "	10¾ "	⎭
3 "	22 "	12¼ "	⎫ Gained ¾ oz. a day; 5½ oz. a week.
4 "	23 "	13¾ "	⎭
5 "	23½ "	15 "	⎫ Double original weight.
			⎬ Gained ⅔ oz. a day; 4⅔ oz. a week.
6 "	24 "	16¼ "	⎭
7 "	24½ "	17¼ "	⎫
8 "	25 "	18¼ "	⎬ ... Gained ½ inch a month.
9 "	25½ "	18¾ "	⎪
10 "	26 "	19¾ "	⎬ ... Gained about 1 lb. a month.
11 "	26½ "	20½ "	⎪
1 year	27 "	21½ "	⎭ ... Treble original weight.
2 years	31 "	27 "	⎫ Gained 4 inches a year.
3 "	35 "	32 "	⎭
4 "	38 "	36 "	⎫ .... Double original length.
			⎬ Gained 3 inches and 4 lbs. a year.
5 "	41 "	40 "	⎭
6 "	43 "	44 "	⎫ Gained 2 inches and 4 lbs. a year.
7 "	45 "	48 "	⎭
8 "	47 "	53 "	⎫ Gained 2 inches and 5 lbs. a year.
9 "	49 "	58 "	⎭
10 "	51 "	64 "	⎫ Gained 2 inches and 6 lbs. a year.
11 "	53 "	70 "	⎭
12 "	55 "	79 "	⎫
13 "	57 "	88 "	⎪
14 "	59 "	100 "	⎬ Gained 2 inches and about 9 lbs. a year.
15 "	61 "	109 "	⎪
16 "	63 "	117 "	⎭

Looking closely at the table, we notice several interesting facts. We see that the baby usually loses weight during the first week and often longer, but that by the end of two weeks it weighs distinctly more than at birth.

The loss of weight is greater than the table shows, for by the age of one week the baby has regained most of the loss. To this rule there are many exceptions, since children sometimes grow steadily heavier from the beginning. During the last three weeks of the first month the baby gains about one ounce a day; in the second month about one ounce a day; and in the third and fourth months about five ounces a week; that is, about three-quarters of an ounce a day. By the time it is five months old it has doubled its original weight. In the fifth and sixth months it increases two-thirds of an ounce a day, and after this, from seven to twelve months, it gains at the rate of about one pound a month—that is, three and two-thirds ounces a week, or a trifle over half an ounce a day —except in the ninth, and again in the eleventh month, when the increase in weight often lessens somewhat. At the age of a year the baby has trebled its original weight.

As to length, we are struck by the fact that from the age of two to that of four months the increase is one inch a month, and after this, up to one year, it is half an inch a month.

After the first year we notice that, taking it all together, there is a gradual increase in the number of pounds and a decrease in the number of inches added yearly, four inches being gained in both the second and third years, three inches in the fourth and fifth years, and after this two inches a year. The gain in weight is four pounds yearly from the age of three to that of seven years, then five, then six, and then about nine pounds. It sometimes happens that at about the age of nine in girls and eleven in boys there is almost a cessation of growth for a short time. Later, at about twelve years, girls take on a particularly rapid growth, and decidedly exceed boys of the same age in weight, although not in height. At fifteen or sixteen years the rapidity of growth in girls, both in weight and height, will be greatly diminished, while boys of this age will often begin to develop very rapidly, and will soon materially exceed the other sex in both respects. These times for the retardation and acceleration of growth vary greatly, however, in different children. No fixed rule can be formulated.

The weights and measurements in the table apply fairly well to children of both sexes, although it is a fact that boys at birth are apt to be somewhat larger and heavier than girls, and to continue so until the neighborhood of twelve years. In fact, all the figures in the table are, of course, only average ones, and a child may measure or weigh somewhat less without there being any occasion for anxiety if it is perfectly healthy; while it may decidedly exceed the figures without being phenomenal. This is especially true of children who have passed the age of three or four years. We all know how great the variations in size are in early and later childhood. When, however, it is an infant which is materially behind in its height or weight, the mother should at least have her suspicion aroused that something is wrong. A useful and convenient plan of recording the weight during the first two years is upon a "Weight Chart,"[1] such as the sample copy opposite. This is rather more accurate than the table. The figures at the top and bottom give the weeks and months of the age; those at the sides the pounds and ounces; each horizontal line representing four ounces. The line running diagonally across the chart represents the normal weight of an average breast-fed baby. In using the chart the baby should be weighed weekly, a dot with ink made on or between

---

[1] These charts in blocks of twenty-five can be obtained from the publisher of this book for 50 cents.

the horizontal lines to correspond with the weight obtained, and these dots as made joined by an ink line.

This weekly weighing of the baby is exceedingly important in order to be sure that growth is going on properly. But to obtain results at all accurate it is very important that the baby be weighed without clothes, or, better still, that it be weighed when dressed, and that the weight of the clothes or of a similar suit be ascertained afterward and the amount deducted. It will not, of course, be necessary to weigh the clothes separately on every occasion if we are careful that they are always of the same sort. Systematic weighing is particularly important when some change in diet is being made, for we can determine in this way whether the food is sufficiently nourishing in quality or great enough in quantity. Either accurate spring scales or steelyards serve to do the weighing. A very convenient form obtainable at many of the shops consists of strong spring scales with a basket firmly attached, as shown in the illustration (Fig. 6). In using the steelyard the child is pinned securely in a towel or opened diaper and this then hung on the hook. In weighing children of five years and older the clothes may be assumed roughly to be one-twelfth of the total weight of the child when dressed.

FIG. 6.—The "Favorite" baby scales.

To measure the length, the baby may be held against the wall with its feet resting upon the floor, and the height be marked above it. A much more convenient and correct method is to have a carpenter construct an apparatus like an enlarged foot-measure of the kind employed by shoemakers. This is used when the child is lying on a firm bed, the end-piece being placed above its head and the sliding one moved along until the feet (both toes and heels) rest upon it. The apparatus shown in the illustration (Fig. 7) is forty-six inches long, and the upright pieces are eight inches in length and are lined with felt.

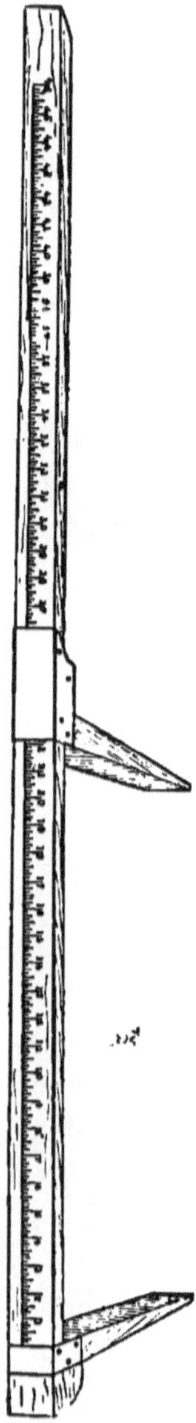

As the baby grows, not only is there an increase in the total weight and height, but the relative value which the dimensions of the various parts of the body bear to each other also changes, since one part grows more rapidly than another. This is well shown by the accompanying illustration, taken from an article by Dr. L. M. Yale[1] (Fig. 8). The six figures represent the ages of one, five, nine, thirteen, seventeen, and twenty-two years; that is, they are separated by periods of four years each. Each figure is divided into four equal parts, marked by the crossing of the dotted lines. The lines are curved, simply because the child grows more and more slowly. If its length kept increasing at the same rate all the time, it is obvious that the lines would be straight. If we look again at the diagram, we see that the head of the child of one year measures one-fourth of its total

FIG. 7.—Apparatus for measuring an infant's length.

[1] *Babyhood*, vol. ii. p. 311.

length, while the trunk is not much more than this, and the legs do not measure more than one and one-half fourths (three-eighths). As the author says, the child

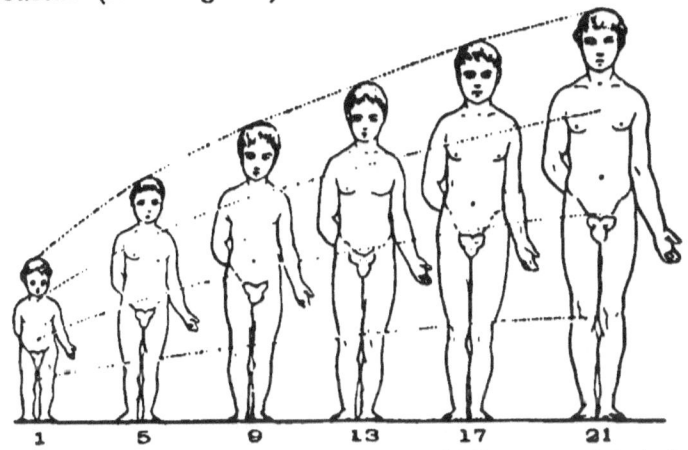

Fig. 8.—Diagram showing proportionate growth of different parts of the body at various ages from 1 to 21 years.

is "four heads high." In the adult of twenty-one years we see that the head is proportionately much smaller, measuring only two-thirteenths or less of the whole length, while the legs have grown much more rapidly, and now equal one-half of the total length. The trunk has not kept pace with the legs, for in the baby the middle of the body, as shown by the dotted line, is the navel, while in the adult it is decidedly lower. All this rapid growth of the legs is generally accomplished after the age of nine years, as the diagram shows. It is well known how rapidly boys and girls shoot up after this period, and how out of all proportion their apparently long legs seem. The legs are, in fact, really no longer than they ought to be, but we have grown so accustomed to the short legs of earlier years that the change does not seem natural.

At the age of thirteen or fourteen years, the time of puberty, a decided change takes place in girls, the figure beginning to assume that of womanhood, and the menstrual discharge appearing; while at about the same time or a little later boys experience a change of voice.

Besides the growth in height and weight, there is, of course, increase in girth as well. The matter of most importance here is the circumference of the head and that of the chest. We should know what these ought to be at different ages, for the proper increase of girth of chest is an indication of proper development, and variations from the normal size of the head may indicate disease. It is important, however, to remember that the heads of different babies vary much in shape and size within normal limits. The chest-measure should be taken just above the nipples, and that of the head at a little above the level of the eyebrows. The following table shows approximately the circumferences of the chest and of the head at different periods of life:

TABLE SHOWING CIRCUMFERENCES OF HEAD AND CHEST AT DIFFERENT AGES.

	HEAD.	CHEST.
Birth	13¾ inches.	13 inches.
6 months	16¾ "	15½ "
1 year	18 "	17 "
2 years	18½ "	17¾ "
3 "	19 "	19¼ "
6 "	19½ "	20¾ "
12 "	20 "	23½ "
Adult life	21½ "	30+ "

It is interesting to observe from this table how much more rapidly the chest grows than the head.

In this connection we must not forget the condition of the anterior fontanelle. This opening should become steadily although slowly smaller by the growth of bone over it, and should be entirely closed in healthy children by the age of seventeen or eighteen months.

Finally, we must consider some of the new acquisitions of the child in the line of development. Among these is the ability to shed tears, which has already been referred to. A new-born baby can cry and its eyes become moist, but it is generally not until the age of three or four months that tears actually run down its face.

Another acquirement is the new head of hair which follows the first one. At about the end of the first week the first hair often begins to fall out, and continues to do so for one or two weeks. A considerable amount of it also is worn away from the back of the head by friction upon the pillow. The new hair begins to grow in only very slowly, and is of the same soft, silky texture as the first, but lighter in color than it was, or than the hair will be in adult life. Indeed, throughout the child's life, leaving the first hair out of account, there is a tendency for the color to grow constantly darker. The speed with which the hair grows in is very variable. One may sometimes see a child of five months with its head actually shaggy, but as a rule it is very thinly covered at this age and for months after it. Sometimes children are born with remarkably shaggy heads of hair and do not suffer this early loss of it.

Then, too, the baby acquires increased powers of digestion not possessed before. Saliva is one of the secretions of value in the digestion of starch. In early life it is only sufficient in amount to keep the mouth moist, but at the age of three or four months it has increased so greatly that the baby begins to dribble and must have its clothing protected by a bib. Many people suppose that this dribbling is a sign of irritation produced by the cutting of teeth, but, although it usually accompanies teething, it is really only the evidence of the acquisition by the child of the new secretion. Indeed, there is no excessive production of saliva at the time the teeth which are the hardest to cut—namely, the molars—come through the gums. There is certainly no intimate connection between healthy dentition and the flow of saliva.

So, too, the secretion of the stomach, generally called the gastric juice, is very poorly developed in young babies, and the digestive strength of the juices of the pancreas and of the intestine is also very weak; but all these increase with advancing age. On the other hand, the movements of the stomach are remarkably active in babies, and we consequently often see regurgitation of food occurring daily.

Finally, we have the acquisition which is the cause of the greatest excitement and pleasure to the family at first, and often of much worry later—the teeth. At the very outset we must bear in mind that teething is a normal process, and not a disease. We are making a woful mistake if we attribute to teething disturbances of the baby which are caused by some real ailment. Many and many a mother has allowed a child to suffer, and even to die, because she has supposed that the evident distress was the result of an advancing tooth. It is one of the commonest things in the world for a tooth to be cut without anyone knowing that anything is happening. It is never right for a mother to take it for granted that the teeth are the source of fretfulness, but a thorough search must be made for some more remote cause. Physicians seldom practise gum-lancing nowadays, as compared with the frequency of a few years ago. There is, however, such a thing as disordered dentition, but this can be better considered among the diseases of infancy.

A baby at birth possesses smooth, firm gums, of a light-pink color, with quite narrow and rather sharp and hard edges. After some months, as the teeth begin to approach the surface, the edges of the gums grow broader on the anterior aspect and somewhat more prominent, but do not become red or inflamed in ordinary healthy teething. This condition may continue for a month or more before any teeth are cut. The teeth have a definite order of appearing; and yet this is subject to very great variation, and writers differ somewhat as to just what the normal order is. There are twenty milk teeth—*temporary* or *deciduous* teeth, as they are also called—and their eruption constitutes the first dentition. They consist, in each jaw, of two central incisors, two lateral incisors, two canines, two anterior molars, and two posterior molars. Their arrangement may be seen in the diagram (Fig. 9). The canine teeth of the upper jaw are commonly called the *eye* teeth, and those of the lower jaw the *stomach* teeth.

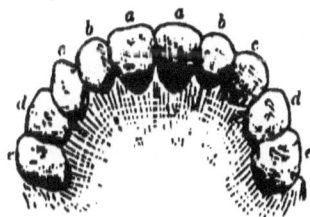

FIG. 9.—Diagram showing the temporary teeth: *a*, central incisors; *b*, lateral incisors; *c*, canines; *d*, anterior molars; *e*, posterior molars.

The *permanent* teeth, or the teeth of the second dentition, number thirty-two. They begin to appear about the sixth year of life, and consist of four incisors, two canines, four bicuspids, and six molars in each jaw (Fig. 10). In this dentition the incisors and canines replace those of the first dentition, the bicuspids take the place of the temporary molars, and the permanent molars appear where there were no teeth at all before.

The teeth are cut in distinct groups, with a pause between the eruption of each group. This arrangement gives the child a rest from any irritation that may attend the process.

The first group of the milk teeth to appear usually consists of the lower central incisors, which come through the gum at about the age of seven months, although

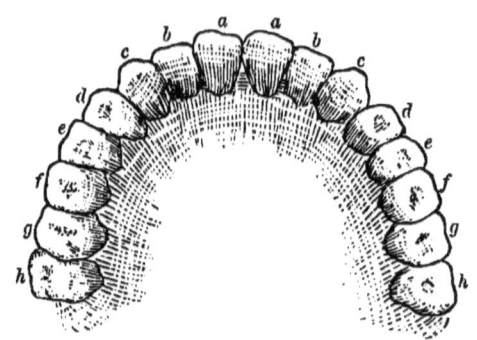

FIG. 10.—Diagram showing the permanent teeth: *a*, central incisors; *b*, lateral incisors; *c*, canines; *d*, first bicuspids; *e*, second bicuspids; *f*, first molars; *g*, second molars; *h*, third molars.

often earlier than this. Then occurs a pause of three to eight weeks, followed by the appearance of the second group, consisting of the four upper incisors, between the age of eight and ten months. The central upper incisors generally appear first, followed closely by the lateral upper incisors. A second pause now occurs, lasting from one to three weeks, followed by the eruption of the third group of teeth—namely, the four anterior molars and the two lower lateral incisors—which appear at the age of from twelve to fifteen months. The teeth of the third group are not all cut at once or in any invariable order, although the anterior molars in the upper jaw often come first, and are followed by the incisors and then by the molars of the lower jaw. After the third group there comes a pause of two or three months, no more teeth appearing until the age of eighteen months, at which time, or between the ages of eighteen and twenty-four months, the fourth group, the canines, are cut. Finally, after another pause of two to four months, the fifth group, the posterior molars, appear, between the twentieth and thirtieth months of life. Thus it will be seen that a baby a year old should have at least six teeth, and possibly twelve, if the third group is cut promptly, and that by the time it is two or two and one-half years of age all the temporary teeth should be through. The following tabular arrangement shows at a glance the order and time of the eruption of the temporary teeth:

ERUPTION OF MILK TEETH.

First group . .	Two lower central incisors.	7 months.
	Pause . . . . 3 to 8 weeks.	
Second group . .	Four upper incisors	8 to 10 "
	Pause . . . . 1 to 3 months.	
Third group . .	Four anterior molars and two lower lateral incisors . . .	12 to 15 "
	Pause . . . . 2 to 3 months.	
Fourth group . .	Four canines	18 to 24 "
	Pause . . . . 2 to 4 months.	
Fifth group . .	Four posterior molars	20 to 30 "

As has already been stated, a great deal of variation is seen both in the order and in the time of the cutting of the milk teeth, and the mother need not think it strange if the two lower central incisors are not the first to appear. So, too, a healthy baby may cut its first tooth at decidedly less than four months of age, or may even be born with some incisor teeth; or, on the other hand, may still be toothless at the age of eight or nine months. Instances of children born with teeth are uncommon. Such teeth generally soon fall out and are replaced at the proper age by the regular milk teeth. Sometimes, however, they remain until supplanted by the teeth of the second dentition. It is at times necessary to remove these premature teeth, but the decision upon this point will naturally be left to the child's physician.

Too great a delay in the beginning of dentition is a sign of ill-health, and a baby who has no teeth by the age of a year cannot be considered to be in a healthy state, however plump and well nourished it may be. Just what ails it we shall consider in the chapter treating of the Sick Baby.

The milk teeth stay in position for several years. Then, as the permanent teeth push upward in the jaw beneath them, their roots become partially or entirely absorbed, and the teeth themselves loosen and fall out, or are pushed out by the advancing permanent teeth, in much the same order as that in which they came in. Very often they do not fall out as soon as they should, and, as a result, the incoming second teeth are crowded out of position, and a very ugly displacement is finally produced, which is wholly the result of negligence on the part of the mother. A child should be taken to the dentist at regular intervals, whether or not the teeth are decayed, in order that no such disfigurement may arise; for it is much easier to prevent it than it is to correct it when once present. The narrowness of the jaw in a child is another reason why the permanent teeth, particularly the canines, are so often displaced forward and outward, and this fact renders the advice of a dentist still more important.

The earliest of the permanent set to appear are the first anterior molars, often called the "six-year-old teeth," which come in immediately adjoining and to the outside of the temporary second molars. The remaining permanent teeth are cut in much the same order as the milk teeth. The order and the date of appearing are shown in the following table:

Eruption of Permanent Teeth.

Four first molars	6 years.
Four central incisors	7 "
Four lateral incisors	8 "
Four first bicuspids	9 to 10 "
Four second bicuspids	10 to 11 "
Four canines	11 to 13 "
Four second molars	12 to 15 "
Four third molars	17 to 25 "

The teeth of the lower jaw are cut somewhat before the corresponding ones of the upper jaw, the intervals being, perhaps, as great as several months. The time of the eruption of the permanent teeth varies considerably within certain limits. The third molars are popularly termed the "wisdom teeth." Their eruption is frequently delayed until considerably after the age of twenty-five years.

The alterations in pulse and respiration and in the frequency of the bowel-movements and of the passage of urine which take place with increasing age, as well as some of the minor changes of the first few weeks, have already been referred to at length in the preceding chapter. This was done as a matter of convenience merely, for the changes are connected closely with the baby's growth, and belong properly to the subject of the present chapter.

Finally, let no mother conclude offhand that the statistics which have been given are incorrect because they do not accord with her experience in the case of her own children. They are average only, and are the result of much and careful study by different observers. Of course, some children are much ahead of the average, and others behind it, yet they are nevertheless neither remarkable nor unhealthy.

CHAPTER IV.

THE BABY'S TOILET.

ALL this time, although we have been watching the baby grow, we have not seen it either bathed or dressed. In preparation for the first and for subsequent toilets it is customary, before the baby's birth, to get ready that most

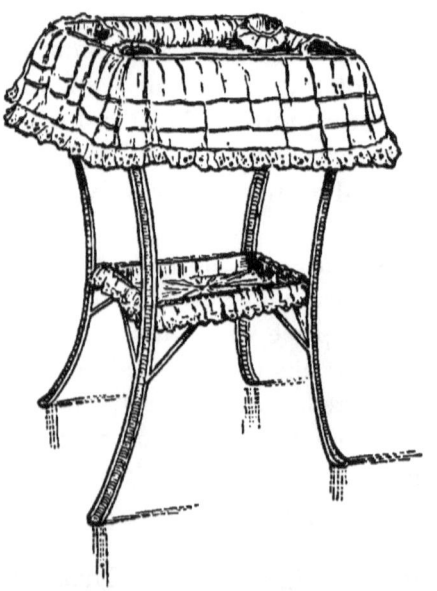

FIG. 11.—Baby's basket.

convenient article commonly known as *the baby's basket*. A large selection of baskets may be found in the shops, fitted in different ways to suit the varying fancies and means of mothers. In choosing one it is to be remembered that too elaborate a basket is more ornamental than useful. A serviceable form is a stand of wicker, the lower part of which consists of one or more shelves or of a closed basket where articles of clothing not immediately needed can be kept; while the upper portion, or baby's basket proper, consists of an oval or oblong, rather shallow receptacle which may or may not be provided with a lid (Fig. 11). It is important that the stand be low, as otherwise the articles contained can-

FIG. 12.—Baby's basket, hamper form.

not well be reached from the low chair used when making the child's toilet. The basket should possess several pockets around the inside, to hold the smaller articles. It should also have one or two pin-cushions fastened within it. The interior may be lined with silk or cambric, according to taste, and the basket draped with lace or Swiss muslin.

A simpler and very popular kind of basket, more easily

moved about, is one of the hamper form with a hinged lid. This is, of course, not provided with a stand. The lower part of the hamper contains clothing, while a tray above this holds the various articles for immediate use (Fig. 12).

The baby's basket should contain the following articles:

> Salicylated cotton for dressing the cord.
> Plain absorbent cotton for washing the mouth and eyes.
> Blunt-pointed scissors.
> Safety-pins of assorted sizes.
> A soft baby's-hair-brush.
> A small, fine comb.
> Powder-box containing powder and puff.
> Soap in a metal or celluloid soap-box.
> A fine, soft sponge and a soft wash-rag.
> A jar of vaseline.
> An old soft blanket in which to receive the child after birth.
> A couple of soft towels.
> A woollen shawl or shoulder-blanket.
> A complete suit of clothes.

The choice of the soap, powder, hair-brush, etc. will be considered presently, and the nature of the clothes will be discussed in the next chapter.

The first washing of the baby is the business of the monthly nurse, and the mother has no share in it. Still, it is well for her to understand how it should be done, if only as a matter of interest. We must remember that the new-born baby is a very tender object, exceedingly susceptible to the influence of cold, and with a very delicate skin. Indeed, in the case of children weakly at birth the physician often forbids any washing whatever until the vitality has increased. In giving a bath it is consequently necessary to guard most carefully against draughts. The doors and windows must be closed, and the child should be protected still further by placing a folding screen around the nurse's chair and the tub, and by doing the bathing before a fire unless the weather be very hot.

The washing and drying should be done thoroughly, rapidly, and yet with the greatest gentleness. The nurse seats herself in her low chair beside the tub, with the baby's basket and the vessels of hot and cold water conveniently at hand. She should protect herself with a rubber apron, over which is a second bath-apron of warmed soft flannel. A very convenient form which has been recommended consists of two long and broad pieces of flannel or other soft material sewed or, better, buttoned to the same waistband. The lower one of these may be used to hold the baby in, and the upper one to cover it after its daily bath and while it is being dried with the towels; or the upper one may hold the baby while being dried, after which it may be unbuttoned and cast aside, and the lower, dry apron may be used to hold the child while being dressed. At the first washing the old blanket contained in the baby's basket should be used to wrap the child in immediately after birth and until it has been oiled, soaped, and dipped.

The new-born baby is more or less covered with a whitish, waxy substance which must be removed entirely, especially from all folds and hollows of the body, such as the armpits, hollows of the knees, groins, and ears, as otherwise irritation of the skin is apt to be set up. As the cleansing is not easily accomplished by ordinary washing, it is necessary first to rub the skin all over with olive oil or with purified white vaseline. This is much better than lard unless the latter has been carefully freed from salt by washing. The baby should now be laid on its back and be enveloped in the old blanket, and should then have its face carefully washed with warm water and a very soft sponge or wash-rag, but without soap. The eyes must receive particular attention. The lids should be separated by the fingers and gently and thoroughly freed from all secretions by squeezing a little warm water between them and very gently rubbing them with a little moistened absorbent cotton. This care is needed, because in the process of birth irritating substances often enter the eyes and set up a severe inflammation which may even terminate in loss of sight. Sometimes the physician in charge himself washes the eyes, or orders them to be washed with some antiseptic solution if he deems it necessary, but such solutions should never be used without his orders.

The mouth must now be cleansed very carefully with a little absorbent cotton wrapped around the nurse's finger. Indeed, it is often necessary to wash the mouth instantly after birth if much mucus or other material has been forced into it.

The bath may now be prepared, the water being at a temperature of 100° F. as shown by the thermometer, not as guessed at by the nurse. The whole body except the face, which has already been washed, is now rubbed with soap and water. The soap is best applied with a wash-rag, which adapts itself to the folds and creases rather better than a sponge does. The baby is then placed in its tub and entirely submerged except the head. It may be kept in the bath for a minute or two if it seems to enjoy it. While there its head and back are supported by the nurse's left arm and wrist, her hand grasping its left shoulder, and thus keeping it from slipping down into the water. When the bath is over the child is lifted into the nurse's flannel apron, covered well, and made to lie first on its back and then on its stomach while it is *patted* thoroughly dry with the softest towels. As a finishing touch a little powder is dusted about the folds and hollows of the body and the baby is then ready to be dressed.

Succeeding baths are much like this first one, with the exception of the oiling. Many physicians advise only a daily sponging until the cord has separated, and after this the tub-bathing. There are certain modifications in the bath, however, which depend upon the age of the child, and these, with some details regarding other matters connected with the toilet, must be considered a little more particularly.

The nature of the baby's bath-tub is of some importance. For the first bath a painted tin foot-tub, or even

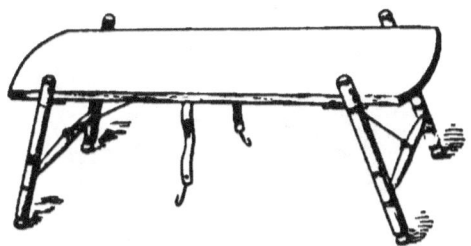

FIG. 13.—Folding bath-stand.

a large basin, will answer, but it is well to be provided in advance with a tub especially designed for a baby's use. There are many varieties of these. A serviceable one for constant employment is of tin, porcelain, or agate iron, oval in shape, and with a sloping back. Wooden and *papier-maché* tubs are difficult to keep clean. As leaning over such a tub while giving the bath is a very back-breaking procedure, it is desirable to place it upon a low stand, eighteen or more inches high, made for the purpose. Stands of this sort may be bought in the shops. They are either of permanent form or of such a nature that they can be folded up and put away when not in use (Fig. 13).

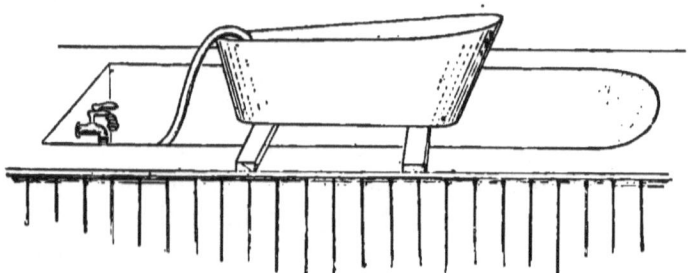

FIG. 14.—Bath-tub on slats.

A very convenient device has been described, intended to obviate stooping and to render the filling and emptying of the tub easier (Fig. 14). A couple of strong slats

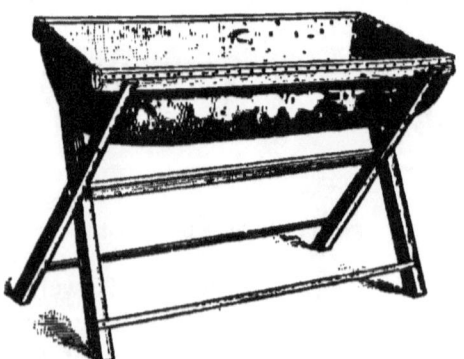

FIG. 15.—Home-made rubber bath-tub.

several inches wide, with cleats on the under surface to prevent slipping, are placed across the ordinary stationary bath-tub when needed. Upon these the baby's bathtub rests, and may be filled by means of a rubber hose screwed to the faucets. It is a good plan to attach the tub to the slats by straps when in use, in order to prevent the possibility of pushing it off.

A still more convenient tub made of rubber can be bought. It is of a folding pattern, which does away entirely with the stand. It occupies very little space when not in use, and is especially serviceable to take to summer resorts or when visiting. It may even serve as the baby's bed. An inexpensive home-made rubber tub is shown in the illustration (Fig. 15). The legs, each of which is thirty inches long, are pivoted upon the ends of the central bar. This and the four side-bars are each thirty-six inches in length. The latter are fastened firmly to the legs. The tub itself is made of a single piece of white rubber cloth thirty inches wide and one and a quarter yards long. There is a hem at each end, and through these hems broad tapes, each nineteen inches long, are passed and securely fastened to the ends of the side-bars. The sides of the rubber cloth are tacked to the top of the side-bars. A small plait at each corner gives the tub a better shape. A little ingenuity can easily make the legs detachable from the central

FIG. 16.—China sponge-basin.

and side bars and from each other, and thus allow of packing the tub into very small space for travelling.

An outfit for bathing is not complete without a rubber cloth or an oil-cloth to be laid beneath the tub to protect the floor, and the low chair with a broad seat upon which the nurse is to sit, and to which reference has already been made. One of the small china sponge-basins made especially for the baby's toilet is also very serviceable. It is divided into two compartments—one for cold and one for warm water (Fig. 16).

After the child has reached the age of two or three years a second and somewhat larger tub may be bought. This is not an absolute necessity, as the ordinary stationary bath-tub can be used instead. It is, however, a great convenience, and saves the uncomfortable leaning over which is necessary with the latter.

In this connection it is important to understand fully the value of early accustoming a baby to immersion in water. I have frequently seen the great fear of the tub bath, shown by children who had been accustomed to sponging only, interfere with the use of cool bathing in cases of fever and of exhaustion by summer heat, at times when it would have been of the greatest remedial value. Moreover, it is wellnigh impossible to attain by sponging alone, no matter how thoroughly done, the cleanliness which tub-bathing ensures.

To prevent the fear of the bath developing, we should carefully avoid any sudden or rough plunging of the child into the water, and especially see that the head does not accidentally become submerged. Fear which has been acquired in any way may sometimes be overcome by covering the tub with a blanket, placing the baby in this, and gradually lowering baby and blanket into the water; or the child may be put into the empty tub and allowed to play there until it is quite at home, and may then be accustomed to an amount of water which is increased a very little day by day.

A wash-rag made of flannel or of diaper-cloth should be used for applying soap. A delightfully soft wash-rag is made of cotton stockinet. All the folds and hollows of the body must be soaped thoroughly, but no effort should ever be made to force the fingers or anything else into the ears, and no water should be allowed to remain there. Severe inflammation of the ears has often followed overzealous attempts at cleansing.

The scalp should be soaped daily during some months. After the age of six months, however, it is not advisable to do this quite so frequently, as it renders the hair dry and brittle. This does not mean that soaping of the head is to be neglected entirely. The application occasionally of a very little vaseline may be of benefit. As the infant grows into childhood the scalp should be washed with soap once or twice a week at least, and with water daily. Even the long hair of the girl need not prevent this.

The importance of daily retracting the foreskin of boy babies, and of washing carefully beneath it, must not be forgotten (see Phimosis).

For removing the soap-suds a sponge is better than a wash-rag, since it permits of the water being squeezed from it in a distinct stream. Only the finest sponges should be chosen, from which the minute flinty particles have been entirely removed in the process of preparation. These little needle-like bodies are present in many of the cheaper sponges, and are very irritating to the skin even of an adult. The sponge and the wash-rag should be well washed out and be thoroughly dried in the air after each bath and before being used again. If this is done, there is no objection to their being kept in the rubber pockets with which the baby's basket is often furnished.

In the choice of soap there is a wide range. It is important to select one which is entirely unirritating and free from an excess of alkali. Transparent glycerin soap and oatmeal soap are good, but there are few equal to the well-known Castile soap. As there are different varieties of this, some of which are not at all suitable, it is important to choose one of the finest imported brands, certainly made of olive oil and got from a dealer of well-known reliability. Still better are some of the imported German "super-fatted" soaps. One of these, called in Germany a *Basis Seife*, is intended especially for use with children. It is unirritating, and contains an unusual amount of oil. It can be procured through druggists, and is probably the best soap for infant use which is to be had at the present time.

The water used for the bath should be soft and clear when it is possible to obtain it so. Very hard water will make the skin rough and sore. It may be improved by boiling, which precipitates much of the lime, but it is better to substitute rain-water. Muddy water must be filtered. This may be done through one of the various filters made to screw upon the faucet. A very serviceable plan is to tie a bag of flannel over the opening of the faucet and to let the water run very gently through it. A fresh bag should be used every day. The temperature of the water is very important. Our hands are so made that they accommodate themselves readily to degrees of heat or cold. They are consequently poor guides in determining the actual temperature of the bath. The bared elbow dipped into the water is much more sensitive; but if we do not wish to have the baby sometimes parboiled and sometimes frozen, it is far better to use a bath thermometer (Fig. 17). This may be had at any good house-furnishing store or drug-store. The casing is made of wood, in order that the instrument shall not sink in the water. To test the temperature of the bath the thermometer should be moved back and forth in the water for a few minutes,

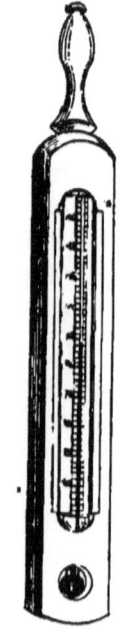

FIG. 17.—Bath thermometer.

and the height of the mercury noticed while the bulb is still in it.

The temperature of the first bath should be 100° F., and that of succeeding ones be lowered very gradually until, at the age of six months, the water is at 90° to 95° F. for winter or at 80° to 85° F. for summer. Actually cool baths should not be given before the age of four or five years, although by two years a cool sponging may immediately follow the warmer bath, provided the bracing effect is produced which may reasonably be expected. (For the temperature of hot, warm, and cool baths, etc., see Appendix, 36.) Whatever the temperature of the bath, it is important that the head and the face be wet before the rest of the body.

Enough water should be used in bathing to cover the baby to the neck when supported in a semi-reclining position. As it grows older and learns to sit upright the water need not reach above the armpits. The duration of the immersion should at first be one or two minutes, and later about five minutes. One bath should be given every day, but in very hot weather, when the baby is evidently depressed by the heat, several cool baths daily are sometimes very beneficial. In such cases they are given, of course, for their cooling effect, not for cleansing purposes.

Besides the regular daily bath, it is important to sponge the lower parts of the body after each bowel-movement, in order to ensure perfect cleanliness. Simple warm water is usually sufficient for this, and soap should not be employed. Most careful drying must follow. In the early months of life an evening sponging of the whole body is often practised. It is frequently of advantage, but is not an essential.

When the child has reached the age of four years the bathing may consist of cool sponging every morning with water at a temperature of 75° to 80° F., the child perhaps standing in lukewarm water, but it is much better to continue the daily tub-bathing with water of 80° to 90° F. Prolonged soaking in hot water is to be condemned as excessively relaxing and as predisposing to catarrhal conditions. During later childhood the temperature of the bath may be reduced to 75° or 80° F.

In this connection the importance of following experience rather than theory cannot be too strongly insisted upon in regard to using cold water. If a child invariably shivers and continues cold after tepid or cold baths—that is, if a proper "reaction" does not take place—it will certainly be injured by continuing them. One must be quite sure, however, before abandoning them, that there is not something wrong about the method rather than about the baths themselves. Brief immersion and brisk friction afterward are all that are required to make the baths healthful and tonic for the majority of children.

The time for bathing a child is not so much a matter of importance as it is that the bath shall be given at the same hour every day, and not too soon after eating. At least an hour should elapse after taking food. It is also better not to allow the child to go out of doors immediately after bathing, especially in cold weather. During the first two or three years of life a morning hour—either before breakfast or at about nine or ten o'clock—is to be preferred unless an evening hour be chosen for the sake of relieving sleeplessness by means of the bath. Later the daily bath is best given when the child rises in the morning.

A fuller consideration of baths of different temperatures and of different sorts, particularly as used in disease, will be found in the Appendix (36–50).

The choice of towels is of some importance. Especially for young babies they should be of the softest and most absorbent material. An old diaper constitutes one of the best of towels at this age, and later in life Turkish toweling, not new, is excellent. After the drying it is well to rub the baby briskly with the palm of the hand until its skin is slightly reddened, in order to establish a good circulation of the blood. Sometimes rubbing with warm alcohol or warm bathing whiskey or with a little olive oil is of distinct value for delicate children.

Some difference of opinion exists regarding the advisability of powdering the child after the bath. In theory, the drying should be so perfect that powder is not needed. In practice, however, it is difficult to obtain this perfect dryness, or to appreciate the failure until the production of chafing and fissures of the skin shows that there has been a fault in this respect. It is therefore a useful plan, after using the towel as thoroughly as possible, to powder the folds of the skin, as around the neck, about the ears, in the armpits and groins, and behind the knees. The powder used should be of the simplest kind, such as finely-powdered starch or lycopodium, or, still better, talc. It is best to avoid the various scented powders on the market, since they may contain impurities. Sometimes a little vaseline or cold cream may be applied with advantage instead of the powder. This is especially true if the creases in the skin appear to be somewhat too dry.

We must consider briefly the subject of out-door bathing, and particularly of sea-baths. The action of salt water seems often to produce a peculiarly beneficial effect upon weakly children. Too much cannot be said against the exhibition of basest cruelty which may so often be seen—a father or mother carrying a screaming, terrified little one of tender age into the breakers. The exposure to the cold water and the action of the great fright can be nothing but very injurious. The only fit place for infants to take a salt bath is the tub. There is no harm, however, in dressing a child of three years of age, or even younger, in bathing-clothes, protecting it from the sun by a bathing-hat of suitable size, and allowing it, on a calm, warm day, to paddle in the ripples on the sand or to play in the pools of sun-warmed water left by the receding tide. In this way the child's confidence in the harmlessness of the water is established, and at the same time the good effects of sea-bathing are gained without fright. The mother must never forget to watch carefully against chilling by too long a wetting or by exposure to strong winds in moist clothes.

Older children who have acquired a love for surf-bathing or fresh-water bathing would apparently remain in the water for ever if permitted to do so. The mother must enforce a limitation of the bath to ten minutes at the longest if the water is cool, or twenty to twenty-five minutes if warm. Chattering of the teeth and blueness of the lips are indications that the bath should cease, no matter how short it may have been. The after-effects are a still better guide in the matter. Exhaustion or lassitude during the rest of the day renders necessary a reduction of the length of the baths or of their frequency. Not every child can bear a daily out-door bath.

In the case of sea-bathing it is important to guard against blows of the breakers against the ears, since injury to the drums may result.

There are certain other matters connected with the toilet which can best be considered in this connection. Prominent among these is the washing of the mouth and teeth. Babies are much disposed to various forms of inflammation of the mouth. It is necessary, therefore, that a toilet of the mouth be performed systematically, and yet it is just as important that this be done with the greatest care and gentleness, or there will be produced the very trouble which we are striving to prevent. Nurses often forget their own size and strength and roughly force a big finger into a delicate little mouth, thereby doing much more harm than good. To perform the toilet properly a little absorbent cotton should be wrapped around the little finger or around a smooth stick, taking care that the cotton project decidedly beyond the end, and with this moistened in boiled lukewarm water and used gently the washing can be done very satisfactorily. It should be repeated three or four times a day, or, better still, after each feeding, of course using a fresh piece of cotton on each occasion. After the child begins to secrete saliva in abundance and to move the tongue freely it is unnecessary to wash the mouth so frequently.

Mothers often think that it is a matter of no consequence if the milk teeth decay, since they will soon fall out in any case. This is far from the truth, for not only does their decay detract greatly from the child's good looks and become a fruitful source of toothache, but their imperfection or loss is a cause of indigestion from insufficient mastication, and may even cause irregularity in the position of the permanent teeth.

The washing of the mouth should be continued as the earliest teeth are cut, and the teeth themselves thoroughly rubbed with a moistened cloth morning and evening. After the majority of the milk teeth are through the gums, a small tooth-brush with soft bristles of badger-hair or specially softened pig-bristles is to be preferred. If any stains appear on the teeth, a little precipitated carbonate of lime in finely-powdered form may be used on the brush. If this does not prove successful in removing the discoloration, a small pine stick, such as a matchstick, may be sharpened into a chisel-shaped edge, moistened, dipped in finely-powdered pumice-stone, and rubbed upon the spots until they are removed. Care must be taken to avoid injuring the gums while using the stick. The collection of tartar upon the teeth is the commonest cause of inflammation and receding of the gums, and nothing but diligent watchfulness will prevent it.

As early as possible the child should be taught itself to use the tooth-brush and powder twice daily, and to draw waxed floss silk between the teeth or to use a quill toothpick—in private—after each meal. Should decay take place, it is all-important to have the trouble corrected by a dentist. Indeed, it is best in any case to let the baby pay its first visit to him not later than the age of two years, and after this regularly at intervals of six months. In this way the milk teeth may be prevented from decaying, and, in addition, will not be allowed to remain in place after they have commenced to interfere with the cutting of the second set.

Besides the washing of the hair, of which we have already spoken, it is of course necessary to brush it, not only for appearance' sake, but also because frequent thorough brushing improves the scalp. The hair-brush for the baby's first use is made of camel's hair, in order not to irritate the scalp. As the child's hair increases in quantity and becomes less fine, a coarser brush must be procured, with bristles stiff enough to remove all dandruff from the skin. Combs of any sort ought to be employed only to part the hair, and even for this purpose it is not advisable to use them in infancy, except with the greatest care. The hair should be trimmed often. It is true that short hair is not so pretty, but it adds to the comfort of the child, and even little girls of three or four years or older may wear the hair short with decided advantage in this respect. They will easily make up lost time when it is finally allowed to grow uninterruptedly. Certainly no boy should be made to wear long hair in curls after he puts on trousers, unless his mother wishes to subject him to the ridicule of his boy companions. Contrary to a commonly-accepted idea, the cutting of the hair has no effect in improving its growth. So, too, the clipping of the eyelashes does no good. They do not become longer as a result of this, but may grow coarse.

The cutting of the finger-nails and toe-nails requires some attention. The finger-nails should be kept trimmed with scissors, yet not down to the quick nor too much at the corners. They may be kept clean with a soft nail-brush, and all the hang-nails be cut off close to the skin. The toe-nails should be cut straight across, and the corners should never be rounded off. The following of this plan will aid in the prevention of ingrowing toe-nails.

The completion of the baby's toilet—namely, dressing—can be more conveniently considered when studying the nature of the clothes, in the next chapter.

CHAPTER V.

THE BABY'S CLOTHES.

IN this chapter we must first consider the clothing required for a young infant; then that needed after shortening of the clothes has taken place; and, finally, that to be used after baby-clothing is abandoned. The chief requirements of an infant's dress are looseness, softness, warmth, and simplicity. We usually avoid in this country the custom prevalent in some others—that of wrapping a child in swaddling-clothes in which it is actually rolled up like a small bundle. Yet even with us infants often are not dressed in a way to allow of the freedom of motion that is desirable. The binder is so tight that the ribs and abdomen are compressed and digestion is greatly interfered with, and sometimes even vomiting is produced, and the skirts are so long that the baby can move its legs only with difficulty.

The clothing should be soft and light, in order that the delicate baby-skin be not irritated. Not only softness in surface but softness in texture also is required; that is, the material ought to be porous and not too heavy, in order that evaporation of perspiration and the proper ventilation of the skin may take place. Simplicity is also important. This does not mean merely that the clothing be simply made, but that the whole arrangement be simple as well. If the garments are elaborate, not only is the expense of providing them very greatly and unnecessarily increased, but, more especially, the temptation arises of letting them be worn too long without washing. Still, if a mother desires to make the baby's clothing of this nature, there is no real objection to it, although it may not be wise. The other kind of simplicity, however, is a positive requisite. Every unnecessary garment renders the exertion of being dressed and the burden of the clothes that much greater. To be rolled first on its stomach and then on its back an indefinite number of times while one layer of clothing after another is put upon it cannot but be very distressing to the baby.

Finally, and the most important of all, the child's clothing must be warm. Children, particularly in infancy, are peculiarly unable to resist the depressing effects of cold, and every care must be taken to guard against this. In prematurely-born infants life depends largely upon the maintenance of the body-heat. We all know, or ought to know, that it is not the part which is exposed which necessarily feels the effect of exposure. A child may develop pneumonia or diarrhœa just as easily from chilling of the arms or legs as from direct exposure of the chest or abdomen. Consequently, the custom of dressing with thin sleeves or with short dresses and bare legs cannot be too strongly condemned. It is a practice which in cool weather is both dangerous and cruel. No parent would be willing to dress in that way, even did custom sanction it. Even in summer-time it is dangerous, especially in infancy. A child will be little, if any, warmer with a thin covering over the legs, and will undoubtedly be very much safer. It is a great mistake to try to "harden" a child by letting draughts blow on it and by covering it with insufficient clothing.

Garments which are loose, and those made of material of loose texture, are warmer than others, on account of the air which they retain in their folds and interstices; for air, as is well known, is a very poor conductor of heat. There is no material which, in theory at least, answers all the requirements as well as wool. It is at once soft, loose-textured, light, and warm. With the exception of the diapers, all the clothing which comes next to the skin of the child should, when possible, be made of wool. Its weight must, of course, vary with the season of the year, and its texture should always be of the very softest. All-wool woven material or machine-knitted goods serve this purpose well.

While all-wool garments next the skin are much to be preferred from a hygienic point of view, there are some grave objections to them. First among these is their great tendency to shrink, and consequently to become both harsh in texture and much too tight. The fact that so many ways of preventing this have been proposed indicates that none of them is entirely satisfactory. Now and then a laundress will be found who really understands the washing of woollens, but this is certainly the exception. An underwear has been devised to meet this emergency. It is composed of a cotton back with a fleece-wool lining, and does not shrink when washed. Still other devices consist in the employment of "merino" goods, made of a mixture of cotton and wool. These shrink badly if too much wool is present.

The other chief objection is that to some babies' skins, particularly in hot weather, all-wool clothing is very irritating. In such cases a garment of silk or of linen may be worn under the woollen one. The latter is apt to be chilling, and a better practice is to use merino goods of a sort which contains only a small portion of wool, or machine-knitted goods entirely of cotton. This soft porous cotton stockinet, made of different thicknesses for summer and winter, is very satisfactory.

Having now considered some of the general principles which underlie the choice of materials used in the dressing of children, we may look more in detail into the character of the individual articles required. Most of them can be made at home, and paper patterns for them may be bought of the dealers. It is more convenient, however, although less economical, to buy the garments ready made, and some of the clothes, such as all the close-fitting ones, are much better when not made at home. The larger establishments for children's and infants' clothing keep a line of varying sizes and weights.

The binder, or abdominal band, is the term applied to the bandage which is commonly placed around the child's abdomen next to the skin. Many physicians are opposed to it utterly, and there is no question but that it is capable of doing great harm if improperly used. As a means of support it is entirely unnecessary. The only object of the bandage is at first to keep the umbilical cord from being pulled upon by the clothes, and, later, to furnish a loose covering to the abdomen to prevent chilling. It can be done away with if the shirt is made to fasten to the diaper, but on the whole it is an advantage, provided only we remember that most important fact, that a binder must never bind. Nurses are much disposed to draw it very snug. This makes colic worse when the baby is troubled with gas, by not allowing the abdomen to distend; and there is danger, too, of producing rupture in the same way, instead of preventing it, as it is sometimes supposed that a close binder will do.

The best form of binder is the knitted circular one, on account of the greater elasticity which it possesses. This can be bought ready made, or can be knitted or crocheted at home. It should be circular, and be wide enough to extend from the hips well over the ribs—that is, about six inches (Fig. 18). It may be made with shoulder-straps if desired, or may be simply pinned to the shirt. There is usually a little tab in front to which the diaper may be pinned. If it is desired to make the binder of flannel, it should be of the width mentioned, and long enough to go somewhat more than once around the body—that is, about twenty inches in length.

Fig. 18.—Abdominal binder.

The flannel should be of the softest kind, cut bias in order to increase its elasticity, and unhemmed. The knitted binder is, however, preferable, except, possibly, for the first week of life, or until the cord separates. The flannel binder is more easily applied at this time, and occasions less danger of pulling the cord, but with even ordinary care the other can be readily used from the first.

Diapers or napkins should be made of soft, light, and absorbent material, and it is important to have them not too heating, especially in summer. Perhaps the best materials are linen and cotton diaper-cloths, either of which is about as good as the other, excepting that the linen is cooler. Canton flannel is not to be recommended, as it is too little absorbent, and soon becomes harsh as a result of washing. The diapers for the early months of life should be a yard long and half a yard wide. By the time the child is three months old the width will often need to be increased to twenty inches and the length also to double this, and by about nine months further increase in size must often be made. The diaper, hemmed, is folded into a square, and this again into a triangle, making four thicknesses in all. A second diaper may be

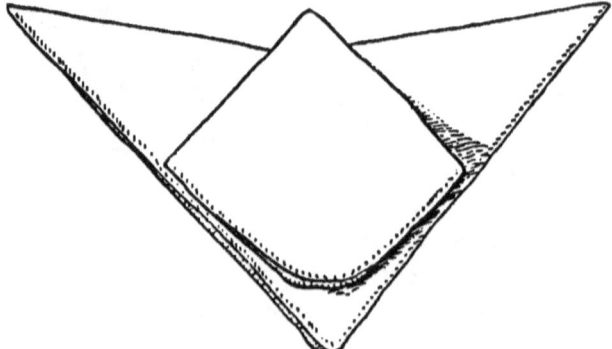

FIG. 19.—Diaper with diaper-square.

folded into a square and be laid under the hips to prevent the moisture reaching the clothes; or it may be pinned around the waist in the usual triangular form, but with the point allowed to hang down behind. Instead of this arrangement, which is rather heating and bulky, especially in summer, it is often a good plan to use a small diaper folded two or more times to form a square of nine or eleven inches ("diaper-square")—just large enough to receive the urine and the passages from the bowels. This square is held in place by a thinner and larger linen diaper, which surrounds the hips in the usual way (Fig. 19). An excellent device is the Arnold knit diaper, which is not only very soft and absorbent, but also is shaped to fit the hips, and which must be much more comfortable to the baby than the ordinary form is.

A rubber or other waterproof cover should never be applied outside the diaper. It is very heating and is liable to produce chafing and eczema.

The diapers should always be changed just as soon as soiled, and should on no account be put on again until they have been washed, even though they have been only moistened with colorless urine. It is always dangerous simply to dry them and then to use them again. Nothing but pure soap, not too alkaline in character, should be employed in washing them, and soda ought to be avoided carefully, as otherwise a great deal of irritation of the skin may result. They should be passed through several rinsings of fresh water, to be sure that all soap has been removed. After washing they should be aired for a day before they are used, in order that they may become thoroughly dry. All new diapers ought to be washed several times before the baby uses them, in order to render them quite soft.

FIG. 20.—Knitted sock.

Crocheted or knitted socks are an essential if the baby's

skirts are made as short as is advisable, and even with the longest skirts they are to be recommended. They are made of silk thread or of soft yarn, reach fully halfway to the knee, and tie about the ankle with a narrow silk ribbon or a knitted cord (Fig. 20).

All babies are clothed in much the same way as regards the garments already mentioned, but for the rest we have the choice of several forms of clothing. Of course, various minor modifications exist, but there appear to be three principal styles on which these are based. The first or oldest style consists of a shirt, a skirt fastened to a broad muslin band and called a "barrow coat" or "pinning blanket," often a second petticoat, and then an outside dress or slip. The second variety is like the first, except for the important difference that the band of the petticoat is replaced by a loose waist with arm-holes; or the whole garment is made in "Princess" style—that is, without a distinct waist. In the third form, very often called the "Gertrude suit," the ordinary shirt is done away with, and, as originally described, the binder also, and the costume consists of three garments, all of the Princess pattern.

The first style of dressing, not so often employed now as formerly, is decidedly objectionable. In this the petticoat consists of a skirt of flannel reaching below the feet and attached to a muslin band which is deep enough to reach from the armpits to the hips. This band must of necessity be long enough to overlap considerably, to permit of pinning and to give room for growth. Such a garment as this breaks all the rules that we discussed as requisite for infants' clothing. It is cumbersome, it is more difficult to put on, and, above all, it is too tight. The closeness of application required to enable the band to support the weight of the skirt exerts far more pressure than the delicate ribs of the baby should receive.

The second style of body-clothing is one which can be highly recommended. The shirt should be made of one of the materials already recommended for use next the skin. For winter it should be warm; for summer, made of the same materials, but thinner, and for the hottest weather, very thin. In all seasons it should be long enough to reach below the hips, and should have sleeves extending to the wrists, and a high neck. It should be open the full length in front, and be fastened by small flat buttons (Fig. 21). It should be sufficiently loose not to compress the chest even after some shrinkage in washing. A shirt with a chest-measure of fifteen inches is generally sufficient during the first three months of life. If it is too large, a smooth plait may be taken at each side. The shrinkage from washing can be avoided to a considerable extent by stretching the garment over a wooden form while drying.

FIG. 21.—Shirt.

The best material for the petticoat is white flannel. The best form is one which is made throughout in Princess style and with arm-holes without sleeves. It should be open above at the back, and be made to fasten with one or two small flat buttons or with a narrow ribbon to tie at the neck. In warm weather the petticoat may consist of a flannel skirt with a loose muslin waist.

It is a great mistake to make infants' skirts too long, as it serves no good purpose, and impedes very greatly the freedom of their motions—that exercise of their legs which is so to be desired. The petticoat should reach not more than six to ten inches below the feet. A length of twenty-five inches from the neck to the hem is quite sufficient. Some mothers prefer to have a second cambric petticoat over this, as it prevents the flannel showing through the dress, but this makes an extra, unnecessary garment and complicates the process of dressing.

The slip or dress is of cambric or nainsook, loose, and of any style that suits the mother's fancy. It should fasten behind with buttons or a narrow ribbon, and should have sleeves coming to the wrists. Its length should equal or slightly exceed that of the petticoat. Of course, both the slip and the bottom of the petticoat may be trimmed according to taste.

The third style of clothing, the Gertrude suit, consists, as stated, of three garments, and neither close-fitting shirt nor binder is used. The use of the binder, however, does not interfere with the plan of the suit. All these garments are cut in Princess style. As originally described, the inner one, which takes the place of the ordinary shirt and may be called the "Gertrude shirt," consisted of Canton flannel, reached from the neck to ten inches below the feet—that is, was twenty-five inches in all in length—had sleeves to the wrist, and all the seams on the outside. The middle garment, corresponding to the ordinary petticoat, was of flannel, had scalloped neck and arm-holes without sleeves, and was half an inch larger around and two to four inches longer. The third garment, the slip, was of the ordinary material, with high neck and long sleeves, and was slightly wider than the last and thirty or more inches in length. All were fastened behind with two or three small buttons. The chief advantage of this style, apart from the looseness, is the very great convenience in dressing. The three are put together, one within the other, and sleeve within sleeve, before they are put on, and then all are drawn on at one time as though they were but one.

The material of the suit has since been modified in various ways. The inner garment is better made of something else than Canton flannel. One of the materials already recommended for use next the skin is far superior. The second garment may be made of flannel for winter or of muslin for summer. The outer slip is of cambric or nainsook, as usual. There is no necessity of having the garments so long; twenty-eight inches is long enough for the slip, and somewhat less for the two other garments. This allows the child greater freedom of movement, yet without exposing it to danger of taking cold. If there is found to be a tendency for the air to enter at the back, owing to the fact that three garments open at the same position, the difficulty can be readily overcome by having the outer garment open in the centre of the back, the middle one somewhat to one side, and the inner one slightly toward the other side.

The Gertrude suit is certainly an excellent one. It is superior to the second style described in the convenience attending dressing, but is perhaps inferior in that the under-garment does not adhere so closely to the body, and is therefore more apt to let the air reach the skin. This objection, however, is not of so much moment while the baby is still in long clothes.

There are certain other suits advertised and used to some extent which are in all essentials made after the plan of the Gertrude suit device.

If the mother desire it, she can have the baby's clothes open in front instead of behind. This has the theoretical advantage that the child does not have to lie upon buttons, tapes, or pins. Practically, it makes little difference if the clothing is put on carefully and the child is not laid upon a hard surface.

The length of garments in inches as given applies only to the first two or three months. They can, of course, be made with a hem sufficient to let out as the baby grows. So, too, the buttons can be shifted and the wrist-bands lengthened if the garments have been made large enough at the outset. It is better, however, not to have too many clothes at first, and to buy or make larger sizes as needed.

The clothes for the night should be a complete change from those worn during the day. They consist of a binder, a diaper, a shirt either of the ordinary pattern or of the Gertrude style, according to preference, and an outer night-slip. This latter should be longer than the day-slip, and very roomy in order to allow of free movement of the legs. For winter-time it should be of flannel or Canton flannel and made to close with a drawing-string or with buttons at the bottom (Fig. 22). For hot summer weather it may be of muslin, and need not be fastened below. The baby requires no socks when in bed, but needs some night-socks to slip on when it has to be taken up. The necessity for fastening down the bed-covers if the baby is restless is referred to again in the chapter on Sleep.

FIG. 22.—Nightgown closed by a drawing-string at the bottom.

A certain number of garments are needed besides those mentioned. There is, in the first place, the old blanket in which the child shall be received immediately after birth, and which has been spoken of in describing the contents of the baby's basket in Chapter IV. There should also be a warm shawl or shoulder-blanket, made of very soft flannel, which can be thrown about the baby and over its head when it is carried from one room to another or when it is taken up at night. The shoulder-blanket should not be used except under these circumstances. A cap to be worn in the house is not needed unless the child shows a great disposition to take cold. A thin cambric cap is then sufficient, but even this should not be used except by the advice of the physician in charge. A knitted worsted sack is often useful if the room happens to be cooler than usual. A flannel or wash-flannel wrapper is also very serviceable in the mornings, before the baby receives its bath.

The clothing for use out of doors varies, of course, with the season. In winter there is needed a long, very warm cloak of some woollen material such as cashmere; a warm thick hood covering the ears; a Shetland veil if the weather is windy or cold; and warm knitted mittens. In hot summer weather only a cap is required. This should be thin, of cambric or silk.

We may pause here just a moment over the steps to be followed in the actual process of dressing a young infant, although this is something which seems to come almost intuitively to most mothers. After the new-born baby is bathed and dried it is laid upon its back in the nurse's lap, with the diaper in position under its hips. If a binder of flannel is used, it should at the same time be laid in place under the back. The stump of the umbilical cord is now dressed. The best method of doing this is to envelop it well in salicylated absorbent cotton, which can be procured at any first-class drug-store. It is then wrapped about with thread and laid against the abdomen upon the left side. The binder is then brought up from each side and pinned with safety-pins, or, if the circular knitted binder is used, is drawn up over the feet. It ought always to be so loose that the hand will slip easily between it and the skin. The diaper is now brought around and pinned, taking care that the hand can slip under it readily, as in the case of the binder. The socks are next put on, and then the shirt. The petticoat and dress are first adjusted to each other and are then slipped on together over the head. If the Gertrude suit is used, all three garments are slipped over the head at one time after having first been put together, sleeve within sleeve.

At bed-time all clothing worn during the day is removed, a fresh binder and diaper are applied, and the night-clothes put on. If the Gertrude clothing is used, the under-garment and the night-gown are first fitted together and are then put on at the same time.

Every day, at the time of the morning bath, the umbilical cord must be carefully freed from the cotton, using great caution to avoid pulling it. After the bath it may be powdered with boric acid if there is any moisture or unpleasant odor about it, and a fresh dressing of cotton must be applied. By the fourth or fifth day the stump will have fallen off and the dressing of the cord will no longer be required. If the baby is sponged instead of being put in the tub during the first few days of life, there is no need to remove the original dressing from the cord, provided it seems dry and entirely without odor.

There is scarcely anything about which there is so little uniformity of opinion as the number of changes of clothing which should be provided in advance for the baby. This is not only because mothers vary in the frequency with which they have laundry work done, but also because the number of garments which can be made to answer very well where economy is a matter of consideration may not seem at all sufficient to those anxious to have the baby very abundantly supplied.

The following list of clothing—the *layette*, as it is commonly called—may be considered one of average size:

Long Clothes.

Flannel binders	2
Knitted bands	4
Diapers	4 dozen or more.
Shirts, close-fitting or Gertrude	6
Petticoats, flannel, or second Gertrude garment	4
Petticoats, cambric (if desired)	4
Slips	8
Socks	6 pairs.
Night-gowns	6
Wrappers	3
Sacks, knitted	2
Cloak	1
Hood	1
Mittens	1 pair.
Veil	1
Shoulder-blankets	2

There are certain other articles to be provided in advance, but they are more appropriately described elsewhere, when considering the baby's basket and the baby's bed. There is one, however, and a very serviceable one, which may be mentioned here—namely, the lap-protector, although this is rather for the mother's use than for the baby's. A very good pattern is shaped like a pillow-case, fastens at one end by buttons, and is made of corduroy, Turkish toweling, or some similar thick, washable material. It may be trimmed simply in any way desired. A doubled piece of rubber sheeting is made to slip inside of it. The rubber may be slipped out, and both it and the case washed when soiled. Instead of this, lap-protectors may be made of squares of nursery cloth, which can be thrown away when soiled. Still another useful article is a small soft pillow on which the baby can lie or be carried about during the early weeks of life.

When the baby has reached the age of six months, more or less, depending on the season of the year, the time for "shortening" the clothes, or "short-coating," has come. The change should not be made in winter if it can be avoided. The number and material of the garments remain nearly the same as before. The shortening may be accomplished by cutting down the skirts of the long clothes already in use, lengthening the sleeves, and letting out the waists if they have been made sufficiently large at first to allow of this. In the case of the Gertrude suit, however, the shortened skirts, reaching, as they do, only to the ankles or a little higher, allow too free access of air to the trunk. It is therefore advisable to replace the inner loose garment by a close-fitting, long-sleeved, and high-necked shirt. The use of the binder is continued. Short clothes also necessitate a decided change in the covering of the feet and legs, which would otherwise be left too much exposed to the air. There is, of course, a great temptation for the admiring mother to leave the baby's plump little legs bare, but the practice is capable of doing great harm. There should be stockings long enough to reach to the diaper. They may be pinned to this, but a better way is to button them to broad elastic bands which can be buttoned or tied to tapes fastened to the inside of the upper part of the petticoat. Stockings of wool or of partly woollen goods, and of a thickness varying with the season of the year, are probably to be preferred, but they frequently shrink so badly that raw silk or cotton stockings are often more practically useful, especially in summer-time. The shrinking may be prevented to a considerable extent by stretching them over a wooden stocking-frame while drying. The toe should not be pointed, and the whole stocking-foot should not fit too closely, since the constant elastic pressure which it exerts may do harm. Indeed, the stockings ought to be rights and lefts, and narrowed off on the outside of the foot, if such forms can be bought or made. A great breadth of toe is very desirable. Care must be observed that the interior is perfectly smooth and free from loose threads, knots, and wrinkles.

The stockings should be white or of some color which is known not to contain any injurious substance capable of irritating the skin. In winter it is sometimes of advantage to furnish a child in short clothes with drawers also. These may be made of woollen or merino goods or of Canton flannel. It is convenient to make the legs separate, to button or pin to the upper part of the petticoat. They should fit rather closely and should reach to the shoe-tops (Fig. 23). Drawers of this pattern combined with the use of short stockings may entirely take the place of long stockings throughout the year, if it is so desired. In this case their weight varies, of course, with the season. Except that they are more easily changed when wet, they have no special advantage over long stockings, and the latter alone generally answer every purpose until the age when the diaper is abandoned.

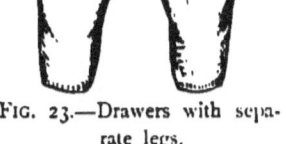

Fig. 23.—Drawers with separate legs.

When the baby becomes more active, and especially when it begins to creep or to stand, there is often a great deal of trouble with the diapers, which exhibit a tendency to fall off at the most inopportune moments, unless drawn much more tightly than is healthful. To obviate this difficulty the diapers may be pinned to the merino shirt, provided little squares of muslin be first sewed on the latter, to prevent the pins tearing holes; or the binder may be made with shoulder-straps and with a little tag in front to which the diaper can be attached. Diaper-suspenders have been recommended to meet the difficulty: they consist of a band of muslin about three inches wide, and long enough to go around the waist and to button in front. Two pieces of white silk elastic are attached to this, as shown in the illustration (Fig. 24), so as to cross over the shoulders. A little tag is sewed on one end of the band, and another at the middle, and to these the diaper is pinned after the suspenders have been applied outside of the shirt. Very neat and light little waists can be bought or made, and to these both diapers and stockings may be fastened, in place of any of the plans mentioned.

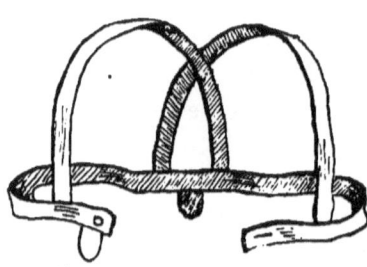

FIG. 24.—Diaper-suspenders.

With the short dresses the baby may put on shoes, although it does not really need them until it begins to stand or to creep. In place of these we may at first use moccasins of chamois leather, kid, or felt. These are for sale in the shops, but they can be easily made at home. They form a very serviceable foot-covering, although there is difficulty in keeping them on unless they are well made and rather high on the ankle. The first real shoes should be of soft kid, with kid or thin leather soles, and of course without heels. Their shape is of great importance, since the softness of the tissues renders the deforming of the feet by improper shoes very easy. Not only should the shoe be somewhat longer than the foot and fully as wide, but it should be made to fit the foot, not the foot forced to fit the shoe. The toe should be wide and loose to permit the foot to spread, but the instep and heel should fit closely or the foot will turn and rub. Flat laces are better than buttons, since they allow of a more perfect adaptation. The shoes ought always to be rights and lefts, for, although a baby's foot is fat

 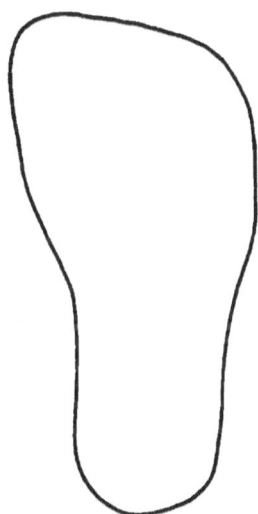

FIG. 25.—Imprint of foot (from life, three-quarters natural size).

FIG. 26.—Outline of sole of shoe to fit Fig. 25.

and plump, it is in reality built on exactly the same lines as the adult foot—that is, the undeformed adult foot. The illustration (Fig. 25) is of the sole of the right foot of a child of thirteen months. It is a reproduction from life, reduced to three-quarters of the natural size, made by rubbing the sole with a little lampblack stirred in turpentine and sweet oil, and then pressing it against blotting-paper pinned on a board. The illustration seems unnatural and distorted at first sight, yet it shows how a foot actually presses upon the ground in walking, and proves the great importance of having the shoes rights and lefts even from the beginning. The outline in the adjoining illustration (Fig. 26) represents the shape of the sole of a shoe which would fit this foot. For actual use it should, of course, be made slightly larger in order to keep the uppers from exercising undue pressure.

Shoes of a proper pattern are difficult to obtain, since shoemakers find it easier to make them on the old model, according to which either one will fit equally well—or, rather, equally ill—on either foot. Mr. W. H. Steigerwalt, of Philadelphia, has for some years been making suitable shoes for the period of later childhood, and was furnishing very broad-toed shoes, but not rights and lefts, for use in infancy. At my suggestion he now provides shoes which are rights and lefts, and which conform to the natural shape of the foot of the youngest age needing shoes at all.

Sometimes a baby suffers greatly from cold feet shortly after it first begins to wear stockings and shoes. Frequent rubbing of the bare feet and the making of the shoes somewhat looser about the instep and ankle will overcome the trouble. After the baby is walking out of doors the thickness and stiffness of the sole must be increased, to protect the foot from being injured by irregularities in the ground.

Knitted sacks are still needed during the time short infant-clothing is worn, and wrappers serve the same purpose as before. The wrapper should be long and loose, and neither it nor the night-slip partakes in the general shortening. Even before the time of shortening, bibs may be needed to catch the greatly increased flow of saliva. These should be made of soft, absorbent cotton material, and be quilted. There is no objection to the placing of a somewhat smaller bib of rubber cloth under the cotton one. Later, larger bibs will be required for use when the child is eating. A very serviceable article when the baby begins to creep is a creeping apron. The drawers already described answer to a certain extent, but a much better device is the creeping apron shown in the illustration (Fig. 27). The lower portion consists of a wide, roomy, bag-like skirt, closed at the bottom and large enough to hold the skirts easily. This is fastened to a yoke above, which is provided with wide sleeves and wide arm-holes to permit of the arms easily slipping into them. At the lower end of the apron are two openings for the legs. These are gathered into bands fitted to the legs and are made to fasten below the knee. There should be a distance of fifteen inches between the holes. The whole width of the skirt at the lower end should be twenty-seven or more inches. This device will effectually protect all the garments and will check the action of draughts along the floor. Creeping aprons of this description can easily be made at home, but cannot, I think, be bought in the shops. If the mother finds the upper portion to be too warm, the yoke and sleeves may be dispensed with, and the bag-skirt be gathered into a band, from which shoulder-straps may pass over the shoulders and cross over the back. Of course this latter plan fails to prevent the sleeves of the baby's slip from becoming soiled.

FIG. 27.—Creeping apron.

There is a form of creeping apron sometimes recommended and sold which should be avoided. It consists of a very wide pinafore gathered at the bottom of the skirt into a band, which fastens around the waist under the clothes. This arrangement protects the clothing well, but leaves the legs more than usually exposed, since it holds the skirts away from them.

For outdoor use a coat which is shorter than the long cloak of infancy is needed after the child has learned to walk. Warm knitted leggings which cover the whole lower half of the body up to the waist are serviceable in cold weather. Those made of Jersey are still better, as they are just as warm and much less bulky.

The following list may serve as a guide to the number of garments needed at this time of life:

SHORT CLOTHES.

Knitted binders	4
Diapers	4 dozen.
Shirts, close-fitting	6
Petticoats, flannel	4
Petticoats, cambric (if desired)	4
Dresses	8 to 12
Stockings	8 to 12 pairs.
Shoes	2 pairs.
Drawers (if desired)	8 to 12 pairs.
Creeping aprons	2
Wrappers	3
Sacks	3
Bibs	12
Night-gowns	6
Cloak or coat	1
Hood or cap	1
Leggings	1 pair.
Veil	1
Mittens	1 pair.

The time for changing from the clothing of infancy to that of childhood depends not so much upon the age as upon the time when the baby learns to do without a diaper. Two years of age is a very late period for acquiring the proper control, and most children should be able to have the change made by a year or earlier, at least during the day-time, if there has been careful training.

After the change has been made it is still important to ensure thorough protection against cold, while at the same time the clothes are loose. The style of garments and their number is a matter of minor consequence, and may be determined largely according to the fancy of the mother, although the binder should be worn until the age of two years. With the exception of the head and hands, no part of the body should be left exposed to the air, unless it be on the very hottest days of summer, and even then the child is little, if any, warmer, and is certainly much safer, if fully covered with garments of very light weight and texture. The undershirt should be long-sleeved and high-necked, and of woollen or merino of a thickness depending on the season of the year. The drawers for winter use should be of the warmest material, such as Canton flannel or closely fitting woollen goods. The stockings should vary in thickness with the season, but should always be long. A loosely-fitting, high-necked, sleeveless waist, of warm material for winter and of muslin for summer, is conveniently worn over the shirt. To this the stocking-supporters and drawers are attached, and in summer the white skirt as well. Circular garters ought never to be worn. In winter the child must wear, in addition, a flannel skirt attached to a waist of its own, to which the white skirt also may be buttoned.

The child's outer dress may be of material, quality, and ornamentation in accord with the season and the prevailing styles. It is the custom to keep children in white dresses until the age of two or three years. If colors in light woollen material, or in cottons for summer, are preferred on account of the saving of laundry work, it is well to remember that certain colors for use in the sunshine are much hotter than others. Black is twice as hot as white, and blue, even light blue, nearly as hot as black. Red stands about midway between black and white, with green hotter and yellow cooler than it.

The long skirts reaching almost to the ground, which have been at times the fashion for small children, especially girls, are not at all to be recommended. They are very much in the way, and oppose a great hinderance to the active movements which are so much to be desired.

As the child grows older its style of dressing will, of course, vary according as it is a girl or a boy. The time and manner of showing the difference of sex by the dress is not a matter with which we can concern ourselves greatly in a book of this nature, and we must consider it only briefly. No change at all is made until the age of two years or older, depending upon the size of the child. At this time boys wear dresses made with box plaits from the neck, held in at the back by a belt which comes from the side seams, or, if preferred, goes entirely around the waist; while girls still wear the baby-dress, gathered in a yoke. At three or four years of age, depending on the size and shape of the child, the boy is put into trousers, either knickerbockers or the popular sailor costume.

An important matter, with girls just as much as with boys, is that the same precautions to ensure looseness and warmth of the clothing shall be taken at this age as earlier in life. If corsets must finally be worn—as inexorable Fashion still says they must—let the girl in her formative stage defer adopting them, or even corset-waists, just as long as possible. Her whole future well-being may depend upon this and similar early provisions for her health. There is nothing in all this which means that her clothes shall look ugly or ill-fitting.

The night-dress of children who have ceased to wear baby clothes consists of a merino shirt, of thickness varying with the season, and of night-drawers which are of Canton flannel in winter and muslin in summer. The very frequent tendency which some children have to toss off the night-covering often renders it advisable to provide the drawers with feet, so that the whole body except the head and hands is constantly covered (Fig. 28). A slit at the ankle allows the foot to be pushed through and the stocking to be put on in the morning without exposing the child. Not until well on in later childhood, at least in winter, should night-gowns be made for the girls, and night-shirts, or, still better, pajamas, for the boys.

Fig. 28.—Night-drawers with closed feet.

For out-of-door wear both sexes continue to wear caps until about the age of two years, when boys generally replace them by little hats. The use of a warm hood, or of some other form of head-covering which protects the ears, should certainly be adopted in winter. Warm wraps and coats are needed in winter, their nature depending upon the child's age and sex. The soles of the shoes are gradually increased in thickness as the child grows older, and at about the age of three or four years the part under the heel is made slightly thicker—*i. e.* has a "spring." The spring is later made somewhat more pronounced, but it is only, as a rule, at about the age of ten or eleven years that actual heels are used. Sometimes boys' shoes are given heels somewhat earlier, in order to make a distinction from the shoes of girls. Leather leggings lined with flannel are very popular for children of three or four years and over. Rubber over-shoes should always be worn if the ground is at all damp. Rubber boots permit the child to play in the snow or on very wet ground. In later childhood mackintoshes serve to protect from rain. Before this time it is better that the child stay in the house in rainy weather. We must never forget the possible danger of contracting cold after the use of waterproof clothing, from the fact that the body becomes damp from the retained perspiration. After the use of rubber boots the feet should be thoroughly dried and the stockings changed.

The following list represents the clothes required for late infancy and early childhood up to the period when trousers are adopted by the boy. More drawers are needed at first than later, on account of the occasional lapses in the recently acquired control over the bladder.

CLOTHING FOR LATE INFANCY AND EARLIEST CHILDHOOD.

Binders (up to two years of age)	4
Shirts	6
Drawers	6 to 12
Stockings	6 to 8 pairs.
Shoes	2 pairs.
Underwaists	4
Flannel skirts with waists attached	4
White skirts	4
Dresses	6 to 12
Night-drawers	4
Sacks	2
Cap or hat	1
Leggings	1 pair.
Coat	1
Mittens or gloves	1 pair.
Rubber shoes	1 pair.

A few very brief comments are necessary regarding the clothing required during sickness. When the child is in bed it should be dressed in night-clothes identical with those usually worn. The garments should be changed night and morning, and be aired and warmed thoroughly before they are used again. There is seldom, if ever, any necessity of making a child go without changing its clothing for days or weeks for fear it will take cold. If the change is made properly, there is no risk. It is very important that the arms and chest be well covered with a sack of some sort when the child is awake. After it is well enough to be out of bed and to sit in a chair a flannel wrapper and knit or felt shoes are useful. Slippers are often dangerous, as they expose the feet to draughts.

CHAPTER VI.

FEEDING THE BABY.

IN this chapter we shall consider what is often one of the most difficult of all the questions of babyhood; the rock upon which many and many a little bark has made shipwreck.

There are but two ways to feed an infant—namely, either on human milk at the breast of the mother or of a wet-nurse, or upon an artificially prepared milk diet— and we have the two corresponding classes of the *breast-fed* and the *bottle-fed* baby. Happy are the little ones who belong to the first class, for there is no question whatever that the natural and proper food for infants is human milk. Statistics show beyond doubt that breast-fed babies as a class are larger and healthier than the bottle-fed ones, and that the mortality among them is far less. The most careful preparation cannot possibly make the milk of another animal chemically identical with that of a woman or similar in its effects on the child. It is undoubtedly true that the demands made upon the time of the nursing mother are most exacting, and that nursing is probably much the greatest inconvenience of motherhood. Still, the mother-love should certainly prompt the self-sacrifice.

Let us, then, first consider *breast-feeding*. Many varying directions are given regarding the time when the baby should be first put to the breast. We cannot do better in this respect than treat the child like any other little new-born animal which is not prevented by cast-iron rules from nursing as soon as it feels inclined. The natural instinct of a baby is to suck, and it should be allowed to do this as soon as the mother feels sufficiently rested to permit it, after both she and the child have been washed and dressed. This practice of early nursing is a good one, for the reason that it tends to ensure thorough contraction of the womb. It is true that there is very little in the breast during the first two or three days. There is usually something, however—a thin, yellowish, sticky fluid looking like poorly-developed milk, and called *colostrum*. This is of a peculiar character, since, besides being of a nourishing nature, it has a somewhat purgative action upon the child's bowels, and it is advisable that these be well opened early and the blackish contents (*meconium*) discharged. It is only by about the third day after confinement that the secretion of milk becomes well established.

The early sucking by the child fulfils still other purposes besides those mentioned. It both stimulates the secretion of milk and draws out the nipples into better shape for the baby's future use. If the nipple is somewhat depressed or poorly developed, it is much easier for the child to suck at it while the breast is still flaccid than after it has become full and tense with the contained milk.

Many monthly nurses wish to feed the child during the first day or two of life with sweetened water, gruel, or other substances. This is usually totally unnecessary, and is often harmful. If the child really seems to be ravenously hungry, as shown by the avidity with which it grasps the nipple and the cries which it persistently utters, it may be given a very little cow's milk prepared according to the method to be considered later; but such a necessity rarely arises. Often a little moderately hot water will satisfy the child perfectly. During the first six weeks of life the child should be put to the breast regularly every two or two and a half hours during the day, and from this up to the time of weaning every three or four hours. It should be trained as far as possible to do without nursing at night—from ten in the evening to early in the morning. The tables given on pages 127 and 128 for guidance in the frequency of the feeding of bottle-babies apply equally to those nursed at the breast. Too much stress cannot be laid on the importance of regularity in nursing. No fault is more common and more pernicious than that of suckling a child every time it cries, and simply for the sake of quieting it. The temptation to do this is great, it is true, but the final results are evil, for the baby's digestion is almost sure to suffer, and its disposition to cry to become worse and worse. Moreover, a baby is to a wonderful degree a creature of routine, and when once it becomes a "slave to bad habits" it will make everyone connected with it a slave to itself. It should never be allowed to go to sleep at the breast with the nipple in its mouth, but should be kept awake until it has finished or else be removed entirely. By the time of the next nursing it will be hungry enough to keep awake.

It is a great mistake to suppose that every cry that stops temporarily during nursing denotes hunger. Often the child is thirsty, and a little water is really what it needs. This necessity of giving the baby water is very commonly forgotten. A nursing infant should have water offered to it several times a day. So, too, the stopping of a cry by nursing may occur because the entrance of the warm milk into the stomach temporarily relieves pain—only, of course, to increase the indigestion and to give worse colic presently.

The mother also suffers from too frequent nursing, for not only is she then at the mercy of the child's habits, but she is extremely liable to develop cracked nipples as the result of the constant moistening.

The baby while nursing from the left breast should be held on its right side with its head supported by the left arm of the mother. The mother should be propped slightly in bed with a pillow or should lie upon her side. After her convalescence she should lean a little forward while nursing, so that the nipple points somewhat downward toward the child's mouth, and should slightly steady and elevate the breast with the first two fingers of the right hand to keep the weight from pressing upon its nose. If the child nurses too rapidly, the nipple should be withdrawn now and then to prevent its choking and to allow it to breathe. If the milk flows too freely of itself, it may be restrained by pressing the base of the nipple between the fingers and thumb; while if, on the other hand, it does not come quickly enough, and a delicate child seems unable to draw sufficient nourishment, the pressure of the hand upon the breast will aid in expelling it. In nursing from the right breast the position is of course reversed, and the child lies upon its left side. In rare instances, however, it will vomit if in this position while nursing, owing to the pressure of the liver upon the stomach. In such a case it may lie upon its right side with its legs tucked under the mother's right arm.

If there is an abundance of milk, one breast is sufficient for one nursing, and the baby empties it after ten or fifteen minutes, is satisfied, falls asleep, and should at once be removed. The other breast should be reserved for the next nursing. The quantity of milk which a mother secretes during the first weeks of a baby's life is about one pint in twenty-four hours. Later the amount is increased as the needs of the child grow greater. Generally the mother at first has more milk than a baby can digest. A kind provision of nature prevents the over-feeding in which a strong baby indulges from doing it any harm, for the stomach simply rejects the oversupply, which comes up again just as it went down. It is not a true, forcible vomiting, such as occurs in older children, but is a simple regurgitation unattended by nausea, and need give the mother no immediate anxiety, provided the milk has no very sour odor and the health seems perfect. At the same time the trouble should be corrected by not allowing the baby to nurse quite so long or so often.

In this connection we must consider the way in which a nursing mother ought to conduct her life, since upon this the health of the baby will depend. Her diet is a matter of much importance. What she shall eat during the time she is confined to bed will be carefully ordered by her physician. It is generally customary to alter the diet to some degree, either in quantity or in quality, since the confinement in bed may diminish somewhat the power of digestion. This is especially true of the first couple of days. After the mother is up and about she becomes her own mistress in this matter, and must determine for herself what is best for her. She should use every means to preserve her digestion in the very best condition by observing regularity in the time of meals, by eating slowly and masticating thoroughly, and by consuming only those things which are digestible and nutritious.

There is a commonly prevailing notion that various substances must be avoided because they will give the baby colic by altering the milk. This is true only to a very limited extent, and generally only in so far as the mother's digestion is disturbed by what she has taken; for it is certain that indigestion in the mother, by whatever means produced, is liable to be followed by indigestion in the child. It may sometimes happen, however, that raw fruit or acid substances eaten by the mother may, without affecting her digestion at all, in some way alter her milk and disagree with the baby; but this is rather the exception than the rule. It is also true that such articles of diet as onions, turnips, cauliflower, and cabbage, which have very distinct odors and tastes, are sometimes capable of imparting an unpleasant taste to the mother's milk, just as cow's milk may taste disagreeably of garlic. Most mothers, however, who have perfect digestion can eat nearly everything digestible without fear of affecting the baby.

It is certainly true that there are drugs which, when taken by the mother, enter her milk, and it would sometimes be possible for physicians to treat the child in this way. This is true of some of the purgative drugs and of certain others, but even in the case of medicines, as with foods, most mothers may be, to all intents, free from anxiety regarding the effect on the baby of anything they may need to take.

With regard to the use of stimulants, the nursing mother should follow her former habit of life if her health seems good. If she is delicate or weak she may find stimulants of service, but the advice of a physician had better be obtained in any case.

Not infrequently there is an insufficient supply of milk, and the question arises whether the amount can be increased in any way. The drinking of large quantities of cow's milk, the use of various milk foods, soups, and perhaps of malted liquor in some form, may be of advantage. One of the thinner extracts of malt is often useful. It must be remembered, however, that increasing the secretion of milk does not necessarily increase its nourishing power, and that to take a large amount of liquid nourishment is sometimes only to play a deception upon the baby. It may be merely following the example of the milkman who invokes the aid of the well-pump; for, although the quantity secreted may be larger, the milk may be more watery and the actual amount of nourishment in twenty-four hours may be just the same as before. Still, much may often be done to alter the character of the milk, as we shall see presently.

Equally important with proper diet is regular exercise and the enjoyment of fresh air, either on foot or in a carriage. Late hours must be avoided, as must all sources of worry, anxiety, and nervous excitement. It is a not infrequent occurrence for the milk secreted shortly after a mother has experienced fright, violent anger, or other very powerful emotion to act as an intense poison to the baby. If a mother has been subjected to any such influence, it is better to empty the breast with the pump and to avoid nursing for a number of hours, substituting artificially prepared milk for the time being.

The ability of the mother to nurse her child often depends upon the condition of her nipples. They should have been attended to during pregnancy, in the manner already described in Chapter I. In spite of all efforts, however, the birth of the child may find the nipples unfit for nursing. Their shape may be such that the baby can obtain no satisfactory hold, and in such a case an artificial nipple must be tried. There are many varieties of these, but those of the simplest construction should be chosen, as it is very necessary to keep them perfectly clean. One of the best consists of a glass base upon which is fitted a detachable rubber teat (Fig. 29). Such an apparatus may prove satisfactory, and the effort to use it should always be made, but very frequently a badly-developed nipple will make it necessary to abandon nursing.

FIG. 29.—Artificial nipple.

To keep the nipple in a good condition a mother should observe the regular times for nursing as already referred to, and should invariably and immediately after nursing dry the nipples gently and thoroughly with a soft cloth, and then, for the first week or two, smear them with a little sweet oil.

If the nipple becomes slightly raw or sore, it may after being dried have a special bismuth preparation applied and allowed to remain (Appendix, 74). It is important, too, to protect it carefully from any friction of the clothing, possibly by the use of some form of nipple-shield, if the doctor sanctions it. Before nursing again the bismuth application may be wiped away gently, but there is no need to do this very thoroughly, as it is not injurious to the child if it is swallowed. The use of an artificial nipple for a few days is to be recommended should the nipple be even only slightly sore.

Should nursing become actually painful, a physician ought to be consulted immediately, for it is much easier to treat the fissures in the early stages than after they have become deep. If neglected, the pain of nursing may become simply unendurable.

Sometimes the flow of milk is so great that even a strong baby cannot manage to take it all, and a constant hard distention of the breast, usually described as "caked breast" or "milk cake," results. Unless this is promptly relieved there is great danger of an abscess forming. To prevent or relieve caking in such cases the breast requires long-continued and gentle but firm rubbing with warm sweet oil from the circumference toward the nipple, and the occasional application of the breast-pump (p. 27) to supplement the sucking by the child. The mother must on no account fail to consult her physician at once regarding the difficulty, and should not depend solely on the ministrations of the monthly nurse, as the matter is quite too serious for this.

Eventually the baby must be weaned—that is, cease entirely to receive human milk, and be placed on a diet of another nature. The method of doing this and the age at which it shall be done vary somewhat with circumstances. Some physicians advise that the baby begin to receive a small amount of artificial food when it reaches the age of five or six months, or even earlier than this, on the ground that its dependence upon mother's milk is thus rendered less absolute, and that it will not be subjected to the dangers which sudden weaning entails should the milk of the mother rapidly dry up. Although there is a degree of truth in this, yet it seems like guarding against a possible danger by incurring a very certain one—that of injuring the child's digestion; for experience shows that there are numberless instances of severe illness, and even of death, which have resulted from the early effort to replace mother's milk by cow's milk or other food, no matter how carefully prepared.

Yet there is a mother's side to the question, for there is no doubt that the feeding of her baby month after month. from the breast alone renders her life very much confined and is a great drain upon her system, and in many instances her health, not only immediate but future, cannot endure it. In such cases, even when there is an abundance of breast-milk, the plan of giving one or possibly two bottles a day is to be thoughtfully considered. The substitution, however, should only be tried with the advice and under the supervision of the family physician. Certainly the safest course for the baby is that of feeding it solely from the breast until the age for weaning comes.

So, too, if the baby ceases to grow at a proper rate, and it is proven that the breast-milk is insufficient in quantity or quality, the doctor may decide to combine artificial feeding with nursing.

Ordinarily, weaning should take place at about the age of ten or eleven months. Longer nursing than this is generally too wearing upon the mother, and is also bad for the child, whose health is very likely to be impaired as a result of the breast-milk becoming thin and poor. Of course, the exact age to wean must depend on circumstances. If the mother remains perfectly strong and the baby continues in the very best condition, it may be nursed until it is a year old, while the reverse of this may make early weaning necessary. Another very important matter is the season of the year. It is very bad policy to wean a child at the beginning of hot summer weather if it can be avoided in any way. It is certainly better to defer it until autumn, and to make up with artificial food any deficiency in the natural nourishment. Still another matter of some, though of less, importance is not to choose for weaning a period at which the baby is cutting a tooth.

Weaning is best done somewhat gradually if possible. At first but one bottle a day is given, the child being nursed at its other meals, but as time goes on the number of bottles given is gradually increased while the frequency of suckling is correspondingly diminished, until by the time about a month has elapsed the breast has been withdrawn entirely. This plan gives the child time to become accustomed to its new diet, which should consist of a milk-mixture as much like woman's milk as possible. The formula on page 135 may conveniently be followed.

Sometimes it is necessary to wean rapidly. One of the chief causes of this is the refusal of the baby to take the bottle at all. Patience and persistence will generally overcome this, or it may be that the child will take food from a spoon or a cup. Should it still refuse, the only way open is to withdraw the breast entirely and at once until hunger forces it to eat. With sudden weaning, or sometimes even with the gradual process, the mother has much trouble from the distention of her breasts with milk, and must employ care lest an abscess result. She should take as little liquid of any kind as possible, whether water, tea, soup, milk, or whatever it may be. She should also take a gentle purgative, such as citrate of magnesia or a mineral water, keep the breasts supported by a broad band going beneath them and over the shoulders, partially empty them occasionally with the breast-pump if the distention is painful, and prevent caking by diligently rubbing them with warm oil. Any other treatment, such as the application of ointments, had better be left to the family physician.

Early weaning may be rendered necessary in different ways. If the mother is suffering from the drain of nursing or from great debility, consumption, or other exhausting ailment, or if she develop any severe acute disease, such as typhoid fever, pneumonia, or the like, nursing the child is quite out of the question. It is very commonly believed that the return of the menstrual period makes nursing improper. Although this occurrence very often does render the milk unfit for the child, yet this is not an invariable rule, and the mother should do nothing precipitately in the matter. After the occurrence of one monthly period there may be no reappearance of it for several months, and weaning would have been entirely unnecessary. Each case is a rule to itself, and only the effect upon the mother and baby can settle the question, even if the periods have returned regularly.

Should the mother become pregnant again, the child should be weaned, for it is too great a drain upon her to sustain both the one present and the one to come.

Sometimes there is a great falling off in the quantity or quality of the milk, which cannot be remedied in any way, or there may be an entire and even early cessation of the flow. Again, the breast-milk may be richer than the child can digest. Sometimes excessively painful fissures occurring in both breasts and refusing to heal, or the persistence of obstinately retracted nipples, may render nursing impossible, even with the aid of an artificial nipple. Abscess of the breast prohibits nursing from the one that is affected.

Before breast-feeding is abandoned on account of any defect in the amount or quality of the milk the mother should not fail to make sure that the trouble really exists, and that it cannot be remedied. The only accurate method of determining the character of the milk is, of course, to have a chemical analysis made of it. But even without this the mother may be able to form some idea of the nature of the difficulty. This is to be done partly by observation of the baby, partly by direct study of the milk with the aid of a creamometer and a specific gravity apparatus, such as are described and their employment explained on page 132. Those for use with human milk are usually made especially small, in order that less milk shall be required.

First, then, we must remember that if a baby is growing at the proper rate, it is getting enough to eat. Any crying is probably due to some other cause than hunger, even although the child may not seem satisfied. If, however, it is not growing properly, and there is no diarrhœa, or vomiting, or other ailment to account for this, it is probable that the milk either is not rich enough, or that it is insufficient in amount. If the child tugs long and hungrily at the breast, and is unwilling to cease sucking after it should have finished, or if, perhaps, after a period of nursing, it drops the nipple with a dissatisfied cry, it is very likely that the milk is insufficient in quantity. This is particularly so if the breasts are flabby before nursing and seem to be quite empty after it. If, on the other hand, the milk is bluish and pale even though very abundant, and if the child seems temporarily satisfied after nursing and the breasts are not emptied, it is probable that the richness of the milk is deficient.

By looking at the analytical table on page 129 we see

the ingredients of which milk consists. It is the fat and the albuminoids which are the ones especially liable to vary in quantity. The amount of sugar may be ignored at present, as it is less variable. Milk deficient in richness may lack the proper proportion of either or both of these two ingredients. Which of them is at fault we can determine to some degree by direct study of the milk. In getting the milk for examination the baby should be allowed to nurse for a couple of minutes, the nipple should then be washed and dried carefully, and a portion (about one or two tablespoonfuls) should then be drawn by the breast-pump. The milk thus obtained represents about the middle of the nursing.

Average human milk should separate in the creamometer about 7 per cent. of cream, which is equivalent to about 4 per cent. of fat. By determining the percentage of cream with this instrument and comparing it with the specific gravity we can, as we shall see presently, estimate the amount of albuminoids present, and decide whether the lack of richness is in fat or in albuminoids, or in both (see Table, page 123).

But very often the necessity of weaning threatens on account of an excess of richness of the milk. An excess in the actual quantity of the milk may show itself by regurgitation (see pages 113 and 250) and often by the presence of large quantities of curds in the stools. This excess is generally easily controlled by removing the child from the breast before it has taken too much, or by compressing the nipple during the nursing in order to make the milk flow more slowly. Too great richness of the milk is not so easily managed. If there is too much fat present, there may be a tendency to vomit rancid-smelling material, or to suffer from diarrhœa. The test with the creamometer will show the actual amount of cream. By far the more frequent and troublesome fault, however, is an excess of the albuminoids. This usually shows itself by vomiting of curdy material, or, still oftener, by the constant presence of a large amount of white, curdy lumps in the stools. Except by the examination of the milk, this condition can scarcely be distinguished from the disordered stools dependent upon an excessive quantity of milk taken. Colic, too, is very common, and all the symptoms of indigestion may finally grow so prominent that weaning may seem necessary. Again, by the use of the creamometer we may determine the amount of cream present, and then, by comparing this with the specific gravity we can judge whether the albuminoids are in excess.

The following very useful table has been devised (Holt), by consulting which the mother may be aided in making, with a little practice, an approximate analysis of her breast-milk. The procedure is quite simple. If the specific gravity and the cream-percentage of any sample of breast-milk are obtained, and the two compared as found in the second and third columns of the table, the amount of albuminoids corresponding to these will be shown in the fourth column. At the same time it is certainly better, as a rule, to leave this analysis to some one experienced in such matters.

Approximate Analysis of Breast-Milk.

	Specific Gravity. 70° Fahr.	Cream, Twenty-four Hours.	Albuminoids.
Average.	1031.	7 per cent.	1.5 per cent.
Normal variations.	1028–1029.	8–12 per cent.	Normal (rich milk).
" "	1032–1033.	5–6 per cent.	" (fair milk).
Abnormal "	Low (below 1028).	High (above 10 per cent).	" or slightly below.
" "	" " "	Normal (5–10 per cent.).	Low (poor milk).
" "	" " "	Low (below 5 per cent.).	Very low (very poor milk).
" "	High (above 1033).	High.	" high (very rich milk).
" "	" " "	Normal.	High (rich milk).
" "	" " "	Low.	Normal, or nearly so.

Supposing, now, that we have found some defect in the quantity or quality of the breast-milk. The question arising is whether something cannot be done to correct this, instead of at once subjecting the baby to the trials of artificial feeding. Modification of the amount or kind of food taken, and of the method of living and the frequency of nursing, exerts a powerful influence upon the composition of the milk. Consequently much may often be accomplished by following certain rules, which are formulated in the following table (Rotch).

RULES FOR MODIFYING BREAST-MILK.

To increase the total quantity	Increase the liquids in the diet.
To decrease the total quantity	Decrease the liquids in the diet.
To increase the total solids	Shorten nursing-intervals; decrease exercise; decrease the liquids in the diet.
To decrease the total solids	Lengthen nursing-intervals; increase exercise; increase the liquids in the diet.
To increase the fat	Increase the meat in the diet.
To decrease the fat	Decrease the meat in the diet.
To increase the albuminoids	Decrease the exercise.
To decrease the albuminoids	Increase the exercise to the limit of fatigue.

Should the mother still find it necessary to abandon nursing, she does not necessarily have to wean the baby, since she may employ a wet-nurse. There is no question that the milk of a good wet-nurse is very greatly to be preferred to bottle-feeding. At the same time there are many and weighty objections to the employment of a wet-nurse. Not only is it very difficult to obtain one who even seems likely to be suitable, but the position of the nurse at once makes her the tyrant of the household. She frequently proves to be altogether unreliable, will not take the care of herself which is necessary to the preservation of the quality of her milk, and at any moment may become dissatisfied and abandon her position, perhaps leaving the last state of the baby considerably worse than the first. Nevertheless, in the case of a delicate child or the failure of artificial food to agree, the employment of a wet-nurse often is the baby's only chance for life. The selection of a wet-nurse we can best discuss when considering the subject of The Baby's Nurses, in Chapter IX.

This brings us to the consideration of the very complicated subject of *artificial feeding*, often one of the most perplexing problems which can present itself to the combined study of mother and physician. In the effort to solve it too careful attention cannot be paid to the smallest and apparently most trifling details, for, although many a baby seems to have a totally insensitive stomach and will thrive on nearly anything, many another cannot keep in health unless the food suits it exactly. In endeavoring to feed a baby properly we must bear in mind three important factors, already referred to to some extent in discussing the means of modifying the breast-milk:

(1) The quantity of the food;
(2) The quality of the food;
(3) The individual peculiarities of the child.

(1) **The Quantity of the Food.**—One of the most frequent mistakes made in feeding a baby is that of giving it a much greater quantity of food than it can possibly assimilate, with the result that it either vomits it or passes it through the bowels in an indigested state. A new-born baby's stomach holds without distention only

about one ounce (two tablespoonfuls) or less. The accompanying illustration (Fig. 30) represents the actual size of the stomach at birth. It shows perhaps better than in any other way how small the infant stomach really is. How foolish, then, to feed a new-born child

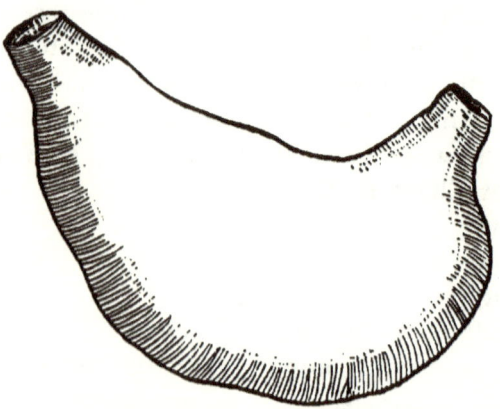

FIG. 30.—Stomach of infant at birth (natural size).

from a full-sized nursing bottle, and to allow it to gorge itself with all it will take! Careful study of the size of the stomach at different ages in infancy, and of the quantity of milk drawn from the breast by a nursing baby, has led to pretty uniform conclusions among physicians regarding the amount of nourishment which may be suitably given to a child at different periods of its life. The accompanying table, taken with slight modifications from an excellent article by Dr. Rotch, shows the amount proper at each feeding, the number of feedings, and the total quantity required in twenty-four hours. As has been stated in a previous chapter, this and the following tables apply as well to children who are fed at the breast, and may be taken as a guide for the frequency of and hours for nursing them.

General Rules for Feeding.

Age.	Intervals of feedings.	Number of feedings in 24 hours.	Average amount at each feeding.	Average amount in 24 hours.
1st week	2 hrs.	10	1 oz.	10 oz.
1–6 weeks	2½ hrs.	8	1½–2 oz.	12–16 oz.
6–12 weeks, and possibly to 5th or 6th month	3 hrs.	6 or 7	3–4 oz.	18–24 oz.
6 months	3 hrs.	6	6 oz.	36 oz.
10 months	3½–4 hrs.	5	8 oz.	40 oz.

This table is intended to apply only to children of the normal lengths and weights corresponding to their ages, and is, like all rules, subject to exceptions. It is very important that the size of a child be constantly borne in mind, since it is often more of a criterion than the age. It is manifestly absurd to expect a baby twice as large as another of the same age to be contented with the amount of food which satisfies the smaller one. When, therefore, a baby has largely fallen behind in growth, we must often ignore its age to a great extent, and give to it an amount of nourishment not much in excess of that suitable to the age to which its actual size and weight correspond. This age may be determined by consulting the table on page 52. On the other hand, some children take and digest much more food than others of equal age and equal size. In such cases it is safe to exceed the amount given in the table if we are quite sure the food is being digested.

The following table gives in convenient form the hours for feeding a child under one year of age, whether on the bottle or at the breast. It is made to correspond, as far as possible, with the table just given, and is so arranged that feeding does not interfere with the hours for the morning and afternoon naps.

HOURS FOR FEEDING.

1st week.	1 week to 6 weeks.	6 weeks to 4 months.	4 to 8 months.	8 to 12 months.
7 A.M.	7 A.M.	7 A.M.	7 A.M.	7 A.M.
9 "	9.30 "	10 "	10 "	10.30 "
11 "	12 M.	1 P.M.	1 P.M.	2 P.M.
1 P.M.	2.30 P.M.	4 "	4 "	6 "
3 "	5 "	7 "	7 "	10 "
5 "	7.30 "	10 "	10 "	
7 "	10 "	3 A.M.		
9 ".	3 A.M.			
12 "				
4 A.M.				

This table, like the preceding, is of course intended only as a guide, not as a hard-and-fast rule. It is open to modification depending upon various factors. Some children with healthy appetites do not require or desire nursing so frequently. In some cases it is frequently necessary and advisable to waken the child at the appointed hours for feeding. In other cases we may advantageously make a different schedule if wakening often has to be done. Again, if a child wakens hungry every night at a time different from that given in the table, it is better to feed it then than to allow it to rouse itself thoroughly by crying. In other cases the frequency of nursing cannot be diminished so early as the table gives for the different ages.

(2) **The Quality of the Food.**—Regarding the character of food to be given to a child—that is, its *quality*—it is evident that the more closely the food resembles mother's milk the more likely it is to agree with the child. It is a common custom to alter the composition of the artificially-prepared milk according to the increasing age of the child. To make this a routine procedure,

in the case of healthy and flourishing babies, is unnecessary and harmful. The mother's milk, if it keeps of good quality, does not vary very materially during the many months of suckling, and there is consequently no reason for any change in the composition of the artificial food if we can once get it to simulate human milk and to be well digested. Of course, if a child ceases to grow properly, an increase in the strength of the food may be needed. Ass's and mare's milk is considerably closer in composition to woman's milk than is that of other domestic animals. That of the goat is somewhat more like it than is that of the cow. It is rare, however, that either of the first two milks can be obtained, and they are apt to be expensive; and since all of them need in any case to be prepared in various ways before using, cow's milk becomes the only baby's food usually practicable. That it is, however, much unlike woman's milk in some particulars can be seen by consulting the following table (Rotch), which gives approximate analyses of the two fluids.

Woman's Milk.		Cow's Milk.	
Reaction	Alkaline	Reaction	Acid.
Bacteria	None	Bacteria	Present.
Water	87–88%	Water	86–87%
Total solids	12–13%	Total solids	13–14%
Fat	4%	Fat	4%
Albuminoids	1%	Albuminoids	4%
Milk-sugar	7%	Milk-sugar	4.5%
Ash	0.2%	Ash	0.7%

Besides these characteristics, woman's milk has a specific gravity of about 1031, while cow's milk has that of about 1029. Cow's milk is, as the table shows, slightly acid in reaction in the condition in which it is served by the milkman. As drawn from the cow it ought to be alkaline, but very quickly becomes acid, owing to faults in the milking. When we consult the table we are struck by the fact that woman's milk has the same percentage of fat as cow's milk, that it is almost twice as rich in sugar, and that it has only one-quarter as much of the "albuminoids." By this last term are designated those portions of the milk upon which the production of new tissue in the baby largely depends. Among these is the casein of the milk—namely, the part which forms the curd. This casein is particularly abundant in cow's milk, and it is this ingredient especially which renders the pure milk of the cow unfit for the baby. Now, if we dilute cow's milk with water sufficiently to render the percentage of albuminoids identical with that of human milk, we shall meantime lower the amount of sugar and of fat, and the milk will be very imperfect in these particulars. The only method by which to overcome the difficulty is to make up the deficiency after dilution by adding more cream and sugar. Besides this, we must add to the mixture a small quantity of an alkali, such as bicarbonate of soda, or lime-water, in order to take away the slight acidity.

Another characteristic of cow's milk is the fact that the curd which forms in it is much tougher and firmer than that which is seen in woman's milk. This may be due to some chemical peculiarity of the casein, but it seems more likely to be dependent chiefly upon the greater amount of it present, since a sufficient dilution renders the curd identical in appearance with that of human milk. Undoubtedly there do exist distinct differences of some sort between the albuminoids of woman's milk and of cow's milk.

It has been claimed, too, that boiling causes the formation of a tougher curd, and it is certain that it does alter the milk in some way which may render it rather more difficult to digest.

Although there are numbers of infant's foods on the market, as a rule by far the safest and most accurate substitute for mother's milk can be prepared at home. To make the mixture properly it is of primary importance that the several ingredients themselves be of proper quality. The cow's milk should be unskimmed and should be procured from a reliable dealer whose cows are healthy and carefully kept, and are not fed upon swill or other refuse material. It is of no advantage to have the milk from a single cow; it is, in fact, of distinct disadvantage, for the great difference which exists between the milk of different cows makes it impossible to prepare a proper imitation of mother's milk according to any fixed rules unless we should have the individual cow's milk analyzed in order to determine in just what way the mixture should be made. Besides this, the milk of any cow is subject to variations from time to time, depending upon the nature of the food given it, the health of the animal, and other factors. It is therefore preferable to use mixed herd milk—not solely Alderney, which is too rich—since this gives a much more uniform basis for the food.

Every possible precaution should be taken to ensure absolute cleanliness of the udder, the milk pail, and the hands during milking, and the milk should then be cooled rapidly and at once sealed in jars. We can judge to a large extent of the quality of the milk by its appearance. It should be of a yellowish-white color, without any bluish tinge. To determine still more accurately its quality an instrument called a *lactometer* is employed, although the simplest apparatus is the urinometer, used by physicians for testing urine. This latter apparatus, which may be procured through any druggist, consists of a small glass cylindrical tube and a specific-gravity glass, as shown in the illustration (Fig. 31). The tube should be partially filled with milk of the usual room-temperature (70° F.) and the glass be floated in it. The specific gravity of the milk—that is, its density as compared with water—may then be read off on the scale on the stem of the apparatus. The average density of cow's milk is 1029, water being called 1000. The apparatus is only of limited value, for milk which is very poor may give results similar to that which is very rich. All that we can say here is that if the specific gravity is less than 1028 or more than 1035, the milk is suspicious. Of course, even a normal specific gravity, taken by itself, is not proof that the milk is good.

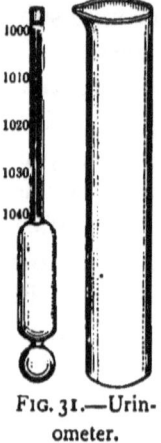

FIG. 31.—Urinometer.

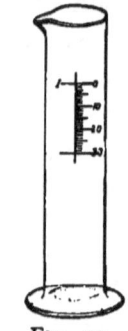

FIG. 32.—Creamometer.

So, too, there is no accurate instrument for household use which shows the richness of the milk in cream. An inexpensive apparatus called a *creamometer* or *cream gauge* is sold in the instrument-shops and is often recommended. It consists of a cylindrical tube, all or the upper part of which is graduated. The milk is allowed to stand in this, carefully corked, for twenty-four hours, at about 70° Fahr., until the cream rises, and the thickness of the layer of the latter is then read off on the scale (Fig. 32). Theoretically, the cream in the apparatus should measure $\frac{1}{8}$ or $\frac{1}{10}$ of the total height of the column. The trouble with the creamometer, however, is that some milk, even though rich, parts with the cream very slowly and imperfectly, while some poor milk allows nearly all of it to go to the surface. The results with the apparatus are consequently very misleading, for the poor milk may seem to have more cream than the rich. I know, in fact, of no way for the mother to determine the amount of cream except roughly by the color and richness in appearance of the milk. Where the milk seems even suspicious the milkman should be changed. In cities it is easy to have an analysis of the milk made by a chemist. The use of the creamometer for testing human milk is rather more satisfactory. It has already been described on page 122.

There is one test which we can always apply—namely, that for acidity. A strip of blue litmus-paper dipped part way into the milk will turn faintly red if it is acid, as it nearly always is when delivered by the milkman. The milk should be put in the tube of the urinometer, and the paper examined through the glass while still in the milk. If, after the mixture with soda-solution or lime-water and the sterilizing, presently to be described, we again find that blue litmus-paper turns red, we know that the milk is becoming sour and is unfit for use.

Milk is often artificially colored to give it a rich creamy appearance. The substance oftenest used for this purpose is annatto. It may be detected by mixing a pinch of baking-soda with a couple of tablespoonfuls of the milk, inserting one-half of a strip of filter-paper in the fluid, and allowing it to remain over night. Annatto will give a distinct orange tint to the immersed paper.

The choice of the cream which is to be added in making the baby's food is of importance, since it varies greatly in richness. To be accurate a chemical analysis is needed. For practical purposes it is chiefly important to consider how the cream is obtained—whether by skimming or by a centrifugal machine such as is used in the large dairies. The thinner centrifugal cream, about as thin as a machine makes it, is to be preferred. It contains 20 per cent. of fat, while the average cream obtained by skimming possesses only about 16 per cent. of fat. It is better to obtain the centrifugal cream when possible, as its richness is more uniform, and, besides this, it is not so apt to have undergone changes as a result of the long standing to which ordinary cream is subjected. When skimmed cream must be used, instructions should be given to the dairyman that the milk stand always the same number of hours, and at the same temperature, before skimming, and that it always be skimmed by the same person. The amount of cream used in preparing the bottle will depend entirely upon its percentage of fat, since the richer it is the less, of course, will be required. Very often the quantity can be determined solely by experience in feeding the child. As in the case of milk, it is better that the cream come from a herd rather than from one cow.

Although ordinary sugar (cane-sugar) may be used to sweeten the baby's food, it is better to employ milk-sugar, since this is the variety naturally present in milk. Cane-sugar answers just as well for sweetening, but it is probable that the milk-sugar serves some other purpose than this merely. Should it be desired for any reason to use cane-sugar, it is important to remember that it has several times the sweetening power of milk-sugar, and must therefore be used in a considerably smaller amount.

Some physicians recommend that a pinch of salt be added to the mixture in order to make up for the amount naturally in the milk before the dilution. The addition certainly does no harm, although it is not an essential.

We are now ready to examine the methods of mixing our ingredients in order to produce the correct artificial human milk. Various mixtures have been described, but many of them are only poor imitations. A very good one is that proposed by Dr. A. V. Meigs (Appendix, 1). Artificial human milk prepared according to this formula approaches very closely to the character of natural milk. It is, however, much more alkaline than necessary, and the taste of the lime-water is evident. Moreover, the sugar-water used in it must be made fresh every day or two, as it will spoil.

The use of lime-water (Appendix, 22) in milk mixtures decidedly complicates the process of sterilizing at a high temperature, as we shall see presently. As the sole value of the lime is to render the preparation alkaline, bicarbonate of soda (baking-soda) should be used where sterilization is to be employed, since it answers this purpose just as well and is just as healthful for the baby. The following mixture is easy to prepare:

FORMULA FOR MILK MIXTURE.

Milk . . . . 1 oz.;
Cream, centrifugal (20 per cent. fat) . . 1½ oz.;
  or
Cream, skimmed (16 per cent. fat) . . . 2 oz.;
Lime-water or soda-solution . . . . . . ½ oz.;
Milk-sugar . . . . 1 measure;
Water, enough to make . . . . 8 oz.

The amount of cream varies with its richness, as indicated in the formula. The soda-solution is of the strength of 1 grain of bicarbonate of soda in a half ounce of water. It will keep indefinitely. A half dozen or more packages, each containing 1 drachm of soda, may be obtained from a druggist at small cost. One of these dissolved in a quart of water forms a solution of the proper strength, one tablespoonful of it equalling in alkalinity one tablespoonful of lime-water. It should be kept in a bottle, well corked.

To save expense the milk-sugar should be bought several pounds at a time, and from a wholesale druggist. The required amount may be measured out as needed. A Philadelphia drug firm (A. Blair & Co.) has made at my suggestion a small tin measure (Fig. 33) somewhat different in shape from the one devised by Dr. Rotch, and holding 3⅜ drachms of milk-sugar—the quantity required for eight ounces of the milk mixture. The measure should be filled by scooping up the sugar out of its box and pressing it gently against the box's side with a force which is as nearly as possible the same on all occasions. Of course, in this and in other formulæ given we may

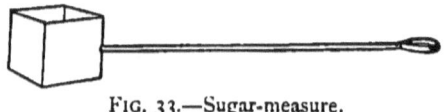

FIG. 33.—Sugar-measure.

dissolve the measure of sugar in the water, thus making a sugar-water. This is sometimes convenient when we wish to make somewhat more or less than the eight ounces of milk mixture.

It is often a difficult matter to procure a satisfactory cream. We may then, in place of the formula recommended, use one in which "*top-milk*," as it is called, is employed. This is obtained as follows: Have made a syphon—a U-shaped tube—from a piece of glass tubing, letting the short arm be about eight inches long and the long arm about twice this. Procure in the morning one quart of milk, place it in a cylindrical glass jar, such as a preserve-jar, screw its lid on tightly, place on ice, and allow it to stand for six hours. At the end of this time remove the jar carefully without shaking, fill the syphon with boiled water, insert the short arm gently down to the bottom of the jar, and syphon off all but six ounces of the milk. This remaining *top-milk* is really a thin cream, and we may use it in the following formula, which makes a mixture a trifle weaker than that in the formula just given.

TOP-MILK MIXTURE.

Top-milk	2 oz.;
Lime-water or soda-solution	½ oz.;
Milk-sugar	1 measure;
Water, enough to make	8 oz.

The jar, lid, syphon, and bottles should be washed or, preferably, boiled, daily before using. A line may be filed on the jar, showing the level at which six ounces still remain in it. This is a convenience in syphoning.

We must remember that by no means every baby can start upon a milk mixture as strong as the ones just given, although these represent the strength of human milk. If they disagree, they must be abandoned at once, and some other mixture of different proportions tried. Of recent years physicians have been accustoming themselves more and more to the calculation of various formulæ to suit individual cases, basing these upon accurate estimated percentages of fat, albuminoids, and sugar, rather than upon a mere guessing at the number of teaspoons or tablespoons or ounces of milk and cream which may seem to be needed. But to do this is certainly beyond the power of any mother untrained in such matters. It is to be strongly urged, therefore, that in every case where a certain milk mixture disagrees with a child the proper calculation of another formula be referred at once to the family physician.

Having determined the proper ingredients and their

amounts, the next thing to do is to put them together in the proper manner. The subject of sterilization is an important one in this connection. Mother's milk as drawn from the breast has been found to be entirely or nearly free from those microscopic germs of decomposition which are the cause of souring. Cow's milk as it comes from the udder should be equally free, but through lack of cleanliness in milking, or even by exposure to the air during the delay which must necessarily occur before it reaches the baby, it becomes infected with quite enough of the germs to produce the poisonous changes which have killed so many infants. The fact that milk appears perfectly sweet is no criterion, for if the germs are already in it the harmful changes may take place even after the baby has had its meal. As it is generally impossible to procure cow's milk sufficiently free from the germs, the only method is to sterilize the milk—that is, to kill the germs. There are various means which may be employed for accomplishing this end, all of them depending upon the fact that a temperature equalling that of boiling water, or even less, if applied sufficiently long, will prevent souring, and will also kill any germs of such diseases as typhoid fever, diphtheria, and the like which may chance to be present. The milk mixture may be boiled in a vessel immediately before using, or it may be placed in bottles and those surrounded by boiling water, or steamed in a farina kettle for three-quarters of an hour. The objections to actually boiling the milk are that it gives it an unpleasant taste, and probably affects its chemical character in a such a way that it becomes less digestible than before. It is also very troublesome, because it must be done at each feeding. The other methods are crude and not very satisfactory. It is far better, therefore, to procure at once a special apparatus for sterilizing, since its initial cost is small and it will save a world of trouble in the end. It should be almost as much of a necessity in the household as are the baby's clothes.

The great principle of all sterilizing is, first, the killing of germs present in the milk, and, second, the preventing of other germs from entering into it later. If both these ends are fully met, the milk will keep sweet for months or even years. Such perfect preparation is, however, seldom attained and is not necessary.

There are two classes of apparatus used to accomplish the destruction of the germs: one, known as a sterilizer, which sterilizes the milk at a boiling temperature (212° F.); the other, called a Pasteurizer, which is really a modified sterilizer, killing the germs at a much lower temperature. Of recent years the latter has become much the more popular. Of the sterilizer, various forms have been devised, but one of the best is that known as Arnold's. This apparatus is provided with eight bottles, each holding a little over seven ounces, and marked on the glass with a graduated scale of ounces, by means of which the amount of nourishment poured into them can readily be measured (Fig. 34).

The method, then, in detail for preparing the baby's food, including the use of the sterilizer, is as follows: As soon as the milk and cream come in the morning, the mixture for the entire day should be prepared according to one of the formulæ on pages 135 and 137. As large a quantity should be made as the table on page 127 or the experience with the individual child shows will be required for the twenty-four hours. The bottles, previously thoroughly cleaned, should each be filled with as much of the mixture as is required for each feeding. They must next have their mouths carefully dried and stopped with plugs of raw cotton (not absorbent). They are then placed in the rack in the sterilizing chamber and the lid and hood are applied. The pan of the sterilizer is now filled two-thirds full with water, and the whole is placed

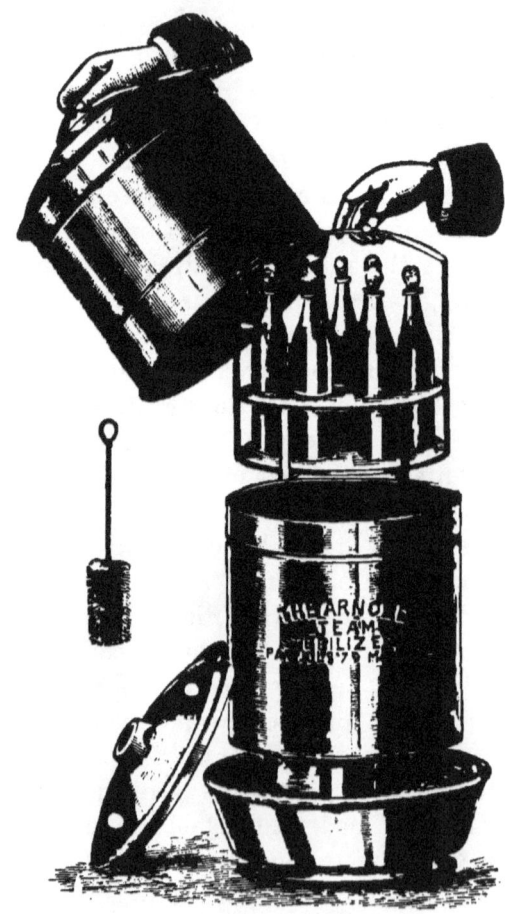

FIG. 34.—Arnold sterilizer.

on the hot stove for an hour. About twenty minutes of this time will be occupied in heating the milk up to the high temperature required, and the remainder in keeping it at that point and thus sterilizing it. Raw cotton is used as a plug because experience shows that the minute germs cannot pass through it. It is best, however, that it shall not come into contact with the milk.

When it is desired to carry the bottles about to any extent after sterilizing, it is better to use a rubber cork instead of the cotton. In this case the bottles, with the corks very loosely in place, are put in the sterilizer for about twenty minutes until the liquid and the air contained is thoroughly heated. The corks are then pushed firmly into place and the sterilizing is continued. The bottles thus corked may lie afterward in any position.

Sterilized milk prepared in this way should keep perfectly sweet without being placed on ice. As an additional safeguard, however, it is better to keep the bottles in a cool place, although this is not needed if the process has been properly carried out. We must never forget that the cotton plug must not be removed, even for a moment, from the time it is first put in place until the time for feeding the baby comes.

Food prepared as described above will keep perfectly well for twenty-four hours at least, but in the hottest weather it is an additional safeguard to re-heat in the evening the bottles which are to be used during the night and early morning.

When milk is to be prepared for use while travelling, a more thorough sterilization is necessary in order to avoid the possibility of any germs being left alive. To accomplish this the bottles of milk should be subjected to sterilization upon one day, again upon the second, and then again upon the third.

The disadvantage of using lime-water in preparing the milk mixture becomes evident in sterilizing. Not only does the lime combine in some way with the sugar and produce a brownish color, but it is largely precipitated by boiling, and the lime-water is thus destroyed. We can, of course, obviate this by adding the lime-water to each bottle just before feeding the baby, but it becomes rather a complicated matter to calculate just what quantity of it is required with the gradually increasing amounts of nourishment which the baby demands. The use of soda-solution instead of lime-water allows us to complete the mixture at the outset.

As already stated, it seems certain that the boiling of milk, or even the sterilizing of it in the manner described, lessens its digestibility to a considerable extent. On this account Pasteurization is much to be preferred, and is, indeed, the method now approved by most physicians. The process, as we have seen, is only a modified sterilizing. It was devised by the celebrated French chemist Pasteur, and first employed in the manufacture of wine. As applied to milk it consists in heating the bottles containing the milk mixture to a temperature of 155° or 167° F. instead of to 212°, as in ordinary sterilizing, and in then removing them to the refrigerator just as soon as they will stand the cold. It has been found that this process destroys the germs sufficiently for practical purposes, and that it does not alter the digestibility of the milk or affect its taste.

FIG. 35.—Freeman's Pasteurizer.

Of the devices for Pasteurizing, that most to be recommended is the Freeman Pasteurizer (Fig. 35). This consists of a metal pail into which fits a rack holding the bottles, much as in the sterilizer. The pail is partly filled with water, heated to boiling on the stove, and then removed. The rack with bottles, prepared as for sterilizing, is then placed in it, the lid applied, and the whole allowed to stand on a table for forty-five minutes. The exact quantity of water required has been accurately calculated by the inventor. The scientific principle involved is that while this amount of water cools, the milk in the bottles grows warm, until both soon reach the desired temperature. After the forty-five minutes have elapsed water from a spigot is turned into the pail in order to cool the bottles rapidly, and these are then kept upon ice. This keeping on ice is important, as Pasteurized milk requires rather more care to preserve it than sterilized milk does. The use of the apparatus is very simple, its cost is small, and one should certainly be procured whenever a child has to be fed artificially.

It is perfectly possible to Pasteurize in other ways, but the process is troublesome, for to obtain satisfactory results the temperature must be exact. We may, for instance, use the Arnold sterilizer, leaving the hood off and setting the lid ajar, and continuing the heating for forty-five minutes. But to be sure that we are obtaining the correct temperature it is necessary to have a special thermometer in one of the bottles and to watch this constantly. So, too, it has been proposed to place the bottles of milk in a dishpan or large saucepan of water, preferably with an inverted tin pieplate with holes punched in it laid inside as a false bottom, and to heat this until the thermometer in the water reaches 170° F. The pan should then be removed from the stove, covered with an old blanket, and allowed to stand forty-five minutes. But here, too, the troublesome use of a thermometer is required, and after the pan is removed from the stove we do not know at all what temperature the milk actually maintains. The results cannot be accurate.

Indeed, Pasteurization, though so simple and secure with a Pasteurizer, is not a safe and easy process with any makeshift, and all such should be avoided. It is much better to sterilize outright than to do imperfect Pasteurization.

A few words must be said about the articles required for feeding the baby with the artificially prepared food, and the method of doing this. It is usually unnecessary to have any special nursing-bottle, for the ordinary bottle used in the Pasteurizer answers for nursing as well. When the time for giving nourishment comes this bottle containing the prepared milk should have the cotton plug removed and be fitted with a rubber nipple, and then be set in a cup of water, which should be heated until the contents of the bottle are at a temperature not exceeding 95° to 100°.

Since the baby is apt to wake hungry and impatient in the night, it is well to be able to heat its milk quickly. A small, narrow, cylindrical tin vessel, tall enough to hold the bottle and to cover it with water to the neck only, about three inches in diameter, and with a perforated false bottom, answers the purpose admirably. Such a vessel, placed on an alcohol pocket stove, or similar heating apparatus, will take but a very short time to bring the milk to the proper temperature, whereas a receptacle holding a large quantity of water will take much longer. Any tinsmith can make a vessel of this sort, or it may be purchased from the agencies of the Walker-Gordon Milk Laboratory in many of our cities. Many mothers endeavor to heat the baby's food by putting the bottle containing it directly into hot water. This is a bad plan, as it is enough to crack the glass. Heating gradually in the way described takes very little longer.

In giving the bottle the child should be laid upon the lap, or should be held in the arms much as in the position for nursing from the left breast. The bottle should be held in the hand and its position be so changed from time to time that its neck is always full of milk. The baby requires ten or more minutes to finish its meal. If the rubber collapses, or if the milk does not flow freely, the edge of the nipple should occasionally be lifted from the neck of the bottle for a moment and a little air allowed to enter. It is well in any case to withdraw the nipple from the child's mouth now and then to permit of a moment's rest or to allow air to enter the bottle.

When the child has emptied its bottle it must be deprived of it immediately. If the bottle has not been emptied completely, the remaining contents must be thrown out at once. To let the baby continue to suck after the bottle is empty is a very bad practice. If the baby is allowed to suck at any nipple for the sake of quieting it at other times than when fed, it should be one of the holeless ones, attached to an ivory disk—a "Comforter," as it is called; but the advisability of permitting this is very questionable.

Bottles employed for feeding should be made very smooth inside, without angles and depressions which collect milk and render cleaning difficult. Immediately after nursing the bottles should be rinsed well and then submerged in a strong solution of washing-soda and water. They should stand in this until evening, when they may be rinsed thoroughly in pure water, and have the interior scrubbed with a bristle brush. It is a good plan to boil them also. They may then be placed, inverted, in the sterilizer or elsewhere to drain and dry.

The rubber nipples, of which there should be at least two, are preferably of conical shape (Fig. 36). Those of

FIG. 36.—Rubber nipple.

black rubber are rather better than those of white, on account of their greater softness. Most white rubber, too, is said to contain lead. Those nipples should be chosen which have the least odor and taste; as babies sometimes object to this. The openings in the end should be large enough to allow the milk to pass freely when sucked, but should not permit it to flow too fast. When the bottle is inverted the milk should drop easily from it. If the holes are not of sufficient size, they may be enlarged with a hot pin or needle. As the nipple gets older it collapses too easily and the holes become too large, and a new nipple must be used. There are nipples made with rubber ribs upon the inside, the object being to add to the stiffness and prevent collapsing. Others come without holes, in order that the mother may make them herself of the size she desires. At once after nursing the nipples should be scrubbed thoroughly without, and then, by inverting, within, with a soft bristle brush, and after this be kept submerged in water until needed. Just before using they should be dipped for a moment in hot water. The nipple connected with the bottle by a long rubber or glass tube should not be used under any circumstances. It is utterly impossible to keep such a tube clean, and the device cannot be sufficiently condemned. Silver nipples have also been employed to do away with the trouble caused by collapsing; but they are very hard upon the baby's mouth.

When there is unusual trouble experienced with the collapsing of the nipples, some special method of allowing the air ingress to the bottle is necessary. There is a ventilated nipple on the market which answers the purpose very well. In it a very small rubber tube connected with the outside passes from the side of the nipple into the bottle. This nipple is more difficult to keep clean than the ordinary form, and, unless unusual precautions are taken, some form of ventilated bottle is preferable. One of these bottles has a small hole, the size of a pin, perforated through its neck close to the nipple. A narrow elastic band, or the edge of the nipple itself, covers this, and may be lifted off to admit air when necessary. Another form of ventilated bottle has an air-valve in the bottom. As a rule, however, no special method of allowing air to enter is needed if the instructions already given are followed. In case special nursing-bottles of any kind are desired, there should be at least two of them, in order that one may have ample time to soak.

(3) **The Individual Peculiarities of the Child.**—We have to consider finally the third factor in infant feeding—namely, the element of idiosyncrasy, which renders the nourishment of babies not the simple matter it might otherwise be. With all our care the cow's-milk preparation cannot be made exactly identical with woman's milk. We may arrange to have, for instance, exactly the same amount of albuminoids in each, but these albuminoids in themselves differ somewhat in chemical character. Consequently, the milk prepared in the best manner possible may not agree. We must then try to find by pure experiment what food will suit the baby best. It is here that the individuality of the child comes in, for, of course, what answers for one may not do at all for another. In such cases we may try certain of the proprietary infant's-foods on the market, or we may make special mixtures, increasing or oftener decreasing the quantity of some one

or more of the ingredients of the cow's-milk mixture; or we may predigest the food or modify it in some other way until we discover something which suits the baby's digestion. I cannot too strongly urge that no mother make these trials on her own responsibility. The matter is too serious for any unskilful experiments, and often is exceedingly difficult even for the most experienced physician.

Regarding the numerous patented foods it need only be said that some of them are harmful and none of them are necessary or desirable for a child with a healthy digestion. All are made from cow's milk, just as the mixture recommended is. Although many of them claim to be "a perfect substitute for mother's milk," none of them are this, and many contain starch in considerable quantities. Others, although utilizing starch, have transformed it into dextrin or grape-sugar in the process of manufacture. This procedure certainly presents no advantage over, and is in some respects inferior to, the direct addition of milk-sugar to the milk in the manner recommended. The very best of the patent foods are only tolerably successful efforts to simulate mother's milk, and this is no more than we can do ourselves by following the formulæ given. A mother who wishes to feel sure that her baby is getting nourishment upon the composition of which she can fairly well depend will prepare her own mixture.

When, however, there exists some individual peculiarity which renders it advisable that the child be tried with one of the foods upon the market, the physician in charge, and not the mother or the nurse, should have the selection. He will probably choose one which is free from starch. The mother can very readily and simply, in the following way, satisfy a laudable curiosity regarding the presence of starch in any of the foods on the market: Dissolve a portion in hot water, add a few drops of tincture of iodine to a tablespoonful of water, mix a little of this with the dissolved food, and if starch is present a *blue color* will result.

There is one form of prepared food on the market which is scarcely ever admissible—namely, *condensed milk*. When it is diluted sufficiently to make the albuminoids digestible it contains far too little fat; and in many cases it is diluted so much that the proportion of albuminoids also is much less than it should be. I have seen so many babies starving on condensed milk that I now rarely give it. It is true that some babies grow fat and are seemingly healthy, but the health is often only apparent, and rickets is very liable to result. If food is necessary during the first few days of life, before the secretion of the breast is established, condensed milk may be employed; but even then it offers no special advantage over the feeding with diluted cow's milk (see page 135). The only other time when condensed milk may be advantageously used is upon railway journeys and the like, but even then it is better to use milk which has been specially sterilized, as recommended upon page 141. Condensed milk could, of course, be strengthened by the addition of cream before using, and thus made a serviceable food, but this method presents no advantage over that of preparing the food entirely at home in the manner already described.

In place of the commercial foods there are several home-mixed milk preparations which experience has shown to be of value in some cases of delicate digestion. One of these is the gelatin food which was recommended by Dr. J. F. Meigs (Appendix, 12). The gelatin and the arrowroot in this mixture seem to prevent the formation of so heavy a curd. Another useful preparation in some cases is one into which whey and cream enter (Appendix, 14). Still another is the mixture of 1 part of cream and 5 or 6 parts of water or barley-water. These cream mixtures are often of great service where a child cannot take milk at all. The formula known as "Biedert's cream mixture," proposed by the celebrated German physician of that name, and intended for babies under three months of age, is one of this sort. There are still other preparations, such as albumen-water (Appendix, 3), veal tea (Appendix, 16), etc., which contain neither milk nor cream. Their use, however, is limited entirely to children who are actually ill rather than to those with delicate digestion merely or with some idiosyncrasy regarding food.

In some instances peptonizing the food is of great service. The method of doing this will be described later (Appendix, 23-35). We must bear in mind that the administration of a predigested food during a long period takes away, to some extent, the power of the stomach to do its own digestion.

The admixture of thickening substances containing starch for the purpose of "breaking the curd" is not to be recommended as a routine practice. In some instances, however, it is certainly of benefit. (See Oatmeal-water, Arrowroot-water, and Flour-ball; Appendix, 5, 6, 17).

In this connection we may consider more at length the very important subject already referred to—that of the administration of food containing starch. An infant in the first four months of life possesses only slight power of digesting starch. The pancreatic juice and the saliva, the function of which it is to digest starch, are little developed at this period, and even after the age of four months the power increases but slowly. It is a very frequent custom with mothers to give children a crust of bread to bite upon. Indeed, a baby is lucky if it gets off without any further maternal experimentation than this, for it is during the first eighteen months of life that so many innocents are slaughtered by "just a taste" of table food, given on the ground that because they wanted it, it was right for them to have it. It is best not to allow even a crust before the child is eight or nine months old, by which time a thriving baby may take starch in small quantities without disadvantage in the winter, although it does not need it. The better course, however, is to allow no starch, nor, in fact, anything but milk, until the age of one year. In hot weather no change whatever should be made in the diet until autumn, even though the child be more than a year old.

Of course, these remarks apply only to thriving children. It sometimes happens in the last months of the first year, or even earlier, that the diet must be supplemented in various ways, as by certain meat foods, such as the yellow of egg, beef-juice and various peptonized-beef preparations, and sometimes even by starch in considerable quantity; but a healthy baby does not need these things, and should not receive them except by medical advice. So, too, it is often necessary during the latter part of the first year, if the baby is not growing at the proper rate, to increase the amount of milk in the mixture to, perhaps, one-quarter, one-half, or even a larger fraction of the total volume; but this should not be done unless it is actually and undoubtedly required.

We have so far considered only the manner of feeding a baby before the time of weaning. After it has been fully weaned its nourishment may be gradually increased in strength. This applies equally well to a bottle-fed baby who has reached the usual age for weaning. By about the age of twelve months a child may be fed upon undiluted milk and may begin to take other articles of diet in addition, such as beef-juice, eggs, and starchy food in moderate quantity. These will be given from a spoon, but the milk may be given from a bottle as long as the child is inclined to take it in this way.

As a guide for the feeding of a child of from twelve to eighteen months the following diet list may be of service. The numbered menus indicate the choice that the mother may have, alternating them so that the child will not tire of any:

Diet from One Year to Eighteen Months.

Breakfast (6 to 7 A. M.).—(1) A glass of milk with stale bread broken in it. (2) Oatmeal, arrowroot, wheaten grits, hominy grits, etc., made into a porridge with milk and well cooked for two hours at least. (3) A soft-boiled or poached egg with bread broken in it, and a glass of milk.

Second Meal (10 A. M.).—A glass of milk.

Dinner (1.30 to 2 P. M.)—(1) Bread moistened with dish-gravy (no fat), beef-tea, or beef-juice (Appendix, 22); a glass of milk. (2) Rice or grits moistened in the same way; a glass of milk. (3) A soft-boiled egg and stale bread thinly buttered; a glass of milk.

Rice, sago, or tapioca pudding, or junket, in small quantities as dessert with any of these diets.

Fourth Meal (5 P. M.).—A glass of milk or some bread and milk.

Fifth Meal (9 to 10 P. M.).—A glass of milk.

It is, of course, understood that the baby does not suddenly plunge into any such diet at twelve months, but that the list and the variety are only very gradually increased, and that milk remains the principal article of diet. The last meal should be given only if the child wakens. If it rouses some hours before the time for the first morning meal, and remains awake, it should be given a cup of milk to stay the stomach until breakfast. It is no longer necessary at this age to sterilize the milk in cool weather, if care is taken to keep it carefully. In hot weather it is safer to sterilize it still.

After the age of eighteen months up to that of two years the diet is only very little more extended. The following list will be a guide:

Diet from Eighteen Months to Two Years.

Breakfast (7 A. M.).—(1) A glass of milk with a slice of bread and butter or a soda, Graham, oatmeal, or similar unsweetened biscuit. (2) A soft-boiled egg with bread and butter and a glass of milk. (3) Porridge as described in the previous list.
Second Meal (10 A. M.).—(1) Bread broken in milk. (2) Bread and butter or a soda or other biscuit with a glass of milk.
Dinner (2 P.M.).—(1) Boiled rice or a baked potato mashed and moistened with dish-gravy or beef-juice; a glass of milk. (2) Mutton or chicken broth with barley or rice in it, or "beef food;" some bread and butter, and some sago or rice pudding made with milk. (3) A small portion of minced white meat of chicken, turkey, or fish, or minced rare roast-beef, beefsteak, lamb, or mutton; bread and butter; a glass of milk.
Fourth Meal (5 P. M.).—(1) Bread and milk. (2) Bread and butter and a glass of milk.

It is probable that no fifth meal will be needed, but if it is it should consist only of milk. The term "beef food" is used here in the very general sense of some of the commercial ready-made beef preparations. Among the best are those in which the beef is already peptonized. There are a number of excellent foods on the market, but the family physician had better be consulted regarding them. It is important to know that not every child can digest potato easily, and that this variety of starchy food must be tried with caution. Further, that many children have great difficulty in digesting any form of starch. In such cases the diet should be chiefly of animal food during the first two years of life.

After the child has cut sixteen or twenty teeth—say, by the age of two years—we may still further increase the diet by allowing it to eat solid meat food. For dinner it may have tender chicken, fish, mutton, or beef cut small but without actual mincing. Fresh or stewed fruits in small quantity are also good, among these being included raspberries, strawberries, grapes freed from the seeds, peaches, juice of oranges, and stewed apples. Bananas should not be given. The diet then may be as follows:

Diet from Two to Three Years.

Breakfast (7 to 8 A. M.).—(1) A small portion of beef-steak, with oatmeal, hominy grits, wheaten grits, corn meal, or other cereal porridge with plenty of milk. (2) A soft-boiled egg, bread and butter, and a glass of milk.

Second Meal (11 A. M.).—(1) A glass of milk with bread and butter or with a soda or other biscuit. (2) Bread and milk. (3) Chicken or mutton broth.

Dinner (2 P. M.).—Roasted fowl, mutton, or beef cut fine; mashed baked potato with butter or dish-gravy on it; bread and butter. As dessert, tapioca, sago, or rice pudding, junket, or some of the fruits mentioned.

Supper (6 P. M.).—(1) Bread and butter. (2) Milk with soda or similar biscuit or with bread and butter.

It is very necessary to bear in mind two facts regarding these tables: first, that they are only a guide, not an absolute rule, both as to the time of meals and as to the nature of the food; and, second, that they rather represent the extreme of what a child can take than indicate what every child ought to have. Although mothers are very prone to worry because their children are not getting "strong enough food," there is less danger of this happening than of the food being too strong. Many a baby does wonderfully well with milk alone long after others are taking a diet somewhat like the list given for the age of eighteen months to two years. In such a case it is folly to alter the diet hastily. The weight and the general condition of the baby are far better guides than the number of months old which it happens to be or the number of teeth cut. It is always very important, as previously pointed out, to make no changes during the hot weather when it is possible to avoid doing so. On the least disturbance of the digestion, too, the diet should be cut down to milk for a day or two.

From the age of about two and a half years onward the child can sit at the table in its high chair with the family, or at a small table close to the mother. If it never receives articles of diet not suited to it, it will soon learn not to ask for them. At the age of three years the child may have its diet considerably increased in variety, since it has now acquired powers of digestion much more like those of the adult. Some of the green vegetables are of advantage. It is very important at this age to prevent a child from helping itself to all sorts of edible articles both at the table and, especially, between meals. If it is really hungry there is no objection to its having some simple thing between meals, not sufficient in amount to lessen the appetite at the regular meal-time. It is impossible to give any series of distinct diet lists for the age of three years and onward, inasmuch as the child now eats from the family table and of the food provided for all. Care must be taken that it receives no indigestible, highly-seasoned, or made-over dishes, and that it masticates slowly and thoroughly. The chief meal (dinner) ought always to be in the middle of the day, and the supper always light, as of bread and milk or cereals and milk, in order that sleep may be sound. Milk should still constitute a large part of the diet, and meat more than once a day is often a disadvantage. The following lists may serve as a guide to the kinds of food suitable to a child of three years and later, and those which must be used with care or be avoided. Of course, as the child passes this age the list of permissible articles gradually increases until, by the time of puberty or earlier, the diet is practically that of adults.

Foods Permitted.

Meats.—Broiled beef-steak, lamb chops, and chicken; stewed liver; roasted or boiled beef, mutton, lamb, chicken, and turkey; broiled or boiled fish; raw or stewed oysters.

Eggs.—Soft-boiled, poached, scrambled, omelette.

Cereals.—Light and not too fresh wheaten and Graham bread, toast, zwieback; plain unsweetened biscuit, as oatmeal, Graham, soda, water, etc.; hominy grits, wheaten grits, corn meal, barley, rice, oatmeal, maccaroni, etc.

Soups.—Plain soup and broth of nearly any kind.

Vegetables.—White potatoes, boiled onions, spinach, peas, asparagus, except the hard parts, string and other beans, salsify, lettuce, stewed celery, young beets, arrowroot, tapioca, sago, etc.

Fruits.—Nearly all if stewed and sweetened; of raw fruits, peaches are one of the best; pears, well-ripened and fresh raspberries, strawberries, blackberries, grapes without the skin and seeds.

Desserts.—Light puddings, as rice pudding without raisins, bread pudding, etc., plain custards, wine jelly, ice-cream.

Food to be Taken with Considerable Caution.

Kidney, muffins, hot rolls, sweet potatoes, baked beans, squash, turnips, parsnips, carrots, egg-plant, stewed tomatoes, green corn, cherries, plums, apples, huckleberries, gooseberries, currants.

Foods to be Avoided.

Fried food of any kind; griddle-cakes; pork; highly-seasoned food; pastry; all heavy, doughy, or very sweet puddings, unripe, sour, or wilted fruit; bananas, pineapples, cucumbers, raw celery, raw tomatoes, cabbage, cauliflower, nuts, candies, preserved fruits, tea, coffee, alcoholic beverages.

The feeding of a child when sick is such an important matter, and one so very difficult, that it must be left nearly entirely to the judgment of the physician. The remarks already made upon the feeding of children with delicate stomachs or with idiosyncrasies regarding food apply in this connection also. The further brief consideration which we can give to the general principles underlying the subject will be found in Chapter XI., in the section upon the Management of Sick Children.

In the Appendix will be found some recipes for various forms of food useful in sickness and health, including food-preparations for use in the bottle.

CHAPTER VII

SLEEP.

A VERY young baby is asleep nearly all the time except when nursing or having its toilet made. Its total amount of sleep should be about eighteen or nineteen hours every day. As it grows older it sleeps less and less, and at the age of two months it will often lie awake quietly for an hour or so at a time. By the time it is a year old it requires fifteen or sixteen hours of sleep every day; at two to three years, twelve or thirteen hours; at four to five years, ten or eleven hours; and at twelve to thirteen years, nine or ten hours. A baby who is sleepless and fretful at night generally has something the matter with it or else has been badly trained. It is important from the very first to accustom a child to sleep at definite hours, else the parents' lives are in danger of becoming a burden to them. To walk the floor night after night or to be obliged to sit up with a healthy child and sing it to sleep is a form of martyrdom which is entirely uncalled for. Provided one is sure that the baby is not sick, it should be put to bed and not be taken up again to induce it to sleep, and the mother should avoid sitting in the room unless she wishes to be obliged to sit there every evening. If the little one never knows any other way than this of being put to sleep, there will usually be no difficulty in the matter after it has once learned its lesson; but to begin the training and not persistently to continue it is a fatal yielding of which the child will be sure to take advantage when a second battle begins.

Except for the first few days of life, during which, as is generally thought best, it should lie on its right side as much as possible, the position which a healthy child assumes while sleeping is a matter of not the slightest consequence. If it wants to lie on its stomach, there is no possible good objection to be raised against it. There is sometimes a great deal of needless anxiety among mothers with regard to this matter. It is only in a rickety child that a deformity would be liable to occur from the habit—as would equally well result from the constant assumption of any other position. We must remember the necessity of changing the position now and then of every child too young or too feeble to turn itself easily and often.

Before the age of three or four months the baby is put to bed at 5.30 or 6 P. M., and should rouse but once or twice during the night. After this age it should go to bed at 6 or 7 in the evening after nursing, be fed at 10 or 11 P. M., but be trained to sleep without further nursing until 6 or 7 in the morning. It will then need feeding again, after which it can again sleep if it desires. Through the day it may at first sleep as much as it **feels** inclined, but it is sometimes a good plan, by the time it is a month old, to encourage its keeping awake for about an hour before its bed-time, in order that it may have a better night's rest.

By the time the baby is six months old it will probably begin to limit its sleep by day to a nap in the morning of from one and a half to two hours. The time of the morning nap will depend largely upon the hours of nursing. The child should be undressed for it and be regularly put to bed. Sometimes at this age a short afternoon nap is needed, but this should not last longer than until 4 P. M., lest the night's rest be interfered with, and it should not be allowed unless the child cannot do without it. At one year of age and on to the age of two years the same arrangement of the sleeping hours holds good, except that an afternoon nap is not desirable. The morning sleep will then be of two hours' duration, beginning at 11 or 12. If the fifth meal at 10 P. M. is not required, the child can sleep uninterruptedly throughout the whole night. At two years of age the morning sleep is shortened to one-half or one hour. From this time up to the age of four or five the morning sleep is still taken if the child seems to need it, but is not to be insisted upon. Children of four years or older should continue to go to bed at 8 o'clock or earlier, and the hour should gradually be changed to 9 o'clock by the age of ten or twelve years.

A certain degree of latitude is to be allowed to all that has been said. For instance, if a child persistently wakens very early in the morning and does not go to sleep again, it is better to make the bedtime somewhat later. So, too, a child must be allowed to wake of its own accord in the morning, even though the regular hour be passed. This is certainly true up to the age of four or five years, and even after this it must be remembered that children need a great deal of sleep. If rising at a certain hour in the morning is necessary, and the child seems tired, the hour for retiring must be made a little earlier. In no case must the amount of sleep desired be curtailed. A child of any age should not be allowed to lie in bed after thoroughly awake.

It is important to preserve great regularity in the hours of sleeping. Few things upset a child more than a failure to do this. There should be no romping games or excitement of any nature for at least an hour before going to bed at night, or the child will be apt to sleep badly.

We must next determine what is best for the baby to sleep in. It should never sleep in the bed with its mother. Not only is there a possible danger of her overlaying it—a danger which is real and not imaginary, since statistics show that it occurs very frequently, and history records it even as long ago as the time of King Solomon—but there is a constant temptation to nurse it too often. The baby, on its part, acquires the bad habit of nursing only partially, sleeping a short time, rousing, and nursing again. Moreover, it is very liable to get the covers over its head and to obtain much less fresh air than it should.

The first bed generally used for the baby is the bassinet, and sleep should begin in this from the first day of life. The bassinet consists of a wicker basket with high sides and with or without a hood over one end. It should stand high, so as to avoid draughts on the floor. It should not be too large to be easily portable, in order that it may be readily moved from one room to another if desired. It may conveniently be lined with some colored or white material and covered outside with Swiss muslin; but these and any further decorations may be as varied and as elaborate as the mother pleases. It is, however, better to have them simple and inexpensive, to permit of changing them when dusty or soiled. The illustration shows one of the ordinary forms of bassinet furnished in the shops (Fig. 37). A large oval clothes-basket would answer as a substitute.

FIG. 37.—Bassinet.

The bassinet is superior to the crib for the early months of life, because it gives the child more support at the sides and keeps it warmer if well tucked in. Curtains may be fitted to it, and are of service if there is any danger of draughts, but as they cut off the fresh air and catch the dust it is better to do without them; place the bassinet in a sheltered situation, and protect it, if necessary, from draughts and light by a portable screen.

A cradle may be used instead of the bassinet. The form with projecting rockers is a constant invitation to everybody to trip over them, and the swinging form is also not to be recommended unless it is never swung. Although the rocking probably does no harm, it is against all the principles of training which we have been considering to make it a necessity in putting the child to sleep. If the child has never been rocked, it can never miss it.

When the baby is eight or nine months old it should be transferred to a crib, in which it should sleep until five years of age. The crib should have sides which let down on hinges or on slides, and which should be high enough to prevent falling out, for it is astonishing over what high sides a small child can climb. The hinged side takes up much more room in opening, and the sliding variety is consequently more convenient if it is so made that the child cannot by any means let it down upon its arms or legs. The old-fashioned trundle-bed is faulty, as it brings the child too near the draughts on the floor. The crib is, as a rule, better without curtains. It should be provided with a woven-wire mattress, and this should be as high from the floor as in an ordinary bed. The remaining contents and the manner of making up the bed are the same as for the bassinet, and the one description answers for both. There should be, namely, a soft, thin hair mattress, which is decidedly better for strong children than one of feathers is, as the latter is much too warm. Over this is laid a rubber cloth, and the whole is covered by a doubled sheet. Sometimes a quilted bed-cover may be put over the rubber, to increase the softness and warmth. This is a very good plan in winter. It is also sometimes well to place a small pad, like the lap-protector described in Chapter V., directly under the baby, over the sheet. There should be a small, soft, thin feather pillow covered with a fine linen pillow-slip. In summer a pillow of curled hair is cooler. The coverings of the baby in bed consist of a sheet, as many soft blankets as the season requires, and a light spread. In cold weather an eiderdown quilt is very useful. All the coverings should be light in weight, yet warm. The sheet should be of muslin rather than of linen, as there is a coldness about the latter which it is very difficult to overcome. The pillow-cases, however, are better made of linen.

We must constantly bear in mind the very great importance of properly airing the bed after it has been slept in, and of warming it before it is used again. Every morning the windows of the room should be opened and the bed-covers be stripped off, and, with the mattress, exposed to the air and sun for at least two hours. Before the child is put to bed in the evening the covers should be well pulled down and allowed to stay so for half an hour or more. In cold weather the sheets should be taken off and warmed. Indeed, it is a good plan to warm them at all seasons except in the height of summer. If this is done, there is no necessity for a child to sleep between blankets, unless, possibly, in earliest infancy. It is difficult to keep blankets fresh and sweet if used in this way. If the sheets become soiled, they must be changed at once, no matter how often the soiling occurs. It is important to keep the rubber cloth well cleaned and aired.

The great disposition evinced by most children to wriggle themselves outside of the bed-clothes renders something to prevent this desirable. There are many bed-clothes fasteners described, but as simple a form as any consists of two short pieces of elastic, each of which is attached to the covers by a clamp and is fastened to the side of the bed or crib by pieces of ribbon. This plan is rather better than that of pinning the covers to the pillows with large safety pins, since the elastic allows of a certain degree of turning and moving about.

Where the child shall sleep at night is a matter depending largely upon circumstances. The best plan, theoretically, is that which places the baby, after the first few weeks, with its nurse in the night nursery. If the child is nourished at the breast, it can be brought to the mother's room at the proper hours and then be taken back. This relieves the mother of care during the night. If it is bottle-fed, the nurse gives it its nourishment. Many a mother, however, is naturally, and with good reason, unwilling to entrust so much responsibility to any employed person, while in other cases the means of the parents or the rooms of the house do not permit of such an arrangement, and the baby has to sleep in the mother's room. After the age of a year, however, it should certainly have a separate room at night if possible. The morning and afternoon naps are to be taken in the room used for sleeping in at night.

CHAPTER VIII.

EXERCISE AND TRAINING, PHYSICAL, MENTAL, AND MORAL.

THE training of the baby, physically, mentally, and morally, is so large a subject that we can consider only its most salient points.

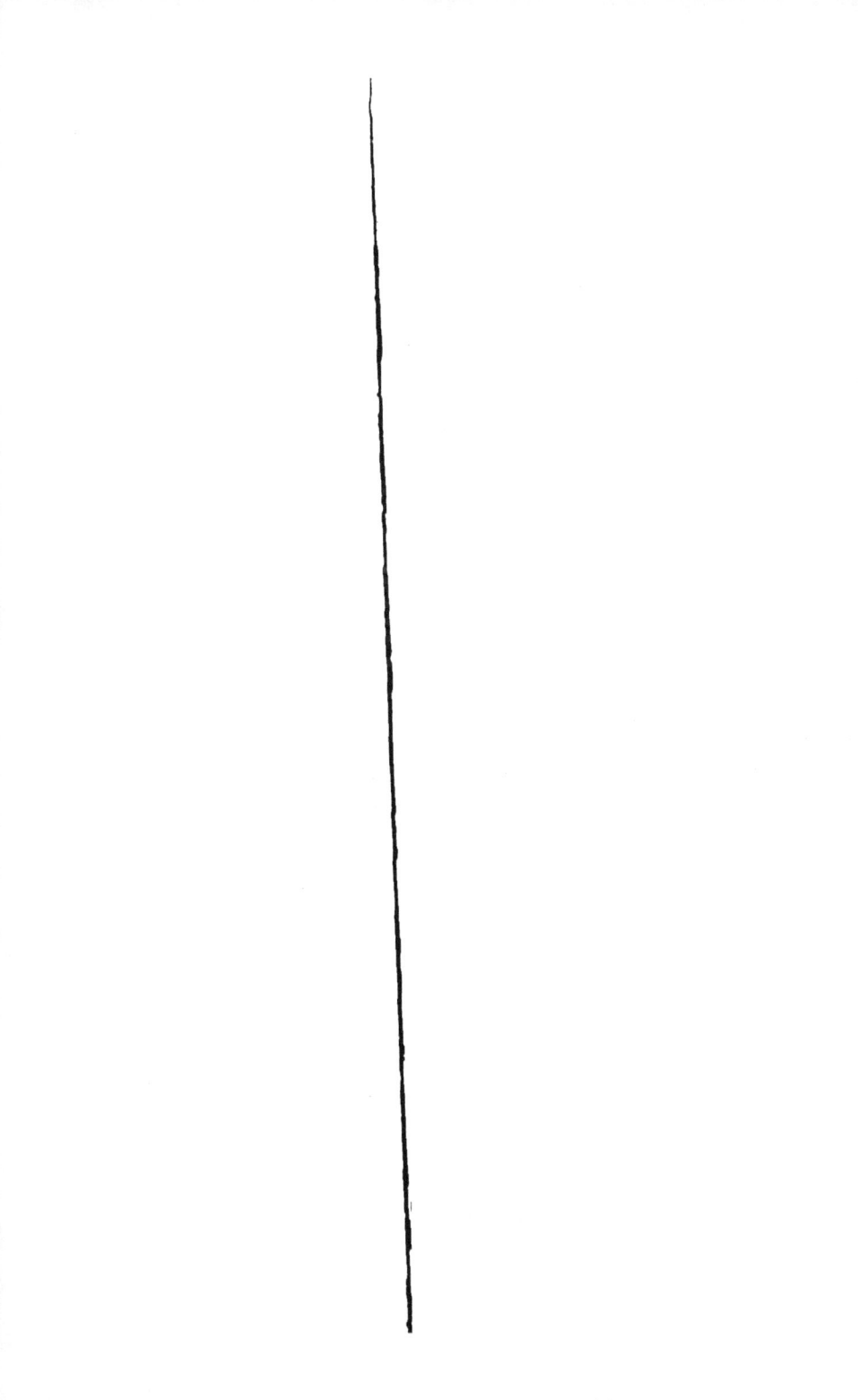

INFANT'S WEIGHT CHART.

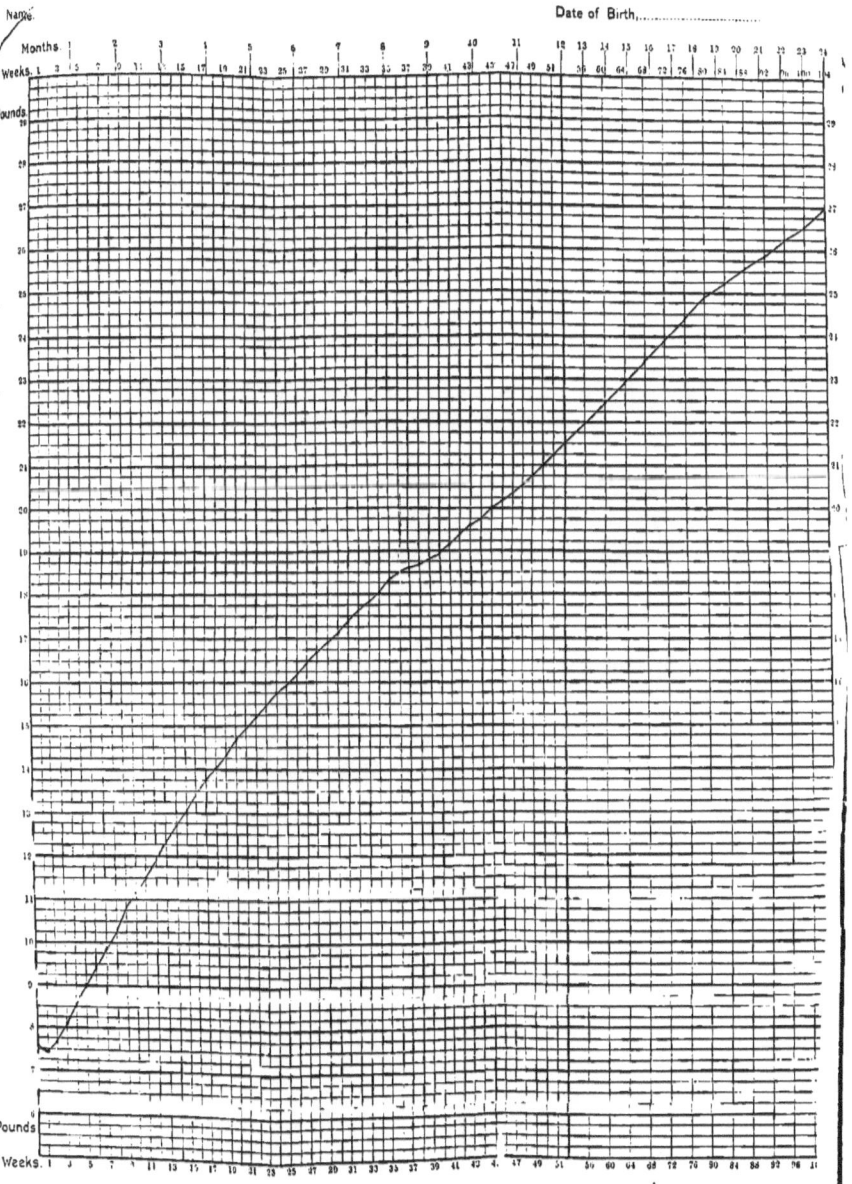

For the first two weeks of life the baby takes very little physical exercise, but after this it begins to kick and to move its arms about in a way which ensures plenty of it, if only its clothes are of such a nature that the movements are not impeded. At the age of two weeks the child may be systematically carried about in the arms two or three times a day, as a means of furnishing additional change of position. We must bear in mind that its spine is still very weak, and that it must be supported in a proper manner. The baby should be placed on its back upon a pillow on the nurse's arm, and after it is a month old it may be carried in the same way, but without the pillow. When three or four months old, and up to the age of six or eight months, it may be seated upright upon the arm, with the hand of the other side supporting its head and back carefully, although as the age advances this support is not always necessary. As the back bends very easily in any direction in infancy, we must guard against any permanent curvature developing by seeing that the child is carried sometimes on one arm and sometimes on the other.

Closely connected with the exercising of the baby is its exposure to the outdoor air. Although this is often of much benefit, it is a mistake to be in too great a hurry with the process of "hardening," so called, since this frequently only succeeds in making the child ill, just as pampering makes it delicate. No absolute rule can be given for the date at which the baby shall be taken out for the first time. If at the age of two weeks it is well and is properly protected, the nurse when walking with it may carry it into another room of a somewhat cooler temperature. This will give quite sufficient change of air. By the time it is a month old, or even before this, it may be taken into the open air in summer-time, and kept there for ten or twenty minutes on the first visit, and longer on subsequent ones. In midwinter it is better to delay longer, and not to make the first excursion out of doors until the age of two or possibly three months. There is no doubt that it is sometimes still wiser to wait until spring if the baby has been born in the winter season, but this must be determined largely by circumstances and for each individual case. An autumn baby ought, if possible, to go out before winter sets in, and then to continue to do this on all good days.

Damp, windy, or very cold days are always to be avoided during the early months of life, and even after this period exposure to them is of questionable advantage, for we have always to balance the good that may come from the outing against the harm that may result from the unfavorable weather. It is a mistaken idea that every child must be in the open air every day, no matter what the nature of the weather may be. Even on the best days it is important to avoid chilling and to keep a close watch over the condition of the hands and feet. The least chilliness of these is a warning to go in.

One plan which can be safely adopted with autumn or winter babies is that of opening the windows in one of the rooms of the house, wrapping the baby thoroughly, and walking with it in this room for half an hour or so, just as though it were out of doors. The windows should at first be shut down before the baby is taken into the room, but later they may be left open if the weather is not too cold. Of course, draughts must be avoided.

The first going out should be in the nurse's arms, since the heat of her body keeps the child warm, and the support of her arm and hand renders it much more comfortable. After the age of three or four months, depending on the season, it may be taken out in a perambulator.

The choice of the perambulator and the manner in which it shall be used are matters of much importance. The perambulator should be well balanced, so that there is no danger of it tipping over backward, and should especially have easy springs, in order to save the baby as far as possible from the results of careless wheeling. It should be provided with an adjustable seat for use when the child begins to sit up. It should also have a detachable overhanging sun-shade or adjustable hood for use in the sun. It is necessary, too, to see that this is always taken with the carriage and is always used when needed, for nothing is more common than to find a careless nurse wheeling a baby with the sun full in its face. The color of the shade, or rather of its lining, is a very important matter too often overlooked. One which is white or of some bright color, such as red or yellow, may seriously injure the eyes, for it reflects into them the glare from the ground. At least the lining ought to be of some dark color, such as green or brown. The carriage should be provided with a soft warm bed and with warm covers and a pillow. A knitted or crocheted afghan is a serviceable article. For use in summer, mattresses and pillows of hair are much cooler than those of feathers.

As the baby grows more active there is very great danger of its falling out of its carriage. To prevent this accident most perambulators are provided with a straight strap in front of the child. This is often very unsatisfactory, since it does not keep the child either from climbing over, if active, or from being thrown out in case of accident. Some really serviceable preventive of this very real danger of falling is required, and a very good form is that shown in the illustration. This consists of a strap which goes entirely around the waist and is attached by smaller straps to the sides of the carriage (Fig. 38).

A child that has reached the age of six months will no longer be content to lie flat in its carriage. It is then necessary to see that it is well supported with extra pillows at the back and sides. For children of this age, or for older ones who can sit easily without support, the adjustable seat should be placed in the coach.

FIG. 38.—Strap for coach.

From the age of three months onward it is an excellent plan to place the baby at times upon a blanket or mattress in some place in the room which is free from draughts, and so to arrange its clothing that it is allowed to make freely all the motions of which it is capable. This gives it a good chance to learn to stand or to creep as soon as it reaches the age for it. A clothes-basket or large box padded with soft material makes a good place for this early exercise. Whether or not the child shall creep upon the floor depends on circumstances. In winter the lowest layer of air is very apt to be cool, and in severe weather the use of the floor is almost out of the question, even though the nursery has comparatively few draughts. So, too, if a child has a cold, it had better be kept off the floor until well again. The creeping apron described elsewhere is very serviceable for keeping the air from the child. To prevent a creeping child from reaching unsuitable parts of the room it is a good plan to place it within a small portable pen. The portions of the fence are separable, so that the whole can be put away in small compass when not in use. Pens of this kind can be bought or can easily be made (Fig. 39).

Efforts at walking give the baby abundance of a new

kind of exercise, and we must take particular heed that it is not overdone. Too much cannot be said in favor of

FIG. 39.—Creeping pen.

letting the baby take its own time in making the new acquisition. No appliances to aid walking should be used, and the child should not be urged at all. The advisability of using baby-jumpers is very questionable. If there seems to be a tendency for the legs or ankles to bend, walking must be discouraged entirely, for it is much easier to prevent the deformity than to correct it. At this period of life the child should still be kept in the perambulator during the daily airing, but later, when it has learned to walk pretty well, it may have ten or fifteen minutes' additional outdoor exercise on its feet. Gradually the duration of the outdoor walk may be increased, but the perambulator must still be used for most of the time until the child is two and a half or three years old. A half mile at the most is quite sufficient, and often more than enough, for a walk at this age.

Sometimes children who have outgrown the perambulator will ride with pleasure in a "play" express-wagon or, in winter, on a sled. The little two-wheeled carts for children, made in various designs, and known by various names, such as "jaunting car," "mail cart," "chair car," and the like (Fig. 40), have become very popular in the last few years, and are most serviceable. Certainly some vehicle ought to be ready at hand at this

FIG. 40.—Mail-cart.

period of life. We are too prone to forget how short the legs of little children are, and how easily their strength is exhausted.

There is one form of compulsory exercise which should be carefully avoided. I refer to the trotting on the knee which is so common with many nurses. When one compares the diminutive size of the baby, lying on its back or stomach in the nurse's lap, with the vigor of the trotting to which it is subjected, there can be no surprise awakened if vomiting and other disturbances of digestion are produced. Even should these not occur, the habit is a bad one, since the baby may gradually become accustomed even to this hard usage, and learn to depend on it for being put to sleep, just as it will depend on singing or rocking when used for this purpose.

In this connection we may leave for a moment the exercise of the body-muscles in general to consider the training of certain others—namely, those which control the emptying of the bladder and the bowels. After it is three months old the baby becomes conscious of these acts, and often at this early age, or sometimes before it, its education may be begun. It is most liable to empty its bladder soon after a meal, and to open its bowels with some regularity as to time. If the mother will place a receptacle under it while it is lying in her lap a little while before either evacuation is expected, the child will very gradually learn to recognize the purpose of the procedure. Perhaps the event may be aided by the mother or nurse systematically making some sound at the time, which the child will learn to associate with it. As the baby grows old enough to sit up, even though partially supported, it may be placed in the nursery chair at the proper time, and always with the greatest regularity as to the hour. Patience and perseverance will accomplish the desired teaching at last. It scarcely need be remarked that punishment for delinquencies in this line is totally out of the question at any age. Of course, children differ in the rapidity with which they learn this control. Many have accomplished it by the age of a year; most should have done so by eighteen months of age; all ought to have learned it by the end of the second year at latest, and some may be trusted during the day when six months old, or even considerably less than this. The control is always decidedly less during the night.

With increasing age children become able to take without fatigue an amount of exercise which is really astonishing. Still, there is the necessity of guarding constantly against an excess of it in the excitement of play, as well as of seeing that every portion of the body shares in it. Rolling hoop can be begun by quite young children, and the use of a rocking-horse is valuable for exercise in the nursery. A velocipede which cannot be upset will be of service as soon as a child is old enough to use it. For older children dancing is a very desirable indoor exercise if done in moderation and with proper precautions against taking cold. The objections so often urged against skipping rope are in no way valid unless the exercise is indulged in to great excess. After the age of puberty, however, it may be harmful to delicate girls. Skating, especially on ice, is excellent, under proper precautions, for both boys and girls. There is, of course, the risk of falls, but no active sports are unattended by some element of danger. The art of swimming should be acquired by every child, not only for the exercise which it gives, but also for the safety which it may some time ensure. The use of the bicycle is to be commended, provided the guiding apparatus be of such a height and so placed that the child cannot stoop over in the position so generally assumed by bicyclists, and provided that this form of exercise be not employed too exclusively; for although the lower extremities are well used, the upper ones are not sufficiently so, and the position of the arms tends to contract the chest. Tennis and other outdoor games may be indulged in freely. Nothing can be better for children than riding, first on a donkey or pony, and later on a horse—the girls, of course, riding astride, just as the boys do. Indeed, none of these outdoor sports are intended for boys alone, and girls should be encouraged to take part in all of them. Many a woman has to thank her romping, outdoor girl-life for the robust health which she afterwards enjoys. Let the girl be a hoyden just as long as she pleases—the longer the better. Sedentary indoor amusements should, in fact, be discouraged. It is much easier to tone her down and "make a lady" of her after a while than it is to tone her up if she has no good constitution on which to build. A girl grows into a "thing of beauty" only if of sound health.

A city-bred child, however, has little opportunity of taking the necessary amount of exercise of any kind, unless a park or an open square be somewhere in the vicinity. It is consequently of the greatest benefit to take growing children to the country, mountains, or seaside for as much as possible of the warmer season of the year. Places which are merely fashionable resorts are not suitable unless the children are in no way trammelled by the restrictions from which their elders suffer.

Even though plenty of exercise can be had in summer, the inclemency of the weather in winter often presents a great obstacle to obtaining it at that season. Besides this, the confinement of school-life in winter often tells upon the health of the child. It is now that the well-regulated gymnasium fills a place taken by nothing else. It would be a wonderful aid to the formation of sound health did every child attend one systematically. It is much better to spend a half hour or fifteen minutes there every day than it is to exercise for a longer period only two or three times a week. Where no gymnasium is available much can be done at home. One of the best methods for develeoping the arms and chest consists in swinging on a low swing or hanging for a few moments by the arms from a horizontal bar, repeating this frequently during the day. Swedish movements are of great value, and massage is also of service, although less efficient. The calisthenic exercises now used at many schools are to be recommended highly. It is especially useful in the case of young children to have such exercise accompanied by music, as it makes it of greater interest.

The various sports which have been referred to of course come under the head of *Amusements* also, and exercise the mind as well as the body. Childhood is often called "the play-time of life." The chief occupation of the child is to play, and everything else must be made subservient to this. The training of the mind can be combined with it, but should always hold a secondary place, for there is little use of a sound mind, and little chance of getting it, unless the body, too, be sound. Still, while the child is playing it is learning, and the acquiring of knowledge commences often before we have any idea of it. As we cannot hinder the learning, we must early begin to superintend it, and to guide the baby in its amusements, as well as in other things, in a line which will instruct both its mind and its moral sense.

We can in the limits of this chapter merely touch on some of the matters connected with the *mental* and *moral training*. Early in life the baby needs very little diversion. Indeed, up to the age of five or six months it does not require playthings, although at this age it will be amused by a rattle or a rubber doll. Later it needs more toys to be used in the house on rainy days, and others which it can play with out of doors. A heap of clean sea sand will furnish a child of two or three years an unending source of amusement.

It should not be forgotten that it is not only a foolish extravagance to load a child of any age with expensive and fragile toys, but that it is distinctly prejudicial also. Always looking for something new, the child soon becomes discontented with the things it has, no matter how fresh and good they may be. Lack of valuation, too, breeds lack of care of the playthings. Simplicity in desires will better be attained by having only a few toys, although certain others may be kept in reserve and be given only on special occasions or as a special favor or reward which has been well earned. Habits of neatness can be taught in the use of playthings, and even when small a child can learn the lesson of "a place for everything." Toys may be chosen which instruct. Picture-books, Noah's arks and animals, the kindergarten toys, and, a little later, lettered blocks, are of this class. With the latter many a child has learned its letters almost without effort or special instruction.

There is really no hurry about teaching a child to talk. Of course, the more attention there is given to the matter, the sooner will most babies learn. The only thing which should be carefully borne in mind is the great folly of ever using "baby-talk." It is no more comprehensible to the child and no easier for the mother. Gibberish talked to the baby means that it will learn only gibberish. Then at an age when it becomes a mortification to the parents the child of three or four years may still be talking a nearly unintelligible jargon.

The constant questioning on the part of children is often very trying, but should never be rudely repressed. Bear with it patiently, even encourage it; answer truthfully all you can, and remember how very much there is which the child is so anxious to learn all about. Of course there are times when the questions are out of place and must be gently checked. So, too, with the noise of children: although it is often disagreeable and needs to be stopped, we must never forget that to make a noise is natural, and not to make it is a thing which has to be learned.

It is important to remember that in the instruction of children example is far more valuable than precept. Children are wonderful imitators, and their words and actions will be copied largely from those with whom they are most intimately thrown. If a child is never told a falsehood by its parents or its nurse, and is taught to look upon it with horror, there will be little danger of its becoming untruthful. The punishing of a child for a fault after it has told the truth about it is simply encouraging it to lie on the next occasion. We must not, in this connection, overlook the fact that the excessively vivid imagination of a child sometimes leads it to view its fancies as realities. Thus it will tell all manner of false stories of what it or others have done or said, and will often actually believe it all. This is only a sort of romancing, and must be sharply distinguished from deliberate lying, with which it has not the slightest connection.

The habit of implicit, unquestioning obedience cannot be taught too early. It is of far too frequent occurrence for a mother to tell her child that if it will obey some command she will buy it a toy or reward it in some other way. There can be no greater folly than this, for the little one needs no great power of reasoning to understand that the act of obedience is thus made a favor done by it to its parent. To obey because the command is given and because the child loves its parents should be the only reason. This does not mean that a parent may be tyrannical, exacting, or unreasonable. Remember that the child may be right and you wrong.

One should never use threats or employ punishments unless they are really necessary. Punishment should be carefully selected, never given in anger, but in sorrow, and never of a nature that may frighten the child or injure its health in any way. The boxing of the ears may do serious harm, and imprisonment in dark closets and similar punishments are equally dangerous. When a child has been threatened with a punishment, and has, in spite of this, committed the forbidden act, it should not fail to pay the penalty, else it will soon learn to despise its parents' commands. Of course, exceptions arise where justice must be tempered with mercy, but these are to be exceptions only. If parents would less frequently tell their children "*don't*," but give them something to *do*, there would be fewer lapses from obedience.

I have said so much in this connection about the importance of obedience because its value is especially great in sickness. Many a time a physician is rendered helpless to a great extent because a poorly-trained child refuses to take medicine prescribed for it, except after losing a pitched battle over it and doing its nervous system injury by the struggle.

A freedom from selfishness is a quality which cannot be taught too early. A child should learn to think and to do for others, and not for itself. This is a difficult lesson to learn, for we are all selfish by nature. It should also learn to have a fitting respect for and to act with gentleness and kindness to all created things, whether animate or inanimate. A child should never be told to "hit the bad floor" against which it has struck its head. This is nothing else than teaching revenge, to say nothing of the foolishness of it.

As the child grows older one of the best means of inculcating a love for and a sympathy with objects in nature is to allow it to have a growing plant or a pet of some kind of which it shall have the care. This teaches thoughtfulness as well as serves as an amusement. Of course, we cannot expect the child to have the whole responsibility of the care of the pet, for this is asking too much of its perseverance and enthusiasm. The parents should assist, but must not take the whole care upon them. In this way the pet does not become a burden or a source of ill-advised reproaches.

I must strongly advise against the common habit of making the baby the centre of an admiring circle of visitors. The baby should see just enough of company to teach it to be free from a dread of strangers. As a rule, however, it should not be brought into the parlor. The custom not only bores the visitors, too polite to say so, but it excites the baby far too much. A little later this course results in the development of a forward child who is always "showing off" or interrupting the conversation of its elders. Children's parties, too, are far too exciting for babies, and even in early and later childhood they should be of rare occurrence and simple in their arrangements, and are best held in the very early evening or late afternoon.

Much harm, sometimes irreparable, is often done by allowing a child to grow up almost entirely in the society of domestics. If parents want children to learn pleasing and polite manners, the use of good English, and refined modes of eating, they must associate their children with themselves; and if they themselves do not possess these qualities, they should cultivate them as thoroughly and rapidly as possible. In the effort to teach the child in these respects they may profitably let it appear at the general table as soon as it reaches the age of two and a half or three years, or at the most four years, unless company is present. It is a valuable safeguard against a child pushing its chair over if it is fastened in some way to the table.

Very early we should begin to teach a child not to have unreasoning fear; and one of the best means of accomplishing this is never to let it be frightened. Such toys as the jack-in-the-box and those which make a sudden loud noise should not be given to very young children, as they may be the cause of great fright. A child should be taught to have no fear of such things as mice, worms, and other innocent animals. It should look upon the dark as equally harmless with the light.

Too great caution cannot be used in the choice of

stories told or read to little children, since they sometimes gather from what seems to be least harmful the occasion of a timidity not easily recovered from. Ghost-stories are, of course, entirely out of the question. They have often been the cause of untold mental suffering and of a fear which a lifetime has not overcome. Even stories which excite the imagination too vividly are to be avoided, although they may be entirely free from elements causing alarm.

Up to the age of nine or ten years boys and girls are disposed to play together unless some too officious person has made the boys dislike the girls' games, and the girls feel that the boys are rough and "horrid." No hinderance should be opposed to this joining in play, since it induces the girls to lead an active life. The mother should never forget, however, that it is important to exercise careful although unobserved supervision over the morals of the children, whether the sexes play together or separately, since even those who appear perfectly innocent are by no means always so; nor is it invariably some one else's children who are at fault. Experience shows that almost no age is too young to need the subjection to this watchfulness.

Finally, we must consider briefly the management of the *school-life* of children. With the comparatively recent improvements in schooling, children may be sent to a kindergarten by the age of three or four years. The key-note of the kindergarten is the acquiring of knowledge by play. At the same time the child is amused and learns a certain degree of discipline and order. Many of the games are accompanied by little songs and movements of the body, which are always designed to impart knowlege of some sort. Thus the child sings of the flight of birds, and imitates the flying by the motion of the arms. It learns also of the harmony of colors by weaving colored papers, and gains manual dexterity at the same time. A knowledge of number and of form comes from playing with blocks. A grain of corn may be the text for a story about growth, and the child learns a song regarding this.

These instances illustrate briefly the methods of the kindergarten. Whenever a good school of the kind is available, it should be utilized, and when it is not, the mother should herself devote some time daily to instructing her child on the lines indicated. There are now many excellent manuals on kindergarten instruction which give details of the method of teaching. But with some children even the simple instruction of the kindergarten may give too much mental work; for the learning of songs and rhymes is, of course, a decided mental effort.

There is really no need to teach a child to read before the age of six years. Precocity is not a thing to be desired. Indeed, in delicate children it is to be discouraged strongly. It is not the slightest indication of talent or genius. Many children teach themselves their letters, as has already been mentioned; many go further, and learn to read with very little assistance if they have once been given the start; while still other children find study always a burden. If we have succeeded in getting the power of observation and attention well cultivated by the kindergarten object-lesson methods, reading will usually come readily enough.

By the time the child is six or seven years old it may be given some regular lessons and do some actual study, but not at the expense of health, and the hours should be very short. Three or four hours daily are quite enough up to the age of ten years. Throughout the early school-life there should be no studies to prepare at home, for the confinement of the school-hours is all that, and often more than, the health can stand. The great fault of the age as regards the mental training of children is that of over-pressure. We expect the children, with their brains still in a formative state, to do far more mental work than most of their elders do. The danger of over-study is particularly true in the case of girls, who are more disposed than boys toward a quiet, sedentary life; but both sexes must be most carefully guarded against too much brain-work. Eyes are often irreparably injured by school studies, not only as the result of insufficient or badly-placed light, but in consequence simply of too constant use. Many cases of nearsightedness are the result of the improper use of the eyes early in life, or of eyes which need correcting by glasses. Spinal curvature often results from faulty methods of sitting at school (see p. 218).

It is very important in the "one-session" school that there be a recess of sufficient length to allow the child to obtain something more to eat than doughnuts and sweets. Indeed, attendance upon the best school in the world is not worth a hastily-swallowed breakfast and a hurried, indigestible lunch. In this respect, as in all others, schooling must always be secondary to the care of the health. The value of the use of gymnastic exercises has already been referred to earlier in this chapter. Where it is possible to do so a school should be selected which provides these for the children, since they not only practise the muscles, but also make an excellent break in the tedium of the school-day and return the children refreshed to their studies.

The subject of the sending of older children to boarding-school is too many-sided for consideration here. Over against the advantage of the increased independence and self-reliance attained must be set the lack of parental and home influences and the danger of acquiring bad habits of all sorts. From a strictly medical standpoint we have chiefly to assure ourselves, in selecting a boarding-school, that the children do not pass either sleeping or waking hours in crowded and ill-ventilated rooms, that they are well fed, and that they receive abundant opportunity for exercise and sleep.

The danger of contracting contagious diseases in either day-schools or boarding-schools must never be forgotten. Unfortunately, it is one from which there is no absolute safeguard, especially since many parents are utterly reckless of the risk to other children which arises from sending back too soon their own children who have been ill. The periods of quarantine for the different diseases, which will be found in Chapter XI., should invariably be followed. Any boarding-school in which there is an extended outbreak of diphtheria, scarlet fever, or other dangerous infectious disease ought to be closed unless there are exceptional facilities for isolation and treatment.

Any other matters connected with school-life can better be treated of when we consider the School-room in a later chapter.

CHAPTER IX.

THE BABY'S NURSES.

DURING the period of life in which the baby needs especial care it may come under the attention of four sorts of nurses: (1) the monthly nurse; (2) the wet-nurse; (3) the child's nurse or nurse-maid; and (4) the trained nurse in case of sickness. We must briefly consider these, and the qualities to be desired in each.

1. THE MONTHLY NURSE.

Although the monthly nurse is really the nurse for the mother, yet it is upon her that the care of the baby depends during the earliest period of its life. She it is who washes and dresses the child during the time the mother is confined to bed, and who watches its condition and reports this to the attending physician.

The choice of the monthly nurse is a matter of the greatest importance for both the mother and the baby. The physician in charge of the confinement may wish to recommend some one on whom he can depend, and in this case the entire responsibility rests upon him. If, however, the selection is left to the mother, she should choose one not so much because she knows her name as the nurse of Mrs. So-and-so as because she has, if possible, some knowledge of her real ability. Many monthly nurses, and particularly the older ones or those who have not had careful school-training—and sometimes, unfortunately, even those who have and who might be expected to know better—are filled with all sorts of wrong ideas about the care of the new-born child. Not only so, but they consider their "experience" so great that they become obstinate and self-willed, and incapable of receiving advice or even of obeying orders. They will follow their own plans with the baby, on the ground that its care is their business, and not the doctor's. Every physician has seen instances of great damage done in this way. A truly well-trained nurse has not only been taught the proper care of the mother and infant, but has learned also that she is to modify her methods promptly and silently according to the directions of the physician in charge. In such a nurse the mother may put the greatest confidence.

The nurse should be engaged some months in advance, and all pecuniary arrangements made in detail. It is a good plan to have her in the house a week or so before the confinement is expected, or, if this is not possible, then within easy reach, so that she may be sent for with the very first signs of beginning labor. She ordinarily stays for a month or more after the birth of the child, but so long a time is not always necessary.

It is the custom for the nurse to sleep in the room of the mother, or, still better, in the adjoining room. In the latter, too, she can take her meals if it is desirable. She is to take full charge of the baby, determining the hours for feeding, and preparing its food should the mother be unable to nurse it herself. She is not ordinarily expected to do any washing of the baby's clothes, except, perhaps, the diapers, nor to wash her own garments. She should be able to prepare special articles of sick-diet for the mother, in case there is need for her to do so.

2. THE WET-NURSE.

The second variety of nurse with which we sometimes have to do is the wet-nurse. The advantages and disadvantages connected with the employment of a nurse of this kind have already been spoken of when considering the Feeding of the Baby in Chapter VI. When it is found desirable to nourish a baby in this way the choice of the wet-nurse is a matter of great importance. Fortunately, this also can often be left entirely to the physician in charge. It is absolutely necessary that the wet-nurse be in good health, strong, and not too fat. A most careful examination on the part of the physician is required, since nearly any form of ill-health impairs the quality of the milk, and there are some diseases, such as syphilis, which can be transmitted directly from the nurse to the child at the breast. An examination of the nurse's baby is also a guide to the health of its mother and to the nutrient value of her milk.

The nurse should preferably be from twenty to thirty years of age. It is better that her own and her foster baby be of approximately the same age. It is well if her own child is several weeks old, in order that a tendency to the early drying up of the milk need not be feared. Her breasts should be firm and conical in shape if it is her first child, or only very slightly pendulous if she has had several children. They should contain plenty of milk, as shown by the ability to press some from them after the child has done nursing. They should, however, become distinctly more flabby when emptied. If they do not, their size may depend simply upon their being covered by a large amount of fat. The nipple should project well and be free from cracks.

The moral character of the wet-nurse cannot be disregarded. She should be amiable, temperate, and with a lively sense of the responsibility of her position. If otherwise, the health of the child is sure to suffer. If she gives way to violent anger, her milk may become for the time actually poisonous, and produce colic, diarrhœa, convulsions, or even more serious results. If intemperate, she may while intoxicated allow the child to suffer injury; and if she is irresponsible in any other way, she may surreptitiously feed the child with cow's milk if her own diminishes, give it an opiate if it does not sleep, neglect the care of its body in some manner, or abandon it without warning.

A married woman is to be preferred, but the difficulties connected with obtaining a good wet-nurse are so great, and married wet-nurses often so scarce, that it is folly to refuse to engage an unmarried one if she is qualified in other respects. Because she has made one so false a step does not prove her wholly bad. We must remember that we are not seeking examples of morality or instituting rewards for virtue or punishments for crime, but are simply trying to obtain a suitable manufacturer of human milk for a child who will suffer without it. This remark applies, however, only as regards the first illegitimate child. A woman who has had more than one child illegitimately will probably be depraved in other respects and be unfit to be trusted. It is only through the danger of neglect, however, that the moral vices of a wet-nurse affect her foster child. There is no more probability of a baby imbibing the character of the nurse through the milk which she gives, much as we hear this talked about, than there is danger of a child learning to "moo" because it is fed on cow's milk.

It is necessary to regulate carefully the wet-nurse's diet, and her method of living in general, according to the principles which have been determined in a previous chapter to be of service to the health of the nursing mother (pp. 113–117). The nurse must have plenty of exercise in the open air, sleep in a well-ventilated room, and be provided with an abundance of digestible, nutritious food. At the same time we must remember that a woman taken from the lower walks of life and given unrestrained opportunity to indulge freely in food to which she has not been accustomed is very apt to eat too much and to exercise too little. Indigestion follows as a natural result, and the health of the nurse suffers and her milk diminishes or even disappears. The use of stimulants by the wet-nurse is seldom necessary. A woman whose health demands them is not in a fit condition to fill the place.

Finally, the wet-nurse must be made to adhere to the rules for nursing laid down in a previous chapter (Chapter VI.). But however well qualified the nurse may seem, a wise mother will not hand over the care of the baby entirely to her, but will exercise a careful supervision over everything that goes on, particularly at night.

3. THE NURSE-MAID.

The third form of nurse, and the one whose qualifications deserve especial attention, is the ordinary child's nurse. Scarcely anything is more difficult than the obtaining of a thoroughly good child's nurse, scarcely anything more important to the child, and yet scarcely anything more carelessly done. Many a mother engages a woman of whom she knows practically nothing, and transfers to her, blindly and completely, the care of the baby. To say that this is all wrong is easy; to obviate it is difficult.

Mothers often state with great reason that one cannot expect all the virtues for three or four dollars a week, and with this fatalistic salve to their consciences let the matter rest; but the ill results of this indifference are not, however, so easily escaped, and will sooner or later show themselves in some way.

A mother should first consider carefully what qualities are to be desired in a nurse-maid, and then exert her efforts to discover one who possesses them. Finally, after she has obtained the "invaluable girl" it is most important of all never to trust her. Even could the nurse's good intentions be relied upon, her knowledge and judgment are liable to be deficient, however honest she may be in her efforts to do her best. By this it is not meant that the mother dare appear openly distrustful, since such a course would discourage the best nurse, but rather that she must, as a matter of course, give a constant supervision, and make it understood that she herself is the chief, and not the second, in the care of the baby. It is her duty to her child to be secretly a spy upon the nurse, disagreeable as the situation is.

The entire confidence which mothers often repose in their nurse-maids is a matter of wonder to others, and sometimes of indignation. Instances are too common in which a stranger, moved to pity by seeing a baby wofully neglected or abused, has with pure disinterestedness reported the case to the mother, only to be met with the haughty answer, "I have every confidence in my nurse." Nurses are constantly seen in parks and other public places absorbed in reading, or chatting unconcernedly with each other or with some of their male friends, while the babies lie crying in their carriages, perhaps exposed to the full rays of a hot sun or unprotected from a cold wind. Many a time we may see an old woman supporting a crying child on her knee and joggling it roughly up and down to the sound of some crooning ditty until one would think that its poor little head must ache, and its teeth, if it has any, must be loose in its jaws. The bad effects of such treatment have already been referred to in the preceding chapter. How often, too, are babies taken by nurses on their shopping expeditions, or even to the houses of their friends, where they are perhaps exposed to some dangerous contagious disease!

Seeing, then, how important the choosing of the nurse-maid is, we must review some of the qualifications which she should possess. This applies not only to her physical qualities but to her mental and moral characteristics as well, since the child is liable to have its mind and disposition moulded largely by its nurse, and it is manifestly impossible for it to attain the qualities so much to be desired if its constant pattern is the reverse of them all.

In the first place, the nurse must be in good health. The existence of any disease, and especially of consumption or other form of tuberculosis, should be an absolute disqualification. The employment of a nurse with syphilis must also be carefully guarded against. Such conditions as offensive nasal catarrh, bad breath, profuse odorous perspiration, and the like, although not actually dangerous to the child, render the presence of the nurse very unpleasant.

There is some question regarding the best age for a nurse to be. In general the age of thirty to forty-five years is to be preferred. Half-grown girls are seldom fit to have the charge of a child entrusted to them; young women are very liable to give too much attention to enjoying themselves with their friends; while old women, although sometimes invaluable, are as a class prone to be self-opinionated and forgetful. Of course there are numerous exceptions to this statement.

The nurse should be strong. If delicately and slightly built, the carrying of the baby for hours at a time will be beyond her strength. If, on the other hand, she is very stout, she will be able to do little more than support her own weight when walking. Besides, the mass of her flesh is very heating to a baby held in her arms or lap in hot weather.

The comeliness of the nurse is a matter of comparative indifference. Children are apt to think that all those whom they love are beautiful. If only the nurse loves her charge and has features not actually repelling, more is not needed. Even babies in arms perceive the loving and trust-inspiring expression and are contented.

This sincere love of little children is one of the great

requisites of a good nurse. She should have chosen her work, not because it offered as good a way as any of gaining a livelihood, but because she prefers it to anything else. If the love be present, other good qualities will not be entirely wanting. A devoted nurse will not, for instance, easily lose her patience or become angry with the child, even though it is really annoying.

Two other qualities which are very important are intelligence and docility. The nurse should have sufficient intelligence to be able to understand, remember, and carry out any instructions given her, and should be docile enough to be glad to do this, no matter how much previous experience she has had. Experience is, of course, of the greatest value, yet experience without docility is especially to be shunned. A nurse of this character is as hard to mould as a stone, and can be taught absolutely nothing. Better far an intelligent though inexperienced woman who is willing to learn.

Truthfulness and conscientiousness on the part of the nurse are greatly to be desired, but, unfortunately, far too rare. How is it possible for a child to be taught by its parents the sin of lying and the importance of obedience if it constantly hears its nurse telling falsehoods and sees things done which have been positively forbidden? Then, too, the baby may be saved much suffering if the nurse has the courage to admit when she does not know, and to report promptly any alteration in the child's health or any accident which may have befallen it, even though this may have been the result of her own carelessness.

A cheerful and lively disposition is very important, particularly when the baby reaches the age when talking commences. It sometimes happens that a child's mental faculties develop very slowly if it is much with a nurse who is very quiet and makes no effort to teach it, but that they at once take on a rapid growth when one of different disposition is substituted.

The possession by the nurse of good manners and gentleness of disposition, and of a control of good language, is of great advantage when it can be obtained. Children will thus learn instinctively to be polite and kind. A rough, boisterous, ill-mannered child is the natural outcome of association with a coarse-natured, loud-voiced nurse. Yet mothers often seem to overlook this very obvious fact.

Finally, the nurse must be cleanly in her person and dress, temperate, methodical, and neat. A woman who does not keep herself clean cannot be expected to care properly for the cleanliness of her charge or to see that the nursery is kept free from dirt. So, too, if she has not habits of neatness, method, and order there will be a constant state of confusion in the nursery, nothing will ever be in its place, the baby's clothing will always be out of repair, and, especially if there are several children, her work will always be behindhand.

The difficulty attending the procuring of nurses who are in any sense qualified for their position and who can be at all trusted is very great, inasmuch as nurse-maids frequently come from the ignorant and untrustworthy classes. To obviate this difficulty the plan of having a *nursery governess* is sometimes followed with advantage, especially where there are several children in the family. The occupant of such a position should be experienced in the care of children, intelligent, well-educated and refined, and capable of teaching the rudiments of an education to children who have not yet been sent to school. In some cases she may have under her supervision an ordinary nurse-maid, and it should be her special duty to see that the children receive proper care from the maid. Such a woman expects and should receive greater remuneration than an ordinary nurse-maid, and can hardly be asked to take her meals with the domestics. Her position in the household is, indeed, an anomalous and often inconvenient one for all concerned.

The excellent plan of having training schools for nurse-maids was devised some years ago, and has been put into successful practice in several of our cities. A further carrying out of the scheme in other places is much to be desired, for it would help largely to do away with the present very perplexing nurse problem.

Having dealt with the nurse's qualities, we have still to consider, first, the nurse's duties to the child, and, second, the mother's duties to the nurse.

The nurse is generally expected to take as complete charge of the child as the mother chooses. She washes and dresses it, prepares its food if it is on the bottle, and takes it out for its airing, either in her arms or in the perambulator as the mother wishes. She sleeps in the room with it and attends to it at night, or, if the baby sleeps in the mother's room, arises when called and gives it any attention that may be required. She reports promptly the slighest evidence of illness. As the baby grows she endeavors to train it mentally and morally, enforcing obedience, politeness, neatness, and the like, on the lines already indicated. Possibly the repairing of the child's garments is assigned to her.

There are certain things which the nurse should be distinctly instructed that she shall *not* do, and some of these "dont's" the mother may profitably take to herself as well. She should never be impatient or cross with the little one. She should never omit to say "please" and "thank you" if she asks a favor of the child, else the use of the words on its part cannot be expected. She should never use harsh commands or rough language of any kind. She should endeavor to exact implicit obedience on the part of the child, but she should also never show anger or take the punishment into her own hands, except such harmless, not corporal forms as the mother distinctly permits—for example, the taking away of a doll, the making to sit in a corner, etc., but *never* the shutting in a dark closet. She must never give any object to a child old enough to talk simply because it cries for it, but must insist upon being asked politely for it. She should teach a child to have no fear of harmless objects by herself never showing fear. She should never frighten the child in the slightest degree. A nurse who tells a child a ghost-story or who makes it fear the dark is little short of a criminal, and deserves to be punished as such.

On behalf of all physicians, since their labors with children are not easy at the best, I do strongly urge that neither mother nor nurse ever hold up the doctor as a bogy who will give some bad medicine or take the child away if it does not obey some command which has been given. Such a course destroys the child's trust in and fondness for the physician, and renders his examination and treatment of it when sick far more difficult.

The nurse should never administer a particle of medicine unless told to do so by the mother, and never give food solely for the purpose of quieting a child if crying. She should never use baby-talk to a child learning to talk, as this retards its acquiring of distinct speech.

Finally, she must never allow the baby to lie or sit in the hot sun or in a windy or damp place, and she should not take it into a shop or a private house without the mother's consent.

What, now, are the mother's duties to the nurse?

Chief of all is that of paying her well if she is worth it—and she should not be employed if she is not. The baby is far too precious to allow of hesitation in this matter. The mother should avoid imposing duties upon her which do not belong to her, for if she is a faithful nurse she will have enough to do to attend to her own affairs. She should see that the nurse has full opportunities to do her shopping and to see her friends unattended by the baby, since this removes the temptation of taking it with her. While openly assuming the entire guidance of the baby's life, and secretly watching that her directions are properly carried out, the mother must show no sign of distrust, and must endeavor to enlist the interest and win the affection of the nurse.

Finally, she must act with the nurse, and not against her, in the management of the children, always upholding the nurse's authority before them, even though she afterward explain to her in private that she differs with her, and wishes in the future that some other line of action be pursued.

A word with regard to French and German nurses. If it is a difficult matter to find a thoroughly good nurse among the large number of English-speaking nurses, how much more among the much smaller number of French and German ones who present themselves! If a mother desires to employ one of foreign race, she should first of all see that she has the qualities of a child's nurse. That the child learn a foreign language is far less important than that it be well cared for in body and mind. Moreover, there is a very strong temptation, hard to resist, to insist upon the child spending almost all its time with the nurse, in order that it may have the greatest opportunity to acquire her language. No mother who loves her little one can afford to run the risk which this entails.

4. THE TRAINED NURSE.

The nurse trained especially for the care of the sick is the last one of the baby's caretakers to whom we must turn our attention. In cases of slight illness, or even in more serious disease, the mother with the help of the nurse-maid may be able to carry out the directions of the physician without outside help. Often, however, this is almost impracticable. A sick child demands the constant attention of some one, and it is frequently an utter impossibility for a mother to attend properly to the patient and to look after her other duties. Moreover, of all things, experience is to be desired in the care of sickness, and a young mother has usually had no chance to acquire it.

Fortunately, in many of the larger cities a skilful trained nurse can now be readily obtained. Such a nurse is more than a luxury. She brings with her the greatest comfort to the inexperienced mother and increased chances of recovery to the child. Unless the expense absolutely forbids, every child who is or who is likely to become seriously ill should promptly be provided with a trained nurse. A good nurse is just as important as a good doctor—yes, even more so, for the skill of a doctor cannot avail unless his directions are carefully carried out. The mother's anxiety and her disposition to yield to the child's wishes greatly interfere with her judgment and her ability to nurse properly.

The employment of a nurse, however, does not mean that all authority is to be taken from the mother. The child is hers; her duty to it remains the same, and she is still mistress in the house. The nurse is her employee, and will obey her directions if she gives them. At the same time, the nurse is directly answerable to the physician, and dare not, if she is faithful, disobey his orders. As she has been engaged to assume the responsibility of the nursing and to exercise her trained skill in the care of the child, the mother will be chary of interfering, unless she sees to a certainty that things are not going well and that the nurse is not as competent as she ought to be; and even then she had better talk the matter over with the physician first.

The special qualifications of a trained nurse are beyond the province of this volume, and can be referred to but briefly. The nurse should have been thoroughly taught in a training school connected with a good hospital, and she should have had special experience in the nursing of sick children. Many a nurse is excellent with adults, but does not possess the peculiar knack of caring for a sick child. An old woman who has merely gathered together a lot of useless or harmful theories and practices may have had a deal of "experience," but it may only have confirmed her in her fatal mistakes. Such a woman is to be avoided carefully, as she is no more a trained nurse than an "herb doctor" is a physician. This by no means implies that all elderly women without hospital training are worthless, for many of them are excellent. Still, a hospital nurse is usually to be preferred.

A trained nurse should be young and strong, docile, alert, self-possessed, and gentle of hand, step, and voice. She should be neat in appearance and very clean. She will wear wash-dresses, slippers, and a nurse's cap, all of which are not intended as a mark of her office only, but have their distinct purposes of cleanliness and quiet as well. Her experience should have taught her to observe carefully the different evidences of disease, which we shall study in a later chapter, and to understand to a considerable extent what they indicate. If she has been well trained and is capable, she will at once take charge of the ordering of the sick-room and the diet of the patient, and will inspire a feeling of relief in the mind of the anxious mother—and of the doctor, too—such as no words can express. She will see that the child's food is prepared properly, and it is her duty even to go into the kitchen and to prepare it herself if it cannot be managed otherwise. Of course this cannot be done in cases of contagious disease, since she must then not go through the house to any extent. In diseases of this nature the nurse cannot associate with others of the household. She must sleep and eat in the sick-room or in an adjoining room connected with it, and she should pass through the house only on her way out for her daily walk, stopping to talk with no one and entering no other room. In preparing to go out she should wash her hands thoroughly with carbolized water (Appendix, 92) and change her slippers for walking-shoes and her wash-dress for her street-gown. After the disease is over she will take the proper steps for disinfecting the room. These will be described in Chapter X.

If a mother is herself nursing a child with an infectious disease, she must separate herself absolutely from her other children, and follow in all respects the rules given for the conduct of the trained nurse.

As with the nurse-maid, there is a duty of the mother to the trained nurse. The nurse is not made of iron, as seems often supposed, and if she is to accomplish the best results for the child she must have regular times for sleep and outdoor exercise. Worn out by watching, she may easily overlook her duties, administer the wrong medicine, or make some other serious blunder. In their interest in their patients nurses frequently forget this fact. The mother must see that the nurse takes sufficient sleep and fresh air, that she is well fed, and that her garments are laundered for her.

In very severe and prolonged cases two nurses are needed, or the mother must arrange that she or some one else take turns with the nurse.

CHAPTER X.

THE BABY'S ROOMS.

However much we may desire to select rooms for the baby according to some definite fixed rule, such an arrangement is manifestly impossible unless we build a house to suit the baby, and then occupy it uninterruptedly. Frequently not what is best, but what is possible, is the plan which must be adopted. This applies particularly to those occupying hotels or boarding-houses, but even to householders to a considerable degree. The advice given in this chapter is intended to be followed as closely as circumstances will permit.

The baby's first room is, of course, that of the mother. Here it was born, and here it will probably remain until it is several weeks old at least. Later, two rooms should be provided for its occupancy—the one for its waking hours, and the other to sleep in at night and when taking its morning and afternoon naps. These rooms must be selected with the greatest care, as they are the most important in the house. As the child grows older the selection of other rooms is to be considered—namely, the sick-room and the school-room. The principles which govern the choice of any of these rooms apply equally well in cases in which necessity compels the children to share their apartments with other members of the family.

1. THE DAY NURSERY.

The position of the day nursery is a matter of much moment. As the family can rarely undertake to provide one nursery for summer and another for winter, the selection of the room must be made with reference to its suitability in winter-time, since in warm weather the child will be nearly the entire day out of doors, or very possibly with the family at a summer resort. It is necessary, therefore, to choose for the day nursery the brightest, airiest room in the house. Sunlight in the room is of inestimable value. The exposure should preferably be south. If this cannot be had, a room with a window looking east is rather better than a westward outlook, on account of the presence of the morning sun. A corner room with large windows opening south and west is the ideal one. Indeed, there should always be more than one window if it can be had. In the warm season the heat of the sun can be modified by the use of blinds or awnings. There may be difficulties connected with the heating, or some other conditions which render a certain room undesirable, although the exposure is all that can be wished. Naturally all the various circumstances must be taken into consideration.

The nursery should not be upon a level with the ground, as it is apt to be too damp. The third story is the best, provided it is not directly under the roof. More light, air, and dryness can usually be obtained at this elevation, while the noise in the house is less liable to disturb the nursery, or that in the nursery to annoy the rest of the house. The room should have as much air-space as possible. There ought to be from 500 to 1000 cubic feet for each individual occupying it. The number of cubic feet is easily calculated by multiplying the length of the room by its breadth, and the result by the height. Estimating 1000 feet as the supply required for each person, a room 10 feet high, 15 feet wide, and 20 feet long would accommodate two children and the nurse. This does not, of course, mean to the exclusion of proper ventilation, and as the number of inmates is often greater than this, and the room no larger, or even smaller, ventilation must be still more carefully attended to.

The ventilation and heating of the room is often a difficult problem. Proper ventilation consists in providing a constant and abundant supply of fresh air, yet without draughts. A house built to accomplish successfully both heating and ventilating will supply fresh warm air and will remove through ventilators the air already used without the necessity of opening a window. Few houses, however, are constructed in this way. In a dwelling as ordinarily built, without this system, an open fireplace will furnish a method of removing air that is unexcelled, except that it is prone to create draughts upon the floor, which must be particularly guarded against.

Where there is no fire-place a ventilator connected with a chimney may be put in the upper part of the wall and the foul air removed in this way. Furnace heating through flues and a register supplies fresh warmed air from without. If fresh air must be admitted from a window, it is very important to have it done in a way to avoid draughts. This may be accomplished by the use of an ordinary ventilating-board. This consists of a board 4 to 6 inches high, made to fit accurately below the lower sash, which is closed upon it. In this way air is admitted between the upper and lower sashes. In

place of fitting under the lower sash the board may be
10 or 12 inches high and may be placed against the
inside of the window-frame. If the lower sash is now
raised 2 or 3 inches, air enters below and is directed
upward between the sash and the board, at the same
time that it also enters the room between the sashes, thus
producing two currents. An improvement upon this
arrangement is the apparatus shown in the illustration

FIG. 41.—Window ventilator: view from inside the room.

(Fig. 41). The pipes, of which the bent portion is upon
the inside of the room, serve to direct the cold air upward
and thus to prevent draughts. By a damper in each the
amount of air entering can be regulated at pleasure.
The board itself is of two pieces which slide upon each
other, thus allowing the apparatus to be fitted under the
sash in a window of any breadth. This ventilator can
be obtained of any large hardware or house-furnishing
store. Another apparatus sometimes used is the revolv-
ing-wheel ventilator, which may be set in one of the
upper window-panes, and is made to rotate by the passage of the air through it. A wooden frame covered
with cheese-cloth or thin muslin, and made to fit in the
window like a fly screen, admits air freely but checks
draughts, and is sometimes useful.

Besides this constant ventilation the room must be
aired thoroughly with wide-open windows once or twice

a day, at a time when the child is absent, and then be well warmed before it is used again.

For heating the nursery probably nothing as yet takes the place of a good hot-air furnace, since this is both easily controlled by opening or closing the register, is more efficient in cold weather, and aids ventilation by supplying fresh warm air from without. The air, it is true, is often too dry, particularly when the ordinary furnace supplied with drums and hot-air chamber is used. It is also liable at times to carry coal-gas with it. Air coming in flues from over hot-water pipes is probably preferable. The dryness may be modified to a certain extent by placing vessels containing water immediately in front of the register. An apparatus for this purpose, consisting of a perforated metal case containing a porous pottery vessel of water, and made to hang in front of a wall register, has been placed on the market.

It is a good plan to have the registers rather high in the wall, as this puts them where they cannot be touched by the children, and tends also to prevent draughts.

Heating by steam radiators is very effectual, but more difficult to control; moreover, it fails to aid sufficiently in ventilating. Gas stoves should never be employed unless they are supplied with smoke-pipes connected with the chimney or passing through a hole in the window or wall, as otherwise they fill the air with the products of combustion. The open fire-place is the ideal form of heating in moderately cool weather, although wasteful of fuel. In severe weather, however, it heats too unevenly, making one portion of the room very hot and leaving the rest cold. The ordinary air-tight coal stove is very serviceable for heating, but is of little use for ventilation. Certain stoves of special manufacture supply ventilation as well as heat. It is very important that stoves, fireplaces, hot registers, radiators, and all lights in use be so guarded that there can be no possibility of the baby burning itself. A couple of thermometers should be placed in different parts of the nursery, away from the windows or the heating apparatus, and one of them should certainly be near the floor, since the air is often so much cooler there, and a child's whole body is so much closer to the floor than an adult's is. The temperature ought to be kept as uniform as possible, 70° F. being the extreme of heat allowed, and 66° to 68° being a much better temperature.

In this connection must be mentioned the fact that in cold weather there is always a draught of air from a window, even when closed. Weather-stripping will prevent some of this, but the greater part of it is due to the chilling of the air by the cold glass. This is remedied to a considerable extent by the use of double sash, but, as it is not entirely hindered, it is better in very cold weather not to allow the child to play near a window, and perhaps not upon the floor at all.

The furnishing of the nursery should be of such a nature that cleanliness can be strictly enforced, particularly if the room is to be used at any time as a sick-room.

The floor should be well made, with the boards closely joined and smooth, all the cracks and holes stopped with putty, and the whole painted or, still better, finished with varnish or oil in the natural wood; or if the floor is old and poor it may be covered with oil-cloth. Carpeting of some sort is an essential, but it had better not be tacked to the floor. If made in the form of one or more rugs, both they and the floor can be cleaned more easily.

The walls of the room are best painted a bright, cheerful tint, and the ceiling likewise. If paint cannot be used, a wall-paper may be chosen which can be washed. Paper of this nature, coated with a sort of varnish, can readily be obtained. It will bear sponging with plain water, but soap may injure it. The wall-paper ought not to contain colors made with arsenic, and any old paper ought to be removed previous to repapering. Some large open shelves against the wall are a very great convenience. Bright-colored, cheap pictures may adorn the room. More expensive ones are to be tabooed, since circumstances may arise, such as the occurrence of some contagious disease, which may render it advisable to destroy them.

An important matter is the fitting of all windows with firm bars to prevent the children from falling out. There should also be a swinging or sliding gate in the doorway to keep the baby from reaching the stairway. The latch to the gate must, of course, be out of reach, on the side away from the nursery.

The furniture of the nursery should be strong, light, plain, and easily cleaned. Upholstered pieces are not desirable. Both large and small chairs, with and without rockers, are needed, and a low table at which the children can play and, if desired, take their meals. None of these articles should have sharp corners, and the rocking-chairs are better if of the swinging style without visible rockers. There is also needed a "nursery chair"—a little wicker or wooden chair with a hole in the seat and a place for the proper vessel below. This chair should never be used for any other than the one purpose. A tall light screen is a very serviceable article for the cutting off of lights and draughts.

Much of what has been said sounds as though the nursery were to be a bare and ugly room, but this is far from being the case. There is a large range for the exhibition of taste in furnishing. The carpet may be as pretty as one wishes, although it had better be inexpensive. Painted walls can always be made to look well if the tints are good. In addition, the room may be provided with a canary bird, the pictures referred to, a globe of gold-fish, some growing plants, and similar objects. Such a nursery, when occupied by a child happy with its toys, cannot but present as pretty a sight as one could desire. It may be said here that growing and flowering plants, with possibly the exception of those producing a heavy odor, are never injurious in the nursery, either by day or by night, and are perhaps even beneficial.

The nursery should be kept scrupulously clean. Besides the daily dusting, the rugs should be taken up once a week, and the floor, as well as the furniture and woodwork in general, washed with a damp cloth. The wiping off of the walls from time to time must not be forgotten. No food or empty dishes or nursing-bottles should be allowed to stand about, and soiled diapers or receptacles containing urine or evacuations from the bowels must be promptly removed. Closets should be inspected frequently, lest something unpleasant have been put away in them. In fact, every precaution must be taken to keep the air sweet and clean.

The effort to preserve the air pure suggests the question regarding the stationary wash-stand. There is a great prejudice among many against them. A well-trapped stationary wash-stand fitted with the best modern traps, and with additional careful trapping of the main drainpipe of the house before it passes to the sewer, is probably entirely devoid of danger if flushed often and if inspected by a good plumber at frequent intervals. Nevertheless, since severe sickness may result from draining which is not so perfect, it is sometimes thought better to have no plumbing at all in either the day or the night nursery. A wash-stand of doubtful plumbing may either be plugged with putty or, still better, cut off from the sewer. Any wash-stand may be made perfectly safe by having it empty through a special pipe not connected with the sewer in any way. It may, for instance, discharge into the rain-water pipe from the roof, provided this does not join the sewer, as so many of them do. The latter arrangement would be far worse than the ordinary one.

Wash-stands should be kept perfectly clean, and never used as slop-sinks. They should be washed frequently with a strong soda-solution, ammonia, or a solution of copperas or carbolic acid (Appendix, 92). This will deodorize the pipe on the room side, but does no good whatever as a disinfectant if the plumbing is imperfect.

2. The Night Nursery.

In the numerous cases in which a family cannot arrange to set aside a room especially for the night nursery, the children must sleep either in the day nursery or in the mother's room. Indeed, where there is but one child a night nursery is hardly needed, but where there are several children in the house, attended by a nurse, it is a very great convenience. The night nursery should be used whenever the children sleep, whether by night or by day. The qualifications necessary for it are to a considerable extent those desirable for the day nursery. Since it is so strongly advisable that a mother keep some watch over her children at night, the night nursery ought to be somewhere near the mother's room—indeed, connected with it if possible. Ventilation must be provided for at night in the manner already described for the management of the day nursery. The sleeping-room should also be thoroughly aired after each occasion on which it is used, and then warmed again to remove all traces of dampness. The temperature at night should be 60° to 65° F. It is not best to throw the windows widely open and to allow the children to sleep in a cold room. Such a procedure is exceedingly likely to bring on catarrhal troubles.

The furnishing of the sleeping-room is similar to that already described for the day nursery, as regards the floors, walls, carpet, and the simplicity of furniture. There should be in it several chairs, a bed for the nurse, and one for each of the children. The beds must be carefully placed to be out of all draughts. The use of folding screens is often a great aid to this end.

The bath-tub and other articles for the toilet may be kept either here or in the day nursery, according as it is found most convenient to make the children's toilet in the one or the other place. This applies also to the chest of drawers which contains the clothing. Should the night nursery be used for the morning toilet of the children, the temperature should be elevated to 68° or 70° F. before it is performed.

In the lighting of the night nursery it is to be remembered that the burning of any ordinary light consumes a great deal of oxygen in the room, besides filling the air with harmful substances. One ordinary gas-burner uses per hour as much pure air as several adult persons. Nevertheless, artificial light of some sort is a necessity in the mornings and late afternoons of winter. Gaslight is probably the least objectionable kind ordinarily to be had, but if the gas furnished is of bad quality the products of its combustion will be more than usually harmful. In such a case oil lamps or candles should be used—as, of course, they must be where there is no gas in the house. Ordinarily, oil is not to be preferred, because it is much more dangerous from the chance of the lamps exploding or of being upset by children. When it is possible to do so, it is a good plan to have the lights placed immediately beneath a pipe which is connected with the chimney. This will carry off the products of combustion, although it does not, of course, prevent the consumption of oxygen. Nothing equals electric lighting for a nursery, since it is not only less hot, but consumes no air at all and is destitute of danger to the children.

It is better that children be accustomed to sleep without light in the room. Should it be found necessary to have a light all night long on account of the frequent rousings of the baby, a night-lamp of some form is the best. Different forms of this may be obtained at the drug-stores. They are so constructed that they will con-

FIG. 42.—Pyramid night-light.

tinue to burn faintly during the entire night, and they consume a minimum of the oxygen of the air. A good form is the "Pyramid night-light" (Fig. 42). It is provided with a small glass chimney, which has the advantage of protecting the flame from currents of air and making it steadier. The light is furnished by a small candle, about an inch and a half in height and breadth, which is surrounded by a thin layer of plaster of Paris to ensure entire safety. A dark metal shade with an opening on one side only may be fitted over the night-light to keep the rays from falling upon the sleeping child. When a house is provided with an electric current an electric lamp of special device, giving but one candle power, can be used as a night-light, or the ordinary electric lamp may be partially covered by a dark screen.

3. THE SICK-ROOM.

Ordinarily, either the day or the night nursery must serve as the sick-room as well, the choice between them depending upon circumstances. Where, however, one of several small children in a family is taken seriously ill, quiet and careful nursing are required, or, perhaps, isolation on account of the disease being of a contagious nature. It is then almost a necessity to choose some chamber to serve as a special sick-room for the time being. The following description is of a sick-room suitable to meet the requirements of contagious diseases in particular:

The room should be large and airy, with plenty of sunlight, unless the condition of the child's eyes or of its nervous system renders light objectionable. All the old ideas about the "darkened room" as appropriate to sickness are things of the past among intelligent people. Even when the eyes are inflamed a great degree of darkening is not needed if a screen will serve to give sufficient protection. The room should be at the top of the house, if possible, and on an entirely different floor from that containing rooms occupied by other members of the family, particularly children. All unnecessary articles of furniture should be removed, and pictures, curtains, and carpetings put away if they have any value. Chests of drawers and closets in the room should be emptied of their contents. If it is desirable to keep the apartment from looking bare, some cheap curtains may be placed at the windows, and one or two old small rugs or pieces of carpet be laid upon the floor. These may be destroyed when the illness is over. Great care must be taken to preserve strict cleanliness. The floor and furniture should be wiped off with a damp cloth at frequent intervals, but no sweeping can be permitted. No empty dishes with remnants of food, and no offensive articles, must be allowed to remain.

It is difficult, and sometimes impossible, to prevent the disease from spreading through the house. Certain precautions regarding the room are necessary, but to be of value they must be of a radical nature. Vessels containing so-called "disinfectant" substances standing about the room are absolutely useless, and simply serve to make a bad smell. If the house permits of having another room, large or small, opening into the sick-room, the task is much lighter. A sheet constantly moistened with a disinfectant solution (Appendix, 92, 94) should be hung at the outer doorway of this anteroom, and the door be kept closed. The windows of the anteroom may be kept open most of the time if the weather permits, and in this room all plates, forks, spoons, nursing-bottles, etc. that have been used may first be washed in ordinary water and then placed in a disinfectant solution for a time (Appendix, 92). There should be in this room a wash-tub filled with this solution, in which all linen used about the patient or the bed can soak for some hours. After this it may be wrung out and placed in a bucket, and can then be carried to the laundry without danger to the household. Immersion in boiling water kills all germs. Warming of milk or the preparation of any liquid articles of diet may be done in the anteroom, and anything brought from the kitchen or elsewhere in the house may be received by the nurse at the door of this room and then taken to the sick-room.

When the illness is over the sick-room and anteroom must be thoroughly disinfected. The floors must be washed with carbolic acid or corrosive sublimate (Appendix, 92, 96, 97), and the walls and ceilings, if painted, be treated in the same manner. Paper on the walls, if it cannot be washed, should be removed and new paper applied. The furniture and bedsteads may also be washed with the disinfectant solution—avoiding, however, the use of corrosive sublimate upon metal. The disinfectant solutions are very poisonous if swallowed, and must be used with care. If the mattresses and pillows are well renovated by *steam* and re-covered, they are entirely safe, but if they are small and old and can well be spared it is best to destroy them. In some of the larger cities the health authorities will undertake the thorough disinfection of articles of this kind. As a final additional precaution in disinfecting the room, it has been the custom to burn sulphur in it, although it is still disputed how effectual this is. The health authorities will attend to this also if desired, but the nurse or mother can do it just as well. Sulphur fumigators come already prepared for the purpose, and with printed directions. They may be had of the leading druggists. In place of these the broken roll sulphur may be placed in a tin vessel, slightly moistened with alcohol, and ignited. Three pounds of sulphur are required for every thousand feet of air-space in the room. The windows of the room should be closed tightly, and all the cracks about them and the doors, as well as the key-hole, stopped with cotton or paper. The pan of sulphur is then floated or supported in a tub of water to prevent setting fire to the floor, the sulphur is ignited, and the door closed. If the sulphur fumigators are employed, the box should be placed in a dish half filled with earth. After at least six hours the door may be opened, the sashes raised, and the room well aired. If it is not possible to have the mattress and pillows steamed, they should be left in the room during the fumigation, first partially opening them so that the fumes of the sulphur may penetrate them better.

A much better plan is the disinfection of the room with formalin, which is volatilized over a special formalin lamp, for sale by druggists. Formalin has been found to be far superior to sulphur as a germ-destroyer.

The requirements of the sick-room are, of course, modified somewhat if the disease is not contagious. There is no need of an anteroom or of moistened sheets and the like. It is still useful to have the room well out of the way if the disease is one which demands quiet, and it is just as well, too, to have no unnecessary furniture in it. The practice of covering tables and shelving with all the bottles and boxes of medicine which have been in use since the illness began renders the room very unsightly and adds greatly to the evidence of sickness, besides opening up the possibility of giving the wrong medicine. Medicines no longer wanted should be removed entirely, and those still in use should be concealed in a convenient place.

The ventilation and heating of any sick-room are matters of the greatest difficulty. While fresh air is even more important than during health, yet in many diseases the child is peculiarly susceptible to draughts and to changes of temperature. Very often the same method of window ventilation can be employed in the sick-room as recommended for use in the nursery, provided the bed be carefully protected against draughts. Sometimes additional ventilation may be secured by covering the patient entirely with the bed-clothes and opening the windows wide for three or four minutes. This plan, however, makes a decided alteration of the temperature of the room, and is dangerous in many diseases. It should not be done except by the advice of the physician. In some cases, as in measles, scarlet fever, or any disease of the lungs or bronchial tubes, it often seems impossible to open the windows in the slightest degree without danger of giving the child cold. Where there is an open fire-place or a good ventilator in the room the difficulty is largely solved, as either of these will serve to provide sufficient ventilation, the pure air entering by the cracks of the windows and doors; but even with this method we must be on the lookout for draughts, so susceptible to them do children with these diseases become. The existence of currents of air can be sought for by going about the room with a lighted candle or a burning match and testing the cracks of doors, windows, closets, washboards, etc. It is not that we wish to stop all entrance of air from these places, since that would interfere with the foul air going out. It is only necessary that we place the bed so that it is not exposed to the air-currents. In the absence of a fire-place, in these susceptible cases, ventilation must be procured from an adjoining room where the air is kept fresh and warm.

As a means of rapidly deodorizing a room the burning of aromatic pastilles, to be procured in the drug-stores, is very serviceable. Burning coffee has much the same effect. Of course, nothing of this sort in any way takes the place of ventilation.

In some diseases, particularly those of the throat or the lungs, it may be desirable to have the air kept constantly moist. This may be accomplished by boiling water in a flat, shallow pan over an alcohol flame. If it is desired to bring the moisture still closer to the child, water may be boiled in a kettle, and a tube connected with the spout may be brought close to the face, taking care, however, that it is far enough removed to avoid too great heat. We do not desire to give the child steam, but water vapor. An apparatus for this purpose, known as the *croup kettle* (Fig. 43), may be purchased from the

FIG. 43.—Croup kettle.   FIG. 44.—Steam atomizer.

instrument-maker or druggist. A very satisfactory apparatus for producing moisture in the room is the steam atomizer, for sale by druggists and instrument-makers (Fig. 44). The bringing of the vapor close to the patient is still further aided by draping a couple of sheets over the bed to form a "*croup tent*," so that they fall down well about it, and are open at one side only, like a tent door (Fig. 45). Broom-handles fastened upright, one at

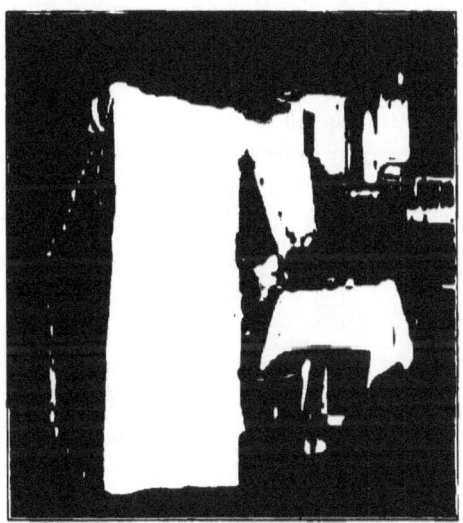

FIG. 45.—Croup tent.

each corner of the crib, and connected by cord at their tops, form a framework of the proper height to support the tent. Where it is desired to make the vapor aromatic with such substances as turpentine, oil of pine, oil of eucalyptus, and the like, the best way is to pour these into the shallow pan of boiling water or the croup kettle referred to, being careful to avoid the flame. (See Appendix, 98.)

The temperature of the sick-room should be very uniform, and should be about that of the day nursery. When the air is being kept constantly moist the temperature should be slightly higher.

In the sick-room or in the day nursery or night nursery

there should be a medicine-chest or wall-closet. Here should be placed such remedies and appliances as a mother is justified in using herself. A list of articles which should be constantly kept in the medicine-closet, ready for use in cases of emergency, will be found in Appendix, III. No dangerous medicine should be placed in this closet, except under special precautions. Bottles containing laudanum or paregoric, belladonna and other poison, or any fluids to be used externally should never be placed here unless of such a nature that they may be recognized readily even in the dark. If this precaution is not followed, some dreadful accident may happen. A "poison-guard" may be had in the drug-stores. It consists of a little wooden ball with a chain attached (Fig. 46). It is to be fastened to the neck of the bottle, and serves to call attention to the fact that the contents are dangerous, or only to be used ex-

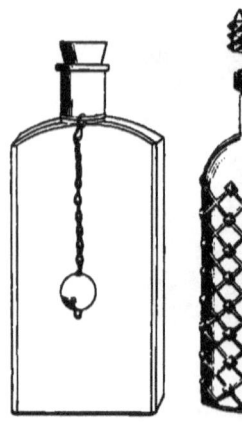

FIG. 46.—Bottle with poison-guard.   FIG. 47.—Poison-bottle.

ternally. There is a still better device, consisting of a bottle moulded with points projecting after the fashion of cut-glass (Fig. 47). The dangerous nature of the contents is perceived the moment the hand touches it. All the household medicines and the articles for use in emergencies should invariably be kept in the closet, and nothing else should be placed there. In this way there will be no confusion when a mother wants anything in a hurry. Do not keep all the half-used medicines remaining from what the doctor has ordered at various times. A few of them might be of service in the future, but the majority were good only for the occasion when ordered, and the closet will soon be filled to overflowing with them. Do not forget to keep the closet locked, and the key in a safe but accessible place. I have known of a little child, with a fondness for "playing doctor," seriously drugging the baby of the family as a result of the neglect of this precaution.

A very serviceable article for use in the sick-room or nursery is a small nursery refrigerator, which serves to keep ice or milk or other foods during the night. As ordinarily made this consists of a small metal vessel, eighteen inches or two feet long, with the lid, bottom, and sides of two layers—the outer one of tin and the inner of zinc—with a narrow space for air between them. A simple method of preventing ice from melting is to put it into a tin or wooden pail, around and rising above which is a hood of several layers of newspaper. The paper is gathered together and tied above the ice.

Some arrangement for the heating of food at night is serviceable during illness. There are various appliances made to fit over a gas-jet or on the chimney of an oil-lamp, and upon which a cup or other vessel may be heated. In place of these a small alcohol pocket-stove can be procured. A vessel for warming the food has been described on page 144.

4. THE SCHOOL-ROOM.

Unfortunately, the furnishing and the regulating of the school-room are generally beyond our control. We cannot here consider at length the method of constructing a school-building to furnish the proper light, heat, and ventilation so greatly to be desired. It is certain that colds, near-sightedness, backache, headache, and various nervous derangements may be expected as the result of a defect in the hygiene of the school-room, even though no mental overwork be indulged in. If the nursery with two or three inmates should be well ventilated, how much more important is the ventilation where a large number of children are collected in one room! Parents should refuse to send their children to a school, however desirable in other respects, if it is plainly apparent that there are going to be constant draughts on the one hand or great lack of proper air-space on the other.

In rural districts, or even in the city, parents who employ a nursery governess may prefer their children to be taught at home. In such case the day nursery will often be the room chosen, and its fitting qualities require no further comment. In other instances several families may combine in the employment of a governess, and will desire to select in one of the dwellings a room which will be suitable for the purpose. On this account a few remarks will not be out of place upon some of the requirements of the ideal school-room, as well as upon some of the dangers of an unsuitable room. They may, indeed, be useful even to those whose children regularly attend school, for the subject is one with which we all should be somewhat familiar. One of the most important considerations in this connection is the danger of the production of spinal deformity. A lateral curvature of the spine is likely to develop, especially in girls with weak muscles, as the result of sitting in school without proper support to the back, or of improper position assumed while writing or while standing at recitation. To avoid this deformity it is important that the child stand squarely upon both feet when reciting, and especially that the desk and chair be of a proper kind. Many of these are very harmful, and produce a habit of stooping that may never be recovered from. The chair should allow the child's feet to rest upon the floor, and should have a back which thoroughly supports the *lower* portion of the spine. This latter feature is of the greatest importance, but is very frequently wanting. The upper part of the chair-back should slope slightly backward to support the remainder of the spine when the child is at rest. In some excellent chairs the chair-back does not extend as high as the shoulders, since no need of support is felt if the hollow of the spine and the part below it are properly sustained. The low-backed chair is the only form that gives support when the child is writing, since it allows of the chair being kept close to the desk without the elbows hitting anything behind them.

The desk-lid is often too high, and as a result the right elbow is too much elevated. This produces a twist of the spine, which after a while becomes permanent as a lateral curvature. (Compare illustration on page 280). The edge of the desk-lid nearest to the child should reach only just as high as the elbows, and should overlap the edge of the seat. The child should face the desk squarely, with both arms resting upon it. A desk which is too high and is not properly placed not only tends to produce deformity of the spine, but also brings the book on it too close to the eyes and produces near-sightedness as a result. Other affections of the eyes, followed by headache and other symptoms, result from the use of the eyes in an insufficient light or from facing too bright a light. The windows should be at the back of the room and upon one side, preferably the left, since this does away with trying cross-lights. Of course, the same precaution regarding the proper arrangement of lights must be looked after when the child is reading at home.

As to the actual size of the school-room required, it is

calculated that there should be 300 cubic feet of air-space for every scholar. For a class of forty scholars this will require a room 28 by 32 by 13½ feet (Lincoln). To make this amount of air-space sufficient to keep the room in a proper condition it is necessary that the air be completely changed *six times in an hour*. Manifestly an ordinary school-room with closed windows and no efficient system of ventilation does not accomplish this. No wonder the poor children grow sleepy and find study hard work!

CHAPTER XI.

THE SICK BABY.

This chapter, necessarily a somewhat long one, must not be viewed as an effort to render a mother capable of "doctoring" her own children. Such an attempt would be a hopeless one, inasmuch as with the treatment of a sick baby the experienced physician often has his hands far more than full. It is intended only to impart such knowledge as will enable a mother to know whether the child is ill, what is probably the nature of its ailment, whether she shall send for a physician, what she shall do before he comes, and how she shall carry out his directions afterward. The actual treatment of disease, except of the simplest kind, cannot be considered. It is far wiser for the mother to meddle very little with the baby's illnesses.

We may conveniently divide our subject into—

I. The Features of Disease;
II. The Management of Sick Children;
III. The Disorders of Childhood.

I. THE FEATURES OF DISEASE.

We have already considered, in Chapter II., the characteristics of a healthy baby, often called "the *features of health*." Bearing these in mind, we can now deal with some of the "*features of disease*," in order that we may see what can be learned by close observation of a sick child.

The *position* assumed in sickness is a matter of importance. A child feverish or in pain is usually very restless even when asleep. When awake it desires constantly to be taken up, put down again, or carried about. Sometimes, however, at the beginning of an acute disease it lies heavy and stupid for a long time. In prolonged illnesses and in severe acute disorders the great exhaustion is shown by the child lying upon its back, with its face turned toward the ceiling, in a condition of complete apathy. It may lie like a log, scarcely breathing for days before death takes place. Perfect immobility may also be seen in children who are entirely unconscious although not exhausted. A constant tossing off of the covers at night occurs early in rickets. A baby shows a desire to be propped up with pillows or to sit erect or to be carried in the mother's arms with its head over her shoulder whenever breathing is much interfered with, as in diphtheria of the larynx and in affections of the heart and lungs. The constant assumption of one position or the keeping of one part of the body still may indicate paralysis. When, however, a cry attends a forcible change of position, it shows that the child was still because movement caused pain. Sleeping with the mouth open and the head thrown back often attends chronic enlargement of the tonsils in young children, although it may be seen in other affections which make breathing difficult. In inflammation of the brain the head is often drawn far back and held stiffly so. Sometimes, too, in this disease the child lies upon one side with the back arched, the knees drawn up, and the arms crossing over the chest. A constant burying of the face in the pillow or in the mother's lap occurs in severe inflammation of the eyes.

The *gestures* are often indicative of disease. Babies often place the hands near the seat of pain: thus in slight inflammation of the mouth, such as may accompany painful teething, they tend to put the hand in the mouth; in earache to place it to the ear; and in headache to raise it to the head. In headache or in affections of the brain they sometimes pluck at the hair or the ears, although they may often do this when there is no such trouble. Picking at the nose or at the opening of the bowel is seen in irritation of the intestine from worms or from other cause. The motion of the hands is often, however, deceptive. For instance, a child with pain in its chest may sometimes refer it to the abdomen and place its hand there. In approaching convulsions the thumbs are often drawn tightly into the palms of the hands and the toes are stiffly bent or straightened. Very young babies, however, are apt to do this, although healthy. The alternate doubling up and straightening of the body, with squirming movements, making of fists, kicking, and crying, is an indication of colic. This is especially true if the symptoms come on suddenly and disappear as suddenly, perhaps attended by the expulsion of gas from the bowel.

The *color of the skin* is often altered in disease. It is yellow in jaundice, and is bluish, especially over the face, in congenital heart disease. There is a purplish tint around the eyes and mouth, with a prominence of the veins of the face, in weakly children or in those with disordered digestion. A pale circle around the mouth accompanies nausea. The skin frequently acquires an earthy hue in chronic diarrhœa, and is pale in any condition in which the blood is impoverished, as in Bright's disease, rickets, consumption, or any exhausted state. Flushing of the face accompanies fever, but besides this there is often seen a flushing without fever in older children the subjects of chronic disorders of digestion. Sudden flushing or paling is sometimes seen in disease of the brain.

The *expression of the face* varies with the disease. Young, healthy babies have little expression of any kind except that of wondering surprise. In whooping-cough and measles the face is swollen and somewhat flushed, giving the child a heavy, stupid expression. There is also swelling of the face, especially about the eyes, in Bright's disease. Repeated momentary crossing of the eyes often indicates approaching convulsions. A wrinkling of the forehead often denotes pain. In very severe acute diarrhœa it is astonishing with what rapidity the face will become sunken and shrivelled, and so covered with deep lines that the baby is almost unrecognizable. The same thing occurs more slowly in the condition commonly known as *marasmus*. Often the face has an expression of distress in the beginning of any serious disease. If the edges of the nostrils move in and out with breathing, we may suspect some difficulty of respiration such as attends pneumonia. The baby sleeps with its eyes half open in exhausted conditions or when suffering pain. Chewing movements during sleep result from disordered digestion, and a smile in very young infants often has the same cause.

The *head* exhibits certain noteworthy features. Excessive perspiration when sleeping is an early symptom of rickets. Both in this disease and in hydrocephalus (water on the brain) the face seems small and the head large, but in the former the head is square and flat on top, while in the latter it is of a somewhat globular shape. (Compare illustrations, Plate III.). The fontanelle is prominent and throbs forcibly in inflammation of the brain, is too large in rickets and hydrocephalus, bulges in the latter affection, and is sunken in debilitated states. The disfigurements of the head immediately following birth will be described later in this chapter (p. 277).

The *chest* exhibits a heaving movement with a drawing in of the spaces between the ribs in any disease in which breathing is difficult. A chicken-breasted chest is seen in Pott's disease of the spine, and to some extent in bad cases of enlargement of the tonsils; a "violin-shaped" chest in rickets; a bulging of one side in pleurisy with fluid; and a long, narrow chest, with a general flattening of the upper part, in older children predisposed to consumption.

The *abdomen* is swollen and hard in colic. It is also much distended with gas in rickets, and is constantly so in chronic indigestion in later childhood. It is usually much sunken in inflammation of the brain or in severe exhausting diarrhœa. It may be distended with liquid in some cases of dropsy.

The study of the *cry* furnishes one of the most valuable means of learning what ails a baby. An unremitting cry is usually due to hunger, or sometimes to thirst, but scarcely any cry is so unappeasable as that of earache. We must remember that not every cry that ceases when the baby is nursed is caused by hunger. Sometimes the cry of colic will be temporarily helped in this way. Sometimes a persistent cry is due to pain of another nature—such, for instance, as that caused by the pricking of a pin. It may also be produced by the intense, constant itching of eczema.

A paroxysmal cry, very severe for a time and then ceasing absolutely, is probably due to colic, particularly if accompanied by the distention of the abdomen and the movements of the body already referred to. If the baby cries every time it is picked up, it is probable that the pressure upon the chest while lifting it gives pain. This may be the result of rickets or of pleurisy. Crying when any one part is touched suggests, of course, that there is something wrong there. A sleepy child has a fretful cry, often with rubbing of the eyes and other evidences of its sensations. A frequent, peevish, whining cry is heard in children with general poor health or discomfort. A single shrill scream uttered now and then is often heard in inflammation of the brain. In any disease in which there is difficulty in getting enough air into the lungs the cry is very short and the child cries but little, because it cannot hold its breath long enough for it. A nasal cry occurs with cold in the head. A short cry immediately after coughing indicates that the cough hurts the chest. Crying when the bowels are moved shows that there is pain at that time. A loud, violent cry coming on suddenly is very often an exhibition of temper. A child of two to six years, waking at night with violent screaming, is probably suffering from night-terrors. In conditions of very great weakness and exhaustion the baby moans feebly, or it may twist its face into the position for crying, but emit no sound at all. This latter is also true in some cases of inflammation of the larynx, while in other cases the cry is hoarse or croupy. Crying when anything goes into the mouth makes one suspect some trouble there. If it occurs with swallowing, it is probable that the throat is inflamed.

With the act of crying there ought always to be tears in children over three or four months of age. If there are none, it is an indication that the disease is serious, and their reappearance is then a good sign.

The character of the *cough* is also instructive. A long-continued, loud, nearly painless cough, at first tight and later loose, is heard in bronchitis. A short, tight, suppressed cough, which is followed by a grimace and, perhaps, by a cry, indicates some inflammation about the chest, often pneumonia. There is a brazen, barking, "croupy" cough in spasmodic croup. In inflammation of the larynx, including true croup, the cough is hoarse or even almost noiseless. The cough of whooping-cough is so peculiar that it must be described separately. Then there are certain coughs which are purely nervous or dependent upon remote affections. Thus the so-called "stomach cough" is caused by some irritation of the stomach or bowels. It is not nearly so frequent as mothers suppose. Irritation about the nose or the canal of the ears sometimes induces a cough in a similar way. Enlarged tonsils or elongated palate may also produce a cough.

The *breathing* of a young child, particularly if under one year of age and awake, is always slightly irregular. If it becomes very decidedly so, we suspect disease, particularly of the brain. A combination of long pauses, lasting half a minute or a minute, with breathing which is at first very faint, gradually becomes more and more deep, and then slowly dies away entirely, goes by the name of "Cheyne-Stokes respiration" and is found in affections of the brain. It is one of the worst of symptoms except in infancy, and even then it is alarming.

The rate of respiration is increased in fever in proportion to the height of the temperature (see page 229). It is increased also by pain, in rickets, and especially in some affections of the lungs. Sixty respirations a minute is not at all excessive for a child of two years with pneumonia, and the speed is frequently decidedly greater than this.

Breathing is often very slow in disease of the brain, particularly tubercular meningitis. Poisoning by opiates produces the same effect. Frequent deep sighing or yawning occurs in brain affections, in faintness, or in great exhaustion, and may be a very unfavorable symptom. Breathing entirely through the mouth shows that the nose is completely blocked, while snuffling breathing is the result of a partial catarrhal obstruction. A gurgling in the throat not accompanied by cough may indicate that there is mucus in the back part of it, the result of a slight inflammation. "Labored" breathing, in which the chest is pulled up by each breath while the muscles of the neck become tense, the pit of the stomach and the spaces between the ribs sink in, and the edges of the nostrils move in and out, is seen in conditions where the natural ease of respiration is greatly interfered with, as in pneumonia, diphtheria of the larynx, asthma, and the like. Long-drawn, noisy inspirations and expirations are heard in obstruction of the larynx, as from laryngeal diphtheria or spasmodic croup.

The *rate of the pulse* is subject to such variations in infants that its examination is of less value than it would otherwise be. In early childhood its observation is of more value, although even then deceptive. Unusual irregularity is an important symptom in affections of the brain and of the heart. Fever is accompanied by an increase in the pulse-rate, the degree of which depends, as a rule, upon the height of the temperature (see p. 229). Slowing of the pulse is a very important symptom, seen particularly in affections of the brain, and sometimes in Bright's disease and jaundice.

The *temperature* and the method of determining it have already been referred to in Chapter II. It is of all things important to remember that in infancy and childhood fever is easily produced and runs high from slight causes. Although a very decided elevation should render a mother anxious to discover the cause, there is no reason why it should at once throw her into a paroxysm of fright. Even slight cold or the presence of constipation or slight disturbance of digestion may in babies sometimes produce a temperature of 103° or more. We do not speak of fever unless the temperature reaches 100°. A temperature of 102° or 103° constitutes moderate fever, while that of 104° or 105° is high fever, and above 105° very high. A temperature of 107° is very dangerous, and is usually not recovered from. The danger from fever depends not only upon its height, but upon its duration also. A temperature of 105° may be easily borne for a short time, but it becomes alarming if much prolonged.

There is a notable tendency to variation of the temperature of fever during the day, but, contrary to the condition in health, the elevation at night is nearly always greater than in the morning. We do not need to be discouraged, therefore, should a child whose temperature had diminished considerably in the morning have it become much higher by the evening. On the other hand, should a morning fever be only as high as that of the evening before, we may conclude that the tendency to elevation is really greater. A sudden fall of temperature is usually a favorable sign, but this is not always so, for unless it is accompanied by an improvement in the other symptoms, it may indicate that death is imminent. The various febrile diseases have each their characteristic course with regard to the height, duration, and variation of temperature, but the subject is too difficult to be discussed in a book of this sort.

With elevation of temperature from any cause there is a corresponding increase of the rate of both pulse and respiration. About eight or ten beats of the pulse and about two or three respirations may be added for each degree of temperature above normal. This ratio is equivalent to about one additional respiration for each three or four beats of the pulse. There are certain diseases, as pneumonia, scarlet fever, typhoid fever, and some others, where this normal ratio is not preserved. The rates, as given, hold good, especially for adult life. It is probable that in children the rate of increase of pulse and respiration for each degree of temperature is somewhat greater.

Instead of elevation we sometimes find depression of temperature below normal. A temperature of 97° or less in the rectum is always alarming in children, and one of 95° rarely occurs unless the child is dying. Exhaustion from any cause, as from profuse diarrhœa, obstinate continued vomiting, or hemorrhage, is liable to produce a depression of temperature, and some degree of reduction is always present in babies suffering from insufficient nourishment, anæmia, or chronic diseases of the heart and lungs. So, too, after attacks of the various febrile diseases the temperature is liable to be below normal for some days.

The *tongue* of newly-born infants is generally whitish, and continues to be so until the saliva becomes plentiful. After this we usually find it coated in disturbances of the stomach and bowels and in nearly any disorder accompanied by fever, although not, as a rule, so thickly as in adults. Yet we cannot lay so much stress on the coating of the tongue in the early years of life as in later years, for children with perfect digestion often exhibit coated tongues, while those with severe intestinal catarrh may often have tongues of perfectly natural appearance. In scarlet fever the tongue becomes bright red after a few days, and in measles and whooping-cough it is often slightly bluish. In the latter affection an ulcer may sometimes be found directly under the tongue, where the thin membrane binds it to the floor of the mouth. In thrush the tongue is covered with white patches like curdled milk. A pale, flabby tongue, marked by the teeth at its edges, indicates debility or impaired digestion. In prolonged or very high fever the tongue grows dry, and in some diseases of the stomach or bowels it may look like raw beef.

Grinding of the teeth is a frequent symptom in infants in whom dentition has commenced. It generally indicates an irritated nervous system. Most often this depends upon some disturbance of digestion; less often upon the presence of worms. The symptom is present during or preceding a convulsion, and may occur, too, in disease of the brain. In some babies it appears to be only a nervous habit.

The *manner of nursing or swallowing* frequently affords important information. A baby whose nose is much obstructed or who has pneumonia can nurse for but a moment, and then has to let the nipple go in order to breathe more satisfactorily. If it gives a few sucks and then drops the nipple with a cry, we must suspect that the mouth is sore and that nursing is painful. If it swallows with a gurgling noise, often stops to cough, and does as little nursing as possible, we suspect that the throat may be sore. The ceasing to nurse at all, in the case of a very sick baby, is an evidence of great weakness or increasing stupor, and is a most unfavorable symptom.

Urine that is high-colored and stains the diaper, or that shows a thick reddish cloud after standing, may accompany fever or indigestion. Sometimes the urine under these conditions is milky when first passed. In some babies a diet containing beef-juice or other highly nitrogènous food will produce this reddish cloud, or even actual, red, sand-like particles. A decidedly yellow stain on the diaper occurs when there is jaundice. The amount of urine passed is scanty in fever, and especially so in acute Bright's disease. In the latter disease the urine is often of a smoky or even a muddy appearance. The possibility of the occurrence of this symptom after scarlet fever must always be kept in mind, in order that a physician may be summoned very quickly, since it is a serious matter.

The *bowel-movements* characteristic of health have already been described. Apart from the various alterations in appearance seen in diarrhœa and constipation, and presently to be referred to, we find that the passages are often putty-colored in disorders of the liver, frequently tarry in appearance in bleeding within the bowel, and liable to be black after taking bismuth, charcoal, or iron. Infants who are receiving more milk than they can digest constantly have whitish lumps in their stools, or even entirely formed but almost white passages. The presence of a certain amount of greenish coloration of the passages is not infrequent. This is, of course, an evidence of indigestion.

II. THE MANAGEMENT OF SICK CHILDREN.

Where a trained nurse used to the ways of children can be had, the nursing of a sick child will generally go on without trouble. Still, no mother ought to be without knowledge on the subject, and the majority need it badly, in case they must themselves fill the nurse's place. The following remarks, although descriptive of the duties of a nurse, are intended especially for the mother nursing her own sick children.

One of the nurse's chief cares should be, of course, to observe the child closely in the search for evidences of disease. Another, and often a very difficult one, is the administration of medicine and food. If the child has been well trained in habits of obedience, it will take what is given to it without much objection. If it is not so trained, the nurse must exercise the greatest firmness and insist upon being obeyed, or, failing in this, must use whatever means of persuasion will most easily attain the desired end. Very often the promise of a chocolate or other sweet, some pennies, or a simple toy will serve to overcome the obstinacy. This, of course, is rank bribery, and against all rules for moral training. Sickness, however, is hardly the time to inculcate principles which should have been taught long before, and the taking of food and medicine is so important that the end fully justifies the means. Should a child still prove obstinate, it is better to lose little time in argument or pleading which must be repeated several times a day. The nurse will do better if she promptly takes the child up, wraps a shawl closely about its body and arms to prevent interference, holds its nose carefully, and then, when it opens its mouth to breathe, inserts the spoon as far as possible, empties it gently, and withdraws it slowly. If the spoon is not withdrawn, the child has difficulty in swallowing. This seems like harsh treatment; still, if it is done without excitement or anger, and as a matter of course, the child soon looks upon it as inevitable, and will often take its medicine quietly, without making a frequent repetition of the procedure necessary. In young babies the pressure of the chin backward and downward with the finger will often serve to open the mouth. Often an infant who spits out the greater part of a teaspoonful of medicine will take it very well if given a little at a time.

Sometimes a child continues to fight so hard that the exhaustion following seems to overbalance all the good that can ensue. Let the physician be informed promptly of the state of the case, and let him have the responsibility of determining what course it is best to pursue. In all giving of medicine there must be the strictest adherence to truth, and no child must ever be told that a disagreeable dose "tastes good." If this course is not followed the one dose is all that it will ever take. It will feel, too, that it has been imposed upon, and will distrust the nurse. In the case of children who lie stupid or semi-delirious in bed, and to whom the administration of food or medicine in the ordinary way is difficult or impossible, much can sometimes be accomplished by the use of the medicine-dropper. If this be inserted *beside* the teeth and emptied, the contents will usually be swallowed. The dropper should not be placed between the teeth, on account of the danger of its being bitten.

Many liquid medicines will be of a disagreeable taste, no matter how great care the physician may take in prescribing or the druggist in preparing. The bad taste may be avoided to some extent by letting the child take a sip of milk or water, a mint drop, or a suck at an orange immediately before and after swallowing. Castor oil may be floated on soda-water, ice-water, whiskey and water, or lemon-juice. In this way it often tastes very little. It is also nearly tasteless if stirred in hot milk, but the child must not be deceived as to the nature of the drink, or it may turn against plain milk. Cod-liver oil is not disagreeable to most children, many of them even learning to like it. All unmixed oils given from a spoon should be warmed in it to make them less thick. After taking any acid medicine it is a good plan for the child to rinse its mouth with a solution of baking-soda in water. This will prevent the teeth being set on edge or injured. Small and comparatively tasteless powders can best be placed directly upon the tongue and a sip of water then given to wash them down. Sometimes they may be mixed with a little sugar and taken in the same way. If larger, they can be stirred up thoroughly in a little jam or scraped apple, provided there is no disease of digestion which makes this inadvisable. Another good plan is to put a small quantity of sugar in a teaspoon, empty the powder upon this in an even layer, and fill up the spoon with sugar. The whole is then moistened with water and swallowed. Tasteless powders may frequently be given in bread and milk or milk toast without the child perceiving them in the slightest.

Very young children cannot take pills. Later they learn easily, particularly if the pills be placed within a little jelly or preserved fruit. It is sometimes a good plan to let the child practise with home-made bread pills until it learns how to swallow them easily. In giving liquid medicines it is important that all doses be measured accurately. Teaspoons vary greatly in size, and, besides, we cannot determine just when they are exactly full. The little glasses marked with "teaspoon" and "tablespoon," to be had at any drug-store, are much to be preferred. As even these are not accurate, the best plan is to procure a four-ounce graduate, such as is used by druggists, marked with drachms and ounces (Fig. 68, p. 386). In the Appendix (108–110) will be found a table of equivalents showing the relative value of tablespoonfuls and teaspoonfuls, ounces and drachms, and so on, a table of dosage for different ages, and a dose-list of some of the medicines most frequently given to children. The proper doses of the various remedies which may be referred to under the different diseases will be found in this last table. It must not be forgotten that the drops of all alcoholic fluids are much smaller than those of water (Appendix, 108).

Feeding a sick child is even more important than giving medicine, and often just as difficult. Where there is great loss of appetite it is important to remember that the child will sometimes drink all of a small glass of milk when it will take much less, or none, of a more formidable-looking larger one. A pinch of salt in boiled milk helps to take away its disagreeable taste—but it should be only a pinch. Under many conditions a little sugar may be added. Sometimes a sick child can be persuaded to drink milk or to take other food if the nurse will take some also. Sometimes milk may be given in place of water when the child asks for a drink. Various other expedients dependent upon the individual case will suggest themselves to an intelligent, wide-awake nurse.

Three good rules are to be borne in mind in this connection: First, never make any experiment with new articles of food in the case of children suffering from diseases of the stomach or bowels or in typhoid fever; second, at the outset of any illness give little or no nourishment; third, if vomiting occurs whenever food is given in the course of any affection, stop all feeding until the doctor can be consulted. A number of prepared foods often useful in sickness will be found in the Appendix (Dietary).

An absurd and still too widespread idea is that a sick person must receive a limited amount of water. As a rule, and particularly in fevers, all the water that a child asks for may be given it, provided this does not take the place of nourishment. Often the promise of water as a reward will induce the taking of some food. Where for any reason the amount of water must be restricted, it will be found that a child will often be content with a small glass provided it is allowed to drain it, while it would have clamored for more if permitted to empty a large glass only partially.

Quiet in the room is very greatly to be desired, and is often wofully neglected. Babies cannot, and children of three or four years do not, ask for it, since they do not realize that their headaches and nervousness are the results of noise. Visits by friends should be forbidden. A sick child should be encouraged to lie in its bed as much as possible, although there are some exceptions to this. Thus, for instance, when a little patient has some disease attended by difficulty in breathing, it is usually much more comfortable if allowed to sit in its crib, or even if carried in the nurse's arms with its head over her shoulder. A weak, exhausted child, or one with fluid in the chest, should never be raised rapidly to a sitting position in the bed; indeed, all movement is to be avoided as far as possible, as it is exhausting or dangerous. A nurse about to move a child with an injured limb should always support the member well and keep it on the side away from her. A child with hip-joint disease or with disease of the spine should be lifted horizontally, in order to keep the weight of the body from pressing on the sensitive part. The position of the sick child in bed is of great importance in pneumonia or in any disease attended by exhaustion. It should be changed frequently from the back to one side or the other, to prevent the blood from settling in any one part of the lung and to hinder, too, the formation of bed-sores.

Many people seem to have an irresistible desire to cover children very warmly in bed, no matter how much fever they may have or how hot the weather may be. This is, of course, all wrong. The covers should be light in such conditions, and a child sufficiently old should be asked whether it is too warm. A feverish baby should never be held long on the lap in hot weather. On the other hand, whenever a child is taken up, though only for a moment, it should have a wrap thrown about it. We often forget, too, that when well enough to be propped in bed its arms and chest are more lightly clothed than when it is completely dressed. It is folly to put a child to bed for a bronchitis and not to guard it, by having it wear a light sack, against the danger of taking cold. There should be a bed-dress for the night and another for the day (see page 109).

Cleanliness of the body is very necessary in sickness. As a rule, the child should be sponged all over once or twice a day with soap and water or sometimes with water and alcohol, either cool or warm according to circumstances. In cases of diarrhœa careful local washing should follow each evacuation of the bowels. Starch-water (Appendix, 43) is preferable to ordinary water for this purpose, and the application of a dusting powder completes the drying. The warm tub-bath can be used in many diseases. In the eruptive fevers, however, neither this nor sponging should be employed without medical advice, since some physicians are much opposed to them in diseases accompanied by a rash. It is much better at the beginning of any illness to obtain explicit directions regarding bathing.

The bed for the sick child should be comfortable and clean. The sheets should be changed often, and the fresh ones always warmed before they are used. In cases of prolonged illness it is a good plan, although not often practised, to have two beds, one for the day and one for the night. This gives an opportunity for airing the beds, and the change is distinctly restful to the patient. A draw-sheet or pad of some sort is of service where there is any tendency to soiling of the bed.

After an offensive movement from the bowels fresh air is needed in the room as soon as possible. As the throwing open of the windows is often impracticable, an aromatic pastille or some coffee may be burned. This procedure of course does not purify the air in the slightest, but it does serve to conceal to some extent the disagreeable odor until ventilation can remove it entirely.

The method of nursing infectious diseases and of disinfecting the room has already been described when treating of the Trained Nurse and of the Sick-room in Chapters IX. and X.

Various methods for the external treatment of a sick child are often ordered by the physician. Baths are used for this purpose as well as for cleanliness. The baths may be general or local, hot or cold, applied in the form of sponge-baths, tub-baths, wet packs, and other methods, and medicated in various ways. Further details of these procedures and of their value in disease will be found under the heading of Baths in the Appendix (36–50).

Physicians often order dry heat or moist heat to be used locally. The former is applied in the shape of hot bottles, bags of hot water, sand, or salt, hot bricks, or a hot stove-lid. It is useful where the circulation is poor and the temperature of the body is lower than it should be. The hot articles should be wrapped carefully in flannel to prevent burning the skin. This is especially important when the child is unconscious and cannot complain, since serious burns have often been produced by carelessness in this respect. Moist heat is of value to relieve pain and inflammation. It may be used in the form of fomentations or of poultices of different kinds (Appendix, 50–62). The former are lighter, but the latter retain their heat longer.

Cold is applied locally, in the form either of cold compresses (Appendix, 50) or of ice-bags, in order to subdue inflammation or pain. Ice-bags are made of thin rubber, and are of different sizes and forms. The thinner the rubber the more easily does the bag adapt itself to the shape of the part and the more successfully keep it cool. Many of the ice-bags sold in the shops are entirely too thick and are practically useless. A pig's bladder filled with ice forms an excellent substitute for the rubber bag. The bag should be not more than half filled with small fragments of ice. If it is too full, it is impossible to apply it accurately. Since the moisture of the surrounding air condenses on the bag, dry towels must be so placed that the drip will not wet the child. A piece of thin cloth must sometimes be placed between the ice-bag and the skin to prevent the latter from being frozen, but ordinarily this is not needed, and checks the action of the cold too greatly.

The nurse will often be required to make other applications, such as mustard plasters, turpentine stupes, spice plasters, and the like (Appendix, 63–66). She will sometimes need, too, to administer enemata for constipation or for inflammation of the bowel and diarrhœa, or perhaps even to give nourishment in this way. A hard-rubber syringe holding four to six ounces and fitted with a piston which moves very easily is well suited for ordinary use. Another form useful for small injections, called the Infant's syringe," consists of a soft-rubber bulb with a hard-rubber nozzle (Fig. 48).

FIG. 48.—Infant's syringe.

In using a syringe the fluid should be drawn into it, the nozzle then well greased with vaseline and inserted, and the contents expelled very slowly. For giving large injections, as in inflammation of the bowel and constipation, the ordinary elastic bulb syringe (Fig. 49) or, much better, a fountain syringe (Fig. 3, p. 30) is sometimes to be preferred. A long rubber tube with a funnel at one

FIG. 49.—Elastic bulb syringe.

end and a hard-rubber nozzle at the other makes an excellent extemporaneous fountain syringe. As it is sometimes difficult to get a child to retain an injection, it is a good plan to wrap a narrow roller bandage firmly around the nozzle (Fig. 50). The pressure of the bandage against the opening of the bowel helps to prevent the fluid from being ejected. Large injections should be given very slowly, with the child upon its back or its left side.

It is often necessary for the nurse to make applications to the throat. This is best done with a large, straight camel's-hair brush firmly fastened to a straight, stout

FIG. 50.—Hard-rubber syringe with roller bandage on the nozzle.

stick. The bent brushes or those mounted on wire handles are not nearly so easily controlled. Physicians often use cotton wrapped on a metal applicator. If the child is well trained and of sufficient age, it is simply necessary to depress the tongue with a spoon while making the application. In younger children the procedure is often one of a good deal of difficulty, and two persons are required to accomplish it satisfactorily. The helper holds the child facing a bright light, and wrapped in a shawl which keeps its arms and hands close to its sides. The nurse now takes her position opposite it, with a teaspoon in the left hand and a brush already prepared in the other. Watching her opportunity, she carefully inserts the handle of the spoon between the teeth and gradually works it inward. As it reaches the back of the tongue the child gags and at the same time involuntarily opens its mouth widely. This is the moment for the rapid yet thorough painting of the throat.

Spraying of the throat is done with an atomizer (Fig. 51). When employing this apparatus it is im-

FIG. 51.—Bulb atomizer.

portant to see that the tongue is well depressed, as otherwise most of the solution lights upon it instead of where needed.

The method of observing pulse, temperature, and respiration has already been considered in Chapter II.

A few words only can be devoted here to the diet to be followed in sickness. As has already been intimated it may be accepted as an axiom that every child suddenly taken ill is better, for some time at least, without food. This is particularly true of infants attacked by severe acute vomiting and diarrhœa. There is absolutely nothing to be gained by putting into a baby's stomach food which will simply serve to keep up the irritation present there or in the intestines. Certainly all milk should be stopped for twenty-four hours, and the baby be fed on barley-water (Appendix, 2) or albumen-water (Appendix, 3). A loss of appetite with a coated tongue occurring in a child of any age is not always a sign that a tonic or digestant is needed. It is often but a prayer on the part of the stomach to be given a period of rest. Should a feverish condition last some days, the diet should continue to be of the lightest. It is often one of the most difficult things imaginable to find out what kind of food will best agree with infants suffering from chronic indigestion or chronic diarrhœa. A sincere pity for the little patients compels me to urge most strongly that the mother make no experiments in such a case. Immeasurable harm to numberless babies has followed just such experimentation. The experienced physician, with his best endeavors, often finds the discovery of the proper food a herculean task. The various recipes for different articles of diet that will be found in the Appendix are intended, not to constitute a list from which the mother shall select at her own discretion, but to be a guide in the preparation of the food which the child's physician may direct.

A well-trained nurse keeps a careful daily record of everything which has taken place relative to the child. Thus a portion of such a record would perhaps read as follows:

JUNE 23, 1894.
- 8 A. M. Temperature, 102.6°; pulse, 140; respiration, 35. Took 6 ounces of milk and 2 ounces of lime-water. Cough medicine and pill given. A half teaspoonful of whiskey.
- 10 A. M. Bowels opened, natural in appearance.
- 11 A. M. Took only 3 ounces of milk and 1 ounce of lime-water. Medicine and whiskey given. Temperature, 103°.
- 12.30 P. M. Very restless and nervous. Temperature, 105°. Has coughed a great deal. Sponged with cool water.
- 1 P. M. Temperature, 101.2°. Quiet; looks better.
- 2 P. M. Has slept for an hour. Temperature, 102°; pulse, 132; respiration, 34. Cough medicine and pill given. Half teaspoonful of whiskey and 4 ounces of beef tea.

Such a record as this is of the greatest assistance to the doctor, and tells him of the progress of the case better than any answers to questions could possibly do.

244   THE CARE OF THE BABY.

A still better and more quickly-read arrangement, kept on paper of a suitable size, would be as follows:

Date.	Hour.	Temp.	Pulse.	Resp.	Medicines.	Food.	Stimulants.	Remarks.
6,23/94.	8 A.M.	102.6	140	35	1 teaspoonful cough mixture and 1 pill.	6 oz. milk and 2 oz. lime-water.	½ teaspoonful whiskey.	
	10							Bowels opened; natural in appearance.
	11	103			1 teaspoonful cough mixture.	3 oz. milk and 1 oz. lime-water.	½ teaspoonful whiskey.	
	12.30 P.M.	105						Very restless and nervous. Coughed a great deal. Sponged with cool water.
	1	101.2						Quiet; looks better.
	2	102	132	34	1 teaspoonful cough mixture and 1 pill.	4 oz. beef tea.	½ teaspoonful whiskey.	Has slept for an hour.

As a rule, nurses keep the record of the pulse, temperature, and respiration on a special chart provided for the purpose. There are various charts of this sort, of different patterns, to be had from medical publishers. The author ventures to recommend the "Graphic Clinical Chart" designed by himself.

III. THE DISORDERS OF CHILDHOOD.

Under this heading may be considered briefly a few of the commoner diseases, habits, and accidents of children, with such treatment as the mother is justified in using. They are classified to some extent as a matter of convenience, but the divisions are not sharply defined, and some disorders which have been placed in one class might with equal propriety have been considered in some other. Lack of space has made the descriptions necessarily concise.

(1) DISEASES OF THE DIGESTIVE APPARATUS.

Hare-lip.—A complete cleft through one or both sides of the upper lip, exposing the teeth and even extending into the nose. It sometimes interferes with sucking, and requires a specially-prepared rubber nipple, or makes feeding from a spoon necessary. It should be operated upon in the early weeks of life. The success of the operation is often very remarkable.

Cleft Palate.—A fissure through the palate, forming one cavity of the mouth and nose. It is very often combined with hare-lip. It not only greatly interferes with talking later in life, but in infancy renders nursing impossible by taking away the power of suction. In such a case the child must be fed with the mother's milk from a spoon or from a feeding-cup with a spout to it, to which a rather long nipple with large openings is attached. The milk thus flows into the mouth by gravity, without the need of sucking. A special apparatus has been devised, consisting of an ordinary nipple to the upper surface of which is attached a flap of thin rubber, made to act as a false palate and to close the unnatural opening during nursing. Operation is better deferred until the child is two or more years old.

Tongue-tie.—In this condition the little membrane on the under surface of the tongue is too tight or is attached too far forward and holds the tongue down. It is much more uncommon than is ordinarily supposed. If the child can suck well and can protrude its tongue at all, there is no tongue-tie of any account. The operation for the affection is simple and painless.

Inflammation of the Mouth.—A *catarrhal* inflammation may occur during fever, or from indigestion or lack of cleanliness, or sometimes during dentition. The mouth is hot and tender, and nursing is painful, the nipple being dropped with a cry. The lining of the gums, cheeks, and palate is much reddened, and is either dryer than natural or very moist from a profuse secretion of saliva.

In *aphthous* inflammation little shallow ulcers (*aphthæ*) form over the tongue, palate, and inside lining of the lips and cheeks.

The treatment for either of these conditions consists in the administration of a mild purgative, such as castor oil or magnesia, and the frequent application of a mouth-wash (Appendix, 79).

There is a much more extensive and serious *ulcerous* inflammation, and another still worse, the *gangrenous* form, which must at once be referred to a physician; as, indeed, the simpler forms must be if they do not heal immediately.

Thrush.—A disease of the mouth far commonest in bottle-fed or sickly children in the early weeks of life. Small whitish patches, sometimes crowded thickly together, form over the lining of the mouth, and especially on the tongue. They greatly resemble curdled milk, but differ in that they can be removed only by the use of considerable force. A lack of perfect cleanliness about the mouth and the bottles and rubber nipples, and the use of bottles with long rubber tubes, are active factors in producing the disease. It is very commonly associated with some disturbance of digestion, and it is distinctly contagious. The symptoms are an indisposition to nurse on account of the pain produced, often combined with colic, and some diarrhœa and vomiting.

Treatment consists in the greatest cleanliness in everything about the food. The patches must be rubbed away as gently as possible every two or three hours with the finger covered with a soft moist cloth, and the mouth then sprayed with a solution of boric acid (Appendix, 75); or a small portion of borax and glycerin (Appendix, 79) may be applied with a camel's-hair brush. As the disease is sometimes fatal in delicate children, the advice of a physician should be obtained.

Disordered Dentition.—It has already been stated that the cutting of the teeth is not, as a rule, responsible for any of the ailments so commonly attributed to the process, and that redness of and irritation of the gums are not necessary parts of it. It is, however, true that some babies are peculiarly susceptible to even slight disturbances in the mouth, and that we occasionally find attending the eruption of the teeth various symptoms which can be accounted for in no other way. At times a certain amount of catarrhal inflammation of the gums is present, shown by increased heat with some redness and by a disposition to bite vigorously upon anything placed in the mouth.

Slight diarrhœa, loss of appetite, feverishness, bronchitis, some eruption of the skin, and, especially, great restlessness, irritability, or other nervous symptoms, may appear shortly before a tooth is cut, and disappear with astonishing rapidity as soon as it is through the gum. Remarkable improvement will sometimes follow within a few hours the lancing of the gum over an approaching tooth. Nevertheless, it is only rarely that lancing is really necessary. The important point is that disordered dentition is the exception and not the rule, and that the mother must never assume that it is teething which makes her baby ill, or try to treat this symptom or let it go as a matter of no consequence.

If the baby enjoys biting at a soft-rubber ring or having its gums gently rubbed with the finger, there is no objection to this; but no attempt should ever be made to "rub the tooth through" with the finger-nail or a thimble or other hard substance, as this is often the cause of inflammation of the gums.

Dentition may be much delayed, or the teeth may come in irregularly or decay very rapidly. Early decay of the teeth or the completion of the first year without a tooth makes the existence of rickets seem very probable. It occasionally happens that certain of the first or second teeth are never cut.

Gum-boil.—This consists of an abscess at the root of a diseased tooth, lasting several days and then usually bursting. Painting the gum with tincture of iodine or applying one of the little toothache plasters to be bought in the drug-stores may prevent the abscess from forming. Holding warm water in the mouth or the application of a warm-water bag to the cheek relieves the pain. Lancing the abscess is the quickest cure.

Sore Throat.—Infants with sore throat avoid much nursing and swallow with a gulp and a cry. Older children will frequently complain of the throat, but in many cases they make no complaint even though it is much inflamed. Fever is generally present, and the speech often is a little thick. The throat may be red without swelling of the tonsils, or the tonsils also may be red and swollen, and perhaps may exhibit one or more white points. It is needless at once to become greatly alarmed over these latter. They are common and usually mean nothing, but as they sometimes indicate beginning diphtheria, the child should be isolated at once and a physician be sent for. (See *Diphtheria.*)

A child with sore throat should be confined to bed, given a laxative, and allowed to suck pieces of ice frequently and to use an astringent gargle (Appendix, 81). If there is much fever, a simple fever mixture (Appendix, 103) may be administered until the physician arrives. He may find it best to give other remedies or to order the throat to be painted internally. The danger of permanent deafness following repeated attacks of sore throat must never be forgotten.

Chronic Enlargement of the Tonsils.—A common affection in children, beginning in early infancy. The tonsils are pale without sign of inflammation, and sometimes are so large that they almost touch. Associated with this enlargement is usually an overgrowth of certain tissue resembling the tonsils, situated out of sight high up in the throat at the back of the nose, and it is this overgrowth that causes the chief hinderance to breathing. In some cases the child constantly breathes with its mouth open, and often snores badly at night. Its speech is thick, affections of the ears are frequent, and the voice has a heavy, stopped-up sound, much like that of a person with a bad cold in the head. Treatment is important, for the constant difficulty in getting sufficient air is apt to produce impairment of development and of the general health, and even to make the child chicken-breasted. Permanent deafness may also result.

Chronic Indigestion.—A condition marked by capriciousness of or great loss of appetite, coated and often "worm-eaten" tongue, flushing of the face with or without fever, pain and swelling of the abdomen, restlessness at night, slight headache, and often constipation alternating with slight diarrhœa. Mucus is very apt to appear in the passages, whether these are loose or hard. The disease is frequently seen in later childhood, and is a very obstinate one. In the line of treatment diet is of prime importance. All fats and sweets must be avoided, and the amount of starchy food be reduced very much. Milk, lean meats, poultry, eggs, and green vegetables constitute the principal articles of diet. Medicines are usually required.

Vomiting.—The fact that an over-fed baby will regurgitate the excess of milk which it has taken has already been alluded to (p. 113). There is a difference between regurgitation and true vomiting. The latter is accompanied by coldness and moisture of the skin, indicating nausea. The vomiting may be a single effort and may bring relief, or it may be repeated again and again until the patient's state is alarming. It does not always indicate a disordered stomach, for it frequently ushers in some acute disease, such as pneumonia or scarlet fever, and it is repeated and very obstinate in inflammation of the brain. The importance is manifest of having a physician determine the cause in serious cases. The chief treatment consists in the immediate and absolute stopping of all nourishment. No food should be given for six or more hours, and after that only small amounts of barley-water or albumen-water (Appendix, 2, 3). Complete rest is essential, and trotting on the knee, raising suddenly, or other quick movements must be avoided. A spice plaster

1. Round worm. (Drawn from life; one-half natural size.) 2. Thread-worms. (Natural size.) 3. Small portions from different parts in the length of a tape-worm. (Drawn from life; natural size.)

or mustard plaster (Appendix, 64, 65) may be placed over the position of the stomach, just below the ribs in front, slightly to the left side. Soda-mint (Appendix, 100) may be given, or to older children soda-mint and tincture of ginger. The swallowing of pieces of ice (not allowing them to dissolve in the mouth) is often useful. After the attack is over a laxative, such as magnesia, may be administered, for the purpose of carrying out of the intestines any irritating substances which may have entered them.

Diarrhœal Diseases.—These are oftenest caused by improper food, by taking cold, or by exposure to the sun or to heat. They are exceedingly common in bottle-fed babies in summer-time, as a result of changes produced in the milk by the high temperature. The number of passages varies from four or six up to thirty, forty, or more in twenty-four hours. Their character, too, is changed from the normal. They may be greenish, yellowish-green, whitish from the presence of undigested milk, clay-colored from absence of bile, black, brown, or colorless; semi-liquid or very watery; odorless or excessively offensive; small in size or so large that we wonder how a child's bowel could have held so much. Mucus and blood may be present.

In *simple diarrhœa*, which is very common in summer, the passages exhibit some one of the colors mentioned, there is little if any fever, and vomiting may or may not occur.

In *cholera infantum* the passages are very numerous, are entirely watery and colorless, and there is constant, exhausting vomiting and high fever, followed at last by great coldness. It is a comparatively rare disease.

In *inflammation of the intestine* (inflammatory diarrhœa), on the other hand, the movements are usually small, liquid, exhibit color of some sort, and contain mucus. Moderate fever is present, and vomiting is not a prominent symptom. Many of the cases of severe summer diarrhœa are of this nature.

In *dysentery*—which is only another name for a severe form of inflammatory diarrhœa—the passages are small and very frequent, are composed largely of mucus, often contain a considerable amount of blood, and are accompanied by much straining.

An infant "falls away" with astonishing rapidity in severe diarrhœal disorders, and in twenty-four to forty-eight hours may become shrivelled, wrinkled, and cold. The disease is, as a rule, not so rapid or so serious after infancy is past, but even then it is very weakening; consequently no case should ever be allowed to run on without treatment. A mother, if she cannot conveniently do otherwise, may treat slight attacks herself for not longer than twenty-four hours, but after this must delay no longer in calling in a physician. She should be careful to save the passages to show to him.

The first essential of treatment is to stop all food, since it only adds fuel to the fire. A baby if hungry may have a little barley-water (Appendix, 2). If very hot it may be bathed with cool water, or if cold may have a mustard bath. Absolute rest in bed is very desirable. In the beginning of the attack a dose of castor oil may be given to empty the bowel of anything irritating it. After this 1 or 2 teaspoonfuls of a chalk-and-bismuth mixture (Appendix, 102) may be given every couple of hours. Bismuth colors the passages black, and no alarm need be felt at the presence of this color. The mother should never give paregoric, laudanum, or other preparation of opium to a child suffering from diarrhœa or any other disease. It is an invaluable but a dangerous medicine.

Some healthy-looking but over-fed babies, instead of regurgitating, constantly void undigested milk in the stools and have too frequent passages. The amount of food should be reduced or its character altered. Insufficient clothing is a cause of repeated attacks of diarrhœa. A careful covering of the abdomen, arms, and legs with close-fitting garments of a nature suitable to the season is the best prevention.

Constipation.—A very frequent disease in children, and especially in infants. Those fed on the bottle are most disposed to it. The passages may be too infrequent or too hard, and generally are both. In treating the affection the cause of the difficulty should be sought and removed, and laxative drugs be kept as a last resource. As an increase of the fat in the food is often needed, a larger proportion of cream can be added to the bottle, or, in the case of breast-fed babies, be fed from a spoon. A teaspoonful or less of olive oil given once a day, or of drug-store "syrup" two or three times a day, is harmless and often effectual. The employment of oatmeal-water (Appendix, 5) instead of plain water in preparing the bottle, or of brown sugar or a syrupy malt extract for sweetening it, may have the desired laxative effect. When this does not answer, a small quantity of the oatmeal itself or of other starchy food may be added instead of oatmeal-water, but this should be done only by a physician's advice. In children over one year of age a little stewed fruit or a baked apple may be tried carefully. Strained stewed-prune juice is often excellent. The juice of an orange is frequently very serviceable, and a little may sometimes be given with advantage even to a younger baby. In still older children the diet should contain plenty of fluid and of foods that are somewhat laxative.

The very early cultivation of a habit of regularity helps to prevent constipation. At a certain fixed hour, best after one of the principal meals, generally breakfast, the baby as soon as old enough may be supported on its nursery chair and kept there for five minutes at least, but never permitted to strain. A daily cool bath followed by brisk friction is of decided benefit. Daily massage of the abdomen is an excellent remedy, practised just before the hour at which an evacuation is desired. The palm of the hand should be applied with gentle pressure just above the right groin, and be carried in a horseshoe-shaped curve up to the edge of the ribs, across to the left side, and down toward the left groin, thus following the course of the large intestine and propelling its contents toward the opening. The hand should be warm, a little sweet oil or vaseline should be used, and the massage should last about ten minutes.

The treatment detailed is intended for habitual constipation. For the immediate unloading of the bowel one of the simplest and least harmful methods is the giving of one or more enemata of warm water containing salt in the proportion of a teaspoonful to a pint. Soapy water may be used instead if something stronger is needed. The amount to be injected varies with the age. For young babies one or two ounces is sufficient, and for those of two years two or three times this amount. Either the hard-rubber syringe or the infant's syringe may be used (pp. 240, 241). A useful injection consists of half a teaspoonful of glycerin with an equal quantity of water, or, if this does not answer, of glycerin in full strength. This is best given from a small hard-rubber syringe holding not more than half an ounce. The opening in the nozzle should be larger than ordinary, as the glycerin does not flow readily. If the mass in the bowel is large and very hard, an injection of warm sweet oil, retained some hours if possible, is better than anything else. It should be followed by an enema of soapy water. In some cases it is necessary to insert the finger or a small spoon-handle into the bowel and break up the masses carefully.

Glycerin suppositories (glycerin and soap) of a size for children are often excellent for emptying the bowel. Gluten suppositories are also serviceable in many instances. A more economical plan is to employ little home-made suppositories of Castile soap, or, in place of these, a soap stick, which also can be made at home, and which has the advantage of lasting for repeated usings. It consists of a smooth, conical stick of firm Castile soap two or more inches long, half an inch thick at the base, and tapering toward the other end to the thinness of about one-quarter of an inch (Fig. 52). It should be greased with vaseline before using it, inserted part way into the bowel, and held there until a tendency to an evacuation shows itself.

If none of the methods described are effectual, laxative drugs must be employed. Their use, however, ought to be deferred as long as possible, and is much better left to a physician. Probably the best and least harmful of drugs is cascara in some form. There is made a cascara cordial which has a pleasant taste and is very effectual.

FIG. 52.—Soap stick.

Another very useful preparation is the syrup of senna, which is easily taken by children, as its taste is agreeable. Little sugar-coated pills each containing $\frac{1}{10}$ grain or less of aloin are sometimes of service, one being given daily to a child of two years. A small quantity of manna, about 5 grains, can be given to a baby of six months once a day or oftener, dissolved in the milk, as its taste is sweet, or 10 grains of phosphate of soda may be used in a similar manner. Magnesia or spiced syrup of rhubarb answers very well, but only for occasional use.

Colic.—Severe pain in the abdomen, usually due to distention by gas. It is one of the commonest ailments of infancy, and frequently appears in those perfectly well in other respects. It may occur either only occasionally or many times every day. The symptoms consist of sudden and violent crying—which may continue until the child is bluish in the face and often exhausted and cold—a swollen and hard abdomen, and doubling up and straightening of the legs, arms, and trunk. These symptoms last a variable time and then suddenly cease, perhaps preceded by the passage of wind by the mouth or bowel. Chilling of the skin and indigestion are the commonest causes, the latter usually depending on too frequent or too abundant feeding. To prevent repeated attacks the stomach should be allowed to rest by diminishing the amount of nourishment and increasing the length of time between feedings. If the baby is bottle-fed, it may be necessary to change the character of the food in some way, but this should be the duty of the physician. The child must be warmly clothed, since any chilling of the surface may cause pain, no matter how good the digestion may be. The feet and legs especially should be kept warm by thick loose stockings and by daily friction with a mixture of 1 part of turpentine and 3 parts of sweet oil. An abdominal binder may be worn if one is not already in use.

During an attack the baby must never be fed. The warm milk, it is true, often stops the crying for the moment, but it is sure to increase the indigestion and to bring the pain back as bad as, or worse than, ever. Rubbing the abdomen for several minutes, or the mere change of the child's position, as by lifting it over the shoulder, will sometimes cause the gas to escape and the colic to cease. A spice plaster (Appendix, 64) is often very useful. Sometimes an injection of two or more ounces of warm water will relieve the attack. Generally, some medicine given internally is necessary. Peppermint-water or cinnamon-water, diluted and sweetened and given after each nursing, may keep the pain from coming on; while during an attack one of the simplest and most effectual remedies is soda-mint (Appendix, 100) mixed with an equal quantity of hot water and given every half hour or hour for a time. If the baby seems exhausted and cold as a result of the pain, it should be given a few drops of brandy in a teaspoonful of hot sweetened water and be placed at once in a hot bath, and after that should be kept very warm and have a mustard plaster (Appendix, 65) applied over the abdomen. The doctor should be summoned at once. Constantly-recurring colic, not relieved or prevented by the means described, is beyond the ability of the mother to treat.

Congenital Closure of the Bowel.—Complete obstruction, oftenest not far within the opening of the bowel, or the entire absence of any opening. Failure on the part of the baby to empty its bowels for one or two days after birth renders one suspicious of the presence of this condition. Unless some operation is performed, death is inevitable in the course of a few days.

Prolapse of the Bowel.—A protrusion of more or less of the bowel through the external opening. It is usually the result of diarrhœa or of the straining of constipation, and generally occurs in debilitated children. In the mildest and fortunately the most frequent cases only the lining of the bowel is pushed out for about half an inch, forming a dark, purplish-red, puckered ring outside of the opening. This can be easily pushed back, or it goes back of itself after a little time. The protrusion may take place every time the bowels are opened with the slightest straining effort. In the more serious cases a protrusion of five or six or more inches of intestine may take place at any movement of the bowels, or even when the child is walking or standing. The prolapsed bowel gives at first discomfort, and soon actual pain if not replaced. After the protrusion has occurred a few times it is apt to happen repeatedly.

The first treatment is to replace the prolapse. The child should be laid upon its back or stomach and the protruding bowel be gently pushed back with the fingers, previously well greased with vaseline. To prevent the recurrence the passages must be kept soft and all straining be avoided. Cold bathing of the parts is useful. While the bowels are being moved some support must be given by pressing the buttocks together or by placing the child upon its back and receiving the passages in a diaper. A board with a small hole in it three or four inches in diameter, placed over the chamber, gives great support and tends to prevent prolapse. In cases which do not readily yield to this treatment astringent injections or suppositories will be prescribed by the physician in charge. Very bad cases need operation.

Rupture; Hernia.—A protrusion of a portion of the bowel through some weak spot in the muscles of the abdominal walls, forming under the skin a soft, round swelling which grows larger when the child cries, often disappears when it lies down, and can easily be pushed back into the abdomen. It is a common affection in infants, may even be present at birth, and is most often seen at the navel, and next in the groin. Hernia is always dangerous if neglected, and should be treated at once. The physician in charge will probably prescribe a truss, which must be worn the entire time. If for any reason the truss is taken off for a moment, the bowel must be kept in by the hand. Recovery nearly always follows if treatment is begun early. Should a baby with rupture begin to cry persistently, to suffer from constipation and obstinate vomiting, and to appear very ill, a physician must be called immediately, for it is possible that the bowel has been constricted at the opening through the tissues and has become inflamed, and the condition is then very serious.

Worms.—There are three principal species of worms which may be found in children: (1) the thread-worm; (2) the round worm; (3) the tape-worm. The first and second varieties are much the commonest.

Worms produce only indefinite symptoms or none at all. They may, it is true, cause itching at the opening of the bowel, picking at the nose, variable appetite and other evidences of disordered digestion, restlessness at night, grinding the teeth, and perhaps even convulsions, but many other disturbances of the digestive canal can produce these symptoms equally well.

(1) *Thread-worms* or *seat-worms* strongly resemble little pieces of white cotton thread from ¼ to ½ inch long (Pl. II., Fig. 2). They occupy the lower part of the bowel, and coat the passages in great numbers. This species is the one particularly liable to cause severe itch-

ing of the opening of the bowel at night. Treatment consists in great cleanliness and the injection every other night for a week or two of as much of an infusion of quassia (Appendix, 88) as the child can hold comfortably. If this does not answer, medical advice will be needed.

(2) *Round worms* are reddish-white in color and resemble common earth-worms in shape, but are thicker and from four to twelve inches long (Pl. II., Fig. 1). They inhabit the small intestine, but often wander into the large intestine and are evacuated, and sometimes even enter the stomach and are vomited. They are present in the bowels in great numbers. Although evidences of indigestion may be present, the only characteristic symptom is the discovery of the worm in the passages. No "worm medicines" should ever be given except by the family doctor, for they are not safe in the hands of others.

(3) *Tape-worm* is occasionally seen in children. Often not even the ordinary evidences of digestive disturbance are produced by it, and the only way of recognizing that there is a worm is the discovery of portions of it in the passages (Pl. II., Fig. 3). The parasite is composed of a great number of segments joined together, making a total length of perhaps many feet. The segments are smaller and smaller as they approach the "neck" and the "head." The neck is no thicker than a thread, and the head is only about as large as an ordinary pin-head. The treatment of the disease is beyond the skill of the mother. It is essential to remove the head in order to prevent a new worm from forming. To be sure that this has been accomplished the passages should be received in a vessel of water and then be shaken about gently and without pulling the worm until the feces are entirely separated. The water may then be poured off carefully

and fresh added until quite clear, when the worm may be examined. The worm should never be pulled upon while it is being passed, lest the head be broken off in the bowel.

Jaundice.—A very common affection in the first week of life, characterized by yellowness of the skin, the whites of the eyes, and the lining of the mouth, and by highly-colored urine which stains the diapers yellow. It is commonly unattended by other symptoms, and disappears in a week or ten days. Rarely it is an evidence of some serious or fatal disease. Very young babies are liable to acquire a yellowish tint of the skin which is not jaundice, since the whites of the eyes are not affected.

Older children may develop jaundice associated with symptoms of indigestion. Treatment for infants is often not needed, while older children may have a light diet, as of beef tea or milk foods, and be given magnesia or some laxative mineral water. It is much better, however, to call in the family physician.

(2) DISEASES OF THE ORGANS OF RESPIRATION.

Cold in the Head; Coryza.—A disorder to which children are particularly liable on account of the greater sensitiveness of their skin. To avoid it draughts must be carefully shunned, particularly upon the nearly-bald head of a baby, clothing must be sufficiently warm, and the general health must be made robust by an outdoor life and the avoidance of over-heated and ill-ventilated rooms. The symptoms consist in watering eyes, sneezing, running nose, and a nasal tone of the voice. The disease is troublesome in infancy, for the obstruction to the breathing renders nursing difficult. One of the great dangers dependent on coryza is inflammation of the ears, or, in case colds are of frequent occurrence, permanent deafness.

Treatment consists in giving the child a warm bath in a warm room, drying it carefully and rapidly, and keeping it in a temperature which is very equable and rather higher than usual. It is better, indeed, to put the child to bed. The diet should be lighter than usual. A laxative, preferably castor oil, should be given, and a fever mixture (Appendix, 103) if needed. It is often useful to apply vaseline within the nose with a camel's-hair pencil, and also to rub it upon the bridge.

Spasmodic Croup.—This disease, although very alarming, is fortunately not often dangerous. It is generally the result of exposure to cold, but is sometimes due to indigestion or to irritation of the throat. Some children are very liable to suffer from repeated attacks, while others never do, however severely they may take cold. Often there is an evident family predisposition. The symptoms may or may not begin with hoarseness during the day, and toward night the peculiar sharp, barking, metallic, "croupy" cough. After the child has been asleep for a few hours it awakes suddenly, sits upright and grasps at anything it can reach, and is scarcely able to get its breath. The croupy cough is now loud and very characteristic, the inspiration of air noisy, the voice only a hoarse whisper, and the face bluish and perspiring. The worst of the condition lasts only a few minutes, but a tendency to croupy cough and oppressed breathing may persist for perhaps half an hour or longer, after which the child drops asleep, and usually rests quietly for the remainder of the night. Another attack is very apt to occur upon each of several succeeding nights.

The disease is commonest in the third year of life, and

then steadily decreases in frequency. It is seen only occasionally after the age of six years.

Treatment is primarily preventive. Croupy children should be guarded with especial care against exposure to wind and damp. On the slightest sign of croupiness in the afternoon the mother should administer some medicine prescribed by the physician; or, in case she has no such preparation, she can use that given in the Appendix (104). This is not one of the strongest, but is one which she can safely give without medical advice.

In the treatment of the attack a warm mustard bath and an emetic (Appendix, 106) should be given. Moistening the air with the steam atomizer or the croup kettle (p. 214) is of great service. There is absolutely no value in amber necklaces and such other relics of barbaric superstition, except the sedative action upon the mind of the mother. Instances of apparent cure by them are merely coincidences.

Membranous Croup.—See *Diphtheria*.

Bronchitis.—An inflammation of the bronchial tubes accompanied by cough. It is a very common affection in children, and results from taking cold. It is usually preceded by a cold in the head. Any hoarseness present is due to laryngitis. The cough is frequent, at first dry and tight, but later becoming loose and rattling as the inflammation diminishes. Often some wheezing or rattling can be heard with respiration. The child does not seem very sick unless the bronchitis is unusually severe; has but slight fever, and breathes but little, if any, more rapidly than natural. It may raise a good deal of mucus, but, before the age of six or seven years, nearly always swallows it instead of spitting it out. The only treatment the mother may venture on is the general method advised for cold in the head, combined with a thorough rubbing of the chest, both in front and behind, twice a day with oil of amber, diluted with equal parts of sweet oil if the patient is less than a year old. A physician should be called in at once, as in infancy and early childhood the disease may easily pass into pneumonia.

Pneumonia.—The terms *congestion of the lungs*, *pneumonia*, *capillary bronchitis*, and *inflammation of the lungs* are to all intents and purposes identical in meaning. The disease may come on suddenly, perhaps even with a convulsion and without previous warning, or it may develop from a bronchitis already present. There are high fever, flushed cheeks, a frequent, painful, and very short cough, and rapid catching breathing, with a moving in and out of the edges of the nose, and, in bad cases, of the pit of the stomach, the spaces between the ribs, and the muscles of the neck. The child is restless and tossing, or, if very sick, sometimes lies quiet with its cheeks and lips pale and bluish and its breathing very rapid and shallow.

The disease is always serious, and requires the combined skill and attention of the physician, nurse, and mother. In addition to what was said in the general remarks on disease and on nursing earlier in this chapter, it may be stated here, first, that the labored breathing shows the need of plenty of fresh air, although without draughts; second, that the child may be allowed to assume any position it pleases, and that a change of position may give great relief; third, that in any case where blueness, pallor, and failure of the powers are coming on rapidly, a hot bath may be administered while the doctor is being sent for, and may save the baby's life (see p. 366).

(3) DISEASES OF THE BRAIN AND NERVOUS SYSTEM AND OF THE SPECIAL SENSES.

Convulsions, Spasms.—One of the most common and dangerous diseases of infancy and early childhood, demanding knowledge, presence of mind, and decision on the part of the mother. Among the various causes are the onset of some severe illness—such as pneumonia or scarlet fever,—indigestion, constipation, intestinal worms, high fever from whatever source, disordered dentition, diseases of the brain, very hot weather, fright, severe pain, rickets, whooping-cough, etc. The frequency of convulsions is much the greatest in infancy, and rapidly diminishes after the first year. In the mildest attacks, often called "inward spasms," there may be only a tendency to squint and to bend the thumbs into the palms, with slight twitching of the mouth or eyelids, and perhaps of the head or limbs. These symptoms may pass away in a moment or may usher in a genuine attack.

In a typically severe convulsion the child often makes a choking sound, ceases to breathe for a moment, and becomes unconscious, stiff, and somewhat arched backward. The eyes are staring, rolling, or squinted, the hands clenched, and the mouth firmly shut. In a few seconds the face becomes bluish from lack of air in the lungs, and then the "working" begins. In this stage the breathing is irregular and noisy; the arms, legs, and trunk are jerked about in all directions, but principally with an alternate bending and straightening movement; the eyes are rolled; there is frothing at the mouth, and the teeth, if there are any, are ground together and may bite the tongue. In a few moments the movements grow less violent and then cease, and the child begins to cry or goes into a heavy sleep with its body rather stiffer than usual. Sometimes before consciousness is entirely regained another spasm occurs, and so the child may go on from fit to fit until it dies. The whole attack lasts from one or two minutes to hours.

Treatment must be very prompt. The child should at once have a bath of 100° F. which should cover it to its neck, while cold cloths, frequently renewed, are kept on its head. It must be left in the water for ten minutes, and then be wrapped in a blanket without drying. Since the attack may be due to irritating food in the stomach, the child should be made to vomit by giving it a teaspoonful of syrup of ipecacuanha or other emetic (Appendix, 106) just as soon as it can be made to swallow. If the fit still continues and the doctor has not come, the bowel should be washed out with a large injection of warm water, and this be followed by one suitable to quiet the nervous system (Appendix, 87), the latter injection being held in by pressure of the thumb over the opening of the bowel. Fortunately, the hot bath and the emetic answer every purpose in most cases, and relieve the attack in a few minutes.

In very severe cases which have resisted other treatment and where no physician can be obtained, the child may be made to inhale a small quantity of ether poured upon a towel and held close to the nose. This should be kept up only until relaxation of the body and cessation of the convulsive movements occur. It must be borne in mind that ether in unskilled hands is dangerous. It should be used only as a last resort, and because not to use it is the greater evil.

The *convulsions of epilepsy* are identical in appearance with the ordinary spasms described. They may begin in early infancy, and in such cases can be distinguished only by the persistent recurrence of the fits as the child grows older. No special treatment is needed during the epileptic convulsion, other than placing the child in a comfortable position, guarding it from injuring itself and loosening the clothing about the neck. No effort should be made to straighten the arms, bend out the thumbs, hold down the legs, and the like.

Night-terrors.—In this disease a child of from two to six years or older, apparently in perfect health, starts suddenly from sleep, screaming and cold with fright, stands in bed or even runs through the room, does not seem thoroughly conscious, fails to recognize its mother, and cannot be pacified. Night-terrors differ from an ordinary nightmare in the confusion and fright which persist after waking, and in the child's inability to tell afterward what frightened it. As a rule, the attacks, of which there is usually but one in the course of the night, come on after one or two hours' sleep, and last but a few minutes. They may occur every night or only at irregular intervals, and in rare cases they take place even while the child is awake during the day. The principal causes are some disturbance of digestion and the existence of a highly sensitive nervous system. Treatment consists in careful diet if there is indigestion, the avoidance of excitement, a healthy outdoor life, and especially the giving of a very light evening meal. If this does not cure and the attacks are frequent, medical advice should be obtained, as bad cases may possibly run into epilepsy.

Sleeplessness; Insomnia.—This arises from a great many different sources, and the treatment, of course, varies accordingly. Among the causes may be mentioned colic or pain of any other nature; constipation; indigestion; too much sleep during the day; too early going to bed; too exciting play just before bedtime; hunger resulting from too long an interval between nursing and putting to rest; too hearty a supper in the case of older children; not enough fresh air during the day; imperfect ventilation and over-heating of the bed-room; hot bed-covering at night; cold feet; a bright light in the room, and the sound of voices penetrating into it. The remedies for these causes are self-evident. A baby nursed too frequently during the day may show the force of habit by desiring to be fed often during the night, although not actually hungry. When a baby begins to fret as though sleepy, and yet will not sleep, it is fair to presume that it has been over-fatigued. It is "too tired to sleep." Prevention is the only cure for this. In many cases, especially in nervous subjects, there seems to be no cause whatever for insomnia except an individual peculiarity, and the child may lie in bed entirely comfortable, yet equally wakeful. In such cases it is often a good plan to give the daily bath at bedtime, making it slightly warmer than usual, in order to obtain its sedative action, and simply to sponge in the morning. Sometimes putting the child to bed at a rather later hour is of service.

There is a large selection among drugs useful in sleeplessness, and some of them are decidedly harmful under certain conditions. The one to be chosen requires very careful consideration, and the mother should never give any of them except by medical advice.

Headache.—Pain in the head is of frequent occurrence in children, and even in babies. Older children complain directly of it, but in infants it can be recognized only by a wrinkling of the brows, persistent crying, a rolling of the head from side to side, or the moving of the hand toward the painful region. The causes of headache are very numerous, and often difficult to ascertain. Among the most common of them are forms of brain disease, and especially meningitis, fever from any cause, neuralgia, indigestion and constipation, fatigue, impoverishment of the blood, strain of the eyes at school, excessive mental work, general debility, and disease of the heart or kidneys. To distinguish which is the acting cause, and then to determine what treatment is required, is usually beyond a mother's power. Rest, the prevention of noises, bathing the head with cold water or bay rum, a mustard plaster at the back of the neck, a mustard foot-bath, restricted diet, and the administration of a laxative may be tried without danger.

St. Vitus's Dance; Chorea. — A nervous disorder chiefly seen in children, characterized by irregular jerking movements of the arms and legs, often with grimaces and sometimes with decided loss of power. The attack frequently begins with what appears to be awkwardness, the child dropping its food at the table, and having a tendency to walk awkwardly or trip over things.

The disease may become so severe that the child is unable to feed or dress itself, or even to walk.

The affection often can be traced to a fright or to overwork at school or other nervous strain. It also appears to be especially liable to develop in rheumatic children. Its great danger is that it may be followed by heart disease.

The child should be taken from school, and all sources of excitement removed. Sometimes confinement to bed is necessary. In all cases medical treatment is required.

Paralysis; Palsy.—A widespread or limited, more or less complete loss of power. There are various causes and forms of the disease. Sometimes the pressure occurring naturally during a tedious confinement, or less often that occasioned by the use of instruments, injures the brain, and both affects the mind and produces a *birth-palsy* as well. Generally the arm and leg of only one side are affected, yet both sides are not infrequently involved. This form of birth-palsy may improve considerably or may become worse with advancing years. Sometimes a paralysis of one side of the face or of one arm occurs during birth from direct pressure of instruments upon a nerve, the brain having nothing to do with it. This variety will nearly always recover in a few days or weeks.

There is a *paralysis following diphtheria* which attacks especially the muscles of the throat and eyes, causing food to enter the back of the nose and producing squint. Occasionally it affects the whole body. Recovery is usually complete.

Paralysis of a somewhat similar nature, due to inflammation of the nerves not the result of diphtheria, is occasionally seen.

A *paralysis due to disease of the spinal cord* is frequent in children. The commonest form begins suddenly with fever, restlessness, sometimes convulsions, more or less delirium, and other vague symptoms. No diagnosis is possible until in a day or so paralysis of one or more extremities develops. Sometimes the onset is even more sudden, and a child, well on going to bed, is found paralyzed in the morning. Considerable improvement takes place, though slowly, but more or less loss of power and wasting of the limbs will probably remain through life.

Another form of spinal paralysis is that occurring in curvature of the spine. (See *Pott's Disease*, p. 281.)

The greatest perseverance in carrying out the treatment is necessary in all forms of paralysis. The affected parts are frequently cold, and need to be dressed very warmly. After the acute stage is over thorough rubbing and kneading must be kept up day after day for months in the effort to maintain and to increase the strength of the muscles. The physician in charge may advise electricity for the same purpose. The child should in most cases be made to use the paralyzed parts as much as possible. The use of crutches and other apparatus must not be begun unless absolutely unavoidable, as this is the most certain way to render them indispensable throughout life. If the doctor finds that the child really cannot learn to walk again, he will probably advise some sort of brace which, with the help of a cane, will give the needed support and render crutches superfluous.

Hydrocephalus; Water on the Brain.—This is an enlargement of the head resulting from a great accumulation of fluid within the skull. The head and the fontanelles grow constantly larger, the latter bulge, and the bones become thin. The shape is somewhat globular, so that the face seems small and the head very large, the forehead overhanging the face, and the sides of the head extending beyond the ears. In mild cases the mind is not affected, but in severer ones the child is feeble-minded and has little control over its body. (Pl. III., Fig. 1.)

Feeble-mindedness; Idiocy.—Idiocy—which differs from feeble-mindedness only in degree—is a condition which is often born with the child, although it may develop in infancy or childhood as the result of some disease or from injury to the brain. A congenitally weak-minded baby does not notice as soon as it should. It will perhaps not follow a bright light with its eyes, nor turn its head toward the source of a noise, long after a normal child does both of these acts. As it grows older it is very slow in learning to hold up its head, to sit up, or to hold objects in its hands. Even by two years of age it may make no attempt to walk or to utter any distinctly-articulated sound. Its face has a vacant expression and it slobbers a great deal. At three or four years of age it may have learned a few words or may still be unable to speak or to understand at all.

This description is of a well-marked case. There are all grades of the condition, however, down to what may be called simply *backwardness*, in which the child's powers are slow in developing, but finally expand to a very satisfactory degree if carefully trained. The mother must be able to recognize the mental defect as early as possible, with the intent that she may lose no time in beginning the training. The success at best is slow, and efforts must be unremitting and be uninfluenced by discouragement. Sometimes it is better to place the child in an institution where its education can be superintended by those accustomed to this work.

Deaf-mutism.—This resembles idiocy so closely for the first few months of life that its recognition is difficult or impossible. A deaf-mute takes no notice of sound because it cannot hear it, while a feeble-minded baby hears, but has not the sense to notice it. By the age of six months we should be able to decide between the two conditions. A deaf baby shows by this time none of the bodily feebleness or lack of development of the idiot. It has an intelligent expression, and will play with toys and smile at its mother, yet will take no notice of such a sound as that of a bell rung behind it. Very loud noises may make an impression upon it, either because it is not totally deaf or, more often, because it *feels* such vibrations as come, for instance, from the slamming of a door. The child's ears should at once be examined by an aurist, in order that something may be done, if possible, before it is too late. If found incurable, it should when older be trained to talk and understand by lip-reading, in which so much success has been attained in recent years, and which is so superior to the awkward deaf-and-dumb alphabet. There are institutions which are devoted solely to this instruction, and children often learn articulate language so well that they talk audibly and understand almost as if they could hear.

Congenital Blindness.—This cannot at first be distinguished from idiocy, which, indeed, not infrequently accompanies it. Only time can show the difference. A feeble-minded child will eventually learn to fix its eyes upon objects unless it is an absolute idiot, in which case its mental deficiency will show itself in other ways as well.

Inflammation of the Eyes.—This affection may occur at any age. The most dangerous form (*ophthalmia of the new-born, ophthalmia neonatorum*) is that which develops a few days—usually about three—after birth, and which may cause blindness in spite of the most careful treatment. To prevent this the eyes should be carefully washed after birth, in the manner described in Chapter IV. Should the inflammation begin, the lids stick together after sleep, and pus may be found at the corners and on the inner surface of the lower lid. The lids soon swell greatly, and their lining and that of the eye itself is very red and secretes an abundant thick discharge. As this is very infectious, the nurse must carefully keep any of it from getting into her own eyes or those of the mother or of other children, while at the same time the baby's other eye, if sound, must be guarded by an antiseptic bandage. A physician must be summoned without a moment's delay, since thorough and early treatment of a cleansing and disinfecting nature is essential. The nurse must see that the eye is kept scrupulously clean by very frequent washing, and that the lotion ordered really gets inside the lids. To accomplish this the baby should be held on the lap, with the head inclined backward and toward the diseased side. The lids must then be gently separated and the lotion dropped in from an "eye-dropper." This consists of an ordinary medicine-dropper, but with the point smooth and rounded or bulbous to prevent accident. Absorbent cotton wet with the lotion may be used instead of the dropper. The lower lid is drawn down slightly and some of the fluid is squeezed upon it. The solution should enter at the corner next the nose. The inclination of the head carries it through toward the cheek, thus keeping it away from the sound eye. The sticking of the lids may be prevented by rubbing their edges with a little vaseline. Any cotton or cloths used for washing the eye should be burned, and the nurse should disinfect her hands after each treatment of the child, and before she touches her own eyes (Appendix, 96, 97).

Older children may suffer from various forms of inflammation. In some of the severer cases minute blisters or ulcers develop upon the front of the eyes, and children cannot be persuaded to open them at all on account of the great pain which light produces. As it is difficult to distinguish between the serious and the trifling inflammations, a physician should be consulted promptly. Previous to his visit the eyes may be bathed frequently with cold water and a little soothing eye-wash dropped into them often (Appendix, 80). No poultice or bandage, or any of the numerous eye-washes sold in the shops, should ever be used without a physician's advice.

Sometimes the edges of the lids become chronically red and inflamed, and the growth of the eyelashes affected. This occurs usually in children whose health has been impaired.

Styes.—Small inflamed swellings on the edges of the lid, especially in older children, which form in a few days and then subside, or soften and discharge, or, finally, persist in the form of little tumors. Some children are very liable to have styes repeatedly, while others never do. Often the general health is at fault, and demands tonics; while in many cases, particularly in school-children, there is some defect of vision which needs examination by an ophthalmologist. This is especially the case in children who constantly develop styes. For the relief of a stye already present the frequent application of small, very hot fomentations is the best method of treatment.

Squint; Strabismus.—Strabismus may be either convergent, producing a condition of "cross-eye," or divergent, so that one eye turns outward. Either one or both eyes may be affected. Of course, the mother can do nothing; but there is one thing she must *not* do, namely, neglect it. Not only does strabismus detract greatly from a child's good looks, but it will finally produce great impairment of the sight of the affected eye. Treatment ought to begin very early in order to be of value. In infancy and early childhood the dropping of certain solutions into the eye may gradually correct the defect. In other cases the use of spectacles may be needed, or the performing of an operation which is not at all dangerous.

Inflammation of the Ears; Earache; Running Ears. —Earache is, of course, only a symptom of different forms of inflammation of the ear which may or may not go on to the formation of pus. The child may develop pain suddenly in the night, although it was well or had only a slight cold in the throat or nose when it went to bed. The chief symptom in infants is loud, persistent crying, not relieved by anything, and sometimes made worse by pressure just in front of or just behind the affected ear. Occasionally a baby will raise its hand to the seat of pain. Older children can easily locate the pain, although they sometimes refer it to the teeth. There is usually fever and some degree of deafness. The pain may subside after a few hours, or may continue with intermissions even for days. If pus is produced, it will finally perforate the drum-membrane and be discharged, probably with relief of pain. If insufficiently cleansed, the ear often has a very offensive odor. No medicine of any kind should be dropped into the ear, and no poultice or other wet application placed over it. A hot-water bag or bottle held to the ear will often remove the pain in a little while. Relief may be obtained by repeatedly syringing the ear with water as hot as can be borne, or the child may be laid on the sound side and the water be poured into the affected ear, which should then be covered with hot dry flannel. The procedure must be repeated frequently. The child should be kept quiet and warm, and the temperature of the room should not be less than 70° F. The diet should be light. A laxative and a fever mixture (Appendix, 103) aid in relieving the inflammation. If the pain persists or if pus is discharged from the ear, it is best to consult a physician, since, apart from the chances of permanent deafness, there is always danger that inflammation may extend to the brain. In cases of discharge from the ear the mother may very gently syringe the canal with warm water as often as is necessary to keep it clean, but should put no plug of cotton into it unless the child is going into the open air. The best syringe for her to use is a small bulbous one, called the "Ear and ulcer syringe," which is made of soft rubber throughout (Fig. 53).

FIG. 53.—Ear-syringe.

(4) DISEASES OF THE BONES, MUSCLES, SKIN, ETC.

Deformities of the Head.—An alteration in the shape of the head may occur as a result of prolonged pressure received during birth. The deformity is due partly to the displacement of the bones and partly to swelling of the scalp (Pl. III., Fig. 2). Attention is called to it here because it is often the source of great though entirely needless anxiety on the part of the mother. If it is let alone it will be all right in a few days. On no account should any attempt be made to squeeze it into shape. A distorted and marked head is sometimes the unavoidable result of delivery by instruments. Here, too, the traces of deformity will usually disappear in a short time. In rare instances a large lump on the head, the size of an egg, is caused by an accumulation of blood under the skin, or in other very unusual cases by a portion of the brain protruding through an unnatural opening in the skull and elevating the skin over it. Such a deformity as the latter does not, of course, disappear. In hydrocephalus and in rickets there is a deformity of the head characteristic of each respectively—in the one globular and in the other square (see Pl. III., Figs. 1 and 3). These deformities are better considered in connection with other symptoms of the two diseases.

Protruding Ears.—Mothers are often exercised greatly over a too great prominence of the baby's ears. Probably little alteration in the shape can be accomplished in most instances, and it is better not to meddle with them. A cap or a network bandage may be worn during sleep, to keep the ears from being bent by the pillow, and to press them inward somewhat. A slight operation may be performed in bad cases to bring the ears closer to the head.

Deformed Hands and Feet.—Children are sometimes born with *supernumerary digits* on the hands or feet, or with *webbing* between the fingers or toes similar to that seen in a duck's foot. Any operation required should be done early.

Club-foot is a distorted shape of the foot, in which, most commonly, the front part of the foot is turned inward and the heel is raised. Sometimes there occur contractions of the foot into other forms. The condition may be present at birth or may be acquired. Treatment should begin immediately and be persevered with. The application of a splint or of some apparatus and the frequent manipulation of the foot will effect a cure in many cases. In others there must be an operation as well.

Ingrowing toe-nail is a condition in which the edge

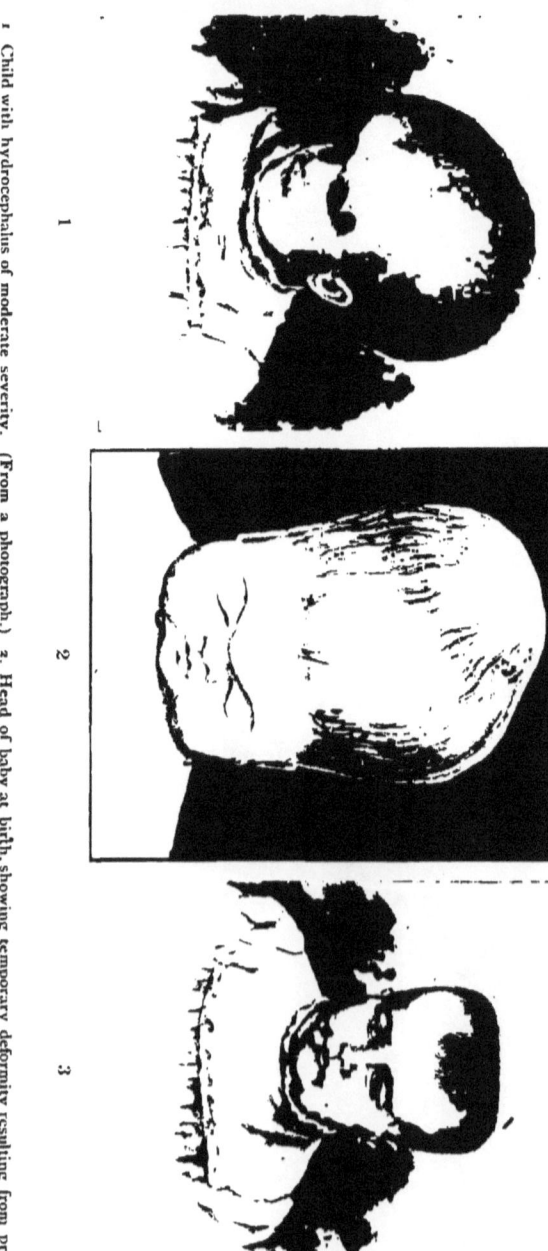

1. Child with hydrocephalus of moderate severity. (From a photograph.) 2. Head of baby at birth, showing temporary deformity resulting from prolonged pressure. 3. Child with a well-developed rickety head. (From a photograph.)

PLATE III.

of the nail, usually of the great toe, is pushed into the flesh, which rises above it. It will not develop if the shoes have been made of proper size and shape and the toe-nails have been cut according to the directions already given. Should the deformity be already present, a small quantity of cotton should be packed under the corner of the nail, in order to raise it above the flesh. The nail must be cut square or, still better, concave across, with a notch in the centre (Fig. 54), and should also be scraped thin down the middle with the edge of a knife. The corners should never be rounded off. If the disease has advanced too far for this plan of treatment, the advice of a physician must be had.

FIG. 54.— Method of cutting an ingrowing toe-nail.

Hip-joint Disease.—A tubercular inflammation of the hip-joint, the results of which are so serious that every mother should be on the alert to recognize its insidious onset. One of the earliest symptoms is pain, in some cases situated in the hip itself, but very often felt only in the knee. The child is prone to start suddenly from sleep, suffering from pain. Very soon some degree of lameness comes on, lasting at first for a few days at a time. The child often tries to rest the affected hip by standing on the sound leg. Parents often make a fatal mistake at this period by attributing the symptoms to the existence of "growing pains" and of weakness of the knees. A physician should be called in without delay, for the recovery is tedious at the very best. In many cases abscesses form, and even life is lost.

Curvature of the Spine.—There are three forms of this affection, very different in nature and cause, which may be mentioned here. In the first, called *lateral curvature*, the spine makes an S-shaped curve, as shown by the illustration (Fig. 55). Rickets is the commonest cause in young children, while a faulty position in sitting at school, or the carrying of some weight (as a baby-brother

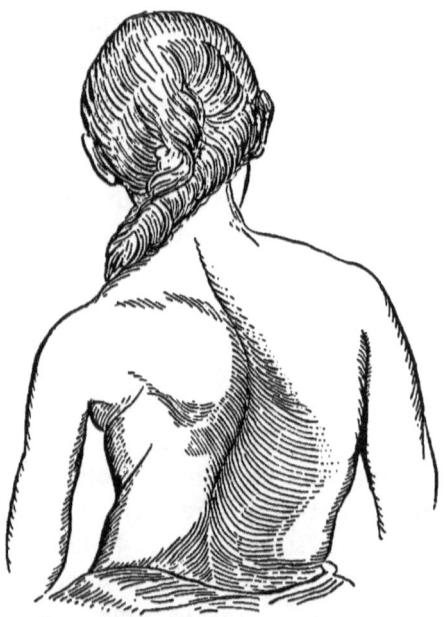

FIG. 55.—Lateral curvature of the spine.

or baby-sister) always upon the one arm, produces it in older children. It is much commoner in girls than in boys. Mothers should not fail to examine their children for the defect at intervals. The disease consists in weakness of the articulations and muscles rather than of the bones. The treatment must be directed by a physician. Such gymnastic exercises and the assumption of such positions are required as will mechanically correct the deformity.

The second variety of curvature, called *caries of the spine*, *Pott's disease*, or *angular curvature*, is due to tubercular softening and destruction of the bones of the spine, and is of so grave import that its earliest symptoms should be reported to the physician. It is rare before the age of two years. A fall or blow seems sometimes to

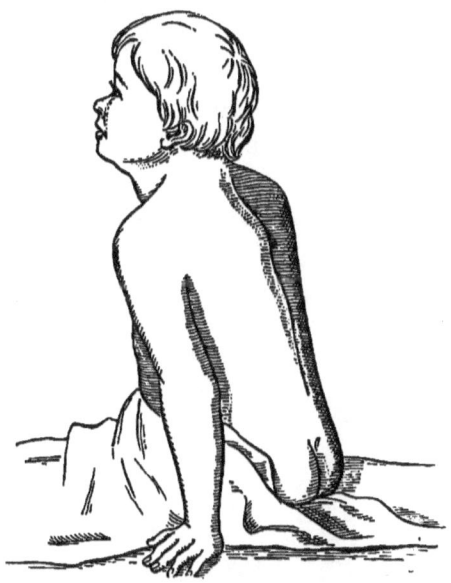

FIG. 56.—Slight degree of curvature of the spine, from a case of Pott's disease.

start the process, but the majority of cases are in no way due to injury. One of the earliest symptoms is a peculiar stiff, tottering walk with a tendency to fall forward. The child moves the back rigidly and as a whole in order to avoid any jarring. It will not bend the back to pick up anything from the floor, but does it by bending the knees. If the trouble is higher in the spine, the shoulders are sometimes carried "shrugged up" and the neck stiff. Where the disease is low in the spine the child sometimes has a disposition to walk leaning forward, with the hands at times upon the thighs. Pain felt at the seat of trouble is usually present. Early in the disease pain is very often felt in the abdomen, and resembles a stomach-ache caused by indigestion. Sooner or later there develops a slight prominence of the spine which only a skilled eye may detect. Eventually the prominence becomes quite visible (Fig. 56), and it may even result in great deformity.

The third form, the *rickety posterior curvature*, occurs in severe cases of rickets in infancy (Fig. 57). It is due to the same articular and muscular weakness which produces lateral curvature, but it consists of a very long rounded curve extending posteriorly and occupying nearly the whole length of the back, while in Pott's disease the curve is at first more angular, short, and small.

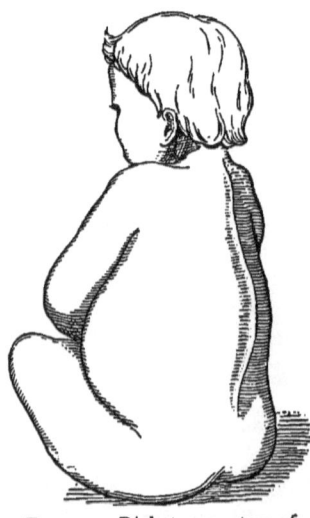

FIG. 57 —Rickety curvature of the spine.

Ulceration of the Navel.—Instead of drying up properly the navel cord sometimes becomes soft and ill-smelling and leaves a large ulcer after falling off. In some cases a pea-sized red protuberance can be detected within the navel, and from this comes a little discharge which irritates the surrounding skin. Frequent thorough dusting with a powder consisting of boric acid and oxide of zinc (Appendix, 90) will often effect a cure promptly. If not, the family physician may have to cauterize the ulcer, or perhaps cut off the protuberance.

Bleeding from the Navel.—Severe hemorrhage from the cord occasionally takes place some hours after birth; or later, after the cord has fallen off, hemorrhage may occur from the navel itself. In the former case the cord should promptly be tied again between the body and the point from which the blood seems to come; in the latter the bleeding point must be firmly compressed between the finger and thumb until a physician can be obtained.

Birth-marks; Mother's-marks.—Under this heading are included both *nævi*, as physicians call them, and *moles*. A *nævus* consists of a red or purple patch on the skin, sometimes on a level with it, sometimes elevated above it. Although usually small, it is occasionally extensive, and in some instances it is disposed to grow, and may then prove dangerous. A *mole* is a dark pigmented area in the skin, either flat or elevated, smooth or covered with hair. It is generally small, but sometimes is of sufficient size to cause great disfigurement.

Contrary to the popular belief, birth-marks are in no way dependent, in the vast majority of cases, upon impressions made upon the mind of the mother before the child was born (compare page 25). Treatment can be prescribed only by a physician. Cauterization or some more serious operation may be needed, and some birth-marks cannot be removed at all.

Warts.—These disfiguring growths are most common in children. They are apt to develop rapidly, and often to disappear quite as quickly without treatment. There is no good evidence that charms have any curative value whatever, and most of the applications recommended are equally useless. The warts are best let alone or cauterized by a physician.

Red Gum; Strophulus.—Titles formerly applied to a red, pimply eruption from which babies often suffer during the first weeks of life. The rash is generally either eczema or prickly heat.

Prickly Heat; Miliaria.—A very common affection in infants, consisting of an eruption of numerous minute red elevations (papules), or of pinhead-sized, inflamed blisters (vesicles), or of both together (see page 296). These are closely crowded, particularly where there is much perspiration, as about the neck and over the trunk. The disease begins very suddenly and is attended by more or less burning and tingling, but seldom by the very intense itching of eczema. The latter affection, moreover, usually develops more slowly and its vesicles show a greater tendency to run together. Prickly heat is seen chiefly in hot weather, and especially in children who are too warmly clothed and who perspire profusely as a result of this. Treatment consequently consists chiefly in avoiding or removing the cause. The clothing must be made as cool as the child can wear with entire safety. It is particularly in children disposed to prickly heat that woollen underclothing must sometimes be replaced in summer by cotton material (see p. 86). The irritated skin may be dusted with a camphor-and-zinc powder (Appendix, 89) and the child given a laxative alkaline mixture (Appendix, 101) or a dose of magnesia and a light diet. Sometimes the itching is relieved by a solution of a teaspoonful of baking-soda in a pint of water dabbed on and allowed to dry. If recovery does not follow in a very few days, a physician's advice should be obtained.

Eczema.—A troublesome disease, particularly common

in infants, lasting days, months, or occasionally even years, and limited to a large or a small area, or, in rare instances, covering the entire body. The special tendency to suffer from it disappears in most cases by the end of the first year, although it is frequent at all periods of life. Among the principal causes are inherited tendency, debilitated constitution, imperfect hygiene, improper diet (particularly in infants the early use of starchy food), digestive disturbances, the eruption of a tooth, irritating soap, the contact of soiled diapers, any other local irritation, etc. Often no cause can be discovered. The commonest situations are about the head, the crotch, the groins, and the folds of the joints in general. In the most frequent form the skin becomes bright red and covered with minute, pinhead-sized vesicles. These soon rupture, leaving the surface swollen, red, and moistened with a watery discharge which may thicken and form crusts with raw flesh beneath. In another form the skin is dry, red, thickened, and somewhat scaly, and perhaps cracks easily. In still another common variety numerous small pustules develop; while in another the eruption is chiefly composed of papules (see p. 296). The attack is attended by itching which is often so intense that the child is nearly frantic. This is generally worse at night, and may prevent sleeping. Owing to the disposition of the rash to spread, every case should early be put under a physician's care. The treatment open to the mother is to remove the cause if it can be found. Besides this she may give a laxative at the outset, reduce the quantity and the strength of the food, hinder scratching by putting the hands into mittens or even by fastening them to the sides, prevent any friction of the skin from rough clothing, cease to employ soap, use no more water on the diseased part than is absolutely necessary, and employ a lotion of starch and boric acid instead of plain water for cleansing (Appendix, 78). The skin, if red and weeping, may be dusted frequently with a drying powder (Appendix, 91). Surfaces which touch each other must be separated by placing between them a thin layer of absorbent cotton or patent lint well filled with the powder. Soaking in sweet oil may be employed to remove any crusts.

Hives; Nettle-rash; Urticaria.—Few or numerous distinct raised blotches, pinkish or whitish in color, and of a size which, although having a considerable range, averages that of the finger-nail. They often resemble closely the elevations produced by the stings of insects. A crop of hives comes out with great suddenness, lasts a few hours or a day, and is then, perhaps, succeeded by another, the whole attack persisting for two or three days or sometimes becoming chronic. The burning and tingling are often intense. The commonest cause is some disturbance of digestion. Sometimes one certain article of diet will, without affecting the digestion, always produce nettle-rash in one child, and another article will have the same effect in another child. Among the foods most apt to act in this way are fish, shell-fish, strawberries, pineapples, mushrooms, and sausages. Sometimes the presence on the skin of a single insect, as a hairy caterpillar or a flea, may bring out a large crop of hives. Contact with the stinging-nettle or with the jelly-fish may produce the rash. The treatment usually efficacious for mild cases consists in giving a dose of magnesia followed by a laxative alkaline mixture (Appendix, 101) and reducing the diet temporarily. The skin may be powdered frequently with camphor-and-zinc powder (Appendix, 89), or the spots dabbed with absorbent cotton wet with equal parts of vinegar and water or with a special cooling lotion (Appendix, 84). In cases which tend to be chronic or to recur frequently the great aim must be to search for and remove the cause. Starch-and-soda baths (Appendix, 44) often do great good, but the disease ought to be treated by a physician if it lasts more than a few days, as it is sometimes most difficult to cure.

Chafing; Cracks; Roughness of the Skin; Chapping.—*Chafing* may occur wherever two moist surfaces of skin are constantly touching each other. It is common in the folds of the neck in fat babies, in the armpits, and about the buttocks, thighs, and groins. In the latter localities it is liable to be produced by a too infrequent changing of diapers, particularly if there is a sour diarrhœa. When the attack is severe the skin is bright red, tender, moist, and looks almost raw. In children disposed to it the disease may be prevented by ensuring great cleanliness and by the use of starch-water for washing, followed by a thorough drying and dusting with a talc powder. When there is diarrhœa, the free application of vaseline helps to keep the skin from becoming moist. To cure chafing already present the methods mentioned must be followed, and, in addition, pieces of lint previously dusted with an astringent powder (Appendix, 91) should be placed in the folds between the affected surfaces.

Cracks are generally produced in the same way as chafing, and are in reality of the same nature. Those in the folds of the neck are sometimes very difficult to heal. The frequent application of a hot wet sponge followed by careful drying may be of benefit.

A general *roughness of the skin* is generally best treated by thorough rubbing with olive oil or vaseline after bathing.

Chapping of the hands and face usually results from exposure to cold. It is best prevented by protecting with veil and gloves. The treatment is much the same as for roughness of the skin.

Stomach-rash; Tooth-rash.—Terms often used by mothers to designate many sorts of rashes seen in infants. They are more properly applied to an eruption of *erythema*, that is, of a diffuse redness or of distinct, pea-sized, scarcely elevated spots which appear very suddenly, last a few hours or days, and produce no irritation. This often develops in infants suffering from some digestive disturbance. Treatment is generally not required, other than that for the indigestion.

Boils and other Pustular Eruptions.—In a strictly medical sense, a boil, or *furuncle*, consists of an elevated, rounded or conical, dusky-red, painful, and very tender swelling which contains pus. When it bursts it is found to have a distinct "core" of dead tissue. Furuncles may be single, but are very apt to occur several at a time and in successive crops. Impairment of the general health or, in babies especially, chronic digestive disturbance causes them in many cases, but some children have a peculiar predisposition to them, although apparently well in other respects. The disease, however, is never a sign of robust health, as has sometimes been supposed.

There are various other pustular eruptions which are popularly known as "boils," but which are named otherwise by physicians. Some of these are the result of most unfavorable hygienic conditions; others are evidences of eczema; others occur entirely independently of any affection of the general health or digestion; others

PLATE IV.

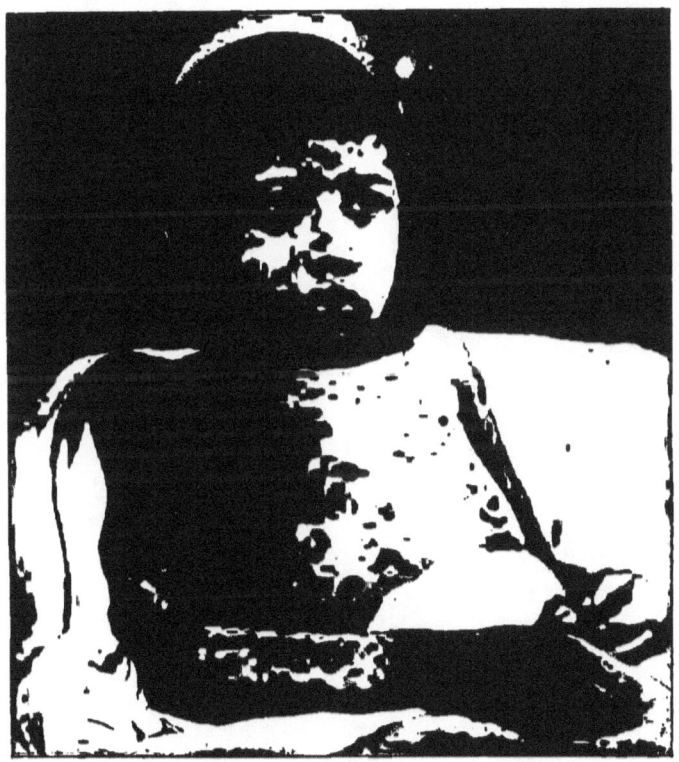

Girl with measles, showing the characteristic grouping of the eruption and the peculiar heavy and swollen appearance of the face. (From a photograph.)

constitute a peculiar acute contagious disease; and still others are the result of syphilis. The only treatment of pustular eruptions which is justifiable without the advice of a physician is the protecting of the affected parts or the smearing them with a little ichthyol. Poultices must never be applied unless ordered. When used, they should be mixed with a boric-acid solution (Appendix, 75) instead of with plain water, or, still better, the dressing should be the antiseptic poultice described later (Appendix, 62). Tonic treatment and change of air are needed in many cases.

Fever-blisters.—Small groups of minute, closely-crowded blisters (vesicles, see p. 296) which contain a clear watery fluid, and which, if not ruptured, dry into a crust. In many children slight fever, such as accompanies a cold or indigestion, will invariably produce them. They are generally situated on the lips or the edges of the nose, although in bad cases they may spread over the face or below the chin. The spots should be smeared twice a day with ichthyol or with a zinc-and-bismuth ointment (Appendix, 68).

Dandruff; Milk-crust.—Young babies often show a tendency to an excessive production of oily scales upon the head. Unless carefully watched, these will accumulate in large yellowish patches commonly called the *milk-crust*. Some mothers have a mistaken notion that this should be carefully let alone. Great cleanliness will prevent any such accumulation, and rubbing the head daily with a boric-acid ointment (Appendix, 70) will often check the excess of oily secretion. A patch already formed should be removed by soaking it with warm olive oil and then washing it with Castile soap and warm water. A fine-tooth comb should never be used on it. When the patch is found to have a raw, weeping surface beneath it, it is not simply milk-crust, but is eczema, and should be treated accordingly.

In older children there is often a production of dryer scales, or *dandruff*, which are without the very oily character, and which consequently fly about when the hair is brushed. The scalp should be washed frequently with water and one of the German salicylic-acid or sulphur superfatted soaps. If dandruff persists, a physician must be consulted, since falling of the hair may follow.

Ringworm.—A common and very contagious affection, due to a microscopic, mould-like, fungous growth. On the face and body it occurs much most frequently in childhood, and on the scalp it is found only at this time of life. In the former situation it consists of a single dull-red, more or less circular spot, which gradually enlarges into a patch with a red, somewhat scaly border and a paler, more natural centre. This ring-like shape gives the name to the disease. On the scalp, which is by far the commonest situation, the patches are numerous, circular, and little, if at all, red. The hair comes out, leaving the spots more or less bald, and often covered with fine scales and with short, brittle stumps of broken hairs which can be pulled out easily. This latter is a characteristic symptom.

Ringworm of the scalp is so difficult to cure and so tedious at the best that no mother should dream of undertaking its treatment. Her province is to follow directions carefully and to see that other children, her own as well as those of other people, do not catch it. The affected child must on no account be sent to school, and all its toilet articles must be kept strictly for its own use. Some sort of skull-cap may be worn to prevent the germs

PLATE V.

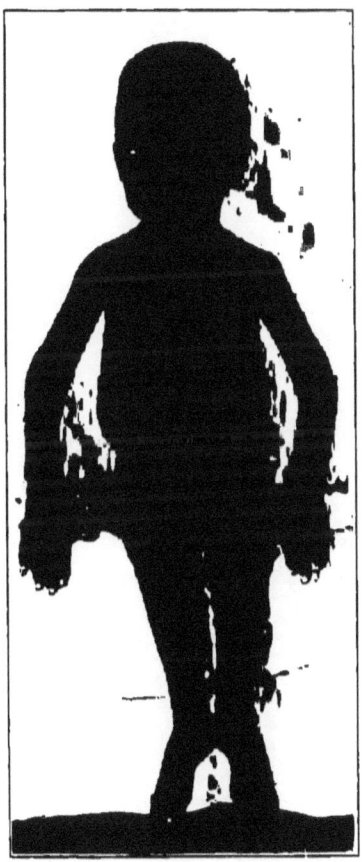

Child with well-developed rickets suffering also from chicken-pox, showing the contracted chest, swollen abdomen, and enlarged wrists of the first disease, and the characteristic rash of the second. (From a photograph.)

from getting about. The sooner a physician sees the case the greater the chance of getting it under control.

Ringworm of the body is much more easily cured. An ointment such as that given in the Appendix (69) may be rubbed into the spot twice a day for a week or longer; but here, too, a wise mother will not undertake the care of the case herself.

Itch; Scabies.—An intensely itching and very contagious affection of the skin, due to the presence of a minute insect which burrows under the surface. The disease may attack any age from infancy up. Although commonest among the poor and dirty, it may by contact with them be contracted by the cleanest child. Examination shows scattered, small pimples, which may occupy any part of the body, but which are usually first found on the sides of the fingers. The toes, armpits, buttocks, and the central parts of the body are also favorite seats. Sometimes a few irregularly shaped ridges, one to ten lines long, show themselves here and there and make the diagnosis certain. They are the burrows in which the female insect lays her eggs. Often, however, the itching is so intense, and the skin so irritated and torn by the scratching which this incites, that the original characteristic appearance is destroyed and the diagnosis may be difficult. If several children of one family, and perhaps the parents as well, are suffering from an itching eruption, it is pretty certain that the disease is the itch. Treatment is almost beyond the power of the mother, for the applications necessary sometimes produce decided irritation which must be checked. As contagion takes place by the clothing and the bed-linen, particular attention must be given to their disinfection.

Lice; Pediculi.—Although these little insects are by right the inhabitants of the unwashed, any child, no matter how clean, may be infected by them through some accidental contact with another. When once in possession, they are not killed by the simple washing of the head with soap and water. The first symptom is a very decided itching of the scalp. The scratching which this causes, and the irritation by the animals themselves, set up an inflammation, and produce pustules and matting of the hair if the case is severe. Eczema situated at the back of the head is in most cases the result of the presence of lice. Careful inspection shows the minute oval eggs (*nits*) attached by one end to the hairs. The careful use of a fine-tooth comb will probably remove some of the animals themselves. Many different applications are equally serviceable, but some of them are quite irritating. One of the safest and most popular is the ointment of stavesacre (larkspur-seeds), which should be rubbed upon the scalp several days in succession. Kerosene is also a good application, but must not be applied near a flame of any sort. The hair meanwhile should be washed repeatedly with vinegar in order to destroy the nits. With proper care long hair need not be cut.

There is one species of lice—body-lice—which infests the clothing only. The remedy consists in entire destruction or baking of the infested garments and the placing of the child in a disinfectant bath (Appendix, 95).

(5) INFECTIOUS DISEASES.

Of the numerous infectious diseases, we may consider typhoid fever, small-pox, chicken-pox, vaccination, scarlet fever, measles, German measles, diphtheria, mumps, and whooping-cough.

They are called *infectious* because due to microscopic germs which are capable of being transmitted from persons with the disease or from other sources and of infecting the system of others. Some diseases are *contagious* as well as infectious. Malaria is an instance of one which is infectious because due to a microscopic germ, but which is not contagious because it cannot be contracted from another person. All the diseases enumerated above are both contagious and infectious. The infection may be by direct contact, or the germs may in some cases be carried by another person or by water, food, clothing, books, letters, etc. The germs of some of the diseases have a great tenacity of life. A case of contagious disease is always the result of some other case from which the contagion comes, even though we are not able to trace the connection. All of the diseases mentioned, with the possible exception of whooping-cough, are accompanied by more or less fever. Some of them are called *eruptive fevers*, because there is a characteristic eruption or rash upon the skin. Treatment is entirely the province of a physician. There is absolutely no way known to avoid contracting them except by keeping away from the contagion. The carrying of disinfectants about the body, such as bags of camphor or carbolized substances, is entirely useless. The recognition of the existence of one of the infectious diseases is beyond the mother's skill in many instances, while in others it is comparatively easy. The table which follows gives in convenient form information regarding these diseases, which will be of value to a mother desirous of understanding something of their nature.

Physicians use certain terms as applied to infectious diseases, which may conveniently be described in this connection. The *day of the disease*—as the "first day" or the "third day"—is in accord with the ordinary method of dividing time, and does not indicate the num-

TABLE OF INFEC

Disease.	Incubation lasts—	Date of Characteristic Symptom from beginning of Invasion.	Characteristic Symptom.
Typhoid fever.	About 14 days.	7th or 8th day.	Rose-red, slightly elevated spots.
Scarlet fever.	1 to 7 days.	1st or 2d day.	Intense, bright-red blush over body.
Measles.	12 to 14 days.	4th day.	Dusky or purplish-red, slightly elevated spots, scattered and in characteristic groupings.
German measles.	7 to 21 days.	1st day.	Pale, rose-red spots or uniform blush; no characteristic groupings.
Chicken-pox.	13 to 17 days.	1st day.	Pea-sized, scattered vesicles.
Varioloid (Variola).	10 to 14 days.	3d day (may be 1st or 2d).	Red, elevated papules; then vesicles; then often pustules.
Vaccinia (Vaccination).	1 to 2 days.	1st day (3d after vaccination).	A red papule, becoming a vesicle and then a pustule; surrounded by a broad red area.
Erysipelas.	3 to 7 days.	1st or 2d day.	Bright-red blush; puffy skin; often blisters.
Diphtheria.	2 to 12 days.	1st or 2d day.	White membrane on tonsils and other parts of throat.
Whooping-cough.	2 to 7 days.	7th to 14th day.	A prolonged paroxysm of coughing followed by a crowing inspiration (whoop).
Mumps.	7 to 21 days.	1st day.	Swelling in front, below, and behind the ear and below the jaw.

ber of times twenty-four hours have elapsed since the symptoms first appeared. Thus, if the onset of symptoms occurred, for instance, at 10 P. M. on Tuesday the 14th, the "second day of the disease" does not begin with 10 P. M. on the 15th, but is counted from midnight of the 14th—the time when Wednesday the 15th begins, although this is only two hours after the onset. The

...TIOUS DISEASES.

Other Principal Symptoms.	Whole Duration of Disease from Onset.	Quarantine lasts from Onset—
Apathy; diarrhœa; nose-bleed; headache.	2 to 4 weeks.	While disease lasts.
Sore throat; often vomiting with onset.	7 to 9 days or more (not including desquamation).	6 weeks at least.
Cold in head; running eyes; cough; hoarseness.	7 to 8 days.	3 weeks.
Slight sore throat; slight running of eyes and nose.	3 to 4 days.	3 weeks.
None; or slight fever.	A week or less.	3 to 4 weeks.
Headache; backache; vomiting.	About 14 days.	4 to 8 weeks.
Often feverishness and malaise.	About 3 weeks.	None.
Fever; pain.	4 to 6 days, or several weeks if it spreads.	Averages 2 weeks.
Debility; fever.	10 to 14 days.	3 to 4 weeks.
Vomiting; spitting of blood.	6 to 8 weeks	6 to 8 weeks. (while whoop lasts).
Pain when chewing.	A week or less.	3 to 4 weeks.

stage of *incubation* denotes the period which elapses between exposure to contagion and the appearance of the first symptoms. The stage of *invasion* is the time following incubation, in which there are distinct evidences of illness, although the characteristic symptom (such as the eruption in measles or the whoop in whooping-cough) has not appeared. Symptoms seen during this period are called *prodromal* or *initial*. The first day of invasion marks the *onset* of the disease, and from this day the duration of the disease is dated. Next comes the stage of characteristic symptoms called the *eruptive* stage in the case of eruptive fevers. Sometimes the invasion lasts less than a day, as, for instance, in chicken-pox, and the characteristic symptoms then appear on the first day of the disease; that is, there is no evident stage of invasion. *Desquamation* is the shedding of the skin which follows in some of the fevers. The duration of the contagiousness, throughout which the child should be kept from mingling with others, is sometimes called the period of *quarantine* or of *isolation*.

Certain other terms are used in speaking of some of the eruptive fevers and of certain skin diseases. A *vesicle* is a little elevated blister, the size of a split pea or smaller, filled with a clear, watery fluid. A *macule* is a small red spot not elevated above the skin. A *papule* is a red, pimple-like elevation. A *pustule* is shaped like a papule or a vesicle, but contains pus.

The following is a much abbreviated review of the infectious diseases, supplementary to the table and containing chiefly facts not mentioned there.

Typhoid Fever.—As frequent in children as in adults, but less severe; less common under three years of age, and occurring oftenest in autumn. It is but slightly contagious, for it is transmitted only by the germs from the bowel-movements contaminating the drinking-water or the food of others. As a rule, one attack protects from subsequent ones. Symptoms of invasion begin very insidiously with debility, loss of appetite, fever, and often diarrhœa and nose-bleed. Sometimes, especially in children, the onset is much more sudden. The fever gradually increases for a week, then stays high (103° to 104°) for a week or two, but with a very characteristic difference between the morning and evening temperatures, and then gradually diminishes. Very frequently children scarcely feel sick at all, and the disease in them may stop much short of the usual three weeks. Diarrhœa is not very common in children. The characteristic rose spots are usually only few and are not always present. They are found solely or chiefly on the trunk, and especially on the abdomen, come in successive crops, and continue to appear until the middle of the third week or for a shorter time. They are slightly elevated, oval, rose-red, and about one-sixth of an inch long, and disappear momentarily when pressed upon. Inflammation in the bowel is always present, and ulcers are liable to form; and if the thin, paper-like wall of one of these ulcers perforates, death almost certainly follows in a few hours. We can easily see, then, the tremendous importance of very soft food, especially milk, and of absolute rest in bed and the use of a bed-pan, no matter how slightly sick the child may seem. Since the germs are contained in the passages only, these should be covered as soon as passed, and be disinfected promptly (Appendix, 93). The bed-linen and bed-clothes also ought to be disinfected.

Scarlet Fever; Scarlatina; Scarlet Rash.—The different names mean exactly the same. The disease is one of the commonest affections of children, occurs at any time of year, is rare under the age of one year and especially under that of six months, and is very contagious, yet less so than measles. The germs are transmitted by the breath and the skin, and can be carried in the clothing from the sick to the well. Their vitality is remarkable, for, attached to some garment, they may live even a year. A second attack is of great rarity, for in nearly every supposed instance of it the child really had some unrecognized rash on one of the occasions. The disease may be so mild that it is overlooked, or so severe that the child dies in a few hours. The lightest case is capable of giving the most severe form to other children. In a case of average severity the first symptoms are vomiting, fever, rapid pulse, and sore throat. The rash appears within twenty-four hours, and often first about the neck, but rapidly spreads over the whole body except the face. It consists of minute red points, not at all elevated, and so closely crowded that the skin appears a uniform bright red. As a rule, the eruption is widespread when the child is first examined. The color increases in intensity for two or three days, begins to fade in three or four days after the onset, and lasts in all about a week. At about the end of the first or second week the skin begins to peel in large or small shreds, and this characteristic desquamation continues several weeks. During the height of the disease fever persists, the throat is sore, swollen, bright red, and often seriously inflamed, and the tonsils may be covered with white patches resembling diphtheritic membrane. The tongue loses its coating and becomes bright red with the minute natural prominences unusually large ("strawberry tongue"). The rapidity of the pulse is greater than the elevation of the temperature would lead one to expect. The fever disappears in seven to nine days, and the acute stage is over. In bad cases with severe throat-symptoms fever may last much longer than this, while in the mildest cases the rash may disappear in twenty-four hours and there may have been but the slightest fever. The disease is always alarming, because the cases which begin mildly may eventually become severe, or be followed by inflammation of the ears, pneumonia, abscesses of the glands in the neck, or Bright's disease. The last-mentioned disease may come on even after the child has been convalescent from the fever for two or three weeks. It must be guarded against with especial care.

In the way of treatment, the slightest possible chance of taking cold must be avoided. The child should be confined to bed, and the windows must not be opened in the slightest, or any bathing or sponging employed, until the doctor in charge is asked what he wishes done in the matter. Very often he will have the child oiled all over as an additional safeguard against cold and to keep the desquamating and very infectious skin from getting about the room. Further preventive measures against spreading consist in isolating the child the moment the mother suspects that it may have scarlet fever, in carrying out careful disinfection during the attack, and in deferring the removal of quarantine until she is quite sure that the danger is over. The caution about bathing is given not because it expresses the writer's views on its danger, but because some physicians are greatly opposed to all bathing in this disease. It does not apply to the first hot bath, useful at the beginning of nearly any acute disease in children.

Measles; Rubeola; Morbilli.—Probably the most frequent and most contagious of the eruptive fevers; occurring oftenest in the cold season, and rarely in babies less than one year, or, especially, six months, old. It appears to be contagious even during the period of incubation. It is caught generally from the breath, for, although the infection can cling to objects about the patient and be carried by a third person, this occurrence is certainly very rare. The germ has little vitality as compared with that of scarlet fever. Second attacks of measles, although more frequent than is the case with scarlet fever, are still very unusual. In nearly all the reported instances so often heard of the children had measles upon one occasion and German measles or some skin affection upon the other. Measles is usually regarded as a disease of little consequence; but this is an error. In children not previously in good health it may prove fatal, generally by inducing pneumonia, tuberculosis, or some other complication. The attack begins with all the symptoms of a very bad cold, such as feverishness, sneezing, running of the nose and eyes, heavy, stupid expression of the face, hoarseness, and cough. The child is so often stupid and sleepy that the expression "sleeping for the measles" has become a common one. Frequently the onset is much milder, and the child is out of doors, very slightly sick. The rash begins upon the fourth day of the disease, in the form of purplish-red, slightly elevated, flattened papules about the size of a split pea. These appear first upon the face, but spread over the entire body in about twenty-four hours. Many of them remain distinct, while others unite by their edges and form irregular blotches and lines many of which are crescent-shaped. This grouping is very characteristic of the disease. Plate IV. is from a photograph of a child with measles, and shows very well both the nature of the eruption and the heavy, somewhat swollen face and thickened lips. All the symptoms mentioned persist or grow worse, and there may also be diarrhœa. By the sixth or seventh day of the disease the fever has ceased, and by the seventh or eighth day the rash has disappeared. There is often a faint mottling and a fine desquamation of branny scales lasting a week after the rash has disappeared. There is no peeling as in scarlatina. At the beginning of the attack a hot bath may be given, but other treatment will be directed by the physician. It is best to keep the child in bed about ten days, to avoid the danger of taking cold. Bright light should be excluded, since the eyes are inflamed.

German Measles; Rubella; Rötheln.—The term "French measles" is only an incorrect name for this disease. "Roseola" is another term very loosely used, and applied to other affections as well. German measles is just as distinct from ordinary measles as scarlet fever is. That a child has suffered from one of the three diseases protects it in no way from the other two. It is less common than these, oftenest seen in the winter-time, very contagious, rarely occurs twice in one person, and seldom attacks children under one year old. The contagion is transmitted as in measles. The disease is quite variable, in some cases resembling measles, and in others scarlet fever, so closely that even the attending physician cannot make a positive diagnosis. There are seldom any prodromal symptoms, or they are only those of a very slight cold, and are followed by the rash within twenty-four hours. This comes out first on the face as pale-rose, very slightly elevated spots, of the size of a pin-head up to that of a split pea, which do not run together into distinct small blotches as in measles, although they do very often fuse into large areas of an almost uniform redness looking much like the rash of scarlet fever. The eruption spreads rapidly downward over the body, like a wave in that it fades rapidly also, and may have nearly disappeared from the face by the time it is fully out on the feet. It is gone from every part by the third or fourth day. The symptoms during the presence of the rash are very moderate fever with slight running of the eyes and nose and slight sore throat. Desquamation of a few branny scales often follows the rash. Care must be taken to guard against cold, as bronchitis or pneumonia may develop.

Chicken-pox; Varicella.—A very common and contagious disease, rarely occurring twice in one person, and not so often attacking those under six months of age—although this last is less true of it than of measles and scarlet fever. It resembles the mildest varioloid very closely, but is an entirely distinct disease. Contagion is transmitted by the breath or scabs, and very exceptionally it is possible for a third person to carry it from the sick to the well. The disease is generally very mild. Prodromal symptoms are absent. The discovery of the characteristic rash is usually the first symptom, although sometimes there is slight fever and malaise for a few hours before. The eruption consists at first of rose-colored spots which usually appear first on the neck and trunk, and which change in a few hours into prominent vesicles, from a few to hundreds in number, one-quarter of an inch or less in diameter, filled with a clear watery fluid, and sometimes surrounded by a slight red halo. The vesicles come out in crops, the older ones rapidly drying up and forming scabs. There may be mild fever during the presence of the eruption. The attack lasts a week or less, although all the scabs may not be gone for some time longer. Plate V., from a photograph, shows the vesicles dotted over the trunk in a case of chicken-pox with a moderate development of the rash.

The child should be confined to the house, away from other children, or to bed if there is an extensive eruption. Other treatment is not often required. Care should be taken that the spots are not picked at or torn, as this increases the danger of leaving scars. When the vesicles on the face are unusually large some attention must be given to prevent scarring. They may be punctured with a needle and then touched carefully with a solution of equal parts of pure carbolic acid and glycerin. This solution must not be allowed to spread over the face. It is poisonous if swallowed. The advice of a physician had better be asked about its use.

Small-pox; Varioloid.—Varioloid, or *modified small-pox*, is in reality a mild form of small-pox, modified by occurring in one who has been partially protected by vaccination. Small-pox in any form is, fortunately, becoming comparatively rare. The difference between the symptoms of the modified and grave forms are those of degree only. Either form may be caught from a person suffering with the other. The disease is very contagious, and the contagious principle, which arises chiefly from the skin, permeates the air about the patient, and has, besides, a remarkable tenacity of life, since it may stick to clothing for months or years. As a rule, one attack protects against a second, but instances of two or more attacks are quite numerous. It occurs oftenest in the cold season. It is less frequent during the first year of life, although it may sometimes attack children even before birth. The symptoms of the invasion consist, if well marked, of more or less headache, pain in the back, high fever, drowsiness, vomiting, and sometimes convulsions. A red flush over the skin may be present. Sometimes, however, the initial symptoms are so mild that they are unnoticed. The eruption appears on the third day of the disease, or sometimes, in varioloid, on the first or second day. It first consists of spots which feel like shot under the skin, appear on any part of the body, grow more prominent by the time they are a day old, and on the next day—the fifth of the disease—become projecting, red, conical papules with a little clear, watery fluid at the apex. Very quickly the whole papule now becomes filled with clear fluid (vesicle). This is very unlike chicken-pox, in which there is never any shot-like sensation and in which the spots are full of fluid almost from the beginning. The vesicles of typical small-pox now go on to produce pus (pustules), but in varioloid many of the papules never form vesicles, while most of the vesicles which do form begin to dry up and produce crusts by the eighth or ninth day of the disease, without going through the pustular stage. Some of the vesicles, however, do pustulate, and are not only longer in producing the scabs, but also leave marks afterward. The scabs begin to fall by about the fourteenth day. The fever and the other initial symptoms usually disappear when the rash comes out, but return in typical small-pox when the eruption becomes pustular. Contagion certainly lasts until every trace of scabbing has disappeared and thorough disinfection has been made, but the contagious power is so strong that it is best to quarantine the patient for eight weeks. Isolation and disinfection should be prompt and perfect, and everybody in the house should be re-vaccinated at once. The treatment must be left entirely to a physician.

Vaccinia; Cow-pox; Vaccination.—Vaccinia probably is small-pox occurring in cattle, but so modified by this fact that when introduced by "vaccination" into the human body it produces only a single sore, although it protects the whole system from a general attack. The fact that small-pox made such frightful ravages before vaccination was practised, yet is comparatively uncommon now, is positive proof of the value and the great importance of vaccination for every child. The supposed dangers of transmitting other diseases by vaccinating with human lymph are largely imaginary, and with the calf (bovine) lymph they no longer exist. The danger of erysipelas or of blood-poisoning setting in is little if any greater from vaccination than from a scratch or sore of any other nature. The best time to vaccinate is at about the age of two or three months, provided the child has no skin eruption and is in good health in other respects. Girl babies should certainly not be vaccinated on any part of the arm where the scar will show in later years. The thigh or the leg is a very desirable place.

After vaccination nothing is seen until the second or third day, when a red papule appears, which grows larger, and which by the fifth or sixth day after vaccination has become a vesicle filled with a watery fluid. This increases in size until the eighth day, when it is nearly as large as a ten-cent piece. By the tenth day the vesicle has become a pustule, with its contents yellowish and cloudy, and with a broad red ring two to three inches in diameter surrounding it. By the eleventh or twelfth day the redness lessens and the fluid begins to dry; by the fourteenth day the scab is pretty well formed; and by the end of three weeks or thereabouts this falls off—if, indeed, the child has not rubbed it off before—and leaves a scar which finally becomes white and pitted. Generally there is some fever by the third or fourth day after vaccination. This persists, perhaps with restlessness and irritability, until the eighth or tenth day. Sometimes a child seems quite sick. After the vesicle begins to form it should be guarded against injury by covering it with a pad of salicylated absorbent cotton fastened on loosely with a roller bandage or adhesive plaster. This is better than most of the vaccination shields in the market, since these are difficult to keep in place. Often the doctor prefers to apply the cotton immediately after vaccination, in order to guard against any possible, although remote, danger of blood-poisoning. If the vaccination does not "take," it must be repeated until it does. It is only very rarely that the effort will not at last succeed.

Most children who have been successfully vaccinated will never develop small-pox, but in others the protection ceases to a certain degree after a number of years, and they may contract varioloid. Absolute protection may be counted as lasting about seven years. A child should therefore be re-vaccinated at the age of seven years, and again at that of fourteen years. When small-pox is prevalent every one in the house should be vaccinated who has not had it done successfully within a few years.

Erysipelas.—This disease may attack any age, is commonest in early spring, and is contagious to a limited extent only. It develops usually about a wound, even though it be a very small one; consequently in early infancy it is generally seen about the navel. When not about a wound, it occurs oftenest on the face. The contagious principle probably emanates from the skin, and may adhere to furniture or to clothing, and be carried by another person from the sick to the well. One attack does not protect in the slightest from others. The disease begins with fever, languor or restlessness, delirium or stupor, and pain in the part involved. These symptoms are often preceded by a convulsion or, in older children, a chill. The eruption appears in a few hours. The skin of some part of the body becomes shiny and as evenly bright red as though red ink had been spilled on it. The color disappears upon pressure, but returns rapidly. Sometimes small blisters form. The tissues beneath the surface become much swollen. The inflammation, pain, and fever continue for two or three days, and after four or five days the attack is over, at least in the original area. Unfortunately, the eruption tends to spread in different directions, and the disease may thus last indefinitely. Desquamation in small or large scales occurs.

Erysipelas is usually very fatal in children one or two weeks old, and severe at all times in infancy. A child sick with it should be separated, especially from any one who has even a slight abrasion of the skin. A new-born baby with the disease must be at once removed from its mother for the sake of the latter, for erysipelas in a woman after confinement is very dangerous. Quarantine should certainly last as long as there is any scaling. Probably two weeks from the onset of the disease would be an average figure for cases in which the eruption had not spread from the original spot.

Diphtheria.—A very common, contagious, and dangerous disease, attacking any age, although rare in early infancy, and most frequent in damp and cold weather. The contagious principle is contained in the breath, and still more in the saliva and in the membrane from the throat or nose. It may stick to clothing or other objects, retain its poisonous properties for months, and be carried from the sick to the well. The inhalation of sewer-gas has often been supposed to cause the disease. While this is not certainly true, it is possible that the constant breathing of this gas or the living under any other unfavorable hygienic conditions makes the disease much more likely to occur. One attack in no way protects from subsequent ones. The disease begins with feverishness, loss of appetite, debility, heaviness, and sore throat. Examination of the throat at this stage may show the tonsils swollen and, perhaps, exhibiting a few dotted white points as in ordinary tonsillitis, but nothing characteristic. In a few hours or by the next day there has developed, except in the mildest cases, a white opaque membrane covering one or both tonsils and extending to other parts of the throat. The child continues feeble and feverish; the membrane spreads; the glands below the jaw on each side are generally swollen; and there is apt to be a running from the nose, due to the extension of the disease to it. In average cases which recover the patches begin to disappear after a week, and are entirely gone after ten to fourteen days. The symptoms meanwhile have slowly ceased, except the very decided and characteristic weakness, which persists for a long time. In unfavorable cases the membrane continues to form and the child finally dies of exhaustion.

The membrane very often spreads to the larynx and produces *laryngeal diphtheria*—that is, *membranous croup*. This very dangerous condition is apt to come on between the third and sixth days of the disease. Sometimes, however, the membrane attacks the larynx first or solely. Nearly every case of membranous croup is in reality laryngeal diphtheria. Although there are occasional instances in which the membrane in the larynx is not diphtheritic, the diagnosis of such an occurrence cannot ordinarily be made with certainty. The first symptom of membranous croup is hoarseness, which is soon followed by rapid and noisy breathing and the peculiar croupy cough. Unlike spasmodic croup, the obstruction to breathing is persistent. The child sits up in bed laboring for breath, looks pale and bluish, and will die painfully of suffocation in a few hours or days if relief cannot be had.

The danger of paralysis following diphtheria has already been alluded to (p. 270). It is most apt to come on during convalescence, between the third and fifth weeks.

With regard to the treatment of diphtheria, any child who shows even a small whitish spot in the throat should be isolated promptly and be visited by the family physician. It may be nothing of consequence, but it may be the beginning of diphtheria, and isolation may keep the disease from spreading to others. Should the physician order applications to the throat, his instructions must be carried out implicitly, no matter how cruel they seem. Whoever paints the throat must take particular care that none of the membrane is coughed into his or her nose, eyes, or mouth. The remarkable reduction of strength which attends and follows the disease must never be forgotten. Death from sudden heart failure has not unfrequently occurred after all symptoms had disappeared. Consequently, no child suffering from or convalescent from diphtheria should be allowed to get out of bed, or even to sit up of itself, until the physician in charge permits; and if it must be taken up, it should be lifted very slowly and carefully. All the precautions for isolation and disinfection must be followed exactly. All cloths used for the reception of membrane or of saliva should be burned at once. If there is any difficulty in breathing caused by diphtheria of the larynx, the air of the room may be moistened, as well as disinfected, by a disinfectant vapor (Appendix, 98). Quarantine should continue for at least a week after all trace of membrane and redness has left the throat and the running from the nose has stopped; or, still better, until the physician can find no more germs in the throat or nose. In cases of laryngeal diphtheria parents should not hesitate to give permission for any operation which the physician in charge may advise. Prompt consent may mean the saving of life, and certainly often gives temporary relief at the least.

Whooping-cough; Pertussis.—A very frequent and exceedingly contagious disease of children; oftenest seen under the age of five years, but less so under six months, and equally common at all seasons of the year. It is more serious than is ordinarily supposed, and a great number of children die from its effects, usually as the result of some complication, especially pneumonia, tuberculosis, convulsions, or catarrh of the bowels. The contagious principle seems to reside in the expectoration and the breath, and probably is active during the whole attack, but usually requires close contact to communicate it. The carrying of the contagion by a third person is certainly very unusual. A second attack occurs with even greater rarity than is the case in measles and scarlatina. The disease may be severe, or so light that the child is hardly incommoded by it. The younger the child the more dangerous is the disease likely to be. The attack begins with slight cold in the head and a troublesome cough which is worse at night and not relieved by the ordinary treatment for bronchitis. In a very few days the cough occurs in longer paroxysms, during which the child is red in the face and seems hardly able to get its breath, and after which it may vomit. After this *stage of invasion*, which averages two weeks, but which may last for only a few days, the whooping or *paroxysmal stage* begins. The paroxysms, or "kinks" as they are often called, are now longer and more intense. The child gives a long series of rapidly-repeated short coughs without drawing breath, and continues this until it is nearly blue. At last it makes a long-drawn inspiration with a peculiar loud crowing sound—the well-known *whoop*. Very often the whole process is repeated immediately, and perhaps again and again. The paroxysms are frequently so severe that they are followed by vomiting, and the child may lose flesh and strength from its inability to retain food. A large amount of stringy mucus flows from the mouth after the attacks, and may be accompanied by blood. The paroxysms are most frequent at night. In a mild case there are only five or six in twenty-four hours, but in a severe one there are forty or fifty or more. In the mildest cases it sometimes happens that no whooping occurs at any time; still, the peculiar paroxysmal character of the cough often makes the nature of the disease plain.

The intensity of the attack remains the same for about three weeks in cases of average severity, and then the *stage of decline* begins. The paroxysms become less frequent and the cough much looser, and little by little the whooping disappears, until it ceases by six or eight weeks from the first onset of cough, and only a bronchitis is left, which lasts an indefinite time. When the attack occurs in the autumn the bronchitis is very obstinate, and may continue with occasional whooping throughout the winter.

Just how long the disease is contagious is uncertain. We are safe in saying that it averages six or eight weeks from the beginning of the attack. It probably grows less contagious as time passes. If the whoop has once distinctly stopped and there has been a period of some days without it, we may call the disease over, even although the whooping should begin again later. The second whooping is a sort of *habit* left by the disease, and children have been known to do it even a year after the attack was over. It cannot properly be considered a part of the infectious disease.

Treatment should be ordered by a physician in every case, not only on account of the discomfort which attends the attack, but also because of the danger of complications. Although the disease can only occasionally be cut short, it can usually be relieved very decidedly. If one plan of treatment does not answer, another probably will. The child should have an abundance of fresh air, be warmly clad, and not be exposed to draughts. Sleeping in a room which has been well aired and not occupied all day will often prevent many paroxysms at night. During the paroxysm the child's head should be supported by the hand. In very bad cases, in which the child becomes almost or quite unconscious and ceases to breathe, it should be slapped in the face with a cold wet towel. Fortunately, these cases are not very common. Later in the disease a change of air will sometimes do wonders.

Mumps.—A painful but not dangerous inflammation of the salivary glands, which are situated in front of, below, and behind the ears and below the jaw. It is commonest in the cold season, and seldom attacks very young infants. It is distinctly contagious, even during incubation, probably by inhaling the breath, since close contact is required. One attack usually protects from subsequent ones. The disease begins with dulness, more or less fever, and pain and stiffness about the jaws, usually on one side. A swelling, situated below and slightly behind the ear, rapidly develops, and becomes very marked within forty-eight hours. There is much tenderness on pressure, chewing is often impossible, talking and swallowing are difficult, and sometimes the mouth can scarcely be opened. After a day or two the other side of the face generally becomes affected in the same way. The whole attack lasts about a week. Treatment consists in rest in bed and the administration of a laxative and a fever mixture (Appendix, 103). Food should be soft. A wad of cotton covered on the outside with oil silk may be fastened over the inflamed region. Hot fomentations or poultices may be applied if the pain is very great. Quite rarely the disease becomes dangerous from complications.

(6) MISCELLANEOUS DISORDERS AND HABITS.

Premature Birth.—A child may be born in the seventh or eighth month of pregnancy, or even earlier, long before it is quite ready to live outside of the mother's body, and when it weighs not more, perhaps, than two and a

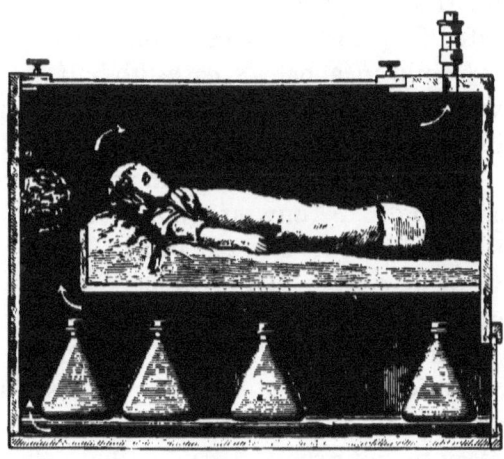

FIG. 58.—Couveuse.

half or three pounds. We need not necessarily despair of the life of a baby, however unpromising it seems at first. Children born at six and a half months have grown up strong at last, although it is not often they survive if born before the seventh month. The great need of such a baby is heat, and the maternity hospitals employ an apparatus, called a *couveuse, brooder*, or *incubator*, especially devised to supply it (Fig. 58). For family use a couveuse may be bought at the instrument-makers, or hired from some of them. This is perhaps better, as the apparatus is costly. But with an increased degree of attention it may be done without entirely fairly well. If a premature baby is bathed at all immediately after birth, the temperature of the water should be 102° F., and the greatest care should be taken while drying to see that the child is not chilled. It should be made very warm by swaddling it in raw cotton, head and all, leaving only the face exposed, wrapping it about with a blanket, and tying it around with a roller bandage. Hot bottles should be placed on each side of it as it lies thus wrapped up in the bed, and fresh ones be substituted frequently. A very convenient method is to place the child in a baby's bath-tub half full of raw cotton in which numerous hot bottles have been concealed. The child's only clothing consists of a diaper and a shirt. The room should be kept warm, and especially so when this human bundle is unwrapped for its bath. After bathing it should be rubbed with sweet oil and be rolled up again in fresh cotton. Often it is better to omit all bathing, and simply to rub with the oil. Nourishment must be given every hour in small quantities. If the child is too weak to suck, as is usually the case, it should be fed from a spoon or a medicine-dropper. Sometimes it is necessary to nourish it through a long elastic tube passed through the mouth into the stomach.

Rickets.—A disease characterized by impairment of the general health, but especially by imperfect development of the bones. It is commonest between the ages of six months and three years. Among the causes are insufficient clothing, damp or ill-ventilated dwellings, a lack of outdoor air, and inherited weakness of constitution; but the chief cause is some defect in the character of the food. Babies fed on healthy breast-milk are not liable to develop rickets, but we must be sure that the milk is actually healthy. Thus, for instance, too long deferring of weaning may cause the disease by rendering the milk of insufficient strength. Babies fed on condensed milk are exceedingly prone to develop it, however well the food has seemed to agree. Children are very likely to become rickety who have constantly suffered from disturbances of the stomach and bowels, the result of food which contains too much of the casein of milk, or in which there is starch or anything else indigestible.

The first symptoms in well-marked cases are free perspiration about the head while the child is asleep, restlessness, tossing off of the bed-clothes, distention of the abdomen with gas, and sometimes a disposition to cry when picked up, the last being due to tenderness about the ribs. These early symptoms are very important, inasmuch as prompt treatment may arrest the disease before it advances further. A little later there will be decided enlargement of the joints, especially of the wrists and of the junctions of the ribs with the cartilages in front. The latter produces a row of little prominences running from above downward outside the nipple on each side of the chest. This is often called the "rickety rosary," from its resemblance to a string of large beads. It can be felt, and in severe cases seen as well. The head is enlarged and square, with a projecting forehead and flat sides and top (Pl. III., Fig. 3). The fontanelle remains open, and by the age of a year may be even larger than at birth. The teeth are late in appearing, and there may be none at the age of one year. They often decay very early. The muscles are weak and the bones soft, and as a result deformities develop. Bow-legs or knock-knees often develop, and the chest acquires in its transverse circumference a peculiar violin-shape with the smaller end in front, a groove on each side running longitudinally from top to bottom, and a decided prominence of the breast-bone. With this is combined very often a marked enlargement of the abdomen. Lateral curvature of the spine in young children is usually due to rickets. The long posterior curvature has already been alluded to (p. 282). The accompanying illustration (Pl. V.) shows the enlarged abdomen and wrists, and to some extent the narrowing of the chest.

Children with rickets are often fat, and we should therefore have no false sense of security because there has been no loss of weight. They are also peculiarly liable to suffer from colds in the chest, convulsions, and catarrh of the bowels.

The principal treatment of rickets is preventive. Plenty of the best nourishment, a life largely in the open air and sunlight, daily immersion in the bath, and prompt attention to any disturbance of the stomach and bowels will usually avoid any danger. If symptoms appear, there is something hygienically wrong, which must be searched out. The food must be made even more nutritious, yet digestible. Raw-beef juice is often useful. A change of air, especially to the sea-shore, may do much toward the recovering of the lost health. Cod-liver oil and daily salt baths (Appendix, 45) are the best remedies. All attempts of the child to stand should be discouraged, as bending of the legs is liable to follow. It is hardly necessary to say that the treatment of a disease as serious as this must be guided by a physician.

Scrofula.—The term *scrofula* is an antiquated one which is mentioned here merely to condemn it. There is no such disease as scrofula. Most of the different ailments once called by this name are in reality only manifestations of tuberculosis in different parts of the body. It is a mistake to call the delicate, flabby children with enlarged glands and sore eyes "scrofulous." Some of them are tubercular, some syphilitic, and some owe their ailments to other causes. The term, if used at all, should be applied only to children who have a tendency, perhaps inherited, to develop tubercular affections; but even this use is questionable, and, owing to the confusion which exists about the proper employment of the word, it is better to abandon it altogether.

Rheumatism.—This disease may show itself as a severe acute inflammation of many of the joints of the body, with high fever and extreme pain on the slightest movement; as a slighter and more chronic inflammation of only one or a few joints, which become more or less red, tender, and swollen; as a stiffness and soreness of some of the muscles; or, finally, in some other more unusual way, as in the heart or the nervous system. It is much more frequent in children than is commonly supposed. The fact that an infant cries out when some part is moved, or that it is unwilling to use an arm or a leg as freely as ordinarily, should render one suspicious that rheumatism is present. The mildest form of articular rheumatism may be followed by St. Vitus' dance or by heart disease. The latter is more liable to follow rheumatism in children than in adults. It is, indeed, at times the first and the only symptom of the rheumatic state, and there may be no articular or muscular pain at all. In older children the pains in the joints, which are often called "growing pains" or are attributed to sprains, and looked upon as matters of no consequence, may really be due to rheumatism or to hip-joint disease. The diagnosis is so important that medical advice is recommended in all doubtful cases, and certainly in those which are clearly rheumatic.

A child with even a slight attack of joint rheumatism is better kept at rest in bed, in order to ward off a rheumatic inflammation of the heart by throwing as little work on that organ as possible. The food should be light and easily digestible, and meat should be avoided to a great extent or entirely. All exposure to chill must be prevented, and the inflamed parts should be wrapped in cotton-wool or flannel.

Enlarged Glands.—The glands in the neck or elsewhere may enlarge, and can then be felt as larger or smaller movable and somewhat tender lumps below the skin. If the inflammation in them is intense, they grow larger still, become red and soft and filled with pus, and finally burst. When they show a tendency to persist, to increase in size and number, and, it may be, slowly to suppurate one after another, the suspicion arises that tuberculosis is the cause. The suddenly-developing inflammations are generally due to an acute irritation somewhere. For instance, enlargement of the glands below the jaw is often the result of inflammation in the mouth, and occurs in diphtheria and scarlatina because the mouth and throat are affected. Enlarged glands at the back of the neck follow irritation of the scalp by eczema or other cause; those below and behind the ear result from irritation of the ears or swelling of the tonsils, or frequently accompany measles and German measles; those in the armpit may be the result of some sore upon the hand, chest, or arm; and those in the groin may follow a similar condition of the lower extremity. Usually the swellings disappear very soon after the cause is removed. The disappearance may be aided by rubbing them gently twice a day with soap liniment. Sometimes, however, the swelling is very obstinate, or may go on rapidly to form an abscess. As a rule, only one gland is involved in such cases. In any case where the swelling does not disappear promptly a physician should be consulted, as the trouble may be of a serious nature.

Marasmus.—This term, so commonly used, does not indicate any distinct disease, but rather a progressive wasting or "fading away" of the body. The child becomes excessively thin, is pale and often sallow, its face is wrinkled, and its flesh hangs on its bones. Among the causes are tuberculosis, syphilis, chronic vomiting, persistent although slight diarrhœa, and food which is inadequate in quality or quantity. In nearly every case a physician can discover the cause, and often can remedy it.

Inflammation of the Breasts.—In both boy and girl babies a day or two old the breasts are very apt to swell, to become tender, and to secrete a milk-like fluid. If they are let alone or are rubbed gently with warm oil or vaseline, the trouble disappears in one or two weeks. If the swelling is very decided and the breasts are red, wet dressings will be of service, but the physician in attendance must take charge in such cases. Some ignorant nurses have the habit of squeezing the breasts of newborn children in order to empty them well or, in the case of girl babies, to favor a good development later in life. Such a procedure is unnecessary and harmful in the extreme, and may even produce an abscess.

Hiccough.—Although seldom of any serious importance, this may be very annoying. It consists of a spasmodic contraction of the diaphragm. It is usually dependent upon some disturbance of digestion, but may be due to many other causes. In babies it may often be relieved by a rapid change of position, patting the back, or by giving a little hot water, perhaps with soda mint (Appendix, 100). In the case of older children the drinking of a glass of water, the holding the breath as long as possible, or causing the child to laugh is often effective.

Fever.—Fever is, of course, only a symptom of a large number of affections. As it often develops suddenly and without other symptoms, a mother should know some simple plan of treatment which may do good and cannot work harm, and which she may employ before the physician arrives. First of all, the clinical thermometer should always be used (see p. 43) to determine whether or not there really is fever. A moist skin and cool hands are not always a sign of the absence of fever, any more than hot head or hands are a positive sign of its presence. A feverish child has usually little appetite or power of digestion, and food should be withheld or be of the lightest kind. Milk is the best thing under most circumstances, or some such article as milk-toast, junket, arrowroot, or light broth. If food is vomited, the child should have no nourishment at all. A good laxative, such as a full dose of magnesia or castor oil, is always admissible, and a fever mixture (Appendix, 103) may be given. Confinement to bed is desirable. Other children should be kept away, both for the sake of quiet and to avoid danger of contagion should an infectious disease be beginning. A warm mustard bath (Appendix, 38, 42) is often given to "bring out the rash" if it is an eruptive fever starting. If fever persists and no perspiration has occurred four or five hours after the bath, the extra wrappings may be removed and the coverings made as light as is comfortable to the patient. The abnormal heat of the skin makes the thickness of covering required less than in health. The child may have water to drink, cool but not iced, freely in any reasonable quantity. Mothers err greatly in refusing to give a thirsty child water. Bathing of the head with bay rum is always permissible if it does not produce chilliness. A cold wet cloth may be laid on the head if headache is severe.

Dropsy.—An accumulation of fluid in any part of the body. The condition may be limited to one part, or may be general and affect the whole surface of the body. The most frequent causes are disease of the heart and Bright's disease. In the last stages of chronic debilitating diseases, such as consumption, dropsy of the feet and hands shows that the end is approaching. Peritonitis and disease of the liver produce dropsy of the abdomen. Treatment can be conducted only by a physician.

Cold Hands and Feet.—This condition is usually a sign of imperfect circulation, itself depending upon indigestion, general poor health, insufficient clothing, lack of exercise, and similar causes. It not infrequently develops shortly after the baby begins to wear stockings and shoes, before it has became accustomed to them. The stockings should be warm and loose, and the shoes large. The warmth of the clothing of the whole body ought to be increased, and all other possible causes removed. Sponging the hands and feet with cold water and following this by brisk friction is often a valuable plan, or they may be rubbed daily with turpentine, perhaps mixed with an equal part of sweet oil. As children cannot sleep well if the hands and feet are cold at night, a hot-water bottle or bag must be placed in the bed if other plans do not suffice.

Retention of Urine.—No urine may be passed for twenty-four or even more hours after birth, and yet nothing serious be amiss. If a warm bath or a poultice over the bladder does not relieve the difficulty, the advice of a physician ought to be asked promptly, as there may be some physical obstruction. Sometimes the pain which passing water causes induces a child to retain the urine as long as possible. Sometimes, too, after a severe attack of colic a child is unable to pass water for perhaps twelve hours, and suffers considerable pain as a result, as shown by the straining cry and the frequent doubling of the legs upon the abdomen. A bath or a poultice will probably produce a passage of urine. There is apt to be but little urine passed at the beginning of fever or during severe diarrhœa. Such a condition is a matter of no consequence, so far, at least, as the urinary symptoms are concerned. In acute Bright's disease the urine is often smoky or muddy (brownish, not reddish) in appearance and very scanty. This condition is a very serious one. It is more apt to develop during or after scarlet fever. A hot poultice should be applied over the kidneys—that is, just below the last ribs on each side of the spine—and a doctor must be summoned at once.

Bed-wetting; Incontinence of Urine.—The habit of wetting the bed at night or the clothes by day is a *disease*, and not a bad habit merely, and it is an unwarrantable cruelty to punish a child for it. There are cases in which threats or punishment may avail, but these are so rare that they may be ignored for all practical purposes. The causes are various, and the advice of a physician is always required, for the matter is sometimes serious and is always annoying. The only treatment open to the mother is to see that the child has a light supper, is made to pass its water just before going to bed, drinks no fluids for some hours before bedtime, is taken up frequently during the night to empty its bladder, sleeps on the side and not on the back, and is not too warmly covered. To prevent sleeping on the back an empty spool may be tied at the middle of the spine by a tape going around the waist.

Pain in Passing Urine.—It may happen that a baby in apparently perfect health often suddenly begins to cry bitterly without any discoverable cause, continues this for a short time, and then ceases. There are no other symptoms, but further study shows that the crying occurs only when the urine is passed. The natural conclusion is that the passage is painful, and an examination of the parts should be made. If nothing can be found, it is probable that the urine is unusually irritating. In such cases an examination of the diaper may show a reddish or yellowish deposit which, when dry, can be rubbed between the fingers, and which feels like the very finest gravel—as, indeed, it is.

Phimosis.—This term denotes the existence of a long and very narrow fore-skin in boy babies, which cannot be retracted so as to expose completely the parts beneath. It always demands examination by a physician, since the retention of the cheesy secretion beneath it is liable to make trouble if the condition is neglected. Sometimes circumcision is required, but oftener less radical treatment is sufficient.

Leucorrhœa.—A leucorrhœa which may be quite profuse is not at all of infrequent occurrence in little girls even in infancy. The knowledge of this fact may save a great deal of unnecessary anxiety. The disease sometimes comes from direct injury received, for instance, from a fall on a sharp object, or in other ways, but much oftener is the evidence of debility. It is occasionally produced by thread-worms which have found their way into the passage from the bowel. Treatment consists in great cleanliness, washing with and injecting of a solution of boric acid (Appendix, 75), and, in case there is a great deal of external irritation, the application of a boric-acid-and-zinc ointment (Appendix, 71) upon a piece of lint folded and laid between the irritated surfaces. In any obstinate case—and the disease is very apt to prove so—a physician must be consulted.

The Blue Baby; Congenital Cyanosis.—It sometimes happens that a new-born baby has a bluish tinge, showing that the blood does not circulate properly or get enough oxygen. This is not infrequent in the first days of life, and is then a matter of no consequence if the child is otherwise well. Should, however, the color persist, the heart is probably diseased. In mild cases the blue tinge appears only when the baby cries, but if the disease is severe the color is constant and death will probably take place in a few days or months. In those who live to older childhood, or even to grow up, there is apt to be shortness of breath, palpitation, and a tendency to the bluish tinge either constantly present or coming on with exertion or with any slight cold in the chest.

Snoring; Mouth-breathing.—These symptoms may be due to overgrown tonsillar tissue, as already mentioned, or to obstruction to breathing through the nose from some other cause. An examination of the throat and nose should be made by a physician in every case, since it is important to remedy the difficulty as soon as possible. Children who have long been mouth-breathers from nasal obstruction often acquire a characteristic expression of face and an impairment of bodily and mental development (Chap. XI., p. 249). Snoring in infancy is not often merely a habit; but should examination show clearly that it is so, the infant's mouth may be gently closed whenever it is found open during sleep. A bandage may be placed under the chin and over the top of the head, and this will serve the purpose even better.

Thumb-sucking.—A great deal has been written about the dangers of thumb-sucking, yet the habit is an exceedingly frequent one, and few children seem to have suffered from it in the slightest degree. As there never is any advantage in the practice, it is best not to let it begin, and certainly not to allow it to advance. In the case of babies who have already contracted it, but who suck their thumbs only if not well or if cutting a tooth, or as a means of quieting the nervous system when they want to go to sleep, there is no cause for worry. The habit will correct itself in good time, or, if not, can be easily broken up. In some cases, however, the habit begins during the early weeks of life, soon becomes inveterate, and may persist for years or even into adult life, the child sucking its thumb nearly continuously, whether awake or asleep. A condition such as this demands active treatment, since there is danger of the jaw being permanently deformed.

The commonest deformity resulting is the V-shaped jaw, in which the middle of the upper jaw is pried forward by the pressure of the thumb against its edge, so that it assumes a too angular shape. The lower jaw is depressed, and the upper teeth grow forward like those of a rabbit, and sometimes even the nose is distorted by the upward pressure of the thumb upon the palate.

If it is noticed that the habit is being formed, the thumb should be gently removed from the mouth whenever found in it, and the child's attention directed to something else. If the habit has already been contracted, yet is not practised immoderately, it is questionable whether it is worth while to bother about it unless it tends to persist. If treatment is required, as in the persistent thumb-sucking described, bitter or disagreeable-tasting substances, such as infusion of quassia, extract of aloes, or asafœtida, may be put upon the thumbs. This is of no avail in bad cases, and the only method to be depended upon is that of forcibly keeping the thumbs out of the mouth. This may be done by making the sleeves of the night-dress extend considerably below the hands; or the child may have its hands put into little flannel bags or fastened to its sides at night—and during the day, too, if necessary. Persistence in this treatment for months is sometimes required.

Biting the Finger-nails.—This is a common habit in children of two years and older, and one which often persists into adult life and ruins the shape of the fingers. It is generally merely the expression of an innate nervousness. Many children bite their nails only when excited, while others—the most inveterate cases—do it even when asleep. In its treatment the effort must be made to relieve the nervous excitability by suitable hygienic measures, although this is often a difficult matter. The habit may sometimes be broken up by dipping the fingers into a solution of some bitter substance, or, when this fails, by forcibly keeping them from the mouth, as in the case of thumb-sucking.

Defective Speech (Stammering, Stuttering, Lisping.—The terms *stammering* and *stuttering* are generally used interchangeably, although they are not identical in meaning. *Stammering* applies to the affection of speech in which the child is scarcely able to pronounce words at all. *Stuttering* is that in which the child makes sounds which it does not wish to make, such as the rapid repetition of a consonant at the beginning of a word, as "p-p-p-p-pig." For our purposes we may consider both affections under the title of *stammering*, and much that will be said applies to *lisping* as well. The habit is really a nervous disease, and might have been classified accordingly. It is not common before the age of six years, although occasionally seen earlier, is more frequent in boys than in girls, and is sometimes hereditary. The most important treatment is preventive, but the same methods apply to those who already have the habit. A child should be made from the beginning to talk slowly and deliberately and to pronounce all words very distinctly. In this way it will never find any words especially difficult. It must be carefully kept from association with stammering teachers, schoolmates, or friends, since its power of imitation is so remarkable. It must be maintained in the best of health, avoid nervous excitement, and never be allowed to talk when in a hurry. If there is the slightest tendency to stammer, the importance of slow and exact speech is all the greater. Scolding for the defect, or notice taken in a way to embarrass the child, will only make the trouble more pronounced. Exercises in breathing are very important, since the disease seems to depend in part on lack of control over respiration. The taking of deep breaths, holding them for a few seconds, and then letting them out slowly or with interruptions is very useful. This process may be repeated several times a day. A stammering child should take a full breath before beginning a sentence, and should have training of the voice systematically carried on. It should be practised in uttering the vowel sounds slowly and without hesitation, first in a whisper and then out loud, since the whispered voice is not apt to be stammered. The sounds may then be preceded by consonants. A single forcible expiration should be used to pronounce each syllable. The use of rhythm is a very great help. Stammering is little likely to occur when syllables, words, and then sentences are pronounced in the slow, rhythmical way which one sometimes hears in schools when children recite in concert. Stammerers usually can sing without difficulty. Should a child begin a sentence improperly, it must invariably be made to stop at once and to repeat it slowly. This necessitates constant watchfulness, perseverance, and patience on the part of the mother, for recovery will probably be slow. There are institutions for the cure of stammering, and children who do not improve at home should be sent to some good one of this sort.

Holding the Breath.—This, like the preceding, is a nervous disease even more than a habit. After a paroxysm of crying, which is often the result of anger, a child may suddenly stop breathing until, in severe cases, it grows blue in the face and is nearly unconscious. A crowing inspiration sometimes attends the return of breathing. The affection is the result of a sudden spasmodic closing of the larynx dependent upon the great nervous excitement. It is generally not at all a serious matter, although in rare cases it may pass into general convulsions or terminate in death from suffocation. If the attacks are of frequent occurrence or severe, we should suspect that the child has rickets. Sudden slapping of the face with a cold wet towel or the dashing of cold water into it from a glass is the best immediate treatment. The shock of this procedure makes breathing recommence. Medicines which are sedative to the nervous system may be needed.

Masturbation; Self-abuse.—The habit may be begun by small children, or even by infants, both boys and girls. Sometimes some local irritation is at fault, such as phimosis, worms in the bowel, inflammation of the vagina, and similar causes. In infants constant supervision must be given, the hands being forcibly restrained if need be. In older children the habit is sometimes the result of the influence of evil companions. In these cases remonstrance and judicious explanation may avail, and especially the constant but entirely unobtrusive watching of the child, who should be kept as much as possible in the company of the mother or nurse, and observed particularly while in bed, at the water-closet, or in other places where usually left alone. Great judgment is required to choose when to ignore and when to remonstrate. Medical advice should be had in bad cases, and an examination for local causes made.

(7) ACCIDENTS AND EMERGENCIES.

Cuts and Tears.—A *cut*, or *incised wound*, is made by some sharp cutting instrument. If deep or extensive, or if bleeding very freely, it should have surgical attention at once. A small cut which can be dressed at home should be washed gently but thoroughly with absorbent cotton and cold or very hot water (which will both cleanse it and help to arrest the bleeding) and then with an antiseptic solution, such as a carbolic-acid lotion (Appendix, 76) or, still better, one of corrosive sublimate (Appendix, 77). A compress made of clean folded linen or muslin wet with the solution should now be placed over the wound and bound on, not too tightly, with a roller bandage. The dressing may be left on unchanged for

FIG. 59.—Roller bandage, showing the method of making the "reverses."

days if it keeps perfectly sweet-smelling and the child is not feverish or in pain. The illustration (Fig. 59) shows the different steps in the application of a roller bandage. The half turn in the bandage, technically known as the *reverse*, makes the bandage lie smooth and close to the limb.

If the wound secretes pus, the old dressing must be soaked in the antiseptic solution until it comes away easily and without pulling, the wound then washed with the solution, and a fresh dressing applied. This may have to be done daily if pus continues to appear. We must never forget that both the carbolic-acid and the corrosive-sublimate solution are poisonous if swallowed. If the bleeding will not stop, the bandage must be applied with moderate firmness, or pressure be made with a finger, and a surgeon called in. If the blood spurts out of the wound in jets, an artery has been injured. Bleeding from this or from any other wound can always be stopped until the doctor arrives by making pressure with the fingers directly into the wound. The pressure must be constant, and not relaxed every few minutes to see if the flow has ceased. The use by others than physicians of what is called a *tourniquet*—such, for instance, as a twisted handkerchief or a cord tied tightly around the arm or the leg—is not only very painful, but is dangerous also, since it may cause serious injury of the tissues.

Should a child chance to have a finger cut off, this should be immediately washed carefully and fastened firmly in place again with adhesive plaster, and a physician sent for. It sometimes happens that the finger will unite.

A *tear*, or *lacerated wound*, is produced by some dull body, such as a nail or a brick. It has ragged edges and does not often bleed much. Unless very small, a physician should treat it, since wounds of this sort are more likely to leave scars. A small tear must be cleansed carefully with lukewarm water followed by an antiseptic solution (Appendix, 75–77), as it is very apt to have dirt in it. The torn edges should be brought together as well as possible, and the wound covered with a compress wet with the antiseptic fluid and bandaged up loosely. The dressing must be renewed every day if it becomes soiled with pus, following the method just described for cuts. If it remains unsoiled, it may be left on until the wound is nearly healed. The small sore which is left may be dressed several times a day with a zinc-and-boric-acid ointment (Appendix, 71) spread on a small piece of lint. This ointment is also very useful for cases in which the skin has been partly scraped off—as, for instance, when the head or the knee has been scraped along the ground.

Punctured Wounds; Splinters.—Punctured wounds are those made by sharp-pointed objects, such as pins, needles, fish-hooks, tacks, splinters, and the like. They are often painful and attended by a good deal of swelling. The object must be removed and the injured part squeezed gently in warm water in order to favor the flow of blood, which will help to wash away the impurities which may have entered. If there is a tendency to swelling, a warm antiseptic poultice may be applied (Appendix, 62).

In the case of injury by a *needle* great care must be taken not to break it off in the flesh, and the needle should be closely examined after removal to see that this has not happened. If it has been broken, a surgeon must be called in and the fragment saved to show him.

Fish-hooks which have entered beyond the barb must either be cut out or be pushed through the skin from inside, but never torn out.

If any portion of a *splinter* is protruding, it may be seized with small pliers or tweezers and be pulled out, care being taken to avoid any side motion, lest the wood break off. If it cannot be removed in this way, it may, perhaps, be picked out with a needle. Should a splinter too short to grasp have lodged beneath the finger-nail, the nail should be carefully scraped very thin over it and then be split open with the point of a sharp knife, just enough to allow of the top of the piece of wood being seized. This is not as difficult as it sounds, and generally causes very little pain. If efforts to remove a splinter fail and a physician cannot be had, the part should be poulticed until pus forms, when the splinter will probably come out with it.

Poisoned Wounds.—*Insect-stings* belong to the class called poisoned wounds. They are seldom dangerous, although for a time quite painful. Careful examination may show the sting of the insect still in the wound. It should be pulled out with tweezers, and water of ammonia or spirits of camphor applied. A cold-water dressing may then be employed to prevent swelling. The application of mud is as useful as it is old-fashioned.

Mosquito-bites are of this same class. They are often a source of great annoyance and disfigurement to children. The best procedure is to keep the little pests away by having screens fitted to the windows and doors, or a large canopy over the bed. A small canopy tends to shut out the air too much. The annoying itching may be allayed by touching the bites with carbolized oil (Appendix, 72), ammonia, or spirits of camphor, or with a cooling evaporating lotion (Appendix, 84). Dampened salt rubbed on the spot is sometimes useful.

Dog-bites or the bites of other animals, as the cat or rat, are sometimes productive of severe inflammation, and even of decided illness. It is rare, however, that hydrophobia follows. The dog which has bitten any one should on no account be killed until it has been kept long enough to determine whether or not it was mad. To find that the animal was not rabid will be a great relief to all concerned. Wounds produced by the bite of an animal should be pressed out thoroughly under warm water or be well sucked. They may then be covered with a cold wet dressing. If the bite is that of a dog undoubtedly mad, the part must be cut out quickly or be cauterized deeply with a red-hot iron or with strong carbolic or some mineral acid, such as sulphuric or nitric.

Snake-bites constitute a variety of poisoned wounds fortunately not often met with in this part of the world. If the snake was a venomous one, a cord should at once be tied around the limb above the wound to stop the progress of the blood and to keep the poison out of the general circulation. The wound should be squeezed out under water, or may be sucked thoroughly, provided the lips of the person who does this are quite free from cracks. It ought then to be cut out or cauterized as in the case of dog-bites. Stimulants in large quantity have been recommended, and are perhaps of service. A solution of permanganate of potash of the strength of 20 grains to the ounce should be used to wash the wound.

Bruises.—Bruises, which belong to the class of *contused wounds*, generally do little damage other than temporarily to disfigure. A painful swelling develops, rapidly increases in size, and turns deep purple as the result of the escape of blood under the skin. This color gradually passes through different shades of green and yellow until the blood has been absorbed. To prevent the swelling and discoloration to any degree the treatment must be begun at once. Firm pressure may be kept up, or compresses wet with ice-water, very hot water, or alcohol and water continuously applied. The colorless fluid extract of witch hazel put on at once on a compress is excellent treatment. Ichthyol is another useful application. If discoloration has occurred, its disappearance may be hastened by rubbing the bruise with lanolin.

Sprains.—A twisting or straining of a joint, or a *sprain*, produces great pain on motion, rapid swelling, and often a discoloration of the skin like that of a bruise. Although in many instances sprains are slight and are quite well in a few days, in some severe ones recovery is very slow and the bad effects are more lasting than in the case of broken bones. Every sprain except the very mildest should have a physician's attention as early as possible. If this cannot be procured, the joint should be soaked in hot water and then be put at absolute rest. If it is the ankle or the knee which is injured, the child must be kept in bed with the part elevated and covered with a dressing of cold water or of witch hazel. In the case of the arm the joint must be kept quiet on a pillow or supported on a splint or in a sling with the dressing applied. After the acute pain and all signs of inflammation have disappeared—which is often a matter of days or even of weeks—the joint may be rubbed daily with soap liniment or chloroform liniment and very carefully and slightly moved. Ichthyol is also a good application for sprains.

Fractures and Dislocations.—In *dislocations* the bones which meet at a joint become separated from their normal relation—that is, they are "out of place." Dislocations are unusual in children, with the exception of that of the elbow-joint. In a *fracture* a bone is broken partially or entirely in two. Very frequently in children there is what is called a "green-stick fracture;" that is, there is a bending, not a complete breaking across the bone. This is because a child's bones are much less brittle than those of an adult. Both fractures and dislocations are painful, and produce decided deformity at the time. The injured child while being carried to the house or bed must be handled most carefully, and the part, especially if fractured, be always supported, since the slightest motion of the rough ends of the broken bone gives agonizing pain and tears the flesh about them. If the child has to be taken some distance, the limb should be bandaged with handkerchiefs or anything else at hand to an improvised splint, such as a piece of board or pasteboard, several newspapers folded so as to give as much stiffness as possible, or even a couple of small branches from a tree. In a similar way a broken leg can be bandaged to the sound one, or the arm to the side.

Burns and Scalds.—A *burn* is the result of contact with a flame or with dry heat of some sort, while a *scald* is produced by a hot fluid. For convenience we may call them both burns, for the injury to the tissues is the same in each except that the damage from hot liquids is apt to be less deep. The danger to life from a burn depends more upon its extent of surface than upon its depth. On the other hand, the degree of subsequent deformity depends upon the depth of the injury. If half of the surface of the body is involved, the result is nearly always fatal. In the more superficial burns the skin is reddened and perhaps blistered, while in the deeper ones it is yellowish-white or blackened. The pain is usually very severe, yet in the worst cases the child may suffer very little, but be so alarmingly prostrated by the shock that it may die in a few hours. Only the small and slight burns may be treated by the mother. Pain must be first relieved by shutting away the air and preventing the rubbing of the clothes. To accomplish this several layers of soft linen cloth may be applied, wet with a strong solution of baking-soda—a heaping teaspoonful to a glass of water. As soon as the pain is allayed, or even from the first if not severe, the wound may be dressed with vaseline or oxide-of-zinc ointment; or, often still better, carbolic acid and water (Appendix, 76), as this makes the wound aseptic. If a child's clothes are on fire, its head should be placed low, for the flames naturally tend to rise, and burns about the head and hands are the most disfiguring. The child should instantly be thrown upon the floor and the burning clothes wrapped about with some thick woollen material, such as a piece of carpet, a rug, table-cover, dress-skirt, shawl, or overcoat, beginning always at the neck. Cotton and linen articles catch fire too easily themselves, but even these are better than nothing, for if quickly applied they may smother the flames before they are ignited by them. Nothing can be better than a tub or bucket of water dashed over the child, if this happens to be at hand. Running about the room or into the open air with the child only fans the fire. After the flames are extinguished stimulants should be given if there is much prostration, the child put to bed at once, and the clothing removed with the greatest gentleness if a physician cannot be had promptly. Frequently the garments must be cut away bit by bit in order to avoid tearing the blisters which have been produced. These blisters may now be pierced at the edge with a needle, and the burnt parts covered with soft linen cloths saturated with carbolized water (Appendix, 76), sweet oil, vaseline, or lard which has been washed free from salt. Lastly, the whole should be enveloped in raw cotton, oil silk, or paraffin paper, and bandaged loosely in order to exclude the air still more perfectly. Hot bottles should be applied to portions of the body which have not been burnt if the prostration continues.

Burns with acids should have the liquid washed away quickly with water or, still better, with a solution of baking-soda. *Burns with alkalies*, as lye, should be treated quickly with vinegar and water. Each sort may then be dressed with oily applications, such as olive oil, vaseline, or zinc ointment.

It must be remembered, however, that oily applications used on a burn of any kind usually add to the difficulty of making it aseptic when the doctor arrives, and that an antiseptic dressing, such as the carbolized water referred to, is to be preferred.

Sunburn.—The open-air life so greatly to be desired is liable to cause sunburn, which, if of slight extent, is a matter of little consequence. To be ruddy from the sun is much better than, from lack of fresh air and sunlight, to look like a potato-sprout in a dark cellar. Sunburn may, however, become so severe that it is actually painful and demands treatment. The skin in such a case may not only be reddened and tender, but blistered and much swollen also. The simplest treatment consists in covering the injured parts with oxide-of-zinc ointment.

Freckles.—Deposits of pigment in the skin in the form of irregularly-shaped small blotches, usually resulting from exposure to the sun or glare. They are most marked in blondes, especially in those with red hair and a very transparent complexion. Brunettes may develop them also, but are more likely to have a uniform deposit of pigment; that is, they become *tanned*. Freckles are not common before the age of three years, and the tendency to develop them often diminishes after the age of puberty. Although keeping a little girl out of the sun may prevent freckles, it would certainly injure her health. The best plan to avoid them is to have the face shielded by a broad-brimmed hat and to shun the most intense glare. There are numerous applications recommended to remove them. Some of these are much too powerful to be used except under a physician's direction. This is also true of many of those sold in the shops. A preparation which may be tried safely is a benzoin or a borax-and-acetic-acid mixture (Appendix, 85, 86).

Frost-bite; Freezing.—The first effect of long exposure to cold is to make the skin, usually of the fingers, toes, nose, or ears, become numb, white, and wrinkled. Then, upon coming into a warm place, the parts become red, swollen, and itching. If the action of the cold has been severe, blisters form over the frozen skin, and finally mortification may set in. Generally, under proper treatment the frozen part regains its sensation and becomes painful for a time, the swelling disappears, and there is no further trouble. In the case of those who have been nearly "frozen to death" the whole body is affected by the cold and there is unconsciousness. In the treatment of freezing, the child should be kept in a cool room for some hours and the frozen parts—or the whole body, if it is a case of general freezing—be rubbed with cold water or snow or wrapped in cold wet cloths. The removal to a warm place should be made with the greatest care. Sometimes a frozen part may afterward be subject to chilblains.

Chilblains.—Red, smooth, shining spots of different sizes which itch and burn severely when the parts become warm. Sometimes blisters form, and even ulcers if there is much friction, as from a shoe. The favorite positions are the feet and hands, although the nose, cheeks, and ears are occasionally attacked. Chilblains are particularly painful when upon the feet, after they have become warm in bed. They are most apt to develop in weakly children, especially in girls with poor circulation, and are liable to recur every year with the autumn season and to last until warm weather returns. The original cause consists in sudden alteration of the bodily temperature—such, for instance, as follows rapid warming of the hands and feet at a fire after prolonged exposure to wet or cold. Treatment consists in improving the general health and in dressing the feet with broad, stout, easy shoes and with warm woollen stockings with garters going to the waist, or with warm mittens if the chilblains are on the hands. Frequent painting with Monsel's solution of iron or with tincture of iodine is often of great benefit.

Concussion of the Brain.—A serious disturbance of the brain produced by a fall or a blow upon the head, and attended by complete or partial loss of consciousness lasting for a moment or for hours. The skin is pale and cold, and the pulse and respiration are feeble. The child may seem merely stunned, and there may be only vomiting and pallor and a bewildered condition. As even the mildest cases sometimes become serious later, every child who has exhibited any suspicious symptoms after an injury to the head should have medical advice as soon as possible. Meanwhile it should be put to bed in a darkened and very quiet room and be warmed by hot bottles if cold, but given no stimulants unless it is absolutely necessary. If it has severe pain in the head, but is not cold or weak, an ice-bag or ice-water compresses may be applied to prevent the development of inflammation.

Foreign Bodies in the Eye.—A cinder or other minute sharp particle often causes great irritation in the eye. If rubbing is prevented the tears will often wash the object away in a short time. If it adheres more firmly under the upper lid, the upper lashes should be seized with the fingers and the lid be pulled away from the eye and well down over the lower lid and then let go, when the lower lashes may sweep the offending body out. If this does not succeed promptly, the eye must be examined. Pulling down the lower lid reveals its lining and that of the lower half of the eyeball, but to examine the upper portions it is necessary to turn the upper lid inside out. The upper eyelashes must be dried and be seized between the finger and thumb, the mother standing behind the child. While the child is told to look well downward a blunt-pointed object, as a lead-pencil, is pressed against the

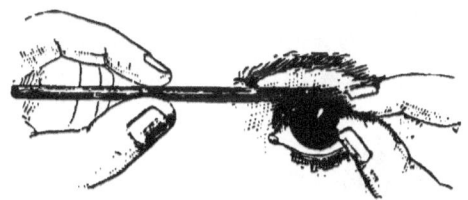

FIG. 60.—Method of everting the upper eyelid.

middle of the upper eyelid and the lashes are pulled upward. It sometimes takes several trials to accomplish this (Fig. 60).

The foreign body, if found, should be very gently removed with a moistened camel's-hair brush. Irritation may persist for some time, and a simple eye lotion (Appendix, 80), kept tepid, may be dropped frequently into the hollow between the eye and the nose and be allowed to trickle into the eye. If the brush fails to remove the object or if it cannot be found and the irritation continues, a physician should be consulted.

Lime or acid in the eye produces a great deal of pain.

The eye should at once have poured into and over it water containing, in the first case, a little vinegar or lemon-juice, a teaspoonful to a glass, and in the second case baking-soda, a tablespoonful to the glass. Sweet oil is also useful in either case. A physician should be consulted immediately.

Wounds of the Eye.—The eyeball may be cut by various sharp bodies, but the most serious wounds are those made by pointed instruments, such as scissors, forks, etc., which penetrate into its interior. Sometimes, too, some sharp foreign body, as a splinter of metal or of stone, flies into the eye and passes within it. The production of a misshapen pupil is proof that the wound is actually a penetrating one. The absence of this irregularity is, however, not an evidence of the contrary. A penetrating wound is always serious, as it may not only cause the loss of the injured eye, but may even set up a sympathetic inflammation of the sound eye, and produce blindness in it also. Professional aid must be had at once.

Foreign Bodies in the Ear.—Children often put peas, shoe-buttons, beads, and similar objects into their ears. If the object is at all deeper in than the opening, its removal should be left to a physician. Should no physician be available, the mother may try to do something herself. The child should be laid upon the affected side and the tip of the ear be strongly pulled outward and backward, thereby straightening the canal, whereupon the object will sometimes drop out of itself. If it does not, syringing with tepid water may be employed. For this purpose should be used the little bulbous syringe described on p. 277. In an emergency the syringe used for giving enemata may be employed. The child should be seated, the ear drawn outward and backward, and the nozzle placed at the upper part of the opening of the canal, in order that the water may get behind the object and wash it out while returning.

After all, however, a foreign body in the ear does little harm as long as it is giving no pain. Certainly there is less risk in leaving it there until a convenient time comes for having a physician remove it than there is in unskilful meddling with it, which may only drive it further in or do harm to the canal or the drum. Sometimes an insect crawls into the ear and occasions much suffering by scratching against the drum-membrane. Sweet oil or castor oil should be poured in at once, and the ear syringed with water after about half an hour.

Swallowing of Foreign Bodies.—The swallowing of such articles as coins, marbles, buttons, etc. usually need give no anxiety. It is often advised to give the child plenty of potato or bread to eat, on the ground that this coats the object and allows it to pass from the bowel without doing any harm. No laxatives are necessary. Sometimes, however, the body, especially if angular or pointed, such as a fish-bone or a pin, sticks in the throat and causes choking. If this occur, the child should at once be suspended by the feet and slapped upon the back in the effort to dislodge the object. If it is high in the throat, so that it does not produce complete obstruction to breathing, a cautious attempt should be made to grasp it with the finger and thumb. If it has seemed to stick some distance lower in the passage to the stomach, the child should be made to swallow several large mouthfuls of food, which may carry the body downward with them.

Foreign Bodies in the Nose.—As in the case of the ears, children often put small objects into the nose and forget their presence or fear to speak of it. At last an obstinate inflammation or discharge arouses the suspicion that something is wrong. If the object is not too far in, or is not too firmly held by the swelling of the mucous membrane or by its own increase in size, which the absorption of moisture often produces, it may sometimes be removed by having the child blow its nose vigorously or by tickling the nose or giving snuff to produce sneezing. If this does not succeed, a physician should be summoned to remove the object, since injury follows unskilful efforts to get it out.

Nose-bleed.—Some children are very liable to nose-bleed without any apparent reason, while others never have it except as the result of a fall or a blow. Among the causes are disturbances of the stomach, irritation of the nose by cold or by other causes, malaria, typhoid fever, and disease of the blood, heart, and liver. The flow of blood may become quite weakening, but is usually only slight. The child should be put at rest with the head elevated and held a little back. Firm pressure should be made on the upper lip at the outer edge of each nostril, or at the root of the nose just at the inner angle of each eye. This obstructs the flow of blood by compressing the arteries. If this does not answer, a piece of ice may be held on the forehead just above the nose, and another at the back of the neck; or, if this fails, the nose can be syringed with a solution of tannin in water (Appendix, 82) and the child given a mustard foot-bath. Both while the blood is still flowing and afterward, blowing of the nose must not be allowed. In very bad cases a physician may need to plug the nostrils with pieces of cotton attached to strings, but this is seldom required. In cases, too, in which nose-bleed recurs often medical advice ought to be had.

Poison-ivy Rash.—An intense inflammation of the skin may be produced by the leaves of several species of sumach. The one most commonly met with is the *poison ivy* (*Rhus toxicodendron*), a vine with dark-green, very shining leaves arranged in clusters of *three* and with the edges smooth or only slightly and irregularly toothed (Fig. 61). It is found in abundance climbing over fences and trees in many localities. When it has nothing to

FIG. 61.—Leaf of the poison ivy.   FIG. 62.—Leaf of the Virginia creeper.

climb on it forms a low, bushy growth two or three feet high, and is then called the *poison oak*. Nurses should be able to recognize the plant, in order that they may keep their charges away from it. The only common plant that at all resembles it is the Virginia creeper, which, however, has its leaves in clusters of *five* (Fig. 62). Some children can handle poison ivy with impunity, while others become badly poisoned by the slightest touch or even by close proximity to it. The *swamp dogwood* or *poison elder* (*Rhus venenata*) is another species of sumach even more virulent than the poison ivy. It is a shrub ten to eighteen feet high, with leaves in clusters of from seven to thirteen. Its situation in swamps makes it less dangerous to children. On the Pacific coast is still another poisonous species of sumach (*Rhus diversiloba*), which also goes by the name of poison oak.

The rash of poison ivy usually comes out within a few hours or a day after exposure. In this respect it differs from eczema, which is slower in its onset. The skin becomes swollen, red, hot, and itching, and is thickly covered with vesicles of from pin-head to split-pea size. These soon discharge their watery contents, which dry into crusts over the surface. The face often becomes so swollen that the child can scarcely open its eyes and is really a pitiable object. The disease lasts a week or longer, except in the very mildest cases. A useful application is a diluted preparation of *Grindelia robusta* ($\frac{1}{2}$ drachm of the fluid extract in 8 ounces of water). Thin cloths wet with this should be applied, allowed to dry, removed, re-wet, and reapplied. Sometimes an oily dressing will act more serviceably upon the heat and tenseness, as it is without the discomfort which attends the drying of a watery application. Thus, carbolized oil (Appendix, 72) diluted with an equal quantity of sweet oil may be smeared on the skin frequently. A very useful plan of treatment consists in dabbing the affected parts with "black wash" (to be purchased from the druggist), and, before they are quite dry, smearing them with oxide-of-zinc ointment. This may be done several times a day. In this connection may be mentioned the fact that various drugs are, in some persons, capable of producing eruptions upon the skin.

Fainting.—This consists of loss of consciousness, with pallor, due to a sudden temporary weakness of the heart. It is more apt to develop in later childhood than earlier. The child should be placed with the head low; sometimes lower than the rest of the body, and have the face slapped with a wet towel or water dashed into it. Access to fresh air should also be obtained.

Drowning.—Drowning, or suffocation from any other cause, is an accident for which every mother ought to be prepared, as there is rarely time to send for medical aid. An effort should be made at resuscitation, even though there seem to be not the slightest chance of doing any good. As soon as the child is taken out of the water it should have the clothes loosened about the neck and be

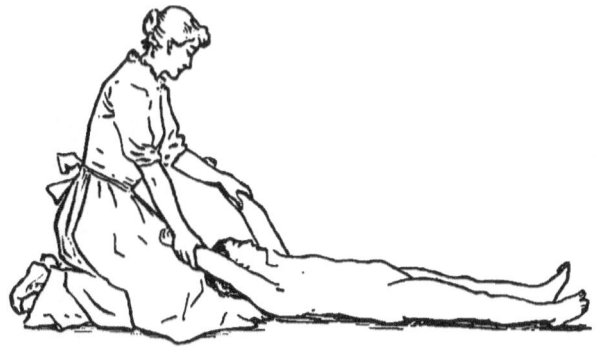

FIG. 63.—Resuscitation after drowning: first movement.

suspended or turned upon the face for a second or so, to allow the water to run out of the mouth. It should then be laid on the back with the shoulders slightly raised by a folded coat placed under them, but with the head touching the ground. The tongue should now have a handkerchief or cloth wrapped around it and be drawn well out of the mouth and held thus. Artificial respiration must now be commenced *on the spot*, following what is known as "Sylvester's method." Someone kneels behind the unconscious child, seizes the arms, and swings them around horizontally close to the ground until they meet above the head (Fig. 63). They are kept there for a moment, pulling upon them strongly the while. The whole manœuvre lasts two or three seconds, and is intended to expand the chest and to make air enter it. The arms are then placed beside the chest and given a forcible push against the lower ribs (Fig. 64). This second manœuvre lasts only about a second. Its object is to expel the air from the lungs. There should

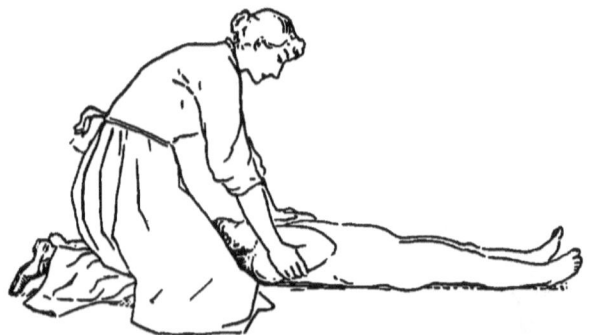

FIG. 64.—Resuscitation after drowning: second movement.

be sixteen or eighteen of the artificial inspirations, and of course an equal number of expirations, made in one minute. The movements should be kept up for a long time —even as long as a couple of hours—until it is absolutely certain that the heart, *not* the pulse, has ceased beating.

While artificial respiration is being conducted, someone should quickly remove the wet clothing, dry the body, and apply warmth in any form—as hot water, hot bottles, stones heated in fires which may be built close by, hot sand if at the sea-shore, etc. The limbs should be rubbed in the direction from the extremities toward the heart, in order to favor the circulation of blood. When breathing begins the artificial respiration must be made to keep time with it as much as possible, so as to help and not to hinder it. The inhalation of smelling-salts and the shock produced by slapping the face with a wet cloth aid in inciting respiration. The child should be given stimulants in moderate amounts as soon as it can swallow. It ought not to be moved from the spot, unless the coldness of the weather necessitates it, until it is thoroughly convalescent.

Swallowing of Poisons.—Scarcely anything in the realm of household medicine can be more important than the treatment of poisoning in its various forms, since in this, of all things, knowledge, presence of mind, and promptness are of so much avail. Prevention is far better than cure, and can usually be accomplished by allowing nothing of a dangerous nature to be about. The precautions in the care of medicines detailed in Chapter X., pp. 212, 216, should be carefully followed, and the baby be kept from access to the match-box or to toys colored with poisonous pigments.

The symptoms of the various forms of poisoning constitute too complicated a subject to discuss here. All the mother needs to know is what to do in case she suspects that poison has been taken. Of course some one will be sent for a doctor at once, with a message *telling him what has happened, and, if possible, what poison has been swallowed.* These details are most important in order that he may come prepared. At the same time the mother will begin treatment immediately. When the nature of the poison is unknown, the first thing to do is to empty the stomach by an emetic (Appendix, 106) or to encourage vomiting in the same way if it is already going on. Next, some antidote must be given which is capable of neutralizing a good many different sorts of poisons.

Such an one is that known as *Jeaunel's general antidote* (Appendix, 105), which neutralizes acids, arsenic, digitalis, and zinc, and to some extent copper, morphine, and strychnine. It is of no value against phosphorus, and of but little against corrosive sublimate. After the antidote, which must be given freely, "soothing drinks" of various kinds should be administered, such as milk, raw white of eggs alone or dissolved in water, solution of gum arabic, flour and water, flaxseed tea, barley-water, slippery-elm-water, etc.

The following table shows in convenient form some of the principal poisons and their antidotes. The antidote italicized is the direct antagonist of the poison. In addition, it may be stated that stimulants and external heat are needed in all cases of poisoning, of whatever sort, if the child grows cold and weak, and complete rest in bed in all except narcotic poisoning, as by opium and chloral. Artificial respiration may be tried whenever respiration seems disposed to cease. It is carried out in the same way as for cases of drowning.

TABLE OF POISONS AND ANTIDOTES.

POISON.	ANTIDOTES.
Unknown	Emetic, followed by Jeaunel's antidote and soothing drinks.
Acid, acetic, hydrochloric, sulphuric, nitric.	*An alkali*, such as magnesia, chalk, whiting, soda, soap; followed by soothing drinks or sweet oil.
Acid, carbolic; creosote.	*Epsom salt* in abundance; soap; no oil.
Acid, oxalic, including "salts of lemon."	Emetic, followed by *lime* (as chalk, plaster, whiting) or *magnesia*, but not by potash or soda; then soothing drinks.
Acid, prussic	Fresh air; ammonia to nostrils; cold douche; artificial respiration.
Aconite	Emetic, followed by *digitalis;* no pillow under head; free stimulation.

Alcohol (brandy, etc.) ..	Emetic; cold douche on head; warmth and artificial respiration.
Alkalies (as ammonia, spirits of hartshorn, lye, caustic potash).	*Vinegar* or *lemon-juice*, followed by soothing drinks or sweet oil.
Antimony (tartar emetic).	Emetic if vomiting is not already profuse; then *tannic acid* freely, or strong tea; later, milk or other soothing drinks; finally, castor oil to empty the bowels.
Arsenic (Fowler's solution, Paris green, "Rough on Rats").	Emetic, quickly followed by *plenty of a fresh mixture of the tincture of chloride of iron with calcined magnesia, washing or baking soda, or water of ammonia, or by Jeaunel's antidote*. Then white of egg, soothing drinks, or sweet oil; castor oil to empty bowels.
Atropine (see *Belladonna*).	
Belladonna (atropine) ..	Emetic; *tannic acid* freely; cold to head; coffee. Stimulants and warmth if needed.
Blue stone; blue vitriol (see *Copper*).	
Chloral	Treatment as for opium-poisoning.
Chloroform, inhaled ...	Cold douche; friction of skin; inverting child; artificial respiration.
Copper (blue stone; blue vitriol; verdigris).	Emetic, followed by *white of egg* or *milk, yellow prussiate of potash*; then soothing drinks.
Corrosive sublimate ...	Emetic, followed by *white of egg* or *milk*; soothing drinks; tannic acid freely; castor oil to open bowels.
Cyanide of potash (see *Acid, prussic*).	
Fowler's solution (see *Arsenic*).	
Gas (illuminating gas, coal-gas).	Fresh air; artificial respiration; ammonia to nostrils; cold douche.

Iodine . . . . { *Starch* or *flour* mixed with water, given freely; emetic; soothing drinks.

Laudanum (see *Opium*).

Lead (sugar of lead) . . . { Emetic, followed by *Epsom salt;* white of egg or milk; alum.

Matches (see *Phosphorus*).

Morphine (see *Opium*).

Nux vomica (see *Strychnine*).

Opium (including laudanum, morphine, paregoric, soothing syrups, etc.). { Emetic (but generally useless); *permanganate of potash* in doses of 4 or 5 grains if case is seen early; strong coffee; atropine; keep child awake and breathing by cold douche to head and spine, walking, etc., but not to extent of exhaustion; artificial respiration.

Paregoric (see *Opium*).

Paris green (see *Arsenic*).

Phosphorus (match-heads, some roach and rat poisons). { Emetic, especially *sulphate of copper*, 1 to 3 grains in solution every ten minutes until vomiting; then more *copper* or *crude French turpentine* (other forms of turpentine useless); then Epsom salt or magnesia to open bowels, but no oil of any kind.

Poisonous plants (Jimson weed, poisonous mushrooms, deadly nightshade, tobacco, etc.). { Emetic, followed by tannic acid; strong coffee or brandy; ammonia to nostrils; external warmth; artificial respiration.

Prussic acid (see *Acid, prussic*).

Silver nitrate (lunar caustic). { *Table-salt*, followed by emetic; milk or white of eggs.

Spoiled food . . . . { Emetic, followed by castor oil as purgative.

Strychnine (nux vomica) . { Emetic, followed by tannic acid, *bromide of potash* freely, or chloral.

Tartar emetic (see *Antimony*).

APPENDIX.

In this Appendix are grouped, for the sake of convenience, a somewhat heterogeneous collection of subjects, which may be classified under—I. Dietary; II. Remedies for Local Use; III. Remedies for Internal Administration; and IV. Miscellaneous. The various minor divisions are numbered, and the references scattered here and there in the preceding chapters refer to these.

I. Dietary.

Under this heading we may consider some of the special foods for babies and older children, particularly those intended for use in sickness. The preparation of ordinary articles, such as jellies, broths, soups, and the like, may be found described in any good cook-book, and is too extensive a subject to be touched on here.

1. **Dr. A. V. Meigs' Milk Mixture.—**
    Milk,   1 part;
    Cream (by skimming; 16% fat),   2 parts;
    Lime-water,   2 "
    "Sugar-water,"   3 "

Sugar-water consists of 17¾ drachms of milk-sugar dissolved in 1 pint of water and kept as a stock liquid.

2. **Barley-Water.—**Put 1 tablespoonful of whole barley into an enamelled saucepan; boil for not more than five minutes and throw the water away. Then add 1½ pints of water; allow to simmer slowly down to 1 pint; strain.

Often ordered as a diluent for, or as a temporary substitute for, milk in cases of vomiting of infants.

3. **Albumen-Water.**—The raw white of one or two eggs dissolved slowly in a glass of cold water. Sweetened if desired, and strained only if necessary to prevent clogging of the rubber nipple by minute shreds. It may be warmed only slightly before given. It is useful as a temporary nourishment when milk does not agree.

4. **Barley and Egg.**—A combination of Nos. 2 and 3 may be made as follows:

Barley-water,	10 ounces;
White of egg,	1;
White sugar,	1 to 2 teaspoonfuls.

5. **Oatmeal-Water.**—Stir 1 tablespoonful of oatmeal into 1 pint of boiling water; cover and let simmer for an hour. Replace the water as it evaporates. Strain.

Often prescribed in place of plain water for diluting milk when constipation exists.

6. **Arrowroot-Water.**—Wet 1 teaspoonful of arrowroot with a little cold water and rub until smooth; then stir into 1 pint of boiling water and boil for five minutes, stirring all the while.

Often added to milk mixtures to prevent the tendency to form hard curds.

7. **Toast-Water.**—On two or three slices of bread, toasted dark brown, but not burned, pour 1 quart of boiling water; allow to stand until cool; strain.

Useful in some cases of sick stomach.

8. Rice-Water.—

Rice (well washed), 1 ounce (1 heaping tablespoonful);
Warm water, 1 quart.

Let stand an hour in a warm place; then boil slowly to 1 pint; strain.

Sometimes useful for diluting milk in cases of diarrhœa.

9. Gum-Arabic Water.—

Gum Arabic, 1 ounce (1 heaping tablespoonful);
Boiling water, 1 pint.

Dissolve; sweeten. Add the juice of a lemon for older children.

Sometimes useful for infants in place of barley-water.

10. Flaxseed Tea.—

Flaxseed (whole), 1 ounce (1 rounded tablespoonful);
Boiling water, 1 pint.

Let stand and keep warm for an hour; strain; sweeten. Add the juice of a lemon for older children.

11. Gelatin Solution.—

A piece of plate gelatin, two or three inches square, is soaked for a short time in cold water and then dissolved with stirring in ½ pint of boiling water.

Sometimes used in place of barley-water.

12. Dr. J. F. Meigs' Gelatin Food.—

Gelatin-water is prepared as in the last formula. As soon as the gelatin is dissolved, and while the water is still boiling, add 1 teaspoonful of arrowroot which has been previously rubbed up into a paste with a little cold water. Milk and cream are added at the same time in varying proportions.

The late Dr. J. F. Meigs found this to agree with many sick children when other foods failed.

13. **Whey.**—To ½ pint of warm milk add 1 teaspoonful of essence of pepsin or liquid pepsin, or 2 teaspoonfuls of liquid rennet. After it stiffens, beat up the curd with a fork. Strain off the whey.

Useful for delicate stomachs which cannot bear milk.

14. **Cream-and-Whey Mixture.**—

Cream,	1 ounce;
Whey,	2 ounces;
Warm water,	2 ounces;
Milk-sugar,	1 teaspoonful.

15. **Wine Whey.**—While boiling ½ pint of milk add 2 ounces of sherry wine. Strain.

16. **Veal Tea.**—Cut fine 1 pound of veal as free from fat as possible; put into 1½ pints of cold water; keep hot without boiling for three or four hours; strain; let cool; skim off the fat.

Sometimes ordered in cases of weak digestion in infants.

17. **Flour-Ball.**—Tie 1 pound of flour tightly in a bag and boil for ten hours. After it is cold take it out of the cloth and dry it for ten hours. Then peel off the outside coat of dough. The hard ball which remains should be grated when needed and mixed with milk in varying proportions: 1 or 2 teaspoonfuls to 8 ounces of diluted milk is generally sufficient.

Useful in some cases of delicate stomach.

18. **Beef Tea.**—To 1 pound of lean beef, minced and free from fat, skin, and tendon, add 1 pint of water. Stir and let stand in an earthen vessel for an hour; then heat well, but without boiling, for another hour; strain and let cool. When about to use, remove all the fat with a piece of soft paper, warm, and season with salt.

19. **Beef Tea Rapidly Made.**—Place 1 pound of scraped lean beef in ½ pint of boiling water in an enamelled saucepan; cover; keep gently warm for ten minutes; strain into a teacup, and place the cup in ice-water. When cold, skim off all fat, pour into a warmed cup, warm gently, season, and use.

Beef teas made by this and the preceding recipe are more palatable than some of the ready-made beef-extract preparations, but have little nutritive value as compared with the peptonized beef foods on the market.

20. **Scraped Raw Meat.**—Take a thick piece of raw tenderloin steak as free from tendon and fat as possible, scrape, grate or mince it very fine, and then pound it in a mortar until it is reduced to a pulp. Now rub it through a fine sieve; flavor with salt or sugar, and roll it into little balls. For younger children rub it up with a little water until it is of the consistence of thick cream, and feed it from a spoon.

This is very nourishing in some of the wasting diseases. A child of a year or less should begin with not more than three teaspoonfuls during the course of a day. There is the possibility of tape-worm being acquired by the use of raw meat. To prevent this the steak may be cooked slightly first and then the brown outside layer cut away.

21. **Beef-Juice.**—Season and very slightly broil a piece of steak free from fat; then cut it into small pieces and express the juice with a lemon-squeezer or, much better, with one of the meat-presses to be bought at the druggist's (Fig. 65). The juice can be warmed only slightly after it is obtained, or it may be given ice-cold.

FIG. 65.—Meat-press.

22. **Lime-Water.**—Place a piece of unslaked lime the size of an egg in 1 gallon of water in an earthen vessel. Stir and let settle; pour off the first water and add fresh. Keep covered to exclude the dust. Use from the top. Add water and stir from time to time.

23. **Peptonized Food.**—The failure of the power of digestion renders predigestion (peptonizing) of the food necessary in some cases. Pepsin, the secretion of the stomach, may be utilized for this purpose, but for several reasons the secretion of the pancreas, often combined with bicarbonate of soda, is generally employed. Although there are various equally good pancreatic preparations on the market, such, for instance, as those of Parke, Davis & Co., and Armour & Co., yet for sake of convenience, and because it is very well known, the pancreatic extract of Fairchild Bros. and Foster is the one mentioned in the following recipes. Besides being sold in bulk, it is conveniently furnished in the form of "peptonizing tubes," each glass tube containing 5 grains of extract of pancreas and 15 grains of bicarbonate of soda. As the

tubes are rather expensive, one can just as readily have a number of powders put up at a drug-store, each containing the proper amount of pancreatic extract and soda.

In the peptonizing of any food it is important to remember that warmth is necessary for the action of the digestant, while cold checks it, and too great a heat destroys it altogether. The food undergoing peptonizing should be kept at a temperature of about 115° F.—that is, never so hot that the finger cannot be kept in it without discomfort. The peptonizing must not be allowed to become quite complete, or the bitter taste of peptones will be produced. This does not injure the food in the least, but makes the child unwilling to take it. The food should be tasted frequently during the process, and on the development of the slightest bitterness the temperature should be quickly raised to the boiling-point or the food be put quickly on ice. The temperature of boiling is sufficient to destroy the digestant to a large extent, and consequently to interfere with further peptonizing. The chilling by ice arrests the action of the pancreatin, but only while the milk is kept cold.

24. **Peptonized Milk.**—Add to 4 tablespoonfuls of cool water half of the contents of a peptonizing tube; stir until dissolved; add to ½ pint of cool milk, and put the vessel containing this into water of a temperature of 115° F.; let it remain there for ten minutes, or for a shorter time if the slightest bitter taste develops. Then put at once on ice or, better, heat quickly to boiling.

25. **Sterilized Peptonized Milk-mixture.**—Prepare the infant's milk-mixture according to the formula on page 135 or page 137. Then add the peptonizing powder in the proportion of one tube to each 8 ounces of com-

bined milk and cream. For instance, if the formula on page 135 is employed, and 16 per cent. cream used, we have in 8 ounces 2½ ounces of milk and cream. This will require about one-third of the contents of a peptonizing tube. If 20 per cent. cream is used, or the top-milk formula followed, as on page 137, about one quarter of a tube will be enough. After adding the powder shake thoroughly, and peptonize as just described, finishing the process by raising the temperature quickly to that of boiling. Now place the proper amount of the food in each bottle, put the bottles in the sterilizer, and sterilize for half an hour. This will be long enough, on account of the previous scalding.

Instead of this plan, we may mix the milk and cream, add one peptonizing tube to each 8 ounces, and peptonize. Then mix with milk-sugar and water according to the formula. The proper amount of food may now be placed in each bottle and sterilized. In either method neither soda solution nor lime water is needed, as the milk is already made alkaline by the peptonizing powder.

26. Pasteurized Peptonized Milk Mixture.—Since the temperature employed in pasteurizing is not sufficiently high to arrest the action of the peptonizing powder, the only feasible method is to prepare the bottles of pasteurized milk as described on page 142, and to keep them until needed. Then, as each bottle is about to be used it should have added one-third or one-quarter of the contents of a peptonizing tube, according to the mixture employed (see Appendix, 25), be shaken thoroughly, stood in water of 110° to 115° F. for about ten minutes, cooled down slightly to the proper temperature for feeding, and given to the baby at once, before the peptonizing has a chance to advance too far. A little trial will show the length of time required in order to stop the process short of developing a bitter taste.

27. Peptogenic Milk Powder.—This preparation furnishes a very convenient method of preparing a predigested milk-mixture which approximates the character of human milk, although, according to recent analyses, rather too rich in casein. It consists of a mixture of extract of pancreas, soda and other alkalies, and milk-sugar, and is so arranged that it may be measured out and mixed with the proper amount of water, milk, and cream according to printed directions. It is not so accurate a method as the use of peptonizing tubes, and is altogether a cruder process, while it does not present any decided advantage.

28. Peptonized Beef Tea.—Mix 8 ounces of finely-minced beef, free from fat, with 1 pint of water. Simmer from one to two hours with frequent stirring. Cool down to 110° or 115° F.—that is, a temperature not hot enough to give discomfort to the finger held in it—and empty into it one peptonizing tube. Stir until dissolved. Keep at the same temperature for an hour or two with occasional stirring, avoiding any bitter taste. Then boil for a moment, strain, and season.

29. Peptonized Oysters.—Boil for a few minutes in a saucepan half a dozen large oysters with their juice and ½ pint of water. Remove the oysters, mince and mash them to a pulp, and put this into a glass jar with the broth. Add 15 grains of bicarbonate of soda and 15 grains of extract of pancreas, and keep at 115° F. for one and a half hours or less, avoiding any decidedly bitter taste. Then put into a saucepan, add ½ pint of milk, and heat to boiling. Season.

30. **Peptonized Gruel.**—Gruel may be made in the ordinary way; as, for example:

Arrowroot, fine oatmeal, wheat flour, sago, or other farinaceous substance,	1 heaping teaspoonful or more;
Cold water,	½ pint.

Mix thoroughly and boil well for a few minutes with constant stirring until quite thick. Then stir in 1 pint of cold milk and strain into a jar. Empty in one peptonizing tube. Keep warm (115° F.) for twenty minutes, or less than this if the faintest trace of bitterness develops. Then quickly raise it to boiling to stop further action.

31. **Peptonized Milk Toast.**—Milk toast in which there is plenty of milk may be peptonized by making it into a pulp and then stirring in the contents of a peptonizing tube, and proceeding in the same way as for peptonizing gruel.

32. **Peptonized Milk Punch.**—Fill a tumbler one-third full of crushed ice. Put in it as much stimulant as suits the age of the child (pp. 386, 389); fill up with peptonized milk; sweeten according to taste, and grate a little nutmeg over the top.

33. **Nutrient Enemata.**—For the giving of nutrient enemata one of the syringes already figured and de-

scribed can be employed (pp. 240, 241). As the bowel has only feeble powers of absorption, it is better to have the food already in a predigested state. To ensure its being absorbed and retained it is better to have the food already in a predigested state and to give only very small amounts at one time: ½ to 1 teaspoonful is enough at one year of age; 1 teaspoonful to 1 tablespoonful from one to four years; and from 1 to 8 tablespoonfuls up to twelve years. Any of the reliable peptonized meat preparations on the market may be employed in concentration much greater than is directed for use by the mouth. Such articles as defibrinated blood and other blood preparations, although not predigested, are readily absorbed and are of great value.

Predigested nutrient enemata may be made at home by the use of pepsin or, especially, pancreatic preparations. Milk peptonized in the way already described can be given, or the warmed milk may be mixed with the peptonizing agent and injected at once.

34. Peptonized Beef Enema.—A peptonized beef enema may be made as follows:

Add 1 tablespoonful of minced lean raw beef to 4 tablespoonfuls of water. Heat to boiling. Rub through a colander. When only warm, add the contents of a peptonizing tube and inject at once.

35. Peptonized Egg Enema.—This is a useful nutrient enema made by adding the contents of a peptonizing tube to the white of one egg previously dissolved in three times its volume of water.

II. Remedies for Local Use.

1. Baths.

36. Baths in Sickness.—In a medical sense a "bath" is the application of water in nearly any way, either to the entire surface of the body or to part of it. Although there are many other varieties, we may limit our consideration to the following:

(*a*) Whole baths, including—
    1. Sponge bath;
    2. Tub bath;
    3. Shower bath;
    4. Sheet bath;
    5. Vapor bath;
    6. Medicated bath (mustard, starch, soda, salt, sulphur, bran, disinfecting).

(*b*) Partial baths, including—
    7. Foot bath;
    8. Wet compresses, including fomentations.

From another point of view baths may be distinguished according to the temperature of the water. A convenient classification is the following:

1. Cold bath, temperature of 40° to 70° F.
2. Cool   "   "   " 70° " 80° "
3. Tepid   "   "   " 80° " 90° "
4. Warm   "   "   " 90° " 100° "
5. Hot   "   "   " 100° " 110° "

These definitions of temperature are used in the descriptions which follow.

37. Sponge Bath or Ablution.—This is the simple, general washing of the body with wash-rag or sponge.

It may be used as a medicinal agent as well as for cleanliness. In sickness even more than ordinary care is needed to prevent taking cold. The sick child should be undressed completely, unless too weak, and put between blankets. The sponging must be performed rapidly and under the covers, doing one part at a time and drying it before going to another. Follow the order: hands, arms, face and head, neck, chest in front, back, abdomen, lower extremities.

The child should be rolled from one side to the other if too weak to be lifted. The sponge or wash-rag need not be wet enough to be sloppy.

Tepid sponging or *cool sponging* is an excellent means of reducing fever. *Cold sponging* is still more so, but must not be given except by a physician's order. The sponging may last ten or fifteen minutes and be repeated every couple of hours or oftener as needed. The addition of alcohol or bay rum adds to the cooling effect. When the fever is threateningly high and cold sponging is to be used, the child should not be covered at all; a rubber sheet is placed beneath the blanket, and the sponge may be large and saturated with water. On account of the fear which some physicians have of the use of water in eruptive fevers, no sponging at all should be used in such cases until the doctor has been consulted. Sponging with bathing-whiskey or with a mixture of equal parts of alcohol and water containing all the alum that will dissolve in it is useful where there is much perspiration or when the skin seems tender and liable to become sore (Appendix, 83). Alum will not dissolve at all in alcohol alone.

38. **Tub Bath.**—The use of the tub for washing has already been described. The *warm tub bath* is of service

in disease, but must be given with the greatest precautions against subsequent chilling. It is often ordered for the purpose of bringing out and keeping out the eruption of measles or scarlet fever in severe cases in which the gravity of the symptoms seems to depend on the failure of the rash to develop properly. It may well be given at the onset of any acute disease. It is also useful for producing perspiration and in this way checking a cold, allaying nervous excitement and thus producing sleep, reducing moderate fever, and stopping an attack of convulsions or of spasmodic croup. To get the full effect the child should be taken from the bath after ten or more minutes' immersion, placed quickly between warm blankets without being dried, and covered well in bed. When the bath is used to produce sleep, the child may be dried and the blanket dispensed with. Cases of eruptive fevers should not be given warm baths—except the initial one—unless medical advice be first obtained.

The *cold* or *cool tub bath* should be used for medical purposes only if the physician orders it. It is not often given to young children unless there is high fever which cold sponging fails to reduce. In later childhood it is probably the best method known at the present time for treating typhoid fever. In order to avoid fright it is often best to put the child in a warm bath and then gradually cool the water until the proper temperature is reached. This is called the *graduated bath*.

The *hot tub bath* is a very powerful stimulant, rarely to be used without the physician's order. Sometimes a baby which seems to be rapidly failing in strength or growing cold, or becoming greatly oppressed in breathing from some disease of the lungs, will revive in a wonderful manner if plunged into a bath of 100° or 110° F., kept there one to three minutes, taken out, and wrapped in blankets without drying. Of course, gentleness and absence of sudden movement are absolutely essential in such threatening states. It must also be said that the hot bath sometimes appears to make the child worse. In such a case it must be discontinued at once.

39. Shower Bath.—The *cool* shower bath is to be used only in later childhood as an excellent nervous and muscular stimulant. The *cold* shower bath should never be used unless a physician orders it.

40. Sheet Bath, or Wet Pack.—This may be either hot or cold. To give a *cold pack*, a rubber cloth should be put over the bed and a sheet be wrung out in cold water and laid upon it. The child is now stripped, placed upon and enveloped in the sheet with the exception of the head, and then wrapped outside of all with a blanket. The feet may be left out if it is desired, in order that a hot-water bag may be put to them should this seem advisable. The cold pack is often useful to quiet very great nervousness and to produce sleep. The child may be left in it for an hour or so if it goes to sleep; or, if it does not, may be taken out in fifteen minutes and wrapped in a warm, dry blanket. The pack is also employed for reducing moderate fever, but in order to be of any service it must be renewed every five or ten minutes ten or twelve consecutive times if the temperature is high; the whole process lasting about an hour. Where fever is extremely high a pack with ice-water is sometimes employed. The child is stripped and covered with cloths dipped in the ice-water, not forgetting to place them on the head. The cloths must be redipped every two or three minutes, and the rectal temperature must be taken very frequently to guard against too great a fall.

A *hot pack*, or *blanket bath*, is given by wrapping the child in blankets wrung out in hot water, and covering with several dry blankets. The pack may be renewed in half an hour. It produces perspiration in the same way as the warm bath with subsequent blanket wrappings.

41. **Vapor Bath.**—This is used to relieve the dropsy of Bright's disease by producing profuse perspiration. The bed is well covered with blankets which reach nearly or quite to the floor, but which are kept off the child by half barrel-hoops or by a chair in the bed or in some other way. A stream of vapor from a kettle or pan of boiling water is conducted by a tin pipe beneath the cover, taking care that it does not come in too hot a state against the body. Other methods of producing vapor consist in placing a vessel of slaking lime, or a bucket of water with hot bricks dropped into it, under the bed in such a way that the vapor can rise at the sides and reach the child under the covers.

The *hot-air bath* is used for the same purpose as the vapor bath, of which it is a modification. The hot air from an alcohol lamp is conducted under the covers by a tin pipe. With either of these baths great care must be observed that the bed clothing does not become ignited by the flame of the lamp.

42. **Mustard Bath.**—Mustard is added to the warm tub bath in the proportion of ½ or 1 ounce (1 to 2 moderately heaping tablespoonfuls) to 1 gallon of water. This is superior to the simple warm bath for bringing out the rash in eruptive fevers, and is a powerful stimulant when the child is rapidly failing from any cause. It is especially useful in infancy and early childhood.

43. Starch Bath; Starch-Water.—The starch bath should be made of the strength of ½ a cupful of boiled starch to every 4 gallons of water. If the starch has jellied, it may be broken up with the hand or pressed through a coarse wet cloth. The bath is very useful for hives and some other irritating skin affections.

Starch-water for washing the skin or for use in enemata may be made in the same way. For the latter purpose it may be a little thicker, so that it leaves a slightly sticky sensation on the fingers.

44. Soda Bath.—This consists of 1 tablespoonful of washing soda to every 4 gallons of water. It is used for the same purpose as the starch bath, with which it is very commonly combined by dissolving the soda in the starch-water.

45. Salt Bath.—This may be made by dissolving ordinary salt, rock salt, or prepared sea-salt in water in the strength of 4 ounces (4 heaping tablespoonfuls) to 1 gallon. Given tepid or cool and followed by brisk rubbing, it is a valuable tonic, especially for rickety children.

46. Sulphur Bath.—This is made by dissolving 20 grains of sulphide of potash in each gallon of water. It cannot be given in a metal tub. It is of service in chronic rheumatism and in some affections of the skin.

47. Bran Bath.—Enough bran may be put in the water to make it milky. As this would choke the pipes of stationary bath-tubs, the bath can be made by putting a pound or more of bran into a thin muslin bag and boiling this for a quarter of an hour. The water may then be added to the bath until it is milky. Bran baths are used in certain diseases of the skin.

48. **Disinfecting Bath.**—(See Appendix, 95.)

49. **Foot Bath.**—A partial bath of this sort is generally given in the form of the hot mustard foot-bath, in the proportion of 1 ounce of mustard (2 moderately heaping tablespoonfuls) to 1 gallon of water. It is an excellent measure when a child has taken cold. Great care must be observed, however, to have the room warm, the bedclothes also warm, and to ensure protection of the rest of the body, including the thighs, when the feet and legs are in the water. A useful plan is to have the tub in the bed, under the covers, while the child lies in bed well covered up. It is often best to put the child between blankets afterward, as in the case of the warm tub bath.

50. **Wet Compress.**—This form of partial bath consists of a cloth wet with water and kept applied to some part of the body. An ordinary *warm compress* is made by folding a piece of soft cloth or of patent lint into two or three thicknesses, dipping it into tepid water, laying it on the part, covering it with a piece of oil silk or paraffin paper a little larger than the cloth, and gently bandaging it on. It is useful in reducing inflammation, as in cases of sore throat.

A *cold compress* consists of a thin cloth, like a handkerchief, folded into two or three layers, dipped in cold water or, perhaps, in ice-water, wrung out, and laid on the affected part. Alcohol with twice its volume of ice-water is serviceable for this purpose. The compress is not covered with oil silk, and it must be changed every few minutes, since it rapidly becomes warm. Instead of this method, it may be kept cold by allowing ice-water to drop on it from a vessel higher than the patient. A strip of soft cotton cloth or a skein of darning cotton or a lamp-wick, with one end in the vessel and the other on the compress, will supply enough fresh water. A rubber cloth should be placed under the compress in such a way that the child does not become wet. The cold compress is of service in inflammation, sprains, and the like.

A *hot compress*, or *fomentation*, is made of a piece of flannel folded three or four times into the form of a pad. This is placed in an open towel, dipped into boiling water, wrung out thoroughly by twisting the towel, removed from it, tested by the nurse against her cheeks to ascertain that it is not too hot, applied to the part, and covered quickly with oil silk and a folded dry towel, with or without a bandage. The fomentation should be renewed in half an hour if we wish to keep up decided heat. It is often very useful in relieving pain. A poultice is to be preferred, except that it is heavier.

2. Poultices and Plasters.

51. Poultices.—The poultice is intended to furnish a dressing which will retain its heat longer than a fomentation. It should be half an inch or less in thickness. The thicker it is the longer it stays warm, but of course the greater its weight. Placed on the chest, it must be thin or its weight will do harm. A poultice should always be tested against the cheek of the nurse before it is applied to the child, and should always be put on gradually. Of the various forms, those made of flaxseed, slippery elm, mush, bread, bran, hops, starch, mustard, and charcoal may be referred to.

52. Flaxseed Poultice.—One of the best known and most serviceable kinds. Heat a sufficient quantity of water in a tin or china dish nearly or quite to boiling. Add flaxseed meal slowly, stirring constantly and vigorously with a spoon until it is of the consistence of hot mush, too thick to flow. Spread this with a case-knife upon a piece of cotton or linen cloth; fold the edges over slightly, and cover it with an old pocket-handkerchief or piece of thin muslin, cheese-cloth, or netting. Test to see that it is not too hot; apply, cover with oil silk or paraffin paper, and bandage on. Renew every few hours. The addition of a little oil will keep it soft longer. Everything must be in readiness before the poultice is mixed, or it will grow cold.

53. **Slippery-Elm Poultice.**—Prepared from ground slippery-elm bark in the same way as the flaxseed poultice.

54. **Mush Poultice.**—This is made of corn-meal mush. It has no advantage over the flaxseed poultice.

55. **Bread-and-Milk Poultice.**—A popular and easily-prepared poultice. Stale bread-crumb is stirred into hot milk until the proper consistency is attained. It should be kept hot a few minutes to ensure the bread being well softened, then spread and applied. Water may be used instead of milk.

56. **Bran Poultice.**—When a flaxseed poultice would be too heavy, as in some cases of pain and tenderness in the abdomen, a bran poultice may be used. A flannel bag is partly filled with bran, thoroughly wet with boiling water, wrung out in a towel, and applied.

57. **Hop Poultice.**—Prepared and used exactly as is the bran poultice, over which it has no particular advantage except that it is still lighter.

58. **Starch Poultice.**—Thick boiled starch is spread

warm on a cloth and applied directly to the skin without any covering between. It is used to lessen irritation in some affections of the skin.

59. Mustard Poultice.—The same as a mustard plaster (Appendix, 65).

60. Charcoal Poultice.—This is made from flaxseed meal mixed with an equal quantity of powdered charcoal. More dry charcoal is sprinkled over it after it is spread. It was formerly often used as a dressing for foul-smelling sores and wounds.

61. Jacket Poultice.—Sometimes a useful application in pneumonia. A piece of thin muslin or linen is used, long enough to go entirely around the chest, and wide enough when doubled to extend from the lowest ribs to the collar bones. The cloth is opened, the hot mass of the poultice spread on one half, the other half folded over it, and the poultice applied as hot as the child can bear it. Oil silk or paraffin paper covers it externally. The poultice should be renewed every few hours, and the new one must always be ready to put on before the old one is taken off. It should be drawn up close under the armpits and toward the collar bones and fastened over the shoulders and at one side with pieces of broad tape. The open edge of the poultice should be above, in order to prevent the contents falling out.

A jacket poultice of bran may be made by constructing a jacket of muslin with a lining of the same sewed to it everywhere except at a single small opening through which the bran can be pushed. The poultice must be quilted to hold the bran in place, soaked in boiling water, pressed out, and applied when of the right temperature. The same poultice can be used again and again.

62. Antiseptic Poultice.—For use on open wounds, surgeons favor some form of antiseptic poultice, and object to flaxseed and other varieties already described. One of the best poultices consists of several layers of cheese-cloth or clean soft linen wrung out in a hot antiseptic fluid (Appendix, 75), laid on the wound, covered with paraffin paper, and bound on with a roller bandage.

63. Turpentine Stupe.—A piece of flannel is wrung out in hot water, as in preparing a fomentation, and then sprinkled evenly with turpentine, about half a teaspoonful being used for each square foot of flannel. It is then applied, covered with oil silk and a dry towel, and left on half an hour to an hour, more or less, depending on the degree of irritation it produces.

64. Spice Plaster.—This is a very serviceable application for infants with severe colic. To prepare it take 1 part each of ground ginger, cloves, cinnamon, and allspice, with or without ¼ part of cayenne pepper, according as the plaster is to be strong or weak. Put the dry and well-mixed powder into a flannel bag, spread it evenly, and quilt the bag to prevent the spices from getting into lumps. Before applying, wet it with hot alcohol or hot whiskey. The same spice-bag may be used repeatedly until it begins to lose its strength too greatly.

65. Mustard Plaster.—Strictly speaking, this is a poultice, since, as used for children, the mustard is added to flour or flaxseed meal, and the whole moistened and heated: 1 part of mustard should be mixed with 3 or 4, or, in the case of infants, 5, parts of flour or flaxseed meal. Boiling water is added and the mixture stirred until it is of the proper softness. It is then spread on a cloth and applied directly to the skin. If it burns too much, a layer of linen or some other thin material can be placed between. It should be kept on until the skin is well reddened, but not long enough to blister.

66. Pepper Plaster; Nutmeg Plaster.—These old-fashioned but excellent preparations are of service in mild bronchitis or sore throat. Lard or, still better, mutton suet is spread evenly on a cloth and black pepper or powdered nutmeg dusted rather thickly over it. Red pepper may be used instead, but in smaller amount. The plaster may be worn for days over the chest or around the throat. Another plaster is made by mixing a very little cayenne pepper in a thin paste of flour and water and applying on a thin cloth.

67. Cotton Jacket.—This is sometimes ordered by physicians in cases of pneumonia. A muslin waist should be made, reaching high in front and behind, and tying or pinning over the shoulders and down one side under the arm. To the inside of this a thick layer of cotton batting is loosely attached. If it is desired to retain the perspiration and keep the skin moist, a layer of oil silk is sewed outside of the muslin, or the cotton may be sewed directly to the oil silk, cut in the shape of a waist.

3. Ointments.

68. Bismuth-and-Zinc Ointment.

Subnitrate of bismuth,	30 grains;
Oxide of zinc,	30 "
Lanolin,	½ ounce;
Vaseline,	½ "

69. Ointment for Ringworm.

Sulphur,	½ drachm;
Tar ointment,	1 "
Benzoated lard,	1 ounce.

To be well rubbed in two or three times a day.

70. Boric-Acid Ointment.

Boric acid,	1 drachm;
Vaseline,	½ ounce;
Lanolin,	½ "

71. Boric-Acid-and-Zinc Ointment.

Boric acid,	½ drachm;
Oxide of zinc,	½ "
Lanolin,	½ ounce;
Vaseline,	½ "

4. SOLUTIONS AND MIXTURES.

72. Carbolized Oil.

Pure carbolic acid (Calvert's No. 1),	½ drachm;
Finest olive oil,	2 fluidounces.

This should be marked "Poison!"

73. Tannic-Acid-and-Glycerin Nipple Lotion.

Glycerite of tannic acid,	1 fluidounce;
Water,	1 "

To be painted upon the nipple and allowed to remain.

74. Bismuth Nipple Lotion.

Subnitrate of bismuth,	1 ounce;
Castor oil,	1 fluidounce.

To be used as the preceding.

75. **Boric-Acid Lotion.**

| Boric acid, | ½ ounce; |
| Water, | 1 pint. |

To be used as an antiseptic wash in dressing wounds.

76. **Carbolic-Acid Lotion.**

| Pure carbolic acid (Calvert's No. 1), | ½ drachm; |
| Water, | 6 fluidounces. |

To be used as the preceding. To be marked "Poison!"

77. **Corrosive–Sublimate Antiseptic Lotion.**

Corrosive sublimate,	1¼ grains;
Tartaric acid,	6¼ "
Distilled water,	8 fluidounces.

To be used and marked as the preceding. Injurious to metal.

A more convenient method of preparing it is to dissolve in 3 pints of water one of the sublimate tablets which are for sale by druggists. Either method makes a solution of the strength of 1 of sublimate in 3000 of water.

78. **Starch-and-Boric-Acid Lotion.**—Starch is to be dissolved in the boric-acid solution (No. 75) in the same way as when preparing ordinary starch-water (No. 43).

79. **Borax-and-Glycerin Lotion.**

Borax,	20 grains;
Tincture of myrrh,	½ fluidrachm;
Glycerin,	1 "
Water, enough to make	1 fluidounce.

Apply frequently to the inside of the mouth for inflammation or thrush.

80. Eye Lotion.

Boric acid,	20 grains;
Camphor-water,	2 fluidounces.

81. Astringent Gargle.

Tannic acid,	1 heaping teaspoonful;
Water,	1 tumblerful.

Dissolve and use as a gargle.

82. Tannic-Acid Solution for Nose-bleed.

Tannic acid,	2 drachms;
Glycerin,	1 fluidrachm;
Water,	2 fluidounces.

To be injected or snuffed into the nose in obstinate cases of nose-bleed.

83. Alum Lotion.

Alum,	6 drachms;
Water,	8 fluidounces;
Alcohol,	8 "

To be used as a wash in excessive perspiration or if bed-sores are threatening.

84. Cooling Lotion.

Pure carbolic acid (Calvert's No. 1),	40 grains;
Ether,	2 fluidrachms;
Alcohol,	6 fluidounces.

To be dabbed on the parts and let dry. To be marked "Poison!"

85. Lotion for Freckles. No. 1.

Compound tincture of benzoin,	1 fluidrachm;
Glycerin,	½ fluidrachm;
Rose-water,	3 fluidounces.

86. Lotion for Freckles. No. 2.

Borax,	1 drachm;
Dilute acetic acid,	½ fluidounce;
Rose-water,	½ fluidounce.

87. Injection for Convulsions.

Bromide of potash,	10 grains;
Hydrate of chloral,	3 "
Milk of asafœtida,	2 fluidounces.

One or two tablespoonfuls as an injection for an infant. To be repeated in half an hour if needed.

88. Injection for Seat-worms.

Quassia-chips, 1 ounce (1 small teacupful);
Water, 1 pint.

Let soak for two or three hours. Inject slowly as much as the child will contain.

5. POWDERS.

89. Compound Camphor Powder.

Camphor,	1 drachm;
Oxide of zinc,	½ ounce;
Starch,	½ ounce.

Make into a very fine powder.

90. Boric-Acid-and-Zinc Powder.

| Boric acid, | ½ ounce; |
| Oxide of zinc, | ½ ounce. |

Make into a very fine powder.

91. Bismuth-and-Zinc Powder.

| Subnitrate of bismuth, | ½ ounce; |
| Oxide of zinc, | ½ ounce. |

Make into a very fine powder.

6. Disinfectants.

92. Carbolic Acid.

Carbolic acid (Calvert's No. 4),	6½ ounces;
Glycerin,	4 fluidounces;
Water,	1 gallon.

This forms a 5 per cent. solution suitable for disinfecting dishes, clothing, thermometers, metal work, and the hands of the nurse. Clothes should be soaked in it for several hours, then wrung out, carried away in a covered bucket, and boiled thoroughly. It may be used also to wet the sheet hung at the door.

93. Chloride of Lime.

Chloride of lime,	4 ounces;
Water (soft),	1 gallon.

A pint or a quart of this is to be thoroughly mixed with the passages from the bowels of typhoid-fever cases, covered, and allowed to stand for three hours before emptying. The solution may also be used to mix with any infectious expectorated or vomited matter.

94. Chlorinated Soda.

Solution of chlorinated soda,	6 fluidounces;
Water, enough to make	1 quart.

Useful for disinfecting the hands, eating utensils (except silver), etc., but not so suitable for clothing as No. 92. It may be used to wet the sheet in front of the door.

95. Disinfectant Bath.—The solution No. 92 diluted with twice its volume of water, or No. 94 diluted with four times its volume, may be used for a final disinfecting bath in which a child may be placed after an attack of scarlet fever or other contagious disease.

96. Corrosive-Sublimate Solution.

Corrosive sublimate,	2 ounces;
Tartaric acid,	24 "
Carminate of soda,	8 grains;
Water,	1 quart.

This is the formula of the Paris disinfecting service; 4 ounces mixed with 1 gallon of water makes a solution of the strength of 1 part of the sublimate in 500 of water. The blue carminate of soda is added to give a slight color, so that the poisonous nature of the solution may be easily recognized. The solution is suitable for disinfecting floors, wood-work, leather, rubber, etc. It must not be used upon metal. Clothing may be disinfected by immersing it for two hours in a mixture of ½ ounce of the stock solution and 1 gallon of water. There is some danger, however, of its becoming stained by the carminate of soda. The sheet in front of the door of the room may be moistened with a mixture of 2 ounces of the stock solution and 1 gallon of water.

97. Corrosive-Sublimate Solution, No. 2.—One of the sublimate tablets referred to in No. 77, dissolved in 1 pint of water, makes a solution of the strength of 1 part in 1000. This is by far the most convenient method of preparing the sublimate solution for disinfecting purposes.

98. Disinfectant Vapor.

Pure carbolic acid,	1 ounce;
Oil of eucalyptus,	1 fluidounce;
Turpentine,	8 fluidounces.

Two tablespoonfuls may be poured on a quart of water in

a shallow pan, and this kept constantly simmering in the room of a diphtheritic patient, for the purpose of moistening and disinfecting the air. Fresh solution must be added from time to time. The flame must be kept well away from the liquid.

99. **Dry Disinfectants.**—Dry copperas (sulphate of iron) or chloride of lime may be placed in large amounts in water-closets, water-pipes, cesspools, and the like, for the purpose of disinfecting them.

III. REMEDIES FOR INTERNAL ADMINISTRATION.

100. **Soda-Mint.**

Bicarbonate of soda,	½ drachm;
Aromatic spirits of ammonia,	½ fluidrachm;
Spearmint-water or peppermint-water, enough to make	2 fluidounces.

A teaspoonful in hot water at one year of age.

101. **Laxative Alkaline Mixture.**

Bicarbonate of soda,	½ drachm;
Spiced syrup of rhubarb,	4 fluidrachms;
Syrup of senna,	4 "
Syrup of orange,	1 fluidounce.

A teaspoonful, more or less, three times a day at one year of age, depending upon the intensity of its action.

102. **Chalk-and-Bismuth Mixture.**

Subnitrate of bismuth,	1½ drachms;
Chalk mixture,	2 fluidounces.

A teaspoonful every three hours or oftener at one year of age. A younger child requires a dose not much smaller than this.

103. Fever Mixture.

Sweet spirits of nitre,	1½ fluidrachms;
Citrate of potash,	30 grains;
Syrup of lemon,	4 fluidrachms;
Water, enough to make	2 fluidounces.

A teaspoonful every three hours at one year of age.

104. Croup Mixture.

Syrup of ipecacuanha,	2½ fluidrachms;
Bromide of potash,	½ drachm;
Hive syrup	1 fluidrachm;
Cinnamon-water,	12½ fluidrachms.

A teaspoonful every hour or two for three or four doses at two years of age.

105. Jeaunel's General Antidote for Poisoning.

(*a*)
Calcined magnesia,	2 ounces;
Animal charcoal,	1 ounce;
Water,	20 fluidounces.

(*b*) Monsel's solution of iron, 2 fluidounces.

When needed, the two solutions should be mixed together, shaken hard, and given two tablespoonfuls at a time, repeated very frequently.

106. Emetics.

A teaspoonful or more of syrup of ipecacuanha, repeated in fifteen minutes.

A glass of warm water with as much common salt as it will dissolve.

A half teaspoonful of alum stirred up in syrup or in molasses.

A teaspoonful of mustard in a large quantity of warm water, if other emetics fail.

IV. Miscellaneous.

107. Massage.—This is a procedure which no one is capable of carrying out as it should be done unless trained well and long in both its theory and its practice. Still, where a skilled masseuse cannot be obtained, the mother or nurse can perhaps do something, and it is certainly worth the trial; but it should be attempted only under the advice and direction of the physician, who can at least give some idea as to what he desires and the method of procedure, even though he be no adept himself.

Massage often does more good in cases of paralysis than any other plan of treatment. Children suffering from general debility or from chronic catarrhal conditions of the stomach and bowels are often aided greatly by it. Constipation and colic in babies are frequently much relieved by rubbing and kneading the abdomen, provided this is done in the proper way (p. 254). There are, indeed, many conditions in which massage finds a useful sphere.

There are various technical terms used to designate the different manipulations. Prominent among these are *effleurage* (stroking), *friction* (rubbing), *pétrissage* (kneading), and *tapotement* (tapping). The method of performing each of these and the conditions in which they are specially useful is far too large a subject for consideration in a book of this nature, even were it profitable to speak further of a matter for which actual demonstration is the only satisfactory explanation.

108. Table of Approximate Equivalent Measures.—The following table shows the relative value of drops, teaspoonfuls, fluidrachms, fluidounces, etc.:

MISCELLANEOUS. 385

1 minim (m̨j)	. . . .	= 1 drop water, or 2 drops tinctures, spirits, or wines.		
30 minims	= ½ fluidrachm (fʒss)	= 1 coffeespoonful.		
60 "	= 1 " (fʒj)	= 1 teaspoonful.		
2 fluidrachms	. . . .	= 2 teaspoonfuls	= 1 dessertspoonful.	
4 "	= ½ fluidounce (f℥ss)	= 4 "	= 1 tablespoonful.	
8 "	= 1 " (f℥j)	= 2 tablespoonfuls.		
2 fluidounces	. . . .	= 4 "	= 1 wineglassful.	
8 "	= ½ pint (Oss) . . .	= 1 tumblerful.		
16 "	= 1 " (Oj).			
32 "	= 2 pints	= 1 quart.		
8 pints . .	= 4 quarts	= 1 gallon (Cj).		

For measuring minims we ought to have one of the small minim glasses sold by druggists (Fig. 66). Very commonly medicines are given by drops instead of minims. In such a case we must never forget that the drop is of a very variable size, depending upon both the nature of the liquid and the nature of the article from which the drop falls. To be exact we should purchase an accurate medicine-dropper (Fig. 67), and have the druggist test it, no matter how reliable it is claimed to be. An accurate dropper will give 60 drops of water to the fluidrachm; that is, 1 drop equals 1 minim. Alcoholic solutions, however, such as most of the tinctures and spirits, and whiskey and other stimulants, drop about 120 drops to the fluidrachm; that is, 2 drops equal 1 minim. Consequently, if the physician orders a drop of laudanum, and the mother uses the minim glass, she must measure

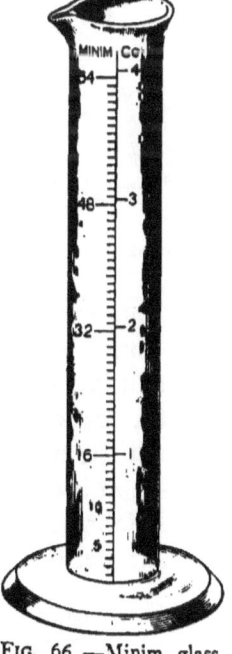

FIG. 66.—Minim glass (natural size).

out only half a minim. This difference which sometimes exists between the drop and the minim is a matter of the

FIG. 67.—Medicine-dropper.

very greatest importance. For measuring larger doses teaspoons and tablespoons are very unsatisfactory, since they vary so much in size. The ordinary measuring glasses, although much better, are also inaccurate. It is much wiser to purchase a four-ounce glass graduate from the druggist (Fig. 68).

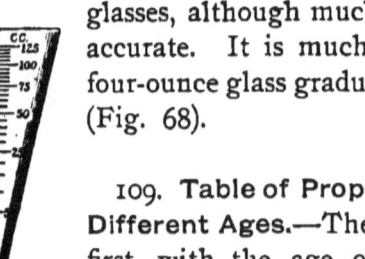

FIG. 68.—Four-ounce glass graduate.

109. **Table of Proportionate Dosage at Different Ages.**—The size of a dose varies, first, with the age of the child; second, with its size; third, with the nature of the disease; fourth, with the individual medicine. There can, indeed, be no absolute rule, and there are numerous exceptions, for children bear some drugs in proportionately much larger doses than adults do, while certain others they can take in only the minutest quantities. As a rule, the actual age is not so much the basis of calculation as *that age to which the length and weight of the child correspond.*

The following table forms a general guide for the different periods of life:

Adult	1
18 years	$\frac{3}{4}$ or 1
12 "	$\frac{1}{2}$
8 to 10 years	$\frac{2}{5}$
6 years	$\frac{1}{3}$

4 years	$\frac{1}{4}$
3 "	$\frac{1}{5}$
2 "	$\frac{1}{7}$
1 year	$\frac{1}{10}$
9 months	$\frac{1}{15} = \frac{2}{3}$ dose of 1 year.
6 "	$\frac{1}{20} = \frac{1}{2}$ " 1 "
Birth to 3 months	$\frac{1}{30} = \frac{1}{3}$ " 1 "

110. **Dose List for Children One Year Old.**—According to the previous table (No. 109), the dose at 2 years is approximately one and a half times, at 3 years twice, at 6 years three times, at 8 to 10 years four times the amounts given below, while the doses at less than 1 year may likewise be determined by consulting the same table. As has been frequently stated elsewhere in this book, no mother should attempt to prescribe for her child. This list is given solely for nurses and for the sake of that general information which never comes amiss, and which may prove useful in cases of great emergency where a physician cannot be found. It is especially to be remembered that opium is the drug to which children are particularly susceptible. Remember, too, the difference between drops and minims. (See page 385.)

Acetanilid (antifebrin)	gr. $\frac{1}{4}$ to $\frac{1}{2}$.
Aconite, tincture	♏ $\frac{1}{4}$ to $\frac{1}{2}$.
Ammonia, aromatic spirits of	♏ 2 to 4.
Antimony, wine of	♏ 2 to 4.
Antipyrin	gr. $\frac{1}{4}$ to $\frac{1}{2}$.
Asafœtida, milk of	f℥ $\frac{1}{2}$ to 1.
Belladonna, tincture	♏ $\frac{1}{2}$ to 2.
Bismuth, subnitrate	gr. 1 to 6.
Brandy (see *Stimulants*).	
Bromide of potash or soda	gr. $\frac{1}{2}$ to 4.
Calomel	gr. $\frac{1}{24}$ to $\frac{1}{12}$ ($\frac{1}{2}$ in one single dose).
Cascara cordial	♏ 4 to 30.
Cascara sagrada, fluid extract	♏ 1 to 4.
Castor oil	f℥ $\frac{1}{2}$ to 1.

Catechu, tincture	♏ 5.
Cinnamon-water	fʒ ½ to 1.
Chalk mixture	fʒ ¼ to 1.
Chloral	gr. ½ to 3.
Chlorate of potash	gr. 1.
Citrate of magnesia (see *Magnesia*).	
Citrate of potash	gr. 1 to 2.
Cod-liver oil	fʒ ¼ to 1.
Digitalis, tincture	♏ ¼ to 1.
Dover's powder	gr. ⅛ to ½.
Epsom salt	gr. 3 to 10.
Fowler's solution of arsenic	♏ ½ to 1.
Gin (see *Stimulants*).	
Ginger, tincture	♏ 1 to 4.
Hive syrup (see *Squills, comp. syrup of*).	
Hoffmann's anodyne	♏ 1 to 5.
Hydrochloric acid, dilute	♏ 1 to 2.
Iodide of potash	gr. ¼ to 1.
Ipecacuanha, syrup or wine	♏ 1 to 5.
Iron, citrate	gr. ¼ to 1.
Iron, reduced	gr. ¼ to ½.
Iron, syrup of iodide	♏ 1 to 3.
Iron, tincture of chloride	♏ ½ to 2.
Kino, tincture	♏ 5.
Laudanum. [A tincture]	♏ ⅛ to ½.
Liquorice powder	gr. 2 to 4.
Magnesia	gr. 5 to 20.
Magnesia, citrate (liquid)	fʒ 1 to 2.
Malt extract	♏ 10 to 15.
Manna	gr. 5 to 10.
Morphine	gr. $\frac{1}{120}$ to $\frac{1}{60}$.
Nitre, sweet spirits of	♏ 2 to 6.
Nux vomica, tincture	♏ ¼ to 1.
Olive oil	fʒ ½ to 1.
Paregoric. [A tincture]	♏ 3 to 10.
Peppermint-water	fʒ ½ to 1.
Pepsin	gr. ¼ to 1.
Phenacetin	gr. ¼ to ½.
Quinine	gr. ½ to 1.
Rhubarb, syrup of	fʒ ¼ to ½.

MISCELLANEOUS.

Salicylate of soda . . . . gr. ½ to 1.
Senna . . . . gr. 1 to 4.
Senna, syrup . . . . ♏ 10 to 15.
Soda, bicarbonate . . . . gr. 1 to 2.
Squills, comp. syrup . . . . ♏ 1 to 2.
Squills, syrup . . . . ♏ 1 to 5.
Stimulants:
  Brandy . . . . ♏ 5 to 30.
  Gin . . . . ♏ 5 to 15.
  Port wine . . . . ♏ 5 to 30.
  Sherry . . . . ♏ 5 to 30.
  Whiskey . . . . ♏ 5 to 30.
Sulphuric acid, dilute . . . . ♏ ½ to 4.
Tannic acid . . . . gr. ½ to 1.
Whiskey (see *Stimulants*).
Wine (see *Stimulants*).

111. **Medicine Closet.**—The contents of the medicine closet, to which reference was made in Chapter X., p. 216, should be somewhat according to the following list. This contains, among other things, articles useful for accidents, including poisoning. The list may be curtailed in some respects, but suffers consequently in completeness. Those liquids marked with an * are for external use or are dangerous. They should be in poison-bottles.

List of Articles for Medicine Closet.

Glass graduate marked with fluidrachms and fluidounces; minim glass; accurate dropper; hard-rubber syringe holding four or six ounces; small druggist's hand scales for weighing medicines; camel's-hair brushes; small straight dressing-forceps; a pair of scissors; absorbent cotton; several one-inch and two-inch roller bandages, one to three yards long; patent lint; old linen; a spool of rubber adhesive plaster; court plaster; paraffin paper or oil silk; *alcohol; whiskey; olive oil;

*ammonia water; *turpentine; glycerin; *distilled fluid extract of hamamelis (witch-hazel) for bruises; *soap liniment for sprains; *tincture of iodine; *solution of boric acid for washing cuts (No. 75); flaxseed meal; mustard; magnesia; vaseline; castor oil; zinc ointment; soda-mint; baking soda; sweet spirits of nitre; aromatic spirits of ammonia; bromide of potash in 20-grain powders, to be divided according to the age; *tincture of digitalis; syrup of ipecacuanha; tannic acid for use in poisoning; Epsom salt for poisoning; vinegar for poisoning; sulphate of copper in 3-grain powders, for poisoning by matches; Jeaunel's antidote for poisoning.

INDEX.

ABDOMEN, conditions of, in disease, 224
  enlargement of, in colic, 256
  in pregnancy, 20
  in rickets, 315, 316
  massage of, 254, 384
  of child, size at birth, 36
Abdominal band. See *Binder*.
  belt for pregnancy, 26
Accidents, 329
Air, fresh, in pregnancy, 22
  moistening of, 202, 214, 309
  out-door exposure to, 165, 166
Albumin-water, 354
Alum solution, 365, 378
Amusements, 171–174
  in pregnancy, 24
Antiseptic lotions, 377, 380, 381
Appetite, loss of, 235, 250, 320
Applications, external, 238, 242, 364
Apron, bath-, 69
  creeping, 103, 168
Arms, short, at birth, 37
Arrowroot-water, 354
Atomizer, bulb, 242
  steam, 214, 263

BABY, characteristics of, in health, 34
  -jumper, 169
  method of carrying, 165, 236, 335
  sensations of, 49
  -talk, 167
  use of the term, 18
Baby's basket, 66
Backwardness, 272
Bag of waters, 33
Bandage. See *Binder*.
  roller-, method of applying, 330
Barley and egg, 354
  -water, 353
Barrel-hoops to keep covers off, 368
Barrow coat, 90
Basin, sponge-, 73

Bassinet, 160
Bath apron, 69
  blanket, 368
  bran, 369
  daily, 71
  disinfectant, 370, 380
  duration of, 70, 77, 80, 366
  fear of, 74
  first, 68
  foot, 370
  for a prematurely-born child, 314
  graduated, 366
  hot-air, 368
  hour for, 78
  method of giving, 69
  mustard, 368
  powder after, 79
  salt, 369
  sheet, 367
  shower, 367
  soap for, 75
  soda, 369
  sponge, 364
  starch, 369
  sulphur, 369
  temperature of, 70, 76, 78, 364
  thermometer, 76
  towels for, 78
  tub, 70, 365
  vapor, 368
  water for, 76, 77
Bathing. See also *Bath*.
  during pregnancy, 22
  for sleeplessness, 78, 268, 366, 367
  importance of tub-, 74
  room for, 207
Baths in disease, 238, 364
  out-door, 79
Bath-tub, 71, 72, 74
  stand for, 71, 72
Bed, airing of, 163
  -clothes-fasteners, 164
  confinement to, during sickness, 236

391

INDEX.

Bed-covers, 162, 163, 237
  for confinement, 31
  for infant, 160
  furnishing of, 162
  in sickness, 237
  -room shoes, 109
  trundle-, 162
  warming of, 163
  -wetting, 322
Beef-juice, 358
  effect on urine, 231
Beef-tea, 357
  peptonized, 361
Bibs, 102
Bicycle, 172
Biedert's cream mixture, 150
Binder for child, 86, 97, 104, 105
  for mother, 31, 32
Birth-marks, 25, 283
  -palsy, 270
  premature, 313
Bismuth-and-zinc ointment, 375
  powder, 379
Bismuth nipple lotion, 376
Bites of animals, 333, 334
Bladder, irritability of, in pregnancy, 28
Blanket, pinning, 90
  shoulder, 94
  to receive baby at birth, 68, 69, 94
Bleeding, arrest of, 330, 331
  from navel, 283
  from nose, 344
Blindness, congenital, 273
  from inflammation of the eyes, 273
Blue baby, 324
Body, feebleness of, in idiocy, 273
  -movements in early life, 47, 48
Boils, 248, 288
Bones, broken or displaced, 335
Boots, rubber, 108
Borax-and-glycerin lotion, 377
Boric-acid-and-zinc ointment, 376
  powder, 379
Boric-acid lotion, 377
  ointment, 376
Bottle-feeding. See *Feeding, artificial.*
Bottle, feeding-. See *Nursing bottle.*
  for poisons, 216
  -tip. See *Nipple.*
Bowel, closure of, 257
  inflammation of, 251
  itching of, 222, 259

Bowel-movements. See *Passages.*
  prolapse of, 257
Bowels, teaching control over, 51, 171
Bow-legs, 37, 169, 316
Brain, concussion of, 328
  disease of, 222-226, 250, 269-272, 278
  water on the. See *Hydrocephalus.*
Breast, abscess of, 117, 120, 319
  caked, 117
  feeding at. See *Feeding.*
  -pump, 27
Breasts, care of, 27, 116
  distention of, 117, 119, 319
  enlargement of, in pregnancy, 20
  inflammation of, in infants, 319
Breath, holding the, 317
Breathing. See *Respiration.*
Bright's disease, 223, 231, 322, 368
Bronchitis, 263, 264, 375
Brooder, 314
Bruises, 334
Brush for head, 82
  for throat, 241
  tooth-, 81
Burning child, 337
Burns, 336, 338

Cap, 95, 104, 107, 108
Carbolic-acid antiseptic lotion, 377
  disinfectant solution, 380
Carbolized oil, 376
Carriage, 167, 168
  "express-wagon," 169
  prevention of falling from, 167
Carrying the child in sickness, 236, 335
  method of, 165
Cart, 170
Cereals, 152, 155
Chafing, 287
Chair, nursing-, 171, 204, 254
  -car, 170
Chairs for nursery, 204, 207
  for school-room, 219
Chalk-and-bismuth mixture, 382
Chapping, 288
Character, training of, 174, 179, 190
Chest in disease, 224
  in health, 36, 58
Chicken-breasted, 224, 249
  -pox, 302, 304
Chilblains, 339

INDEX. 393

Childbirth. See *Confinement.*
Childhood, disorders of, 220, 244
  early and later, definition of, 18
Child's nurse. See *Nurse-maid.*
Chloride-of-lime solution, 380
Chlorinated-soda solution, 380
Choking, 343
Cholera infantum, 251
Chorea, 269
Cleft palate, 245
Cloak, 95, 104
Clothes-basket for early exercise, 168
Clothing. See also *Petticoat, Shirt,* etc.
  after shortening, 98, 104
  difference in heat depending on color, 106
  different styles of, for infants, 90
  disinfection of, 210
  during pregnancy, 26
  during sickness, 109
  for different sexes, 106, 107
  for night, 94, 107
  for out-doors, 95, 104, 107
  general remarks on, 83
  in couveuse, 314
  of childhood, 104, 108
  of infancy, 86, 104
  undergarments, material for, 85
Club-foot, 37, 278
Coat, 104, 107
  rubber, 108
Cold, application of, 239
  effect of, on child, 34, 84, 339
  in the head, 261
Colds treated by bath, 366, 368, 370
Colic, 112, 222, 225, 256, 384
Color of skin, 34, 35, 222
Colors, absorption of heat by, 106
Colostrum, 110
Comb, 82, 292
Comforter, 145
Compound camphor powder, 379
Compresses, wet, 370
Confinement, "bag of waters," 33
  bed for, 31
  binder, 32
  calculating date of, 21-23
  napkins, 32
  pains of, 32
  preparations for, 30
  room for, 31
  "show," 33
Constipation, 253, 256

Constipation in pregnancy, 28
Consumption, 223, 224
Contentment, 174
Convulsions, 222, 223, 265, 366
Cooling lotion, 378
Cord, navel. See *Navel cord.*
Corrosive-sublimate antiseptic lotion, 377
  disinfectant solution, 381
Corsets, 106
Coryza, 261
Cotton underwear, 86
Cough, signification of, 226
Couveuse, 314
Cow-pox, 304
Cracks in skin, 287
Cradle, 162
Cream, 122, 123, 132, 133, 135
  -and-barley water, 150
  -and-whey mixture, 356
  mixture, Biedert's, 150
Creamometer, 122, 123, 132
Creeping, 48, 168
  apron, 103, 163
  pen for early exercise, 168
Crib, 161, 162
Croup kettle, 214, 263
  membranous, 263
  mixture, 383
  spasmodic, 262
  tent, 215
Cry, signification of, 38, 112, 224, 323
Curd, "breaking of," 150
Curvature of spine. See *Spine.*
Cuts and tears, 329
Cyanosis, congenital, 324

Dancing, 172
Dandruff, 289
Day of the disease, 293
Deafness, 252, 262, 272, 277
Dentition. See also *Teeth* and *Teething.*
  delayed, 64
  disordered, 60, 247
Despondency in pregnancy, 24
Desquamation, 296
Diaper-cover, rubber, 89
  -squares, 89
  -suspenders, 100
Diapers, baby, 88
  leaving off of, 104
Diarrhœa, 223, 224, 237, 251

394 INDEX.

Diet. See also *Food* and *Feeding.*
  after three years, 155
  after weaning, 151
  from eighteen months to two years, 153
  from one year to eighteen months, 152
  from two to three years, 154
  influence on breast-milk, 114, 115, 124
  in pregnancy, 25
  necessity of caution in changing, 117, 147, 152, 154, 235, 243
  of nursing mother, 113, 124
Dietary, 243, 353
Diphtheria, 270, 307
Diseases, contagious, 182, 197, 209–212, 293
  due to unhygienic school-room and schooling, 181, 217
  features of, 221
  infectious, 182, 197, 292, 294
  of bones, muscles, skin, etc., 277
  of brain and nervous system and of the special senses, 265
  of digestive apparatus, 245
  of organs of respiration, 261
  record of, 243, 244
Disinfectant vapor, 309, 381
Disinfectants, 380
Disinfection about body, uselessness of, 293
  in contagious diseases, 210
  of wash-stand, 206
Dislocations, 335
Disorders of childhood, 244
  of pregnancy, 28
Disposition, alteration in pregnancy, 21
Dog-bites, 333
Donkey, 172
Dose of common remedies for children one year old, 234, 387
  size of, at different ages, 386
Drachm, fluid, 385
Draughts, 68, 168, 200, 201, 203, 213, 218
Drawers, 99, 104, 105, 108
  night-, 107, 108
Dress for childhood, 105
  or slip for infancy, 92
Dressing, method of, 95
  the cord, 95, 96
Drops, 385

Dropsy in children, 224, 321, 368
  in pregnancy, 29
Drowning, 347
Drying, 71, 78
Dysentery, 252

Earache, 276
Ears, foreign bodies in the, 342
  inflammation of, 261, 276
  injury by bath, 75, 80
  protruding, 278
  washing of, 75
Eczema, 225, 284, 290, 292, 346
Emergencies, 329
Emetics, 383
Enemata for convulsions, 379
  for thread-worms, 379
  nutrient, 362
  syringes for, 339, 240
Epilepsy, 266, 267
Eruptions, pustular, 288
Erysipelas, 305, 306
Erythema, 288
Exercise, calisthenic, 173
  clothes-basket or pen for, 168
  express-wagon or mail-cart for, 169
  for nursing mother, 115
  gymnastic, 173, 181
  infant's earliest, 165
  in pregnancy, 22
  large amount borne by child, 171
  length of out-door walk, 169
  trotting on knee, 170
Expectoration, age when begun, 263
Express-wagon, 169
Eye, acid in the, 341
  dropper, 274
  foreign bodies in the, 340
  lime in the, 341
  lotion, 378
  wounds of the, 342
Eyelashes, effect of cutting, 83
Eyes, color of, 37
  crossing of, 223, 265, 270, 275
  first washing of, 70
  half-open, 223
  inflammation of, 222, 273
  injury of, by study, 181, 219, 269
  purplish tint about, 223

Face, expression of, in disease, 223
  in health, 37
Fainting, 347

Falling backward, 49
Falsehoods, 175, 190
Fearlessness, 178, 193
Features of disease, 221
  of health, 34-46, 221
Feeble-mindedness, 271
Feeding. See also *Nursing, Diet,* and *Food.*
  artificial, 125
  at the breast, 110
    action on womb, 110
    disadvantages to mother, 118
    length of time for, 113
    method of, 112
  bottle-. See *Feeding, artificial.*
  -bottle. See *Nursing bottle.*
  by wet-nurse, 124
  frequency of, 111, 127, 152, 153, 154
  from the bottle, 145
    discontinuance of, 152
    length of time for, 145
    position of baby, 145
  from cup or spoon, 119
  general rules for, 127
  hours for, 127, 128, 152-155
  in cleft palate, 245
  in first day or two of life, 111
  in sickness, 157, 235, 242, 353
  prematurely-born children, 314
Feet, cold, 43, 102, 256, 321
  deformity of, 278
  turned in at birth, 37
Fever, 46, 228, 319
  baths for, 365-368
  -blisters, 289
  giving of water in, 235, 321
  -mixture, 383
  relation to pulse and respiration, 229
Fevers, eruptive, 293
Fire, child a-, 337
  -place, 200, 202, 213
Fish-hooks, wounds by, 332
Fits. See *Convulsions.*
Flaxseed tea, 355
Floor, draughts on, 168, 200, 203
  playing on, 168, 203
Flour-ball, 356
Flowers in nursery, 205
Fomentations, 371
Fontanelles in disease, 224, 271, 315
  in health, 36, 58
Food. See also *Diet, Feeding,* and *Milk.*

Food, abstinence from, in acute disease, 235, 242, 250, 252, 256
  cereal, 156
  character of, for baby, 109, 128
  gelatin, 149, 355
  heating of, 145, 217
  increase of fat in, 253
  peptonized, 150, 153, 358, 363
  prepared beef-, 153, 357, 363
  quantity required, 125
  relation to size and weight, 127
Food, starchy. See *Starch.*
  table-, injuriousness of, 151
  to suit individual child, 147
  warming of, 144
Foods, patented infants', 131, 148
  permitted after three years, 156
  to be avoided, 156
  to be taken cautiously, 156
Foot, clubbed, 278
  reproduction of imprint, 102
Forehead, wrinkling of, 223
Foreign bodies in the ear, 342
  in the eye, 340
  in the nose, 344
  swallowing of, 343
Foreskin, narrow, 323
  washing of, 75
Forwardness, 178
Fractures, 335
Freckles, 338, 378, 379
Freezing, 339
French measles, 301
Frights during pregnancy, 25
Frost-bite, 339
Fumigation, method of, 211
Furuncle, 288

GAMES and sports, 171-174
Gargle, 378
Gastric juice, 60
Gate to nursery, 204
Gelatin solution, 355
Gentleness, 177
German measles, 301
  enlarged glands in, 318
Gertrude suit, 90, 92, 93, 96
Gestures in disease, 222
Glands, abscess of, 299, 329
  enlarged, 318
Governess, 191, 218
Gown, night-, 94, 97, 107
Graduate, glass, 234, 286

INDEX.

Gravel, 231
Grinding of teeth, 230, 259, 265
Growth, general remarks on, 46
Gruel, peptonized, 362
Gum-arabic water, 355
Gum-boil, 248
Gums. See also *Mouth*.
  lancing of, 60, 247
  rubbing tooth through, 248
Gymnasium, 173

Habits, 313
Hair-brush, 82
Hair, care of, 75, 82
  change of color of, 59
  new growth of, 59
  on body, 34
  on head, falling out of, 30, 36, 59
  pulling at, 213
Hand, movement to seat of pain, 222
Hands, cold, 256, 320, 321
  deformity of, 267
  hot, relation to fever, 320
"Hardening," 85, 165
Hare-lip, 245
Hat, 107, 108
Head, deformity of, at birth, 35, 277
  fontanelles. See *Fontanelles*.
  holding erect, 48, 272
  in disease, 221, 223
  perspiration of, 223, 315
  size and shape, 35, 58, 224, 271, 277, 315
Headache, 268
Health, features of, 34, 221
Hearing at birth, 47
  increase in power of, 49
  in idiocy, 272
Heart disease, 317
Heat, application of, 238
Heating, methods of, 202, 212
Height. See *Length*.
Hemorrhage. See *Bleeding*.
Hemorrhoids in pregnancy, 29
Hernia, 258
Hiccough, 319
Hip-joint disease, 279
Hips at birth, 36
Hives, 286
Hoarseness, 226, 262, 263, 300, 308
Hood, 95, 107
Hoop, rolling of, 171

Horse, 172
Hydrocephalus, 224, 271, 278

Ice, method of keeping, 217
Ice-bags, 239
Idiocy, 271
Imitation, power of, 175
Incubation, stage of, 295
Incubator, 314
Indigestion, chronic, 223, 250
  in pregnancy, 30
Infancy, definition of, 18
Initial symptoms, 296
Injections. See *Enemata*.
Inquisitiveness, 175
Insomnia, 267, 366, 367
Intellect. See *Mind*.
Intelligence. See also *Mind*.
  at birth, 37, 47
  growth of, 47, 50
Invasion, stage of, 295
Isolation, 296
Itch, 291

Jacket, cotton, 375
Jaundice, 35, 222, 261
Jaunting car, 169
Jaw, V-shaped, 326
Jeaunel's general antidote for poisoning, 350, 383, 390
Joints, dislocation of, 335
  enlargement of, 315, 317

Kindergarten, 179
Knock knees, 316

Labor. See *Confinement*.
Lactometer, 131
Lameness, 279
Lap-protector, 97
Laryngitis, 225, 263
Laughing, 50
Laxative alkaline mixture, 382
Layette, 96
Leggings, 104, 108
Legs, bending of, 37, 169, 316
  crooked, at birth, 37
  short, at birth, 37
Length at birth, 34, 53
  increase in, 52–57
  measure for determining, 56
Leucorrhœa in childhood, 324
  in pregnancy, 30

INDEX.

Lice, 292
Lighting, methods of, 207, 219
Lime-water, 358
  disadvantages of, 135, 142
Lisping, 327
Lists. See *Tables and Lists*.
Liver at birth, 36
"Longings," 21
Lotions, 376-379
Lungs, congestion of, 264
  inflammation of, 264
Lying, 175, 196

MACULE, 295
Mail-cart, 169
Management of pregnancy, 22
  of sick children, 231
Marasmus, 223, 319
"Markings" on children, 25, 283
Massage, 173, 254, 384
Masturbation, 329
Maternal impressions, 25, 283
Mattress, material and protection of, 31, 162
  renovating, 211, 212
Meals, number and hours, 127, 128, 152, 156
Measles, 223, 299
  French, 301
  German, 301
  glands in, 318
Measure for determining length, 56
  for milk-sugar, 136
Measures, table of equivalent, 385
Measuring of medicines, 234, 385
Meconium, 41, 110
Medicine closet, 216, 389
  -dropper, 385
  -glasses, 234, 386
  method of giving, 232-235
Medicines, care of, 212, 216, 349
  size of dose of, 234, 385, 386
Meigs' gelatin food, 149, 355
  milk mixture, 135, 353
Membranous croup, 263, 308
Menstruation, absent in pregnancy, 20
  influence on breast-milk, 120
Merino underwear, 86
Miliaria, 284
Milk. See also *Feeding* and *Food*.
  acidity, test for, 133
  albuminoids of, 122, 123, 124, 129, 130

Milk, Alderney, 131
  amounts at different ages, 127
  ass's, 129
  boiled, 130, 138, 142, 225
  breast-, 110
    analysis of, 129
    approximate analysis of, 123
    best nourishment for child, 109
    influence of diet on, 114, 115, 124
      of drugs on, 114
      of emotions on, 115
      of menstruation on, 120
      of pregnancy on, 120
    insufficient supply of, 115, 120
    modification of, 124
    quantity secreted, 113
    time flow begins, 110
  -cake, 117
  casein of, 130
  condensed, 149
  cow's, analysis of, 129
    artificially-colored, test for, 133
    care of, 131
    characteristics of, 129-131
    mixed herd preferable, 174
  cream of. See *Cream*.
  -crust, 279
  fat in, 122, 124, 129, 130, 134
  goat's, 129
  mare's, 129
  mixture, Author's formula for, 135
    increasing strength of, 128, 151
    Meigs', 135, 353
  mixtures, to substitute mother's milk, general remarks on, 131, 144
  Pasteurized, 142, 360
  peptonized, 359-361
  poisonous, 115, 138
  punch, peptonized, 362
  regurgitation of, 113, 250
  salt added to, 134, 235
  sterilized, 138, 361
    digestibility of, 142
    for travelling, 141
    preservation of, 141
  -sugar, 134, 136
    measure for, 136
  teeth. See *Teeth*.
  toast, peptonized, 362
  top, 137
  wet-nurse, no influence on traits of child, 186
Mind. See also *Intelligence*.

INDEX.

Mind, effect of pregnancy on, 24
  over-use of, 180, 181
  training of, 174, 178, 179, 181, 190
Minim glass, 385
Minims, 385
Miscellaneous disorders and habits, 313
Mittens, 95, 97, 104
Moccasins, 100
Mole, 283
Monthly nurse. See *Nurse*.
  periods. See *Menstruation*.
Moral character, training of, 174–179, 190
Morals, supervision over, 179
Morbilli, 299
Mosquito-bites, 333
Mother, disadvantages of nursing to, 118
  ignorance of, 17
Mother, nursing-, diet of, 113, 115, 124
  exercise and fresh air for, 115
  use of stimulants by, 115
Mother's marks, 283
Mouth, appearance in teething, 61
  -breathing, 221, 249, 325
  hand in, 222
  inflammation of, 246, 247
  washing of, 70, 80, 234
Movement, pain on, 221
Movements of body at birth, 47
  increase in power of, 47
  in disease, 222
  in health, 37
  of bowels. See *Passages*.
Mumps, 312

Nævus, 283
Nails, biting the, 326
  care of, 83
  condition at birth, 36
  toe-, ingrowing, 278
Napkins for baby. See *Diapers*.
  for confinement, 32
Nature, love of objects in, 177
Nausea, 223, 256
Navel, bleeding from, 283
  cord, dressing of, 95, 96
  falling off of, 96
  ulcer of, 282
Neatness, 174, 191, 196
Needle, wound by, 332
Nettle-rash, 286
Night-clothes, 94, 97, 104, 107, 108

Night-terrors, 267
Nightmare, 267
Nipple, artificial, 116
  for cleft palate, 245
  -protector, 27
  rubber, care of, 146
    collapsing of, 146
  -shield, 116
  ventilated, 147
  with tube, objection to, 146
Nipples, care of, during nursing, 116
  during pregnancy, 27
  fissures of, 27, 112, 116, 117
  hardening of, 27
  retracted, 27, 110, 116
Noise natural to child, 175
Nose, foreign bodies in the, 344
  picking at, 222
Nose-bleed, 344, 378
Nostrils, moving of, 223
Number, idea of, 50
Nurse, child's. See *Nurse-maid*.
  "experienced," 183, 190, 196
  monthly, choice of, 183
    duties of, 184
    incompetence of, 17
  trained, dress of, 196, 197
    duties of, 232
    privileges of, 197
    qualifications of, 196
    record kept by, 243, 244
  wet-, hygiene of, 186
    milk without influence on traits of child, 186
    objections to, 124
    qualifications of, 184
    supervision over, 187
Nurse-maid, age of, 189
  "don'ts" for, 192
  duties of mother to, 194
    to the child, 192
  French, 194
  German, 194
  qualifications of, 188–192
  supervision over, 187, 194
  untrustworthiness of, 188
  upholding authority of, 194
  -maids, training-school for, 192
Nursery, attractiveness of, 204
  ceiling, floor, and walls, 203
  chair, 171, 204, 254
  cleanliness of, 205
  cloth, 31

Nursery, day, 199
  flowering plants in, 205
  furnishing of, 203, 204, 207
  gate to, 204
  governess, 191
  heating of, 202
  lighting of, 207
  night, 206
  pictures in, 204
  position in house, 199, 206
  refrigerator, 217
  size of, 200
  temperature of, 203, 207
  ventilation of, 200–202, 206
  wash-stand in, 205
  windows to, 199, 201, 203, 204
Nursing. See also *Feeding*.
  bottle, 144
    smoothness of, 145
    sucking at, when empty, 145
    ventilated, 147
    washing of, 145
    with long tube, 146, 246
  influence of pregnancy on, 120
  manner of, by sick child, 230
  of contagious disease, 197, 209–212

OATMEAL-WATER, 354
Obedience, 176, 177, 232
Ointments, 375
Onset of disease, 296
Ophthalmia, 273
Ounce, fluid-, 385
Oysters, peptonized, 361

PACK, wet, 367
Pain, growing, 279, 317
  in knee and hip, 279
  on movement, 221, 225, 315, 317
  on passing urine, 322, 323
  result of chilling, 256
Pains during confinement, 32
Pajamas, 107
Palate, cleft, 245
Palsy, 270
Pancreatic juice, 150
Papule, 296
Paralysis, 270
  at birth, 270
  diphtheritic 270, 309
  position in, 221, 222
  spinal, 270
Parties, children's, 178

Passages, habit of regularity, 171, 254
  meconium, 41, 110
  mucus in, 250–252
  number and color in disease, 251–258
  in health, 41, 42, 65
  sponging after, 77
  straining at, 252, 254, 258
Pasteurizing, 139, 142–144
Pediculi, 292
Pen, creeping, 168
Peptogenic milk powder, 361
Peptonized beef enema, 363
  foods, 358
  tea, 361
  egg enema, 363
  food, 150, 358
  gruel, 362
  milk, 359–361
  punch, 362
  toast, 362
  oysters, 361
Perambulator. See *Carriage*.
Perspiration of head, 223, 224, 315
  sponging for, 365
Pertussis, 310
Pets, 177
Petticoat, 90
  Gertrude, 90, 92
Phimosis, 323, 329
Pigeon-toed, 49
Piles in pregnancy, 29
Pillow, 163
  on which to carry child, 97
Pillows, renovating, 211, 212
Pills, method of giving, 234
Pint, 385
Plaster, mustard, 374
  nutmeg, 375
  pepper, 375
  spice, 374
Play, 48, 174
Pleasure, sensations and expression of, 50
Pleurisy, 224, 225
Pneumonia, 264
Poison-bottle, 216
  elder, 346
  -guard, 216
  ivy, 345
  oak, 345, 346
  sumach, 345
Poisons and antidotes, 350, 383, 390

Poisons, swallowing of, 349
Pony, 172
Position during sleep, 158
  in disease, 221, 236
  in health, 38
  necessity of changing, 158
  when nursing, 112
    from bottle, 145
Pott's disease of spine, 224, 281
Poultice, antiseptic, 374
  bran, 372, 373
  bread-and-milk, 372
  charcoal, 373
  flaxseed, 371
  hop, 372
  jacket, 373
  mush, 372
  mustard, 373
  slippery-elm, 372
  starch, 372
Poultices and plasters, 371
Powder after bath, 71, 79
Powders, 379
  method of giving, 234
Precocity, 180
Pregnancy, amusements in, 24
  bathing during, 22
  care of breasts during, 27
  clothing during, 26
  diet in, 25
  disorders of, 28
  duration of, 21, 23
  exercise in, 22
  importance of careful life during, 19
  influence on nursing, 120
  management of, 22
  maternal impressions, 25
  mental condition in, 24
  signs of, 19
Prickly heat, 284
Princess pattern, 90, 91, 92
Prodromal symptoms, 296
Puberty, 18, 58, 172
Pulse during sleep, 41
  in disease, 227
  in health, 40, 65
  method of observing, 40, 41
  relation to temperature and respiration, 229
Punishments, 176, 193
Pustule, 296

QUARANTINE, 182, 296

Quart, 385
Quickening, 21

"RASH, bringing out the," 320, 366
  nettle, 285
  of eruptive fevers, 293
  stomach, 288
  tooth, 288
Raw meat, scraped, 357
Read, learning to, 175, 180
Record, daily, of the disease, 243, 244
Red gum, 284
Refrigerator, nursery, 217
Registers, 202
Regurgitation, 113, 250
Remedies for internal administration, 382
  for local use, 364
Respiration, artificial, 347
  Cheyne-Stokes, 226
  during sleep, 38, 39
  in disease, 221, 223, 224, 226
  in health, 38–40, 65
  method of observing, 40
  relation to temperature and pulse, 229
  through the mouth, 221, 249, 325
Restlessness, 221
Rheumatism, 317, 369
Rice-water, 355
Rickets, 221, 223, 224, 278, 280, 282, 314
Ringworm, 290, 376
Rocking-horse, 171
Room for confinement, 31
  for school. See *School-room.*
  for sickness. See *Sick-room.*
  for sleeping, 164
Rooms for child, different sorts of, 198
Rope, skipping, 172
Roseola, 301
Rötheln, 301
Rubber cloth for bed, 31, 32, 162, 163
  diaper-cover, 89
  garments, 108
Rubella, 301
Rubeola, 299
Rupture, 258

SACK, 95, 97, 102, 104, 108, 237
Saint Vitus' dance, 269, 317
Saliva, 59, 150, 246
  profuse flow in pregnancy, 29

INDEX.

Scabies, 291
Scalds, 336
Scales for weighing child, 55
Scarlatina, 297
Scarlet fever, 231, 297
    rash, 297
School, boarding, 181
    diseases developed at, 181, 182, 217, 218
    gymnastic exercises at, 173
    kindergarten, 179
    -life, hours for study, 180
    recess at, 181
    -room, 217
        desks and chairs for, 218, 219
        lighting of, 219
        size required, 219
        ventilation of, 220
Scrofula, 317
Sea-baths, 79
    -voyages in pregnancy, 24
Seeing. See *Sight*.
Self-abuse, 329
Selfishness, freedom from, 177
Sensations, subjective, of baby, 49
Servants, association of child with, 178
Sex, determining before birth, 28
Sexes, difference in clothing for, 106, 107
    sports same for each, 172, 179
    supervision of morals of, 179
Sheets, 31, 32, 162, 163
Shirt, 91, 96, 104, 105, 107, 108
    Gertrude, 92, 96
Shoe, outline of sole, 102
Shoes, bed-room, 109
    heels to, 107
    moccasins, 100
    rights and lefts, 101
    rubber, 108
    soles to, 102, 107
Shoulders at birth, 36
    " shrugged up," 281
" Show " in confinement, 33
Sick children, bathing of, 237, 238, 364
    feeding of, 157, 235, 242, 353
    management of, 221, 231
Sickness, abstinence from food during, 235, 242, 250, 252, 256
    bathing in, 237, 238, 364
    bed in, 236–238
    clothing during, 109

Sickness, feeding in, 157, 235, 242, 353
    morning, 20, 30
Sick-room, 209
    anteroom to, 210, 212
    deodorizing of, 213, 238
    disinfection of, 210
    for contagious diseases, 209
    furnishing of, 210, 216, 217
    heating of, 212
    lighting of, 209
    moistening air of, 214
    neatness in, 212
    position of, 209
    quiet in, 236
    temperature of, 215
    ventilation of, 212
Sight at birth, 47
    defective, 273, 275, 276
    increase of power of, 49
    in idiocy, 272
Sitting erect, 48
    in idiocy, 272
Skating, 172
Skin, chapping, chafing, and cracking of, 287
    color of, 34, 35, 222
    irritated by clothing, 86, 284
    moist, relation to fever, 320
    necessity of keeping covered, 84, 85, 105
    roughness of, 287
    scraped, 332
    shedding of, 35, 296
Skirts, 105
    advantage of shortness, 91, 106
Sleep at breast not to be allowed, 111
    between blankets, 163
    during the day, 157, 159
    effect on pulse, 41
    on respiration, 40
    hours for, 157–160
    in disease, 221, 222, 223
    method of putting to, 158
    position during, 38, 158
    room for, 164, 206
    starting in, 279
Sleeplessness, 267, 366, 367
Slip, 92
Slippers not advisable, 109
Small-pox, 303
Smell, increase in sense of, 49
    sense of, at birth, 47
Smiling, 50, 223

26

Snake-bites, 334
Snoring, 249, 325
Soap, method of applying, 70
   stick, 255
   varieties of, 75
Socks, 89, 97
Soda-mint, 382
   -solution for milk mixture, 135, 142
"Soothing drinks," 350
Sounds, utterance of, 50
Spasm. See *Convulsions*.
Specific gravity glass, 121, 132
Speech. See also *Talk*.
   defective, 327
Spinal cord, paralysis from disease of, 270
Spine, curvature of, 165, 181, 279
   angular, 281
   lateral, 218, 280
   rickety posterior, 282
   Pott's disease of, 224, 281
Splinters, 332
Sponge, 70, 75
Sponging, 71, 77, 237, 364
Spoonfuls of different sorts, 234, 385
Sports and games, 171, 174
   out-door, intended for both sexes, 172, 179
Sprains, 334
Stammering, 327
Standing, 48, 218
Starch-and-boric-acid lotion, 377
Starch in the food, 148
   age for allowing, 151
   difficulty of digesting, 150, 250, 315
   test for, 149
   -water, 369
Sterilizer, 138, 139
Sterilizing, 139
   effect on digestibility of milk, 142
   method in detail, 139
   modified, 142
Stimulants for child, dose of, 389
   use of, by mother, 114
Stings by insects, 333
Stockings, 98, 104, 105, 108
Stomach cough, 226
   rash, 288
   secretion and movements of, 60
   size of, at birth, 126
Stories suitable for children, 179, 193
Strabismus, 275

Strophulus, 284
Study. See also *Mind*.
   hours for, 180
   injuring eyes by, 181, 219, 269
Stupe, turpentine, 374
Stuttering, 327
Styes, 275
Sucking at empty bottle, 146
   the thumb, 325
Suffocation, 347
Sugar, cane-, 134
   -measure, 138
   milk-, 134, 136
Suit, Gertrude, 90, 92, 93, 96, 98
Summer resorts, 173
Sunburn, 338
Supernumerary digits, 278
Suppositories, 255
Suspenders for diapers, 100
   for holding stockings, 98, 105
Swallowing, manner of, in disease, 230
   of foreign bodies, 343
   of poisons, 349
Swamp dogwood, 346
Swedish movements, 173
Swimming, 172
Syringe, ear, 277, 342
   fountain, 30, 240
   infant's, 240, 254
   rubber, 241, 254

TABLE, sitting at, 155, 178
Tables and Lists:
   Amounts of urine passed daily, 43
   Analysis of breast milk, 129
   Approximate analysis of breast milk, 123
   Approximate equivalent measures, 385
   Articles for baby's basket, 68
      for confinement, 31
      for medicine closet, 389
   Calculating date of confinement, 23
   Circumference of head and chest at different ages, 58
   Clothes for earliest childhood, 108
   Comparative analysis of woman's and cow's milk, 129
   Diet from eighteen months to two years, 153
      from one year to eighteen months, 152

Tables and Lists:
  Diet from two to three years, 154
  Doses of medicine for children one year old, 387
  Eruption of milk teeth, 63
    of permanent teeth, 65
  Foods permitted, 156
    to be avoided, 156
    to be taken cautiously, 156
  Formula for milk mixture, 135, 137
  General rules for feeding, 127
  Growth in length and weight, 52
  Hours for feeding, 128
  Infants' weight chart, 54
  Infectious diseases, 294, 295
  Long clothes, 97
  Number of pulse-beats per minute, 41
    of respirations per minute, 39
  Poisons and antidotes, 350
  Proportionate doses at different ages, 386
  Record of course of disease, 243, 244
  Rules for modifying breast milk, 124
  Short clothes, 104
  Time of eruption of milk teeth, 63
    of permanent teeth, 65
  Top milk mixture, 137
Tales suitable for children, 163, 193
Talk. See also *Speech*.
  "baby," objection to, 175, 193
Talk, learning to, 175, 190
Talking in idiocy, 272
Tannic-acid-and-glycerin nipple lotion, 376
Tannic-acid solution for nose-bleed, 378
Tanning of the skin, 338
Taste at birth, 48
Tears, 38, 59, 226
Tears and cuts, 329
Teeth, cleaning of, 81
  decay of, in pregnancy, 29
  deciduous. See *Teeth, milk*.
  grinding of, 230, 259, 265
  milk, 61
    decay of, 64, 81, 248, 316
    falling out of, 64
    necessity for removing, 64, 72
    time and order of eruption, 62

Teeth, permanent, 61
  time and order of eruption, 64
  present at birth, 63
  prominent, 326
  temporary. See *Teeth, milk*.
Teething. See also *Dentition*.
  process of, 61
  relation to flow of saliva, 59
Temperature chart, 244
  in disease, 228
  method of taking, 43
  normal, 43, 45
  of bath, 70, 77, 78, 364
    testing of, 76
  of nursery, 203, 207
  of sick-room, 215
  relation to pulse and respiration, 229
  sensation of skin to hand misleading, 43
Tennis, 172
Thermometer, bath, 76
  clinical, 43, 44, 320
  nursery, 203
Thirst, 112, 225, 235, 236, 321
Throat, applications to, 241
  sore, 248, 370
Thrush, 246
Thumb-sucking, 325
Toast-water, 354
Tongue at birth, 36
  in disease, 229
  strawberry, 298
  -tie, 245
  "worm-eaten, 250
Tonsils, acute inflammation of, 249
  chronic enlargement of, 221, 224, 249
Toothache in pregnancy, 29
Tooth rash, 288
  rubbing through the gums, 248
Tourniquet, 331
Towels for bathing, 78
Toys, 174
  poisonous, 349
Trained nurse. See *Nurse*.
Training-school for nurse-maids, 192
Travelling, food for, 141, 149
Trotting on knee, 170
Tub, 71, 72, 74
Tumblerful, 385
Typhoid fever, 294
  cold bath in, 366

404   INDEX.

UNDERCLOTHES. See *Clothing*.
Urine, amounts passed daily at different ages, 43
    frequent passage of, in pregnancy, 29
    in Bright's disease, 231, 322
    incontinence of, 322
    in disease, 231
    in health, 42, 65
    learning control over, 51, 104, 171
    pain on passing, 322, 323
    retention of, 42, 322
Urinometer, 131
Urticaria, 286

VACCINATION, 304
Varicella, 302, 304
Variola, 294
Varioloid, 302, 303
Veal tea, 356
Veil, 95, 96, 104
Veins, prominence of, 222
    varicose, in pregnancy, 29
Velocipede, 171
Ventilating board, 200
Ventilation, 163, 200–202, 206, 212, 220
Ventilator, wheel, 201
    window, 201
Vesicle, 296
Virginia creeper, 345
Vision. See *Sight*.
Vomiting, 235, 242, 250

WAIST for supporting clothing, 100, 105
Walk, learning to, 48, 169
    stiff, 281
Walking, discouraging of, 316
    in idiocy, 272
    pigeon-toed, 49

Warmth, necessity of, 84, 105, 314
Warts, 283
Wash-rag, 70, 74, 75
    -stand in nursery, 205
Water, necessity of giving, 112, 225, 235, 236, 321
    on the brain. See *Hydrocephalus*.
Waxy substance on skin at birth, 69
Weaning, 117, 151
    age for, 118
    early, reasons for, 120
    method of, 117, 119
    season of year for, 119
Weather-stripping, 203
Webbing of fingers or toes, 278
Weight at birth, 34, 52
    charts for recording, 54
    increase in, 51–54
    method of obtaining, 54
Wet-nurse. See *Nurse*.
Wetting the bed, 322
Whey, 356
    -and-cream mixture, 150
Whooping-cough, 223, 230, 310
Window bars, 204
Wine whey, 356
Wineglassful, 385
Woollen underwear, 85
Worms, round, 260
    seat-, 259, 379
    tape-, 260, 357
    thread-, 259, 379
Wounds, contused, 334
    incised, 329
    lacerated, 331
    of the eye, 342
    poisoned, 333
    punctured, 332
Wrapper, 95, 97, 102, 104, 109

STANDARD
Medical and Surgical Works

PUBLISHED BY
W. B. SAUNDERS, 925 Walnut Street, Philadelphia, Pa.

	PAGE		PAGE
*American Text-Book of Applied Therapeutics	4	Lockwood's Practice of Medicine	26
*American Text-Book of Dis. of Children	9	Long's Syllabus of Gynecology	20
*An American Text-Book of Diseases of the Eye, Ear, Nose, and Throat	31	Macdonald's Surgical Diagnosis and Treatment	31
*An American Text-Book of Genito-Urinary and Skin Diseases	31	McFarland's Pathogenic Bacteria	16
*American Text-Book of Gynecology	8	Mallory and Wright's Pathological Technique	31
*American Text-Book of Obstetrics	5	Martin's Surgery	28
*American Text-Book of Physiology	3	Martin's Minor Surgery, Bandaging, and Venereal Diseases	28
*American Text-Book of Practice	6	Meigs' Feeding in Early Infancy	16
*American Text-Book of Surgery	7	Moore's Orthopedic Surgery	31
Anders' Theory and Practice of Medicine	31	Morris' Materia Medica and Therapeutics	28
Ashton's Obstetrics	28	Morris' Practice of Medicine	28
Atlas of Skin Diseases	12	Morten's Nurses' Dictionary	24
Ball's Bacteriology	28	Nancrede's Anatomy and Dissection	17
Bastin's Laboratory Exercises in Botany	22	Nancrede's Anatomy	28
Beck's Surgical Asepsis	26	Norris' Syllabus of Obstetrical Lectures	21
Boisliniere's Obstetric Accidents, Emergencies, and Operations	23	Penrose's Gynecology	31
Brockway's Physics	28	Powell's Diseases of Children	28
Burr's Nervous Diseases	20	Pye's Elementary Bandaging and Surgical Dressing	29
Butler's Materia Medica and Therapeutics	29	Raymond's Physiology	26
Cerna's Notes on the Newer Remedies	18	Rowland's Clinical Skiagraphy	14
Chapman's Medical Jurisprudence	26	Saundby's Renal and Urinary Diseases	29
Church and Peterson's Nervous and Mental Diseases	31	*Saunders' American Year-Book of Medicine and Surgery	32
Clarkson's Histology	14	Saunders' Pocket Medical Formulary	19
Cohen and Eshner's Diagnosis	28	Saunders' Pocket Medical Lexicon	32
Corwin's Diagnosis of the Thorax	29	Saunders' New Aid Series of Manuals	25, 26
Cragin's Gynæcology	28	Saunders' Series of Question Compends	27, 28
Crookshank's Text-Book of Bacteriology	13	Sayre's Practice of Pharmacy	28
DaCosta's Manual of Surgery	26	Semple's Pathology and Morbid Anatomy	28
De Schweinitz's Diseases of the Eye	15	Semple's Legal Medicine, Toxicology, and Hygiene	28
Dorland's Obstetrics	26	Senn's Genito-Urinary Tuberculosis	31
Frothingham's Bacteriological Guide	16	Senn's Tumors	11
Garrigues' Diseases of Women	20	Senn's Syllabus of Lectures on Surgery	21
Gleason's Diseases of the Ear	28	Shaw's Nervous Diseases and Insanity	28
*Gould and Pyle's Anomalies and Curiosities of Medicine	30	Starr's Diet-Lists for Children	24
Griffin's Materia Medica and Therapeutics	26	Stelwagon's Diseases of the Skin	28
Griffith's Care of the Baby	24	Stengel's Manual of Pathology	26
Gross's Autobiography	10	Stevens' Materia Medica and Therapeutics	18
Hampton's Nursing	23	Stevens' Practice of Medicine	17
Hare's Physiology	28	Stewart's Manual of Physiology	21
Hart's Diet in Sickness and in Health	22	Stewart and Lawrance's Medical Electricity	28
Haynes' Manual of Anatomy	26	Stoney's Practical Points in Nursing	13
Heisler's Embryology	31	Sutton and Giles' Diseases of Women	26
Hirst's Obstetrics	31	Thomas's Diet-List and Sick-Room Dietary	24
Hyde's Syphilis and Venereal Diseases	26	Thornton's Dose-Book and Manual of Prescription-Writing	26
Jackson and Gleason's Diseases of the Eye, Nose, and Throat	28	Van Valzah and Nisbet's Diseases of the Stomach	31
Jewett's Outlines of Obstetrics	21	Vierordt and Stuart's Medical Diagnosis	12
Keating's Pronouncing Dictionary	10	Warren's Surgical Pathology	11
Keating's Life Insurance	23	Wolff's Chemistry	28
Keen's Operation Blanks	22	Wolff's Examination of Urine	28
Kyle's Diseases of Nose and Throat	26		
Lainé's Temperature Charts	28		

For list of the latest publications, see page 31.

The works indicated thus (*) are sold by SUBSCRIPTION (*not by booksellers*), usually through travelling solicitors, but they can be obtained *direct* from the office of publication (charges of shipment prepaid) by remitting the quoted prices. Full *descriptive circulars* of such works will be sent to any address upon application.

All the other BOOKS advertised in this catalogue are commonly for sale by *booksellers* in all parts of the United States; but any book will be sent by the publisher to any address (post-paid) on receipt of the price herein given.

GENERAL INFORMATION.

One Price. One price absolutely without deviation. No discounts allowed, regardless of the number of books purchased at one time. Prices on all works have been fixed extremely low, with the view to selling them strictly net and for cash.

Orders. An order accompanied by remittance will receive prompt attention, books being sent to any address in the United States, by mail or express, all charges prepaid. We prefer to send books by **express** when possible, and if sent C. O. D. **we pay all charges** for returning the money. Small orders of three dollars or less **must invariably be accompanied by remittance.**

How to Send Money by Mail. There are four ways by which money can be sent at our risk, namely: a post-office money order, an express money order, a bank-check (draft), and in a registered letter. Money sent in any other way is at the sender's risk. Silver should not be sent through the mail.

Shipments. All books, being packed in patent metal-edged boxes, necessarily reach our patrons by mail or express in excellent condition.

Subscription Books. Books in our catalogue marked "For sale by subscription only" may be secured by ordering them through any of our authorized travelling salesmen, or direct from the Philadelphia office; they are not for sale by booksellers. All other books in our catalogue can be procured of any bookseller at the advertised prices, or directly from us. *We handle only our own publications*, and cannot supply second-hand books nor the publications of other houses.

Latest Editions. In every instance the latest revised edition is sent.

Bindings. In ordering, be careful to state the style of binding desired— Cloth, Sheep, or Half-Morocco.

Descriptive Circulars. . A complete descriptive circular, giving table of contents, etc. of any book sold by subscription only, will be sent free on application.

For Sale by Subscription.

AN AMERICAN TEXT-BOOK OF PHYSIOLOGY. Edited by WILLIAM H. HOWELL, PH. D., M. D., Professor of Physiology in the Johns Hopkins University, Baltimore, Md. One handsome octavo volume of 1052 pages, fully illustrated. Prices: Cloth, $6.00 net; Sheep or Half-Morocco, $7.00 net.

This work is the most notable attempt yet made in America to combine in one volume the entire subject of Human Physiology by well-known teachers who have given especial study to that part of the subject upon which they write. The completed work represents the present status of the science of Physiology, particularly from the standpoint of the student of medicine and of the medical practitioner.

The collaboration of several teachers in the preparation of an elementary text-book of physiology is unusual, the almost invariable rule heretofore having been for a single author to write the entire book. One of the advantages to be derived from this collaboration method is that the more limited literature necessary for consultation by each author has enabled him to base his elementary account upon a comprehensive knowledge of the subject assigned to him; another, and perhaps the most important, advantage is that the student gains the point of view of a number of teachers. In a measure he reaps the same benefit as would be obtained by following courses of instruction under different teachers. The different standpoints assumed, and the differences in emphasis laid upon the various lines of procedure, chemical, physical, and anatomical, should give the student a better insight into the methods of the science as it exists to-day. The work will also be found useful to many medical practitioners who may wish to keep in touch with the development of modern physiology.

The main divisions of the subject-matter are as follows: General Physiology of Muscle and Nerve — Secretion — Chemistry of Digestion and Nutrition — Movements of the Alimentary Canal, Bladder, and Ureter — Blood and Lymph — Circulation — Respiration — Animal Heat — Central Nervous System — Special Senses — Special Muscular Mechanisms — Reproduction — Chemistry of the Animal Body.

CONTRIBUTORS:

HENRY P. BOWDITCH, M. D.,
Professor of Physiology, Harvard Medical School.

JOHN G. CURTIS, M. D.,
Professor of Physiology, Columbia University, N. Y. (College of Physicians and Surgeons).

HENRY H. DONALDSON, Ph. D.,
Head-Professor of Neurology, University of Chicago.

W. H. HOWELL, Ph. D., M. D.,
Professor of Physiology, Johns Hopkins University.

FREDERIC S. LEE, Ph. D.,
Adjunct Professor of Physiology, Columbia University, N. Y. (College of Physicians and Surgeons).

WARREN P. LOMBARD, M. D.,
Professor of Physiology, University of Michigan.

GRAHAM LUSK, Ph. D.,
Professor of Physiology, Yale Medical School.

W. T. PORTER, M. D.,
Assistant Professor of Physiology, Harvard Medical School.

EDWARD T. REICHERT, M. D.,
Professor of Physiology, University of Pennsylvania.

HENRY SEWALL, Ph. D., M. D.,
Professor of Physiology, Medical Department, University of Denver.

For Sale by Subscription.

AN AMERICAN TEXT-BOOK OF APPLIED THERAPEUTICS. For the Use of Practitioners and Students. Edited by JAMES C. WILSON, M. D., Professor of the Practice of Medicine and of Clinical Medicine in the Jefferson Medical College. One handsome octavo volume of 1326 pages. Illustrated. Prices: Cloth, $7.00 net; Sheep or Half-Morocco, $8.00 net.

The arrangement of this volume has been based, so far as possible, upon modern pathologic doctrines, beginning with the intoxications, and following with infections, diseases due to internal parasites, diseases of undetermined origin, and finally the disorders of the several bodily systems—digestive, respiratory, circulatory, renal, nervous, and cutaneous. It was thought proper to include also a consideration of the disorders of pregnancy.

The list of contributors comprises the names of many who have acquired distinction as practitioners and teachers of practice, of clinical medicine, and of the specialties.

CONTRIBUTORS:

Dr. I. E. Atkinson, Baltimore, Md.
Sanger Brown, Chicago, Ill.
John B. Chapin, Philadelphia, Pa.
William C. Dabney, Charlottesville, Va.
John Chalmers DaCosta, Philada., Pa.
I. N. Danforth, Chicago, Ill.
John L. Dawson, Jr., Charleston, S. C.
F. X. Dercum, Philadelphia, Pa.
George Dock, Ann Arbor, Mich.
Robert T. Edes, Jamaica Plain, Mass.
Augustus A. Eshner, Philadelphia, Pa.
J. T. Eskridge, Denver, Col.
F. Forchheimer, Cincinnati, O.
Carl Frese, Philadelphia, Pa.
Edwin E. Graham, Philadelphia, Pa.
John Guitéras, Philadelphia, Pa.
Frederick P. Henry, Philadelphia, Pa.
Guy Hinsdale, Philadelphia, Pa.
Orville Horwitz, Philadelphia, Pa.
W. W. Johnston, Washington, D. C.
Ernest Laplace, Philadelphia, Pa.
A. Laveran, Paris, France.

Dr. James Hendrie Lloyd, Philadelphia, Pa.
John Noland Mackenzie, Baltimore, Md.
J. W. McLaughlin, Austin, Texas.
A. Lawrence Mason, Boston, Mass.
Charles K. Mills, Philadelphia, Pa.
John K. Mitchell, Philadelphia, Pa.
W. P. Northrup, New York City.
William Osler, Baltimore, Md.
Frederick A. Packard, Philadelphia, Pa.
Theophilus Parvin, Philadelphia, Pa.
Beaven Rake, London, England.
E. O. Shakespeare, Philadelphia, Pa.
Wharton Sinkler, Philadelphia, Pa.
Louis Starr, Philadelphia, Pa.
Henry W. Stelwagon, Philadelphia, Pa.
James Stewart, Montreal, Canada.
Charles G. Stockton, Buffalo, N. Y.
James Tyson, Philadelphia, Pa.
Victor C. Vaughan, Ann Arbor, Mich.
James T. Whittaker, Cincinnati, O.
J. C. Wilson, Philadelphia, Pa.

The articles, with two exceptions, are the contributions of American writers. Written from the standpoint of the practitioner, the aim of the work is to facilitate the application of knowledge to the prevention, the cure, and the alleviation of disease. The endeavor throughout has been to conform to the title of the book—Applied Therapeutics—to indicate the course of treatment to be pursued at the bedside, rather than to name a list of drugs that have been used at one time or another.

While the scientific superiority and the practical desirability of the metric system of weights and measures is admitted, it has not been deemed best to discard entirely the older system of figures, so that both sets have been given where occasion demanded.

For Sale by Subscription.

AN AMERICAN TEXT-BOOK OF OBSTETRICS. Edited by RICHARD C. NORRIS, M. D.; Art Editor, ROBERT L. DICKINSON, M. D. One handsome octavo volume of over 1000 pages, with nearly 900 colored and half-tone illustrations. Prices: Cloth, $7.00; Sheep or Half-Morocco, $8.00.

The advent of each successive volume of the *series* of the AMERICAN TEXT-BOOKS has been signalized by the most flattering comment from both the Press and the Profession. The high consideration received by these text-books, and their attainment to an authoritative position in current medical literature, have been matters of deep *international* interest, which finds its fullest expression in the demand for these publications from all parts of the civilized world.

In the preparation of the "AMERICAN TEXT-BOOK OF OBSTETRICS" the editor has called to his aid proficient collaborators whose professional prominence entitles them to recognition, and whose disquisitions exemplify **Practical Obstetrics.** While these writers were each assigned special themes for discussion, the correlation of the subject-matter is, nevertheless, such as ensures logical connection in treatment, the deductions of which thoroughly represent the latest advances in the science, and which elucidate *the best modern methods of procedure.*

The more conspicuous feature of the treatise is its wealth of illustrative matter. The production of the illustrations had been in progress for several years, under the personal supervision of Robert L. Dickinson, M. D., to whose artistic judgment and professional experience is due the **most sumptuously illustrated work of the period.** By means of the photographic art, combined with the skill of the artist and draughtsman, conventional illustration is superseded by rational methods of delineation.

Furthermore, the volume is a revelation as to the possibilities that may be reached in mechanical execution, through the unsparing hand of its publisher.

CONTRIBUTORS:

Dr. James C. Cameron.
Edward P. Davis.
Robert L. Dickinson.
Charles Warrington Earle.
James H. Etheridge.
Henry J. Garrigues.
Barton Cooke Hirst.
Charles Jewett.

Dr. Howard A. Kelly.
Richard C. Norris.
Chauncey D. Palmer.
Theophilus Parvin.
George A. Piersol.
Edward Reynolds.
Henry Schwarz.

"At first glance we are overwhelmed by the magnitude of this work in several respects, viz.: First, by the size of the volume, then by the array of eminent teachers in this department who have taken part in its production, then by the profuseness and character of the illustrations, and last, but not least, the conciseness and clearness with which the text is rendered. This is an entirely new composition, embodying the highest knowledge of the art as it stands to-day by authors who occupy the front rank in their specialty, and there are many of them. We cannot turn over these pages without being struck by the superb illustrations which adorn so many of them. We are confident that this most practical work will find instant appreciation by practitioners as well as students."—*New York Medical Times.*

Permit me to say that your American Text-Book of Obstetrics is the most magnificent medical work that I have ever seen. I congratulate you and thank you for this superb work, which alone is sufficient to place you first in the ranks of medical publishers.
With profound respect I am sincerely yours,   ALEX. J. C. SKENE.

For Sale by Subscription.

AN AMERICAN TEXT-BOOK ON THE THEORY AND PRACTICE OF MEDICINE. By American Teachers. Edited by WILLIAM PEPPER, M. D., LL.D., Provost and Professor of the Theory and Practice of Medicine and of Clinical Medicine in the University of Pennsylvania. Complete in two handsome royal-octavo volumes of about 1000 pages each, with illustrations to elucidate the text wherever necessary. Price per Volume: Cloth, $5.00 net; Sheep or Half-Morocco, $6.00 net.

VOLUME I. CONTAINS:

Hygiene.—Fevers (Ephemeral, Simple Continued, Typhus, Typhoid, Epidemic Cerebrospinal Meningitis, and Relapsing).—Scarlatina, Measles, Rötheln, Variola, Varioloid, Vaccinia, Varicella, Mumps, Whooping-cough, Anthrax, Hydrophobia, Trichinosis, Actinomycosis, Glanders, and Tetanus.—Tuberculosis, Scrofula, Syphilis, Diphtheria, Erysipelas, Malaria, Cholera, and Yellow Fever.—Nervous, Muscular, and Mental Diseases etc.

VOLUME II. CONTAINS:

Urine (Chemistry and Microscopy).—Kidney and Lungs.—Air-passages (Larynx and Bronchi) and Pleura.—Pharynx, Œsophagus, Stomach and Intestines (including Intestinal Parasites), Heart, Aorta, Arteries and Veins.—Peritoneum, Liver, and Pancreas.—Diathetic Diseases (Rheumatism, Rheumatoid Arthritis, Gout, Lithæmia, and Diabetes.)—Blood and Spleen.—Inflammation, Embolism, Thrombosis, Fever, and Bacteriology.

The articles are not written as though addressed to students in lectures, but are exhaustive descriptions of diseases, with the newest facts as regards Causation, Symptomatology, Diagnosis, Prognosis, and Treatment, including a large number of approved formulæ. The recent advances made in the study of the bacterial origin of various diseases are fully described, as well as the bearing of the knowledge so gained upon prevention and cure. The subjects of Bacteriology as a whole and of Immunity are fully considered in a separate section.

Methods of diagnosis are given the most minute and careful attention, thus enabling the reader to learn the very latest methods of investigation without consulting works specially devoted to the subject.

CONTRIBUTORS:

Dr. J. S. Billings, Philadelphia.
Francis Delafield, New York.
Reginald H. Fitz, Boston.
James W. Holland, Philadelphia.
Henry M. Lyman, Chicago.
William Osler, Baltimore.

Dr. William Pepper, Philadelphia.
W. Gilman Thompson, New York.
W. H. Welch, Baltimore.
James T. Whittaker, Cincinnati.
James C. Wilson, Philadelphia.
Horatio C. Wood, Philadelphia.

" We reviewed the first volume of this work, and said: ' It is undoubtedly one of the best text-books on the practice of medicine which we possess.' A consideration of the second and last volume leads us to modify that verdict and to say that the completed work is, in our opinion, THE BEST of its kind it has ever been our fortune to see. It is complete, thorough, accurate, and clear. It is well written, well arranged, well printed, well illustrated, and well bound. It is a model of what the modern text-book should be."—*New York Medical Journal*.

" A library upon modern medical art. The work must promote the wider diffusion of sound knowledge."—*American Lancet*.

" A trusty counsellor for the practitioner or senior student, on which he may implicitly rely."—*Edinburgh Medical Journal*.

For Sale by Subscription.

AN AMERICAN TEXT-BOOK OF SURGERY. Edited by WILLIAM W. KEEN, M.D., LL.D., and J. WILLIAM WHITE, M.D., PH.D. Forming one handsome royal-octavo volume of 1250 pages (10 x 7 inches), with 500 wood-cuts in text, and 37 colored and half-tone plates, many of them engraved from original photographs and drawings furnished by the authors. Prices: Cloth, $7.00 net; Sheep or Half-Morocco, $8.00 net.

SECOND EDITION, REVISED AND ENLARGED,
With a Section devoted to "The Use of the Röntgen Rays in Surgery."

The want of a text-book which could be used by the practitioner and at the same time be recommended to the medical student has been deeply felt, especially by teachers of surgery; hence, when it was suggested to a number of these that it would be well to unite in preparing a text-book of this description, great unanimity of opinion was found to exist, and the gentlemen below named gladly consented to join in its production. While there is no distinctive American Surgery, yet America has contributed very largely to the progress of modern surgery, and among the foremost of those who have aided in developing this art and science will be found the authors of the present volume. All of them are teachers of surgery in leading medical schools and hospitals in the United States and Canada.

Especial prominence has been given to Surgical Bacteriology, a feature which is believed to be unique in a surgical text-book in the English language. Asepsis and Antisepsis have received particular attention. The text is brought well up to date in such important branches as cerebral, spinal, intestinal, and pelvic surgery, the most important and newest operations in these departments being described and illustrated.

The text of the entire book has been submitted to all the authors for their mutual criticism and revision—an idea in book-making that is entirely new and original. The book as a whole, therefore, expresses on all the important surgical topics of the day the consensus of opinion of the eminent surgeons who have joined in its preparation.

One of the most attractive features of the book is its illustrations. Very many of them are original and faithful reproductions of photographs taken directly from patients or from specimens.

CONTRIBUTORS:

Dr. Charles H. Burnett, Philadelphia.
Phineas S. Conner, Cincinnati.
Frederic S. Dennis, New York.
William W. Keen, Philadelphia.
Charles B. Nancrede, Ann Arbor, Mich.
Roswell Park, Buffalo, N. Y.
Lewis S. Pilcher, New York.

Dr. Nicholas Senn, Chicago.
Francis J. Shepherd, Montreal, Canada.
Lewis A. Stimson, New York.
William Thomson, Philadelphia.
J. Collins Warren, Boston.
J. William White, Philadelphia.

"If this text-book is a fair reflex of the present position of American surgery, we must admit it is of a very high order of merit, and that English surgeons will have to look very carefully to their laurels if they are to preserve a position in the van of surgical practice."—*London Lancet.*

For Sale by Subscription.

AN AMERICAN TEXT-BOOK OF GYNECOLOGY, MEDICAL AND SURGICAL, for the use of Students and Practitioners. Edited by J. M. BALDY, M. D. Forming a handsome royal-octavo volume, with 360 illustrations in text and 37 colored and half-tone plates. Prices: Cloth, $6.00 net; Sheep or Half-Morocco, $7.00 net.

In this volume all anatomical descriptions, excepting those essential to a clear understanding of the text, have been omitted, the illustrations being largely depended upon to elucidate the anatomy of the parts. This work, which is thoroughly practical in its teachings, is intended, as its title implies, to be a working text-book for physicians and students. A clear line of treatment has been laid down in every case, and although no attempt has been made to discuss mooted points, still the most important of these have been noted and explained. The operations recommended are fully illustrated, so that the reader, having a picture of the procedure described in the text under his eye, cannot fail to grasp the idea. All extraneous matter and discussions have been carefully excluded, the attempt being made to allow no unnecessary details to cumber the text. The subject-matter is brought up to date at every point, and the work is as nearly as possible the combined opinions of the ten specialists who figure as the authors.

The work is well illustrated throughout with wood-cuts, half-tone and colored plates, mostly selected from the authors' private collections.

CONTRIBUTORS:

Dr. Henry T. Byford.
John M. Baldy.
Edwin Cragin.
J. H. Etheridge.
William Goodell.

Dr. Howard A. Kelly.
Florian Krug.
E. E. Montgomery.
William R. Pryor.
George M. Tuttle.

"The most notable contribution to gynecological literature since 1887, ... and the most complete exponent of gynecology which we have. No subject seems to have been neglected, ... and the gynecologist and surgeon, and the general practitioner who has any desire to practise diseases of women, will find it of practical value. In the matter of illustrations and plates the book surpasses anything we have seen."—*Boston Medical and Surgical Journal.*

"A valuable addition to the literature of Gynecology. The writers are progressive, aggressive, and earnest in their convictions."—*Medical News*, Philadelphia.

"A thoroughly modern text-book, and gives reliable and well-tempered advice and instruction."—*Edinburgh Medical Journal.*

"The harmony of its conclusions and the homogeneity of its style give it an individuality which suggests a single rather than a multiple authorship."—*Annals of Surgery.*

"It must command attention and respect as a worthy representation of our advanced clinical teaching."—*American Journal of Medical Sciences.*

For Sale by Subscription.

AN AMERICAN TEXT-BOOK OF THE DISEASES OF CHILDREN. By American Teachers. Edited by LOUIS STARR, M. D., assisted by THOMPSON S. WESTCOTT, M. D. In one handsome royal-8vo volume of 1190 pages, profusely illustrated with wood-cuts, half-tone and colored plates. Net Prices: Cloth, $7.00; Sheep or Half-Morocco, $8.00.

The plan of this work embraces a series of original articles written by some sixty well-known pædiatrists, representing collectively the teachings of the most prominent medical schools and colleges of America. The work is intended to be a PRACTICAL book, suitable for constant and handy reference by the practitioner and the advanced student.

One decided innovation is the large number of authors, nearly every article being contributed by a specialist in the line on which he writes. This, while entailing considerable labor upon the editors, has resulted in the publication of a work THOROUGHLY NEW AND ABREAST OF THE TIMES.

Especial attention has been given to the latest accepted teachings upon the etiology, symptoms, pathology, diagnosis, and treatment of the disorders of children, with the introduction of many special formulæ and therapeutic procedures.

Special chapters embrace at unusual length the Diseases of the Eye, Ear, Nose and Throat, and the Skin; while the introductory chapters cover fully the important subjects of Diet, Hygiene, Exercise, Bathing, and the Chemistry of Food. Tracheotomy, Intubation, Circumcision, and such minor surgical procedures coming within the province of the medical practitioner are carefully considered.

CONTRIBUTORS:

Dr. S. S. Adams, Washington.
John Ashhurst, Jr., Philadelphia.
A. D. Blackader, Montreal, Canada.
Dillon Brown, New York.
Edward M. Buckingham, Boston.
Charles W. Burr, Philadelphia.
W. E. Casselberry, Chicago.
Henry Dwight Chapin, New York.
W. S. Christopher, Chicago.
Archibald Church, Chicago.
Floyd M. Crandall, New York.
Andrew F. Currier, New York.
Roland G. Curtin, Philadelphia
J. M. DaCosta, Philadelphia.
I. N. Danforth, Chicago.
Edward P. Davis, Philadelphia.
John B. Deaver, Philadelphia.
G. E. de Schweinitz, Philadelphia.
John Dorning, New York.
Charles Warrington Earle, Chicago.
Wm. A. Edwards, San Diego, Cal.
F. Forchheimer, Cincinnati.
J. Henry Fruitnight, New York.
Landon Carter Gray, New York.
J. P. Crozer Griffith, Philadelphia.
W. A. Hardaway, St. Louis.
M. P Hatfield, Chicago.
Barton Cooke Hirst, Philadelphia.
H. Illoway, Cincinnati.
Henry Jackson, Boston.
Charles G. Jennings, Detroit.
Henry Koplik, New York.

Dr. Thomas S. Latimer, Baltimore.
Albert R. Leeds, Hoboken, N. J.
J. Hendrie Lloyd, Philadelphia.
George Roe Lockwood, New York.
Henry M. Lyman, Chicago.
Francis T. Miles, Baltimore.
Charles K. Mills, Philadelphia.
John H. Musser, Philadelphia.
Thomas R. Neilson, Philadelphia.
W. P. Northrup, New York.
William Osler, Baltimore.
Frederick A. Packard, Philadelphia.
William Pepper, Philadelphia.
Frederick Peterson, New York.
W. T. Plant, Syracuse, New York.
William M. Powell, Atlantic City.
B. Alexander Randall, Philadelphia.
Edward O. Shakespeare, Philadelphia
F. C. Shattuck, Boston.
J. Lewis Smith, New York.
Louis Starr, Philadelphia.
M. Allen Starr, New York.
J. Madison Taylor, Philadelphia.
Charles R. Townsend, Boston.
James Tyson, Philadelphia.
W. S. Thayer, Baltimore.
Victor C. Vaughan, Ann Arbor, Mich
Thompson S. Westcott, Philadelphia.
Henry R. Wharton, Philadelphia.
J. William White, Philadelphia.
J. C. Wilson, Philadelphia.

A NEW PRONOUNCING DICTIONARY OF MEDICINE, with Phonetic Pronunciation, Accentuation, Etymology, etc. By JOHN M. KEATING, M. D., LL.D., Fellow of the College of Physicians of Philadelphia; Vice-President of the American Pædiatric Society; Ex-President of the Association of Life Insurance Medical Directors; Editor "Cyclopædia of the Diseases of Children," etc.; and HENRY HAMILTON, author of "A New Translation of Virgil's Æneid into English Rhyme;" co-author of "Saunders' Medical Lexicon," etc.; with the Collaboration of J. CHALMERS DACOSTA, M. D., and FREDERICK A. PACKARD, M. D. With an Appendix containing important Tables of Bacilli, Micrococci, Leucomaïnes, Ptomaïnes, Drugs and Materials used in Antiseptic Surgery, Poisons and their Antidotes, Weights and Measures, Thermometric Scales, New Official and Unofficial Drugs, etc. One very attractive volume of over 800 pages. Second Revised Edition. Prices: Cloth, $5.00 net; Sheep or Half-Morocco, $6.00 net; with Denison's Patent Ready-Reference Index; without patent index, Cloth, $4.00 net; Sheep or Half-Morocco, $5.00 net.

PROFESSIONAL OPINIONS.

"I am much pleased with Keating's Dictionary, and shall take pleasure in recommending it to my classes."
HENRY M. LYMAN, M. D.,
Professor of Principles and Practice of Medicine, Rush Medical College, Chicago, Ill.

"I am convinced that it will be a very valuable adjunct to my study-table, convenient in size and sufficiently full for ordinary use."
C. A. LINDSLEY, M. D.,
Professor of Theory and Practice of Medicine, Medical Dept. Yale University; Secretary Connecticut State Board of Health, New Haven, Conn.

AUTOBIOGRAPHY OF SAMUEL D. GROSS, M. D., Emeritus Professor of Surgery in the Jefferson Medical College of Philadelphia, with Reminiscences of His Times and Contemporaries. Edited by his sons, SAMUEL W. GROSS, M. D., LL.D., late Professor of Principles of Surgery and of Clinical Surgery in the Jefferson Medical College, and A. HALLER GROSS, A. M., of the Philadelphia Bar. Preceded by a Memoir of Dr. Gross, by the late Austin Flint, M. D., LL.D. In two handsome volumes, each containing over 400 pages, demy 8vo, extra cloth, gilt tops, with fine Frontispiece engraved on steel. Price per Volume, $2.50 net.

This autobiography, which was continued by the late eminent surgeon until within three months of his death, contains a full and accurate history of his early struggles, trials, and subsequent successes, told in a singularly interesting and charming manner, and embraces short and graphic pen-portraits of many of the most distinguished men—surgeons, physicians, divines, lawyers, statesmen, scientists, etc.—with whom he was brought in contact in America and in Europe; the whole forming a retrospect of more than three-quarters of a century.

SURGICAL PATHOLOGY AND THERAPEUTICS. By JOHN COLLINS WARREN, M. D., LL.D., Professor of Surgery, Medical Department Harvard University; Surgeon to the Massachusetts General Hospital, etc. A handsome octavo volume of 832 pages, with 136 relief and lithographic illustrations, 33 of which are printed in colors, and all of which were drawn by William J. Kaula from original specimens. Prices: Cloth, $6.00 net; Half-Morocco, $7.00 net.

"The volume is for the bedside, the amphitheatre, and the ward. It deals with things not as we see them through the microscope alone, but as the practitioner sees their effect in his patients; not only as they appear in and affect culture-media, but also as they influence the human body; and, following up the demonstrations of the nature of diseases, the author points out their logical treatment." (*New York Medical Journal*). "It is the handsomest specimen of book-making * * * that has ever been issued from the American medical press" (*American Journal of the Medical Sciences*, Philadelphia).

Without Exception, the Illustrations are the Best ever Seen in a Work of this Kind.

"A most striking and very excellent feature of this book is its illustrations. Without exception, from the point of accuracy and artistic merit, they are the best ever seen in a work of this kind. * * * Many of those representing microscopic pictures are so perfect in their coloring and detail as almost to give the beholder the impression that he is looking down the barrel of a microscope at a well-mounted section."—*Annals of Surgery*, Philadelphia.

PATHOLOGY AND SURGICAL TREATMENT OF TUMORS. By N. SENN, M. D., Ph. D., LL. D., Professor of Practice of Surgery and of Clinical Surgery, Rush Medical College; Professor of Surgery, Chicago Polyclinic; Attending Surgeon to Presbyterian Hospital; Surgeon-in-Chief, St. Joseph's Hospital, Chicago. One volume of 710 pages, with 515 engravings, including full-page colored plates. Prices: Cloth, $6.00 net; Half-Morocco, $7.00 net.

Books specially devoted to this subject are few, and in our text-books and systems of surgery this part of surgical pathology is usually condensed to a degree incompatible with its scientific and clinical importance. The author spent many years in collecting the material for this work, and has taken great pains to present it in a manner that should prove useful as a text-book for the student, a work of reference for the busy practitioner, and a reliable, safe guide for the surgeon. The more difficult operations are fully described and illustrated. More than *one hundred* of the illustrations are original, while the remainder were selected from books and medical journals not readily accessible.

"The most exhaustive of any recent book in English on this subject. It is well illustrated, and will doubtless remain as the principal monograph on the subject in our language for some years. The book is handsomely illustrated and printed, . . . and the author has given a notable and lasting contribution to surgery."—*Journal of American Medical Association*, Chicago.

MEDICAL DIAGNOSIS. By Dr. OSWALD VIERORDT, Professor of Medicine at the University of Heidelberg. Translated, with additions, from the Second Enlarged German Edition, with the author's permission, by FRANCIS H. STUART, A. M., M. D. Third and Revised Edition. In one handsome royal-octavo volume of 700 pages, 178 fine wood-cuts in text, many of which are in colors. Prices: Cloth, $4.00 net; Sheep or Half-Morocco, $5.00 net.

In this work, as in no other hitherto published, are given full and accurate explanations of the phenomena observed at the bedside. It is distinctly a clinical work by a master teacher, characterized by thoroughness, fulness, and accuracy. It is a mine of information upon the points that are so often passed over without explanation. Especial attention has been given to the germ-theory as a factor in the origin of disease.

This valuable work is now published in German, English, Russian, and Italian. The issue of a third American edition within two years indicates the favor with which it has been received by the profession.

THE PICTORIAL ATLAS OF SKIN DISEASES AND SYPHILITIC AFFECTIONS. (American Edition.) Translation from the French. Edited by J. J. PRINGLE, M. B., F. R. C. P., Assistant Physician to, and Physician to the department for Diseases of the Skin at the Middlesex Hospital, London. Photo-lithochromes from the famous models of dermatological and syphilitic cases in the Museum of the Saint-Louis Hospital, Paris, with explanatory wood-cuts and letter-press. In 12 Parts, at $3.00 per Part. Parts 1 to 8 now ready.

"The plates are beautifully executed."—JONATHAN HUTCHINSON, M. D. (London Hospital).

"The plates in this Atlas are remarkably accurate and artistic reproductions of *typical* examples of skin disease. The work will be of great value to the practitioner and student."—WILLIAM ANDERSON, M. D. (St. Thomas Hospital).

"If the succeeding parts of this Atlas are to be similar to Part 1, now before us, we have no hesitation in cordially recommending it to the favorable notice of our readers as one of the finest dermatological atlases with which we are acquainted."—*Glasgow Medical Journal*, Aug., 1895.

"Of all the atlases of skin diseases which have been published in recent years, the present one promises to be of greatest interest and value, especially from the standpoint of the general practitioner."—*American Medico-Surgical Bulletin*, Feb. 22, 1896.

"The introduction of explanatory wood-cuts in the text is a novel and most important feature which greatly furthers the easier understanding of the excellent plates, than which nothing, we venture to say, has been seen better in point of correctness, beauty, and general merit."—*New York Medical Journal*, Feb. 15, 1896.

"An interesting feature of the Atlas is the descriptive text, which is written for each picture by the physician who treated the case or at whose instigation the models have been made. We predict for this truly beautiful work a large circulation in all parts of the medical world where the names *St. Louis* and *Baretta* have preceded it."—*Medical Record*, N. Y., Feb. 1, 1896.

PRACTICAL POINTS IN NURSING. For Nurses in Private Practice. By EMILY A. M. STONEY, Graduate of the Training-School for Nurses, Lawrence, Mass.; Superintendent of the Training-School for Nurses, Carney Hospital, South Boston, Mass. 456 pages, handsomely illustrated with 73 engravings in the text, and 9 colored and half-tone plates. Cloth. Price, $1.75 net.

SECOND EDITION, THOROUGHLY REVISED.

In this volume the author explains, in popular language and in the shortest possible form, the entire range of *private* nursing as distinguished from *hospital* nursing, and the nurse is instructed how best to meet the various emergencies of medical and surgical cases when distant from medical or surgical aid or when thrown on her own resources.

An especially valuable feature of the work will be found in the directions to the nurse how to *improvise* everything ordinarily needed in the sick-room, where the embarrassment of the nurse, owing to the want of proper appliances, is frequently extreme.

The work has been logically divided into the following sections:

I. The Nurse: her responsibilities, qualifications, equipment, etc.
II. The Sick-Room: its selection, preparation, and management.
III. The Patient: duties of the nurse in medical, surgical, obstetric, and gynecologic cases.
IV. Nursing in Accidents and Emergencies.
V. Nursing in Special Medical Cases.
VI. Nursing of the New-born and Sick Children.
VII. Physiology and Descriptive Anatomy.

The APPENDIX contains much information in compact form that will be found of great value to the nurse, including Rules for Feeding the Sick; Recipes for Invalid Foods and Beverages; Tables of Weights and Measures; Table for Computing the Date of Labor; List of Abbreviations; Dose-List; and a full and complete Glossary of Medical Terms and Nursing Treatment.

"This is a well-written, eminently practical volume, which covers the entire range of private nursing as distinguished from hospital nursing, and instructs the nurse how best to meet the various emergencies which may arise and how to prepare everything ordinarily needed in the illness of her patient."—*American Journal of Obstetrics and Diseases of Women and Children*, Aug., 1896.

A TEXT-BOOK OF BACTERIOLOGY, including the Etiology and Prevention of Infective Diseases and an account of Yeasts and Moulds, Hæmatozoa, and Psorosperms. By EDGAR M. CROOKSHANK, M. B., Professor of Comparative Pathology and Bacteriology, King's College, London. A handsome octavo volume of 700 pages, with 273 engravings in the text, and 22 original and colored plates. Price, $6.50 net.

This book, though nominally a Fourth Edition of Professor Crookshank's "MANUAL OF BACTERIOLOGY," is practically a new work, the old one having been reconstructed, greatly enlarged, revised throughout, and largely rewritten, forming a text-book for the Bacteriological Laboratory, for Medical Officers of Health, and for Veterinary Inspectors.

A TEXT-BOOK OF HISTOLOGY, DESCRIPTIVE AND PRACTICAL. For the Use of Students. By ARTHUR CLARKSON, M. B., C. M., Edin., formerly Demonstrator of Physiology in the Owen's College, Manchester; late Demonstrator of Physiology in the Yorkshire College, Leeds. Large 8vo, 554 pages, with 22 engravings in the text, and 174 beautifully colored original illustrations. Price, strongly bound in Cloth, $6.00 net.

The purpose of the writer in this work has been to furnish the student of Histology, in one volume, with both the descriptive and the practical part of the science. The first two chapters are devoted to the consideration of the general methods of Histology; subsequently, in each chapter, the structure of the tissue or organ is first systematically described, the student is then taken tutorially over the specimens illustrating it, and, finally, an appendix affords a short note of the methods of preparation.

"We would most cordially recommend it to all students of histology."—*Dublin Medical Journal.*

"It is pleasant to give unqualified praise to the colored illustrations; . . . the standard is high, and many of them are not only extremely beautiful, but very clear and demonstrative. . . . The plan of the book is excellent."—*Liverpool Medical Journal.*

ARCHIVES OF CLINICAL SKIAGRAPHY. By SYDNEY ROWLAND, B. A., Camb. A series of collotype illustrations, with descriptive text, illustrating the applications of the New Photography to Medicine and Surgery. Price, per Part, $1.00. Parts I. to V. now ready.

The object of this publication is to put on record in permanent form some of the most striking applications of the new photography to the needs of Medicine and Surgery.

The progress of this new art has been so rapid that, although Prof. Röntgen's discovery is only a thing of yesterday, it has already taken its place among the approved and accepted aids to diagnosis.

WATER AND WATER SUPPLIES. By JOHN C. THRESH, D. Sc., M. B., D. P. H., Lecturer on Public Health, King's College, London; Editor of the "Journal of State Medicine," etc. 12mo, 438 pages, illustrated. Handsomely bound in Cloth, with gold side and back stamps. Price, $2.25 net.

This work will furnish any one interested in public health the information requisite for forming an opinion as to whether any supply or proposed supply is sufficiently wholesome and abundant, and whether the cost can be considered reasonable.

The work does not pretend to be a treatise on Engineering, yet it contains sufficient detail to enable any one who has studied it to consider intelligently any scheme which may be submitted for supplying a community with water.

DISEASES OF THE EYE. A Hand-Book of Ophthalmic Practice. By G. E. DE SCHWEINITZ, M. D., Professor of Ophthalmology in the Jefferson Medical College, Philadelphia, etc. A handsome royal-octavo volume of 679 pages, with 256 fine illustrations, many of which are original, and 2 chromo-lithographic plates. Prices: Cloth, $4.00 net; Sheep or Half-Morocco, $5.00 net.

The object of this work is to present to the student, and to the practitioner who is beginning work in the fields of ophthalmology, a plain description of the optical defects and diseases of the eye. To this end special attention has been paid to the clinical side of the question; and the method of examination, the symptomatology leading to a diagnosis, and the treatment of the various ocular defects have been brought into prominence.

SECOND EDITION, REVISED AND GREATLY ENLARGED.

The entire book has been thoroughly revised. In addition to this general revision, special paragraphs on the following new matter have been introduced: Filamentous Keratitis, Blood-staining of the Cornea, Essential Phthisis Bulbi, Foreign Bodies in the Lens, Circinate Retinitis, Symmetrical Changes at the Macula Lutea in Infancy, Hyaline Bodies in the Papilla, Monocular Diplopia, Subconjunctival Injections of Germicides, Infiltration-Anæsthesia, and Sterilization of Collyria. Brief mention of Ophthalmia Nodosa, Electric Ophthalmia, and Angioid Streaks in the Retina also finds place. An Appendix has been added, containing a full description of the method of determining the corneal astigmatism with the ophthalmometer of Javal and Schiötz, and the rotations of the eyes with the tropometer of Stevens. The chapter on Operations has been enlarged and rewritten.

"A clearly written, comprehensive manual. . . . One which we can commend to students as a reliable text-book, written with an evident knowledge of the wants of those entering upon the study of this special branch of medical science."—*British Medical Journal.*

"The work is characterized by a lucidity of expression which leaves the reader in no doubt as to the meaning of the language employed. . . . We know of no work in which these diseases are dealt with more satisfactorily, and indications for treatment more clearly given, and in harmony with the practice of the most advanced ophthalmologists."—*Maritime Medical News.*

"It is hardly too much to say that for the student and practitioner beginning the study of Ophthalmology, it is the best single volume at present published."—*Medical News.*

"The latest and one of the best books on Ophthalmology. The book is thoroughly up to date, and is certainly a work which not only commends itself to the student, but is a ready reference for the busy practitioner."—*International Medical Review.*

PROFESSIONAL OPINIONS.

"A work that will meet the requirements not only of the specialist, but of the general practitioner in a rare degree. I am satisfied that unusual success awaits it."

WILLIAM PEPPER, M. D.

Provost and Professor of Theory and Practice of Medicine and Clinical Medicine in the University of Pennsylvania.

"Contains in concise and reliable form the accepted views of Ophthalmic Science."

WILLIAM THOMSON, M. D.,

Professor of Ophthalmology, Jefferson Medical College, Philadelphia, Pa.

TEXT-BOOK UPON THE PATHOGENIC BACTERIA. Specially written for Students of Medicine. By JOSEPH MCFARLAND, M. D., Professor of Pathology and Bacteriology in the Medico-Chirurgical College of Philadelphia, etc. 359 pages, finely illustrated. Price, Cloth, $2.50 net.

The book presents a concise account of the technical procedures necessary in the study of Bacteriology. It describes the life-history of pathogenic bacteria, and the pathological lesions following invasion.

The work is intended to be a text-book for the medical student and for the practitioner who has had no recent laboratory training in this department of medical science. The instructions given as to needed apparatus, cultures, stainings, microscopic examinations, etc., are ample for the student's needs, and will afford to the physician much information that will interest and profit him relative to a subject which modern science shows to go far in explaining the etiology of many diseased conditions.

The illustrations have been gathered from standard sources, and comprise the best and most complete aggregation extant.

"It is excellently adapted for the medical students and practitioners for whom it is avowedly written. . . . The descriptions given are accurate and readable, and the book should prove useful to those for whom it is written.—*London Lancet*, Aug. 29, 1896.

"The author has succeeded admirably in presenting the essential details of bacteriological technics, together with a judiciously chosen summary of our present knowledge of pathogenic bacteria. . . . The work, we think, should have a wide circulation among English-speaking students of medicine."—*N. Y. Medical Journal*, April 4, 1896.

"The book will be found of considerable use by medical men who have not had a special bacteriological training, and who desire to understand this important branch of medical science."—*Edinburgh Medical Journal*, July, 1896.

LABORATORY GUIDE FOR THE BACTERIOLOGIST. By LANGDON FROTHINGHAM, M. D. V., Assistant in Bacteriology and Veterinary Science, Sheffield Scientific School, Yale University. Illustrated. Price, Cloth, 75 cents.

The technical methods involved in bacteria-culture, methods of staining, and microscopical study are fully described and arranged as simply and concisely as possible. The book is especially intended for use in laboratory work

"It is a convenient and useful little work, and will more than repay the outlay necessary for its purchase in the saving of time which would otherwise be consumed in looking up the various points of technique so clearly and concisely laid down in its pages."—*American Med.-Surg. Bulletin.*

FEEDING IN EARLY INFANCY. By ARTHUR V. MEIGS, M. D. Bound in limp cloth, flush edges. Price, 25 cents net.

SYNOPSIS: Analyses of Milk—Importance of the Subject of Feeding in Early Infancy—Proportion of Casein and Sugar in Human Milk—Time to Begin Artificial Feeding of Infants—Amount of Food to be Administered at Each Feeding—Intervals between Feedings—Increase in Amount of Food at Different Periods of Infant Development—Unsuitableness of Condensed Milk as a Substitute for Mother's Milk—Objections to Sterilization or "Pasteurization" of Milk—Advances made in the Method of Artificial Feeding of Infants.

ESSENTIALS OF ANATOMY AND MANUAL OF PRACTICAL DISSECTION, containing "Hints on Dissection" By CHARLES B. NANCREDE, M. D., Professor of Surgery and Clinical Surgery in the University of Michigan, Ann Arbor; Corresponding Member of the Royal Academy of Medicine, Rome, Italy; late Surgeon Jefferson Medical College, etc. Fourth and revised edition. Post 8vo, over 500 pages, with handsome full-page lithographic plates in colors, and over 200 illustrations. Price: Extra Cloth or Oilcloth for the dissection-room, $2.00 net.

Neither pains nor expense has been spared to make this work the most exhaustive yet concise Student's Manual of Anatomy and Dissection ever published, either in America or in Europe.

The colored plates are designed to aid the student in dissecting the muscles, arteries, veins, and nerves. The wood-cuts have all been specially drawn and engraved, and an Appendix added containing 60 illustrations representing the structure of the entire human skeleton, the whole being based on the eleventh edition of Gray's *Anatomy*.

"The plates are of more than ordinary excellence, and are of especial value to students in their work in the dissecting-room."—*Journal of American Medical Association*.

"Should be in the hands of every medical student."—*Cleveland Medical Gazette*.

"A concise and judicious work."—*Buffalo Medical and Surgical Journal*.

A MANUAL OF PRACTICE OF MEDICINE. By A. A. STEVENS, A. M., M. D., Instructor of Physical Diagnosis in the University of Pennsylvania, and Demonstrator of Pathology in the Woman's Medical College of Philadelphia. Specially intended for students preparing for graduation and hospital examinations, and includes the following sections: General Diseases, Diseases of the Digestive Organs, Diseases of the Respiratory System, Diseases of the Circulatory System, Diseases of the Nervous System, Diseases of the Blood, Diseases of the Kidneys, and Diseases of the Skin. Each section is prefaced by a chapter on General Symptomatology. Post 8vo, 512 pages. Numerous illustrations and selected formulæ. Price, $2.50. Bound in flexible leather.

FOURTH EDITION, REVISED AND ENLARGED.

Contributions to the science of medicine have poured in so rapidly during the last quarter of a century that it is well-nigh impossible for the student, with the limited time at his disposal, to master elaborate treatises or to cull from them that knowledge which is absolutely essential. From an extended experience in teaching, the author has been enabled, by classification, to group allied symptoms, and by the judicious elimination of theories and redundant explanations to bring within a comparatively small compass a complete outline of the practice of medicine.

MANUAL OF MATERIA MEDICA AND THERAPEUTICS.

By A. A. STEVENS, A. M., M. D., Instructor of Physical Diagnosis in the University of Pennsylvania, and Demonstrator of Pathology in the Woman's Medical College of Philadelphia. 445 pages. Price, Cloth, $2.25.

SECOND EDITION, REVISED.

This wholly new volume, which is based on the last edition of the *Pharmacopœia*, comprehends the following sections: Physiological Action of Drugs; Drugs; Remedial Measures other than Drugs; Applied Therapeutics; Incompatibility in Prescriptions; Table of Doses; Index of Drugs; and Index of Diseases; the treatment being elucidated by more than two hundred formulæ.

"The author is to be congratulated upon having presented the medical student with as accurate a manual of therapeutics as it is possible to prepare."—*Therapeutic Gazette.*

"Far superior to most of its class; in fact, it is very good. Moreover, the book is reliable and accurate."—*New York Medical Journal.*

"The author has faithfully presented modern therapeutics in a comprehensive work, . . . and it will be found a reliable guide."—*University Medical Magazine.*

NOTES ON THE NEWER REMEDIES: their Therapeutic Applications and Modes of Administration.

By DAVID CERNA, M. D., PH. D., Demonstrator of and Lecturer on Experimental Therapeutics in the University of Pennsylvania. Post-octavo, 253 pages. Price, $1.25.

SECOND EDITION, RE-WRITTEN AND GREATLY ENLARGED.

The work takes up in alphabetical order all the newer remedies, giving their physical properties, solubility, therapeutic applications, administration, and chemical formula.

It thus forms a very valuable addition to the various works on therapeutics now in existence.

Chemists are so multiplying compounds, that, if each compound is to be thoroughly studied, investigations must be carried far enough to determine the practical importance of the new agents.

"Especially valuable because of its completeness, its accuracy, its systematic consideration of the properties and therapy of many remedies of which doctors generally know but little, expressed in a brief yet terse manner."—*Chicago Clinical Review.*

TEMPERATURE CHART.

Prepared by D. T. LAINÉ, M. D. Size 8 x 13½ inches. Price, per pad of 25 charts, 50 cents.

A conveniently arranged chart for recording Temperature, with columns for daily amounts of Urinary and Fecal Excretions, Food, Remarks, etc. On the back of each chart is given in full the method of Brand in the treatment of Typhoid Fever.

SAUNDERS' POCKET MEDICAL LEXICON; or, Dictionary of Terms and Words used in Medicine and Surgery. By JOHN M. KEATING, M. D., editor of "Cyclopædia of Diseases of Children," etc.; author of the "New Pronouncing Dictionary of Medicine;" and HENRY HAMILTON, author of "A New Translation of Virgil's Æneid into English Verse;" co-author of a "New Pronouncing Dictionary of Medicine." A new and revised edition. 32mo, 282 pages. Prices: Cloth, 75 cents; Leather Tucks, $1.00.

This new and comprehensive work of reference is the outcome of a demand for a more modern handbook of its class than those at present on the market, which, dating as they do from 1855 to 1884, are of but trifling use to the student by their not containing the hundreds of new words now used in current literature, especially those relating to Electricity and Bacteriology.

"Remarkably accurate in terminology, accentuation, and definition."—*Journal of American Medical Association.*

"Brief, yet complete . . . . it contains the very latest nomenclature in even the newest departments of medicine."—*New York Medical Record.*

SAUNDERS' POCKET MEDICAL FORMULARY. By WILLIAM M. POWELL, M. D., Attending Physician to the Mercer House for Invalid Women at Atlantic City. Containing 1750 Formulæ, selected from several hundred of the best-known authorities. Forming a handsome and convenient pocket companion of nearly 300 printed pages, with blank leaves for Additions; with an Appendix containing Posological Table, Formulæ and Doses for Hypodermatic Medication, Poisons and their Antidotes, Diameters of the Female Pelvis and Fœtal Head, Obstetrical Table, Diet List for Various Diseases, Materials and Drugs used in Antiseptic Surgery, Treatment of Asphyxia from Drowning, Surgical Remembrancer, Tables of Incompatibles, Eruptive Fevers, Weights and Measures, etc. Third edition, revised and greatly enlarged. Handsomely bound in morocco, with side index, wallet, and flap. Price, $1.75 net.

A concise, clear, and correct record of the many hundreds of famous formulæ which are found scattered through the works of the *most eminent physicians and surgeons* of the world. The work is helpful to the student and practitioner alike, as through it they become acquainted with numerous formulæ which are not found in text-books, but have been collected from among *the rising generation of the profession, college professors, and hospital physicians and surgeons.*

"This little book, that can be conveniently carried in the pocket, contains an immense amount of material. It is very useful, and as the name of the author of each prescription is given is unusually reliable."—*New York Medical Record.*

"Designed to be of immense help to the general practitioner in the exercise of his daily calling."—*Boston Medical and Surgical Journal.*

DISEASES OF WOMEN. By HENRY J. GARRIGUES, A. M., M. D., Professor of Gynecology and Obstetrics in the New York School of Clinical Medicine; Gynecologist to St. Mark's Hospital and to the German Dispensary, New York City. In one handsome octavo volume of 728 pages, illustrated by 335 engravings and colored plates. Prices: Cloth, $4.00 net; Sheep or Half Morocco, $5.00 net.

A PRACTICAL work on gynecology for the use of students and practitioners, written in a terse and concise manner. The importance of a thorough knowledge of the anatomy of the female pelvic organs has been fully recognized by the author, and considerable space has been devoted to the subject. The chapters on Operations and on Treatment are thoroughly modern, and are based upon the large hospital and private practice of the author. The text is elucidated by a large number of illustrations and colored plates, many of them being original, and forming a complete atlas for studying *embryology* and the *anatomy* of the *female genitalia*, besides exemplifying, whenever needed, morbid conditions, instruments, apparatus, and operations.

Second Edition, Thoroughly Revised.

The first edition of this work met with a most appreciative reception by the medical press and profession both in this country and abroad, and was adopted as a text-book or recommended as a book of reference by nearly *one hundred* colleges in the United States and Canada. The author has availed himself of the opportunity afforded by this revision to embody the latest approved advances in the treatment employed in this important branch of Medicine. He has also more extensively expressed his own opinion on the comparative value of the different methods of treatment employed.

"One of the best text-books for students and practitioners which has been published in the English language; it is condensed, clear, and comprehensive. The profound learning and great clinical experience of the distinguished author find expression in this book in a most attractive and instructive form. Young practitioners, to whom experienced consultants may not be available, will find in this book invaluable counsel and help."

THAD. A. REAMY, M. D., LL. D.,
Professor of Clinical Gynecology, Medical College of Ohio; Gynecologist to the Good Samaritan and Cincinnati Hospitals.

A SYLLABUS OF GYNECOLOGY, arranged in conformity with "An American Text-Book of Gynecology." By J. W. LONG, M. D., Professor of Diseases of Women and Children, Medical College of Virginia, etc. Price, Cloth (interleaved), $1.00 net.

Based upon the teaching and methods laid down in the larger work, this will not only be useful as a supplementary volume, but to those who do not already possess the text-book it will also have an independent value as an aid to the practitioner in gynecological work, and to the student as a guide in the lecture-room, as the subject is presented in a manner at once systematic, clear, succinct, and practical.

A MANUAL OF PHYSIOLOGY, with Practical Exercises. For Students and Practitioners. By G. N. STEWART, M. A., M. D., D. Sc., lately Examiner in Physiology, University of Aberdeen, and of the New Museums, Cambridge University; Professor of Physiology in the Western Reserve University, Cleveland, Ohio. Handsome octavo volume of 800 pages, with 278 illustrations in the text, and 5 colored plates. Price, Cloth, $3.50 net.

"It will make its way by sheer force of merit, and *amply deserves to do so. It is one of the very best English text-books on the subject.*"—*London Lancet.*

"Of the many text-books of physiology published, we do not know of one that so nearly comes up to the ideal as does Professor Stewart's volume."—*British Medical Journal.*

ESSENTIALS OF PHYSICAL DIAGNOSIS OF THE THORAX. By ARTHUR M. CORWIN, A. M., M. D., Demonstrator of Physical Diagnosis in the Rush Medical College, Chicago; Attending Physician to the Central Free Dispensary, Department of Rhinology, Laryngology, and Diseases of the Chest. 200 pages. Illustrated. Cloth, flexible covers. Price, $1.25 net.

SYLLABUS OF OBSTETRICAL LECTURES in the Medical Department, University of Pennsylvania. By RICHARD C. NORRIS, A. M., M. D., Lecturer on Clinical and Operative Obstetrics, University of Pennsylvania. Third edition, thoroughly revised and enlarged. Crown 8vo. Price, Cloth, interleaved for notes, $2.00 net.

"This work is so far superior to others on the same subject that we take pleasure in calling attention briefly to its excellent features. It covers the subject thoroughly, and will prove invaluable both to the student and the practitioner. The author has introduced a number of valuable hints which would only occur to one who was himself an experienced teacher of obstetrics. The subject-matter is clear, forcible, and modern. We are especially pleased with the portion devoted to the practical duties of the accoucheur, care of the child, etc. The paragraphs on antiseptics are admirable; there is no doubtful tone in the directions given. No details are regarded as unimportant; no minor matters omitted. We venture to say that even the old practitioner will find useful hints in this direction which he cannot afford to despise."—*New York Medical Record.*

A SYLLABUS OF LECTURES ON THE PRACTICE OF SURGERY, arranged in conformity with "An American Text-Book of Surgery." By N. SENN, M. D., PH. D., Professor of Surgery in Rush Medical College, Chicago, and in the Chicago Polyclinic. Price, $2.00.

This, the latest work of its eminent author, himself one of the contributors to "An American Text-Book of Surgery," will prove of exceptional value to the advanced student who has adopted that work as his text-book. It is not only the syllabus of an unrivalled course of surgical practice, but it is also an epitome of or supplement to the larger work.

"The author has evidently spared no pains in making his Syllabus thoroughly comprehensive, and has added new matter and alluded to the most recent authors and operations. Full references are also given to all requisite details of surgical anatomy and pathology."—*British Medical Journal,* London.

AN OPERATION BLANK, with Lists of Instruments, etc. required in Various Operations. Prepared by W. W. KEEN, M. D., LL.D., Professor of Principles of Surgery in the Jefferson Medical College, Philadelphia. Price per Pad, containing Blanks for fifty operations, 50 cents net.

SECOND EDITION, REVISED FORM.

A convenient blank, suitable for all operations, giving complete instructions regarding necessary preparation of patient, etc., with a full list of dressings and medicines to be employed.

On the back of each blank is a list of instruments used—viz. general instruments, etc., required for all operations; and special instruments for surgery of the brain and spine, mouth and throat, abdomen, rectum, male and female genito-urinary organs, the bones, etc.

The whole forming a neat pad, arranged for hanging on the wall of a surgeon's office or in the hospital operating-room.

"Will serve a useful purpose for the surgeon in reminding him of the details of preparation for the patient and the room as well as for the instruments, dressings, and antiseptics needed."—*New York Medical Record.*

"Covers about all that can be needed in any operation."—*American Lancet.*

"The plan is a capital one."—*Boston Medical and Surgical Journal.*

LABORATORY EXERCISES IN BOTANY. By EDSON S. BASTIN, M. A., Professor of Materia Medica and Botany in the Philadelphia College of Pharmacy. Octavo volume of 536 pages, 87 full-page plates. Price, Cloth, $2.50.

This work is intended for the beginner and the advanced student, and it fully covers the structure of flowering plants, roots, ordinary stems, rhizomes, tubers, bulbs, leaves, flowers, fruits, and seeds. Particular attention is given to the gross and microscopical structure of plants, and to those used in medicine. Illustrations have freely been used to elucidate the text, and a complete index to facilitate reference has been added.

"There is no work like it in the pharmaceutical or botanical literature of this country, and we predict for it a wide circulation."—*American Journal of Pharmacy.*

DIET IN SICKNESS AND IN HEALTH. By MRS. ERNEST HART, formerly Student of the Faculty of Medicine of Paris and of the London School of Medicine for Women; with an INTRODUCTION by Sir Henry Thompson, F. R. C. S., M. D., London. 220 pages; illustrated. Price, Cloth, $1.50.

Useful to those who have to nurse, feed, and prescribe for the sick. In each case the accepted causation of the disease and the reasons for the special diet prescribed are briefly described. Medical men will find the dietaries and recipes practically useful, and likely to save them trouble in directing the dietetic treatment of patients.

HOW TO EXAMINE FOR LIFE INSURANCE. By JOHN M. KEATING, M. D., Fellow of the College of Physicians and Surgeons of Philadelphia; Vice-President of the American Pædiatric Society; Ex-President of the Association of Life Insurance Medical Directors. Royal 8vo, 211 pages, with two large half-tone illustrations, and a plate prepared by Dr. McClellan from special dissections; also, numerous cuts to elucidate the text. Second edition. Price, Cloth, $2.00 net.

"This is by far the most useful book which has yet appeared on insurance examination, a subject of growing interest and importance. Not the least valuable portion of the volume is Part II., which consists of instructions issued to their examining physicians by twenty-four representative companies of this country. As the proofs of these instructions were corrected by the directors of the companies, they form the latest instructions obtainable. If for these alone, the book should be at the right hand of every physician interested in this special branch of medical science."—*The Medical News*, Philadelphia.

NURSING: ITS PRINCIPLES AND PRACTICE. By ISABEL ADAMS HAMPTON, Graduate of the New York Training School for Nurses attached to Bellevue Hospital; Superintendent of Nurses and Principal of the Training School for Nurses, Johns Hopkins Hospital, Baltimore, Md.; late Superintendent of Nurses, Illinois Training School for Nurses, Chicago, Ill. In one very handsome 12mo volume of 484 pages, profusely illustrated. Price, Cloth, $2.00 net.

This original work on the important subject of nursing is at once comprehensive and systematic. It is written in a clear, accurate, and readable style, suitable alike to the student and the lay reader. Such a work has long been a desideratum with those entrusted with the management of hospitals and the instruction of nurses in training-schools. It is also of especial value to the graduated nurse who desires to acquire a practical working knowledge of the care of the sick and the hygiene of the sick-room.

OBSTETRIC ACCIDENTS, EMERGENCIES, AND OPERATIONS. By L. CH. BOISLINIERE, M. D., late Emeritus Professor of Obstetrics in the St. Louis Medical College. 381 pages, handsomely illustrated. Price, $2.00 net.

"For the use of the practitioner who, when away from home, has not the opportunity of consulting a library or of calling a friend in consultation. He then, being thrown upon his own resources, will find this book of benefit in guiding and assisting him in emergencies."

INFANT'S WEIGHT CHART. Designed by J. P. CROZER GRIFFITH, M. D., Clinical Professor of Diseases of Children in the University of Pennsylvania. 25 charts in each pad. Price per pad, 50 cents net.

A convenient blank for keeping a record of the child's weight during the first two years of life. Printed on each chart is a curve representing the average weight of a healthy infant, so that any deviation from the normal can readily be detected.

THE CARE OF THE BABY. By J. P. CROZER GRIFFITH, M. D., Clinical Professor of Diseases of Children, University of Pennsylvania; Physician to the Children's Hospital, Philadelphia, etc. 392 pages, with 67 illustrations in the text, and 5 plates. 12mo. Price, $1.50.

A reliable guide not only for mothers, but also for medical students and practitioners whose opportunities for observing children have been limited.

"The whole book is characterized by rare good sense, and is evidently written by a master hand. It can be read with benefit not only by mothers, but by medical students and by any practitioners who have not had large opportunities for observing children."—*American Journal of Obstetrics.*

THE NURSE'S DICTIONARY of Medical Terms and Nursing Treatment, containing Definitions of the Principal Medical and Nursing Terms, Abbreviations, and Physiological Names, and Descriptions of the Instruments, Drugs, Diseases, Accidents, Treatments, Operations, Foods, Appliances, etc. encountered in the ward or in the sick-room. Compiled for the use of nurses. By HONNOR MORTEN, author of "How to Become a Nurse," "Sketches of Hospital Life," etc. 16mo, 140 pages. Price, Cloth, $1.00.

This little volume is intended for use merely as a small reference-book which can be consulted at the bedside or in the ward. It gives sufficient explanation to the nurse to enable her to comprehend a case until she has leisure to look up larger and fuller works on the subject.

DIET LISTS AND SICK-ROOM DIETARY. By JEROME B. THOMAS, M. D., Visiting Physician to the Home for Friendless Women and Children and to the Newsboys' Home; Assistant Visiting Physician to the Kings County Hospital; Assistant Bacteriologist, Brooklyn Health Department. Price, Cloth, $1.50 (Send for specimen List.)

One hundred and sixty detachable (perforated) diet lists for Albuminuria, Anæmia and Debility, Constipation, Diabetes, Diarrhœa, Dyspepsia, Fevers, Gout or Uric-Acid Diathesis, Obesity, and Tuberculosis. Also forty detachable sheets of Sick-Room Dietary, containing full instructions for preparation of easily-digested foods necessary for invalids. Each list is *numbered only*, the disease for which it is to be used in no case being mentioned, an index key being reserved for the physician's private use.

DIETS FOR INFANTS AND CHILDREN IN HEALTH AND IN DISEASE. By LOUIS STARR, M. D., Editor of "An American Text-Book of the Diseases of Children." 230 blanks (pocket-book size), perforated and neatly bound in flexible morocco. Price, $1.25 net.

The first series of blanks are prepared for the first seven months of infant life; each blank indicates the ingredients, but not the *quantities*, of the food, the latter directions being left for the physician. After the seventh month, modifications being less necessary, the diet lists are printed in full. *Formulæ* for the preparation of diluents and foods are appended.

SAUNDERS' NEW SERIES OF MANUALS

for Students and Practitioners.

THAT there exists a need for thoroughly reliable hand-books on the leading branches of Medicine and Surgery is a fact amply demonstrated by the favor with which the SAUNDERS NEW SERIES OF MANUALS have been received by medical students and practitioners and by the Medical Press. These manuals are not merely condensations from present literature, but are ably written by well-known authors and practitioners, most of them being teachers in representative American colleges. Each volume is concisely and authoritatively written and exhaustive in detail, without being encumbered with the introduction of "cases," which so largely expand the ordinary text-book. These manuals will therefore form an admirable collection of advanced lectures, useful alike to the medical student and the practitioner; to the latter, too busy to search through page after page of elaborate treatises for what he wants to know, they will prove of inestimable value; to the former they will afford safe guides to the essential points of study.

The SAUNDERS NEW SERIES OF MANUALS are conceded to be superior to any similar books now on the market. No other manuals afford so much information in such a concise and available form. A liberal expenditure has enabled the publisher to render the mechanical portion of the work worthy of the high literary standard attained by these books.

Any of these Manuals will be mailed on receipt of price (see next page for List).

W. B. SAUNDERS, Publisher,
925 Walnut Street, Philadelphia.

SAUNDERS' NEW SERIES OF MANUALS.

VOLUMES PUBLISHED.

PHYSIOLOGY. By JOSEPH HOWARD RAYMOND, A. M., M. D., Professor of Physiology and Hygiene and Lecturer on Gynecology in the Long Island College Hospital, etc. Price, $1.25 net.

SURGERY, General and Operative. By JOHN CHALMERS DACOSTA, M. D,, Demonstrator of Surgery, Jefferson Medical College, Philadelphia, etc. Double number. *New and Enlarged Edition in Preparation.*

DOSE-BOOK AND MANUAL OF PRESCRIPTION-WRITING. By E. Q. THORNTON, M. D., Demonstrator of Therapeutics, Jefferson Medical College, Philadelphia. Price, $1.25 net.

MEDICAL JURISPRUDENCE. By HENRY C. CHAPMAN, M. D., Professor of Institutes of Medicine and Medical Jurisprudence in the Jefferson Medical College of Philadelphia, etc Price, $1.50 net.

SURGICAL ASEPSIS. By CARL BECK, M. D., Surgeon to St. Mark's Hospital and to the German Poliklinik; Instructor in Surgery, New York Post-Graduate Medical School, etc. Price, $1.25 net.

MANUAL OF ANATOMY. By IRVING S. HAYNES, M. D., Adjunct Professor of Anatomy and Demonstrator of Anatomy, Medical Department of the New York University, etc. (Double number.) Price, $2.50 net.

SYPHILIS AND THE VENEREAL DISEASES. By JAMES NEVINS HYDE, M. D., Professor of Skin and Venereal Diseases, and FRANK H. MONTGOMERY, M. D., Lecturer on Dermatology and Genitourinary Diseases, in Rush Medical College, Chicago. (Double number.) Price, $2.50 net.

PRACTICE OF MEDICINE. By GEORGE ROE LOCKWOOD, M. D., Professor of Practice in the Woman's Medical College of the New York Infirmary, etc. (Double number.) Price, $2.50 net.

OBSTETRICS. By W. A. NEWMAN DORLAND, M. D., Asst. Demonstrator of Obstetrics, University of Pennsylvania; Chief of Gynecological Dispensary, Pennsylvania Hospital. (Double number.) Price, $2.50 net.

DISEASES OF WOMEN. By J. BLAND SUTTON, F. R. C. S., Assistant Surgeon to the Middlesex Hospital, and Surgeon to the Chelsea Hospital for Women, London; and ARTHUR E. GILES, M. D., B. Sc. Lond., F. R. C. S. Edin., Assistant Surgeon to the Chelsea Hospital for Women, London. 436 pages, handsomely illustrated. (Double number.) Price, $2.50 net.

VOLUMES IN PREPARATION.

NERVOUS DISEASES. By CHARLES W. BURR, M. D., Clinical Professor of Nervous Diseases, Medico-Chirurgical College, Philadelphia, etc.

NOSE AND THROAT. By D. BRADEN KYLE, M. D., Chief Laryngologist to St. Agnes' Hospital, Philadelphia; Instructor in Clinical Microscopy and Assistant Demonstrator of Pathology in Jefferson Medical College.

** There will be published in the same series, at short intervals, carefully prepared works on various subjects, by prominent specialists.

SAUNDERS' QUESTION COMPENDS.

Arranged in Question and Answer Form.

THE LATEST, MOST COMPLETE, and BEST ILLUSTRATED SERIES OF COMPENDS EVER ISSUED.

Now the Standard Authorities in Medical Literature

WITH

Students and Practitioners in every City of the United States and Canada.

THE REASON WHY.

They are the advance guard of "Student's Helps"—that DO HELP; they are the leaders in their special line, *well and authoritatively written by able men, who, as teachers in the large colleges, know exactly what is wanted by a student preparing for his examinations.* The judgment exercised in the selection of authors is fully demonstrated by their professional elevation. Chosen from the ranks of Demonstrators, Quiz-masters, and Assistants, most of them have become Professors and Lecturers in their respective colleges.

Each book is of convenient size (5×7 inches), containing on an average 250 pages, profusely illustrated, and elegantly printed in clear, readable type, on fine paper.

The entire series, numbering twenty-four subjects, has been kept thoroughly revised and enlarged when necessary, many of them being in their fourth and fifth editions.

TO SUM UP.

Although there are numerous other Quizzes, Manuals, Aids, etc. in the market, none of them approach the "Blue Series of Question Compends;" and the claim is made for the following points of excellence:

1. Professional distinction and reputation of authors.
2. Conciseness, clearness, and soundness of treatment.
3. Size of type and quality of paper and binding.

*** Any of these Compends will be mailed on receipt of price (see over for List).

SAUNDERS' QUESTION-COMPEND SERIES.

Price, Cloth, $1.00 per copy, except when otherwise noted.

1. **ESSENTIALS OF PHYSIOLOGY.** 4th edition. Illustrated. Revised and enlarged by H. A. HARE, M. D (Price, $1.00 net.)
2. **ESSENTIALS OF SURGERY.** 6th edition, with an Appendix on Antiseptic Surgery. 90 illustrations. By EDWARD MARTIN, M. D.
3. **ESSENTIALS OF ANATOMY.** 5th edition, with an Appendix. 180 illustrations. By CHARLES B. NANCREDE, M. D.
4. **ESSENTIALS OF MEDICAL CHEMISTRY, ORGANIC AND INORGANIC.** 4th edition, revised, with an Appendix. By LAWRENCE WOLFF, M. D.
5. **ESSENTIALS OF OBSTETRICS.** 4th edition, revised and enlarged. 75 illustrations. By W. EASTERLY ASHTON, M. D.
6. **ESSENTIALS OF PATHOLOGY AND MORBID ANATOMY.** 7th thousand. 46 illustrations. By C. E. ARMAND SEMPLE, M. D.
7. **ESSENTIALS OF MATERIA MEDICA, THERAPEUTICS, AND PRESCRIPTION-WRITING.** 4th edition. By HENRY MORRIS, M. D.
8, 9. **ESSENTIALS OF PRACTICE OF MEDICINE.** By HENRY MORRIS, M. D. An Appendix on URINE EXAMINATION. Illustrated. By LAWRENCE WOLFF, M. D. 3d edition, enlarged by some 300 Essential Formulæ, selected from eminent authorities, by WM. M. POWELL, M. D. (Double number, price $2.00.)
10. **ESSENTIALS OF GYNÆCOLOGY.** 4th edition, revised. With 62 illustrations. By EDWIN B. CRAGIN, M. D.
11. **ESSENTIALS OF DISEASES OF THE SKIN.** 3d edition, revised and enlarged. 71 letter-press cuts and 15 half-tone illustrations. By HENRY W. STELWAGON, M. D. (Price, $1.00 net.)
12. **ESSENTIALS OF MINOR SURGERY, BANDAGING, AND VENEREAL DISEASES.** 2d edition, revised and enlarged. 78 illustrations. By EDWARD MARTIN, M. D.
13. **ESSENTIALS OF LEGAL MEDICINE, TOXICOLOGY, AND HYGIENE.** 130 illustrations. By C. E. ARMAND SEMPLE, M. D.
14. **ESSENTIALS OF DISEASES OF THE EYE, NOSE, AND THROAT.** 124 illustrations. 2d edition, revised. By EDWARD JACKSON, M. D., and E. BALDWIN GLEASON, M. D.
15. **ESSENTIALS OF DISEASES OF CHILDREN.** Second edition. By WILLIAM H. POWELL, M. D.
16. **ESSENTIALS OF EXAMINATION OF URINE.** Colored "VOGEL SCALE," and numerous illustrations. By LAWRENCE WOLFF, M. D. (Price, 75 cents.)
17. **ESSENTIALS OF DIAGNOSIS.** By S. SOLIS-COHEN, M. D., and A. A. ESHNER, M. D. 55 illustrations, some in colors. (Price, $1.50 net.)
18. **ESSENTIALS OF PRACTICE OF PHARMACY.** By L. E. SAYRE. 2d edition, revised.
20. **ESSENTIALS OF BACTERIOLOGY.** 3d edition. 82 illustrations. By M. V. BALL, M. D.
21. **ESSENTIALS OF NERVOUS DISEASES AND INSANITY.** 48 illustrations. 3d edition, revised. By JOHN C. SHAW, M. D.
22. **ESSENTIALS OF MEDICAL PHYSICS.** 155 illustrations. 2d edition, revised. By FRED J. BROCKWAY, M. D. (Price, $1.00 net.)
23. **ESSENTIALS OF MEDICAL ELECTRICITY.** 65 illustrations. By DAVID D. STEWART, M. D., and EDWARD S. LAWRANCE, M. D.
24. **ESSENTIALS OF DISEASES OF THE EAR.** By E. B. GLEASON, M. D. 114 illustrations. Second edition, revised and enlarged.

RECENT PUBLICATIONS

PENROSE'S DISEASES OF WOMEN

A Text-Book of Diseases of Women. By CHARLES B. PENROSE, M.D., PH.D., Professor of Gynecology in the University of Pennsylvania; Surgeon to the Gynecean Hospital, Philadelphia. Octavo volume of 529 pages, handsomely illustrated. Cloth, $3.50 net.

"I shall value very highly the copy of Penrose's "Diseases of Women" received. I have already recommended it to my class as THE BEST book."—HOWARD A. KELLY, *Professor of Gynecology and Obstetrics, Johns Hopkins University, Baltimore, Md.*

SENN'S GENITO-URINARY TUBERCULOSIS

Tuberculosis of the Genito-Urinary Organs, Male and Female. By NICHOLAS SENN, M.D., PH.D., LL.D., Professor of the Practice of Surgery and of Clinical Surgery, Rush Medical College, Chicago. Handsome octavo volume of 320 pages, illustrated. Cloth, $3.00 net.

SUTTON AND GILES' DISEASES OF WOMEN

Diseases of Women. By J. BLAND SUTTON, F.R.C.S., Assistant Surgeon to Middlesex Hospital, and Surgeon to Chelsea Hospital, London; and ARTHUR E. GILES, M.D., B.Sc. Lond., F R.C.S. Edin., Assistant Surgeon to Chelsea Hospital, London. 436 pages, handsomely illustrated. Cloth, $2.50 net.

BUTLER'S MATERIA MEDICA, THERAPEUTICS, AND PHARMACOLOGY

A Text-Book of Materia Medica, Therapeutics, and Pharmacology. By GEORGE F. BUTLER, PH.G., M.D., Professor of Materia Medica and of Clinical Medicine in the College of Physicians and Surgeons, Chicago; Professor of Materia Medica and Therapeutics, Northwestern University, Woman's Medical School, etc. Octavo, 858 pages, illustrated. Cloth, $4.00 net; Sheep, $5.00 net.

SAUNDBY'S RENAL AND URINARY DISEASES

Lectures on Renal and Urinary Diseases. By ROBERT SAUNDBY, M.D. Edin., Fellow of the Royal College of Physicians, London, and of the Royal Medico-Chirurgical Society; Physician to the General Hospital; Consulting Physician to the Eye Hospital and to the Hospital for Diseases of Women; Professor of Medicine in Mason College, Birmingham, etc. Octavo volume of 434 pages, with numerous illustrations and 4 colored plates. Cloth, $2.50 net.

PYE'S BANDAGING

Elementary Bandaging and Surgical Dressing, with Directions Concerning the Immediate Treatment of Cases of Emergency. For the Use of Dressers and Nurses. By WALTER PYE, F.R.C.S., Late Surgeon to St. Mary's Hospital, London. Small 12mo, with over 80 illustrations. Cloth, flexible covers. Price, 75 cents net.

MALLORY AND WRIGHT'S PATHOLOGICAL TECHNIQUE

Pathological Technique. By FRANK B. MALLORY, A.M., M.D., Assistant Professor of Pathology, Harvard University Medical School; and JAMES H. WRIGHT, A.M., M.D., Instructor in Pathology, Harvard University Medical School. Octavo volume of 396 pages, handsomely illustrated. Cloth, $2.50 net.

"I have been looking forward to the publication of this book, and I am glad to say that I find it to be a most useful laboratory and post-mortem guide, full of practical information, and well up to date."—WILLIAM H. WELCH, *Professor of Pathology, Johns Hopkins University, Baltimore, Md.*

ANDERS' PRACTICE OF MEDICINE

A Text-Book of the Practice of Medicine. By JAMES M. ANDERS, M.D., PH.D., LL.D., Professor of the Practice of Medicine and of Clinical Medicine, Medico-Chirurgical College, Philadelphia. In one handsome octavo volume of 1287 pages, fully illustrated. Cloth, $5.50 net; Sheep or Half Morocco, $6.50 net.

JUST ISSUED.   SOLD BY SUBSCRIPTION.

ANOMALIES
AND
CURIOSITIES OF MEDICINE.

BY

GEORGE M. GOULD, M. D., AND WALTER L. PYLE, M. D.

Several years of exhaustive research have been spent by the authors in the great medical libraries of the United States and Europe in collecting the material for this work. **Medical literature of all ages and all languages** has been carefully searched, as a glance at the Bibliographic Index will show. The facts, which will be of **extreme value to the author and lecturer,** have been arranged and annotated, and full reference footnotes given, indicating whence they have been obtained.

In view of the persistent and dominant interest in the anomalous and curious, a **thorough and systematic collection** of this kind (the first of which the authors have knowledge) must have its own peculiar sphere of usefulness.

As a complete and authoritative **Book of Reference** it will be of value not only to members of the medical profession, but to all persons interested in general scientific, sociologic, and medico-legal topics; in fact, the general interest of the subject and the dearth of any complete work upon it make this volume **one of the most important literary innovations of the day.**

An especially valuable feature of the book consists of the **Indexing.** Besides a complete and comprehensive **General Index,** containing numerous cross-references to the subjects discussed, and the names of the authors of the more important reports, there is a convenient **Bibliographic Index** and a **Table of Contents.**

The plan has been adopted of printing the **topical headings in bold-face type,** the reader being thereby enabled to tell at a glance the subject-matter of any particular paragraph or page.

Illustrations have been freely employed throughout the work, there being 165 relief cuts and 130 half-tones in the text, and 12 colored and half-tone full-page plates—a total of over 320 separate figures.

The careful rendering of the text and references, the wealth of illustrations, the mechanical skill represented in the typography, the printing, and the binding, combine to make this book one of the most attractive medical publications ever issued.

Handsome Imperial Octavo Volume of 968 Pages.
PRICES: Cloth, $6.00 net; Half Morocco, $7.00 net.

JUST ISSUED

AN AMERICAN TEXT-BOOK OF GENITO-URINARY AND SKIN DISEASES
Edited by L. BOLTON BANGS, M.D., Late Professor of Genito-Urinary and Venereal Diseases, New York Post-Graduate Medical School and Hospital; and WILLIAM A. HARDAWAY, M.D., Professor of Diseases of the Skin, Missouri Medical College. Octavo volume of over 1200 pages, with 300 illustrations in the text, and 20 full-page colored plates. Prices: Cloth, $7.00 net; Sheep or Half Morocco, $8.00 net.

MOORE'S ORTHOPEDIC SURGERY
A Manual of Orthopedic Surgery. By JAMES E. MOORE, M.D., Professor of Orthopedics and Adjunct Professor of Clinical Surgery, University of Minnesota, College of Medicine and Surgery. 8vo, 356 pages, handsomely illustrated. Cloth, $2.50 net.

MACDONALD'S SURGICAL DIAGNOSIS AND TREATMENT
Surgical Diagnosis and Treatment. By J. W. MACDONALD, M.D. Edin., L.R.C.S. Edin., Professor of the Practice of Surgery and of Clinical Surgery in Hamline University; Visiting Surgeon to St. Barnabas' Hospital, Minneapolis, etc. Octavo volume of 800 pages, handsomely illustrated. Cloth, $5.00 net; Half Morocco, $6.00 net.

CHAPIN ON INSANITY
A Compendium of Insanity. By JOHN B. CHAPIN, M.D., LL.D., Physician-in-Chief, Pennsylvania Hospital for the Insane; late Physician-Superintendent of the Willard State Hospital, New York, etc. 12mo., 234 pages, illustrated. Cloth, $1.25 net.

KEEN ON THE SURGERY OF TYPHOID FEVER
The Surgical Complications and Sequels of Typhoid Fever. By WM. W. KEEN, M.D., LL.D., Professor of the Principles of Surgery and of Clinical Surgery, Jefferson Medical College, Philada. Octavo volume of 400 pages. Cloth, $3.00 net.

VAN VALZAH AND NISBET'S DISEASES OF THE STOMACH
Diseases of the Stomach. By WILLIAM W. VAN VALZAH, M.D., Professor of General Medicine and Diseases of the Digestive System and the Blood, New York Polyclinic; and J. DOUGLAS NISBET, M.D., Adjunct Professor of General Medicine and Diseases of the Digestive System and the Blood, New York Polyclinic. Octavo volume of 674 pages, illustrated. Cloth, $3.50 net.

IN PREPARATION

AN AMERICAN TEXT-BOOK OF DISEASES OF THE EYE, EAR, NOSE, AND THROAT
Edited by G. E. DE SCHWEINITZ, M.D., Professor of Ophthalmology in the Jefferson Medical College; and B. ALEXANDER RANDALL, M.D., Professor of Diseases of the Ear in the University of Pennsylvania and in the Philadelphia Polyclinic.

CHURCH AND PETERSON'S NERVOUS AND MENTAL DISEASES
Nervous and Mental Diseases. By ARCHIBALD CHURCH, M.D., Professor of Mental Diseases and Medical Jurisprudence, Northwestern University Medical School, Chicago; and FREDERICK PETERSON, M.D., Clinical Professor of Mental Diseases, Woman's Medical College, New York, etc.

KYLE ON THE NOSE AND THROAT
Diseases of the Nose and Throat. By D. BRADEN KYLE, M.D., Clinical Professor of Laryngology and Rhinology, Jefferson Medical College, Philadelphia; Consulting Laryngologist, Rhinologist, and Otologist, St. Agnes' Hospital, etc.

STENGEL'S PATHOLOGY
A Manual of Pathology. By ALFRED STENGEL, M.D., Physician to the Philadelphia Hospital; Professor of Clinical Medicine in the Woman's Medical College; Physician to the Children's Hospital, etc.

HIRST'S OBSTETRICS
A Text-Book of Obstetrics. By BARTON COOKE HIRST, M.D., Professor of Obstetrics, University of Pennsylvania.

HEISLER'S EMBRYOLOGY
A Text-Book of Embryology. By JOHN C. HEISLER, M.D., Professor of Anatomy, Medico-Chirurgical College, Philadelphia.

NOW READY, VOLUMES FOR 1896, 1897, 1898.

SAUNDERS'
AMERICAN YEAR-BOOK OF MEDICINE and SURGERY.
Edited by GEORGE M. GOULD, A. M., M. D.
Assisted by Eminent American Specialists and Teachers.

The knowledge gained is equal to a post-graduate course.

NOTWITHSTANDING the rapid multiplication of medical and surgical works, still these publications fail to meet fully the requirements of the *general physician*, inasmuch as he feels the need of something more than mere text-books of well-known principles of medical science. Mr. Saunders has long been impressed with this fact, which is confirmed by the unanimity of expression from the profession at large, as indicated by advices from his large corps of canvassers.

This deficiency would best be met by current journalistic literature, but most practitioners have scant access to this almost unlimited source of information, and the busy practiser has but little time to search out in periodicals the many interesting cases whose study would doubtless be of inestimable value in his practice. Therefore, a work which places before the physician in convenient form *an epitomization of this literature by persons competent to pronounce upon*

The Value of a Discovery or of a Method of Treatment

cannot but command his highest appreciation. It is this critical and judicial function that will be assumed by the Editorial staff of the "American Year-Book of Medicine and Surgery."

It is the special purpose of the Editor, whose experience peculiarly qualifies him for the preparation of this work, not only to review the contributions to American journals, but also the methods and discoveries reported in the leading medical journals of Europe, thus enlarging the survey and making the work characteristically international. These reviews will not simply be a series of undigested abstracts indiscriminately run together, nor will they be retrospective of "news" *one or two years old*, but the treatment presented will be *synthetic* and *dogmatic*, and will include **only what is new**. Moreover, through expert condensation by experienced writers these discussions will be

Comprised in a Single Volume of about 1200 Pages.

The work will be replete with **original** and **selected** illustrations skilfully reproduced, for the most part in Mr. Saunders' own studios established for the purpose, thus ensuring accuracy in delineation, affording efficient aids to a right comprehension of the text, and adding to the attractiveness of the volume. Prices: Cloth, $6.50 net; Half Morocco, $7.50 net.

Uniform with the "American Text-Book" Series.

W. B. SAUNDERS, Publisher,
925 Walnut Street, Philadelphia.

www.ingramcontent.com/pod-product-compliance
Lightning Source LLC
Chambersburg PA
CBHW032131010526
44111CB00034B/582